2017年度国家出版基金资助项目

中国境外重要病媒生物

主编 郭天宇 许荣满

天津出版传媒集团

天津科学技术出版社

内容简介

本书共 17 章，介绍了各类病媒生物的分类和基本形态特征，对 157 种重要的境外病媒生物，包括鼠、蚊、蜱、蚤、螨、蝇、白蛉、虻、蚋、虱子、锥蝽、蜚蠊、蠓、臭虫和蝎子等的鉴别特征、生态习性、地理分布和医学重要性进行了描述；对 43 种重要的虫媒传染病从临床表现、宿主动物、传播媒介和地理分布这四个方面做了详细的介绍；此外，还全面介绍了交通工具上病媒生物的采集方法和 DNA 条形码鉴定技术。

本书内容新颖、翔实，适合卫生检疫一线工作人员和援外医务工作者参考阅读，医学院校相关专业科研人员也可参考使用，更会成为从事病媒生物研究人员的一部非常实用的学术专著和工具书。

图书在版编目（CIP）数据

中国境外重要病媒生物 / 郭天宇，许荣满主编. —天津：天津科学技术出版社，2017.11
ISBN 978-7-5576-4022-4

Ⅰ. ①中… Ⅱ. ①郭… ②许… Ⅲ. ①疾病—传染媒介—介绍—世界 Ⅳ. ① R184 ② Q15

中国版本图书馆 CIP 数据核字（2017）第 258826 号

策划编辑：宋庆伟
责任编辑：房　芳　胡艳杰
责任印制：兰　毅

天津出版传媒集团
天津科学技术出版社 出版
出版人：蔡　颢
天津市西康路 35 号　邮编 300051
电话：(022)23332397
网址：www.tjkjcbs.com.cn
新华书店经销
北京盛通印刷股份有限公司印刷

开本 889×1194　1/16　印张 33.5　插页 18　字数 700 000
2017 年 11 月第 1 版第 1 次印刷
定价：180.00 元

主编简介

许荣满：1938年9月，浙江临海人，1962年复旦大学生物系毕业，后被分配到军事科学院军事医学科学研究院微生物流行病研究所工作，从事病媒昆虫动物调查和防治研究工作，擅长虻类和蜱类的系统分类和鉴定。2000年退休。退休前为该所研究员，博士生导师，享受政府特殊津贴，曾获国家科技进步2等奖1项，省部级科技进步2等奖5项。

主要著作：《中国动物志 昆虫纲 第59卷 双翅目虻科》2013年出版。

郭天宇：研究员，1964年出生，本科毕业于中国农业大学。1989—2005年于中国人民解放军军事医学科学院微生物流行病研究所学习和工作，获得医学硕士和理学博士学位，一直从事鼠类生态与防治工作。现任国家质检总局科技委委员、卫生检疫标准专业委员、中华预防医学会媒介分会委员。

先后主持或参与国家重大项目、国家自然科学基金项目、军队指令性课题等科研课题多项，发表论文120余篇，参与编写专著7部，获得发明专利1项、实用新型专利7项，参与制定国家标准7项、行业标准6项。获得军队科技进步二等奖1项，三等奖2项；北京市科学技术二等奖1项。

《中国境外重要病媒生物》编委会名单

主编:

郭天宇　　　　　　　　许荣满

编委(排名不分先后):

万道正	广西出入境检验检疫局
王崇财	海南出入境检验检疫局
方义亮	福建出入境检验检疫局
邓耀华	上海出入境检验检疫局
刘　阳	吉林出入境检验检疫局
李　焱	新疆出入境检验检疫局
孙立新	江苏出入境检验检疫局
孙　毅	军事科学院军事医学研究院
邱德义	广东出入境检验检疫局
岳巧云	广东出入境检验检疫局
杨庆贵	江苏出入境检验检疫局
杨天赐	浙江出入境检验检疫局
张建庆	福建出入境检验检疫局
张丽杰	北京出入境检验检疫局
郭惠琳	北京出入境检验检疫局
曹　敏	上海出入境检验检疫局
聂维忠	河北出入境检验检疫局
贺　骥	厦门出入境检验检疫局
黄恩炯	福建出入境检验检疫局
魏怀波	内蒙古出入境检验检疫局

序言

党中央、国务院高度重视口岸卫生检疫工作。2016年习近平总书记在全国卫生与健康大会上明确指示要"筑牢口岸检疫防线",党的十九大提出要大力实施"健康中国"战略和坚持总体国家安全观,开启了新时代口岸卫生检疫工作新征程。值此新的历史节点,由中国检验检疫科学研究院卫生检疫研究所郭天宇博士和中国人民解放军军事科学院军事医学研究院许荣满研究员主编,北京、上海、江苏、浙江等13个直属局20位专家参与,历时3年辛勤劳作,完成了《中国境外重要病媒生物》一书的编纂工作。欣闻该书即将出版,在此谨表衷心祝贺!

病媒生物及其传播的传染病是当今世界主要卫生危害之一。据世界卫生组织报告,全球病媒生物传播疾病占全部传染病发病人数的17%以上,每年导致100余万人死亡,仅因感染疟疾死亡人数就有60余万。随着我国深入参与全球治理,推进"一带一路"倡议,病媒生物及其传播的传染病输入我国并引发传染病流行的风险急剧增加,近年来口岸持续发现输入性疟疾、登革热、寨卡、基孔肯雅热等虫媒传染病病例,一旦相应的境外病媒生物输入我国形成优势种群,将对我国民众健康和生态安全构成严重威胁。为此,2016年10月,党中央国务院印发的《"健康中国2030"规划纲要》专门提出要"健全口岸病媒生物及各类重大传染病监测控制机制,主动预防、控制和应对境外突发公共卫生事件"。

全国检验检疫机构忠于职守,履职尽责,严密防控境外病媒生物从口岸传入我国。5年来,共在入境交通工具和集装箱中截获来自境外的埃及伊蚊、冈比亚按蚊、北欧屋顶鼠、侧扁花蜱等境外病媒生物300余种,10万余批次,1600余万只,其中包括海神蠛蠓、苏门答腊绳蚋等20余个首次发现的新种,并从捕获的输入性病媒生物中检出了鼠疫菌、乙脑病毒、非洲立克次体、流行性出血热病毒、钩端螺旋体等10余种重要病原体,有效防止了病媒生物及其传播的传染病传入我国,保护了我国人民健康和生态安全。

《中国境外重要病媒生物》系统介绍了威胁我国公共卫生安全的境外重要病媒生物,从分类、形态特征、生态习性、常见种类、相关疾病等方面进行了系统的阐述,特别是介绍了DNA条形码技术、输入性病媒生物监测技术方法在病媒生物监测和鉴定方面的应用,使该书更具先进性、适用性和指导性。该书的出版,对指导我国广大口岸卫生检疫工作者充分发挥新时期卫生检疫职能,做好病媒生物及其传播传染病的监测与防控工作,维护口岸公共卫生安全和服务"健康中国"战略起到积极的作用。

国家质量监督检验检疫总局　卫生检疫监管司司长

2017 年 10 月 25 日

前言

病媒生物指能通过生物和／或机械方式将病原生物从传染源或环境传播给人类的生物，包括节肢动物中的蚊、蝇、蜚蠊、蚤、白蛉、虱子、蚋、蠓、虻、蜱、螨和啮齿动物的鼠类。病媒生物不仅骚扰、吸血、损坏物品，而且是多种传染病的传播媒介。《中华人民共和国国境卫生检疫法》中规定的3种检疫传染病中，其中的2种（鼠疫、黄热病）是由病媒生物传播的。我国法定的36种传染病中，鼠疫、疟疾等13种疾病是由病媒生物传播的。虫媒传染病在我国传染病年总发病病例中占5%～10%，但它的病死人数占传染病总死亡人数的30%～40%。全球每年约70万人死于虫媒传染病，病种涉及疟疾、登革热、基孔肯雅热、非洲锥虫病、黑热病、美洲锥虫病、黄热病、流行性乙型脑炎和人盘尾丝虫病。

随着国际交通、贸易和旅游业的发展，病媒生物及其携带的病原体可借助出入境交通工具、集装箱、货物等在国际口岸间传播。频繁的国际交往为病媒生物的输入、输出提供了便利条件，使原本局限于一定地域范围内的虫媒传染病突破国境或自然地理的界限，在全球范围内广泛传播与流行，对输入国的卫生安全特别是口岸地区的卫生安全造成重大威胁。我国对一些重要的外来病媒生物虽然有一定的研究，但对大多数外来的病媒生物的了解相对较少，尤其是缺乏全面的、系统的对分类、生态习性、媒介效能等方面的了解和研究，因而没有掌握足够的鉴定技术来从容应对外来虫媒传染病的入侵。由于我们不熟悉外来病媒生物，作为长期从事卫生检疫的科技工作者，深知自己肩负的责任和使命。为此，编者组织从事病媒生物研究的科技工作者，广泛收集相关资料，历时3年，编撰了《中国境外重要病媒生物》一书。本书既包含了国内外病媒生物的研究进展和最新动态，也涉及了本领域有关病媒生物鉴定的一些基础知识，特别适合非动物分类学专业人员阅读。编者希望借此书，进一步提高口岸一线卫生检疫工作人员病媒生物的鉴定水平，增强口岸核心能力，筑牢口岸检疫防线。

国境口岸病媒生物检疫工作包括采集、鉴定、评估和控制四个方面。病媒生物采集包括口岸病媒生物本底调查和日常密度监测工作。口岸病媒生物本底调查是指采用多种监测手段，全面掌握口岸及其周边400 m范围内所有的病媒生物种类和组成，提供口岸病媒生物的标本和调查的数据，为准确判定外来病媒生物提供依据。

病媒生物日常监测是指以科学的方法，长期、连续、系统地收集病媒生物资料，对其种类、数量、分布和季节变化等资料进行整理分析，并对结果进行解释和反馈，供卫生防疫部门制定、实施、评价和调整病媒生物控制的策略和措施。日常监测主要是掌握优势种种群密度变化,一旦发现密度增高,及时查找原因并采取相应控制措施,同时也能及时发现入侵的外来病媒生物。

口岸病媒生物检疫的工作重点是口岸地区病媒生物的监测和控制,包括交通工具、旅客、货物、集装箱等携带的外来病媒生物的监测与控制。物种的准确鉴定是评估的基础。口岸的病媒生物,只要其密度不超过国家规定的标准,就不需要控制;如果判定是外来的病媒生物,就要采取措施将其杀灭,不留隐患。评估病媒生物,主要考虑:①是否外来;②是否是某种疾病的传播媒介,是主要媒介、次要媒介,还是不是媒介;③外来病媒生物的生态习性和分布区域,能否在我国生存下来。将来应开展外来病媒生物适生性的研究,为外来传染病入侵风险模型的建立奠定基础。

病媒生物控制提倡综合管理,其概念为针对病媒生物的生态习性,适时监测病媒生物密度,掌握其活动规律,以环境治理和防护设施为基础,以化学防治为主、物理防治为辅的综合治理方法,把病媒生物数量控制在不足为害的水平,即口岸传染病不会暴发流行,病媒生物也不会随交通工具向国外扩散。

目前,我国口岸的病媒生物本底基本清楚,种类鉴别的工具书也趋于完善。但口岸卫生检疫的一线人员对于外来的病媒生物不太熟悉。《中国境外重要病媒生物》是国家"十三五"重点图书出版物出版规划项目,以世界卫生组织公布的 150 种在全球危害广泛和较难控制的重要有害生物为依据,对鼠、蚊、蜱、蚤、螨、蝇、白蛉、虻、蚋、蠓、虱子、锥蝽、蜚蠊、臭虫和蝎子等共 157 种病媒生物,从鉴别特征、生态习性、地理分布和医学重要性方面做了较清晰的阐述;从临床表现、宿主动物、传播媒介和地理分布这四个方面对 43 种重要的媒传病做了详细的介绍;还全面介绍了交通工具上病媒生物的采集方法和 DNA 条形码鉴定技术。

《中国境外重要病媒生物》可作为国境口岸卫生检疫人员和相关领域科研人员的工具书,也可作为医学院校相关专业的参考用书。

本书全体编写人员在编写过程中,力求体现系统性、准确性和实用性,全书共 17 章,均标明各章作者,以示负责。尽管作者花费了很大精力和很多时间,反复查对修改,力求完美,但限于学识和实践经验,难免存在不足之处,希望前辈、专家和同行批评指正,以便日后进一步充实和完善。

在编写本书过程中,得到国家质检总局卫生检疫监管司、中国检验检疫科学研究院、军事医学研究院和天津科学技术出版社等单位的领导和相关同志的大力支持,非常感谢已届耄耋之年的海军军医大学瞿逢伊先生不辞辛劳对蚊类章节的稿件提出中肯意见与修改建议。值此出版之际,谨向他们表示衷心的感谢!

编者

2017 年 8 月 25 日

目录

第一章 蚊类 ... 1

第一节 蚊类的分类和形态特征 ... 2
一、蚊类的分类 ... 2
二、蚊类的形态特征 ... 4
三、重要蚊属 ... 9

第二节 蚊类的生态习性 ... 18
一、生活史 ... 18
二、食性 ... 19
三、季节消长 ... 19
四、孳生地 ... 20
五、活动范围 ... 20

第三节 常见蚊类 ... 21
一、须喙按蚊 *Anopheles barbirostris* Van der Wulp, 1884 ... 21
二、五斑按蚊 *Anopheles maculipennis* Meigen, 1818 ... 22
三、米赛按蚊 *Anopheles messeae* Falleroni, 1926 ... 23
四、四斑按蚊 *Anopheles quadrimaculatus* (Say, 1824) ... 25
五、阿拉伯按蚊 *Anopheles arabiensis* Patton, 1905 ... 26
六、冈比亚按蚊 *Anopheles gambiae* Giles, 1902 ... 27
七、邪恶按蚊 *Anopheles funestus* Giles, 1900 ... 29
八、微小按蚊 *Anopheles minimus* Theobald, 1901 ... 30
九、大劣按蚊 *Anopheles dirus* Peyton and Harrison, 1979 ... 31
十、斯氏按蚊 *Anopheles stephensi* Liston, 1901 ... 32
十一、达氏按蚊 *Anopheles darlingi* Root, 1926 ... 33
十二、埃及伊蚊 *Aedes aegypti* (Linnaeus, 1762) ... 35
十三、非洲伊蚊 *Aedes africanus* (Theobald, 1901) ... 36
十四、白纹伊蚊 *Aedes albopictus* (Skuse, 1895) ... 37

十五、庸俗伊蚊 *Aedes bromeliae* Theobald,1911 ………………………… 39

十六、波利尼西亚伊蚊 *Aedes polynesiensis* Marks,1954 ……………… 40

十七、刺扰伊蚊 *Aedes vexans*（Meigen,1830） …………………………… 41

十八、日本骚扰蚊 *Ochlerotatus japonicus*（Theobald,1901）………… 42

十九、背点骚扰蚊 *Ochlerotatus dorsalis*（Meigen,1830）…………… 44

二十、柯氏骚扰蚊 *Ochlerotatus grossbecki* Dyar and Knab,1906 …… 45

二十一、凶小库蚊 *Culex modestus* Ficalbi,1889 ……………………… 46

二十二、尖音库蚊 *Culex pipiens* Linnaeus,1758 ……………………… 48

二十三、三带喙库蚊 *Culex tritaeniorhynchus* Giles,1901 …………… 49

二十四、环喙库蚊 *Culex annulirostris*（Skuse,1889）………………… 50

二十五、环跗库蚊 *Culex tarsalis*（Coquillett,1896）………………… 51

二十六、褐尾路蚊 *Luztia fuscana*（Wiedemann,1820）……………… 52

二十七、黑尾脉毛蚊 *Culiseta melanura*（Coquillett,1902）………… 54

二十八、理氏柯蚊 *Coquillettidia richiardii*（Ficalbi,1889）………… 55

二十九、大树吸蚊 *Haemagogus janthinomys* Dyar,1921 …………… 57

三十、多环曼蚊 *Mansonia annulifera*（Theobald,1901）…………… 58

三十一、常型曼蚊 *Mansonia uniformis*（Theobald,1901）…………… 59

三十二、白翅煞蚊 *Sabethes chloropterus*（Humboldt,1819）………… 61

第四节 相关疾病 ………………………………………………………… 62

一、黄热病（Yellow fever,YF）………………………………………… 62

二、登革热（Dengue fever,DF）………………………………………… 64

三、寨卡病毒病（Zika fever）…………………………………………… 67

四、流行性乙型脑炎（Epidemic encephalitis type B,EETB）………… 69

五、西尼罗热（West Nile fever,WNF）………………………………… 71

六、圣路易脑炎（Saint Louis encephalitis,SLE）……………………… 73

七、裂谷热（Rift valley fever,RVF）…………………………………… 75

八、基孔肯雅热（Chikungunya,CHIK）………………………………… 76

九、东方马脑炎（Eastern equine encephalitis,EEE）………………… 78

十、西方马脑炎（Western equine encephalitis,WEE）………………… 80

十一、委内瑞拉马脑炎（Venezuelan equine encephalitis,VEE）……… 81

十二、版纳病毒病（Banna virus disease） ……………………………………… 82

十三、疟疾（Malaria） …………………………………………………………… 83

十四、淋巴丝虫病（Lymphatic filariasis，LF） ………………………………… 84

参考文献 …………………………………………………………………………… 87

第二章 蚋类 …………………………………………………………………………… 92

第一节 蚋类的分类和形态特征 …………………………………………………… 92

一、蚋类的分类 ……………………………………………………………… 92

二、蚋类的形态特征 ………………………………………………………… 92

第二节 蚋类的生态习性 …………………………………………………………… 95

一、生活史 …………………………………………………………………… 95

二、食性 ……………………………………………………………………… 96

三、季节消长 ………………………………………………………………… 96

四、孳生地 …………………………………………………………………… 97

五、活动范围 ………………………………………………………………… 97

第三节 常见蚋类 …………………………………………………………………… 97

一、盖宁蚋 *Simulium guianense* Wise，1911 ……………………………… 97

二、爬蚋 *Simulium reptans* Linnaeus，1758 ……………………………… 98

三、马维蚋 *Simulium equinum* Linnaeus，1758 …………………………… 99

第四节 相关疾病 …………………………………………………………………… 100

人盘尾丝虫病（Onchocerciasis） …………………………………………… 100

参考文献 …………………………………………………………………………… 102

第三章 白蛉 …………………………………………………………………………… 103

第一节 白蛉的分类和形态特征 …………………………………………………… 103

一、白蛉的分类 ……………………………………………………………… 103

二、白蛉的形态特征 ………………………………………………………… 103

第二节 白蛉的生态习性 …………………………………………………………… 108

一、生活史 …………………………………………………………………… 108

二、食性 ……………………………………………………………………… 109

三、季节消长 ………………………………………………………………… 109

四、孳生地 …………………………………………………………………… 109

五、活动范围 ·· 110

　第三节　常见白蛉 ··· 110

　　一、东方白蛉 *Phlebotomus orientalis* Parrot, 1936 ·································· 110

　　二、中华白蛉 *Phlebotomus chinensis* Newstead, 1916 ······························ 111

　第四节　相关疾病 ··· 112

　　一、黑热病（Visceral leishmaniasis） ··· 112

　　二、白蛉热（Sandfly fever） ·· 114

　参考文献 ·· 116

第四章　蠓类 ··· 117

　第一节　吸血蠓的分类和形态特征 ·· 117

　　一、吸血蠓的分类 ··· 117

　　二、吸血蠓的形态特征 ··· 117

　　三、常见吸血蠓属检索表 ·· 119

　第二节　吸血蠓的生态习性 ·· 119

　　一、生活史 ·· 119

　　二、食性 ··· 119

　　三、季节消长 ··· 120

　　四、孳生地 ·· 120

　　五、活动范围 ··· 121

　第三节　常见吸血蠓类 ·· 121

　　一、灰黑库蠓 *Culicoides pulicaris*（Linnaeus, 1758）······························ 121

　　二、不显库蠓 *Culicoides obsoletus*（Meigen, 1818）······························· 123

　　三、环斑库蠓 *Culicoides circumscriptus* Kieffer, 1918 ····························· 124

　　四、荒川库蠓 *Culicoides arakawai* Arakawa, 1910 ·································· 125

　　五、尖喙库蠓 *Culicoides oxystoma* Kieffer, 1910 ···································· 127

　　六、原野库蠓 *Culicoides homotomus* Kieffer, 1922 ·································· 128

　　七、台湾蠛蠓 *Lasiohelea taiwana* Shiraki, 1913 ······································ 129

　第四节　相关疾病 ··· 130

　　奥罗普切河热（Oropouche fever） ·· 130

　参考文献 ·· 132

第五章 虻类 ············ 133

第一节 虻类的分类和形态特征 ············ 133
一、虻类的分类 ············ 133
二、虻类的形态特征 ············ 133
三、常见虻属检索表 ············ 135

第二节 虻类的生态习性 ············ 136
一、生活史 ············ 136
二、食性 ············ 136
三、季节消长 ············ 137
四、孳生地 ············ 137
五、活动范围 ············ 137

第三节 常见虻类 ············ 138
一、芹状斑虻 *Chrysops silacea* Austen, 1907 ············ 138
二、分叉斑虻 *Chrysops dimidiata* Wulp, 1885 ············ 139
三、高额麻虻 *Haematopota pluvialis* (Linnaeus, 1758) ············ 140
四、黑胫黄虻 *Atylotus rusticus* (Linnaeus, 1767) ············ 141
五、特殊瘤虻 *Hybomitra peculiaris* (Szilády, 1914) ············ 142
六、断纹虻 *Tabanus striatus* Fabricius, 1787 ············ 143

第四节 相关疾病 ············ 144
罗阿丝虫病 (Loiasis) ············ 144

参考文献 ············ 147

第六章 蜱类 ············ 148

第一节 蜱类的分类和形态特征 ············ 148
一、蜱类的分类 ············ 148
二、蜱类的形态特征 ············ 148
三、常见蜱属检索表 ············ 151

第二节 蜱类的生态习性 ············ 152
一、生活史 ············ 152
二、食性 ············ 152
三、季节消长 ············ 153

四、孳生地 · 153
　　五、活动范围 · 153
　第三节　常见蜱类 · 154
　　一、全沟硬蜱 *Ixodes persulcatus* Schulze, 1930 · 154
　　二、篦子硬蜱 *Ixodes ricinus*（Linnaeus, 1758）· 155
　　三、肩突硬蜱 *Ixodes scapularis* Say, 1821 · 156
　　四、太平洋硬蜱 *Ixodes pacificus* Cooley and Kohls, 1943 · 157
　　五、六角硬蜱 *Ixodes hexagonus* Leach, 1815 · 158
　　六、亚洲璃眼蜱 *Hyalomma asiaticum* Schulze and Schlottke, 1930 · 159
　　七、小亚璃眼蜱 *Hyalomma anatolicum* Koch, 1844 · 161
　　八、麻点璃眼蜱 *Hyalomma rufipes* Koch, 1844 · 163
　　九、截形璃眼蜱 *Hylomma truncatum* Koch, 1844 · 164
　　十、变异革蜱 *Dermacentor variabilis*（Say, 1821）· 165
　　十一、安氏革蜱 *Dermacentor andersoni* Stiles, 1908 · 166
　　十二、边缘革蜱 *Dermacentor marginatus*（Sulzer, 1776）· 167
　　十三、网纹革蜱 *Dermacentor reticulatus*（Fabricius, 1794）· 169
　　十四、草原革蜱 *Dermacentor nuttalli* Olenev, 1928 · 171
　　十五、白纹革蜱 *Dermacentor albipictus*（Packard, 1869）· 172
　　十六、金泽革蜱 *Dermacentor auratus* Supino, 1897 · 173
　　十七、血红扇头蜱 *Rhipicephalus sanguineus*（Latreille, 1806）· 175
　　十八、斑马扇头蜱 *Rhipicephalus pulchellus*（Gerstäcker, 1873）· 177
　　十九、美洲花蜱 *Amblyomma amaricanum*（Linnaeus, 1758）· 178
　　二十、变异花蜱 *Amblyomma variegatum*（Fabricius, 1794）· 180
　　二十一、距刺血蜱 *Haemaphysalis spinigera* Neumann, 1897 · 181
　　二十二、嗜群血蜱 *Haemaphysalis concinna* Koch, 1844 · 182
　　二十三、刻点血蜱 *Haemaphysalis punctata* Canestrini and Fanzago, 1878 · 184
　　二十四、乳突钝缘蜱 *Ornithodoros papillipes*（Birula, 1895）· 185
　　二十五、拉哈尔钝缘蜱 *Ornithodoros lahorensis* Neumann, 1908 · 186
　　二十六、蒙巴塔钝缘蜱 *Ornithodoros moubata*（Murray, 1877）· 187
　　二十七、朴谧钝缘蜱 *Ornithodoros savignyi*（Audouin, 1827）· 189

二十八、波斯锐缘蜱 *Argas persicus*（Oken，1881）·············· 190
第四节 相关疾病 ·· 191
  一、蜱媒脑炎（Tick-borne encephalitis，TBE）··················· 192
  二、科萨努尔森林病（Kyasanur forest disease，KFD）·········· 193
  三、克里米亚-刚果出血热（Crimean-Congo haemorrhagic fever，CCHF）194
  四、发热伴血小板减少综合征（Severe fever with thrombocytopenia syndrome，SFTS）······· 195
  五、土拉弗朗西斯菌病（Tularenmia）······························· 197
  六、落基山斑点热（Rocky mountain spotted fever）············· 197
  七、埃立克体病（Ehrlichiosis）和无形体病（Anaplasmiosis）·· 198
  八、莱姆病（Lyme disease）·· 200
  九、蜱媒回归热（Tick-borne relapsing fever，TBRF）··········· 201
  十、人巴贝斯虫病（Babesiosis）····································· 202
参考文献 ·· 205

第七章 蝇类 ·· 206
第一节 有瓣蝇类的分类和形态特征 ·· 206
  一、有瓣蝇类的分类 ·· 206
  二、有瓣蝇类的形态特征 ·· 206
  三、有瓣蝇类常见科检索表 ·· 212
  四、舌蝇科 ·· 214
第二节 有瓣蝇类的生态习性 ·· 217
  一、生活史 ·· 217
  二、食性 ··· 218
  三、季节消长 ·· 219
  四、孳生地 ·· 219
  五、活动范围 ·· 219
第三节 常见蝇类 ·· 220
  一、须舌蝇 *Glossina palpalis*（Robineau-Desvoidy，1830）····· 220
  二、缨角舌蝇 *Glossina pallicera* Bigot，1891 ···················· 221
  三、乌腹舌蝇 *Glossina caliginea* Austen，1911 ··················· 222

四、捷舌蝇 *Glossina tachinoides* Westwood, 1850 ········· 224

五、白足舌蝇 *Glossina pallidipes* Austen, 1903 ········· 225

六、长须舌蝇 *Glossina longipalpis* Wiedemann, 1830 ········· 227

七、刺舌蝇 *Glossina morsitans* Westwood, 1850 ········· 229

八、粪种蝇 *Adia cinerella* Fallén, 1825 ········· 231

九、夏厕蝇 *Fannia canicularis*(Linnaeus, 1761)········· 232

十、厩腐蝇 *Muscina stabulans* Fallén, 1817 ········· 233

十一、古铜黑蝇 *Ophyra aenescens*(Wiedemann, 1830)········· 235

十二、家蝇 *Musca domestica* Linnaeus, 1758 ········· 236

十三、黑边家蝇 *Musca hervei* Villeneuve, 1922 ········· 238

十四、市蝇 *Musca sorbens* Wiedemann, 1830 ········· 240

十五、厩螫蝇 *Stomoxys calcitrans* Linnaeus, 1758 ········· 242

十六、丝光绿蝇 *Lucilia sericata*(Meigen, 1826)········· 243

十七、红头丽蝇 *Calliphora vicina* Robineau-Desvoidy, 1830 ········· 245

十八、大头金蝇 *Chrysomya megacephala*(Fabricius, 1794)········· 246

十九、次生锥蝇 *Cochliomyia macellaria*(Fabricius, 1775)········· 247

二十、红尾粪麻蝇 *Bercaea africa*(Wiedemann, 1824)········· 249

二十一、羊狂蝇 *Oestrus ovis* Linnaeus, 1758 ········· 251

第四节 相关疾病 ········· 252

一、非洲锥虫病(African trypanosomiasis)········· 252

二、眼吸吮线虫病(Thelaziasis)········· 254

三、蝇蛆病(Myiasis)········· 256

参考文献 ········· 259

第八章 蚤类 ········· 260

第一节 蚤类的分类和形态特征 ········· 260

一、蚤类的分类 ········· 260

二、蚤类的形态特征 ········· 261

三、蚤类常见科检索表 ········· 262

第二节 蚤类的生态习性 ········· 264

一、生活史 ········· 264

二、食性 264

三、季节消长 265

四、孳生地 265

五、活动范围 265

第三节　常见蚤类 265

一、人蚤 *Pulex irritans* Linnaeus,1758 265

二、印鼠客蚤 *Xenopsylla cheopis*（Rothschild,1903） 268

三、亚洲客蚤 *Xenopsylla astia* Rothchild,1895 271

四、巴西客蚤 *Xenopsylla brasiliensis* Felson,1899 274

五、非洲客蚤 *Xenopsylla africanis* Felson,1887 277

六、沙鼠客蚤 *Xenopsylla philoxera*（Hopkins,1949） 279

七、猫栉首蚤指名亚种 *Ctenocephalides felis felis*（Bouche,1835） 281

八、犬栉首蚤 *Ctenocephalides canis*（Curtis,1826） 285

九、缓慢细蚤 *Leptopsylla segnis*（Schönherr,1811） 288

十、方形黄鼠蚤蒙古亚种 *Citellophilus tesquorum mongolicus*（Jordan and Rothschild,1911） 292

第四节　相关疾病 294

一、鼠疫（Plague） 294

二、鼠型斑疹伤寒（Murine typhus） 296

参考文献 298

第九章　臭虫 299

第一节　臭虫的分类和形态特征 299

一、臭虫的分类 299

二、臭虫的形态特征 300

第二节　臭虫的生态习性 301

一、生活史 301

二、食性 302

三、季节消长 302

四、孳生地 303

五、活动范围 303

第三节　常见臭虫 ··· 303
一、热带臭虫 *Cimex hemipterus* Fabricius, 1803 ··· 303
二、温带臭虫 *Cimex lectularius* Linnaeus, 1758 ··· 304
参考文献 ··· 306

第十章　猎蝽 ··· 307
第一节　猎蝽的分类和形态特征 ··· 307
一、猎蝽的分类 ·· 307
二、猎蝽的形态特征 ··· 307
第二节　猎蝽的生态习性 ··· 309
一、生活史 ··· 309
二、食性 ·· 309
三、季节消长 ·· 310
四、孳生地 ··· 310
五、活动范围 ·· 310
第三节　常见猎蝽 ··· 310
一、侵扰锥猎蝽 *Triatoma infestans* Klug, 1834 ·· 311
二、长红猎蝽 *Rhodnius prolixus* Stål, 1859 ··· 312
三、大全园蝽 *Panstrongylus megistus* (Burmeister, 1835) ······························· 313
第四节　相关疾病 ··· 314
美洲锥虫病（American trypanosomiasis） ··· 314
参考文献 ··· 316

第十一章　虱类 ··· 317
第一节　虱类的分类和形态特征 ··· 317
一、虱类的分类 ·· 317
二、虱类的形态特征 ··· 318
第二节　虱类的生态习性 ··· 318
一、生活史 ··· 318
二、食性 ·· 320
三、季节消长 ·· 320
四、孳生地 ··· 320

　　　　五、活动范围 ……………………………………………………………………… 320

　第三节　常见虱类 …………………………………………………………………… 320

　　　　一、体虱 *Pediculus humanus humanus* Linnaeus, 1758 ……………………… 321

　　　　二、头虱 *Pediculus humanus capitis* De Geer, 1767 ………………………… 322

　　　　三、阴虱 *Phthirus pubis* Linnaeus, 1758 ……………………………………… 323

　第四节　相关疾病 …………………………………………………………………… 325

　　　　一、流行性斑疹伤寒（Epidemic typhus）……………………………………… 325

　　　　二、虱传回归热（Epidemic relapsing fever）………………………………… 326

　　　　三、战壕热（Trench fever）…………………………………………………… 327

　参考文献 ……………………………………………………………………………… 329

第十二章　蜚蠊 ………………………………………………………………………… 330

　第一节　蜚蠊的分类和形态特征 …………………………………………………… 331

　　　　一、蜚蠊的分类 ………………………………………………………………… 331

　　　　二、蜚蠊的形态特征 …………………………………………………………… 331

　第二节　蜚蠊的生态习性 …………………………………………………………… 335

　　　　一、生活史 ……………………………………………………………………… 335

　　　　二、栖息习性 …………………………………………………………………… 337

　　　　三、活动习性 …………………………………………………………………… 338

　第三节　常见蜚蠊 …………………………………………………………………… 339

　　　　一、东方蜚蠊 *Blatta orientalis* Linnaeus, 1758 ……………………………… 339

　　　　二、美洲大蠊 *Periplaneta americana*（Linnaeus, 1758）…………………… 340

　　　　三、澳洲大蠊 *Periplaneta australasiae*（Fabricius, 1775）………………… 342

　　　　四、黑胸大蠊 *Periplaneta fulginosa*（Serville, 1839）……………………… 343

　　　　五、德国小蠊 *Blattella germanica*（Linnaeus, 1767）……………………… 345

　　　　六、长须蜚蠊 *Supella longipalpa*（Fabricius, 1798）……………………… 346

　　　　七、苏里南蔗蠊 *Pycnoscelus surinamensis*（Linnaeus, 1758）…………… 347

　　　　八、古巴绿蠊 *Panchlora nivea*（Linnaeus, 1758）………………………… 349

　参考文献 ……………………………………………………………………………… 351

第十三章　螨类 ………………………………………………………………………… 352

　第一节　螨类的分类和形态特征 …………………………………………………… 352

一、螨类的分类 ………………………………………………………………… 352
　　二、螨类的形态特征 ……………………………………………………………… 353
第二节　螨类的生态习性 …………………………………………………………… 365
　　一、恙螨的生态习性 ……………………………………………………………… 365
　　二、革螨的生态习性 ……………………………………………………………… 366
　　三、疥螨的生态习性 ……………………………………………………………… 368
　　四、粉螨的生态习性 ……………………………………………………………… 369
第三节　常见螨类 …………………………………………………………………… 373
　　一、地里纤恙螨 *Leptotrombidium deliense*（Walch, 1922）……………… 373
　　二、小板纤恙螨 *Leptotrombidium scutellare*（Nagayo et al., 1921）…… 375
　　三、格氏血厉螨 *Haemolaelaps glasgowi*（Ewing, 1925）………………… 376
　　四、毒厉螨 *Laelaps echidninus* Berlese, 1887 ……………………………… 378
　　五、人疥螨 *Sarcoptes scabiei hominis* Hering, 1834 ……………………… 380
　　六、粉尘螨 *Dermatophagoides farinae* Hughes, 1961 …………………… 381
　　七、屋尘螨 *Dermatophagoides pteronyssinus* Trouessart, 1897 ………… 385
第四节　相关疾病 …………………………………………………………………… 388
　　一、恙虫病（Chiggerbome rickettslosis）……………………………………… 388
　　二、立克次体痘（Rickettsialpox）……………………………………………… 389
　　三、螨性过敏（Mite hypersensitivity）………………………………………… 390
参考文献 ……………………………………………………………………………… 393

第十四章　蝎类 …………………………………………………………………… 394
第一节　蝎类的形态特征 …………………………………………………………… 394
　　一、前体部重要特征 ……………………………………………………………… 396
　　二、中体部重要特征 ……………………………………………………………… 397
　　三、后体部重要特征 ……………………………………………………………… 397
　　四、体表附属物 …………………………………………………………………… 398
第二节　蝎类的生态习性 …………………………………………………………… 398
　　一、生活史 ………………………………………………………………………… 398
　　二、食性 …………………………………………………………………………… 398
　　三、季节消长 ……………………………………………………………………… 399

四、孳生环境 ………………………………………………………… 399
　　五、活动规律 ………………………………………………………… 399
　　六、荧光特性 ………………………………………………………… 399
　第三节　常见蝎类 …………………………………………………………… 399
　　一、中东金蝎 *Scorpio maurus* Linnaeus, 1758 ……………………… 399
　　二、帝王蝎 *Pandinus imperator* Koch, 1842 ………………………… 400
　　三、黄肥尾蝎 *Androctonus australis* Ewing, 1928 …………………… 401
　　四、利比亚金蝎 *Androctonus amoreuxi* Audouin, 1826 ……………… 402
　参考文献 ……………………………………………………………………… 404

第十五章　啮齿动物 ……………………………………………………… 405
　第一节　啮齿动物的分类和形态特征 ……………………………………… 405
　　一、啮齿动物的分类 ………………………………………………… 405
　　二、啮齿动物的形态特征 …………………………………………… 406
　第二节　常见啮齿动物 ……………………………………………………… 407
　　一、北美灰松鼠 *Sciurus carolinensis* Gmelin, 1788 ………………… 407
　　二、加州黄鼠 *Spermophilus beecheyi*（Richardson, 1829）………… 408
　　三、南非乳鼠 *Mastomys natalensis*（A. Smith, 1834）……………… 409
　　四、稻田家鼠 *Rattus argentiventer*（Robinson et Kloss, 1916）…… 410
　　五、孟加拉板齿鼠 *Bandicota bengalensis*（Gray, 1835）…………… 412
　　六、波氏囊鼠 *Thomomys bottae*（Eydoux et Gervais, 1836）……… 413
　　七、河狸鼠 *Myocastor coypus*（Molina, 1782）……………………… 414
　　八、草原暮鼠 *Calomys laucha*（Fischer, 1814）…………………… 415
　　九、山河狸 *Aplodontia rufa*（Rafinesque, 1817）…………………… 417
　　十、印度板齿鼠 *Bandicota indica*（Bechstein, 1800）……………… 418
　　十一、黑尾草原犬鼠 *Cynomys ludovicianus*（Ord, 1815）………… 419
　　十二、黑家鼠 *Rattus rattus*（Linnaeus, 1758）……………………… 420
　　十三、褐家鼠 *Rattus norvegicus*（Berkenhout, 1769）……………… 422
　　十四、小家鼠 *Mus musculus* Linnaeus, 1758 ………………………… 423
　　十五、缅鼠 *Rattus exulans*（Peale, 1848）…………………………… 424
　　十六、尼罗河鼠 *Arvicanthis niloticus*（É. Geoffroy, 1803）………… 426

十七、欧䶄 *Clethrionomys glareolus*（Schreber，1780）·················· 427

十八、黄喉姬鼠 *Apodemus flavicollis*（Melchior，1834）·················· 428

十九、鹿鼠 *Peromyscus maniculatus*（Wagner，1845）·················· 430

二十、白足鼠 *Peromyscus leucopus*（Rafinesque，1818）·················· 431

二十一、西撒哈拉刺鼠 *Acomys cahirinus*（É. Geoffroy，1803）·················· 432

第三节　相关疾病 ·················· 433

一、汉坦病毒出血热（HFRS & HPS）·················· 434

二、拉沙热（Lassa fever）·················· 435

参考文献 ·················· 437

第十六章　DNA条形码技术在病媒生物分类鉴定中的应用·················· 438

第一节　概述 ·················· 438

一、分类鉴定的目的和意义 ·················· 438

二、物种鉴定方法的发展 ·················· 439

第二节　DNA条形码技术 ·················· 441

一、DNA条形码概念 ·················· 441

二、DNA条形码技术方法 ·················· 443

第三节　DNA barcoding在病媒生物分类中的应用 ·················· 446

第四节　DNA barcoding存在的问题 ·················· 448

一、DNA barcoding与传统分类学的关系 ·················· 449

二、关于DNA barcoding的几个技术性问题 ·················· 449

第五节　境外重要病媒生物DNA条形码索引 ·················· 451

参考文献 ·················· 474

第十七章　输入性病媒生物监测技术方法·················· 478

第一节　入出境船舶病媒生物监测方法 ·················· 479

一、鼠类监测方法 ·················· 480

二、蚊类监测方法 ·················· 483

三、蝇类（虻类）监测方法 ·················· 484

四、蜚蠊监测方法 ·················· 486

五、蠓类（蚋类）监测方法 ·················· 488

六、蜱类监测方法 ·················· 489

七、蚤类监测方法 ………………………………………………………… 490

　　八、螨类监测方法 ………………………………………………………… 491

　　九、臭虫监测方法 ………………………………………………………… 491

第二节　入出境航空器病媒生物监测方法 …………………………………… 495

　　一、基本要求 …………………………………………………………… 495

　　二、鼠类监测方法 ………………………………………………………… 495

　　三、蚊类(蠓类)监测方法 ……………………………………………… 496

　　四、蝇类监测方法 ………………………………………………………… 496

　　五、蜚蠊监测方法 ………………………………………………………… 497

　　六、蚤类、蜱类、螨类、臭虫监测方法 ………………………………… 497

第三节　入出境列车病媒生物监测方法 ……………………………………… 498

　　一、基本要求 …………………………………………………………… 498

　　二、现场监测程序 ………………………………………………………… 499

第四节　入出境集装箱、货物病媒生物监测方法 …………………………… 499

　　一、基本要求 …………………………………………………………… 499

　　二、现场监测程序 ………………………………………………………… 500

第五节　入出境邮包快件病媒生物监测方法 ………………………………… 501

　　一、基本要求 …………………………………………………………… 501

　　二、现场监测程序 ………………………………………………………… 501

参考文献 ………………………………………………………………………… 506

索引 ………………………………………………………………………… 509

彩图 ………………………………………………………………………… 515

第一章 蚊类

凡是有人类生活的地方几乎都有蚊虫的存在,蚊虫是世界上最致命的物种之一。据世界卫生组织统计,全球虫媒传染病大约占所有传染病的17%,每年大约致使70多万人死亡。已登记的535种虫媒病毒中,从蚊类分离到的病毒就有265种,几乎占据总量的一半。其中以伊蚊属(117种)和库蚊属(103种)分离到的病毒最多,其次为按蚊(50余种)。其中披膜病毒科的甲病毒属中,大多数病毒与蚊虫有关;而黄病毒科的68种虫媒病毒中55.9%为蚊虫传播。此外,几乎所有布尼亚病毒科(138种病毒)都可以从库蚊和按蚊中分离到。

随着全球经济贸易、交通运输、商务旅游等的快速发展,客观上为蚊虫与蚊媒传染病的跨境扩散提供了可能。世界自然保护联盟(IUCN)公布的全球100种最具危险的外来入侵物种中,白纹伊蚊和四斑按蚊赫然在列。在全球典型的其他外来入侵蚊种中,还包括埃及伊蚊、冈比亚按蚊、达氏按蚊、日本骚扰蚊、黑须骚扰蚊(*Ochlerotatus atropalpus*)、网背骚扰蚊(*Oc. notoscriptus*)、尖音库蚊、致倦库蚊等。

近年来,中国口岸从入境货物、交通工具中陆续截获黄热病传播媒介埃及伊蚊(2010年舟山),淋巴丝虫病传播媒介斑翅骚扰蚊(2014年宁波),西尼罗传播媒介柯氏骚扰蚊(2016年宁波),欧洲疟疾媒介米赛按蚊、流行性乙型脑炎传播媒介白雪库蚊(2014年宁波),以及布尼亚病毒与西尼河热病毒媒介凶小库蚊和林区特有种侵袭骚扰蚊(2010年秦皇岛)等。

正是由于蚊虫的入侵、定殖与扩散,国际一些权威人士曾宣称,一些新发或再发蚊媒传染病已不再是第三世界特有的疾病。在当前互联互通的国际环境中,任何一种疾病,如登革热、基孔肯雅热、流行性乙型脑炎、疟疾等,均可以在24 h内到达世界的每一个角落。2008年,在广东口岸入境人员中,检出中国首例基孔肯雅热病例;2016年,深圳、浙江、福建、北京、河南等地先后发现多起外来输入性寨卡病毒病、黄热病和裂谷热等病例。

我国幅员辽阔，占世界 1/15 的陆地面积，其南面、西面和北面与多个国家接壤，气温横跨热带、亚热带和温带，地形地貌复杂多变，自然景观多种多样，物种资源十分丰富，为潜在外来病媒生物的入侵提供了有利环境。一些新的蚊媒传染病，尤其是虫媒病毒病可能会相继出现或被发现，并可能出现新的疫源地，所以了解境外蚊媒传染病及其传播媒介非常必要。

根据最新系统发育数值分析方法，Harbach 等（2007）将蚊类分为 2 亚科 44 属 145 亚属 3 490 种。我国除恢复属级分类地位的路蚊属和金蚊属外，还包括以我国蚊虫分类专家陆宝麟院士命名的陆蚊属和连日清博士命名的连蚊属，随后瞿逢伊等（2014）将我国蚊虫分为 2 亚科 7 属 420 种。由于国际上有关伊蚊族的分类仍存在有一定的争议，本书主要采用目前大多数学者普遍认同的分类方法。

第一节　蚊类的分类和形态特征

一、蚊类的分类

蚊类属于节肢动物门、昆虫纲、双翅目长角亚目中的蚊科，下分按蚊和库蚊两亚科，其中按蚊亚科保持不变，变化最大的是库蚊亚科，原阿蚊族和柯蚊族撤消，原阿蚊族中的阿蚊属划入伊蚊族；原柯蚊族一分为二，原柯蚊属划入曼蚊族，原小蚊属划入费蚊族。原巨蚊亚科降为库蚊亚科的一个族，新增为巨蚊族。鳞足蚊属从伊蚊族中剥离出来，新增为鳞足蚊族，这样库蚊亚科仍分为 10 个族。详见表 1-1。

表 1-1　蚊科分类系统

亚科或族	属	亚属数	种类数	分布
按蚊亚科 Anophelinae	按蚊属 Anopheles	7	455	全世界（Cosmopolitan）
	皮蚊属 Bironella	3	8	澳洲界（Australasian）
	夏蚊属 Chagasia		4	新热带界（Neotropical）
库蚊亚科 Culicinae				
鳞足蚊族 Aedeomyiini	鳞足蚊属 Aedeomyia	2	6	非洲界，澳洲界，东洋界，新热带界

(续表)

亚科或族	属	亚属数	种类数	分布
伊蚊族 Aedini	伊蚊属 Aedes	23	363	旧大陆(Old World),新北界(Nearctic)
	阿蚊属 Armigeres	2	58	澳洲界,东洋界
	艾蚊属 Ayurakitia		2	东洋界(Oriental)
	鲍蚊属 Borichinda		1	东洋界
	耳蚊属 Eretmapodites		48	非洲界(Afrotropical)
	吸蚊属 Haemagogus	2	28	主要为新热带界
	领蚊属 Heizmannia	2	39	东洋界
	骚扰蚊属 Ochlerotatus	22	550	世界性的
	毛顶蚊属 Opifex		1	新西兰(New Zealand)
	骚蚊属 Psorophora	3	48	新大陆(New World)
	尤蚊属 Udaya		3	东洋界
	奇阳蚊属 Verrallina	3	95	主要为澳洲界,东洋界
	泽蚊属 Zeugnomyia		4	东洋界
库蚊族 Culicini	库蚊属 Culex	23	763	全世界
	荻蚊属 Deinocerites		18	主要为新热带界
	伽蚊属 Galindomyia		1	新热带界
	路蚊属 Lutzia	3	7	非洲界,澳洲界,东洋界,新热带界,古北界(Palaearctic)东部
脉毛蚊族 Culisetini	脉毛蚊属 Culiseta	7	37	旧大陆,新北界
费蚊族 Ficalbiini	费蚊属 Ficalbia		8	非洲界,东洋界
	小蚊属 Mimomyia	3	44	非洲界,澳洲界,东洋界
霍蚊族 Hodgesiini	霍蚊属 Hodgesia		11	非洲界,澳洲界,东洋界
曼蚊族 Mansoniini	柯蚊属 Coquillettidia	3	57	旧大陆,新热带界
	曼蚊属 Mansonia	2	23	旧大陆,新热带界
直脚蚊族 Orthopodomyiini	直脚蚊属 Orthopodomyia		38	非洲界,新北界,新热带界,东洋界,古北界
煞蚊族 Sabethini	异蚊属 Isostomyia		4	新热带界
	贝蚊属 Johnbelkinia		3	新热带界
	金蚊属 Kimia		5	东洋界
	李蚊属 Limatus		8	新热带界
	钩蚊属 Malaya		12	非洲界,澳洲界,东洋界
	毛蚊属 Maorigoeldia		1	新西兰
	葱蚊属 Onirion		7	新热带界
	鲁蚊属 Runchomyia	2	7	新热带界

（续表）

亚科或族	属	亚属数	种类数	分布
	煞蚊属 *Sabethes*	5	38	新热带界
	希蚊属 *Shannoniana*		3	新热带界
	局限蚊属 *Topomyia*	2	54	主要为东洋界
	丑蚊属 *Trichoprosopon*		13	新热带界
	杵蚊属 *Tripteroides*	5	122	主要为澳洲界、东洋界
	怀蚊属 *Wyeomyia*	15	140	主要为新热带界
巨蚊族 Toxorhynchitini	巨蚊属 *Toxorhynchites*	4	88	非洲界,澳洲界,新热带界,古北界东部,东洋界
蓝带蚊族 Uranotaeniini	蓝带蚊属 *Uranotaenia*	2	265	非洲界,澳洲界,东洋界,新热带界
总计		44	145	3 490

（Harbach,2007）

二、蚊类的形态特征

蚊虫为小型昆虫,大多在 3～6 mm,身体柔软,足和喙细长,身体多处部位具有鳞片。整个体躯分为头、胸和腹三个部分（图 1-1）。

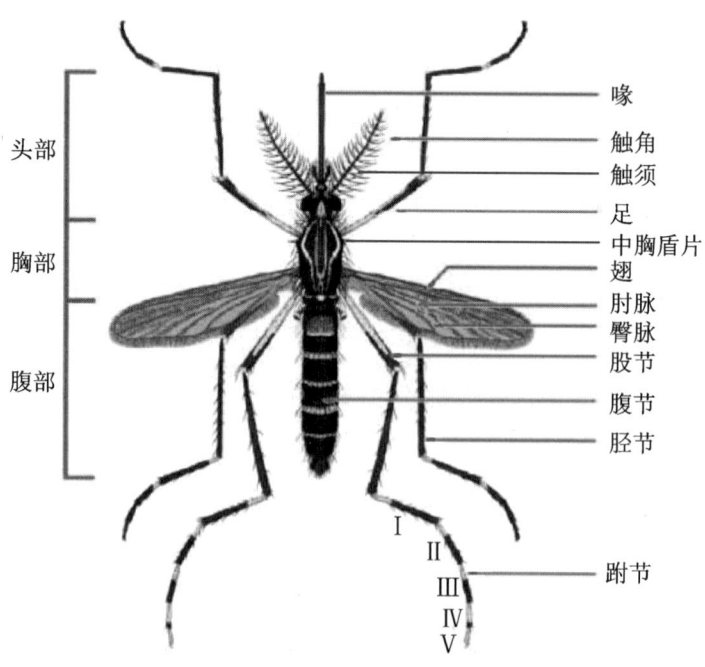

图 1-1　埃及伊蚊模式图

（仿 Rueda,2004）

(一)成蚊

1. 头部

蚊虫的头部近似球形(图1-2),两侧有一对肾形的大复眼。两复眼之间及其前部称为额部。在额部前外侧两眼间着生有一对丝状的触角,由15节组成,从基部起依次为柄节、梗节和鞭节三部分。多数蚊属的触角鞭分节轮毛因性别而不同:雌蚊疏而短、雄蚊密而长。

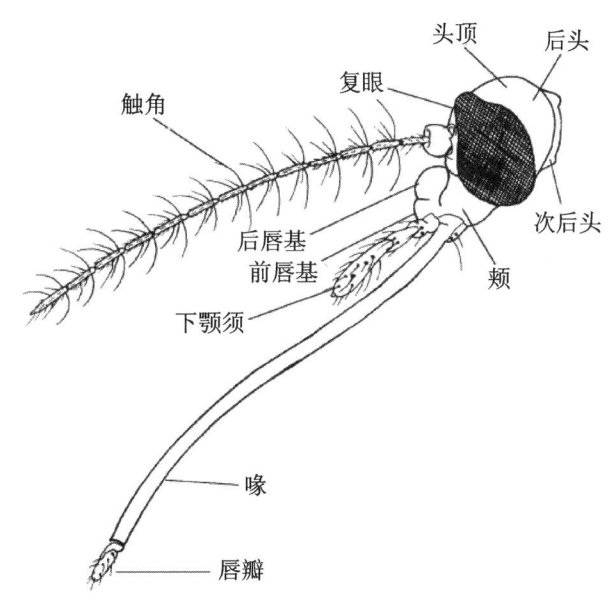

图1-2 库蚊亚科雌蚊头部
(仿Becker等,2010)

在头的前端正中有一细杆状的刺吸式口器——喙,喙通常细直、无长毛、粗细大体一致,它的末端有一对唇瓣。

触须(也称下颚须)位于唇基腹面两侧,通常分为5节,它的形状因性别和种类而不同。在按蚊亚科中,触须与喙的长度约略等长。在库蚊亚科中,雌蚊的触须远比喙短。

2. 胸部

蚊虫的胸部由颈部与头相连,通常由前胸、中胸和后胸三个体节合并而成(图1-3)。各胸节有足一对,中胸有翅一对,后胸有平衡棒一对。中胸和后胸侧面各有气门一对。

蚊虫的前胸退化。中胸发达,盾板由胸前端至小盾片,几乎占据整个胸背面。由前向后依次分为盾片、小盾片及后盾片三部分。中胸盾片为背板的主体部分,为一大穹顶状构

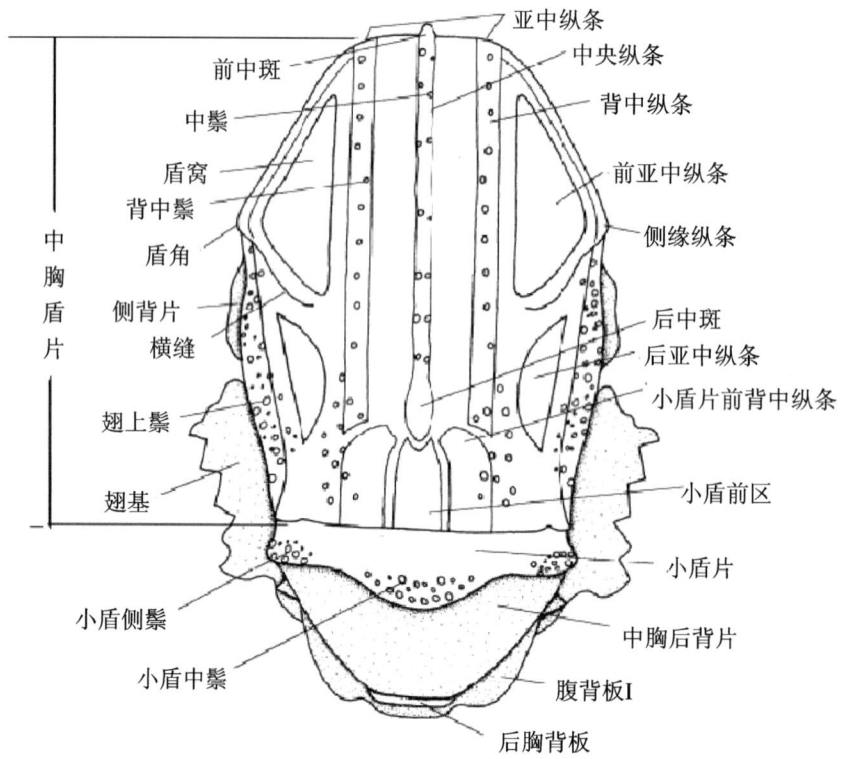

图 1-3 蚊虫胸部主要构成
（仿 Becker 等，2010）

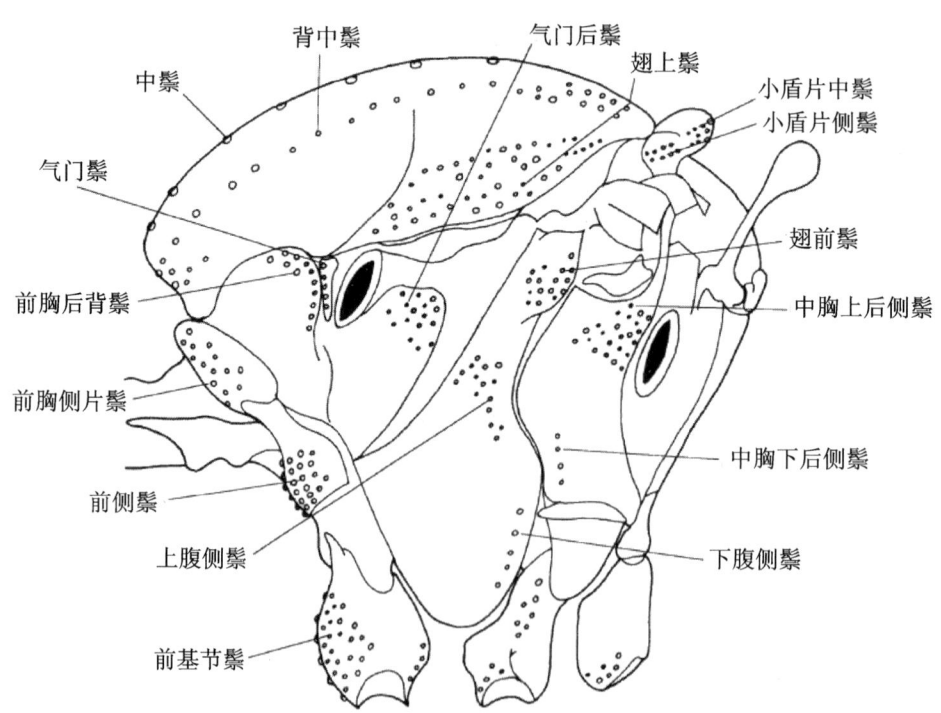

图 1-4 蚊虫胸部侧面观各项鬃毛
（仿 Becker 等，2010）

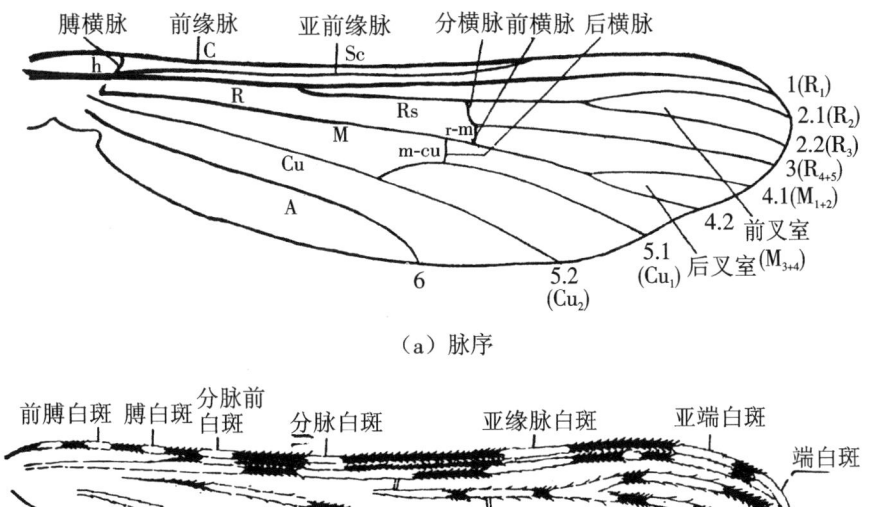

(a) 脉序

(b) 白斑名称

图 1-5 蚊虫翅脉与翅斑模式图

(引自陆宝麟等,1997)

造,以一横沟与小盾片分开。中胸侧板占据胸侧板的绝大部分。胸部侧板的色泽、鳞饰、鳞片的形状和毛序等常为分类鉴别特征的重要特征(图 1-3、图 1-4)。

中胸附生一对窄长的翅(图 1-5),膜质。翅基后部靠外微凸的是翅瓣,靠内较大的膜质部分则为腋瓣。

翅脉和翅缘都生有鳞片,其鳞有两种:平覆在纵脉上的短鳞叫被鳞,长而突出在翅脉外的称羽鳞。翅端和后缘的长鳞称缘缨,翅面鳞片的颜色有的全暗,有的暗淡混杂呈麻点状,有的淡色鳞形成白斑,均为明显的鉴别特征。

蚊翅的脉序比较简单。纵脉是从翅基到翅边缘的脉,共 6 根,即前缘脉、亚前缘脉、径脉、中脉、肘脉和臀脉。横脉是横列在纵脉间的短脉,系根据所连接的纵脉而命名,常见的横脉有 4 根,即膊横脉、分横脉、径中横脉(前横脉)、中肘横脉(后横脉)。翅脉之间的空隙称为室,径分脉第 2 支和第 3 支之间的翅膜为前叉室,中脉第 1+2(M_{1+2})和第 3+4(M_{3+4})之间的翅膜称为后叉室。自径分脉第 4+5 支起点处至径分脉分叉处的一段为前叉室的柄,自径中横脉至中脉分叉处的一段为后叉室的柄,交叉处到叉室最远端为叉室长度,从交叉处至最近横脉相交处为其柄长。

胸部附生有前足、中足和后足各一对。蚊足细长,各足由基部向端部依次分为基节、转节、股节、胫节和跗节五个部分。跗节又分为5分节,某些节的长比有时用于分类。跗节5末端有爪一对,两爪之间通常由一分支的刺突连接,称为爪间垫,库蚊属蚊虫还有一对发达的爪垫。足的鳞饰,如基白环、端白环、跨关节白环、膝斑、纵条、麻点等也均为常用的鉴别特征。

后胸极度退化。两侧有一对平衡棒。后胸侧板上有后胸气门。

3. 腹部

蚊虫的腹部由11节(腹节Ⅰ—Ⅺ)组成,外观通常显示8节。其中腹节Ⅰ背板退化,背面观不易见。雄性腹节Ⅱ—Ⅷ和雌性腹节Ⅱ—Ⅶ发育完全,每节具一背板和腹板由侧膜相连,侧膜上各有一对气门。腹节Ⅷ—Ⅺ特化为外生殖器(雌雄尾器)。腹部鳞饰和雄蚊尾器,在分类应用上较多(图1-6)。

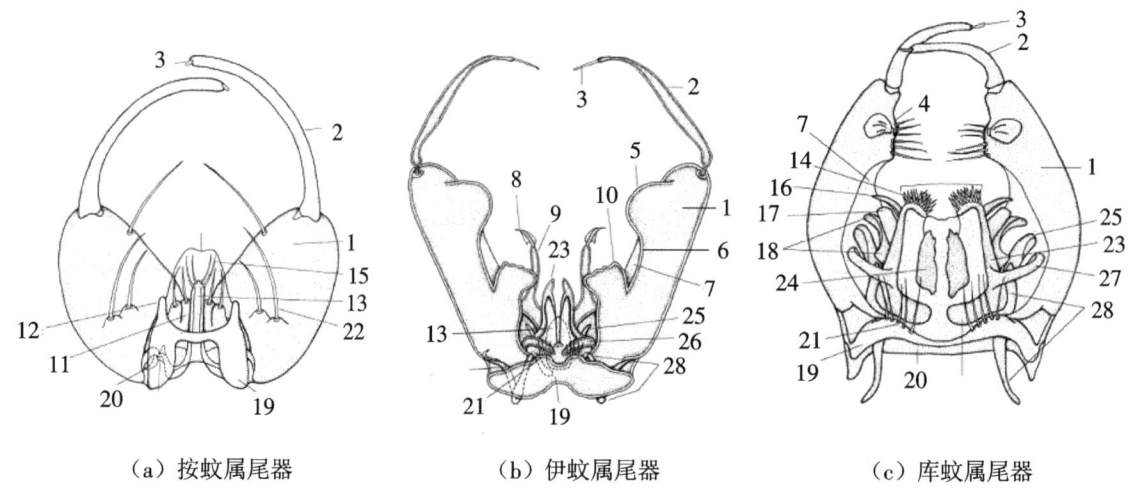

(a)按蚊属尾器　　(b)伊蚊属尾器　　(c)库蚊属尾器

1.抱肢基节;2.抱肢端节;3.指爪;4.亚端叶;5.端叶;6.背内缘;7.腹内缘;8.刀叶;9.干柄;10.背基内叶;11.小抱器腹叶;12.小抱器背叶;13.阳茎;14.刺冠;15.载肛片;16.腹板臂;17.背板臂;18.侧板臂;19.腹节Ⅸ背板;20.腹节Ⅸ腹板;21.腹节Ⅸ背叶;22.亚基刺;23.肛侧片;24.肛背片;25.阳基侧突;26.腹节Ⅹ背板;28.肛基臂

图1-6　按蚊、伊蚊与库蚊三属尾器特征图
(仿Becker等,2010)

(二)幼虫

幼虫整体也分头、胸、腹三个部分,扁平的胸部在整个生长龄期明显比其余两个部分宽,头部完全骨化,腹部10节。蚊幼虫显著不同于其他双翅目幼虫,除了捕食性巨蚊外具

有明显的唇刷，胸部扩张，腹部节Ⅷ两侧具有管状或圆柱形呼吸管（除按蚊属和夏蚊属外）。

幼虫期共有4个龄期，均需要在水中才可以完成生长发育，无法在极度干旱环境中生存，成熟的第4龄通常是分类鉴别特征龄期。大多数库蚊亚科幼虫，头部宽大于长，略呈椭圆形（图1-7）。而按蚊亚科则正好相反，通常是长大于宽，近似梨形。尽管按蚊亚科和库蚊亚科幼虫多方面不同，但结构非常相似。幼虫整体由222根刚毛组成，毛序和结构是重要的分类依据。

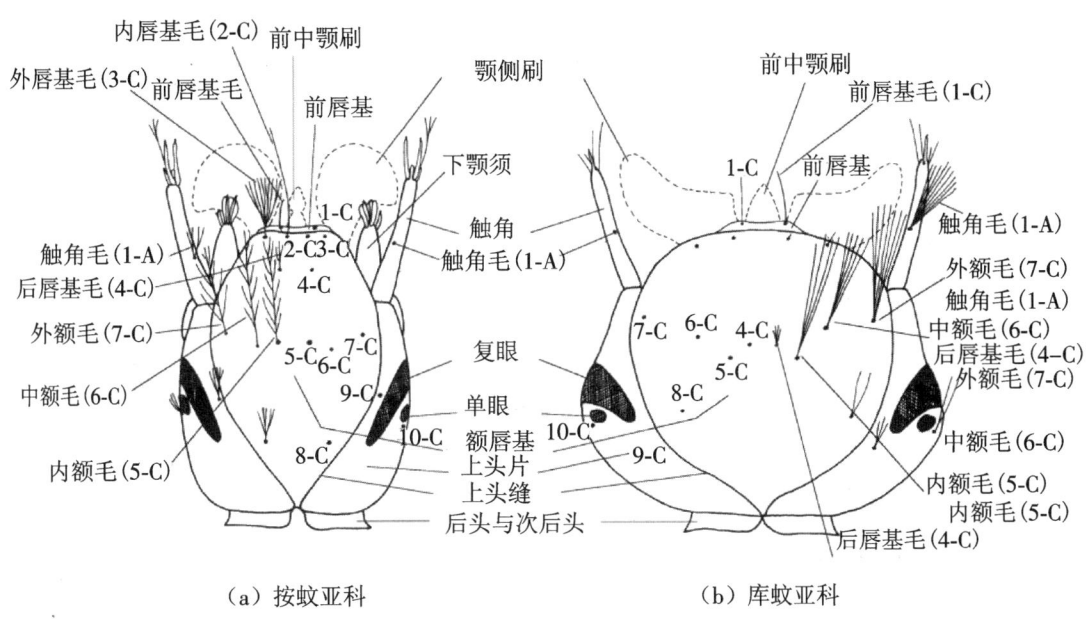

图1-7 按蚊亚科（a）和库蚊亚科（b）幼虫头部背面观
（仿Becker等，2010）

三、重要蚊属

蚊类属种繁多，重要媒介多集中在按蚊属、伊蚊属、骚扰蚊属、库蚊属、曼蚊属、脉毛蚊属、吸蚊属和煞蚊属等。

（一）按蚊属

雌蚊喙与触须等长。小盾片圆弧状，缘毛均匀分布。翅通常具黑白斑。幼虫无呼吸管，具掌状毛（表1-2，彩图1）。

表 1-2 按蚊属典型外部形态特征

典型特征	成蚊	幼虫
1	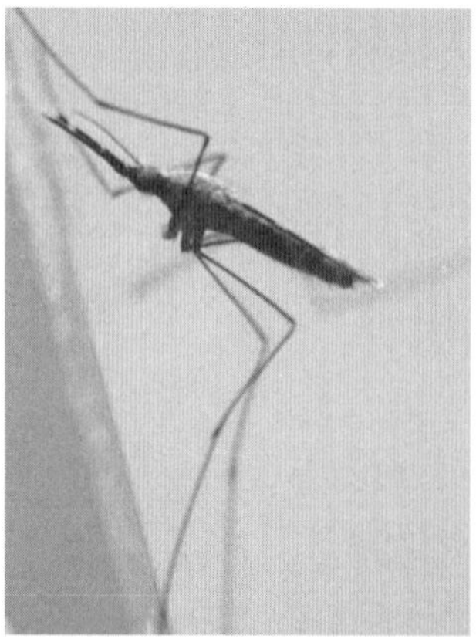 栖息时身体与停落面成 45°角	 幼虫无呼吸管,通常像一根树枝漂浮在水面
2	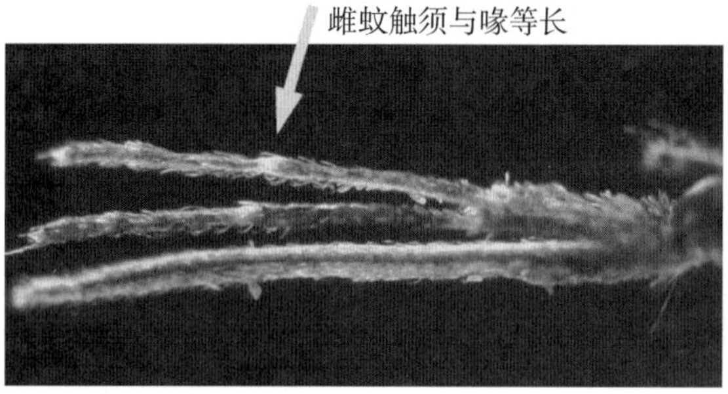 雌蚊触须与喙等长	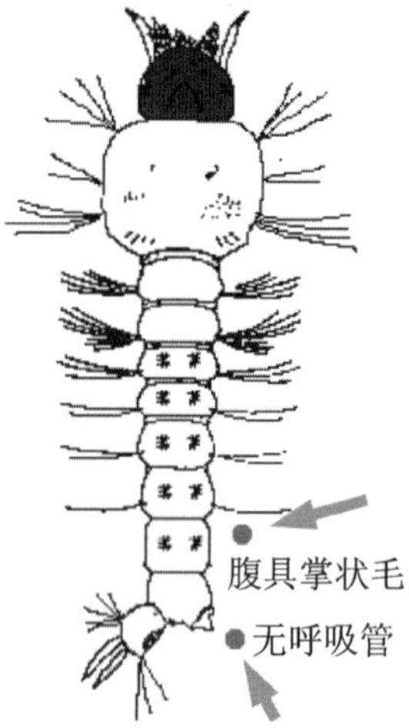 腹具掌状毛；无呼吸管
3	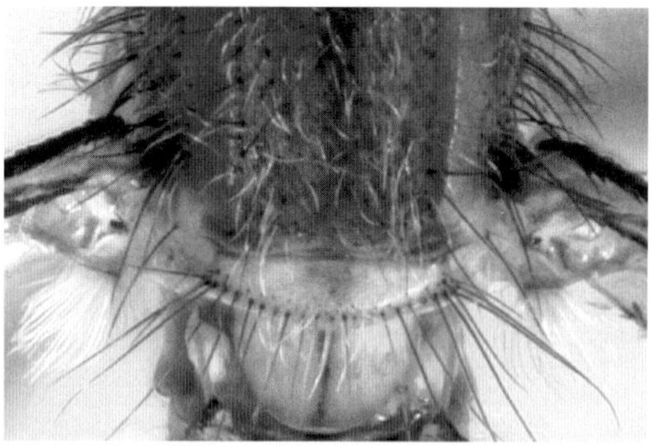 小盾片圆弧状,边缘毛均匀分布	

(仿 Cutwa 和 O'Meara,2005 年)

(二)伊蚊属与骚扰蚊属

雌蚊触须较短。小盾片三叶状。腹部尖削,每个腹节通常具基带。停栖时,体与停栖表面平行。幼虫栉齿仅1列，梳齿外仅1个簇毛。肛节未被尾鞍环绕（表1-3，彩图2）。

表1-3 伊蚊属与骚扰蚊属典型外部形态特征

典型特征	成蚊	幼虫
1	栖息时身体与停落面平行	呼吸管短粗
2	小盾片三叶状	呼吸管上具梳齿；梳齿外仅1个毛簇；肛节末被尾鞍围绕
3	腹节具基带	

[除小盾片引自美国沃尔特里德生物分类研究中心（Walter Reed Biosystematics Unit，简称WRBU）外，余者仿Cutwa和O'Meara，2005]

(三)库蚊属与路蚊属

成蚊具明显的爪垫,无气门鬃和气门后鬃。小盾片三叶状。腹部末端圆钝。停栖时,体躯与刺叮物体表面平行。库蚊属中胸下后侧片鬃不超过2根,路蚊属中胸下后侧片鬃超过4根。幼虫栉齿2排或2排以上,梳齿外有多个毛丛(表1-4,彩图3)。

表1-4 库蚊属与路蚊属典型外部形态特征

典型特征	成蚊	幼虫
1	腹部末端圆钝	呼吸管通常细长
2	雌蚊触角与喙等长	栉齿超过2列 呼吸管具梳齿 梳齿外毛簇超过2根
3	小盾片三叶状	
4	足通常暗黑,无条带	

(除小盾片引自美国WRBU, http://wrbu.org 外,余者仿Cutwa和O'Meara,2005年)

(四)脉毛蚊属

成蚊中胸侧板具气门鬃。气门后区通常无鬃或鳞片。翅径脉基腹面有群细毛。幼虫口下板裂缝完整。腹刷至少3对以上。刚毛5-Ⅷ位于腹节Ⅹ背侧缘下方。刚毛1-S嵌于呼吸管基部(表1-5,彩图4)。

表1-5 脉毛蚊属典型外部形态特征

典型特征	成蚊	幼虫
1	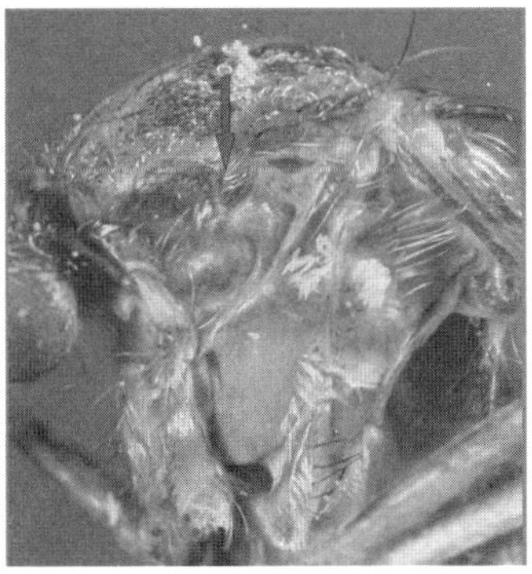 中胸侧板具气门鬃	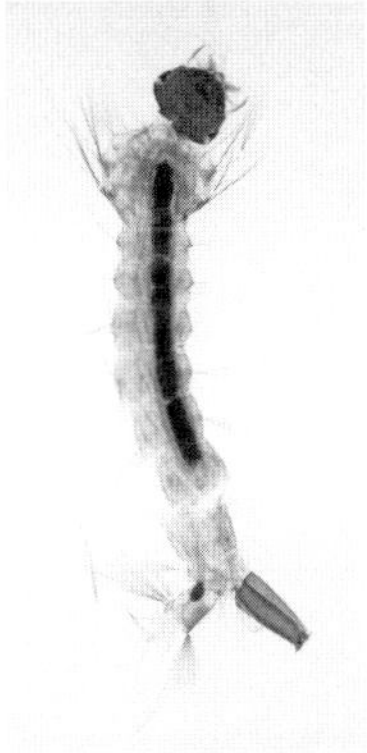 幼虫
2	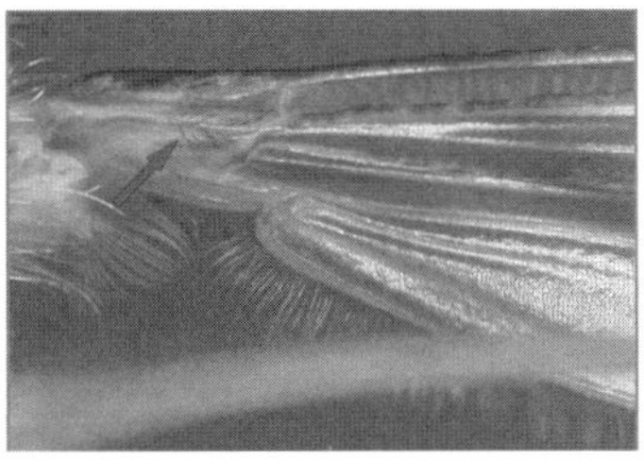 翅径脉基腹面具细毛	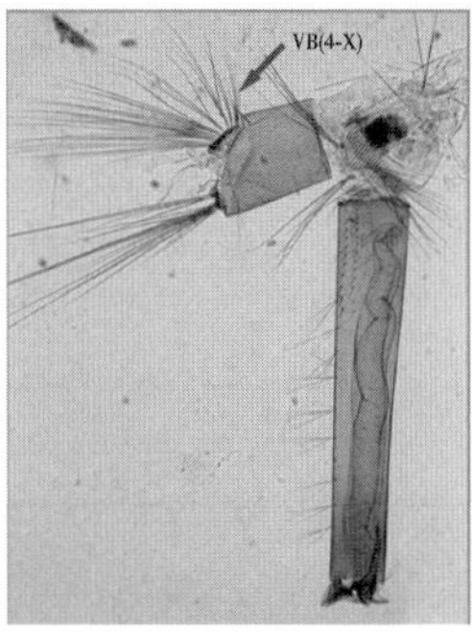 腹刷刚毛4-X 3对以上

(引自美国WRBU,http://wrbu.org)

(五)柯蚊属

成蚊翅鳞对称。中胸侧板无气门鬃和气门后鬃。幼虫呼吸管尖端具齿,常吸附于水生植物根茎。触角具2根短的毛刷。尾鞍没有栅前毛(表1-6,彩图5)。

表 1-6 柯蚊属典型外部形态特征

典型特征	成蚊	幼虫
1	翅鳞对称，杂生有淡色鳞	幼虫常吸附于水生植物根茎
2	中胸侧板无气门鬃和气门后鬃	触角具2根短的毛刷；呼吸管尖端具齿；尾鞍没有栅前毛

（翅与中胸侧板引自 Cutwa 和 O'Meara 等，2005；幼虫引自 Becker 等，2010）

（六）吸蚊属

成蚊前胸前背片发育完整，明显超出中胸盾片前缘。后足基节比中足基节大，其上缘几乎与基后片平齐。中胸侧板具宽阔的银白条带。幼虫尾鞍仅能包围肛节一半。刚毛 5-Ⅷ位于腹节 X 中央（表 1-7，彩图 6）。

表 1-7 吸蚊属典型外部形态特征

典型特征	成蚊	幼虫
1	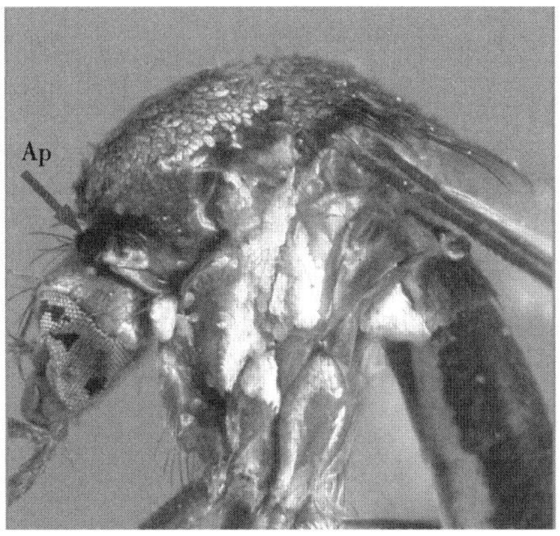 前胸前背片特别发达	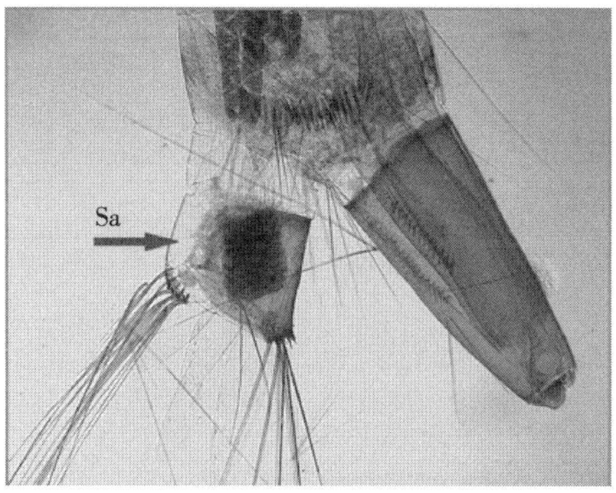 尾鞍半包围肛节
2	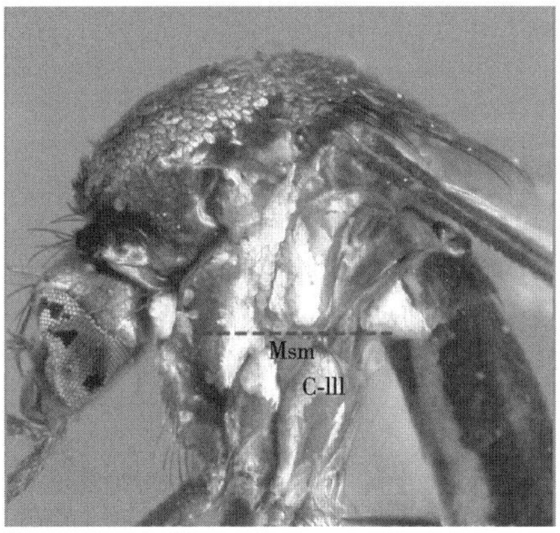 后足基节大	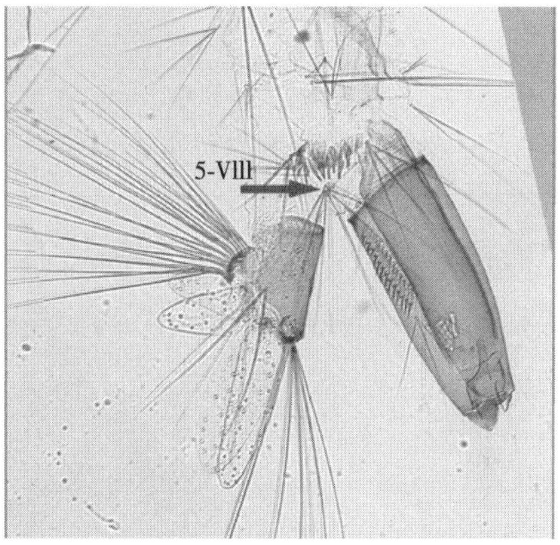 刚毛 5-Ⅷ 位于腹节 Ⅹ 中央
3	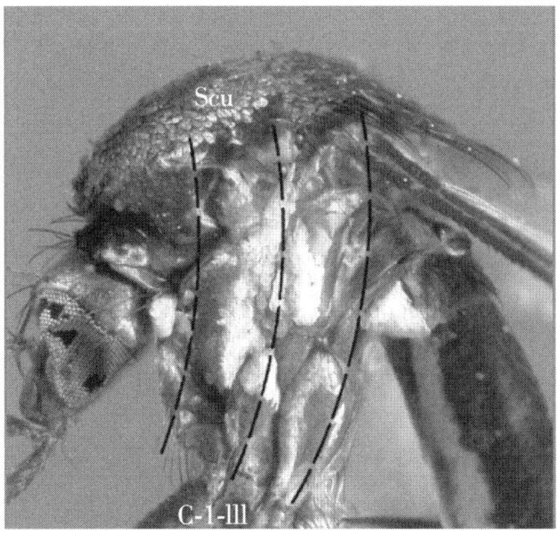 中胸侧板具宽阔的银白条带	

（引自美国 WRBU，http://wrbu.org/）

（七）曼蚊属

雌蚊触角鞭分节交接处具淡鳞。具气门鬃。翅鳞宽而不对称，末端钝而平截。后足跗节具窄的基白环。腹节尖端钝、平截。幼虫呼吸管尖端具齿。触角具 2 长的毛刷。尾鞍具栅前毛（表 1-8，彩图 7）。

表 1-8　曼蚊属典型外部形态特征

典型特征	成蚊	幼虫
1	腹节尖端钝、平截	幼虫常见于水生植物根部
2	具气门鬃	触角具2长的毛刷；呼吸管尖端具齿；尾鞍具栅前毛
3	触角鞭分节具白鳞	

(续表)

典型特征	成蚊	幼虫
4	 翅鳞大,末端钝而平截	
5	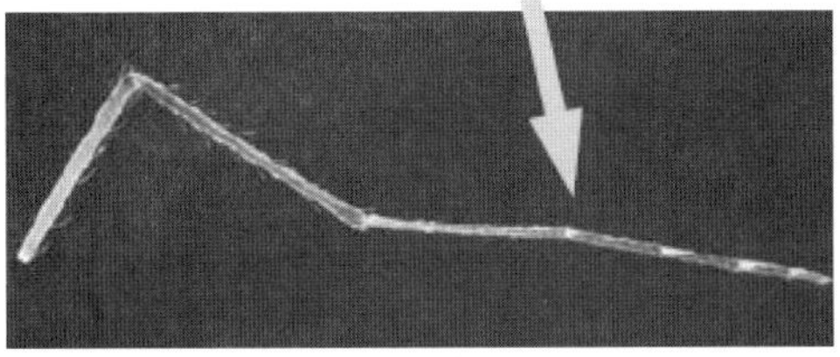 后足跗节具窄的基白环	

(仿 Cutwa 和 O'Meara,2005 年)

(八)煞蚊属

成蚊通体遍布明亮的金属鳞片,如绿色、蓝色、紫罗兰、金色和银白色,通常无翅前鬃。前背板宽大而突出。足显著的鳞片酷似船桨状。前足和中足股节总是长于后足股节。后足跗节长度明显超过胫节和股节之和(表1-9,彩图8)。

表 1-9 煞蚊属典型外部形态特征

典型特征	成蚊	幼虫
	前背板宽大而突出	齿尖 下颚 幼虫
	前中足股节总是长于后足股节	

（成蚊仿 Cutwa 和 O'Meara，2005 年；幼虫引自网页 Clave fotografica）

第二节　蚊类的生态习性

一、生活史

蚊虫是全变态昆虫，成蚊营陆上生活，而它们的卵、幼虫和蛹则营半水生生活（图 1-8）。

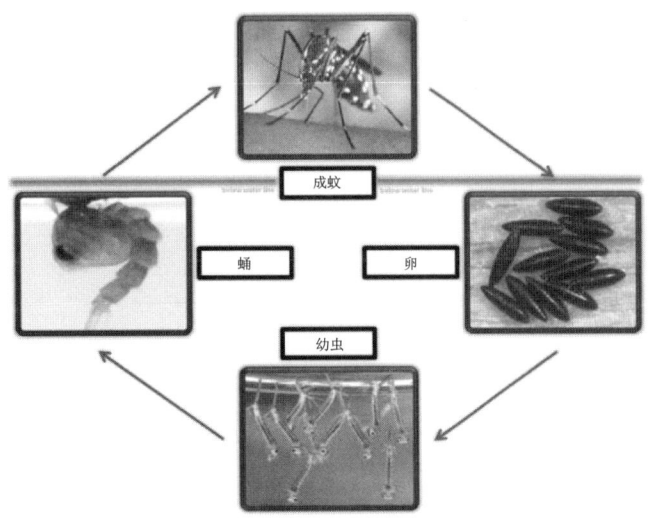

图 1-8　蚊虫主要生活史
（引自网络 http://entoplp.okstate.edu）

卵：卵单个（如按蚊）或批量产于水体表面（如库蚊、蓝带蚊、柯蚊和直脚蚊）或附着在孳生地物体表面。

幼虫：在水体中，幼虫通过呼吸管，上升到水面呼吸。一般具有4个龄期，需通过4次蜕皮，发育至蛹期。

蛹：四龄幼虫蜕皮后成蛹，呈"逗点"状。蛹不取食。通过呼吸管，上升到水面呼吸。羽化时由头胸部背面裂开，呈"T"形裂缝，成虫逸出。

二、食性

雄蚊不吸血，仅以植物液汁特别是花蜜为食。

绝大多数蚊类的雌蚊都会吸血（除巨蚊属和钩蚊属雌雄皆不吸血外），雌蚊一般在羽化后一天左右开始吸血，吸血所需时间视蚊种和动物宿主而异。一般吸血活动都在夜晚进行，但也有白天吸血的。伊蚊大多在白天吸血，白纹伊蚊以下午14:00—18:00为活动高峰；淡色库蚊、中华按蚊和骚扰阿蚊则是在日落后一小时与黎明时为吸血活动高峰。微小按蚊、雷氏按蚊、致倦库蚊和三带喙库蚊的活动高峰出现于午夜前后。

三、季节消长

与当地的温度（热季和冷季）、湿度和雨量（干季和湿季）等密切相关。季节消长因种因地区而异。

四、孳生地

幼虫孳生场所主要分以下五大类。

（1）田塘型：主要孳生在稻田、沼泽、人工湖、各类池塘等大型或较大积水场所，代表种为三带喙库蚊、凶小库蚊、刺扰伊蚊、中华按蚊。

（2）缓流型：主要孳生在小溪、沟渠等缓流中，如微小按蚊。

（3）丛林型：主要孳生在丛林或山麓灌木隐蔽下的石穴、溪床积水等小型积水中，如大劣按蚊。

（4）坑洼型：主要孳生在坑洼，尤其是污染的积水中，如淡色库蚊、致倦库蚊、三带喙库蚊、褐尾路蚊。

（5）容器型：主要孳生在人工或植物容器积水中，典型代表为埃及伊蚊和白纹伊蚊。

五、活动范围

蚊虫飞行活动范围，一般都在它孳生地和食源所在地附近。成蚊飞翔能力一般在几十米到几百米内，如淡色库蚊、致倦库蚊、骚扰阿蚊等；孳生于稻田、河沟离居民点较远的蚊类如中华按蚊、三带喙库蚊，飞行距离一般都在 0.5 km 左右，很少超过数千米。但也有超过十余千米或更远的，如刺扰伊蚊。在城镇人口密集地区，蚊虫飞行距离通常在 1 km 左右，但在野外开阔的荒漠草原地区，为了觅食，有些库蚊和伊蚊可以飞得很远，如刺扰伊蚊可飞行达 20 km 远处，还有些伊蚊飞行距离可达 40～50 km。此外，蚊虫还可随火车、汽车、飞机、轮船等交通工具扩散。

蚊虫的栖息活动，因种类不同，环境因素的变化（如血源、温度、湿度、光线、风力等），房舍的结构，气候的变化，地理的差异，居民点周围的植被状况，居民夏秋季节的夜宿习惯以及杀虫剂使用等，有不同的栖息活动习性。蚊种的栖息习性大致可分为以下四种类型。

（1）内吸内栖型：夜间侵入人房、畜圈和鸡舍刺叮吸血，而大部分留于室内，消化其血液并发育卵巢，待卵成熟后飞到户外产卵，如微小按蚊、雷氏按蚊、致倦库蚊、淡色库蚊。

（2）内吸外栖型：夜晚进入室内吸血，吸血后做短暂停留或立即飞出室内到野外栖息，如大劣按蚊和三带喙库蚊。

（3）外吸内栖型：夜晚在室外吸牛血，而在黎明飞入室内栖息，如海南岛的迷走按蚊。

（4）外吸外栖型：野外吸血并栖息，如凶小库蚊、黄色伊蚊等。

第三节 常见蚊类

一、须喙按蚊 Anopheles barbirostris Van der Wulp, 1884

（一）鉴别特征

雌蚊触须全暗，蓬松、粗壮。中胸盾片肩窝中央及其两侧各有一大簇窄暗色鳞。中胸下后侧鬃1～3根。翅前缘脉有3个小白斑，R_1中段和亚末端各有1个白斑。Cu_1末端有缘缨白斑。各足基节均有明显的淡色鳞簇；前股节基段1/2明显膨大；各足胫节均有窄端白环；前跗节1—2末端有窄白环；后跗节1—4有端白环，节3—5有基白环。腹节Ⅱ—Ⅶ腹板中央及两侧近边缘处各有一由4～10片扁平淡色鳞组成的白鳞区。

雄蚊阳茎叶片一般有4对，内侧2对叶片较大，第1对有一明显基齿，两侧边缘各有2～10个小锯齿；第2对仅有侧齿而无基齿（图1-9，彩图13）。

（二）生态习性

雌蚊主要吸牛血。幼虫广泛孳生于阳光充足或部分遮阴水质清净的场所，包括稻田、沼泽、水塘、沟渠等。

（三）地理分布

国外：印度、斯里兰卡、泰国、缅甸、柬埔寨、越南、马来西亚、印度尼西亚、尼泊尔。

国内：浙江、四川、云南、海南。

（四）医学重要性

印度尼西亚部分地区丝虫病的传播媒介。在印度和孟加拉国有日本乙型脑炎病毒自然感染的研究报道。

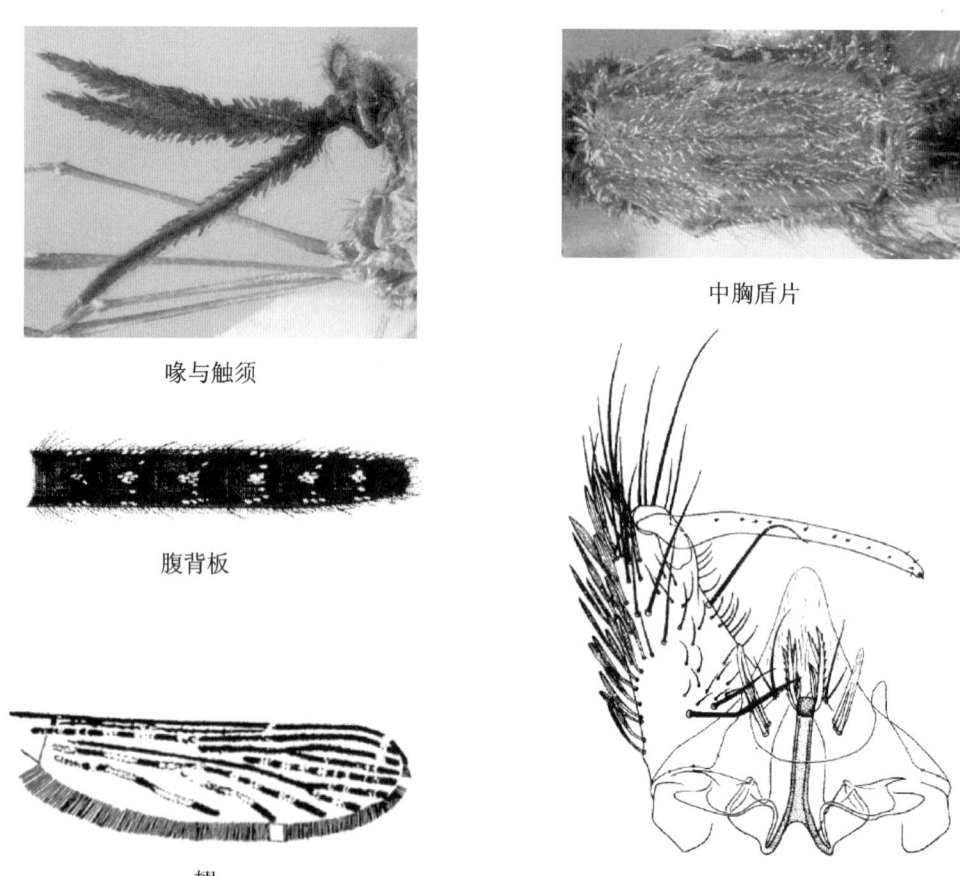

图 1-9 须喙按蚊

（触须与中胸盾片彩图引自美国 WRBU，http://wrbu.org；余者引自 Harrison 和 Scanlon，1975）

二、五斑按蚊 *Anopheles maculipennis* Meigen，1818

（一）鉴别特征

喙暗黑。头顶具长的白色毛簇，前头具直立的窄鳞与鬃毛，后头平覆暗褐色鳞。中胸盾片具宽的灰色纵条，在盾片前半部通常具2~3条不明显的褐色纵条。盾片两侧前端褐色，后端呈黑棕色。小盾片具金色窄鳞。胫节端部稍淡。翅面暗鳞分布不均匀，尤其是在横脉与分叉处较为明显；翅缘具端白斑；前叉室分叉处比后叉室分叉处更接近翅基。抱肢基节亚基部显著突起，具2根鬃毛，内侧1根近抱肢基节中部，外侧1根较长。抱肢端节长于抱肢基节，末端具短的指爪。小抱器凸叶具刺状鬃。阳茎末端具长而窄的叶片（图1-10）。

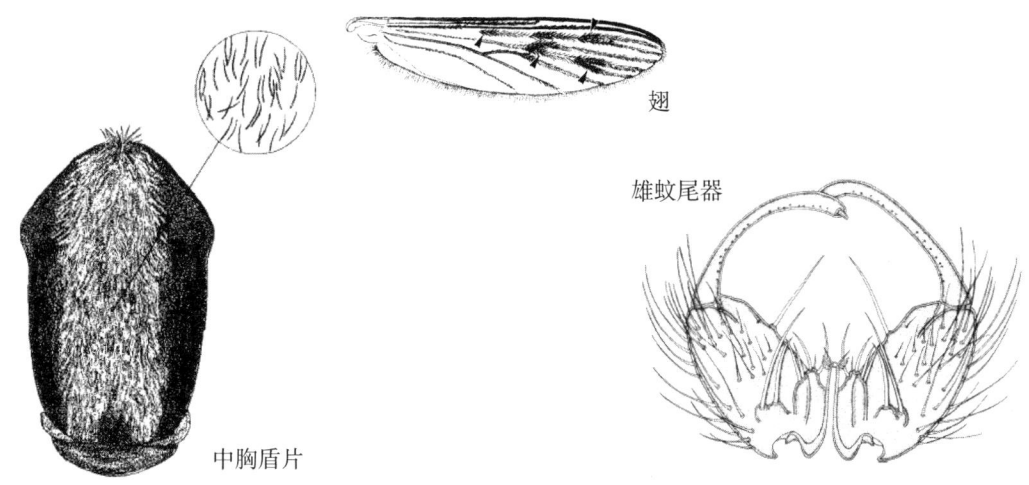

图 1-10　五斑按蚊
（中胸盾片、翅引自 Glick，1992；雄性尾器引自 Becker 等，2010）

（二）生态习性

幼虫主要孳生于高地（1 000 m 以上）、平原、海滩等阴凉清澈的水体，如流动的溪流、河边、稻田以及人工水池，似乎比米赛按蚊更适合于耕地中生存。雌蚊主要嗜吸牛、猪和鸡等动物血，偶吸人血。成蚊多飞翔时交配。

（三）地理分布

国外：除了伊比利亚半岛南部地区外，几乎遍布整个欧洲，北到南斯堪的纳维亚半岛，南到土耳其、叙利亚，东到南乌拉尔山、里海，西到法国、西班牙。另外，向东延伸可达亚洲的东南部和波斯湾。

国内：未见分布。

（四）医学重要性

欧洲和中亚疟疾的主要传播媒介。

三、米赛按蚊 *Anopheles messeae* Falleroni，1926

小五斑按蚊（*An. macullipennis atroparvus*）系本种误定。

(一)鉴别特征

体大型。雌蚊头额部中央在两侧复眼之间有一簇白色鳞片,复眼边缘镶有一较宽的白线。中胸盾片中央区灰色,两侧各有一条宽阔的暗棕色纵线。翅有狭窄暗色鳞片密集而成的特殊暗斑,翅尖 R_1—R_{3+5} 末端通常有缘缨白斑。各足股节与胫节的末端有一小白斑。

雄蚊阳茎叶片3～4对,第1对叶片最大,第4对通常细小、呈针状。腹节Ⅸ背板两侧各有1个较长的臂状突起(图1-11)。

图 1-11 米赛按蚊
(翅引自陆宝麟等,1997;前足引自美国 WRBU,http://wrbu.org;尾器引自 Becker 等,2010)

(二)生态习性

成蚊外栖,嗜吸畜血。幼虫孳生于草原中富含藻类等水生植物的清水坑、水塘、沟渠、沼泽等积水以及稻田和芦苇塘等。

(三)地理分布

国外:奥地利、白俄罗斯、比利时、克罗地亚、丹麦、芬兰、法国、德国、希腊、匈牙利、伊朗、荷兰、挪威、瑞士等。

国内:内蒙古、辽宁、吉林、黑龙江、新疆。

(四)医学重要性

米赛按蚊是欧洲及北亚地区疟疾的传播媒介之一。

四、四斑按蚊 Anopheles quadrimaculatus（Say，1824）

（一）鉴别特征

雌蚊：头部背面与背侧面覆盖浓密的暗色长的窄竖叉鳞，头顶平覆钻石状窄的弯曲白鳞。梗节暗黑，正中和背面具少量片状黑色鳞片；鞭分节1正中具有少量片状暗色鳞片。下颚须通常暗黑，基部背面具一些半平伏的长鳞；第2节基部通常具2根较长的暗色鬃毛。喙不短于前足股节，暗黑，基部腹面具少量平伏的长鬃毛。唇瓣褐色，唇基暗黑。眶间鬃通常7～12根。

盾窝通常具有白色或金白色鳞片，形成一浓密的条块，延伸至中胸盾板的前缘，通常具21～45根鬃。中胸盾板中央金色半伏长鳞片与褐色短鬃毛相互混杂在一起，排列成2列。小盾片前区常有2～3根长的暗褐色鬃毛。翅前鬃6～12根。前胸前侧片上位通常具2～6根鬃。翅脉与缘缨均呈暗黑，翅脉具显著的4处暗斑。臀脉基部鳞片倒卵形且尖端圆，臀前域腹面具块状鳞。上腋瓣具长的淡色鬃毛。平衡棒结节具暗鳞。中足和前足胫节通常端部具淡鳞（图1-12）。

雄蚊：除性别差异外，类似于雌蚊。头：喙长于前足股节。足：后足跗节Ⅰ具有一较大的爪，其上正中具有一个较长的窄齿，基部则具有一短的弯齿。跗节Ⅱ和Ⅲ均具有2爪。

（二）生态习性

幼虫孳生地多样。主要孳生在稻田，也见于天然的孳生环境，通常是相对面积较大的流溪、湖泊、沼泽，带有植被的缓流和静水，还存在于猪场的污水池，带有落叶盛装有雨水的小型塑料桶，以及废弃轮胎。

成蚊喜嗜动物的血，属外吸外栖型。具有高度的嗜动物性，整夜均可取食，活动高峰主要是黄昏和黎明。刚羽化的成虫停栖在水生植物上，吸血后，白天栖息于树林、牲畜棚、人房等，可外栖于树洞、畜棚、公共厕所、桥下以及建筑物的屋檐。

（三）地理分布

国外：分布在加拿大、美国和墨西哥，主要在美国东南部。

国内：未见分布。

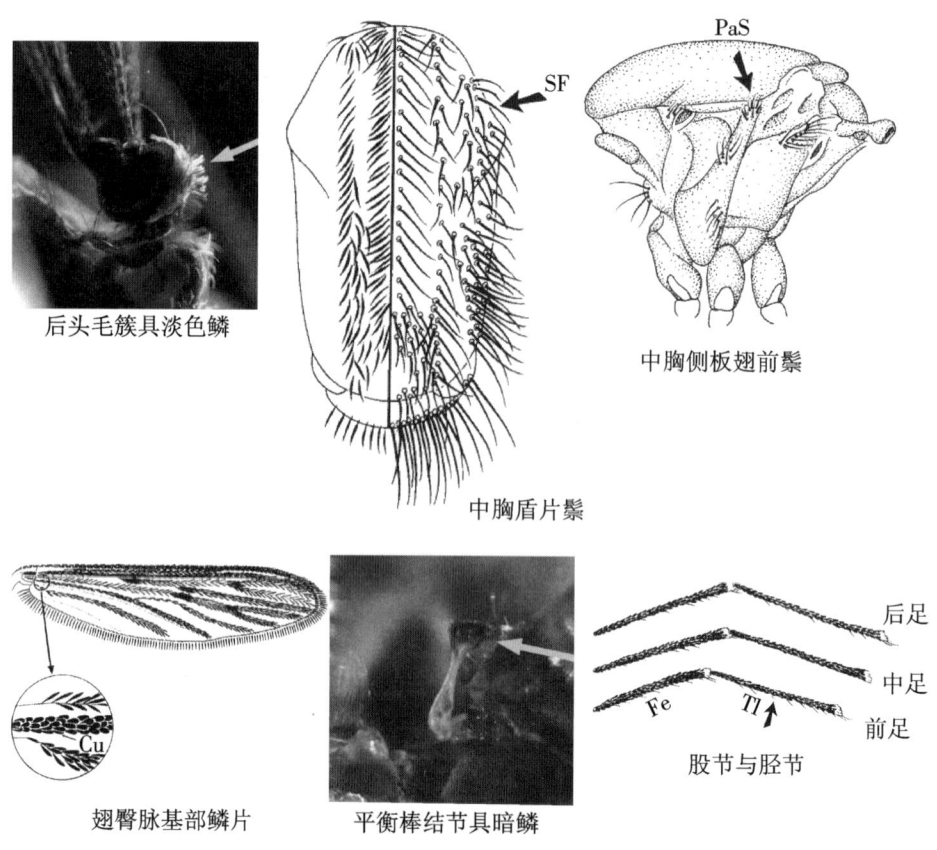

图 1-12 四斑按蚊

（除头部与平衡棒引自 Cutwa 和 O'Meara,2005;余者引自 Darsie 和 Ward,2005）

（四）医学重要性

四斑按蚊曾是美国重要的传疟媒介。

五、阿拉伯按蚊 *Anopheles arabiensis* Patton,1905

（一）鉴别特征

头顶具宽的白色鳞片,侧缘与后头呈暗褐色。触须第 5 节全白。前胸前侧片上位具鬃毛。中胸盾片覆盖窄的淡色鳞,盾窝具散状的淡色鳞。几乎所有的翅脉均有白斑。径脉通常具有显著的（R）额外区间黑斑（PASD）；R_1 上远离翅基的第 3 块黑斑,中间夹杂白斑,有时与后面端部白斑连成一片。臀脉通常具 3 个黑斑。股节与胫节具星状斑。后足跗节第 3～4 节具端白环,节 5 暗黑。腹节背板无暗色鳞簇（图 1-13）。

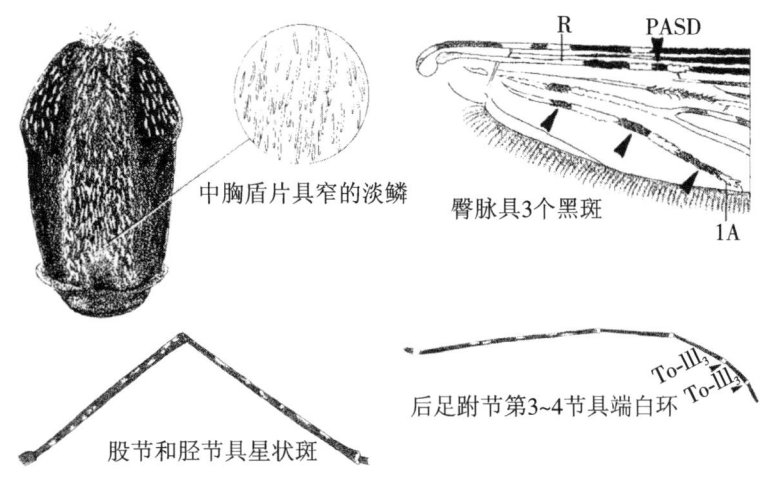

图 1-13　阿拉伯按蚊

（仿 Glick,1992）

（二）生态习性

属外吸外栖型,雌蚊高度嗜吸人血,有时更喜欢嗜吸哺乳动物。与冈比亚按蚊主要栖息于湿润的森林不同,阿拉伯按蚊更喜欢贫瘠的荒原。幼虫生境与冈比亚按蚊幼虫相似。

（三）地理分布

国外:非洲热带和南部地区,沙特阿拉伯和也门。

国内:未见分布。

（四）医学重要性

阿拉伯按蚊是疟疾的重要传播媒介。

六、冈比亚按蚊 *Anopheles gambiae* Giles,1902

（一）鉴别特征

喙一致暗色。触须具 3~4 个白环。中胸盾片覆盖乳白或黄色鳞片。股节、胫节与跗节Ⅰ具显著麻点和斑纹;前跗节Ⅰ—Ⅲ末端具宽的基白环,Ⅳ节具端白环;后跗节Ⅰ—Ⅳ具窄的端白环。翅具显著的白斑,纵脉 R_1 有 1 个白斑,所有翅脉末端通常具白斑,但有时纵

脉 Cu_2 和 A_n 白斑有时缺失。腹部背板通常具灰白色基带,节Ⅶ和Ⅷ背板呈黄褐色(图 1-14,彩图 9)。

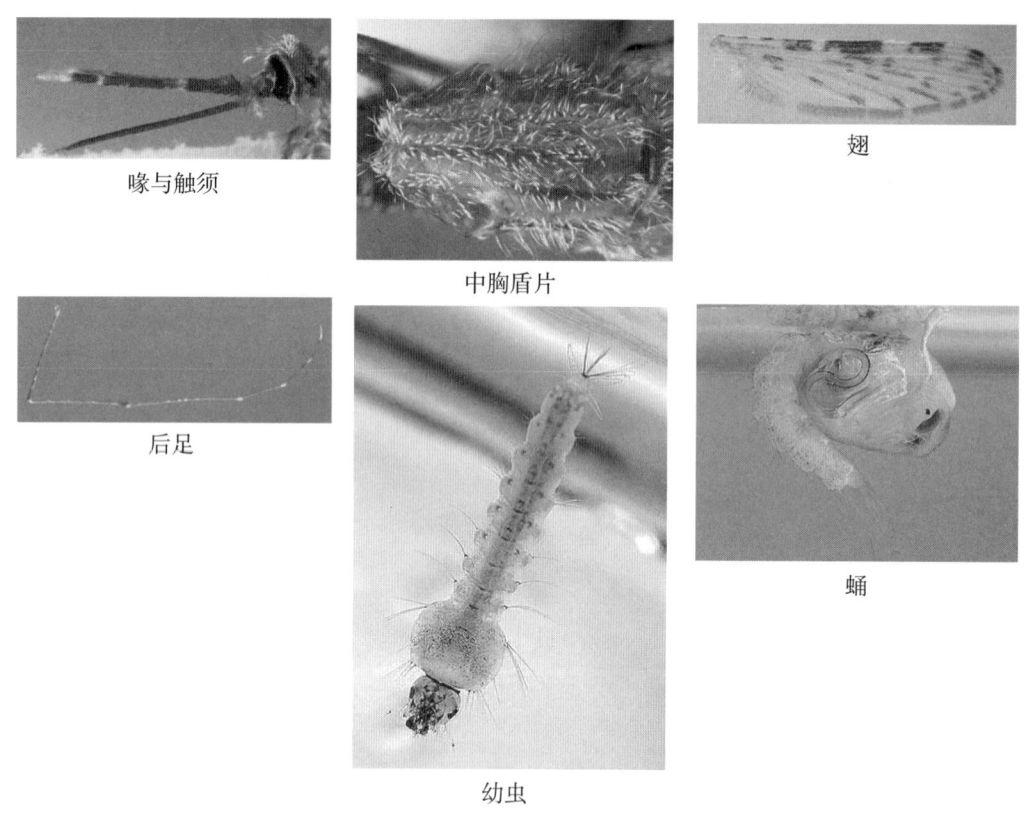

图 1-14　冈比亚按蚊
(除幼虫与蛹引自 White 和 Kaufman,2014;余者引自美国 WRBU,http://wrbu.org)

(二)生态习性

夜间活动,喜侵入室内,嗜吸人血与畜血。雌蚊喜欢将卵产于阳光照射阴凉的静水中,但卵耐旱能力较差。

(三)地理分布

国外:非洲撒哈拉沙漠以南地区。
国内:未见分布。

(四)医学重要性

冈比亚按蚊是非洲撒哈拉沙漠以南地区最主要的疟疾和淋巴丝虫病的传播媒介。

七、邪恶按蚊 Anopheles funestus Giles，1900

(一)鉴别特征

雌蚊：触须具3个白环，端白环占据整个触须的第5节，或者整个第5节的一小部分，它的端部总是具有淡色鳞。中白环介于第3节与第4节之间，而各节上的黑环通常比白环长。基白环位于第2节端部，有时也长达第3节的基部。头顶具竖叉状淡色鳞，后头则为黑色竖叉鳞。前突具6~10根长的白色鳞片。中胸盾片中间淡色区覆盖窄的白鳞，中胸腹侧板具淡色横条，气门鬃通常缺失，即使存在，也只有非常小的1~3根。前足基节通常具鳞簇。足具显著的黑鳞，胫节通常具窄的端白斑。后足跗节通常黑，有时具有非常窄的不清晰环。前缘脉通常具4个白斑，但比相应的黑斑短。前缘脉基部1/4通常黑，但偶尔略带点淡鳞。R_{4+5}通常黑，偶尔在中间位置具白斑。除臀脉外，翅缘均具缘缨白斑，缘缨白斑有时小而不显著。腹节暗褐，披淡色鬃毛(图1-15)。

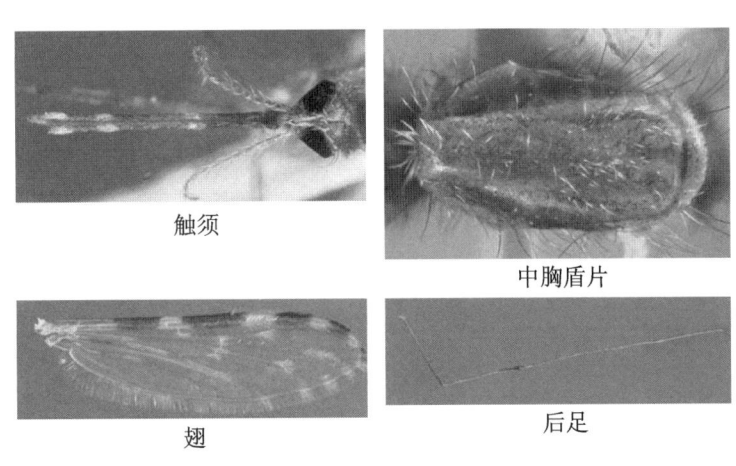

图1-15 邪恶按蚊
(引自美国WRBU，http://wrbu.org)

(二)生态习性

幼虫多孳生于清澈永久性积水中，如沼泽、杂草丛生的溪流、河流、犁沟或沟渠、湖滨和池塘等，不耐盐水。雌蚊嗜血，通常进入人房，血餐后可栖息于墙壁或屋顶。

(三)地理分布

国外:该蚊广泛分布于热带和非洲南部地区。

国内:未见分布。

(四)医学重要性

热带和非洲南部地区最重要的疟疾传播媒介之一,也是班氏丝虫病的传播媒介。

八、微小按蚊 Anopheles minimus Theobald,1901

(一)鉴别特征

体小型到中型。雌蚊触须具3个白环,端白环与亚端白环通常接近等宽,其间黑环约为端白环的1/2宽;喙顶端1/3处腹面有淡色斑。中胸盾片中央及其侧面有纵向的暗色条纹。翅前缘脉通常具5个较宽白斑;除A_n外各纵脉均有缘缨白斑。跗节或有宽端白斑或窄端白环。

雄蚊小抱器棒状构造末端略膨大。阳茎叶片4~6对,内侧1~2对较长而宽,背侧有细齿(图1-16,彩图13)。

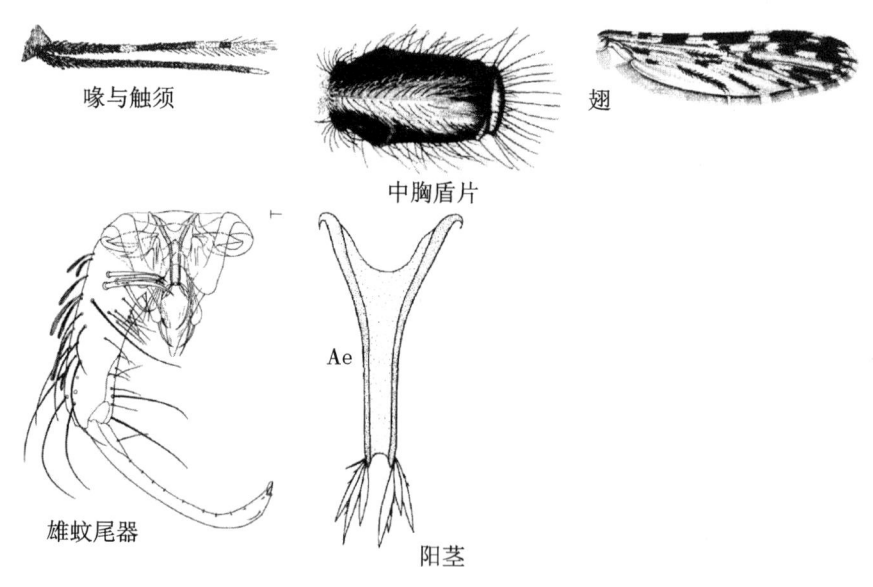

图1-16 微小按蚊

(除喙与触须引自Becker等,2010;余者引自Tanaka等,1979)

(二)生态习性

内栖性,但有些地区有外栖种群。幼虫主要孳生于清澈的阳光充足带水草的缓流,如山溪、灌溉沟、梯田等处,与溪流按蚊非常相似。

(三)地理分布

国外:巴基斯坦、印度、斯里兰卡、孟加拉国、缅甸、泰国、马来西亚、柬埔寨、尼泊尔、老挝、越南、日本。

国内:台湾、海南、云南、四川、河南。

(四)医学重要性

微小按蚊是南亚、东南亚和我国南方疟疾的重要传播媒介。另外,也是班氏丝虫的传播媒介。

九、大劣按蚊 *Anopheles dirus* Peyton and Harrison,1979

(一)鉴别特征

体小型到中型。雌蚊触须有4个白环,端白环最宽为端黑环的1~2倍;触须梗节背内侧有1~2片细白鳞。中胸盾片具3对明显黑色斑。平衡棒上覆盖有白色鳞。翅前缘脉具7个白斑;R_1的分脉前黑斑、中黑斑和亚端黑斑各有2~4个白色间断;R_{4+5}、Cu、A_n具5个以上白斑;Cu_1和Cu_2具4~6个白斑。股节、胫节及跗节1—2具显著白色星状斑;后足胫节末端与跗节1基端具1个宽白环。跗节1—4具端白环,跗节2—4有基白环。腹板节Ⅲ—Ⅳ中央两侧有明显舌形白斑。

雄蚊触须节4端白环和亚端白环宽。小抱器背叶棒状构造末端略膨大。阳茎末端叶片7~9对,其中2~4对叶片有锯齿(图1-17)。

(二)生态习性

野栖蚊种,但可侵入室内吸血,成为内吸外栖蚊种。幼虫孳生于有遮阴的森林中,石穴或溪床积水、小水塘、蹄印、渗出积水、清凉小水井等处,雨季多见。

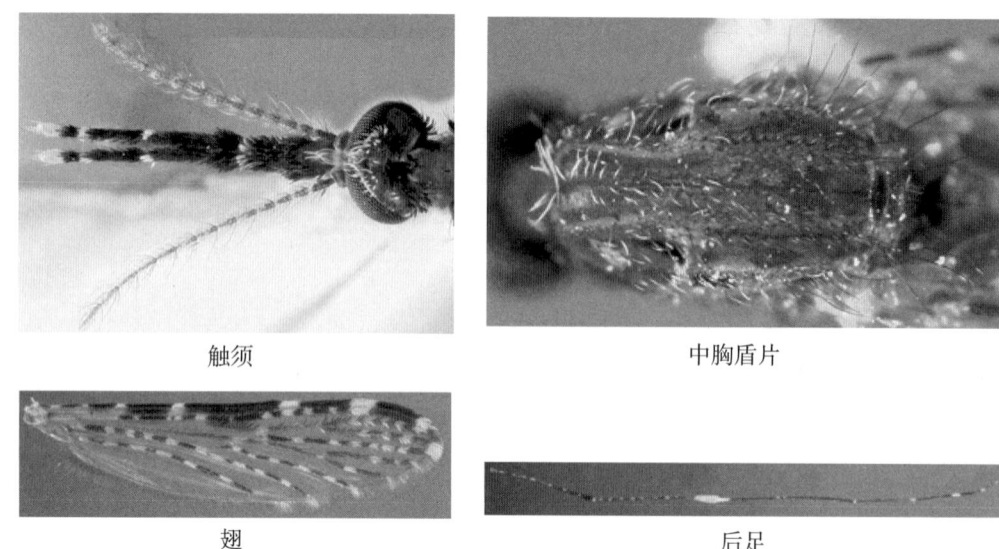

图 1-17 大劣按蚊
（引自美国 WRBU, http://wrbu.org）

（三）地理分布

国外：分布于南亚和东南亚，主要在印度、孟加拉国、缅甸、泰国、马来西亚、柬埔寨、老挝、越南。

国内：海南、云南。

（四）医学重要性

大劣按蚊为南亚、东南亚诸多地区和我国海南疟疾的重要传播媒介。

十、斯氏按蚊 *Anopheles stephensi* Liston, 1901

（一）鉴别特征

体中小型。雌蚊触须基部鳞片略显蓬松，具 3 个白环，亚端黑环通常有白点；触须梗节背外侧、鞭分节 1—2 有白鳞。中胸盾片大部覆盖密集淡色窄鳞，肩窝及其周围鳞片较宽；小盾片具淡色窄鳞。气门鬃 1～3 根。翅前缘脉具 7 个白斑，Rs、M_{1+2}、M_{3+4} 各有 2 个黑斑，Cu_1 与 A_n 具 3 个黑斑。各足股节、胫节和跗节均具白点，且跗节 1～3 有白环。腹节 II—VIII 背板具窄鳞（图 1-18，彩图 13）。

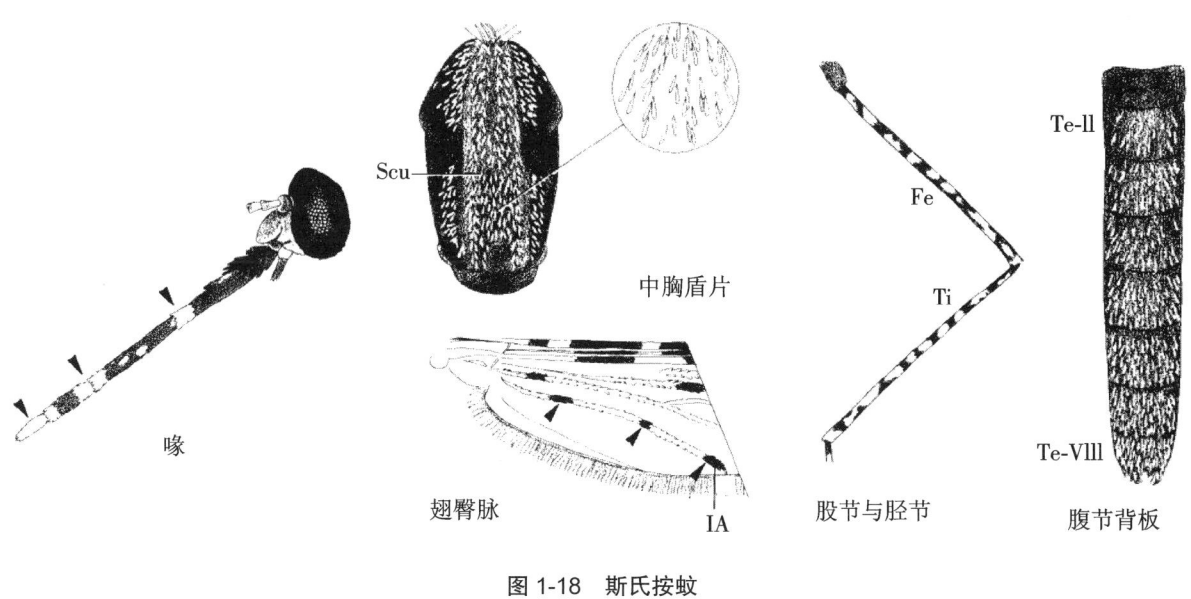

图 1-18 斯氏按蚊

（仿 Glick，1992）

雄蚊抱肢基节具亚基刺 5 根，内侧 4 根粗壮。小抱器棒状构造由 2~3 根刺状物组成。阳茎宽叶片 4~6 对，内侧具锯齿。

（二）生态习性

幼虫主要孳生于容器积水、水坑、水池、水井等。

（三）地理分布

国外：埃及、沙特阿拉伯、阿曼、巴林、伊拉克、伊朗、阿富汗、巴基斯坦、印度、缅甸、泰国。

国内：四川、贵州、云南、广西、海南。

（四）医学重要性

斯氏按蚊是印度部分地区城市型疟疾的重要传播媒介。

十一、达氏按蚊 *Anopheles darlingi* Root，1926

（一）鉴别特征

雌蚊：眶间距狭窄，宽度不及触角梗节的 3/10。触须第 4 节中部外表面具有零散的白色鳞。中胸盾片正中纵条和背中纵条具显著淡黄色鳞；小盾片后缘黑色鬃毛超过 12 根。

中胸后侧片前端总是具有一显著的淡色鳞,上位无成行排列的鳞片。翅具明显的黑白斑,前缘脉基部黑斑明显较大,长度约为前脾白斑的4倍;翅脉R_3具3个黑斑。臀脉至少一半以上是白色。跗节3—5完全白。腹节背板Ⅱ—Ⅶ具有明显的鳞片和少量鳞簇。腹板Ⅰ无鳞。

雄蚊:小抱器尖端宽阔且平截,中央沟小常不清晰;背基内叶明显突起。腹背板Ⅷ覆盖淡金黄色鳞片;腹板Ⅸ在前端无凹口。阳茎至少是抱肢基节的1/2长;尖端呈卵形,长大于宽,两侧亚端部具有较大的显著骨化侧叶,如领状;亚顶端腹侧中央还有近三角形突起(图1-19)。

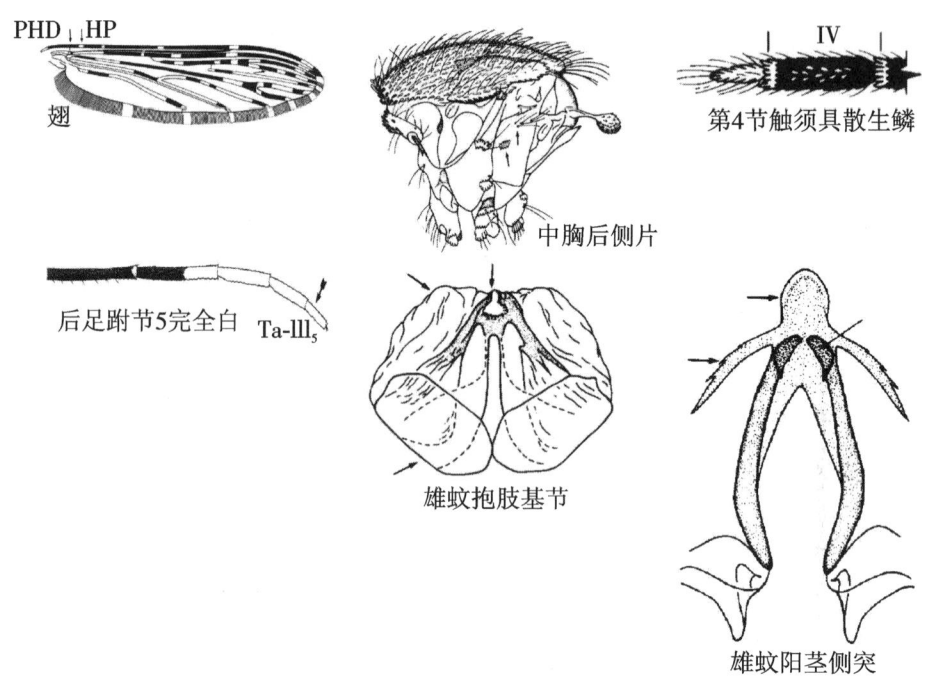

图1-19 达氏按蚊

(除跗节引自Wilkerson和Strickman,1990;余者引自Faran和Linthicum,1981)

(二)生态习性

雌蚊嗜吸人血,多是野外侵袭,但也适应侵入室内,成内吸内栖蚊种。在丛林和森林环境中孳生繁殖,也在一半城市化地区定殖。夜晚吸血,有1~3个吸血高峰,吸血的高峰时刻、类型,因地区不同而变化。

幼虫通常孳生于未污染的淡水中,如溪流、河岩、淡水湖,尤其是有水生植物、浮动的木片、落叶、花朵和种子残骸等遮阴的水体,蓄水池、沟渠、排水沟、人工井和水产业池塘也可孳生。

(三)地理分布

国外:主要分布在南美广大地区,沿着安第斯山脉,从阿根廷到哥伦比亚、巴西,也见于这条山脉的西部,如玻利维亚、秘鲁、法属圭亚那、苏里南等。向北延伸到墨西哥南部、洪都拉斯、萨尔瓦多、危地马拉、伯利兹、巴拿马。

国内:未见分布。

(四)医学重要性

达氏按蚊是巴西北部、东北部与南美洲诸多地区疟疾的主要传播媒介。

十二、埃及伊蚊 *Aedes aegypti*(Linnaeus,1762)

(一)鉴别特征

雌蚊触须末段约 1/3 的背面呈白色。唇基有一对白鳞簇。头顶具竖叉鳞。中胸盾片两肩侧有一对由白宽弯鳞形成的长柄镰刀状斑,刀柄形成亚中纵条,伸达小盾片;镰形斑之间有一对金黄色中央纵条,向后伸达小盾前区。中胸后侧片两鳞簇分离。翅仅前缘脉基端有一银白点。中足胫节前部具长纵条和膝白斑。后跗节 4 有基白环,节 5 全白(图 1-20,彩图 10)。

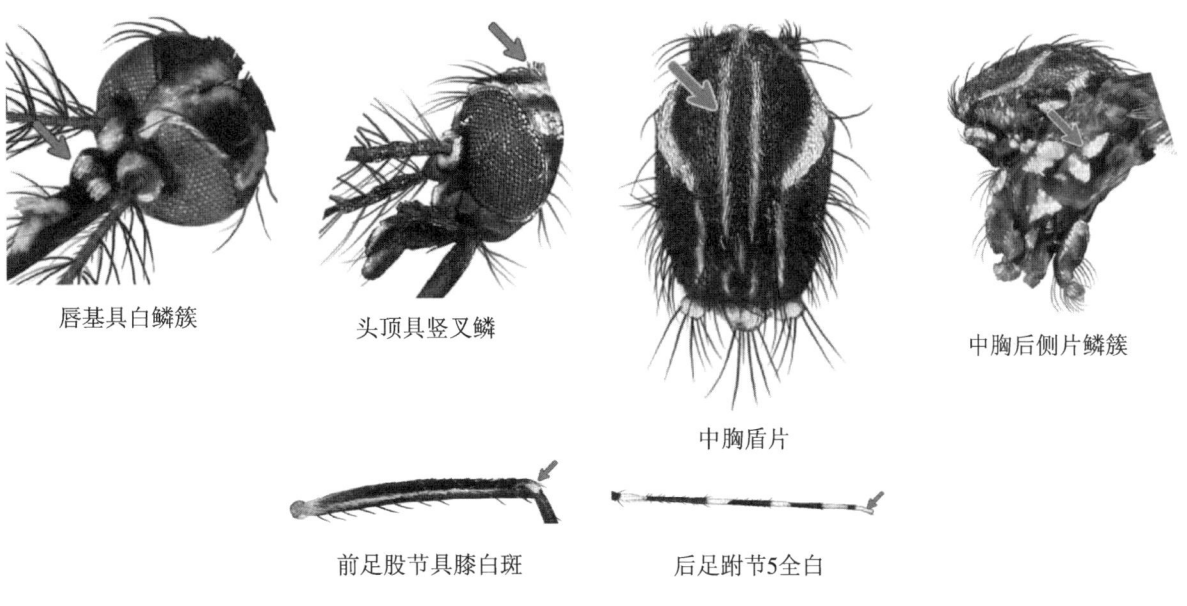

图 1-20　埃及伊蚊

(引自 Rueda,2004)

雄蚊腹节Ⅸ腹板末端内凹,具2侧叶。生殖刺突端叶发育不全或缺失,扁平的囊泡达生殖刺突顶端,指爪位于尖端。

(二)生态习性

幼虫多见于小型人工容器或各种类型的水接收器,如陶瓷罐、储水容器、废弃轮胎、树洞、竹桩、叶腋、果壳等,孳生水体大多清澈同时具有适度的有机物质。卵具有一定的抗干旱能力,多产生于上述容器的水线附近。雌蚊大多在白天吸血。成蚊经常栖息于室内,一般不会长距离迁移,很少飞离孳生地100 m。

(三)地理分布

国外:原分布于非洲,现已扩展分布至整个热带和部分温带地区。

国内:海南、云南。

(四)医学重要性

埃及伊蚊是黄热病的主要传播媒介,也是基孔肯雅热与登革热等的重要传播媒介。

十三、非洲伊蚊 *Aedes africanus*(Theobald,1901)

(一)鉴别特征

沿着盾片边缘,盾窝基部具窄的白色纵条。小盾前区中央有时具窄的黄色鳞片。股节无膝白斑;中足胫节具3个较大的白斑。后足胫节距基部的1/5处具白色纵条;后足跗节4通常具短的亚基白带,跗节5全暗(图1-21,彩图13)。

(二)生态习性

成蚊主要栖息于热带雨林,卵多产于树洞、削竹筒、竹桩或树杈处。是黄昏型取食者,从黄昏到黎明均可以取食,灵长目动物是其血餐主要来源。

(三)地理分布

国外:除了马达加斯加之外,遍布整个非洲大陆。

国内：未见分布。

图 1-21　非洲伊蚊
（仿 Rueda,2004）

(四)医学重要性

非洲伊蚊是非洲森林型和混合型黄热病的主要传播媒介，也是登革热、西尼罗热、裂谷热和寨卡病毒病的传播媒介。

十四、白纹伊蚊 Aedes albopictus（Skuse,1895）

(一)鉴别特征

头顶竖叉鳞仅限于后头。触须端部具白鳞。唇基无鳞簇。中胸盾片有一正中白色纵纹，自盾片前缘向后达盾片的 2/3 处。中胸后侧片白色鳞簇不分离，呈"V"字形。后足跗节 1—4 有基白环，节 5 全白。腹部背板 Ⅱ—Ⅵ 节具有完整的基白带（图 1-22，彩图 11）。

(二)生态习性

幼虫常见于各种类型的小型天然或人工积水容器中，如树洞、竹桩、椰子果壳、石穴、植物叶腋、棕榈叶、花瓶、水缸、金属桶、木桶、缺口玻璃瓶、废弃轮胎等。

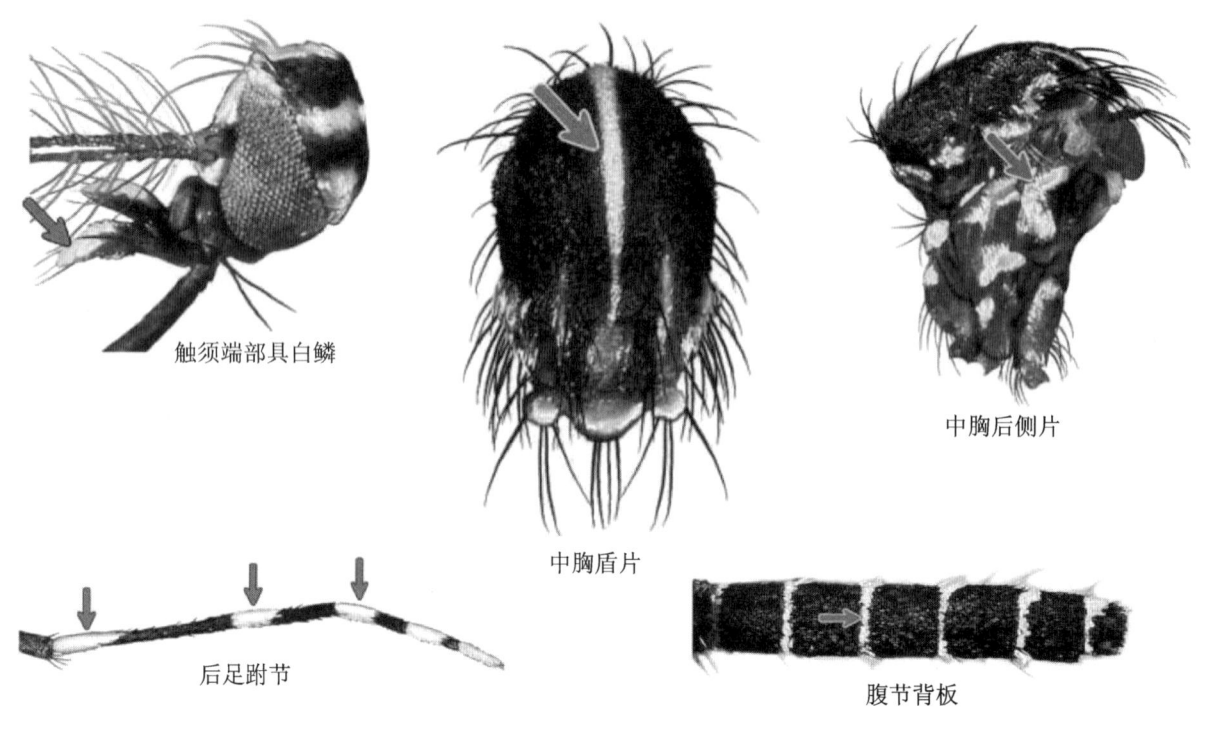

图 1-22　白纹伊蚊
（仿 Rueda,2004）

卵耐干旱,使它能够通过废弃的轮胎进行运输,甚至是远距离运输。在热带和亚热带地区常年均可以持续不断地繁殖。但是在多数温带气候区,如欧洲,白纹伊蚊胚胎会发生滞育,以卵越冬,每年仅发育几代。

雌蚊通常主吸人血,但也叮咬其他哺乳动物,包括兔子、牛、松鼠,偶尔叮咬某些禽类。雌蚊主要在白天室外叮咬人,主要是阴暗场所,黄昏和夜晚很少进入居所。

（三）地理分布

国外:白纹伊蚊起源于东南亚,现已扩散分布到全球热带、亚热带和温带地区。

国内:在我国,该蚊广泛分布于辽宁以南、陕西以东的大部分地区。

（四）医学重要性

白纹伊蚊是登革热的主要传播媒介。实验感染或/和自然感染多种虫媒病毒:3 种黄病毒（流行性乙型脑炎病毒、西尼罗病毒和黄热病毒）、7 种甲病毒（如东方马脑炎病毒和罗斯河病毒）以及 8 种本雅病毒（如拉克罗斯病毒和裂谷热病毒）。

十五、庸俗伊蚊 *Aedes bromeliae* Theobald, 1911

(一)鉴别特征

触须具白鳞。中胸盾片具1对亚中纵条,盾窝处具显著宽的白色或黄色新月形斑。小盾片具宽的白鳞。亚气门区具宽白鳞。后气门区无白鳞。前足胫节具基白环。中足股节除宽的大白斑外,还同后足股节一样具膝白斑。中足跗节2基白环超过整个长度的0.54;后足跗节4全黑,节5全白。腹节背板侧缘具宽白鳞。

阳茎只具短齿。小抱器相当短,只有抱肢基节的0.75～0.80,膨胀的基部无刺状鬃;背面观近似三角形,正中角靠近顶端,顶边与底边短。背板Ⅸ端部正中深度凹陷,形成2个广泛分离的侧突,每个侧突具3～9根鬃毛(图1-23)。

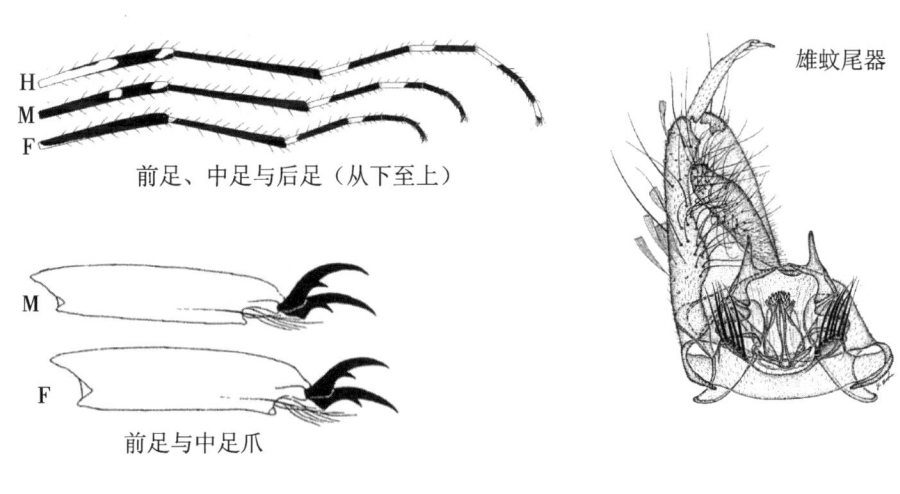

图1-23 庸俗伊蚊
(仿 Huang, 2004)

(二)生态习性

幼虫常见于树洞,菠萝、魔芋、香蕉、佛焰苞的叶腋,人工容器。雌蚊主要叮咬人。

(三)地理分布

国外:主要分布于非洲热带地区,如利比里亚、马拉维、尼日利亚、塞内加尔、塞拉利昂。
国内:未见分布。

(四)医学重要性

庸俗伊蚊是东非黄热病重要的传播媒介,在乌干达辛氏伊蚊(*Ae. simpsoni*)曾被误认为是黄热病毒的传播媒介。

十六、波利尼西亚伊蚊 *Aedes polynesiensis* Marks,1954

(一)鉴别特征

喙暗黑。头顶竖叉鳞仅限于后头。唇基无白鳞。中胸盾片具窄的中央纵条。翅上基具完整的白线,翅根具宽阔的平覆鳞。中胸下后侧片白鳞簇分散,至少有3块。后足跗节4通常至少一半为白色,节5全白。腹节无完整的亚基白带(图1-24)。

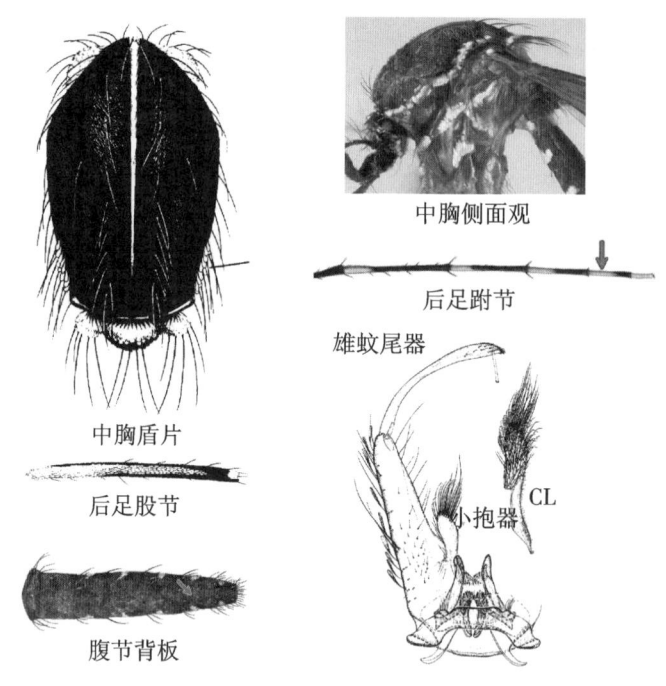

图1-24 波利尼西亚伊蚊
(中胸侧面观、后足跗节和腹节背板引自Rueda,2004;余者引自Huang和Hitchcock,1980)

(二)生态习性

成蚊半家栖,孳生地广泛,如树洞、坚果壳,以及各种类型的人工容器、叶腋、蟹洞、芭蕉根、可可果荚、独木舟等。雌蚊主要白天活动,活动高峰是傍晚和清晨。

(三)地理分布

国外:澳大利亚、斐济、波利尼西亚、纽埃岛、萨摩亚群岛、图瓦卢等。
国内:南中国海。

(四)医学重要性

波利尼西亚伊蚊是东南亚登革热的重要传播媒介,也是班氏丝虫病的重要传播媒介。

十七、刺扰伊蚊 *Aedes vexans*（Meigen,1830）

(一)鉴别特征

雌蚊喙明显长于前足股节。触须中侧与鞭分节 1 具白鳞。中胸盾片覆盖的褐色细鳞和窄鳞不形成固定斑纹。小盾片具白色窄鳞。中胸侧板有翅前结节下鳞簇。有气门后区和亚气门鳞簇。基后片叠于后足基节上方。平衡棒结节覆盖淡白鳞。股节有白膝斑,前股和中股有褐鳞与淡色鳞杂生形成的麻点。胫节两端白色。前跗和中跗节 1—4、后跗节 1—5 有窄基白环或基背白斑。腹背板Ⅱ—Ⅶ节有基白带,基带两端宽而中央凹陷;节Ⅴ—Ⅵ通常具三角形淡色端斑(图 1-25)。

雄蚊小抱器末端圆平。抱肢端节末端钝,指爪位于亚末端。肛侧片末端钝削,阳茎Ⅱ型。

(二)生态习性

雌蚊主要叮吸牛、马等家畜,也兼吸人血,以卵越冬。幼虫广泛孳生于淡水或咸水的土坑、浅潭、池塘、洼地积水、沼泽、稻田等,偶尔也见于容器积水。

(三)地理分布

国外:全世界均有分布。
国内:在我国主要分布于北方地区,向南数量逐渐减少。

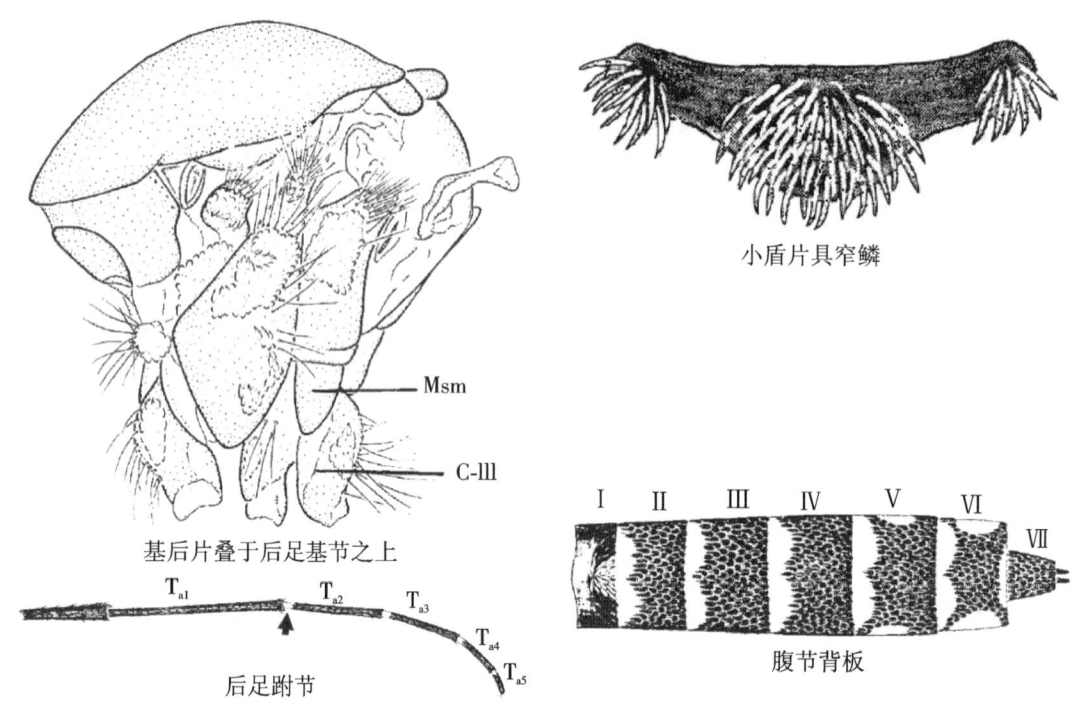

图 1-25 刺扰伊蚊
（引自 Darsie 和 Ward，2005）

（四）医学重要性

在美国可传播东方马脑炎病毒，可能是土拉弗朗西斯菌的传播媒介。它是我国东北沼泽地区数量最大、最重要的吸血骚扰蚊种，占当地吸血蚊虫组成的 80%。

十八、日本骚扰蚊 Ochlerotatus japonicus（Theobald，1901）

日本骚扰蚊（亚洲灌木型蚊）原主要分布在日本、朝鲜以及中国东部地区，在自然与人工容器中均能发现。1998 年首次在美国的东北部被发现，现已扩展到并定殖于美国 31 个州。

（一）鉴别特征

雌蚊触须梗节内面具白鳞。前胸前背片具斜走白宽鳞条。中胸盾片金黄色，中央纵线通常呈宽双线状，亚中纵线终止在翅基前，后亚中纵线前端向外弯曲，延伸为后肩线。小盾片具淡色窄鳞。气门后区覆盖白宽鳞。翅前缘脉基部腹面有散生白鳞。各足股节基部有窄淡色环，中股前面和背面近末端有白斑，后股近末端白斑形成完整白环；胫节基部腹面白色；前跗节 1—2、中后跗节 1—3 有基白环或白斑。腹节Ⅰ侧背片覆盖白宽鳞，节Ⅱ—Ⅶ有基侧白斑。腹板节Ⅱ—Ⅲ通常有端白色区，节Ⅳ—Ⅵ具基白带，节Ⅵ—Ⅶ有明显侧白斑（图1-26）。

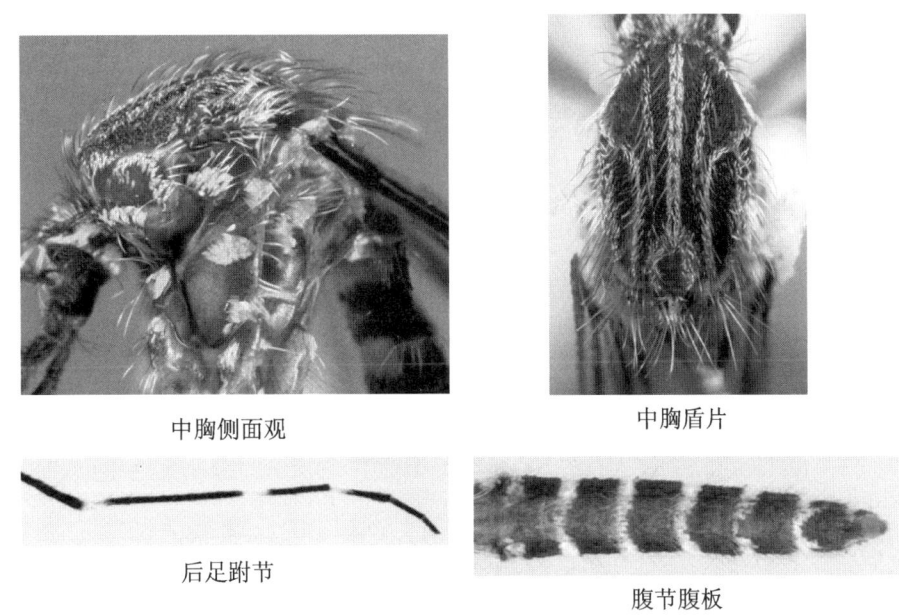

图 1-26　日本骚扰蚊
（仿 Thielman 和 Hunter，2007）

雄蚊中胸盾片中央纵线明显较宽阔，状如并列双线。腹节Ⅲ—Ⅵ或Ⅳ—Ⅵ背板有基中白斑或不完整基带。腹节Ⅸ腹板带呈长方形。小抱器刀叶呈狭弯刀状，比干柄长。

（二）生态习性

可栖息于高海拔地区（1 300 m）。幼虫孳生于石穴、容器积水，偶见于树洞积水中。

在美国，日本骚扰蚊比其他入侵的伊蚊更耐寒，在美国北部地区，卵与幼虫均能越冬，比其他容器型蚊种孵化得更早。吸哺乳动物血，更嗜吸人血。

（三）地理分布

国外：原分布在远东，包括俄罗斯、日本。现已扩展到北美和西欧部分国家。
国内：河北、浙江、福建、江西、河南、湖北、湖南、广西、海南、四川、贵州、云南、台湾。

（四）医学重要性

在远东地区北部，是流行性乙型脑炎传播媒介之一。在被入侵国家的重要性有待研究。

十九、背点骚扰蚊 *Ochlerotatus dorsalis*（Meigen,1830）

（一）鉴别特征

雌蚊头顶、后头鳞和竖鳞浅黄。喙通常覆盖暗鳞,通常在中间 1/3 处具有零散的白鳞。中胸盾片正中与背中纵条融合成一条暗褐色宽纵条,并延伸至小盾前区。中胸腹侧板鳞簇达前角。下后侧鬃 3~6 根。翅显著覆盖淡色鳞,黑色鳞片主要局限于前缘脉（C）、R_1、R_3、中脉分叉处和臀脉的端部。前缘脉基部 1/4 具白鳞。前足基节具鳞簇,末端爪亚基齿长度不及爪尖与其距离的 1/3。前跗和中跗节 1—3 节以及后跗节 1—4 节有跨关节白环。仅后足跗节全白。腹节Ⅱ—Ⅵ背板通常具灰白色长纵条,纵条两侧各有 1 对圆形或近似方形大斑。暗褐色或黑色鳞片仅局限于腹板Ⅰ—Ⅴ两个长方形区域,腹板Ⅵ—Ⅶ大多具淡色鳞。

雄蚊抱肢基节背基内叶较大,有大小两根刺,大的钩状长刺端部通常向后弯曲,但不超过整个长度的 1/3;小抱器干柄短（图 1-27）。

（二）生态习性

雌蚊是昼夜凶恶的吸血者,尤其在夜晚或者是宁静多云的白昼（9~30℃、相对湿度 52%~92%）。在飞行过程中,雄蚊以陪伴雌蚊而著称。主要以卵越冬,幼虫主要孳生于积水坑、水沟、沼泽、稻田、芦苇塘、草甸、蹄印积水等嗜盐（12%）、嗜碱性（pH 值 7.0~9.3）水体。

（三）地理分布

国外:背点骚扰蚊广泛分布于欧洲、中亚、俄罗斯北部和北美洲盐沼地。在欧洲,向北可达斯堪的纳维亚,向南可至希腊。

国内:广泛分布于东北、华北和西北地区。

（四）医学重要性

背点骚扰蚊在美国主要传播西方马脑炎病毒、圣路易脑炎病毒、加利福尼亚脑炎病毒,从野外种群中可分离到流行性乙型脑炎病毒、土拉弗朗西斯菌等。

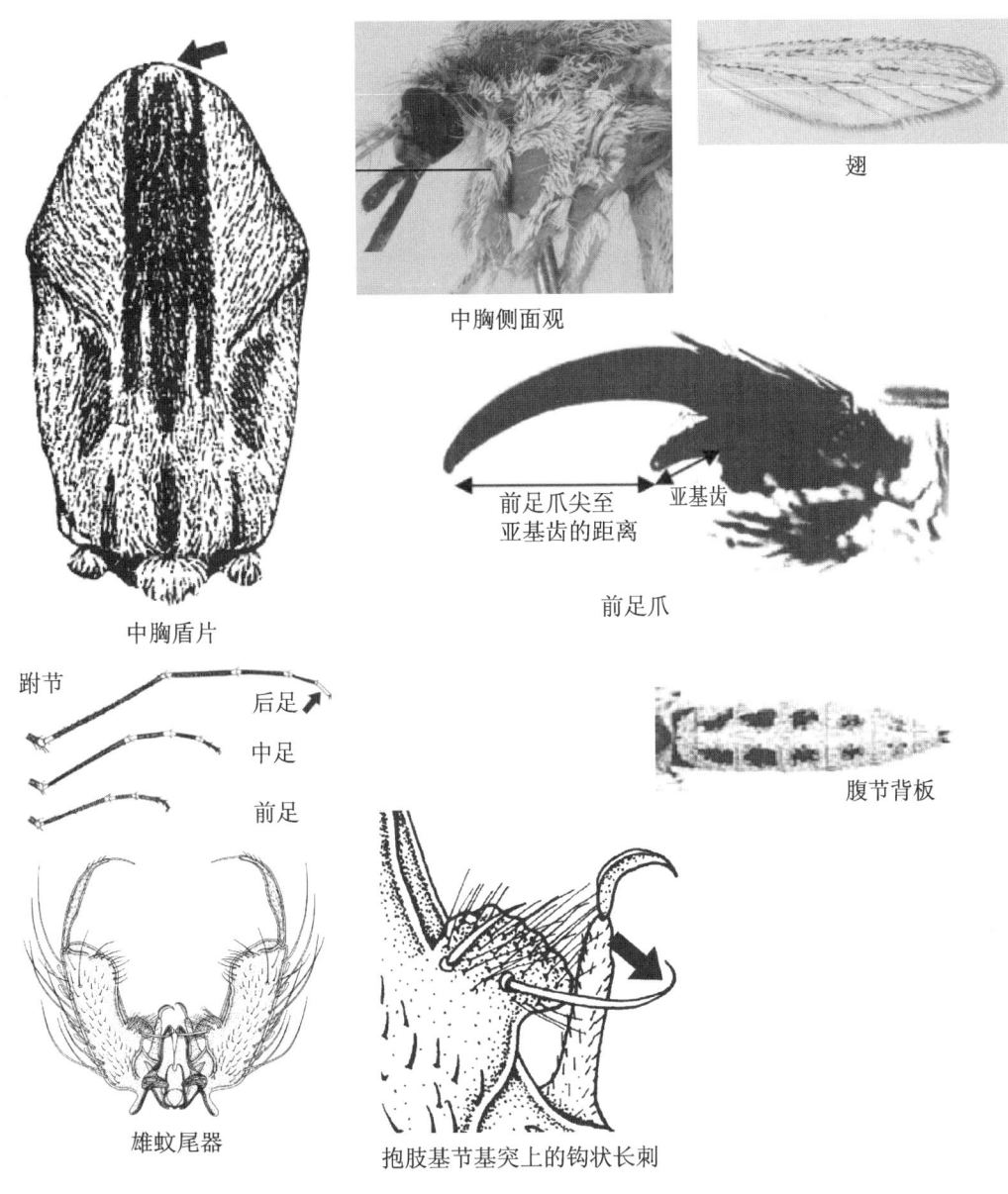

图 1-27 背点骚扰蚊

(中胸侧面观、翅与前足爪图引自 Thielman 和 Hunter, 2007; 余者引自 Becker 等, 2010)

二十、柯氏骚扰蚊 *Ochlerotatus grossbecki* Dyar and Knab, 1906

(一) 鉴别特征

触角梗节具白色鳞片。中胸盾片具红棕色中央纵条和亚中纵条,侧缘和亚侧缘白色。下后侧片具鬃。通常在基后片后上角具有鳞片。翅脉覆盖宽的三角形鳞片,这些黑白混杂的鳞片均匀分布。淡色条带仅存在跗节基部,后足跗节 1—4 具宽的淡色基白环,跗节 1 除了基白环外,还有散鳞。前爪平滑弯曲,但不与亚基齿平行。腹背板具基白带,但不形成中央纵条(图 1-28)。

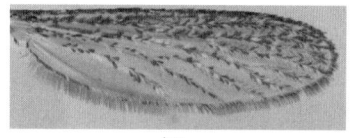
翅

中胸后侧片

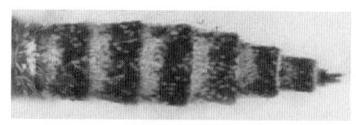
腹节背板

图 1-28　柯氏骚扰蚊
(仿 Thielman 和 Hunter,2007)

(二)生态习性

主要孳生于春季洪水、林地临时性积水坑。以卵越冬。

(三)地理分布

国外:美国和加拿大。
国内:未见分布。

(四)医学重要性

柯氏骚扰蚊是西尼罗热的主要传播媒介。

二十一、凶小库蚊 *Culex modestus* Ficalbi, 1889

(一)鉴别特征

雌蚊喙腹面色淡。触须末端有淡鳞。中胸盾片鳞片棕色,小盾片及其前区稍淡。中胸腹侧板和后侧片有淡鳞;中胸下后侧鬃 1 根。各足股节和胫节腹面色淡,后足跗节 1 明显短于胫节。腹部两侧有长方形黄棕色侧斑并连续形成淡色边带。

雄蚊触须除末节外其他各节腹面淡。抱肢基节外侧有鳞。亚端叶有两组共 4 根棒状毛。阳茎侧板有突角(图1-29)。

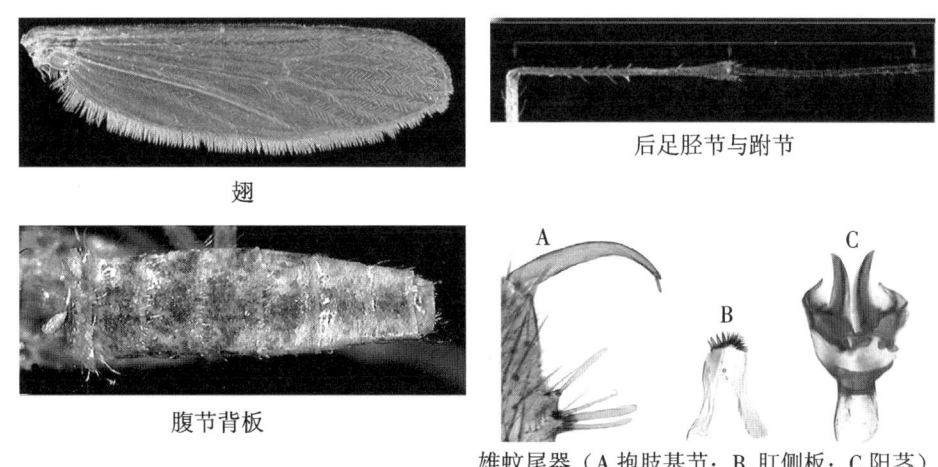

图1-29 凶小库蚊

(引自欧洲蚊虫 The mosquitoes of Europe, Schaffer等, 2001)

(二)生态习性

北方重要骚扰蚊种之一,野栖,嗜吸人血或畜血。幼虫孳生地很广,如沟渠积水、稻田、芦苇塘、池塘、沼泽、污水坑、人工容器以及半咸水池。

(三)地理分布

国外:广泛分布于欧洲南部、阿尔及利亚、巴勒斯坦、伊拉克、巴基斯坦、摩洛哥、伊朗、俄罗斯、日本。

国内:河北、山西、内蒙古、辽宁、吉林、黑龙江、江苏、浙江、安徽、山东、河南、湖南、四川、甘肃、青海、宁夏、新疆等。

(四)医学重要性

凶小库蚊是塔哈纳和列德里斯两种布尼亚病毒的主要传播媒介,也是西尼罗热的潜在传播媒介,在自然界中可以感染土拉弗朗西斯菌。

二十二、尖音库蚊 *Culex pipiens* Linnaeus, 1758

(一)鉴别特征

雌蚊两颊白色宽鳞区向眼后延伸形成窄边。触须顶端偶见白鳞。中胸盾鳞红棕至黄棕色;中胸下后侧鬃1根。翅亚前缘脉终点一般较前叉室端点远离翅基;前叉室长度与R_{2+3}干柄长度的比约为1.65:6.99。各足黄棕,股节腹缘稍淡。腹节背板有窄的淡色基带和小的中侧白斑。

雄蚊触须第3节末端腹面有白鳞,节4—5腹面各有1淡色纵纹。抱肢基节亚端叶三棒末端钩状。阳茎侧板背中叶末端平齐,腹内叶末段外伸部短而尖。腹臂侧尖角和背臂末端的距离(DV)与两侧外支背臂末端间距的比约为0.2:2.37(图1-30)。

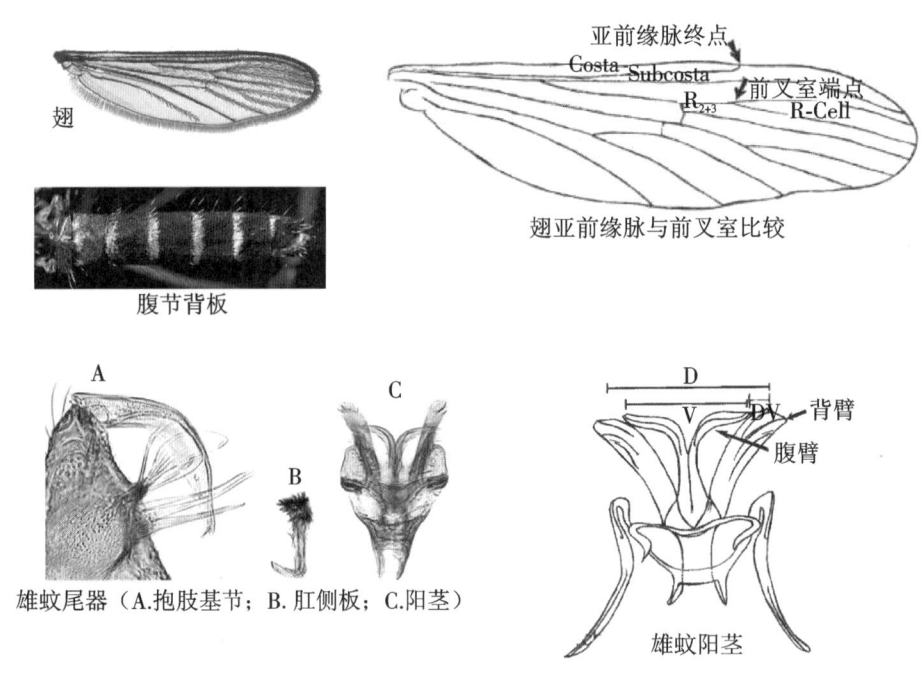

图1-30 尖音库蚊
(翅、腹节背板与雄蚊尾器图引自Schaffer等,2001;余者引自Dehghan等,2013)

(二)生态习性

喜吸鸟血,多栖息于野外植物丛中。幼虫孳生于住宅区附近污染的积水中,如水坑、浅水洼、经常放牧的草地积水、稻田、芦苇塘和沼泽地。

(三)地理分布

国外:广泛分布于欧洲、亚洲、非洲南部与东部和拉丁美洲南部等地。

国内:广东、云南、新疆。

(四)医学重要性

在北美洲能传播西部马脑炎病毒和圣路易脑炎病毒。

二十三、三带喙库蚊 *Culex tritaeniorhynchus* Giles, 1901

(一)鉴别特征

体中小型。雌蚊喙中部前位有淡色环,基段腹面常有白鳞斑。触须末节有少量淡鳞。中胸盾鳞暗棕呈花椒色。中胸腹侧板上部与下后缘及中胸后侧片前上部的白鳞群小。后股末端黑环极窄,跗节1—4均有窄的基部和端部淡色环。腹节Ⅶ通常有宽的暗色端带。

雄蚊触须第3节末半腹面有一行黑色垂毛,节4—5各有一基背位窄淡带。抱肢基节亚端叶中、后棒末端钩状。阳茎侧板背中叶颈部较细并与腹内叶分离,有3~4个指状突形成掌状叶。肛侧片内侧有乳突状的楔状突(图1-31)。

(二)生态习性

嗜吸畜血,黄昏时有群舞习性。幼虫孳生于城乡清净或稍污染、静止或流动的温暖水体,常见于向阳泥底、水位较低、水质清洁、漂浮植物丛生的水域,偶见于海滨咸水、石穴、盆罐、树洞或污水坑等。

(三)地理分布

国外:广泛分布于欧洲、亚洲热带地区、中东、地中海东部、埃塞俄比亚等地。

国内:除西藏和新疆外,全国其他地区均有分布。

(四)医学重要性

三带喙库蚊是流行性乙型脑炎病毒的最重要传播媒介。

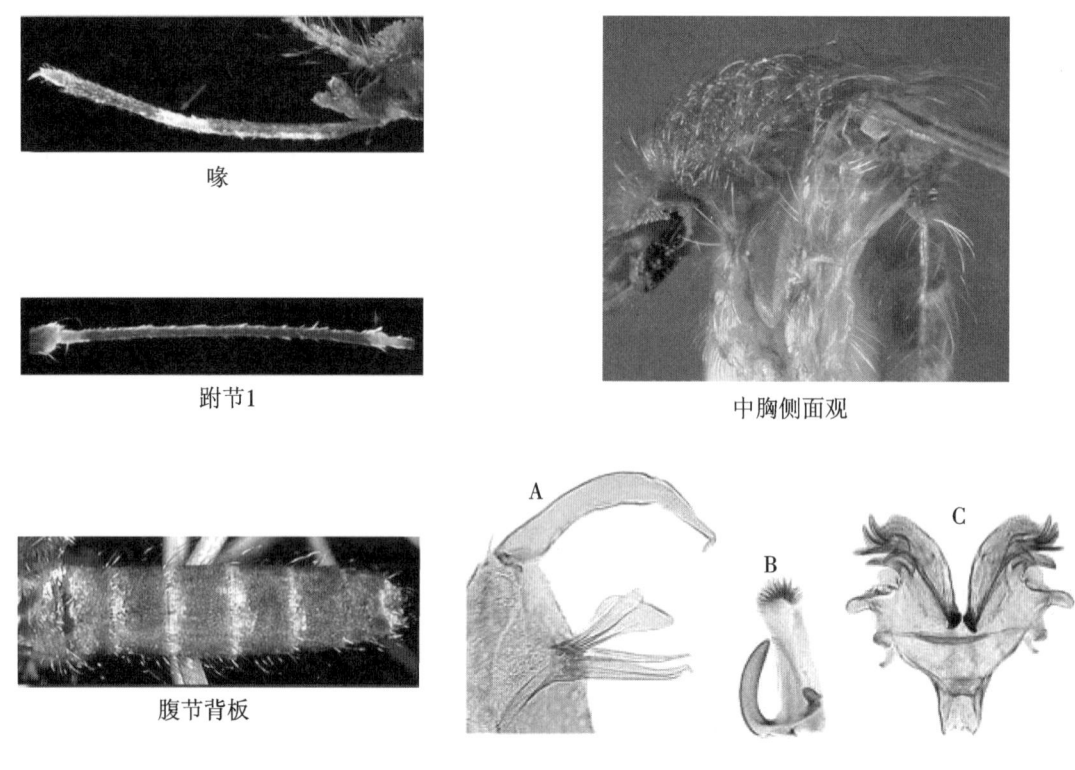

图 1-31 三带喙库蚊
（除中胸盾片引自美国 WRBU 外，其余引自 Schaffer 等，2001）

二十四、环喙库蚊 Culex annulirostris（Skuse，1889）

（一）鉴别特征

喙具明显的中白环，宽度约为整个喙长的 1/4。中胸盾片具发育完好、长的背中鬃。前足和后足股节前端夹杂有淡色鳞，前足胫节前端表面具一列浅黄色斑。腹节Ⅱ—Ⅴ具宽的基白带，白带中央向后延伸呈"T"形。腹板暗鳞形成"V"形。腹节Ⅷ背板通常具宽的端白带，腹板具窄且不完整的端黑带（图 1-32）。

（二）生态习性

幼虫孳生地广泛，常见于水池、池塘、沼泽、沟渠、稻田，偶尔也见于可可果壳、竹桩中等。成蚊是内陆河边夏季的主要害虫，飞行距离为 5～10 m。雌蚊嗜吸人血，也吸哺乳动物与鸟类血,白天叮咬,尤其是日落前后,可进入室内。

喙

后足胫节

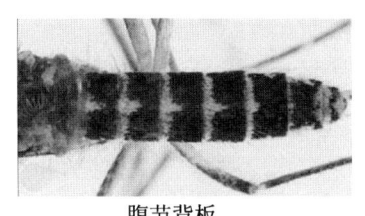
腹节背板

图 1-32　环喙库蚊
（仿 Jansen 等,2013）

（三）地理分布

国外:主要分布于大洋洲南部与西部地区、斐济、密克罗尼西亚、南太平洋、印度尼西亚和菲律宾。

国内:未见分布。

（四）医学重要性

环喙库蚊是澳大利亚多种虫媒病毒的传播媒介,包括墨累河谷脑炎病毒、库宁病毒、巴尔马蜱媒脑炎病毒、罗斯河病毒和流行性乙型脑炎病毒,也能携带狗心丝虫和多发性黏液瘤病毒。在新几内亚,此蚊种是重要的班氏丝虫病传播媒介。

二十五、环跗库蚊 *Culex tarsalis*（Coquillett,1896）

（一）鉴别特征

喙具显著的白环。后头具窄的平覆鳞。中胸盾片具背中鬃。股节和胫节前端表面具淡色纵条或白斑。后足跗节基部与端部具较宽的白环。腹节具宽的基白带或白斑,腹板具显著的"V"形暗鳞(图 1-33,彩图 13)。

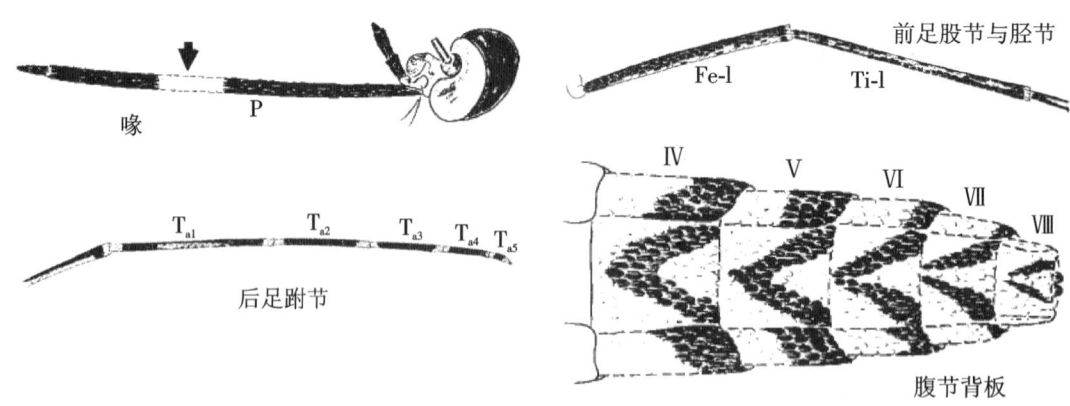

图 1-33 环蚪库蚊
（仿 Darsie 和 Ward,2005）

（二）生态习性

幼虫常见于永久性或半永久性积水中，如沟渠等灌溉系统、地上池、沼泽、河床积水、雨水桶、蹄印、景观水池等，尤其是畜舍和屠宰场周围的污水。在寒冷的气候中，以雌蚊越冬。幼虫发育通常在晚春，直至早秋，一年多代。该蚊对家畜、家禽和人类的危害严重，但更嗜吸哺乳动物，通常黄昏后刺吸，可进入人房。

（三）地理分布

国外：美国、加拿大西南部以及墨西哥。
国内：未见分布。

（四）医学重要性

环蚪库蚊是西方马脑炎病毒的主要传播媒介，也分离到圣路易脑炎病毒和加利福尼亚脑炎病毒。

二十六、褐尾路蚊 *Luztia fuscana*（Wiedemann，1820）

（一）鉴别特征

体中大型。雌蚊喙中段有界限不清的宽淡色区。触须末节有白鳞。中胸下后侧鬃 7~8 根。小盾片正前方及亚中区有 5~7 个淡鳞斑形成的图案。前、中股节后面及后股内侧色淡，其余部分和各胫节深棕，并掺杂淡鳞形成麻斑。腹节Ⅱ—Ⅳ背板有宽或窄的淡黄色端部横带，节Ⅴ—Ⅷ背板全为橘黄色或有橘黄色端部横带（图1-34）。

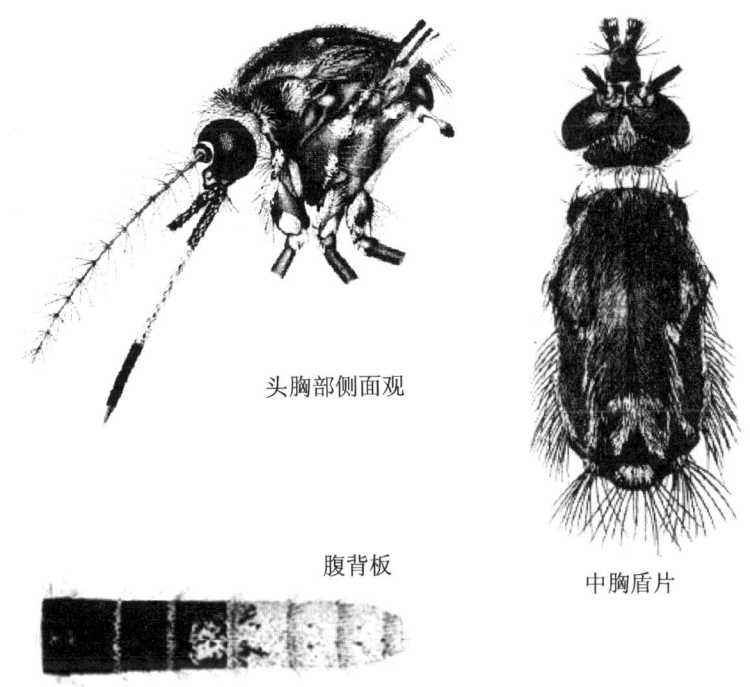

图1-34　褐尾路蚊
（中胸盾片引自Tanaka等，1979；余者引自Bram，1967）

雄蚊喙中段淡色区窄而不清晰。触须末3节基部有白环。抱肢基节亚端叶前部三棒末端钩状。阳茎侧板末端外展，内侧缘端下有5～7个细齿。肛侧片具基侧臂。

（二）生态习性

野栖，嗜吸鸟血，偶吸畜血或人血。幼虫具捕食性，孳生于污水坑、粪坑、池塘、石穴等水体中。

（三）地理分布

国外：印度、斯里兰卡、缅甸、泰国、马来西亚、新加坡、印度尼西亚、菲律宾、越南、老挝、柬埔寨、俄罗斯、日本、朝鲜半岛、澳大利亚等。

国内：除内蒙古、辽宁、吉林、黑龙江、西藏、青海、新疆外，全国其他地区均有分布。

(四)医学重要性

可感染班氏丝虫,印度曾证实该蚊可传播鸟疟原虫。

二十七、黑尾脉毛蚊 *Culiseta melanura*(Coquillett,1902)

(一)鉴别特征

体中大型。喙显著长、暗黑。触须暗黑、短小;后头覆盖窄黄色鳞和竖叉黑鳞。头侧具白鳞簇。胸部覆盖古铜色和金褐色鳞。具气门鬃,无气门后鬃。胸侧板覆盖灰白色鳞。腹背板覆盖暗褐至黑色鳞片,带有古铜色至紫色光泽,两侧基部具黄白色鳞簇。部分腹节具窄的黄白色淡色基带。腹面覆盖灰白色或黄色相间的鳞片。除端部淡色外,腿节大多暗色。纵脉覆盖暗色、宽条带状鳞片。亚前缘脉基部腹面具鳞簇。径脉 R_4 上,r-m 与 m-Cu 两横脉相互分离,长度超过最大横脉长度(图 1-35)。

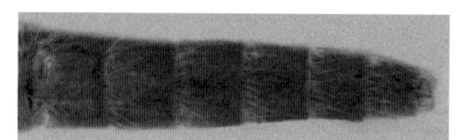

腹节背板

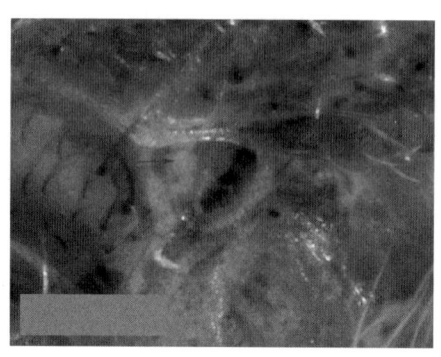

具气门鬃

图 1-35 黑尾脉毛蚊

(仿 Thielman 和 Hunter,2007)

(二)生态习性

在低温区,黑尾脉毛蚊每年一般只有 2 代,成蚊喜欢将卵产于酸性水体(pH 值 5.0 或更低),雌蚊将卵产生于水的表面,如柏树、金钟柏或者红槭或腐烂的树桩基部的凹坑里,外形似库蚊,但比库蚊的卵大。

卵通常 2 d 内就可以孵化为幼虫,黑尾脉毛蚊是典型的滤食者,利用口刷取食悬浮于水上的腐殖质。幼虫需 4~10 d 发育成熟,进入蛹期。该蚊典型的特征就是以幼虫越冬。

雄蚊只取食花蜜和其他植物汁液,雌蚊除此之外,还可以通过吸血作为蛋白质来源,供卵发育。雌蚊主要取食鸟类,如美洲知更鸟、画眉鸟和灰嘲鸫。通常吸血行为自日落后至次日日出前,在日落后2 h达到吸血高峰。雌蚊可存活1周至1个月,而雄蚊通常交配后不久就死亡。

(三)地理分布

国外:黑尾脉毛蚊主要分布于低洼地沼泽区,从加拿大魁北克沿着美国缅因州和北美五大湖到达佛罗里达南部以及德克萨斯州东部。该蚊也见于加勒比海,2011年墨西哥东北部的新莱昂州首次采集到黑尾脉毛蚊幼虫。

国内:未见分布。

(四)医学重要性

黑尾脉毛蚊雌蚊主要取食鸟类血液,在鸟类间传播东方马脑炎病毒。除了黑尾脉毛蚊以外,其他如伊蚊属、柯蚊属和库蚊属首先取食感染东方马脑炎病毒的鸟类,而后叮咬哺乳动物,最终导致人、马及其他哺乳动物感染东方马脑炎病毒。有专家证实,黑尾脉毛蚊的血餐很少来自哺乳动物,它可以直接将东方马脑炎病毒传给哺乳动物。

二十八、理氏柯蚊 *Coquillettidia richiardii*(Ficalbi,1889)

(一)鉴别特征

雌蚊:喙端部有点黑,通常具中白环。触须短,不及喙长的1/4,覆盖有淡黄或褐色鳞。头顶具窄的弯曲的金黄色平覆鳞与黑色竖叉鳞。中胸盾片褐色,具窄的弯曲的褐色与金色鳞。中胸侧板和中胸下后侧片具宽白鳞。股节和胫节基部夹杂有黄褐色鳞,端部具淡色鳞。各足跗节1具中白环。前足跗节2—3以及中足和后足跗节均具宽的基白环,尤其是后足跗节。翅鳞较大,整个翅脉夹杂淡黄与褐色相间的鳞。腹节基部具零散的淡色鳞,基底外侧具淡黄色三角斑,并在其中形成不太明显的基带。腹板具淡色鳞。

雄蚊:腹节Ⅸ具8～10根鬃毛。抱肢基节短而粗壮,基突严重骨化成杆状刺突。抱肢端节自抱肢基节交合处开始变宽,在中央位置显著隘缩扭曲,然后又开始变粗,直至尖端逐渐变细。抱肢端节近中部上方,外侧具6～7根细鬃毛,内侧鬃毛2根以上。指爪短小。肛侧板端部显著骨化并有齿状突起（图1-36）。

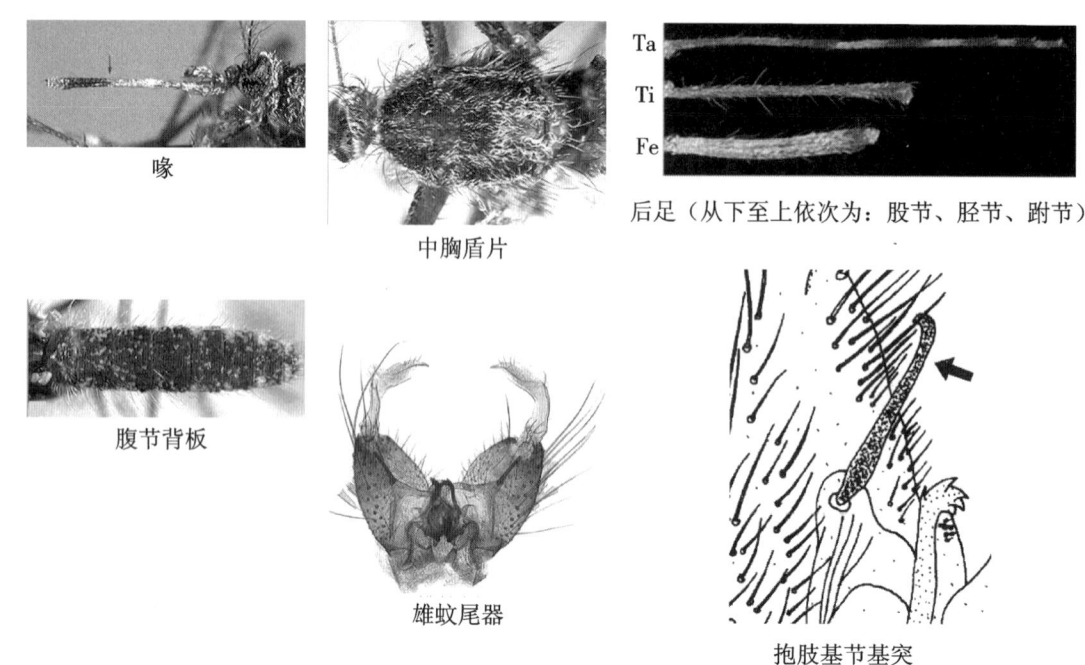

图1-36 理氏柯蚊
（雄性尾器、抱肢基节引自Becker等，2010；余者引自Schaffer等，2001）

（二）生态习性

幼虫主要孳生于菖蒲和香蒲根茎上。雌蚊主要在空旷地带叮咬人，卵产于船形木筏上。

（三）地理分布

国外：主要分布于地中海沿线，在欧洲主要分布于西班牙、法国、意大利、罗马尼亚和乌克兰。

国内：未见分布。

（四）医学重要性

野外品系中可检测到塔哈纳和β(Batai)病毒。

二十九、大树吸蚊 *Haemagogus janthinomys* Dyar,1921

(一)鉴别特征

通体覆盖绿色或蓝色等金属鳞片。喙暗黑,触须、翅和足呈显著紫色。触须短,不及喙长的1/6。头顶与后头平覆蓝绿色鳞。前胸前背片发育完整,明显超出中胸盾片前缘,覆盖有蓝绿色鳞片。中胸盾片和小盾片覆盖深绿和蓝绿色鳞,中胸盾片翅前区有时具银白鳞。前足和中足基节近中部覆盖紫色鳞,后足股节近端部表面具有显著的银白纵条。腹节覆盖有紫色鳞,腹节Ⅴ—Ⅶ具深蓝绿色基带;腹板紫色,并有蓝绿色鳞(图1-37,彩图12)。

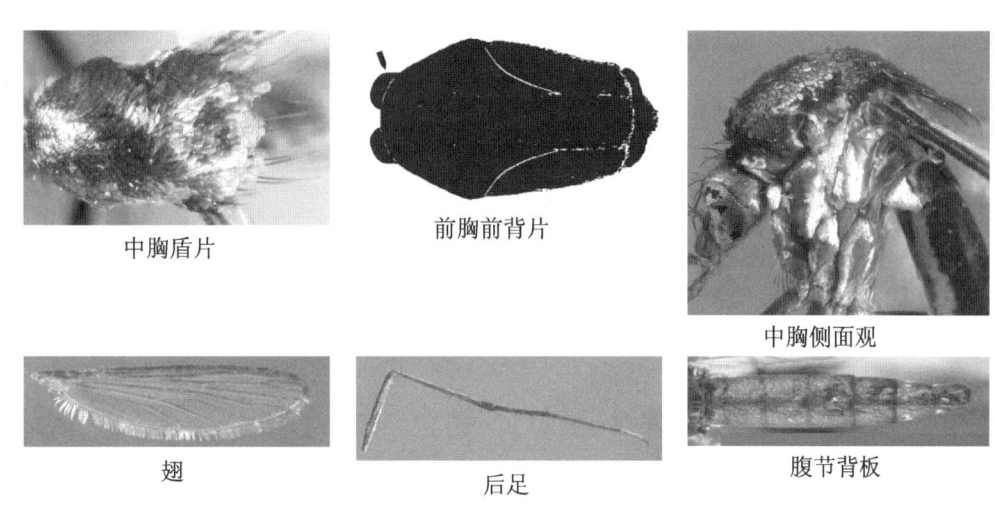

图1-37 大树吸蚊
(前胸前背片引自Becker等,2010;余者引自美国WRBU,http://wrbu.org)

(二)生态习性

该蚊主要存在于热带雨林,典型的树栖种。卵产于水位线上方,常能存活几个月之久,遇洪灾时孵化。洪灾或干旱频发时,卵的孵化率明显降低。与其他吸蚊属仅取食停留于树冠的猴类血液不同的是,大树吸蚊通常飞离树冠覆盖面,取食地表森林反刍动物和人类血液,尤其是被损毁的森林及林缘。白昼取食时间通常为6:00—18:00,活动高峰是10:00—16:00。实验室条件下,雌蚊可存活2~3个月,在中美洲海拔100~1 000 m范围内,种群密度较大。

(三)地理分布

国外:阿根廷、玻利维亚、哥伦比亚、哥斯达黎加、厄瓜多尔、圭亚那、洪都拉斯、尼加拉瓜、巴拿马、巴拉圭、秘鲁、苏里南、特立尼达和多巴哥、委内瑞拉。

国内:未见分布。

(四)医学重要性

大树吸蚊是南美丛林型黄热病的主要传播媒介,随着森林砍伐的日益加剧,生态平衡被破坏,该蚊种应受到更多的关注。

三十、多环曼蚊 *Mansonia annulifera* (Theobald, 1901)

(一)鉴别特征

雌蚊:头顶平覆窄白鳞,后头有黄色窄竖叉鳞;头侧具白鳞;有眶白鳞线,眼下缘平铺较宽白鳞。喙黄褐色,端部无明显黑白相间鳞。触须末端具白鳞。前胸后背片具银白色毛状窄鳞。中胸盾片有4个或6个圆白斑;侧背片和翅基前有窄白鳞。小盾片平覆白鳞,中叶的较宽。中胸腹侧板和后侧片具大片平覆白鳞。无翅前鬃。翅脉具白色和褐色不对称宽鳞。前足和中足基节前面具白鳞。前足胫节具完整的基白环。各足股节黄褐色,有深棕色鳞形成的麻点和多个白鳞形成的白环,后足股节白环至少有5个。除前跗节4—5外,各足跗节基部均有白环。腹背板两侧与腹板均有宽白鳞,节Ⅷ背板大部分呈白色(图1-38)。

雄蚊:触须较长,节3—5具基白环。尾器:抱肢端节粗宽;端节近基部分叉为二。小抱器具2—3粗刺。阳茎圆,末端有小突起,肛侧片端部有粗齿。

(二)生态习性

雌蚊嗜吸人血。幼虫主要孳生于池塘与沼泽浮动的水浮莲植物上,卵吸附于该植物的水下叶茎上。

(三)地理分布

国外:澳大利亚、孟加拉、柬埔寨、印度、印度尼西亚、老挝、马来西亚、缅甸、尼泊尔、菲律宾、斯里兰卡、泰国、越南等。

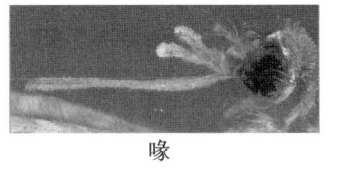
喙

中胸盾片与小盾片

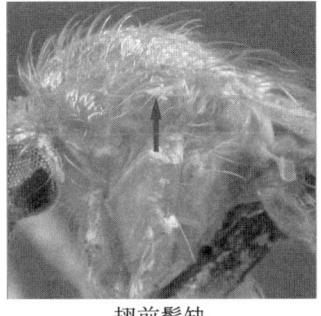
翅前鬃缺

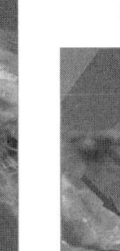
后足股节与胫节

图 1-38　多环曼蚊
（引自美国 WRBU,http://wrbu.org）

国内：海南、广西、云南。

（四）医学重要性

多环曼蚊是东南亚马来丝虫病的重要传播媒介之一；从马来西亚的砂捞越多环曼蚊中检测到辛德毕斯病毒。

三十一、常型曼蚊 *Mansonia uniformis*（Theobald,1901）

（一）鉴别特征

雌蚊：喙短于前足股节，基部 3/4 处呈淡色，端部明显呈黑色。触须端部具白鳞。梗节腹侧中线具短的黑色刚毛。头顶和后头具平伏窄白鳞和深棕色竖叉鳞，眼缘两侧具宽的淡色鳞。中胸盾片两侧从前端到翅基，各具一由灰绿色鳞片形成的亚中纵条。小盾前区背中央具淡色鳞。小盾片具黄白色窄鳞。前胸后背片具窄的淡色弯鳞；前胸后背鬃 7～14 根，排成 1 列。前胸侧板、中胸腹侧板上位和下位以及中胸后侧片上部均具宽白鳞。具气门后鬃。中胸下侧片鬃2～5根。前足和中足基节具黑白鳞。后股前面具4～5个斜形侧白斑。除前跗节4～5外，各足跗节均有宽的基白环，跗节1中部具黄白环。翅脉具宽的不对称黄褐相间的鳞片。平衡棒结节具黑鳞。腹节Ⅰ中央条带呈黄色，节Ⅱ—Ⅶ具黄端带和侧白斑，节Ⅷ白色。腹板大部分覆盖黄色和白色宽鳞（图1-39）。

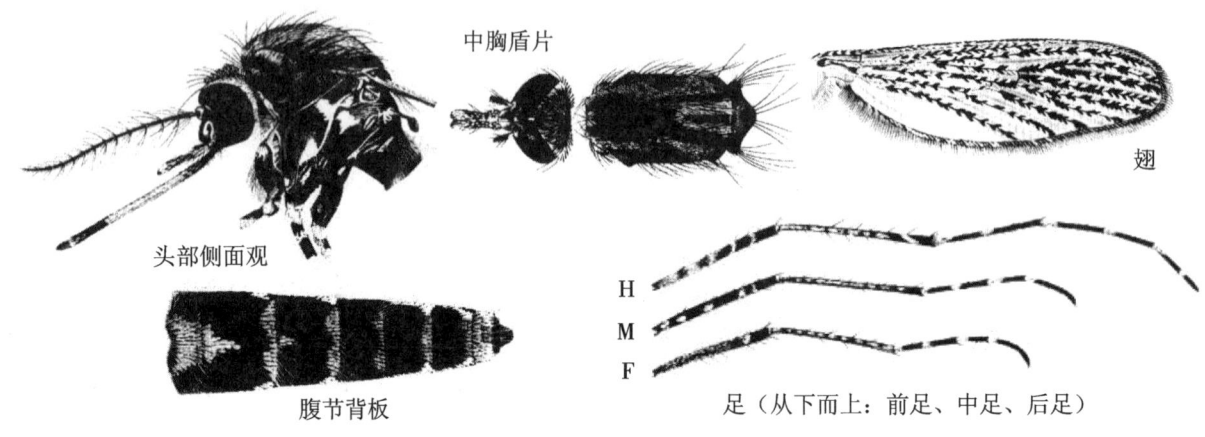

图1-39 常型曼蚊
（引自Tanaka等，1979）

雄蚊：触须较喙长，节3基段1/2处有2个白环。抱肢基节侧扁宽，腹内缘具粗刺。抱肢端节基部3/4宽，前部背面拱起，末段1/4逐渐细削。小抱器长，末端具一粗刺，粗刺端部内陷。肛侧片末端具锯齿。

（二）生态习性

常型曼蚊幼虫常见于无树荫遮挡的沼泽，特别是湖滨沼泽和沼泽河，也见于大型天然池塘、缓慢流动的溪流和杂草丛生的矿坑。幼虫具有独特的刺吸式呼吸管，使它能够吸附于多种水生杂草、莎草和水生植物，如水葫芦、凤眼莲和水莲，借助进化的呼吸管刺穿水生植物的根茎以获取氧气。卵吸附于水生植物叶子腹面。成蚊无婚飞习性，在小的空间就能完成交配。大约羽化24 h后就可以吸血，随后产卵。常型曼蚊雌虫多在夜晚具有攻击性，但白昼也会侵袭宿主吸血。雌蚊嗜吸人血和多种哺乳动物，飞行距离为3～6 km。常型曼蚊是非洲部分地区和澳大利亚北部地区的主要害虫。

（三）地理分布

国外：安哥拉、澳大利亚、孟加拉、柬埔寨、埃塞俄比亚、加蓬、印度、日本、肯尼亚、韩国、马来西亚、缅甸、尼泊尔、菲律宾、南非、斯里兰卡、泰国、乌干达等。

国内：除黑龙江、吉林、辽宁、内蒙古、宁夏、青海、新疆、贵州、西藏外，全国其他各省区均有记载。

（四）医学重要性

常型曼蚊是热带地区班氏丝虫和马来丝虫以及基孔肯雅热的主要传播媒介。澳大利亚北部野外捕获的常型曼蚊中可分离到罗斯河病毒。

三十二、白翅煞蚊 *Sabethes chloropterus*（Humboldt，1819）

（一）鉴别特征

参照属特征（图1-40）。

喙与触须

中胸侧面观

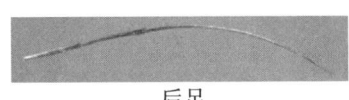

后足

腹节背板

图1-40 白翅煞蚊
（引自美国WRBU，http://wrbu.org）

（二）生态习性

幼虫主要见于树洞，即洞口开口极小、可以容纳大量水的树洞。

（三）地理分布

国外：阿根廷、玻利维亚、巴西、哥伦比亚、哥斯达黎加、厄瓜多尔、萨尔瓦多、危地马拉、圭亚那、洪都拉斯、墨西哥、尼加拉瓜、巴拿马、苏里南、特立尼达和多巴哥、委内瑞拉。

国内：未见分布。

(四)医学重要性

白翅煞蚊是南美丛林型黄热病的潜在传播媒介。

第四节 相关疾病

蚊媒传染病从生态学角度,以病媒生物和宿主脊椎动物相互关系为依据,可分为以下三种类型。

第一类,以人类为有效宿主,基本传染环节在人间循环,如疟疾、丝虫病和登革热,城市型黄热病大体上亦属于此。

第二类,传染循环原本在野生动物之间进行,病媒生物偶然将这些病毒扩大到非常规的敏感宿主,这些宿主不起扩大病媒生物感染和疾病传播的作用。病毒传播到人时已进入末端,蚊虫无法在人和人之间直接传播此类疾病。以西部马脑炎、东部马脑炎和圣路易脑炎为代表,田野型黄热病的传播与此相类似。

第三类,传染循环原本在野生动物之间进行,但传播到人群和家畜之后可形成新的传染环。如流行性乙型脑炎和委内瑞拉马脑炎,本是自然疫源性疾病,两者的病原体分别传播到猪和马后,成为扩大宿主,形成新的传染环。马来丝虫和猴疟也可能属于此类。

从病原学角度,蚊媒传染病有蚊媒病毒病,包括脑炎病毒类的流行性乙型脑炎、东方马脑炎、西方马脑炎、委内瑞拉马脑炎、西尼罗热、圣路易脑炎、版纳病毒病、墨累山谷脑炎、加利福尼亚脑炎等;出血性病毒病类的登革热和登革出血热、基孔肯雅病、黄热病、寨卡、裂谷热等;原虫类的疟疾及蠕虫类的丝虫病。

一、黄热病(Yellow fever, YF)

黄热病是由黄病毒科黄病毒属引起的一种急性病毒性疾病,主要流行于非洲和南美洲热带地区,因病人皮肤和眼睛呈黄色而得名。首次暴发于1648年墨西哥的尤卡坦半岛,据玛雅文字记载,该病症状为呕吐黑色物质。它首次命名为黄热病,出自威尔士自然学家格里菲斯·休斯(Griffin Hughes)1750年编撰的《巴巴多斯的自然历史》(*Natural History of Barbados*)。大多数学者认同黄热病毒来自非洲。1927年首次分离到黄热病毒,主要由非洲商船运输扩散至美洲大陆。

尽管20世纪30年代黄热活疫苗业已问世,但在过去的35年中,黄热病的感染者仍在逐年增加,发病和死亡人数也是埃博拉病毒致病和致死人数的1 000倍。15世纪埃及伊蚊通过船舶中的积水容器使在全球扩散传播成为可能,致使黄热病发展成为人类的一种重要疾病。

(一)临床表现

潜伏期3~6 d,初期症状为发热、头痛、寒战、背痛、疲劳、没有食欲、恶心、呕吐、肌肉痛,持续3~4 d后,15%的病例进入第2期——中毒期,表现为持续发热,因严重的肝脏和肾损伤,出现黄疸,并伴有腹痛。还可能出现口腔、眼及胃肠道出血和狂躁等症状。死亡率为3%~7.5%,进入中毒期的死亡率为20%~50%。病愈者,可终身免疫,无器官损伤症状。

(二)传染源和宿主

感染黄热病的人和猴是本病的主要传染源,人、猴等灵长类动物为其宿主,有袋类动物也有可能成为宿主。在非洲,黄热病主要有三种类型:丛林型、城市型和混合型(图1-41)。而在南美洲,则只有丛林型和城市型。丛林型黄热病是南美和非洲赤道雨林地区最主要的传播方式,通过树洞孳生的非洲伊蚊或吸蚊属蚊虫在猴类中流行,偶然感染林业工人和农民。城市型黄热病的感染者进入人口密集的城市后,通过以埃及伊蚊为媒介的"人—人"传播方式进行传播。但随着城市根除埃及伊蚊计划的实施,城市中这种大范围的暴发流行相对而言风险比较小。混合型则见于非洲热带稀树草原的雨季,为多个村庄同时出现病例的小规模流行,以非洲伊蚊、黄头伊蚊、具叉伊蚊和白点伊蚊为传播媒介,将野生动物感染的病毒传播给人。

(三)传播媒介

城市型黄热病的传播媒介为埃及伊蚊。在非洲,丛林型和混合型的传播媒介主要是非洲伊蚊,其他还有黄头伊蚊、具叉伊蚊、金彩伊蚊(*Ae. metallicus*)、嗜汁伊蚊(*Ae. opok*)、泰勒伊蚊、白点伊蚊、辛氏伊蚊等6种伊蚊;在南美洲,丛林型主要是几种吸蚊属和煞蚊属的蚊种,如大树吸蚊、白斑吸蚊(*Hg. leucocelaenus*)和白翅煞蚊等。

(四)地理分布

目前,黄热病主要在非洲有33个国家(赤道15°以北至15°以南)、南美洲有9个国家及几个加勒比岛国呈地方性流行,流行区人口6亿。近年来,据WHO统计,每年有20万例报告病例,大约3万例死亡,90%以上来自于非洲。2016年在非洲安哥拉暴发流行,同年3~4月,中国有11例输入病例报告,这是亚洲首次记录。

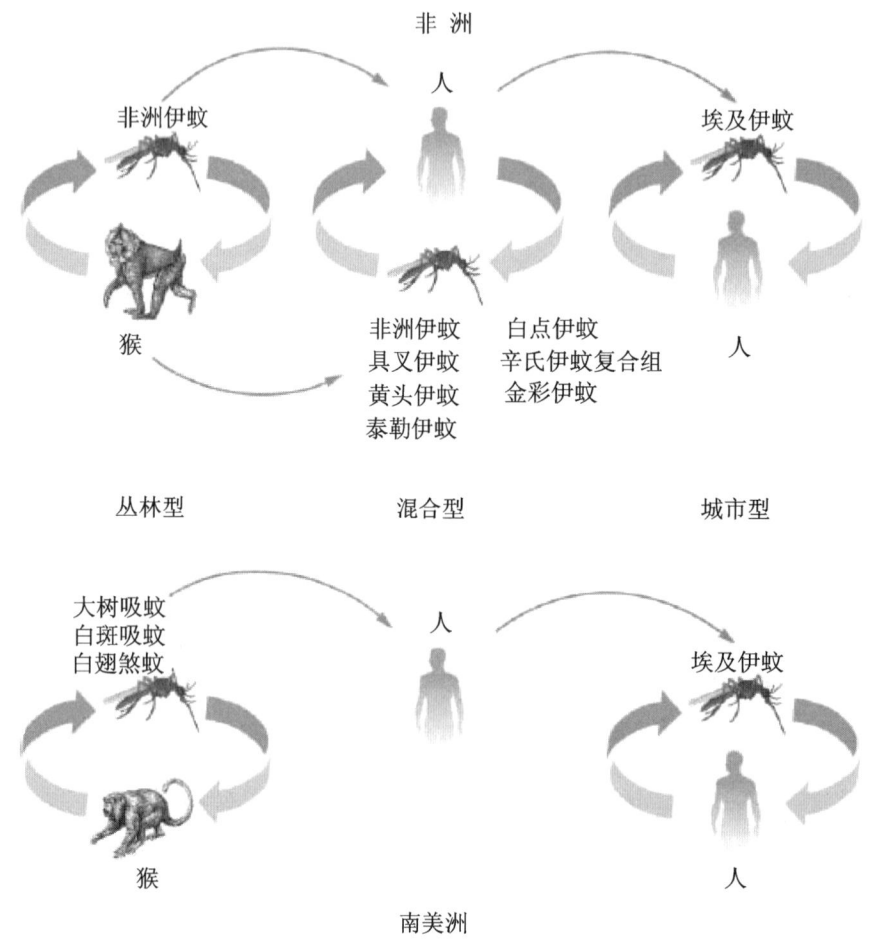

图1-41 非洲和南美洲黄热病传播途径
(引自Barrett和Higgs,2007)

(五)季节分布

多雨、潮湿、温暖的季节是黄热病的流行季节,亚马孙河一带通常在1~3月。

二、登革热(Dengue fever, DF)

登革热是由黄病毒科登革病毒(DENV Ⅰ—Ⅳ型)感染人类的典型蚊媒传染病,属于《中华人民共和国传染病防治法》规定的乙类传染病。根据疾病的严重程度,临床上分为登革热、登革出血热（Dengue Hemorrhagic Fever，DHF）和登革休克综合征（Dengue Shock Syndrome，DSS）。

20世纪以来，登革热主要流行于热带、亚热带地区的非洲、美洲、东南亚和西太平洋地区，覆盖100多个国家和地区。登革热曾在世界各地发生过多次大流行，有近20亿人口受到感染的威胁，根据世界卫生组织报道全球每年大约有100万感染病例。近年来，登革热在全球范围内呈逐年上升趋势，现已成为世界上分布广、发病率高、危害较大的一种虫媒病毒性疾病，已成为全球性重要的公共卫生问题。

（一）临床表现

登革热潜伏期2~7 d，临床主要表现为发热、疼痛、出血及胃肠道等症状，典型特征是突发急热、红疹、呕吐、严重的前额疼痛、眼睛后方剧烈地疼痛、关节酸疼和肌肉疼痛等。少数伴有出血症状者可发展为登革出血热，严重者进入登革休克综合征阶段，病死率较高。通常死亡率为1%~5%，在有条件治疗的国家或地区，死亡率可能低于1%，如患者出现低血压，死亡率可高达26%。

（二）传染源和宿主

人类和灵长类动物（包括黑猩猩、猕猴、长臂猿、恒河猴和狒狒）是登革病毒感染的自然宿主。在城市型疫源地内，隐性感染者和患者是主要的传染源。作为典型的自然疫源性疾病，登革病毒至少可以形成两个循环（图1-42）：丛林型，从猴到蚊再到猴，猴是宿主；城市型，从人到蚊再到人"，人是宿主。

（三）传播媒介

当前登革热扩大流行的主要原因除上述所提到的人口大量流动（如国际贸易、劳务及旅游等）外，全球气候变暖也是其中一个重要的因素，使其流行范围从热带、亚热带地区逐渐向温带地区扩展。

其主要传播媒介为埃及伊蚊和白纹伊蚊，患者经伊蚊叮咬吸血后将登革病毒传染给人或动物（"蚊—人—蚊"），病毒在蚊体内增殖活跃，病毒的毒力也进一步增强，并且登革病毒可经伊蚊卵进行垂直传播。患者和隐性感染者是主要传染源，可随处于病毒血症期患者的携带而输入到其他地区，在一定条件下会造成登革热的流行，现代化交通工具更使登革热的远距离扩散传播成为可能。

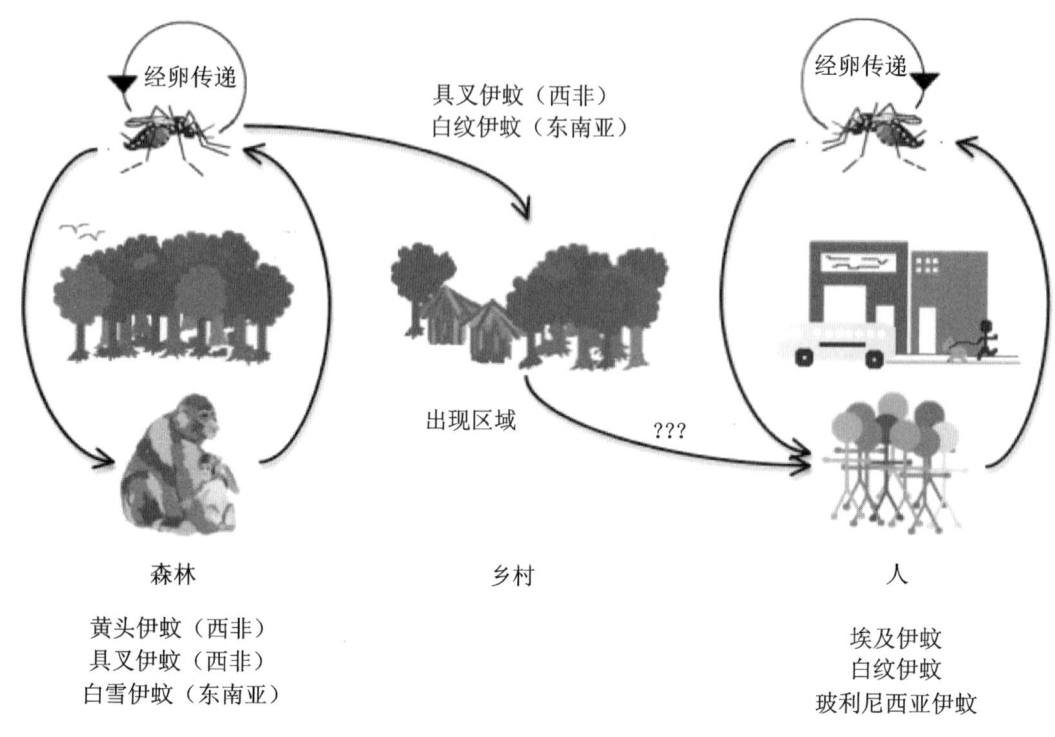

图 1-42　登革热传播途径
(仿 Chen 和 Vasilakis, 2011)

(四) 地理分布

本病主要流行区包括东南亚、西太平洋、加勒比海、美洲和非洲等地的 100 多个国家和地区,其中东南亚和西太平洋地区最为严重,大多数国家同时存在的登革病毒就有 3~4 个血清型。中美洲、南美洲和加勒比海地区,登革病毒的 4 个血清型相继流行,并出现登革出血热和登革休克综合征病例;西非和东非主要是登革热的流行,登革出血热报道较少。20 世纪 80 年代以来,登革热每隔 3~5 年就暴发流行一次。2013 年全世界 6 000 万人感染,死亡 1.36 万人。全球每年大约有 100 万人感染登革热,25 万人感染登革出血热,死亡大约 2.4 万人。由于城市化、人口增长、国际旅行及气候变暖,1960—2010 年,登革热病例猛增了 30 倍,成为全世界流行最常见的虫媒传染病之一,成为从发展中国家旅游回国发病的病种中,仅次于疟疾的最重要热带传染病。

(五) 季节分布

在亚热带、暖温带,登革热的流行有明显的季节性,主要集中在 5—10 月,多发于气温高、雨量多的季节,偶尔干旱季节暴发。在热带地区,全年均可发生,但多发生在雨季。

三、寨卡病毒病（Zika fever，又称 Zika virus disease，简称 Zika）

寨卡病毒病是通过伊蚊传播的新发蚊媒传染病，是由寨卡病毒（ZIKV）引起的急性病毒性传染病，该病毒是单链 RNA 病毒，与登革病毒、黄热病毒、流行性乙型脑炎病毒和西尼罗病毒等同属于黄病毒科黄病毒属。

（一）临床表现

感染寨卡病毒的人大约 1/5 发病，症状多集中于感染后的 4~7 d，大部分患者无症状。通常症状与温和型登革热相似，伴发热、斑丘疹、关节痛和肌肉酸痛、结膜炎（红眼）、轻度头痛、眼后痛和呕吐等。斑丘疹首先出现在面部，然后扩散至全身。

寨卡病毒病为自限性疾病，一般几天至一周后自然缓解，重症病例和死亡病例少见。由于寨卡病毒与登革热病毒、西尼罗病毒和黄热病毒等其他黄病毒会发生交叉反应，因此很难通过血清学方法做出准确诊断，但逆转录聚合酶链反应（RT-PCR）和血细胞病毒分离培养可以确诊。起病 7 d 内，如果检测到外周血清中寨卡病毒 RNA 阳性可以诊断。成人感染后会出现较强烈的神经系统症状，包括出现格林-巴利综合征；待孕母亲在怀孕头 3 个月期间，假如感染寨卡病毒可能会无形中增加胎儿小头畸形的风险。

（二）传染源和宿主

同登革热病毒一样，寨卡病毒可能仅限于脊椎动物，其中灵长类是其扩增与储存的宿主（图 1-43），如绿猴、东非黑白疣猴、赤猴。研究表明，寨卡病毒可能起源于非洲，目前主要分为非洲型与亚洲/美洲型。

（三）传播媒介

寨卡病毒主要存在生态学与进化学两个不同的循环（图 1-43），丛林型主要是树栖型伊蚊与灵长类；人类循环主要是人与半家栖型和家栖型伊蚊。首次在乌干达的非洲伊蚊中分离到寨卡病毒，随后在中非共和国嗜汁伊蚊、乌干达银端伊蚊、尼日利亚和塞内加尔黄头伊蚊，以及科特迪瓦和塞内加尔的白点伊蚊、具叉伊蚊、埃及伊蚊台湾亚种中均分离到此种病毒。这种病毒从其他伊蚊中也能分离到，如戴氏伊蚊（*Ae.dalzieli*）、多毛伊蚊（*Ae.hirsutus*）、单线伊蚊（*Ae.unilineatics*）和金彩伊蚊等。

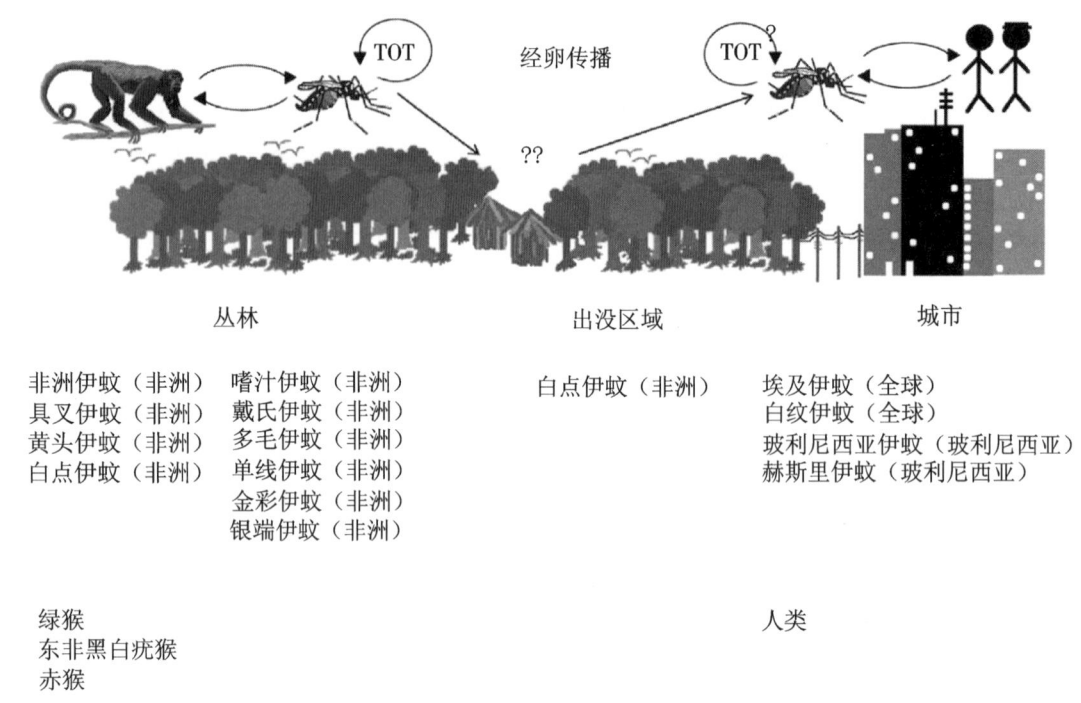

图 1-43　非洲寨卡病毒病传播途径
(仿 Weaver 等,2016)

另外,2015 年寨卡病毒在两个胎儿的羊水中检出,证明该病毒可能通过胎盘传播。

(四)地理分布

寨卡病毒首先于 1947 年 4 月在东非乌干达寨卡森林的恒河猴中分离出来,1948 年在同一地区非洲伊蚊中分离出病毒,并命名为寨卡病毒。1968 年 ZIKV 首次在尼日利亚从人体中获得。2007 年以前,在非洲和东南亚只有零星的人感染该疾病的报道。但 2007 年以后,在南太平洋和美洲先后暴发并大规模流行,例如,2007 年在太平洋的密克罗尼西亚联邦的雅浦岛首次暴发流行。2013 年 10 月,南太平洋法属的波利尼西亚大面积暴发流行,发病人数约为 2.8 万(约占当地人口的 11%)。2015 年 5 月,巴西发现首例确诊寨卡病毒病病例,巴西政府估计有 100 万人感染寨卡病毒。2016 年 2 月,中国深圳、浙江、福建、北京等地陆续发现多起外来输入性寨卡病例。

(五)季节分布

目前尚不十分清楚,一般应与伊蚊活动高峰季节一致,多是当地蚊虫密度过高在前,蚊媒传染病暴发流行在后。

四、流行性乙型脑炎（Epidemic encephalitis type B, EETB）

流行性乙型脑炎，又称日本乙型脑炎（简称乙脑），是由黄病毒科日本脑炎病毒（JEV）引起的人兽共患传染病。1871年，首次暴发于日本。现已成为全球病毒型脑炎的主要形式，多半流行于亚洲东部和南部，涉及30亿人。每年大约有5万患者，死亡1.5万人。

（一）临床症状

潜伏期为4~21 d，根据临床表现可分为四型：轻型、中型、重型、暴发型。轻型：患者神志始终清晰，有不同程度嗜睡。体温通常在38~39℃。中型：有意识障碍，腹壁反射或提睾反射消失，偶有抽搐，体温常在40℃左右。重型：神志昏迷，体温在40℃以上，有反复或持续性抽搐。深反射先消失后亢进，浅反射消失，病理反射强阳性，可出现呼吸衰竭。暴发型：少见，起病急骤，有高热或超高热，1~2 d后迅速出现深昏迷并有反复强烈抽搐。如不抢救，可在短期内因中枢性呼吸衰竭而死亡，幸存者也常有严重后遗症。在流行区，3~6岁儿童死亡率为20%~30%。

（二）传染源和宿主

家畜（包括猪、牛、马、羊、骡、狗等）和家禽是流行性乙型脑炎病毒的主要传染源和中间宿主（图1-44），尤其是当年新生猪，感染后即可成为传染源。猪也是三带喙库蚊的主要血源动物。在自然界，病毒在鸟—蚊—鸟间循环。马与人是病毒的传播终端，所以流行性乙型脑炎无法在人与人之间传播。

（三）传播媒介

流行性乙型脑炎病毒主要通过蚊传播给脊椎动物，最早是从三带喙库蚊中分离到该病毒。在亚洲南部与东部以及东南亚一带，流行性乙型脑炎传播媒介主要是三带喙库蚊。在澳大利亚北部，则是环喙库蚊。另外，一些次生媒介包括：印度曼蚊、常型曼蚊、伪杂鳞库蚊、霜背库蚊、白雪库蚊、霉皮库蚊（*Culex epidesmus*）、致倦库蚊、淡色库蚊、浅色按蚊和带足按蚊等。

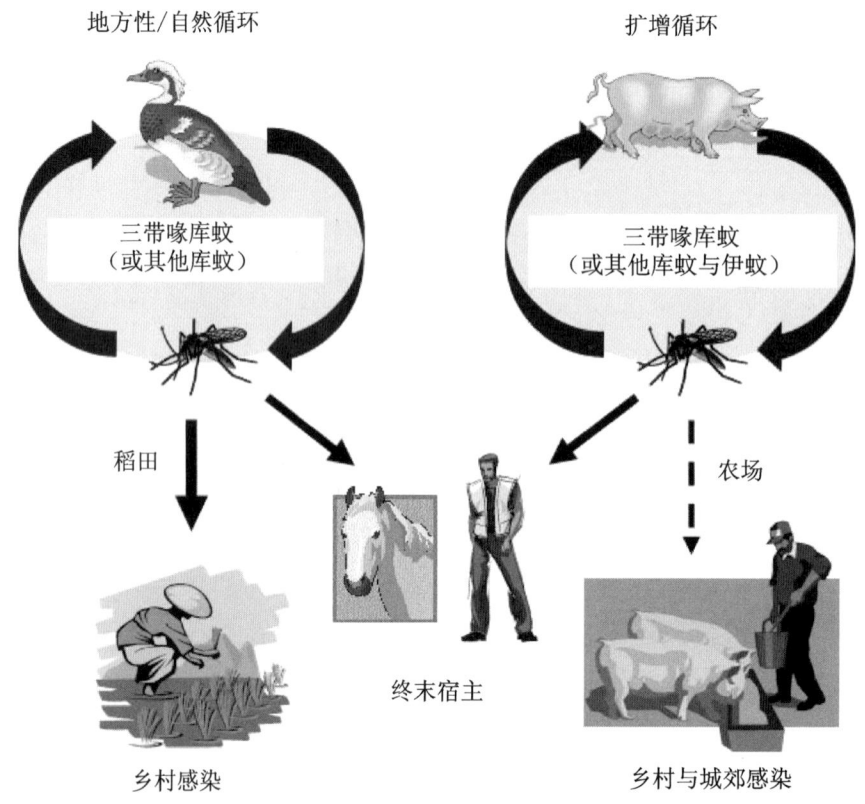

图1-44　乡村与城郊流行性乙型脑炎传播途径
（仿Pfeffer和Dobler,2010）

（四）地理分布

流行性乙型脑炎是亚洲热带地区流行的最为重要的一种间歇性脑炎形式,常见于东南亚一些国家。在过去50年,流行性乙型脑炎病毒快速扩张,根据分布情况可明显划分为3个流行区:首先是地方病流行区,包括印度南部、越南南部、泰国南部、菲律宾、马来西亚和印度尼西亚;其次为中间型亚热带区,包括印度北部、尼泊尔、缅甸北部和中部、泰国北部、越南北部、中国南部、孟加拉共和国;最后为温带流行区,包括中国的北部及台湾地区、朝鲜、日本和俄罗斯南部地区。

（五）季节分布

在亚洲,流行性乙型脑炎病毒在自然循环中主要涉及水禽和库蚊,猪是最为重要的扩增宿主,使之成为接近人类房屋的纽带。流行性乙型脑炎病毒有2种流行形式,在热带地方性流行区,病毒循环全年均可出现,可能因为灌溉因素而具有广谱性季节高峰。在温带流行区,则有严格的季节性,主要在夏、秋季流行,夏季最为明显。这其中最主要的原因是,流行性乙型脑炎传播媒介蚊虫的繁殖、活动及病毒在蚊体内的增殖需要一定的温度、湿度及雨量,以及受鸟类的迁移、灌溉工程、动物走私与全球气候变暖等因素的影响。我国90%的病例发生于7—9月,以儿童为主。

五、西尼罗热(West Nile fever, WNF)

1937年,西尼罗热首次发现于乌干达西尼罗河Omogo镇,是由黄病毒科西尼罗病毒(WNV)感染引起的人兽共患病,主要感染鸟类、人类和马、牛等哺乳动物。鸟类是该病毒的储存宿主,人主要通过带毒蚊虫叮咬而感染。

(一)临床表现

潜伏期一般为1~6 d,临床上表现为发热、头痛、倦怠、乏力、嗜睡、疲劳感加重,1/3以上的病人发热可达到38.3~40℃。在发热期间,患者常有颜面红晕、结膜充血和全身性淋巴结肿大等症状。一半病人皮肤有斑丘疹或白色玫瑰样皮疹,尤其儿童常见。暴发流行中,一半病人有肝脏肿大,10%病人有脾脏肿大。重症病人偶见心肌炎、胰腺炎和肝炎,部分病人还可出现严重的眼痛、结膜水肿、充血和肌肉酸痛等症状。80%左右的病人呈自限性,持续3~5 d。

(二)传染源和宿主

这类病毒以飞禽作为天然脊椎动物宿主,以库蚊作为地方性动物/家畜病媒生物,且都能够对人类和动物造成致命的神经系统疾病。

人感染西尼罗病毒后多数没有症状,约20%的患者主要表现为西尼罗热、西尼罗病毒性脑炎,但死亡率不足1%。鸟类是西尼罗病毒的储存宿主,马、狗、猫等哺乳动物只是偶然感染成为西尼罗病毒的终末宿主。与感染西尼罗病毒的患者一样,病毒血症期较短且血中病毒滴度低,难以通过蚊虫叮咬将病毒传播给其他动物和人类。但近年来发现,西尼罗病毒可经病人器官移植和母婴垂直传播导致受体和婴儿感染(图1-45)。

人类对该病毒普遍易感。野外作业者如农民、森林工人、园林工作者、建筑工人或旅行者是本病的高危人群。部分体弱者,特别是老年人和儿童感染病毒后容易引起西尼罗脑炎。

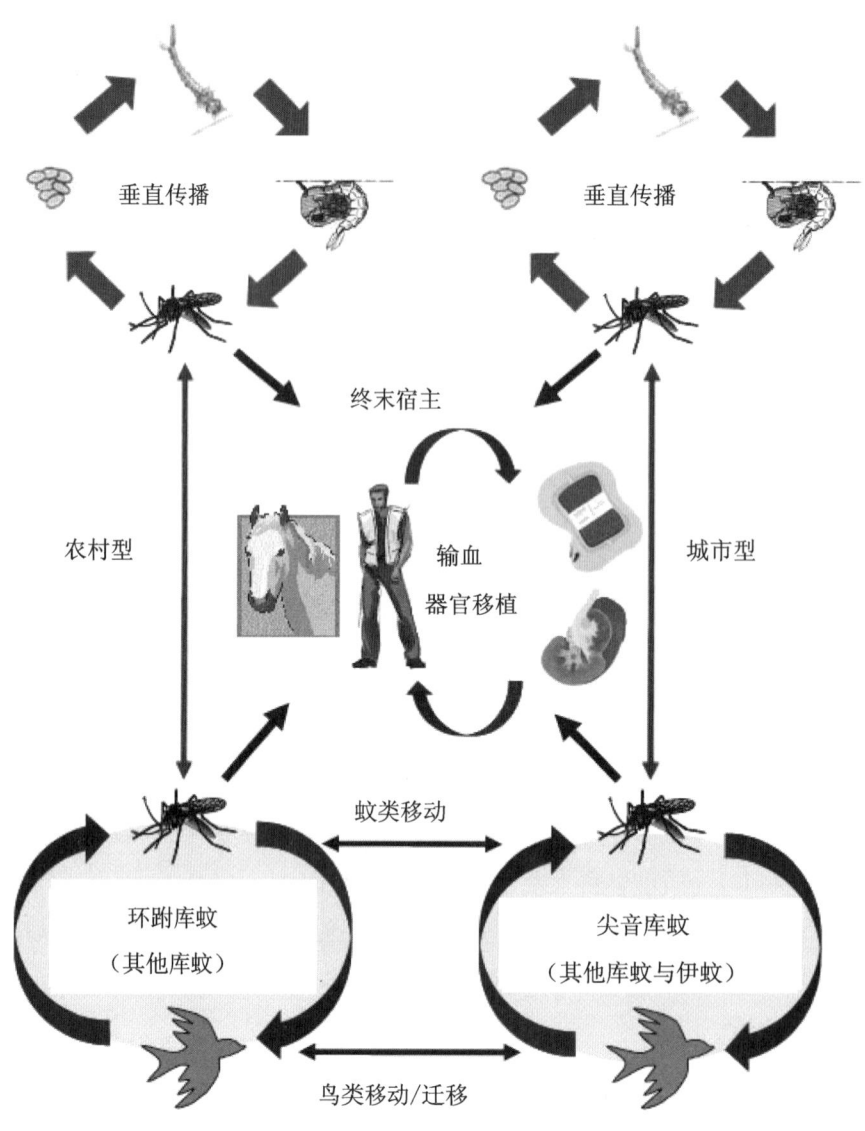

图 1-45　西尼罗热传播途径
（仿 Pfeffer 和 Dobler，2010）

（三）传播媒介

鸟类与蚊虫是西尼罗病毒自然循环中的主要载体。在欧洲与非洲，主要传播媒介是尖音库蚊、凶小库蚊、单条库蚊（*Cx. univittatus*）和触角库蚊（*Cx. antennatus*）。在美国，尖音库蚊是主要传播媒介，致倦库蚊、黑须库蚊、环跗库蚊是潜在传播媒介。这些蚊虫携带的西尼罗病毒主要存在唾液中，通过吸血将西尼罗病毒传播给易感脊椎动物宿主。其他吸血节肢动物，如白蛉、蠓、蜱等均可传播西尼罗病毒。

(四)地理分布

自 1937 年在乌干达首度分离出西尼罗病毒以来,随后逐渐流行于欧洲、非洲、中东、澳大利亚和亚洲部分地区,20 世纪 90 年代,逐渐向北美洲进行扩张。1996—1999 年期间,3 次大的西尼罗热暴发流行主要出现在罗马尼亚南部、俄罗斯南部的伏尔加三角洲地区和美国东北部。自 1999 年 8 月美国纽约市首次发现西尼罗病毒以来,此病毒就在美国和北美地区迅速蔓延,同时造成乌鸦不明原因大量死亡。2000 年,美国出现西尼罗病毒致人死亡的病例,研究人员在越冬的蚊子体内分离到西尼罗病毒,从而证实西尼罗病毒已在美国稳定存活下来。2007 年,美国有 43 个州报告了 3 630 例人感染西尼罗病毒,其中 34% 表现为脑炎或脑膜炎。

近年来,随着国际人员和物资流动加快,感染者、带毒畜禽和病媒生物蚊虫等传入我国的可能性日益增加。加之西尼罗病毒主要分布在北纬 23.5°—南纬 66.5° 的温带地区,而我国大部分领土正处在这一区域范围,同时有适宜的鸟类宿主、易感动物和媒介蚊虫存在,因此同样面临着西尼罗病毒输入和流行的威胁。

(五)季节分布

热带地区全年均有发病,温带地区发病主要在夏、秋季节。

六、圣路易脑炎(Saint Louis encephalitis, SLE)

圣路易脑炎是由黄病毒科圣路易脑炎病毒(SLEV)引起的中枢神经疾病,1933 年首次发现于美国密苏里州的圣路易市。

(一)临床表现

人感染圣路易脑炎病毒,临床表现一般较轻,常有发热和头疼。重症病人表现为高热、头疼、颈僵硬、昏迷、抽筋、痉挛等,甚至瘫痪。病死率 3%～30%。

(二)传染源和宿主

圣路易病毒在自然界中的传播途径主要是鸟—蚊(图 1-46),鸟类是该病毒的储存宿主,蚊是传播媒介。感染 SLEV 的蚊虫、蜱、蝙蝠等,可以将病原体传递给人或哺乳动物。

没有发现人传人的报道。

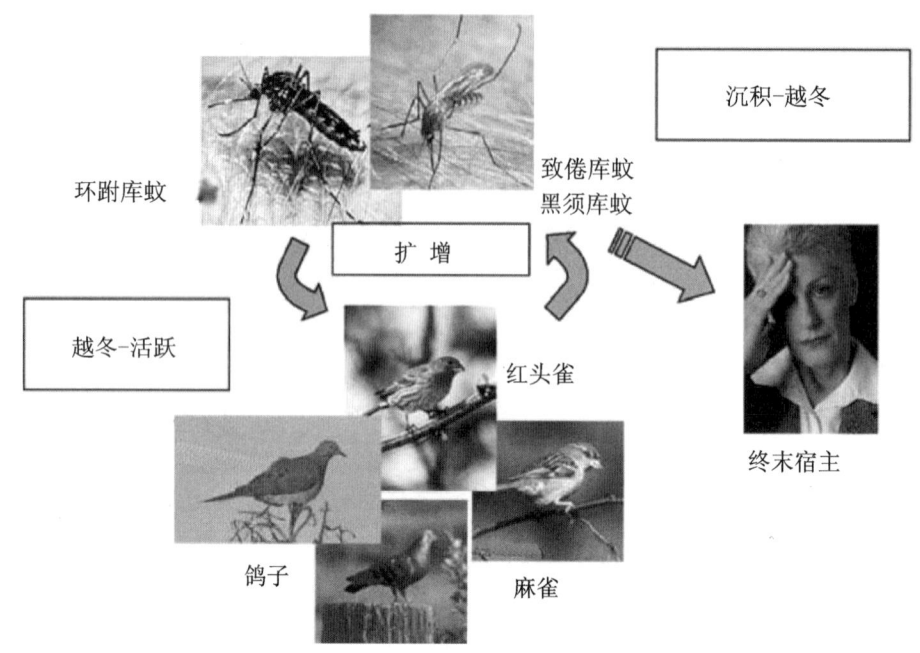

图 1-46　北美洲圣路易脑炎传播途径
（仿 Reisen，2003）

(三) 传播媒介

该病毒在蚊体内的主要传播方式有以下两种。

(1) 垂直传播：即感染 SLEV 的雌蚊经卵传递至子代（F_1），代表种有致倦库蚊、环跗库蚊和黑须库蚊。

(2) 水平传播：例如，致倦库蚊等不经过生殖发育，越冬时仍然保持生育活性，当然这种活性受周围的环境如温度等影响。

(四) 地理分布

圣路易脑炎大多暴发于 21℃ 等温线以南地区，如美国、墨西哥、加拿大等国家，但近年来逐渐由加拿大南部扩散至阿根廷，并进入加勒比海群岛。温暖的气候促使蚊虫跨境传播成为可能，也进一步推动了圣路易脑炎在全球的扩张。

(五) 季节分布

在美国温带地区，主要流行于夏末秋初，南部全年均可发生。

七、裂谷热（Rift valley fever，RVF）

裂谷热是 20 世纪初新发蚊媒传染病，是由布尼亚病毒科白蛉病毒属裂谷热病毒（RVFV）引起的动物源性传染病。最早是于 1930 年从肯尼亚的奈瓦沙绵羊中发现的，1967 年首次在尼日利亚进口的牛中分离到 RVFV。在过去 60 年间，RVFV 在非洲人和动物间流行，给人类造成严重的经济损失和健康威胁。

（一）临床表现

轻重不一，轻者无症状，有的只有发热、头痛、肌肉痛，持续约一周。重者，感染后前 3 周视力消失；因脑部感染，引起严重的头痛；并因肝脏问题而出血。出血者，死亡率可高达 50%。

（二）传染源和宿主

牛、绵羊、山羊、骆驼对 RVFV 特别敏感，是该病毒的扩增宿主。蝙蝠可能是病原体的储存宿主。没有发现人感染人的报道。人感染除蚊虫叮咬外，还可通过接触感染动物的血液、分泌物，饮用感染动物的乳汁或吸入污染的空气等途径感染。人感染往往在动物流行之后。在过去 15 年间，RVFV 已造成成千上万人患病，几百人死亡，超过 10 万头家畜死亡。

（三）传播媒介

许多吸血节肢动物均被认为是该病毒的传播媒介，在蚊科中，已有 8 属 53 种分离出该病毒。其中在 RVFV 垂直传播，即经卵传递中，伊蚊 [如曼氏伊蚊和赭色伊蚊（*Ae. ochraceus*）] 是最重要的传播媒介，而库蚊和曼蚊（如常型曼蚊）则是该病毒的水平传播媒介（图 1-47）。

（四）地理分布

裂谷热主要暴发流行于撒哈拉沙漠以南的非洲大陆。1950—1951 年，在西非造成约 10 000 头绵羊死亡、500 000 头绵羊流产。1979 年 RVFV 首次离开非洲大陆，侵入马达加斯加岛，并在 1990—1991 年致使该岛家畜感染流行。随后 2000 年裂谷热出现于阿拉伯半岛，在也门和沙特阿拉伯的提哈迈沿海平原广泛流行。2016 年我国有输入性病例报告。至今，裂谷热侵袭的国家或地区已超过 30 多个。

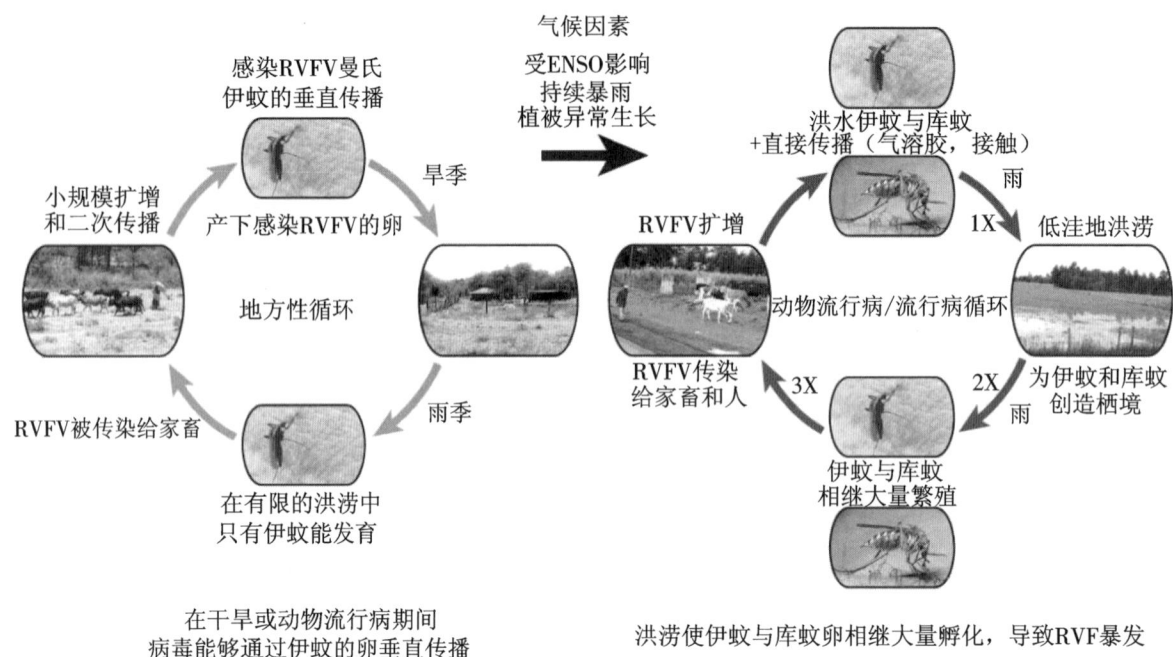

图 1-47 裂谷热传播途径

(仿 Linthicum 等,2016)

(五)季节分布

漫长的雨季是灌木丛生的热带草原裂谷热的主要流行季节。

八、基孔肯雅热(Chikungunya,CHIK)

基孔肯雅热是种新发蚊媒传染病,也是一种自然疫源性疾病,它由披膜病毒科甲病毒属基孔肯雅病毒(CHIKV)感染所致,属于西门利克森林病毒亚组。基孔肯雅热最早可追溯到1779年的印度尼西亚,随后扩展至非洲、印度次大陆和东南亚一带,近来在全球局部地区呈暴发流行趋势。

(一)临床表现

该病主要经蚊虫吸血传播,其主要临床表现为发热、关节剧烈疼痛、皮疹和轻度出血症状。该病起病急骤,被迫采取弯曲体位,当地的土语(Kimakonde)形容这种姿势为"基孔肯雅",故以此命名。它类似于流行性登革热症状,但没有大出血或休克症状。

(二)传染源和宿主

基孔肯雅热是一种自然疫源性疾病。人和猴是 CHIKV 的主要传染源,其传播方式主要有两种。在丛林型疫源地中,猴、猩猩等灵长目和野生动物是主要传染源,病毒以"灵长目动物—蚊—灵长目动物"方式传播。在城市型疫源地,病人和隐性感染者是其主要传染源,病毒主要以"人—蚊—人"方式传播(图 1-48)。

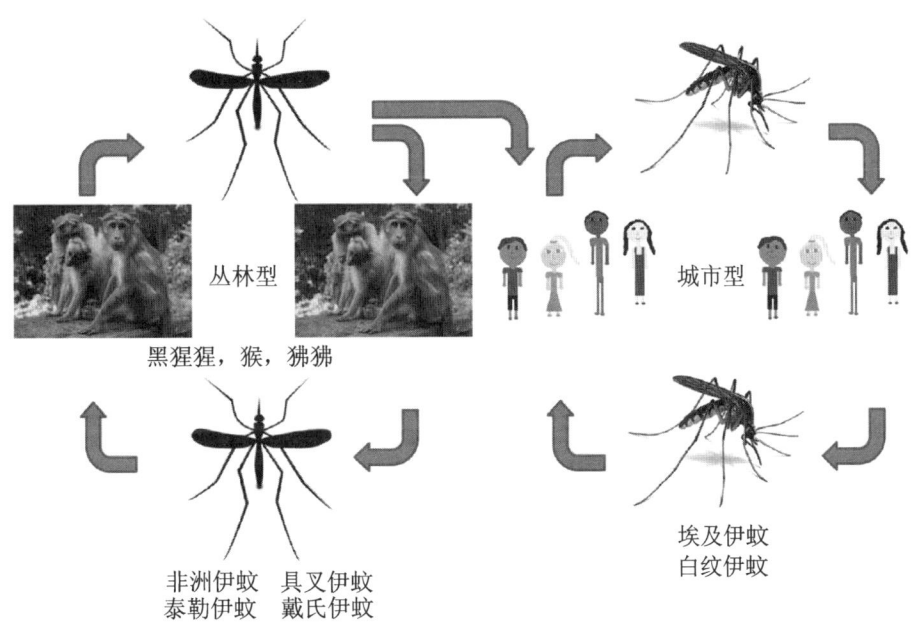

图 1-48 非洲基孔肯雅热传播途径

(仿 Thiboutot 等,2010)

(三)传播媒介

CHIKV 的分布与其传播媒介蚊虫密切相关,各地学者已从自然界的多种蚊虫中分离出这种病毒,人工感染实验也证明 10 余种蚊虫可通过叮咬传播该病毒,如埃及伊蚊、白纹伊蚊、非洲伊蚊、三带喙库蚊等,尤以白纹伊蚊和埃及伊蚊为甚。20 世纪初期,白纹伊蚊起源于东南亚、西太平洋和印度洋岛屿,现已扩散到非洲、中东、欧洲和美洲,成为基孔肯雅热最为重要的传播媒介之一。

(四)地理分布

CHIK 在全球的流行最早可追溯到 1779 年的印度尼西亚,随后扩展至非洲、印度次大陆和东南亚一带等许多国家和地区,如乌干达、刚果、津巴布韦、安哥拉、塞内加尔、尼日利亚、印度、泰国、马来西亚、菲律宾、柬埔寨、越南和老挝等。印度尼西亚自1985年零星暴发过以后,2001—2007年短短6年间,又呈大规模暴发流行趋势,大约有1.5万人感染CHIKV。

近些年来,基孔肯雅热在欧洲一些国家时有发生,根据欧洲输入性传染病监测网络系统报道,2006年,印度洋法属的留尼汪岛(大约有11万居民感染CHIKV)。意大利东北部的拉韦纳地区在2007年也有205例病人,该病毒株证实为印度洋变种非洲基因型。这是自1952年以来在坦桑尼亚南部分离到CHIKV,基孔肯雅热首次在热带地区以外传播。

2008年初,我国广东出入境检疫局从外出斯里兰卡务工人员中检测出首例输入性基孔肯雅热病例。由于它同登革热具有相同的传播媒介——白纹伊蚊和埃及伊蚊,因此在登革热流行疫区的人们更易感染CHIKV。

(五)季节分布

基孔肯雅热流行的季节性与传播媒介埃及伊蚊和白纹伊蚊等蚊虫的繁殖季节一致,多发生在气温高、雨量多的季节。

九、东方马脑炎(Eastern equine encephalitis, EEE)

EEE是由披膜病毒科甲病毒属东方马脑炎病毒(EEEV)引起的一种典型的人兽共患病,因首先于病马脑组织中分离出病毒而得名。

(一)临床表现

该病毒引起的主要是神经性和出血性疾病,其典型表现为迅速发生的流感样症状,如头痛和发热,甚至有抽搐、意识障碍和脑膜刺激症状等。如果不加以治疗,常伴有中枢神经系统损害。东方马脑炎的愈后与病变的范围和病情的轻重有关,病情较轻时,其愈后往往良好。如昏迷持续时间较长或有频繁惊厥时,脑部缺氧及病理变化加重,愈后多较差,容易留有神经、精神的后遗症。

在一些流行区,人的致死率高达70%;对于马,EEEV感染致死率可能接近100%。

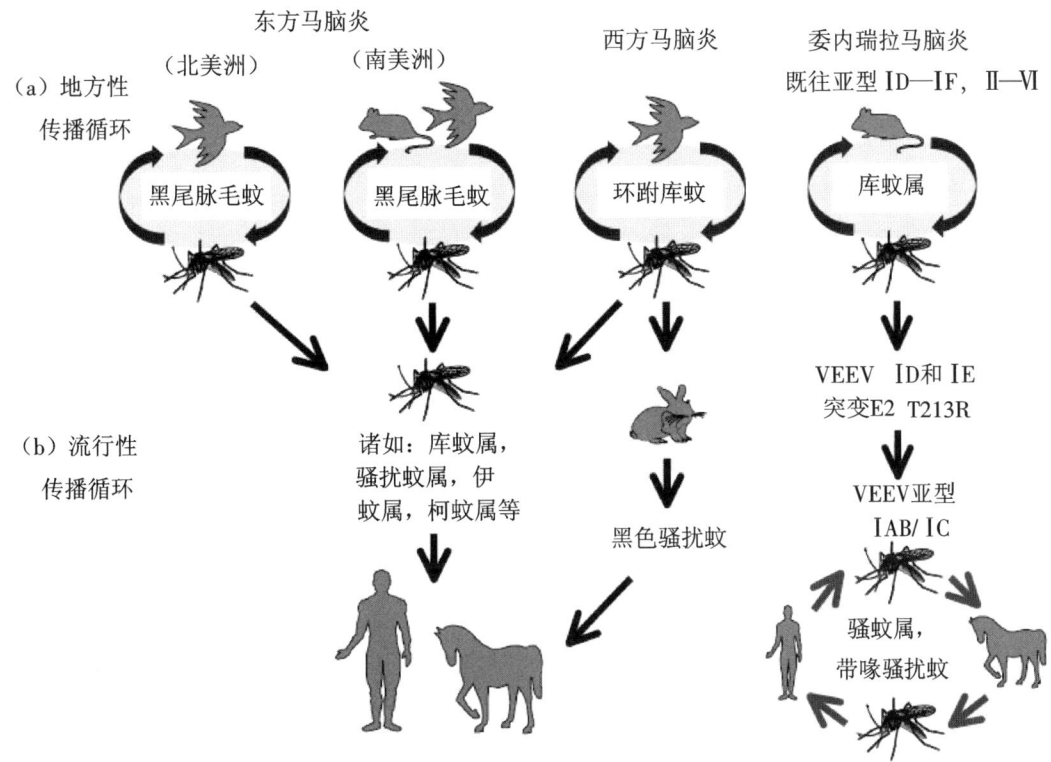

图 1-49　东方马脑炎、西方马脑炎与委内瑞拉马脑炎传播途径
（仿 Pfeffer 和 Dobler，2010）

（二）传染源和宿主

在北美洲东部，EEEV 的传播主要依赖于嗜鸟蚊虫黑尾脉毛蚊、雀形目鸟和涉水鸟（图 1-49），这种循环主要维持在沿海和内陆沼泽地区。蚊虫可能充当将从病毒血症的鸟类获得的 EEEV 传递给马和人的传播媒介。

EEEV 能在引进的鸟类中引起神经性疾病，如麻雀、环颈雉、家鸽和鹌鹑，环颈雉和鹌鹑可以充当扩增的脊椎动物宿主。除了鸟类之外，还能从蝙蝠，甚至两栖动物和爬行动物中分离到 EEEV，且两栖动物和爬行动物能在数月时间内保持非常高的病毒血症，因而是温带地区 EEEV 越冬的理想对象。

（三）传播媒介

虽然从包括尖音库蚊和刺扰伊蚊在内的 20 多种蚊虫中分离到 EEEV，但在北美洲，黑尾脉毛蚊仍是 EEEV 的主要传播媒介。

(四)地理分布

EEEV 主要出现在北美洲和南美洲,前者从加拿大南部到墨西哥湾,向西则到美国中西部,如佛罗里达、佐治亚、马萨诸塞和新泽西州等地。

(五)季节分布

据美国东北部几个州的调查结果,东方马脑炎流行季节为 3 月中旬到 10 月上旬。

十、西方马脑炎(Western equine encephalitis,WEE)

西方马脑炎发现于 1930 年,同东方马脑炎一样,也是由披膜病毒科甲病毒属引起人类和马等动物的致死性疾病。

(一)临床表现

人感染西方马脑炎病毒(WEEV),多数症状不明显,少数出现脑炎症状,一般儿童、老人和孕妇较重,感染率有时高达 5% 以上。典型表现为突然发热、头痛、颈强直、呕吐、嗜睡。2~4 d 内,发展为有意识障碍、昏迷和脑膜刺激症状等。如不治疗,可致死,死亡率 5%~15%。存活者,50% 留有神经、精神后遗症。WEEV 也是马脑脊髓炎的一种重要病原体,被其感染者的死亡率可高达 10%~50%。

(二)传染源和宿主

在北美洲,WEEV 在自然界的循环主要涉及家禽、野鸟和蚊(图 1-49),家禽和野鸟作为最重要的储存和扩增宿主,至少在 14 种伊蚊和 6 种库蚊中分离出 WEEV,而传播媒介主要是环跗库蚊。

在南美洲,则可能存在蚊—鼠循环,主要是伊蚊、脊椎动物宿主,包括田鼠、兔子和引进的欧洲野兔。

(三)传播媒介

传播媒介多为库蚊属和脉毛蚊属,主要为环跗库蚊。次要媒介包括多种库蚊、脉毛蚊和伊蚊。

(四)地理分布

分布在密西西比河以西,北至加拿大,南到墨西哥。

(五)季节分布

在北美洲,夏初至秋季,5—7月病例较多,可延至9月。

十一、委内瑞拉马脑炎(Venezuelan equine encephalitis, VEE)

委内瑞拉马脑炎是由委内瑞拉马脑炎病毒(VEEV)引起的自然疫源性疾病。1938年首次分离到VEEV,同样属于披膜病毒科甲病毒属。1938—1972年间,委内瑞拉马脑炎曾在西半球周期性地暴发流行。

(一)临床表现

主要感染马,引起严重的神经系统疾病,可造成突然死亡。人感染症状像流感,有高热和头痛症状,严重者可造成死亡。

(二)传染源和宿主

在自然疫源地,地方性流行循环中主要是宿主鼠(稻鼠属、地棘鼠属、棉鼠属、白足鼠属、林棘鼠属和茎鼠属)与库蚊。伊蚊和鳞蚊属也能将VEEV传递给马、驴、骡子和人。马、猴、骡子是扩增宿主,人则为终末宿主。在马—蚊循环中,马感染VEEV,症状一般较轻,不会致死。人与人之间流行大多从马与马之间流行而来,感染者主要是儿童,致死率可达1%~3%。牛、猪、狗也可能被感染,但无症状。一些鸟类,主要是鹭可以产生非常高的病毒血症,能够感染吸血蚊。在特定情况下,这些鸟类可以充当储存与扩增宿主。

(三)传播媒介

VEEV的主要传播媒介是带喙骚扰蚊,美洲的白纹伊蚊已证明也具有传播VEEV的能力。

（四）地理分布

委内瑞拉马脑炎主要分布于热带和亚热带地区，主要包括美国、墨西哥及中美洲和南美洲。

（五）季节分布

一般多在雨季流行，因为那时美洲蚊虫大量孳生繁衍。

十二、版纳病毒病（Banna virus disease）

版纳病毒（BAV）是以我国云南西双版纳的地名命名的虫媒病毒，归呼肠弧病毒科版纳病毒属。

（一）临床表现

1987年，版纳病毒首次从云南西双版纳脑炎病人的脑脊液中分离出来，与流行性乙型脑炎病毒的传播方式和地理分布类似，故过去有些地区暴发流行的流行性乙型脑炎中的部分可能是版纳病毒病。该病最常见的症状是发热，也有表现为脑炎症状的病例。

（二）传染源和宿主

现已从猪、牛、蜱、蚊虫及患者中分离出BAV，其储存宿主仍有待进一步调查研究。

（三）传播媒介

该病是新发虫媒传染病，传播媒介可能与流行性乙型脑炎类似，但具体媒介仍有待进一步研究。现已发现感染版纳病毒的蚊虫有三带喙库蚊、淡色库蚊、凶小库蚊、环带库蚊、伪杂鳞库蚊、中华按蚊、迷走按蚊、白纹伊蚊、刺扰伊蚊、背点骚扰蚊等。

（四）地理分布

1987年，我国云南首次发现版纳病毒，该病毒主要流行于北回归线45°范围内。我国新疆、内蒙古、甘肃、辽宁、山西、北京、山东、湖南等地区的蚊虫体内均可分离到版纳病毒，境外主要包括印度尼西亚、越南等。

(五)季节分布

仍有待于进一步调查研究。

十三、疟疾(Malaria)

1897年,罗纳德·罗斯(Ronald Ross)在印度证明了人疟原虫能在按蚊体内发育增殖,由此揭开了疟疾是经按蚊叮咬或输入带疟原虫的血液所引起的虫媒传染病的面纱。

(一)临床表现

感染人体的疟原虫共有四种,即间日疟原虫、恶性疟原虫、三日疟原虫和卵形疟原虫。

间日疟常有头痛、乏力、肢体疼痛、怕冷、厌食、恶心等症状,发作周期为48 h。

恶性疟起病急缓不一,多伴有恶心、呕吐、腹痛与腹泻等症状,病人贫血出现早,且严重。

三日疟起病较缓,但在起病初期有严格的72 h一次的周期性发作过程。

卵形疟症状较轻,寒战不明显,一般发作不超过6次,易于自愈。

(二)传染源和宿主

传染源为疟疾显症患者和无症状的带虫者。

疟疾不是疫源性疾病,人疟与猴疟、鸡疟等无关系。

(三)传播媒介

能够传播疟疾的按蚊有60余种。在非洲,主要媒介为冈比亚按蚊;中美洲与南美洲为达氏按蚊;欧洲南部、中近东、中亚地区为五斑按蚊、米赛按蚊;东亚地区为雷氏按蚊和中华按蚊;东南亚为大劣按蚊、微小按蚊,在南亚为斯氏按蚊和微小按蚊。

我国主要传疟媒介为大劣按蚊、雷氏按蚊、微小按蚊和中华按蚊,其中新疆南部与北部地区分别为萨氏按蚊和米赛按蚊。

输血传播则是通过由带有裂殖子的血液输入健康人体内而感染疟疾,多见于高疟区人群。疟原虫也可通过胎盘传给胎儿,引起先天性疟疾感染。

(四)地理分布

1万年前起源于非洲的恶性疟原虫,现已扩展至北纬64°、南纬32°、海拔高度低于2 000 m的区间内。有关专家预测,全球异常气候将导致恶性疟向北纬扩展,欧洲和美国大部分地区也会受到波及。

全球每年有3亿～5亿人感染疟疾,引起100万～300万人死亡,并且其中多数是婴儿和儿童。有100多个国家与地区发生疟疾,至今在亚非拉广大地区尚有流行。2006年全球大约有24 700万疟疾患者,在88.1万死亡病例中多数患者不足5岁,而且91%的人群来自非洲。

虽然疟疾广泛分布于全世界热带、亚热带和温带地区,但发达国家多已得到清除。

(五)季节分布

疟原虫在蚊体内的生长发育需要适宜的温度和湿度,在南方地区年平均气温较高,疟疾的传播常在每年的9—12月;北方寒冷干燥,一年可传播疟疾的时间为3～6个月,发病高峰一般在夏、秋季节。

十四、淋巴丝虫病(Lymphatic filariasis,LF)

丝虫病又称象皮病,主要是由一种丝状寄生虫(丝虫)及其幼虫(微丝蚴)所致。世界上有八种丝虫病(班氏、马来、帝汶、罗阿、盘尾、链尾、常现和奥氏),其中蚊传的有班氏丝虫病、马来丝虫病和帝汶丝虫病,统称淋巴丝虫病。

(一)临床表现

丝虫病病变的发生与发展主要取决于丝虫的种类、感染程度、成虫寄生部位、虫体死活情况、机体反应以及有无继发感染等。按病变的发生过程可分为以下三期。

(1)急性期:突出症状为淋巴结炎、淋巴管炎、丝虫热精索炎等,每隔2～4周或每隔数月周期性发作1次,多在运动或疲劳之后,发作多集中在夏、秋季。

(2)亚急性期:嗜酸性粒细胞脓肿内干酪样坏死,周围环绕的类上皮细胞与巨噬细胞形成类干酪样坏死肉芽肿。

(3)慢性期:由于炎症反复,淋巴结及淋巴管最后被增生的肉芽组织及纤维组织阻塞。

淋巴结曲张常见于腹股沟和股部一侧或两侧，上肢偶见。阴囊部的皮肤及皮下组织常因淋巴液回流受阻而发生水肿，形成阴囊淋巴积液。鞘膜积液较多者则形成阴囊象皮肿，致有重垂感，甚至行走困难。象皮肿为丝虫病晚期最常见的症状，自感染后10年左右发生。因淋巴阻塞部位不同，易发生部位依次为肢体、阴囊、阴茎、阴唇、阴蒂和乳房等，最多见的部位为下肢。

（二）传染源和宿主

丝虫病的主要传染源为血液中带有微丝蚴的病人和无症状的带虫者（图1-50）。

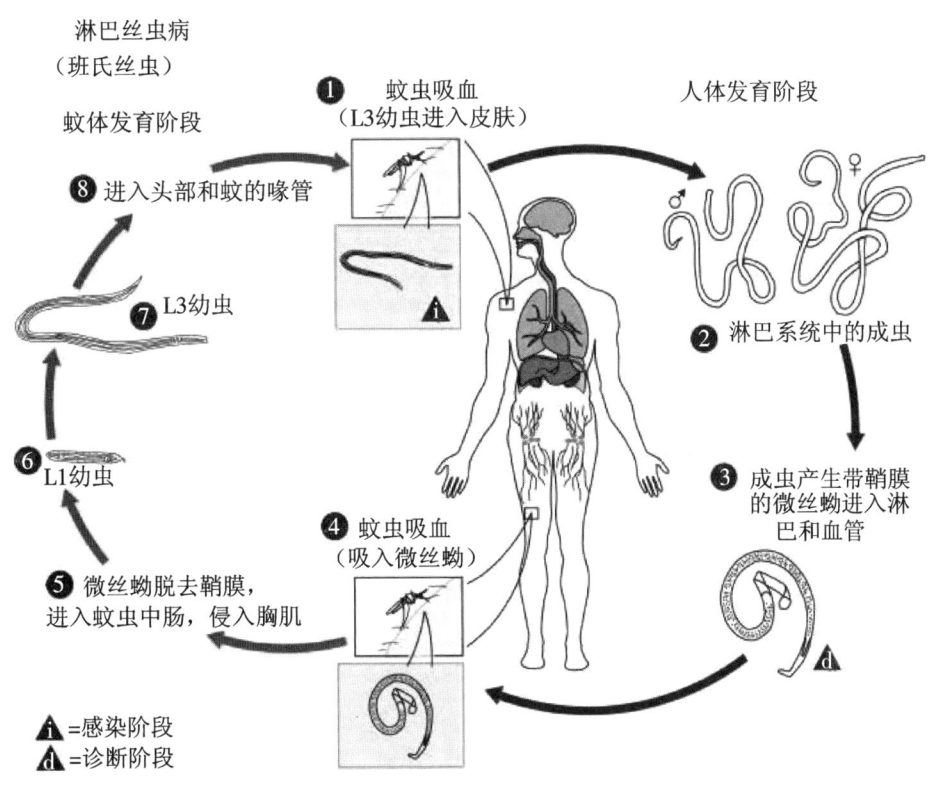

图1-50　淋巴丝虫病传播途径

（引自Cuomo等，2013）

（三）传播媒介

1877年，帕特里克·曼森在中国厦门证明了致倦库蚊是班氏丝虫病的中间宿主，可以说是19世纪末蚊类研究史上跨时代的发现。班氏丝虫病的另一主要传播媒介为淡色库蚊，次要媒介为中华按蚊。马来丝虫病的主要传播媒介为中华按蚊和雷氏按蚊。帝汶丝虫病的传播媒介为须喙按蚊。

(四)地理分布

目前,在全世界约有 2.5 亿人感染淋巴丝虫病毒,9 亿多人生活在受感染威胁的地区,东南亚、非洲、美洲和太平洋岛国的大部分国家尤为严重。

东半球的北纬 42°至南纬 28°、西半球的北纬 30°至南纬 30°的广大地区,均有不同程度的流行,但以亚洲、非洲、大洋洲及拉丁美洲的一些地区为主。马来丝虫病仅限于亚洲,主要在东南亚地区。帝汶丝虫病仅流行于印度尼西亚群岛东南部的帝汶岛、佛罗雷斯岛等地区。

1994 年,WHO 公布淋巴丝虫病流行于 73 个国家,有患者 1.19 亿,受威胁人口 11 亿,由于淋巴丝虫病导致全球 4 300 万人永久或长期致残,因此 1995 年 WHO 将其列为世界第二大致残疾病。

在我国,丝虫病过去分布,北至山东德州地区,南至海南省三亚市,东至浙江舟山,西至四川雅安县,共 16 个省、市、自治区,现已基本清除。

(五)季节分布

季节分布不明显,但有一定的感染季节,主要受自然因素的影响。在热带和亚热带地区,蚊虫终年可以活动,感染丝虫病的机会相对而言比较大。我国丝虫病的感染季节主要在 5—10 月。

(杨天赐)

参考文献

[1] 董学书. 云南蚊类志(上卷)[M]. 云南：云南科技出版社, 2010.

[2] 方美玉, 林立辉, 刘建伟. 虫媒传染病[M]. 北京：军事医学科学出版社, 2005.

[3] 陆宝麟, 陈汉彬, 瞿逢伊, 等. 中国动物志昆虫纲(第八卷) 双翅目：蚊科(上卷)[M]. 北京：科学出版社, 1997.

[4] 陆宝麟, 许锦江, 俞渊, 等. 中国动物志昆虫纲(第八卷) 双翅目：蚊科(下卷)[M]. 北京：科学出版社 1997.

[5] 道布森. 疾病图文史[M]. 苏静静, 译. 北京：金城出版社, 2016.

[6] 瞿逢伊, 朱淮民. 关于《蚊虫分类研究(双翅目：蚊科)的历史回顾与我国现状》的一文的订正[J]. 寄生虫与医学昆虫学报, 2014, 21(2): 147-148.

[7] 瞿逢伊, 朱淮民. 蚊虫分类研究(双翅目：蚊科)的历史回顾与我国现状[J]. 寄生虫与医学昆虫学报, 2013, 20(4): 223-234.

[8] 徐金记. 上海口岸截获外来媒介生物实物图谱[M]. 上海：第二军医大学出版社, 2011.

[9] BARRETT A D T, HIGGS S. Yellow fever: a disease that has yet to be conquered[J]. The Annual Review of Entomology, 2007, 52: 209-229.

[10] BHATT S, GETHING P W, BRADY O J, et al. The global distribution and burden of dengue[J]. Nature, 2013, 496: 504-507. doi: 10.1038/nature12060.(accessed by 10 August, 2017)

[11] BECKER N, PETRIĆ D, ZGOMBA M, et al. Mosquitoes and their control(2nd)[M]. New York: Springer, 2010.

[12] BECKER N, PLUSKOTA B, KAISER A, et al. Chapter 2 Exotic mosquitoes conquer the world. In: H. Mehlhorn(ed.), Arthropods as vectors of emerging diseases[M], Springer-Verlag Berlin Heidelberg, 2012. Parasitology Research Monographs 3, DOI 10.1007/978-3-642-28842-5_2.(accessed by 10 August, 2017)

[13] BENEDICT M Q, LEVINE R S, HAWLEY W A, et al. Spread of the tiger: global risk of invasion by the mosquito *Aedes albopictus*[J]. Vector-borne and Zoonotic Diseases, 2007, 7(1): 76-85.

[14] BRAM R A. The mosquito fauna of southeast asia II: the genus *Culex* in Thailand(Diptera: Culicidae). Contributions of the American Entomological Institute, 1967, 2(1): 1-296.

[15] CAMERON E C, WILKERSON R C, MOGI M, et al. Molecular phylogenetics of *Aedes japonicus*, a disease vector that recently invaded Western Europe, North America, and the Hawaiian Islands[J]. Journal of Medical Entomology, 2010, 47(4): 527-535.

[16] CAMPBELL G L, MARFIN A A, LANCIOTTI R S, et al. West Nile virus[J]. The Lancet Infectious

Diseases, 2002, 2: 519-529.

[17] CANO J, REBOLLO M P, GOLDING N, et al. The global distribution and transmission limits of lymphatic filariasis--past and present[J]. Parasites & Vectors, 2014, 7: 466. http://www.parasitesandvectors.com/content/7/1/466.(accessed by 10 August, 2017)

[18] CHARREL R N, DE LAMBALLERIE X, RAOULT D. Chikungunya outbreaks — the globalization of vectorborne diseases[J]. The New England Journal of Medicine, 2007, 356: 769-771.

[19] CHEN R, VASILAKIS N. Dengue — Quo tu et quo vadis[J]? Viruses, 2011, 3, 1562-1608; doi: 10.3390/v3091562.(accessed by 10 August, 2017)

[20] COTTER C, STURROCK H J W, HSIANG M S, et al. The changing epidemiology of malaria elimination: new strategies for new challenges[J]. Lancet, 2013, http://dx.doi.org/10.1016/S0140-6736(13)60310-4.(accessed by 10 August, 2017)

[21] CUOMO M J, NOEL L B, WHITE D B. Diagnosing medical parasitcs: a public health officers guide to assisting laboratory and medical officers[J/OL]. 2012. http://www.phsource.us/PH/PARA/DiagnosingMedicalParasites.(accessed by 10 August, 2017)

[22] CUTWA M M, O'MEARA G F. Photographic guide to common mosquitoes of Florida. Florida Medical Entomology Laboratory[J/OL]. 2005. http://fmel.ifas.ufl.edu/key/pdf/atlas.pdf.(accessed by 10 August, 2017)

[23] DARSIE R F Jr, WARD R A. Identification and geographical distribution of the mosquitoes of North America, north of Mexico [M]. Gainesville, FL: University of Florida Press, 2005.

[24] DEHGHAN H, SADRAEI J, MOOSA-KAZEMI S H, et al. The molecular and morphological variations of *Culex pipiens* complex(Diptera: Culicidae)in Iran[J]. Journal of Vector Borne Diseases, 2013, 50: 111-120.

[25] ENAYATI A, HEMINGWAY J. Malaria management: past, present, and future[J]. The Annual Review of Entomology, 2010, 55: 569-591.

[26] ENSERINK M. Massive outbreak draws fresh attention to little-known virus[J]. Science, 2006, 311: 1085.

[27] ENSERINK M. Chikungunya: No longer a third world disease[J]. Science, 2007, 318: 1860-1861.

[28] FARAN M E, LINTHICUM K J. A handbook of the Amazonian species of *Anopheles* (*Nyssorhynchus*) (Diptera: Culicidae)[J]. Mosquito Systematics, 1981, 13(1): 1-8.

[29] GLICK J I. Illustrated key to the female *anopheles* of southwestern Asia and Egypt(Diptera: Culicidae) [J]. Mosquito Systematics, 1992, 24(2): 125-153.

[30] GUBLER D J. Dengue and dengue hemorrhagic fever[J]. Clinical Microbiology Reviews, 1998, 11 (3): 480-496.

[31] GUZMAN M G, KOURI G. Dengue: an update[J]. The Lancet Infectious Diseases, 2002, 2: 33-42.

[32] HALSTEAD S B. Dengue[J]. Lancet, 2007, 370: 1644-1652.

[33] HARBACH R E. The Culicidae (Diptera): a review of taxonomy, classification and phylogeny[J]. Zootaxa, 2007, 1668: 591-638.

[34] HARRISON B A, SCANLON J E. Medical entomology studies-II the subgenus *Anopheles* in Thailand (Diptera: Culicidae)[J]. Contributions of the American Entomological Institute, 1975, 12(1): 1-308.

[35] HAY S I, GUERRA C A, TATEM A J, et al. The global distribution and population at risk of malaria: past, present, and future[J]. The Lancet Infectious Diseases, 2004, 4: 327-336.

[36] HIWAT H, BRETAS G. Ecology of *Anopheles darlingi* Root with respect to vector importance: a review[J]. Parasites and Vectors, 2011, 4: 177. http://www.parasitesandvectors.com/content/4/1/177. (accessed by 10 August, 2017)

[37] HUANG Y M. The subgenus *Stegomyia* of *Aedes* in the Afrotropical Region with keys to the species (Diptera: Culicidae)[J]. Zootaxa, 2004, 700: 1-120.

[38] HUANG Y M, HITCHCOCK J C. Medical entomology studies-XII. a revision of the *Aedes scutellaris* group of Tonga (Diptera: Culicidae). Contributions of the American Entomological Institute, 1980, 17(3).

[39] JANSEN C C, HEMMERTER S, VAN DEN, et al. Morphological versus molecular identification of *Culex annulirostris* Skuse and *Culex palpalis* Taylor: key members of the *Culex sitiens* (Diptera: Culicidae) subgroup in Australasia[J]. Australian Journal of Entomology, 2013, 52: 356-362.

[40] JULIANO S A, LOUNIBOS L P. Ecology of invasive mosquitoes: effects on resident species and on human health[J]. Ecology Letters, 2005, 8: 558-574. doi: 10.1111/j.1461-0248.2005.00 755.x. (accessed by 10 August, 2017)

[41] KRAMER L D, STYER L M, EBEL G D. A global perspective on the epidemiology of West Nile virus[J]. Annual Review of Entomology, 2008, 53: 61-81.

[42] LEVINE R S, PETERSON A T, BENEDICT M Q. Distribution of members of *Anopheles quadrimaculatus* Say s.l. (Diptera: Culicidae) and implications for their roles in malaria transmission in the United States[J]. Journal of Medical Entomology, 2004, 41(4): 607-613.

[43] LIU H, LI M H, ZHAI Y G, et al. Banna Virus, China, 1987-2007[J]. Emerging Infectious Diseases, 2010, 16(3): 514-517.

[44] LOWE S, BROWNE M, BOUDJELAS S, et al. 100 of the World's worst invasive alien species[J/OL]. A selection from the Global Invasive Species Database. The Invasive Species Specialist Group (ISSG) a specialist group of the Species Survival Commission (SSC) of the World Conservation Union (IUCN), 2004.

[45] MANGUIN S. Anopheles mosquitoes — New insights into malaria vectors[M]. Croatia: Dragana Manestar, InTech, 2013.

[46] MESSINA J P, BRADY O J, SCOTT T W, et al. Global spread of dengue virus types: mapping the 70 year history[J]. Trends in Microbiology, 2014, 22(3): 138-146.

[47] MONATH T P. Dengue and yellow fever — challenges for the development and use of vaccines[J]. The New England Journal of Medicine, 2007, 357(22): 2222-2225.

[48] NOVIKOV Y M, VAULIN O V. Expansion of Anopheles maculipennis s.s. to northeastern Europe and northwestern Asia: Causes and Consequences[J/OL]. Parasites and Vectors, 2014, 7: 389. http://www.parasitesandvectors.com/content/7/1/389. (accessed by 10 August, 2017)

[49] PFEFFER M, DOBLER G. Emergence of zoonotic arboviruses by animal trade and migration[J]. Parasites and Vectors, 2010, 3:35. doi:10.1186/1756-3305-3-35. (accessed by 10 August, 2017)

[50] REINERT J E, KAISER P E, SEAWRIGHT J A. Analysis of the *Anopheles* (*Anopheles*) *quadrimaculatus* complex of sibling species (Diptera: Culicidae) using morphological, cytological, molecular, genetic, biochemical, and ecological techniques in an integrated approach[J]. Journal of the American Mosquito Control Association, 1997, 13(supplement): 1-102.

[51] REISEN W K. Epidemiology of St. Louis encephalitis virus[J]. Advances in Virus Research, 2003, 61: 139-183.

[52] REZZA G, NICOLETTI L, ANGELINI R, et al. 2007. Infection with chikungunya virus in Italy: an outbreak in a temperate region[J]. Lancet, 370: 1840-1846.

[53] ROGERS D J, RANDOLPH S E. The global spread of malaria in a future, warmer world[J]. Science, 2000, 289: 1763-1766.

[54] ROSSI S L, ROSS T M, EVANS J D. West Nile Virus[J]. Clinics in Laboratory Medicine, 2010, 30(1): 47-65. doi:10.1016/j.cll.2009.10.006. (accessed by 10 August, 2017)

[55] RUEDA L M. Pictorial keys for the identification of mosquitoes (Diptera, Culicidae) associated with dengue virus transmission[J]. Zootaxa, 2004, 589, 1-60.

[56] SCHAFFER E, ANGEL G, GEOFFROY J, et al. The Mosquitoes of Europe/ Les moustiques d'Europe. An Identification and Training Programme. (CD-Rom); Montepellier, France: IRD Éditions & EID Méditerranée, 2001.

[57] TANAKA K, MIZUSUAWA K, SAUGSTAD E S. A revision of adult and larval mosquitoes of Japan (including the Ryukyu Archipelago and the Ogasawara Islands) and Korea (Diptera: Culicidae)[J]. Contributions of the American Entomological Institute, 1979, 16: 1-987.

[58] The International Union For Conservation Of Nature (IUCN). IUCN Guidelines for the Prevention of Biodiversity Loss Caused by Alien Invasive Species[R]. IUCN, Gland, 24. 2000. http://www.issg.org/pdf/guidelines_iucn.pdf. (accessed by 10 August, 2017)

[59] The Walter Reed Biosystematics Unit (WRBU). Mosquito Identification Resources[OL]. http://wrbu.org/.

[60] THIBERVILLE S D, MOYEN N, DUPUIS-MAGUIRAGA L, et al. Chikungunya fever: Epidemiology, clinical syndrome, pathogenesis and therapy[J]. Antiviral Research, 2013, 99: 345-370.

[61] THIELMAN A C, HUNTER F F. A photographic key to adult female mosquito species of Canada (Diptera: Culicidae)[J]. Canadian Journal of Arthropod Identification, 2007. doi: 10.3752/cjai.2007.04. (accessed by 10 August, 2017)

[62] TIWARI S, SINGH R K, TIWARI R, et al. Japanese encephalitis: a review of the Indian perspective[J]. The Brazilian Journal of Infectious Diseases, 2012, 16(6): 564–573.

[63] TOLLE M A. Mosquito-borne diseases. Current Problems in Pediatric and Adolescent Health Care[J], 2009, 39: 97-140.

[64] VAN DEN HURK A F, RITCHIE S A, MACKENZIE J S. Ecology and geographical expansion of Japanese encephalitis virus[J]. Annual Review of Entomology, 2009, 54: 17-35.

[65] WALDOCK J, CHANDRA N L, LELIEVELD J, et al. The role of environmental variables on *Aedes albopictus* biology and chikungunya epidemiology[J]. Pathogens and Global Health, 2013, 107(5): 224-241.

[66] WEAVER S C, REISEN W K. Present and future arboviral threats[J]. Antiviral Research, 2010, 85: 328-345.

[67] WHITE S A, KAUFMAN P E. African malaria mosquito *Anopheles gambiae* Giles (Insecta: Diptera: Culicidae)[J]. 2014. https://edis.ifas.ufl.edu/pdffiles/IN/IN104800.pdf. (accessed by 10 August, 2017)

[68] WILKERSON R C, LINTON Y-M, FONSECA D M, et al. Making mosquito taxonomy useful: a stable classification of tribe Aedini that balances utility with current knowledge of evolutionary relationships[J]. PLoS ONE10(7): e0133602. doi: 10.1371/journal.pone.0133602. (accessed by 10 August, 2017)

[69] WILKERSON R C, STRICKMAN D. Illustrated key to the female *Anopheline* mosquitoes of central America and Mexico[J]. Journal of the American Mosquito Control Association, 1990, 6(1): 7-34.

[70] World Health Organization. A global brief on vector-borne diseases[J/OL]. Geneva: World Health Organization, 2014. http: //apps.who.int/iris/bitstream/10665/111008/1/WHO_DCO_WHD_2014.1_eng.pdf. (accessed by 10 August, 2017)

第二章 蚋类

蚋类俗称黑蝇（black fly），是病媒生物中一个世界性分布的重要类群。它不但骚扰吸血，而且是人类和禽畜多种疾病的传播媒介，与人类的关系甚为密切。凡是吸血蚋种多和医学有关，轻者通过侵袭骚扰、刺叮吸血降低宿主体力，影响正常生活或造成经济损失；重者可作为包括盘尾丝虫病、欧式曼森线虫病、禽鸟住白细胞虫病和水疱性口炎等疾病的传播媒介。全世界已知蚋类达2亚科26属46亚属2 163种，其中包括现存种2 151种和化石种12种（Adler，2014）。我国已知蚋类达1亚科6属15亚属333种（陈汉彬，2016）。

第一节 蚋类的分类和形态特征

一、蚋类的分类

蚋类隶属昆虫纲（Insecta）双翅目（Diptera）长角亚目（Nematocera）的蚋科（Simuliidae）。

二、蚋类的形态特征

成虫长1.2～5.5 mm，大多数种类体色暗黑或棕褐色，分头、胸、腹三部分（图2-1）。头部有大而黑色的复眼1对,触角1对(由9~12节组成),刺吸式口器1个(图2-2)。胸背隆起,表面有时具有金黄色细毛;有宽大的翅1对,翅膜透明,无色斑;有较短的足3对(图2-3)。腹部分11节,第9—11节变为外生殖器(图2-4)。

图2-1 蚋成虫实物图

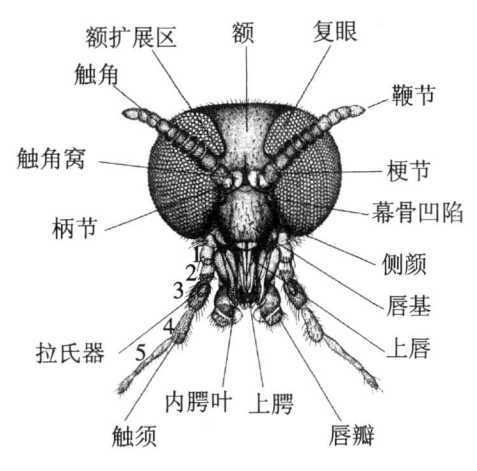

图2-2 雌蚋头部
(仿Crosskey,1993)

蚋类与其他双翅目昆虫的主要区别是:成虫触角模式2+9节;触须5节,第3节具感觉器(拉氏器);雄虫接眼式,雌虫离眼式;足短粗;翅宽,无鳞,翅脉简单,前缘脉域的纵脉发达;腹节Ⅰ背板演化为1具长缘毛的基鳞片(图2-3)。幼虫圆筒状,前足具单腹足,后腹具钩环(图2-5)。蛹包被于茧中,前胸两侧具1对外露的丝状、球状或囊状的鳃器(图2-6)。

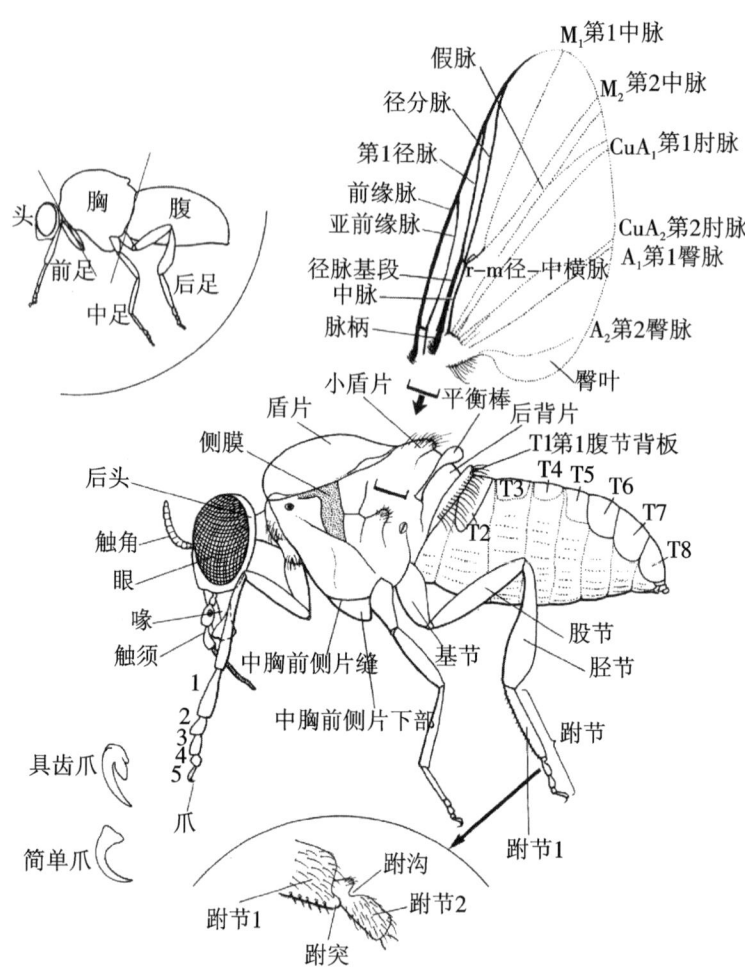

图 2-3 蚋成虫全图

(仿 Crosskey,1993)

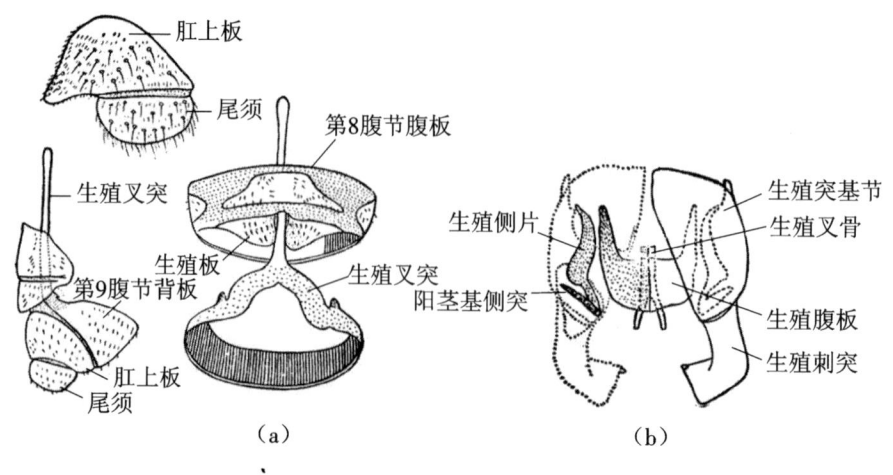

(a)雌性；(b)雄性

图 2-4 蚋成虫外生殖器

(引自姚永政,1982)

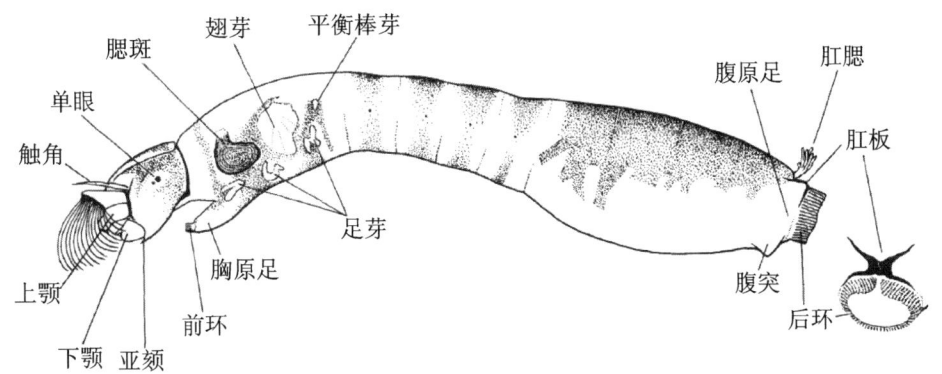

图 2-5　蚋幼虫
（仿 Crosskey，1993）

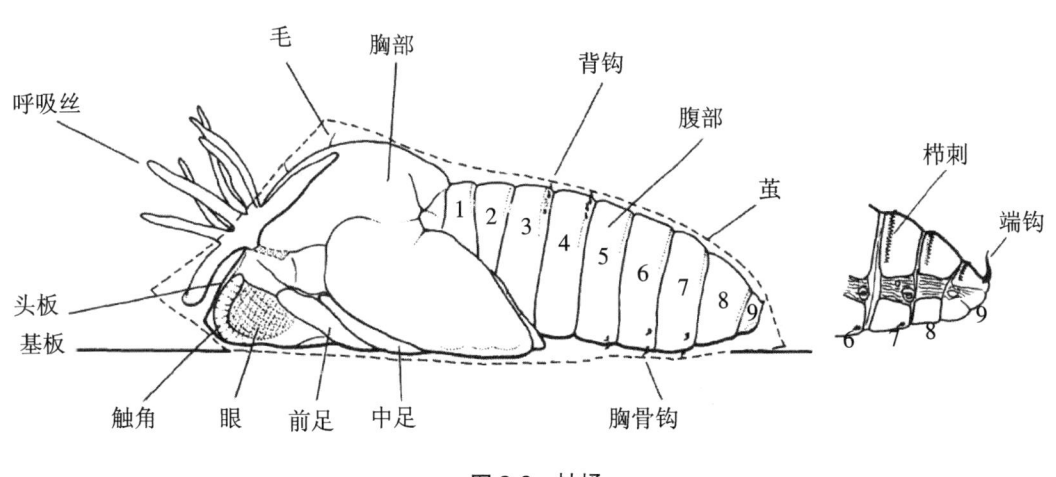

图 2-6　蚋蛹
（仿 Crosskey，1993）

第二节　蚋类的生态习性

一、生活史

蚋类是完全变态昆虫，发育过程需经过卵、幼虫、蛹和成虫四个时期，如图 2-7。

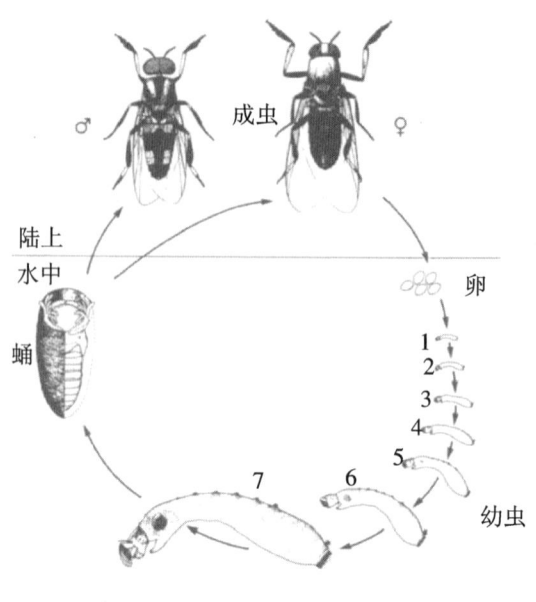

图 2-7 蚋生活史
（仿 Crosskey,1993）

二、食性

蚋类只有雌蚋吸血。吸血蚋主要刺吸哺乳动物和鸟类的血,大多数种类对宿主没有严格的选择性,但其中有的嗜吸牛、羊、骡、马等家畜及野兽的血,有的嗜吸禽类的血,也有的嗜吸人血。饱血的雌蚋栖息在植被、树上或其他室外自然场所,进行血液消化。吸血蚋与其他双翅目不同,吸血前先在宿主动物体上旋转后,再落到宿主身上,但并不马上吸血,而是边停边爬地寻找合适的吸血部位,然后将整个喙插入伤口吸血。雌蚋一次吸血一般足够完成一批卵的生长发育过程。雌蚋在受精后才可能吸血。暗色或黑色对吸血蚋有吸引力,野外穿黑衣服的人常吸引更多的蚋。

三、季节消长

在我国,蚋在 4 月中旬以后开始出现,10 月份以后逐渐消失,6—8 月份为活动高峰。蚋的季节消长因不同种类和地区而不同,受当地环境气候因素的影响,与降雨量、气温和相对湿度密切相关。

四、孳生地

雌蚋将卵产在江河、小溪流、沟渠的流水处,尤以湍急的流水为最佳产卵地,一般一次产卵 50~500 粒,最多可达 800 粒,卵呈块状或带状,黏附在水平线上或近水平面的淹没物如石块、枝条、树叶和草基上。蚋的孳生地与蚊虫相似,也是在水中,只是蚋选择清洁流水甚至急流。幼虫发育的必要条件是流动而清净的水、食料与氧气。蚋幼虫喜生活在不同水流速度的水中,有的生长在流速不大的河流中,有的则在急流中生长。多数幼虫在静水、污水中 24 h 即死亡,只有个别种类可在污水中栖息发育。

五、活动范围

绝大多数蚋种属于野栖外食型。初羽化未受精的新蚋,在吸血前通常栖息于孳生地水体附近的草丛或灌木丛中。当刺叮活动开始时,就能远离孳生地至山野或人居附近寻找血源。其飞行距离因种而异,与季节、植物群落、气候条件以及动物携带有关。有的种类夏季在距孳生地附近 0.8~1.6 km 活动,而春、秋季却可远飞至 12.9~182.4 km;有的种类在林区可飞离孳生地 10~12 km,而在旷野则很少能飞越 3 km,但是多数种类都能在 2~5 km 的范围内活动。气流和鸟类的活动可能也有助于蚋类的飞行扩散,已有报道,曾从不同高度的空中直至 1 530 m 的高空中捕获。

第三节 常见蚋类

一、盖宁蚋 Simulium guianense Wise, 1911

(一)鉴别特征

雌虫体色一般为黑色。体长 1.9~3.3 mm。眼暗红色。额部、唇基和后头黑色。额部和唇基平覆铜黄色刚毛。口器褐色。触角深褐色,柄节、梗节和第 1 鞭分节淡褐色。食窦无齿。中胸盾片和小盾片深灰色,密被短铜黄色刚毛。胸部深灰至黑色并覆淡银灰色粉被。后盾片深灰色并具淡银灰色粉被。翅前缘脉具稀疏毛和刺。亚前缘脉光裸或远端具刚毛。平衡棒淡黄色,柄部深褐色。前足基节、转节、股节和胫节浅褐色,跗节黑色;中足基节具深灰色粉被,转节和股节淡褐色,胫节灰色,基跗节白色具端黑环,其他跗节黑色;后足跗节具深灰色粉被,转节淡褐色,股节关节近端外为黑色,胫节黑色,基跗节基部 3/4 白色,端部 1/4 黑色,其余跗节黑色。中足和后足的股节和胫节具鳞状毛。爪弧形弯曲,细长无基齿。腹部背板Ⅰ—Ⅳ黑色,背板Ⅱ覆银白粉被,背板Ⅴ—Ⅸ亮黑色。背板发育良好。腹板和生殖器黑色。Ⅷ腹板高度骨化,后 2/3 具 1 对刚毛群,每群刚毛 13~24 根。尾须半球状。肛侧板密覆刚毛。生殖叉短。受精囊卵形,高度骨化,具内部刻点。

雄虫体色一般为黑色。体长 1.9~3.1 mm。眼暗红色。唇基黑色,具银灰色粉被,密覆黑色直立长毛。口器黑。触角黑,柄节、梗节和第 1 鞭分节橙褐色。中胸盾片黑色,覆不同程度的银灰色粉被,平覆金黄色毛,分布均匀。侧背片黑色具银灰色粉被。小盾片前半部丝绒黑色,后半部黑色具银灰色粉被,后盾片和侧膜区黑色,具银灰色粉被。中胸盾片和后盾片平覆短金黄色毛。小盾片后缘具粗壮褐色鬃。翅脉脉序同雌性,径脉和亚前缘脉基部光裸。平衡棒柠檬黄色,基部橙褐色。腹部背板丝绒黑色,基穗淡褐色。

(二)生态习性

幼虫可孳生于有阳光照射的大河或小溪里浸入水中的植物上。

(三)地理分布

国外:巴西、圭亚那、苏里南和委内瑞拉。
国内:未见分布。

(四)医学重要性

刺叮人畜,吸血骚扰,是南美洲亚马孙平原地区人盘尾丝虫病的主要媒介。

二、爬蚋 *Simulium reptans* Linnaeus,1758

(一)鉴别特征

雌虫体长 2.4~3.2 mm。额亮黑。触角柄、梗节棕黄,鞭节黑色。中胸盾片具清晰的银白肩斑。足大部暗褐。前足基节及股节基部、中足胫节基 1/2、跗节 1 基部、后足胫节基 1/2 和基跗节基 2/3 黄色,余部黑色。爪简单。生殖板内缘远离,端内角圆,生殖叉突具骨化外突,肛上板大,近卵圆形(彩图 30)。

雄虫体长约 3 mm。触角黑色。中胸盾片稀被金色短柔毛。具清晰的银白色肩斑。前足胫节和腹部也具银白斑。各足基节和股节全暗,中、后足胫节基 1/2 和后足跗节基 2/3 黄色,余部黑色。生殖肢端部基 1/3 膨胀。生殖腹板板体纵长,侧面观后缘具 1 个大齿,阳基侧突每边具 5～6 个长短不一的粗刺并杂有小刺。

(二)生态习性

幼虫和蛹孳生于河流里,以卵越冬,成虫 5 月份或 6 月初始出现。

(三)地理分布

国外:西欧至西伯利亚、蒙古。
国内:北京、黑龙江、新疆。

(四)医学重要性

刺叮人畜,吸血骚扰。

三、马维蚋 *Simulium equinum* Linnaeus,1758

(一)鉴别特征

雌虫体长约 4.0 mm。额的纵沟不明显,柄、梗节和鞭节 1 端部色淡。触须拉氏器约占节 3 长的 1/2。中胸盾片灰黑色,被银白色或淡金黄色毛,具 3 条暗色纵纹。平衡棒白色。后足基跗节通常基部宽,端部较窄,前足跗节 1 长约为宽的 9 倍。爪长而简单,腹部密被淡金黄色毛(彩图 30)。

雄虫体长 3.5～4.0 mm。触角柄、梗节基部黄色,其余色暗。触须末节长度超过节 3、4 长度的总和。中胸盾片黑绒色,被金色毛,盾缘灰白色,从肩部斜向中央各有 1 个银白斑。平衡棒黄色。生殖腹板基臂长,板体略呈三角形,端部反折,中骨马蹄形,两个刺疣突长。阳基侧突每侧具 3～4 排长短不一的刺,每排各具 5～7 个刺。

(二)生态习性

蛹和幼虫孳生于蔓生水草的江河流水中。第1代成虫4月初出现。

(三)地理分布

国外:西欧至俄罗斯东西伯利亚。
国内:华北、东北和西北地区及山东省。

(四)医学重要性

嗜吸马血。

第四节 相关疾病

人盘尾丝虫病(Onchocerciasis)

人盘尾丝虫病(Onchocerciasis)的病原体是盘尾丝虫,在非洲是旋盘尾丝虫(*Onchocerca volvulus*),在美洲则是盲盘尾丝虫(*Onchocerca caocutieus*)。

(一)临床表现

盘尾丝虫的成虫和微丝蚴对人体均有致病作用,但前者病情较轻,后者较重。患者出现极度痛痒和"苔藓化",皮下开裂以及皮下结节等慢性皮肤疾病。微丝蚴可侵入人体各部皮层和皮下淋巴,致使各种皮肤损伤和淋巴结病变,也可侵入眼部而导致失明(又称河盲症)。

(二)传染源和宿主

传染源为人盘尾丝虫病患者,蚋类是本病唯一的中间宿主。

(三)传播媒介

本病经蚋类传播,蚋类孳生于急流的小河(故称河盲症)。蚋叮咬时将感染性幼虫接种入皮肤,约1年发育为成虫。雌性成虫可在深部皮下纤维结节内存活长达15年。雄性成虫在各结节之间移行并定期向雌虫授精,成熟的成虫产出活的微丝蚴主要移行至皮肤和侵犯眼睛。国外主要传播媒介有:恶蚋、沙巴蚋、鳞蚋、蟹蚋、淡黄蚋、金蚋、亚马孙蚋、盖宁蚋、阿根廷蚋、血红蚋等。

(四)地理分布

全世界约有1 800万人受感染,其中约有27万人失明,此外还有50万人眼部受损。这种感染和疾病主要分布于热带和非洲撒哈拉地区,在也门、墨西哥南部、危地马拉、厄瓜多尔、哥伦比亚、委内瑞拉和巴西亚马孙流域也存在小的流行区。主要分布国家如下。

非洲:安哥拉、贝宁、布基纳法索、布隆迪、喀麦隆、中非共和国、乍得、刚果共和国、科特迪瓦、刚果民主共和国、赤道几内亚、埃塞俄比亚、加蓬、加纳、几内亚、几内亚比绍共和国、肯尼亚、利比里亚、马拉维、马里、莫桑比克、尼日尔、尼日利亚、卢旺达、塞内加尔、塞拉利昂、南苏丹、苏丹、多哥、乌干达、坦桑尼亚联合共和国。

拉丁美洲:巴西、哥伦比亚、厄瓜多尔、危地马拉、墨西哥、委内瑞拉。

亚洲:也门。

(五)季节分布

本病为慢性传染病,季节分布无明显差异。

(张建庆)

参考文献

[1] 姚永政,许先典. 实用医学昆虫学(第二版)[M]. 北京:人民卫生出版社,1982.

[2] 陈汉彬,安继尧. 中国黑蝇(双翅目·蚋科)[M]. 北京:科学出版社,2003.

[3] 陈汉彬. 中国蚋科昆虫[M]. 贵阳:贵州科技出版社,2016.

[4] CROSSKEY R W. An annotated checklist of the world black flies(Diptera:Simuliidae)[M]. University Park and London,1988.

[5] CROSSKEY R W. Family Simuliidae. in Evenhuis, N. L(ed.), Catalog of the Diptera of the Australasian and Oceanian regions [M]. Bishop Museum Press, Honolulu, and E. J. Brill, Leiden, 1989.

[6] CROSSKEY R W. The natural history of blackflies[M]. John Wiley, Chichester, 1990.

[7] RICHARD P L, CROSSKEY R W. Medical insects and arachnids [M]. Chapman & Hall, 1993.

[8] ADLER P H, CROSSKEY R W. World blackflies(Diptera:Simuliidae):A comprehensive revision of the taxonomic and geographical inventory [M].Clemson University, 2014.

第三章　白蛉

白蛉(sandfly)是一类体型较小的吸血昆虫,世界性分布。白蛉对人畜的危害,一是吸血骚扰;二是作为人和动物的各种利什曼病、白蛉热、卡里翁氏病及白蛉皮炎等的传播媒介。在我国以中华白蛉为主,是我国黑热病的重要传播媒介。全世界已发现600余种,我国已发现40余种。

第一节　白蛉的分类和形态特征

一、白蛉的分类

白蛉隶属昆虫纲(Insecta)双翅目(Diptera)长角亚目(Nematocera)的白蛉科(Phlebotomidae)。

二、白蛉的形态特征

成虫体长1.5~3.5 mm,灰黄色,体表及翅上均披有细毛,虫体分头、胸、腹三部分(图3-1,彩图30,图3-2)。头部(图3-3)有1对大而黑的复眼,有1对较长的触角(图3-4)和1个较粗的刺吸式口器。下颚须1对,分为5节,位于口器基部,向下后方弯曲(图3-5)。胸部向上隆起,形似驼背。有狭长的翅1对,静止时向上竖立(图3-6)。有细长的足3对。

腹部分10节,第2—6节背面生有细毛,有的种类细毛全部竖立,有的全部平卧,有的则竖立和平卧相互交杂,据此可将白蛉分为竖立毛类、平卧毛类和交杂毛类,为重要的分类特征之一。雄蛉尾端有钳状的尾器(图3-7),是鉴别种类的重要特征。雌蛉尾端钝圆,有受精囊1对。受精囊形态特殊,其外形、大小、分节与否常随蛉种而变化,是鉴定蛉种的重要依据(图3-8)。

图 3-1 白蛉实物图

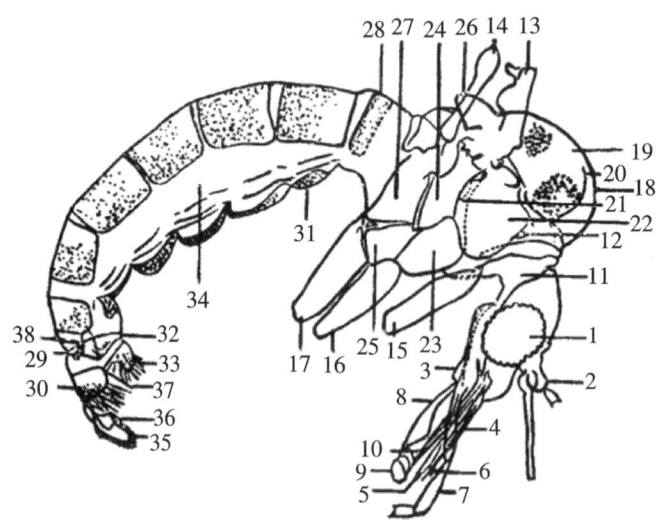

1.复眼;2.触角;3.基片;4.上唇;5.上颚;6.下颚;7.触须;8.下唇;9.唇瓣 10.舌 11.颈;12.前气门;13.翅;14.平衡棒;15—17.前、中、后足基节;18.中胸前盾片;19.中胸盾片;20.中胸盾板缝;21.中胸侧板缝;22.中胸前侧板;23.腹侧板;24.中胸后侧板;25.下后侧板;26.中胸小盾片;27.后胸侧板;28.第1腹节背板;29、30.第8、9腹节背板;31—33.第1、7、8腹节腹板;34.腹侧板;35.尾须;36.肛门;37.生殖孔;38.受精囊

图 3-2 白蛉外部形态

(引自姚永政,1982)

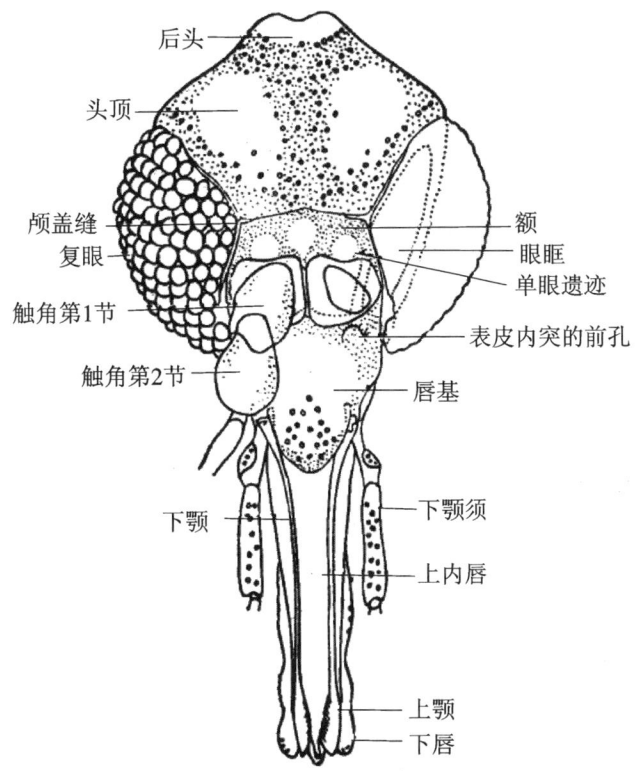

图 3-3　白蛉头部背面观

（引自姚永政，1982）

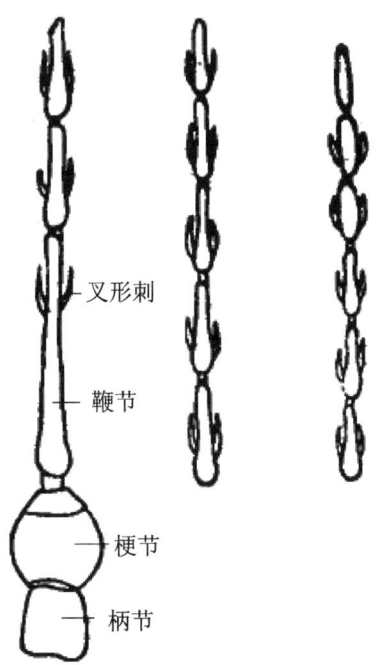

图 3-4　白蛉触角

（引自姚永政，1982）

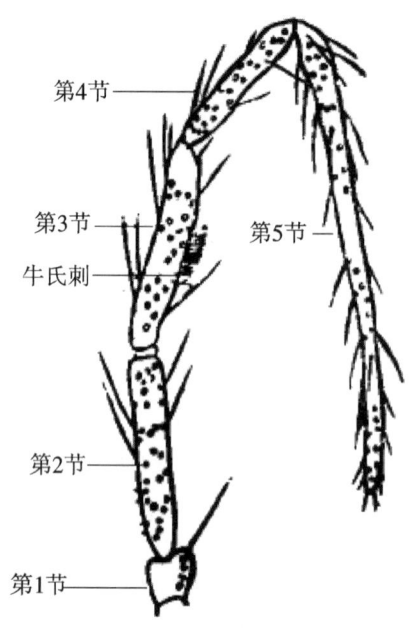

图 3-5 白蛉下颚须

（引自姚永政，1982）

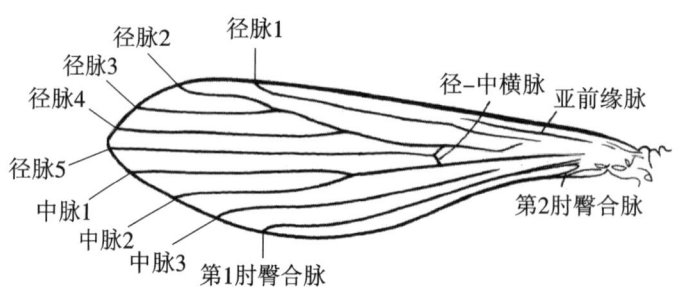

图 3-6 白蛉翅

（仿 Richard，1993）

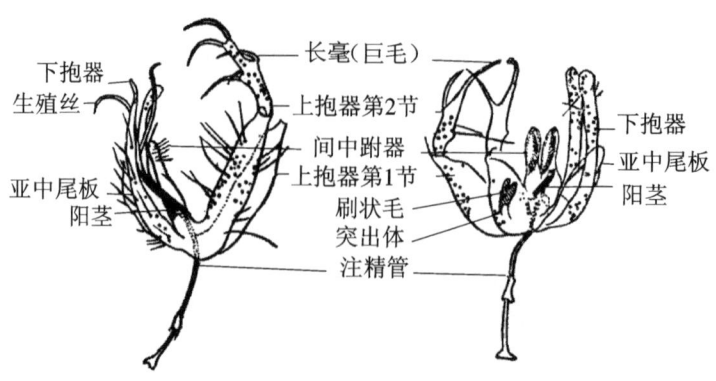

图 3-7 白蛉雄性外生殖器

（引自姚永政，1982）

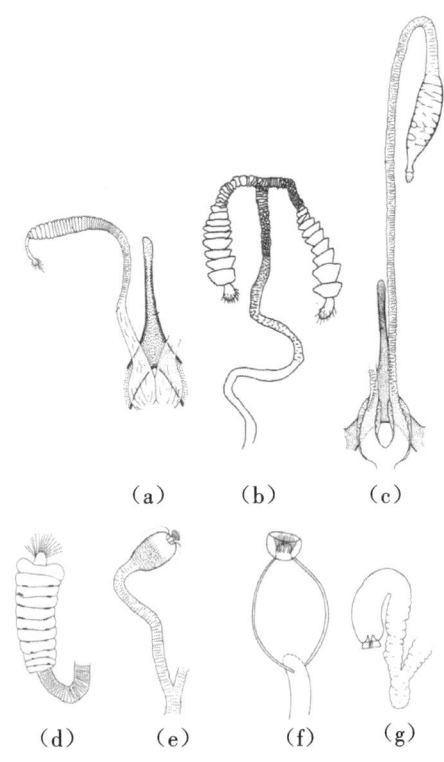

(a)坎德拉白蛉;(b)罗蛉未定种;(c)艾氏白蛉;(d)巴氏白蛉;(e)鳞胸司蛉;(f)巴勒斯坦司蛉;(g)平乔司蛉

图 3-8　白蛉的受精囊形态

(仿 Richard,1993)

卵呈长椭圆形,约长 0.4 mm,棕褐色,外壳表面有各种斑纹(图 3-9)。

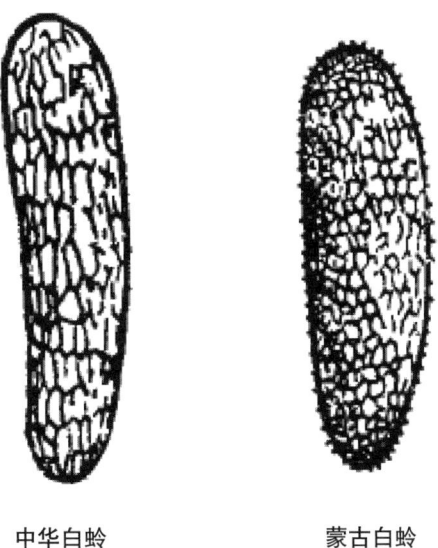

中华白蛉　　　蒙古白蛉

图 3-9　白蛉卵的形态

(引自姚永政,1982)

幼虫体分 14 节，乳白色，无眼；有咀嚼式口器，尾端有较长的尾鬃（图 3-10）。

图 3-10　白蛉幼虫

（引自 Richard，1993）

蛹尾端附着有四龄幼虫皮，形状特殊（图 3-11）。

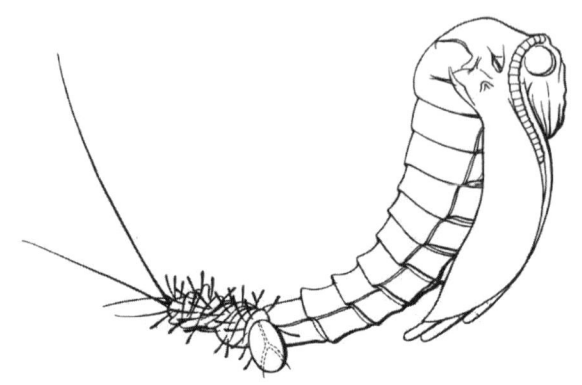

图 3-11　白蛉蛹

（仿 Richard，1993）

第二节　白蛉的生态习性

一、生活史

白蛉的生活史属完全变态，分为卵、幼虫、蛹和成虫四个时期（图 3-12）。中华白蛉发育所需的时间，卵至成虫平均为 59 d。雌虫受精后在适宜的孳生场所产卵，约经过 10 d 孵化为第 1 龄幼虫。幼虫在泥土中以腐败植物、食草小动物的粪便或其他有机物为食。虫体长大蜕皮为第 2、3、4 龄幼虫。第 1 龄幼虫至第 2 龄幼虫为 5～9 d，第 2 龄幼虫至第 3 龄幼虫为 4～13 d，第 4 龄幼虫至蛹为 9～22 d，第四龄幼虫发育成熟后不再摄食，寻找适宜地点再蜕皮一次化蛹。蛹不食、不动、直立于泥土表面。经过发育，自蛹的背部裂开一条纵缝，成虫自蛹内羽化而出。蛹至成虫为 8～19 d。

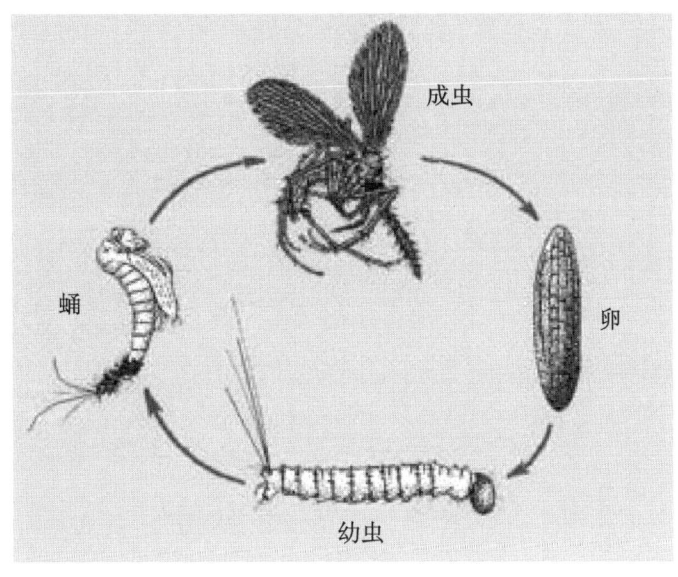

图 3-12　白蛉生活史

二、食性

雄蛉不吸血，以植物汁液为食。雌蛉羽化 24 h 后开始吸血活动，多在黄昏与黎明前进行。各蛉种吸血对象可有差别，通常竖立毛类蛉种嗜吸人及哺乳动物血，平卧毛类蛉种嗜吸鸟类、爬行类和两栖动物血。病毒通过白蛉叮咬进入人体，经淋巴管和毛细血管到达网状内皮系统进行繁殖，达到一定数量后进入血液循环，造成病毒血症，引起全身病变，也可侵及中枢神经系统。

三、季节消长

白蛉的季节消长与当地的温度变化有关。通常一年中白蛉出现 3～5 个月。在北方，中华白蛉始见于 5 月中、下旬，6 月中旬达高峰，9 月中、下旬消失。大多数蛉种一年繁殖一代。白蛉以幼虫潜藏于 10 cm 以内的地表浅土内越冬。

四、孳生地

白蛉各期幼虫均生活在土壤中，凡隐蔽、有机物丰富、温湿度适宜、土质疏松的场所，如人房、畜舍、厕所、窑洞、墙缝等处，均适于白蛉幼虫孳生。成虫通常栖息于室内外阴暗、无风的场所,如屋角、墙缝、畜舍、地窖、窑洞、桥洞等处。同一蛉种可因环境不同而表现不同的栖息性,如中华白蛉指名亚种在平原地区为家栖型,栖息于人房、畜舍内;在西北高原为野栖型,多见于各种洞穴内。

五、活动范围

白蛉的活动能力较弱,做跳跃式飞行,活动范围一般在 30 m 内。

第三节 常见白蛉

一、东方白蛉 *Phlebotomus orientalis* Parrot, 1936

(一)鉴别特征

雌虫:触角节 3 长于节 4 和节 5 长度之和,节 3—15 具成对叉形刺。触须列式通常为 1、(2、4)、3、5。食窦两侧有许多小刺,食窦前具少数散在刚毛状齿;有色板;咽中部色淡,具暗色端刺区域;受精囊具 11~15 个清晰的分节,延长部分的长度约为受精囊体长的 0.5 倍。

雄虫:食窦与雌性相似,但较小。咽较雌性的小,但具有相似的端部咽甲。触角节 3、4、5 比雌性相应节为长,节 3 末端超过触须节 2 端部。叉形刺在节 3—6 或 7 成对排列。平均触须各节比例为 19:16:14:34。生殖器:抱肢端节有长毫 5 根,2 根位于顶部,2 根位于近端部 1/3 处,1 根位于近中部。抱肢基节有数根鬃毛,无具刚毛的结节;阳基侧突简单不分支。阳茎细长,尖端变细内弯。生殖丝长为注精器的 2.5~3 倍。

(二)生态习性

成虫全年均有活动,4—5 月为活动高峰期。

(三)地理分布

国外:苏丹、埃塞俄比亚、肯尼亚、沙特阿拉伯。

国内:未见分布。

(四)医学重要性

东方白蛉是苏丹黑热病的主要传播媒介。

二、中华白蛉 *Phlebotomus chinensis* Newstead,1916

(一)鉴别特征

体淡黄色至灰黄色,腹部Ⅱ—Ⅵ节背面具竖立毛。触角公式为 2/Ⅲ 2—ⅩⅤ,下颚须列式为 1、4、2、3、5。口甲不发达,无色板。咽甲有多数尖齿,前中部者较大而疏散,后部的较小而紧列,齿后有若干横脊。雌蛉的受精囊呈纺锤形,长 98~111 μm,分 11—14 节,但分节不完全,各节的交接处呈三角形;囊管长度为囊体长度的 2.4 倍,囊体长宽比例为 1∶0.32。雄蛉外生殖器上抱器第 1 节内面无显著毛丛,第 2 节有长毫 5 个,2 个位于顶端,3 个位于中部;间中附器简单,顶端呈棍棒状;阳茎长,顶端下面有结节,结节扁平,距末端较远;生殖丝较短,注精器与生殖丝的比例为 1∶5.6。

(二)生态习性

家栖型中华白蛉成虫季节为 5—8 月,高峰期在 6 月。野栖型为 5—9 月,高峰期为 7 月。

(三)地理分布

国外:埃塞俄比亚、也门、印度。
国内:在我国分布极为广泛,主要分布在北纬 32°以北,向南虽可至海南岛和贵州等地,但极为罕见,向西则限于兰州、西宁一带。

(四)医学重要性

中华白蛉是我国除新疆、甘肃西部少数地区及内蒙古的额济纳旗外黑热病的传播媒介。

第四节 相关疾病

一、黑热病(Visceral leishmaniasis)

黑热病又称内脏利什曼病(Visceral leishmaniasis),是由杜氏利什曼原虫(*Leishmania donovani*)所引起的慢性地方性传染病。

(一)临床表现

潜伏期一般为3~6个月,最短仅10 d左右,最长达9年之久。典型临床表现如下。

(1)发病多缓慢,不规则发热,呈双峰热,中毒症状轻,初期可有胃肠道症状,如食欲减退、腹痛腹泻等,可有类似感冒样症状。病程较长,可达数月,全身中毒症状不明显,有些患者发热数月仍能劳动。

(2)脾、肝及淋巴结肿大。脾明显肿大,起病后半个月即可触及、质软,以后逐渐增大,半年后可达脐部甚至盆腔,质地硬。肝为轻至中度肿大,质地软;偶有黄疸、腹水。淋巴结为轻至中度肿大。

(3)贫血及营养不良。在病程晚期可出现精神萎靡、头发稀疏、心悸、气短、面色苍白、浮肿及皮肤粗糙,皮肤颜色可加深,故称之为黑热病(kala-azar,即印度语,有发热、皮肤黑之意)。可因血小板减少而有鼻出血、牙龈出血及皮肤出血点等。

在病程中症状缓解与加重可交替出现,一般病后1个月进入缓解期,体温下降,症状减轻,脾缩小及血常规趋于正常,持续数周,以后又可反复发作,病程迁延数月。

(二)传染源和宿主

1. 平原疫区以黑热病病人及皮肤带虫患者为当地流行的主要传染源

在流行区少数患者治疗后,皮肤内仍可查到利什曼原虫,表明体内的原虫未完全消灭,可成为重要的传染源。

2. 山丘疫区以病犬为主要传染源

这些地区犬的杜氏利什曼原虫感染率比人高得多。1990 年,四川省汶川县黑热病疫情急剧回升时,犬的感染率达 36.8%。有报道表明:四川犬的感染率超过 15% 时,人之间可出现黑热病流行。捕杀犬后发病率明显下降。一旦养犬增多,病人又重新出现。因为犬野外活动较多,从野兽获得杜氏利什曼原虫感染机会大,所以犬在流行中还起着介导或串通宿主的作用。

3. 自然疫源地地区是以野生动物为主要传染源

我国这类流行区见于新疆塔里木盆地、内蒙古额济纳和甘肃河西走廊等荒漠地带,主要为犬科野生动物,如狼、狐、豺等,进入这些荒漠地区的人群可发生黑热病。

(三)传播媒介

在我国为中华白蛉、长管白蛉、吴氏白蛉和亚历山大白蛉等四种。

国外:亚洲主要是银足白蛉、织边白蛉($Ph.\ tobbi$);非洲主要是长顶白蛉、马丁氏白蛉、东方白蛉、恶毒白蛉;欧洲主要是阿氏白蛉、坎德拉白蛉($Ph.\ kandelakii$)、司莫白蛉($Ph.\ smirnovi$);南美洲主要是长须罗蛉。

(四)地理分布

非洲:埃塞俄比亚、肯尼亚、阿尔及利亚、南苏丹、苏丹、索马里、突尼斯、摩洛哥、乌干达。

亚洲:中国、孟加拉国、尼泊尔、格鲁吉亚、印度、阿富汗、伊朗、巴基斯坦、沙特阿拉伯、叙利亚、土耳其。

欧洲:西班牙。

南美洲:巴西、哥伦比亚、秘鲁、巴拉圭。

(五)季节分布

一般来说,一年四季均可发病。我国各地报道发病的季节资料不一致。在山东、甘肃、湖北等省发病率以春季较高;在河南、河北、陕西、新疆等地则以夏季为高;在山西以冬季发病为多。这是由于黑热病的潜伏期长短不一,起病较缓慢,难以获得准确的发病日期。根据一些地区婴儿黑热病的分析结果表明,该病发病季节在秋季、冬季为流行高发期,春季明显下降,夏季几乎无病例报告。

二、白蛉热(Sandfly fever)

白蛉热(Sandfly fever)又名三日热(three-day fever),是由白蛉热病毒(Sandfly fever virus)引起的急性病毒性传染病。

(一)临床表现

潜伏期2~6 d。普通型患者突然起病,有流感样病毒血症症状,包括发热(可达40℃以上)、头痛、全身肌痛、眶后痛、关节痛、食欲不振、乏力,其他症状有结膜充血(约1/3病例)、畏光、恶心、呕吐、口腔腭部小泡及荨麻疹样皮疹。病程第1天脉搏随体温波动,以后出现相对缓脉。极少数患者脾大,但无淋巴结肿大。病情严重者,可出现轻度视盘水肿。疾病呈良性经过,持续2~4 d,后迅速恢复。15%的患者在病后2~12周可再次发热,但最后仍完全恢复。儿童患白蛉热时,症状轻微或呈亚临床感染经过。

(二)传染源和宿主

传染源为白蛉热患者。脊椎动物是本病的扩增宿主,然而这种宿主至今尚未被发现。白蛉热病毒在其宿主白蛉体内复制,经卵传递是白蛉热病毒生存的基本方式之一,对病毒在自然界中长期保种具有重要作用。

(三)传播媒介

主要传播媒介有:静食白蛉、恶毒白蛉、曲匹罗蛉(*Lutzomyia trapidoi*)、耶氏罗蛉(*Lu. ylephiletor*)。

(四)地理分布

由静食白蛉传播的白蛉热分布由地中海沿岸遍及整个中东和阿拉伯半岛,向北延伸至高加索山脉附近,向东至巴基斯坦和印度。由恶毒白蛉传播的白蛉热分布于意大利中部、塞浦路斯、葡萄牙和西班牙。中美洲地区的白蛉热以曲匹罗蛉和耶氏罗蛉为主要传播媒介。

(五)季节分布

白蛉热有明显季节性,其发病与白蛉的活动季节和消长一致,多发生于6—10月,8月为发病高峰。

(张建庆)

参考文献

[1] 姚永政,许先典. 实用医学昆虫学(第二版)[M]. 北京:人民卫生出版社,1982.

[2] 武秀兰,霍新北. 实用医学昆虫学实验技术[M]. 济南:山东科学技术出版社,1999.

[3] 肖芙蓉,贾杰. 实用传染病学[M]. 北京:人民卫生出版社,1998.

[4] DAVIDSON I H. The subgenus *Anaphlebotomus* of *Phlebotomus* (Diptera:Psychodidae:Phlebotominae) in southern Africa[J]. Journal of the Entomological Society of Southern Africa, 1981, 44:259-264.

[5] DAVIDSON I H. Sandflies of Africa south of the Sahara: taxonomy and systematics of the genus *Sergentomyia*[J]. 75[+3] pp. South African Institute for Medical Research, Johannesburg, 1990.

[6] RICHARD P L, CROSSKEY R W. Medical insects and arachnids [M]. Chapman & Hall, 1993.

[7] DAVIS N T. Leishmaniasis in the Sudan Republic. 28. Anatomical studies on *Phlebotomus orientalis* Parrot and *P. papatasi* Scopoli (Diptera:Psychodidae)[J]. Journal of Medical Entomology, 1967, 4:50-65.

[8] BURGESS N R H, COWAN G O. A colour atlas of medical entomology [M]. Chapman & Hall, 1993.

第四章　蠓类

在蠓类中,与医学有关的是吸血蠓(biting midges),是病媒生物的重要类群之一。世界已知吸血蠓共4个属,即库蠓属 *Culicoides*、蠛蠓属 *Lasiohelea*、细蠓属 *Leptoconops* 和澳蠓属 *Austroconops*。我国现知的吸血蠓仅包括前3属共413种,占世界已知吸血蠓种的28.38%。吸血蠓的危害不仅在于刺吸人畜等动物血液,而且是奥罗普切河热、蓝舌病、丝虫病等多种疾病的传播媒介。

第一节　吸血蠓的分类和形态特征

一、吸血蠓的分类

蠓类隶属昆虫纲(Insecta)双翅目(Diptera)长角亚目(Nematocera)蠓科(Ceratopogonidae)。

二、吸血蠓的形态特征

吸血蠓是完全变态微小型双翅目昆虫,体型细长或短拙。有翅1对,静止或叮刺时,相叠平置于腹部背部。胸部稍显隆起,头部略显低垂(图4-1)。体长多数为1~5 mm,体表有毛,呈黑色、褐色或棕色。头部近半球形,略低下,复眼发达,触角由13~15节组成,口器

刺吸式;胸部常较宽,前胸不发达,后胸退化,中胸发达分成盾片、小盾片和后小盾片,具翅

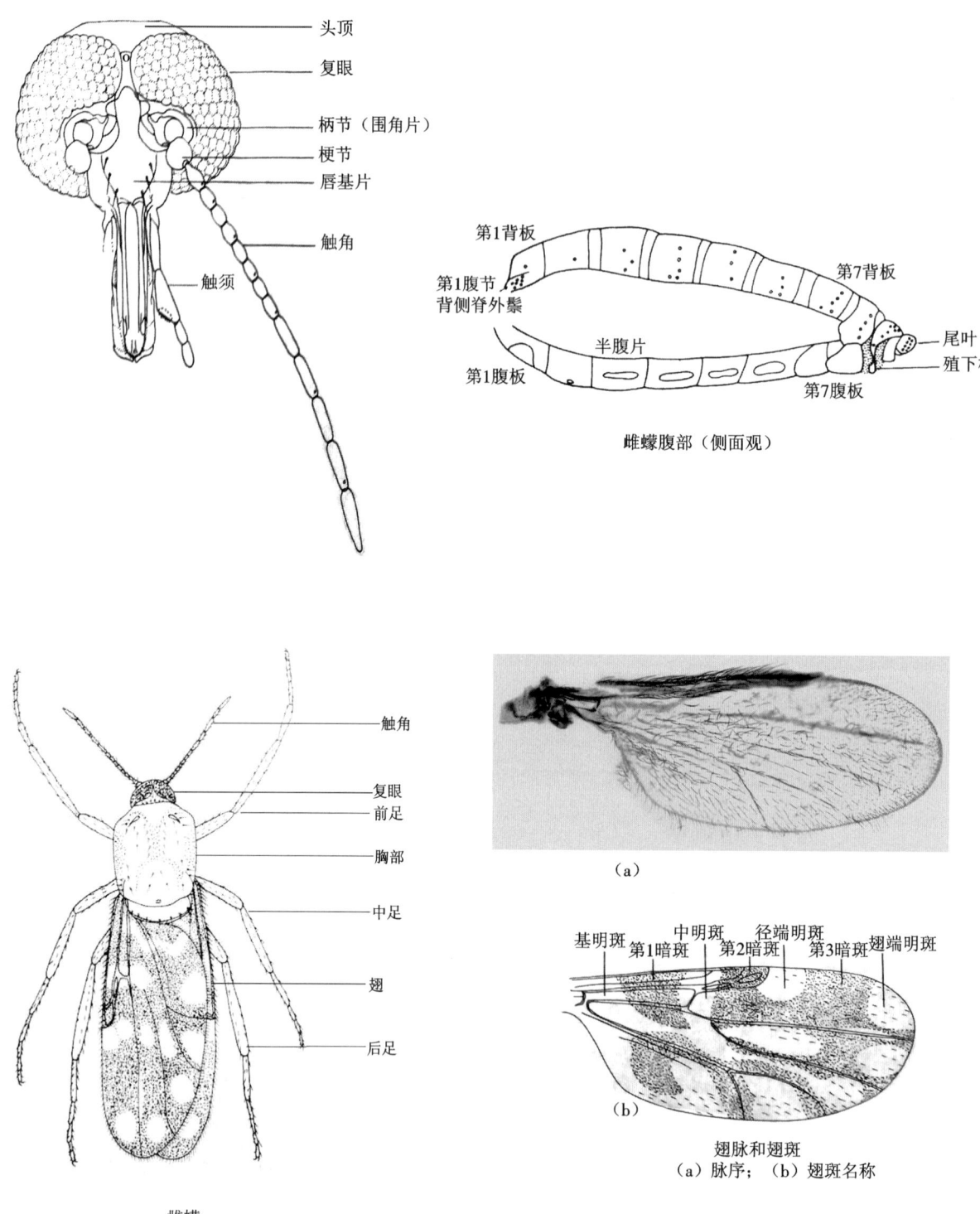

图 4-1　雌蠓

[图片引自《中国蠓科昆虫》(虞以新主编,2006)]

1对,后翅退化为平衡棒;足细长;腹部由10节组成,雄蠓后3节特化为外生殖器。

三、常见吸血蠓属检索表

1	翅无径中横脉,触角至多14节 ········· 细蠓属
	翅有径中横脉,触角15节 ········· 2
2	径中横脉十分倾斜,2个径室长而开放 ········· 澳蠓属
	径中横脉短,径室1个或2个,至少1个径室短小 ········· 3
3	爪间突发达,几乎与爪等长 ········· 蠛蠓属
	爪间突无或退化成短小 ········· 库蠓属

第二节 吸血蠓的生态习性

一、生活史

吸血蠓属完全变态昆虫,生活史包括卵、幼虫、蛹、成虫四个阶段。吸血蠓整个发育历期为15~35 d。

二、食性

吸血蠓食性因属种不同而异,大体可分为寄生性、植食性和吸血性。

寄生性,即刺叮于宿主体表,以吸食宿主体液为食。如分布于我国海南、云南和台湾的嗜蚊库蠓作为牛厩内吸血蚊体外寄生蠓,刺入饱血的蚊胃吸血。

植食性,即以植物分泌液,如花蜜等为食。蠛蠓属部分种类常在白天于花丛中采食,它们的取食行为也起到了授粉作用。

吸血性,吸食人畜血液的类群是危害人畜的蠓类,也是防治之靶。吸血蠓类对供血宿主的选择以及吸血环境的适应都因种而异。细蠓和蠛蠓是昼行性,库蠓多数是昏飞性。吸血蠓类吸血的时间是在其飞行活动时域内,多以觅偶、觅食和产卵为目的。

细蠓是昼行性蠓类,白天叮刺人畜吸血。其飞舞活动和刺叮吸血活动高峰在下午

4—5时,直至晚上8时天将昏暗雌虫仍有活动。

蠓蠓以白天吸血为主,其宿主较广泛,嗜吸人血,兼吸畜血液,是对人骚扰很大的吸血蠓。蠓蠓自清晨6时半至黄昏20时间均有刺叮活动,但其刺叮高峰出现在下午14—16时。刺叮是随着温度和照度的升降而升降,却与湿度的关系正好相反,刺叮率的高峰恰在一日湿度最低时。

库蠓是晨、昏活动的蠓类,库蠓的种类多,吸血习性也较为复杂。各种库蠓对供血宿主和吸血时间皆有一定的选择,荒川库蠓喜欢刺吸禽血。环斑库蠓兼吸人和禽血。

三、季节消长

在寒温带,全年每旬平均气温10℃以上的时间为5月中旬至9月中旬,吸血蠓类呈现出春末秋初两个高峰。

库蠓春季出现数量高峰,秋季出现次高峰。

我国西北地区的细蠓季节消长的数量高峰都出现在6月中旬,7月开始日渐少见,8月中旬至9月上旬虽温、湿度与6月相仿,但细蠓的活动已甚少见,这一现象与细蠓生活史幼期生物学特点相符。从当时孳生地调查发现,细蠓幼虫孳生在荒漠沙滩湿润处,活动于地表2~10 cm处,随着地表水分的蒸发,在疏松沙土中幼虫仍可下潜,以至越冬待来春羽化而出,因而全年仅有一个春季数量高峰。

蠛蠓刺叮自3月中旬起至8月中旬随着温度、降雨量的上升而上升;8月中旬后,温度与降雨量均下降,尤其是降雨量明显减少,但全年的刺叮指数高峰出现在8月下旬至9月下旬。

在山谷林缘地带,自4月至11月,蠛蠓数量的消长在8月以前是随着这一地区的月平均温度和降雨量的上升而上升;9、10月份,蠛蠓数量达到高峰。

四、孳生地

吸血蠓的孳生地极其广泛,按生活环境不同将孳生习性分为水生、陆生和半水生三种类型。库蠓幼虫主要孳生于各种水体湿泥中,细蠓幼虫主要孳生于湿润土壤或海岸沙土、黏土的表层中。吸血蠓的季节发生和消长取决于蠓种和气候。在热带地区成虫全年都可出现,而温带、寒带和高纬度地区的蠓种则常有明显的季节性。

（一）水生型

产卵地选择在适宜的水体边缘或水中隆起的岛状泥丘，甚至水生植物的梗、叶。幼虫在水中取食发育，直至化蛹、羽化为成虫。大部分库蠓属为水生型。

（二）陆生型

产卵地选择在湿润而非水体场所，如林内腐殖质、沼泽边湿地，各种类型的疏松湿润且有荫蔽的土地，包括草坪、田埂、江河边堤岸水线以上的混土，以及有苔藓盖的泥土。蠛蠓属幼虫孳生于松湿土壤，细蠓属幼虫孳生于荒漠沙滩，甚至海滩沙地。

（三）半水（陆）生型

介于上述两型之间的类型，产卵于水体边，但幼虫不在水中，而在邻接水体湿泥中或在水体中岛状土丘接近水线处，它们离不开水体，而又不在水中。

五、活动范围

蠓类成虫的飞行通常不远离孳生地，体型微小的蠓可借助气流和风力而远距离扩散；蠓也具有因取食、觅偶以及趋光等习性而有自主飞行的能力和活动特点。

雄虫通常在孳生地附近飞行，主要是群舞求偶。蠓类在近地层低空间飞舞，不同蠓种有不同高度的选择，形成了底层空间的垂直动态分布。

第三节 常见吸血蠓类

一、灰黑库蠓 *Culicoides pulicaris*（Linnaeus，1758）

别名：蚤库蠓。

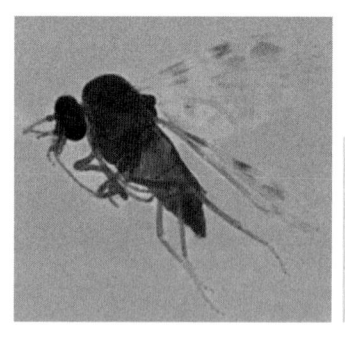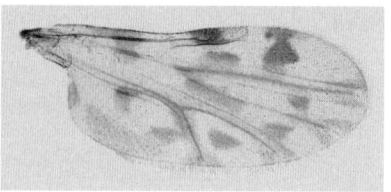

图 4-2 灰黑库蠓

(一)鉴别特征

两复眼相接,小眼面间无柔毛,有短弧形额缝,其下有 1 根长鬃。触角长节与短节长度之比(AR)约 1.2,嗅觉器分布于 3、7、9 及 11—15 节。触须第 3 节较粗,感觉器分散,无统一的感觉器窝。

胸部灰暗色,有肩窝,翅面明、暗斑显著,但形态不规则,第 2 径室几乎全被明斑覆盖,中肘叉内有 1 个小暗斑。臀室后缘全暗。各足色泽一致,爪发达。

雌性:有 1 对发达的受精囊,有颈,另有 1 退化小囊。雄性:尾器第 9 背板后缘浅凹,侧突发达;第 9 腹板后缘略凹。阳茎中叶三角形,端突钝圆;阳基侧突 1 对,端部有毛状分枝。

(二)生态习性

兼吸人畜血液,在东北林区夏初全日均有活动,自早春 4 月下旬出现,至 10 月基本匿迹,雌虫刺叮活动以日出前后与日落后为甚,在林缘几乎全日均有活动。两性成虫均有趋光性,可侵入室内。

(三)地理分布

国外:德国、埃及、乌克兰、比利时、俄罗斯、阿富汗、阿尔及利亚、塞浦路斯、埃塞俄比亚、希腊、伊朗、伊拉克、巴勒斯坦、约旦、摩洛哥、西班牙、土耳其、也门、日本。

国内:河北、内蒙古、辽宁、吉林、黑龙江、浙江、山东、湖北、四川、贵州、西藏、甘肃、宁夏、新疆、台湾。

(四)医学重要性

曾有从灰黑库蠓体内检出土拉弗朗西斯菌的记录,与其他疾病的关系尚无研究。因其是林区和草甸地带数量众多的吸血昆虫,对人畜的骚扰危害极大。

二、不显库蠓 Culicoides obsoletus (Meigen, 1818)

别名:陈旧库蠓。

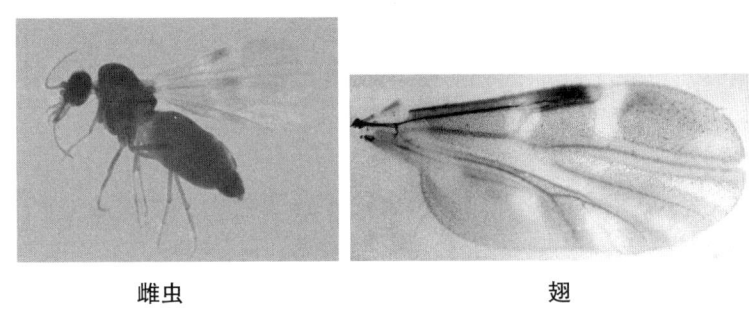

雌虫　　　　　　翅

图 4-3　不显库蠓

(一)鉴别特征

两复眼相连接,小眼面间无柔毛。嗅觉器分布于第 3、11—15 节。触须第 3 节上感觉器集中,有感觉器窝。

翅面色泽不一致,第 2 径室至少 1/3 在明斑中,呈淡色。翅面有至少 2 个明确界限的明斑,翅端有淡色区。中 1 室、中 2 室有 1 个径端明斑,或不显著,沿翅端缘无明显的圆形明斑。

雌性:有 2 个发达受精囊,退化小囊和输精囊管环各 1 个,但也可无。雄性:尾器第 9 腹板后缘中部凹陷窄而深,呈"V"形。第 9 背板基部稍宽于端部,后缘中部凹陷浅,无侧突。阳茎中叶中部两侧有 1 对钝圆形突起,端部呈短柱形,两侧叶向两侧分开,阳茎拱较高。阳基侧突基部向端部、向内侧弯曲呈钩状。

(二)生态习性

不显库蠓是北方林区和草地的常见吸血蠓种,兼吸人畜血液,体形微小,数量众多,既可在野外刺叮,又可以侵入室内和厩舍内刺叮。4 月底、5 月初即开始活动,9 月底尽皆匿迹,是东北森林-草甸地带的主要吸血双翅目昆虫。其刺叮活动形成晨暮两个高峰,以日出前后数量最多。

(三)地理分布

国外:英国、德国、俄罗斯、日本、加纳利群岛、葡萄牙、捷克、阿尔及利亚、乌克兰等。

国内:山西、内蒙古、辽宁、吉林、黑龙江、福建、山东、湖北、四川、云南、西藏、甘肃、新疆。

(四)医学重要性

因其数量多、体形小,对人畜的骚扰非常严重。初次被咬者,皮肤局部反应严重,过敏体质者会出现水泡、肿痛和奇痒。

三、环斑库蠓 *Culicoides circumscriptus* Kieffer,1918

别名:明斑库蠓。

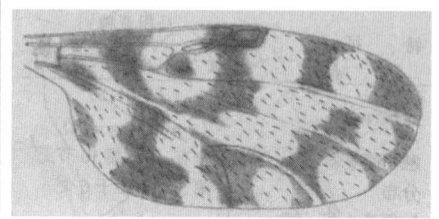

雌虫　　　　　　　翅

图 4-4　环斑库蠓

(一)鉴别特征

两复眼相离,间距为 2～3 个小眼面直径,小眼面间无柔毛;有纵、横额缝及额鬃。触角长节与短节之比(AR)约 1.3,嗅觉器分布于 3—14 节,尤其第 3 节较多。触须第 3 节粗长,有明显且较深的感觉器窝。

胸部灰色,有肩窝,胸背毛基深褐色。翅面多明斑,端部皆为圆斑,第 2 径室全暗,径中横脉处在较大的圆形明斑中有 1 小暗斑,大毛分布于整个翅面。

雌性:仅有1个卵形受精囊。雄性:尾器第9背板后缘中央略凹,侧突发达且尖;第9腹板后缘略凹,阳茎中叶端突短,基拱高;阳基侧突1对,端部细尖略向内弯。

(二)生态习性

嗜吸禽血并兼吸人、畜血,晨暮进行刺叮活动,可侵入人宅及畜厩刺叮,两性成虫夜晚有趋光性。

(三)地理分布

国外:印度、日本、老挝、泰国、突尼斯、土耳其、比利时、德国、挪威、以色列、保加利亚、阿塞拜疆、北非等。

国内:北京、天津、河北、山西、内蒙古、辽宁、吉林、黑龙江、江苏、浙江、福建、山东、河南、湖北、广东、广西、海南、四川、西藏、甘肃、青海、宁夏、新疆。

(四)医学重要性

骚扰性很大,人被叮后局部痒、肿反应明显。因其兼吸人、畜及禽血,可能传播某些人、畜或禽类间的疾病。

四、荒川库蠓 *Culicoides arakawai* Arakawa,1910

别名:哮库蠓。

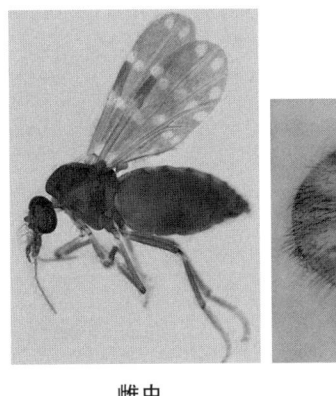
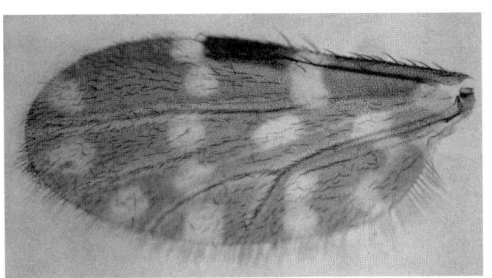

雌虫　　　　　翅

图4-5　荒川库蠓

(一)鉴别特征

两复眼相分离,间距为 1.5～2 个小眼面直径宽,小眼面间无柔毛。触角长节与短节长度之比(AR)约 1.3,嗅觉器分布于 3—14 节。触须第 3 节粗,有较大的感觉器窝。

翅面有 12 个圆形明斑,第 2 径室全暗,其端部外侧有前后排列的 2 个小圆形明斑,沿翅端缘有 4 个圆形明斑;大毛遍布整个翅面(彩图 30)。

雌性:有 1 个长受精囊,颈细长。雄性:尾器阳茎中叶端部呈杯状,阳茎拱约为阳茎中叶全高的 1/3;阳基侧突 1 对,近似钩状。

(二)生态习性

我国南方常见蠓种,嗜吸禽血,常多见于鸡舍周围,其吸血活动在日暮以后。在福建地区以午夜为高峰,四季均可见到,但以春季为主。夜间两性均有趋光性,紫外线灯对其引诱力甚著。

(三)地理分布

国外:东南亚各国、印度、日本、俄罗斯、朝鲜半岛。
国内:广泛分布。

(四)医学重要性

荒川库蠓是鸡住白球虫病的媒介。

五、尖喙库蠓 *Culicoides oxystoma* Kieffer, 1910

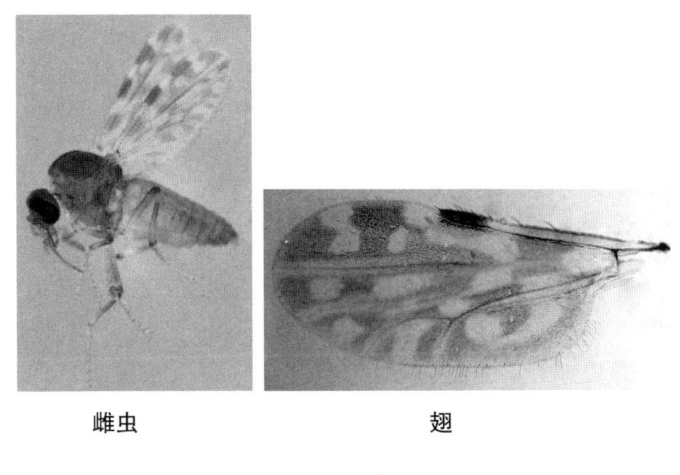

雌虫　　　　　翅

图 4-6　尖喙库蠓

(一)鉴别特征

两复眼相分离,间距约为 2 个小眼面直径宽,小眼面间无柔毛,有额缝,其下有额鬃。触角长节与短节长度之比(AR)略大于 1,嗅觉器分布于第 3 节及第 8—10 节。触须第 3 节短粗,有小杯状感觉器窝。

翅面明暗斑纹显著,前缘明斑和基明斑共 4 个,径 2 室全暗;在径 5 室内 4 个明斑常呈梯形分布;中 4 室内有 1 个大明斑;大毛分布于翅面近端 1/3 处(彩图 30)。

雌性:有 2 个发达受精囊,不等大,另有 1 个指状退化小囊。雄性:尾器第 9 背板由基至端渐窄,后缘侧突发达;阳茎中叶短小,端部钝;阳基侧突分离,端部细而弯,并有毛状分支。

(二)生态习性

兼吸人畜血液,是南方诸省畜厩内的优势蠓种,几乎全日都营刺叮活动,但有晨、昏两个高峰,以黄昏高峰为主。本库蠓夜间有趋光性,荧光灯对其诱力明显。饱血雌蠓常栖息于畜厩壁缝及凹处,3 d 后即可产卵,自卵到成虫在夏日约 25 d 可完成一个世代。

(三)地理分布

国外:东南亚、中东、日本、巴基斯坦、阿富汗以及新西兰、澳大利亚。

国内：北京、天津、河北、山西、内蒙古、辽宁、吉林、黑龙江、上海、江苏、浙江、安徽、福建、江西、山东、河南、湖北、湖南、广东、广西、海南、四川、贵州、云南、西藏、陕西、宁夏、台湾。

(四)医学重要性

尖喙库蠓是刺叮吸血的骚扰性较大的蠓种,可引起马匹虫咬性皮炎。

六、原野库蠓 Culicoides homotomus Kieffer, 1922

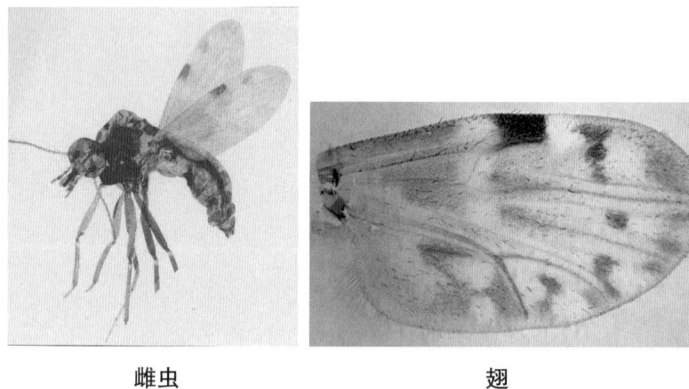

雌虫　　　　　　翅

图 4-7　原野库蠓

(一)鉴别特征

两复眼相分离,有纵横额缝,其下方有额鬃,小眼面间无柔毛。触角长节与短节长度之比(AR)约1.2,嗅觉器分布于第3、8、10节。触须第3节近端处膨大,感觉器窝位于膨大处前缘。

胸背毛基色深。翅面明斑和暗斑显著,径2室全暗;前缘明斑3个,但形态不规则,中肘叉内在明斑中央有1暗斑;大毛遍布全翅面。

雌性:有1个长卵形受精囊,囊壁有刻点。雄性:尾器第9背板宽,后缘侧突发达尖长;第9腹板后缘略凹;阳茎中叶端部呈叉状;阳基侧突愈合,端部2支。

(二)生态习性

兼吸人畜血液。在繁殖期内,生殖营养周环有两次重复现象。雌性在20~30℃时吸血后 3～4 d 产卵,产卵数为 40～213 枚。夏季在室温条件下,泥土培养基内,自卵至成虫的发育周期为 22～32 d。

(三)地理分布

国外:日本、泰国、柬埔寨、马来西亚。

国内:北京、河北、山西、内蒙古、辽宁、黑龙江、上海、江苏、浙江、安徽、福建、江西、山东、河南、湖北、湖南、广东、广西、海南、四川、贵州、云南、西藏、陕西、青海、宁夏、新疆、台湾。

(四)医学重要性

刺叮后可引起局部红肿、痛痒,经久不消,也有引起全身性过敏反应和休克的病例发生。

七、台湾蠛蠓 Lasiohelea taiwana Shiraki,1913

别名:台湾铗蠓。

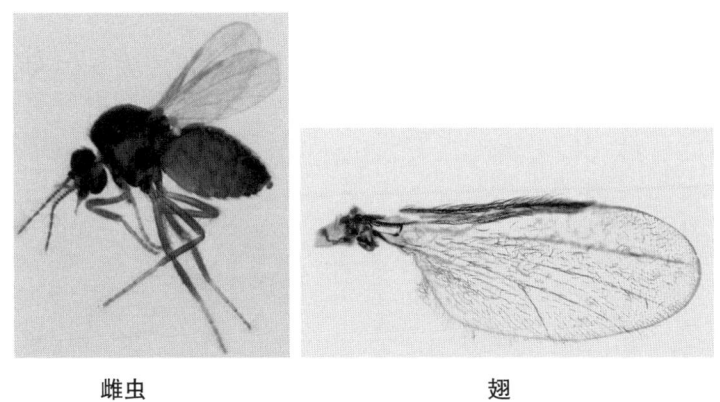

雌虫　　　　　翅

图 4-8　台湾蠛蠓

(一)鉴别特征

两复眼相接,小眼面间无柔毛。触角长节与短节长度之比(AR)约 1.5,第 15 节有乳头状端突。触须 5 节,第 3 节短粗,中部内侧有 1 较大感觉器窝。口甲齿疏齿型,约 15 枚。

胸部棕褐色,无肩窝;翅面无斑纹,遍布大毛,第 2 径室狭长,约为第 1 径室长之 2.5

倍,其端部超过翅前缘中点。各足色泽一致,无斑纹,爪发达等长,爪间突发达,约与爪等长。

雌性:1个类球形受精囊,基底孔较大,殖下板拱门状。雄性:尾器第9背板后缘圆弧形,第9腹板后缘中部浅凹;阳茎中叶为1对钩状骨片,端部鸟喙状;阳基侧突愈合成"U"形窄带内陷于第9腹节。

(二)生态习性

白天刺叮吸血的蠓种,嗜吸人血,兼吸畜血。两性成虫上午10时左右群舞,雌虫自然受精率在80%左右。其刺叮活动高峰在一日中照度与温度均较高的时候,即下午2—4时。喜刺叮下肢,在丘陵坡地林缘处也多见刺叮耳壳。自卵至成虫整个生活史需20余天,若条件不宜,则延长到60 d左右。

(三)地理分布

国外:马来西亚、老挝、越南。

国内:江苏、浙江、安徽、福建、江西、山东、湖北、湖南、广东、广西、四川、贵州、台湾。

(四)医学重要性

曾从自然界的台湾蠛蠓体内分离出乙脑病毒,因此,被认为是乙型脑炎的媒介昆虫之一,但至今未被证实。

第四节 相关疾病

奥罗普切河热(Oropouche fever)

奥罗普切河热是由库蠓传播的病毒病,病原体为布尼亚病毒科(Bunyaviridae)正布尼亚病毒属(*Orthobunyavirus*),1955年在特立尼达岛的病人体内分离出本病毒,后在巴西亚马孙及巴拉州检测出。

（一）临床表现

与登革病毒感染相似，主要症状有：发冷、头疼、厌食、肌痛、关节痛、呕吐、眩晕、畏光，部分病人可出现脑膜炎症状。

（二）传染源和宿主

家鸟、野鸟、猴、食肉类动物、啮齿类动物、树懒。

（三）传播媒介

巴拉库蠓（*Culicoides paraensis*）为主要媒介，致倦库蚊为偶然媒介。

（四）地理分布

本病主要分布在南美洲的巴西，仅1978—1980年亚马孙州就有13万人感染，现在每年巴西约有50万感染者。

我国没有输入性病例报告。

（五）季节

巴拉库蠓主要孳生在甘蔗和可可地，活动季节与降雨量有关，其活动高峰期为1月、2月和9月。

（黄恩炯，王崇财）

参考文献

[1] 虞以新. 中国蠓科昆虫 [M]. 北京:军事医学科学院出版社,2006.

[2] 张际文. 中国国境口岸医学媒介生物鉴定图谱 [M]. 天津:天津科学技术出版社,2015.

[3] 王飞鹏,黄恩炯,蔡亨忠,等. 吸血蠓及其传播的疾病 [J]. 应用昆虫学报(原名:昆虫知识),2010,47(6):1270-1273.

[4] 吴皎如,吴树吟. 由糠蚊科蠛蠓属 *Lasiohelea* 台湾蠛蠓分离出乙型脑炎病毒 [J]. 微生物学报,1957,5(1):22-26.

[5] 容瑾,柯小麟. 从广州市天然界蠛蠓分离流行性乙型脑炎病毒的试验 [J]. 微生物学报,1962,8(3):280-284.

[6] 宋福春,李朝品. 我国蠓科昆虫研究概况 [J]. 热带病与寄生虫学,2006,4(1):51-53.

[7] 柳支英,陆宝麟. 医学昆虫学 [M]. 北京:科学出版社,1990.

[8] MELLOR P S, BOORMAN J, BAYLIS M. *Culicoides* biting midges : their role as arbovirus vectors[J]. Annu. Rev. Entomol. 2000, 45 : 307-340.

第五章 虻类

虻类不仅因刺叮和吸血，给人、畜造成直接危害，而且更重要的是一些种类会传播疾病，如在非洲传播人的罗阿丝虫病，在世界各地传播马传染性贫血病和牲畜的锥虫病。全世界已知3亚科9族144属，约4 400种。我国已知3亚科14属458种。

第一节 虻类的分类和形态特征

一、虻类的分类

属于昆虫纲（Insecta）双翅目（Diptera）虻科（Tabanidae）。

二、虻类的形态特征

虻类是比较进化的昆虫。成虫小到中型，体粗壮，善飞翔，具刮舔式口器，雌性吸食温血动物血液，雄性不吸血。成虫触角3节，第3节无触角芒，但端部分为2~7个小环节；翅上下腋瓣均发达，R_5脉远在顶角之后；足爪垫和爪间突均发达（图5-1、图5-2、图5-3）。

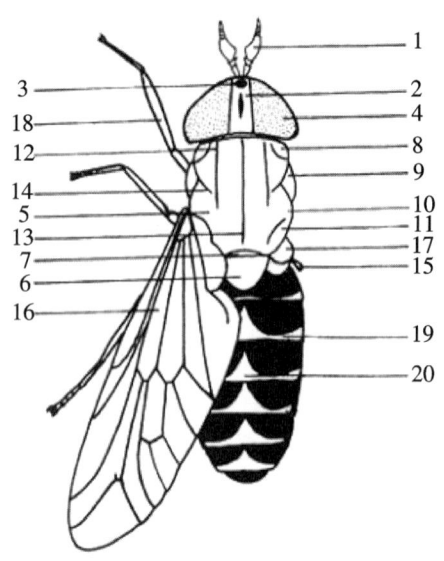

1.触角；2.额；3.额胛；4.复眼；5.盾片；6.小盾片；7.前小盾片；8.肩胛；9.背侧片；10.翅上胛；11.翅后胛；12.亚中纵条；13.中纵条；14.盾缝；15.平衡棒；16.翅；17.腋瓣；18.足；19.浅色后缘；20.浅色中三角

图 5-1　雌虻

（引自 Xu and Sun, 2013）

头部呈半球形，一般宽于胸部，两侧为两个大复眼，占头的大部分，雄性为接眼式，即两复眼紧靠在一起，复眼上半部大眼面一般明显大于下半部的小眼面；雌性为离眼式，即两复眼多少分开。复眼在新鲜（或回软）标本，有各种美丽的颜色和斑纹，形状因属因种不同而异。雌虻两复眼之间的额因属因种不同，宽窄差别很大。额通常有光裸突出的瘤状物，称胛，基部的称额胛，中部的称中胛，头顶在距虻亚科和斑虻亚科有 3 个单眼，在瘤虻属，通常 3 个单眼愈合成瘤状物，称单眼瘤，在虻属和黄虻属等则无单眼和单眼瘤，在麻虻属，额中部无瘤状突出物，但有棕色至黑色绒斑，典型的有额中斑和额侧斑。额的前方（下方）为亚胛（或称额三角），其上着生 1 对触角，触角 3 节，即柄节、梗节和鞭节，鞭节的端部分有 2~7 个环节，鞭节的第 1 环节称基环节（在虻属、瘤虻属等称基盘），端部的几个小环节合称端环节（在虻属、瘤虻属等称梢）（图 5-2）。亚胛的前方为颜，由中颜和侧颜组成。侧颜的上方称上侧颜，下方为颊，两者无界线。口器两侧有 1 对下颚须，分 2 节，第 2 节的长宽比例变化较大。口器外形类似于蝇类，具有大的唇瓣，向头的下方突出，为刮舔式。虻的胸部和其他双翅目昆虫一样，具有发达的中胸。背板由盾片和小盾片组成。翅多数透明，有的属有横带，有的有云雾斑（图 5-3）。虻的腹部外表可见 7 节，第 8 节以后缩在体内。虻的腹部背板和腹板常见有由粉被组成的横带、纵条、三角斑、圆形侧斑等，这些在分类鉴别上已被广泛应用。

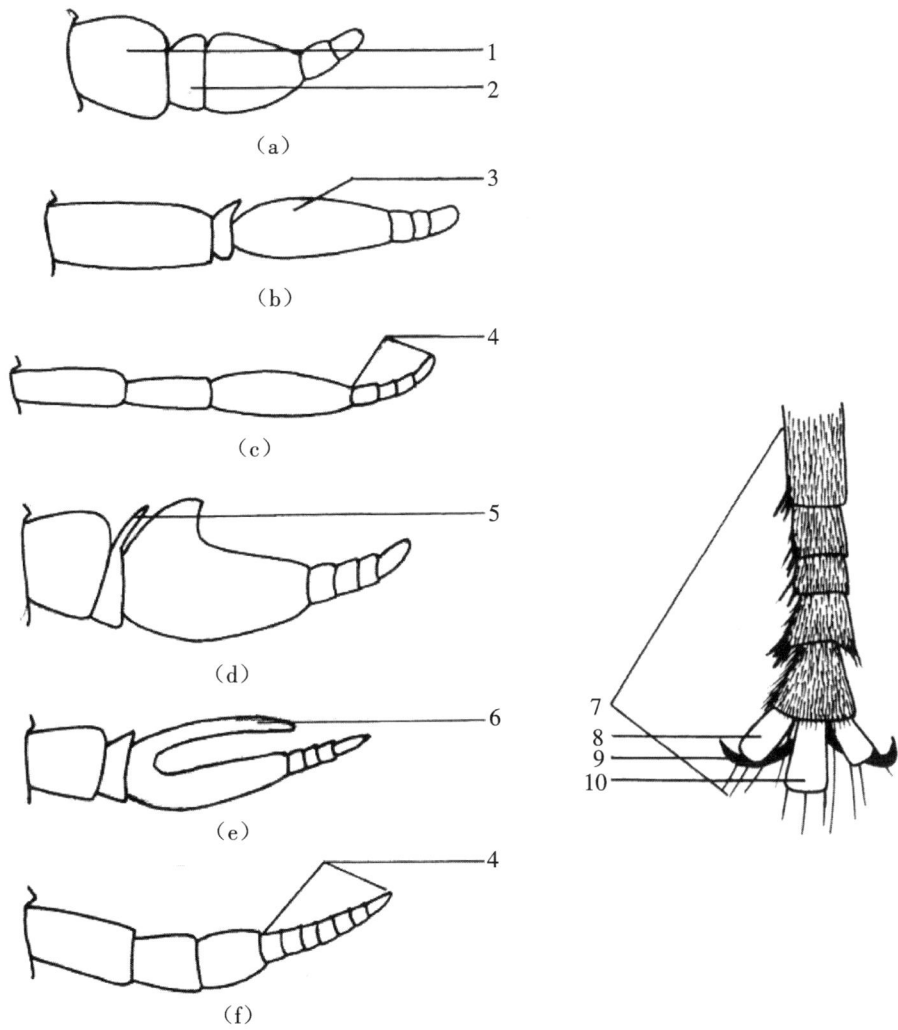

(a)少节虻属；(b)麻虻属；(c)斑虻属；(d)虻属；(e)胃虻属；(f)石虻属；1.柄节；2.梗节；3.鞭节；4.鞭节的端环节；5.背突；6.背角；7.跗节；8.爪垫；9.爪；10.爪间突

图 5-2 虻的触角和足跗节

（引自 Xu and Sun,2013）

三、常见虻属检索表

虻科最常的有五个属：斑虻属、麻虻属、黄虻属、瘤虻属和虻属。

常见属分属检索表

1 单眼发达；后足胫节距通常发达 ·································· 斑虻属 *Chrysops*
  无单眼或单眼不发达，仅有痕迹；后足胫节无距 ···································· 2
2 翅具云雾状斑；额无中胛，具侧斑 ·································· 麻虻属 *Haematopota*
  翅透明，如有斑，不呈云雾状；额一般具中胛，无侧斑 ···································· 3

3 新鲜标本复眼浅黄色,半透明,通常具1条窄带 ……………………………… 黄虻属 *Atylotus*
　新鲜标本复眼亮绿或暗黑色,不透明,通常无或具1～4条带 ……………………………… 4
4 头顶具单眼瘤;复眼通常具毛,多数种具3条横带 ……………………………… 瘤虻属 *Hybomitra*
　头顶无单眼瘤;复眼通常无毛,无或具1～4条横带 ……………………………… 虻属 *Tabanus*

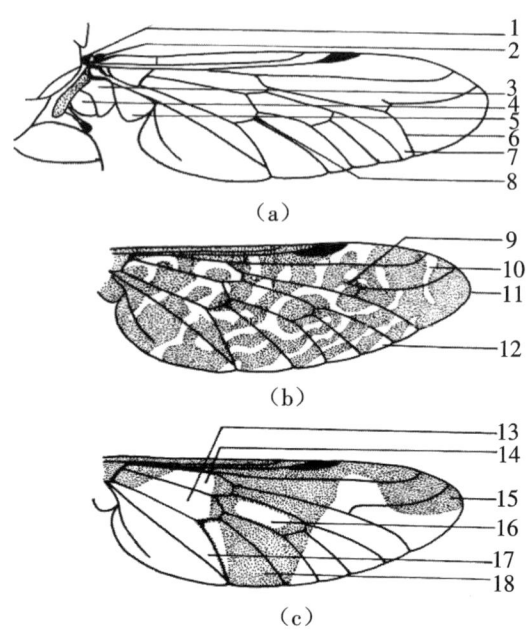

(a)虻属;(b)麻虻属;(c)斑虻属;1.翅肩鳞;2.翅基鳞;3.上腋瓣;4.下腋瓣;5.翅瓣;6.R_5脉;7.R_5室;8.横脉;9.附脉;10.亚端带;11.顶角;12.第2后缘室;13.第2基室;14.第1基室;15.端斑;16.中室;17.臀室;18.横带

图 5-3　虻的翅
(引自 Xu and Sun,2013)

第二节　虻类的生态习性

一、生活史

虻为全变态昆虫,生活史分卵、幼虫、蛹和成虫四期(图5-4)。

二、食性

雌虻多数种类吸血,少数种类不吸血,有些种类第1次产卵不吸血。雄性不吸血。

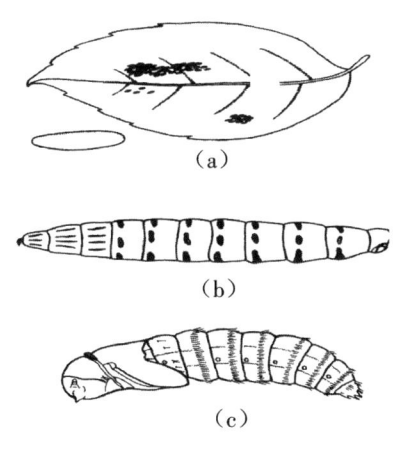

(a)卵；(b)幼虫；(c)蛹

图 5-4　虻的幼期

（引自 Xu and Sun, 2013）

三、季节消长

虻类在热带全年活动，随着纬度的上升，活动季节缩短。

四、孳生地

虻幼虫的孳生地很广泛，主要孳生于潮湿的泥土中，如稻田、水塘边、沼泽和河边的污泥中，以及森林、草地、和庭院的湿土中。虻幼虫多数是肉食性的，捕食昆虫幼虫、甲壳类、蚯蚓、蜗牛和其他软体动物；有的也吃植物碎片。

五、活动范围

虻吸血活动多在白天，吸血高峰时节与日出、日落有关。吸血前后一般栖息在植物上。但虻的栖息习性还未得到进一步研究。在林区，虻的种类和数量都很大，但栖息场所不易找到。常见在植物茎、叶上栖息，多见在 1～2 m 高的树干和树杈上栖息，特别在路旁，尤其在放牛常走的路旁，更易找到雌、雄个体。虻的飞行速度，大的可追赶奔跑的动物，所以活动范围很广。

第三节 常见虻类

一、芹状斑虻 *Chrysops silacea* Austen, 1907

(一)鉴别特征

雌性额胛棕黑色,远离复眼;触角黑色,柄节略浅,柄节与梗节约等长;颜胛与口胛棕色,相连,突起,中间的黄粉条短,颊胛黑色,窄小,平坦;翅横带宽,达翅端,与端斑愈合;胸部盾片黑色,小盾片黄色;腹部黄色,背板Ⅰ—Ⅲ具1对短的黑纵条(图5-5,彩图30)。

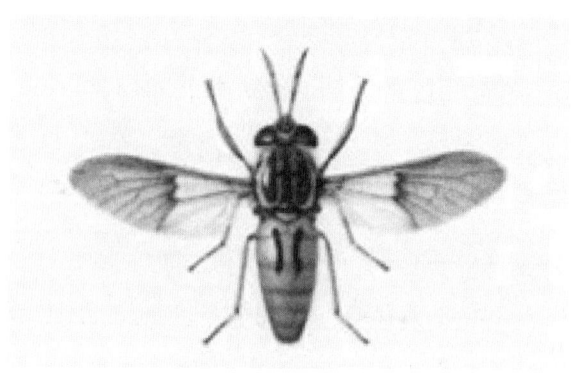

图5-5 芹状斑虻

(二)生态习性

孳生和栖息于热带雨林。

(三)地理分布

国外:分布在非洲的西部和中部。喀麦隆、刚果、扎伊尔、中非共和国、尼日利亚、加蓬、赤道几内亚、安哥拉、贝宁、乍得、乌干达、加纳、几内亚、几内亚比绍、科特迪瓦和马里。

国内:未见分布。

(四)医学重要性

芹状斑虻是罗阿丝虫病最主要传播媒介。

二、分叉斑虻 *Chrysops dimidiata* Wulp，1885

(一)鉴别特征

雌性额胛棕黑色,远离复眼;触角黑色,柄节略浅,柄节明显长于梗节;颜胛与口胛棕黑色,相连,突起,中间的黄粉条宽长,颊胛黑色,窄小,平坦;翅横带宽,达翅端,与端斑愈合;胸部盾片黑色,小盾片黄色;腹部棕色,背板Ⅰ—Ⅴ具1对长的黑纵条,Ⅴ—Ⅶ背板棕黑色(图5-6,彩图30)。

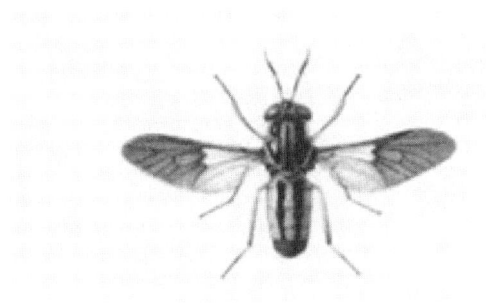

图5-6 分叉斑虻

(二)生态习性

孳生和栖息于热带雨林。

(三)地理分布

国外:分布在非洲的西部和中部。几内亚比绍、几内亚、加纳、贝宁、尼日利亚、喀麦隆、刚果、扎伊尔、中非共和国、加蓬、赤道几内亚、安哥拉、乍得、乌干达、科特迪瓦和马里。

国内:未见分布。

(四)医学重要性

分叉斑虻是罗阿丝虫病的主要传播媒介。

三、高额麻虻 *Haematopota pluvialis*（Linnaeus，1758）

麻虻，全世界已知 400 多种，主要分布在非洲界、东洋界和古北界，新北界种类不多。高额麻虻是古北界分布最广、危害最大的麻虻。

（一）鉴别特征

雌性额基宽大于高和顶宽；基胛窄条形，侧点与复眼和基胛均窄分离；触角柄节卵圆形，黑色，亮，略长于鞭节的基环节；上侧颜具散在黑点；各胫节具 2 个浅色环；翅亚端带单一，波形，较宽，达翅后缘（图 5-7）。

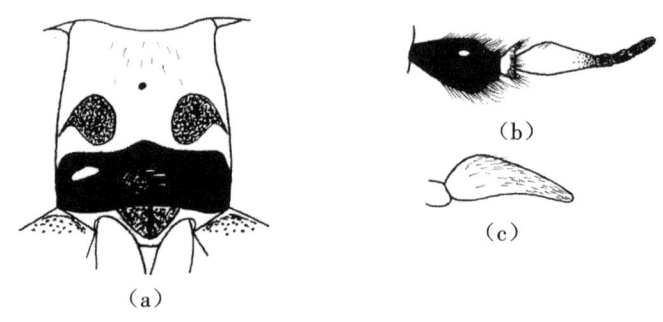

（a）额；（b）触角；（c）下额须

图 5-7 高额麻虻

（引自 Xu and Sun，2013）

（二）生态习性

草原种。牧区常见，5—10 月活动，高峰在 7—8 月。

（三）地理分布

国外：北到北纬 70°，西到爱尔兰，东到东西伯利亚，南到西班牙。北非也有记载，但有待证实。

国内：新疆。

（四）医学重要性

常攻击人，传播土拉弗朗西斯菌病和炭疽。

四、黑胫黄虻 *Atylotus rusticus*（Linnaeus, 1767）

黄虻属是个小属,全世界已知40多种。但有些地区数量大,构成危害。黑胫黄虻是古北界最常见、危害最大的一种黄虻。

(一)鉴别特征

雌性复眼光裸,具1窄带;额具基胛和中胛,头顶仅具浅色短毛;足股节灰黑色;翅R_4脉具长附脉;腹部背板灰黑色,着生浅色短毛,第2或第1、2背板两侧具椭圆形黄棕色斑(图5-8)。

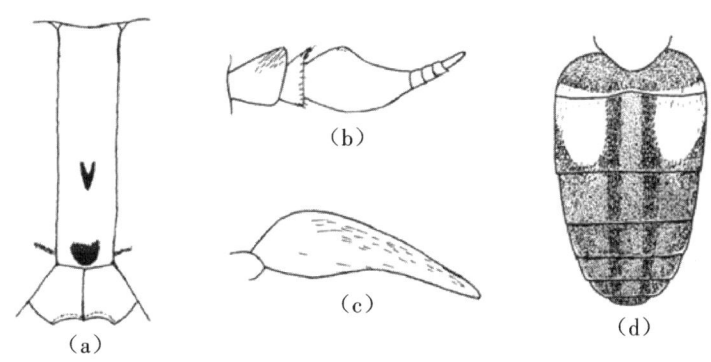

(a)额;(b)触角;(c)下额须;(d)腹部背面

图5-8 黑胫黄虻

(引自Xu and Sun, 2013)

(二)生态习性

荒漠半荒漠种;孳生于盐泽,也孳生于水塘和湖区堤岸及周边野地;6—8月活动。

(三)地理分布

国外:西到英国,北到斯堪的纳维亚半岛,东到西伯利亚,南到北非。

国内:黑龙江、吉林、辽宁、内蒙古、北京、河北、山西、山东、陕西、宁夏、甘肃、青海、新疆、四川、云南。

(四)医学重要性

雌虻攻击人、马、牛、狗、羊、骆驼,也攻击蜥蜴;在实验室证明可作为土拉弗朗西斯菌病、锥虫病和炭疽的传播媒介。

五、特殊瘤虻 *Hybomitra peculiaris*（Szilády，1914）

瘤虻属是个大属,全世界已知200多种,主要分布在古北界、新北界,少数延伸分布到东洋界、非洲界。特殊瘤虻是该属中危害较大的一种。

（一）鉴别特征

复眼密覆棕色短毛,具3带;额高为基宽的4.5～5.0倍,基胛方形,两侧与复眼窄分离;亚胛覆粉;足黄棕色,股节基部1/2灰黑色;翅R_4脉无附脉,翅横脉无暗斑;腹部背板黄棕色,中央具窄的黑色纵条,第2腹板中央无黑斑或有小的不明显暗斑(图5-9)。

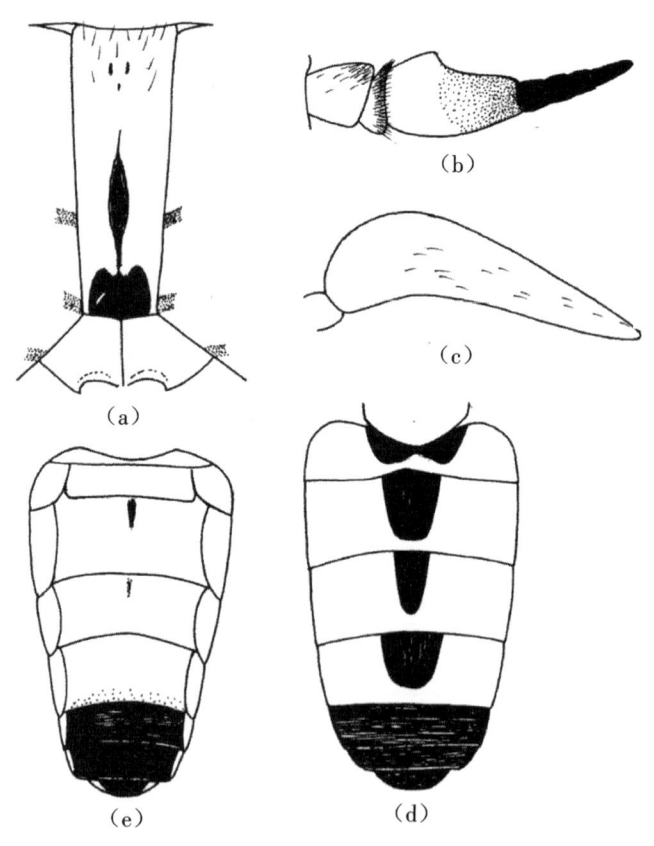

(a)额;(b)触角;(c)下额须;(d)腹部背面;(e)腹部腹面

图5-9 特殊瘤虻

（引自Xu and Sun, 2013）

(二)生态习性

荒漠种。5—9月活动。

(三)地理分布

国外:俄罗斯、蒙古、哈萨克斯坦、阿富汗、印度、伊朗、伊拉克、欧洲东南部。
国内:宁夏、甘肃、新疆。

(四)医学重要性

雌虻常攻击人、家畜和野生动物。传播土拉弗朗西斯菌病、马和骆驼的锥虫病。

六、断纹虻 *Tabanus striatus* Fabricius,1787

虻属是虻科最大的一个属,全世界已知1 300多种。断纹虻是该属分布较广、危害较大的一种。

(一)鉴别特征

复眼无带;额高约为基宽的5倍,基胛方形,与亚胛、复眼和中胛均接触;亚胛覆粉;下颚须第2节长为宽的3倍;胸部盾片黑色,具3宽纵条;腹部背板黑色,具3列白纵条(图5-10)。

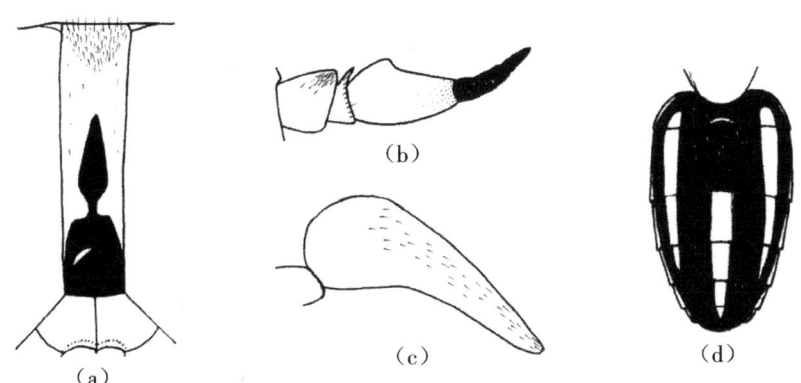

(a)额;(b)触角;(c)下颚须;(d)腹部背面
图 5-10 断纹虻
(引自 Xu and Sun,2013)

(二)生态习性

为农作区最常见种。3—11月活动。

(三)地理分布

国外:印度、缅甸、越南、老挝、泰国、柬埔寨、印度尼西亚。
国内:福建、台湾、广东、海南、香港、广西、四川、贵州、云南、西藏。

(四)医学重要性

常攻击人和家畜。传播家畜锥虫病。

第四节 相关疾病

虻类是重要医学和兽医学昆虫,对人畜的危害表现为直接的叮咬骚扰和传播疾病。对人类危害最大的是生物性传播人和猴的罗阿丝虫病,媒介是几种斑虻。在不同国家或地区,还生物性传播牲畜的恶丝虫和羊丝虫以及牲畜的泰氏锥虫和血胞子虫。

虻还机械性传播马传染性贫血病和家畜多种锥虫病。马传染性贫血病是一种病毒病,世界性流行可造成大批马匹死亡。家畜锥虫病在不同国家和地区,存在不同的病原体和媒介虻种。

罗阿丝虫病(Loiasis)

(一)临床表现

局部暂时性肿胀是罗阿丝虫病最主要的临床表现,全身各处均可发生,多见于前臂、手部、下肢等处。感染后3个月即可发现,但多数在一年以后,并可间歇发生,间歇期长短不定。每次出现数目常为1个,但也可在1~3个部位同时发生。常突然发病,发病前1~2 h先感到局部剧烈疼痛和瘙痒,然后在1 h内出现肿胀,并迅速扩散,可达鸡蛋大小,持续数小时或3~5 d,始渐消退,也有持续一至数周者。局部较硬,有弹性,无指压痕迹。若在同一部位反复出现肿块,则可形成永久性囊样肿块。大部分病人具有不同程度的皮炎症状,如瘙痒和蚁行感。瘙痒症状严重的患者可因搔抓导致继发感染,也可引起失眠、精神障碍及精神失常。成虫常移行于眼睑引起皮肤肿胀,有时可触及游走性条索样虫体。当成虫移行到球结膜时,可引起局部充血、水肿、畏光、流泪、疼痛等不同程度的结膜炎症状,眼部刺激症状很重。丝虫也可侵犯心、肾、脾、胃等部位。

本病的诊断要点:患者有在流行病区生活的经历,如来自或到过非洲的人群;典型症状为眼部奇痒、游走性皮下肿块伴有皮肤瘙痒等;球结膜下或皮下可见到虫体蠕动;外周血嗜酸性粒细胞增多。在血中或骨髓液中检出微丝蚴、眼部或皮下包块活检出成虫是确诊本病的依据。

(二)传染源和宿主

人是病原体的储存宿主。病原体为罗阿丝虫(*Loa loa*)。罗阿丝虫成虫可在人体皮下存活 10~15 年。成虫在人体内产下带鞘的微丝蚴,带鞘的微丝蚴在人体内可存活长达 17 年(图 5-11)。

(1)斑虻吸血时,把感染期丝虫蚴虫(3 龄)注入人体。

(2)蚴虫在人体皮下发育成成虫。

(3)丝虫成虫产下具鞘的微丝蚴,微丝蚴分布在人体的脊液、尿、痰、末梢血液和肺脏内。

(4)斑虻吸血时,吸入带鞘微丝蚴。

(5)微丝蚴脱鞘,穿过中肠到达斑虻的胸肌。

(6)微丝蚴发育成 1 龄蚴虫。

(7)1 龄蚴虫发育成 3 龄蚴虫。

(8)3 龄蚴虫迁移至头部,进入斑虻的口器。

(三)传播媒介

虽然多个属虻均能感染罗阿丝虫,但成为传播媒介的,现已证实只有几种斑虻。人罗阿丝虫的主要传播媒介为芹状斑虻和分叉斑虻。

(四)地理分布

本病主要分布在西部和中部非洲。喀麦隆、刚果、扎伊尔、中非共和国、尼日利亚、加蓬和赤道几内亚为高发流行区;安哥拉、贝宁、乍得和乌干达为低度流行区;加纳、几内亚、几内亚比绍、科特迪瓦和马里过去曾是流行区,但现已消失。流行区人群的感染率为9%～70%,多为20%～40%。流行区人口约为1 520万,而高流行区人口有1 440万。

非洲热带雨林地区,猴也存在罗阿丝虫病,但病原体和媒介不同。不存在交叉感染。

中国早在20世纪80年代初就有输入病例报告,并把从病人生活过的非洲捕获的斑虻送军事医学科学院鉴定,定名为芹状斑虻和分叉斑虻。

现我国广东、福建、浙江、四川和北京等地均有输入性病例报告。

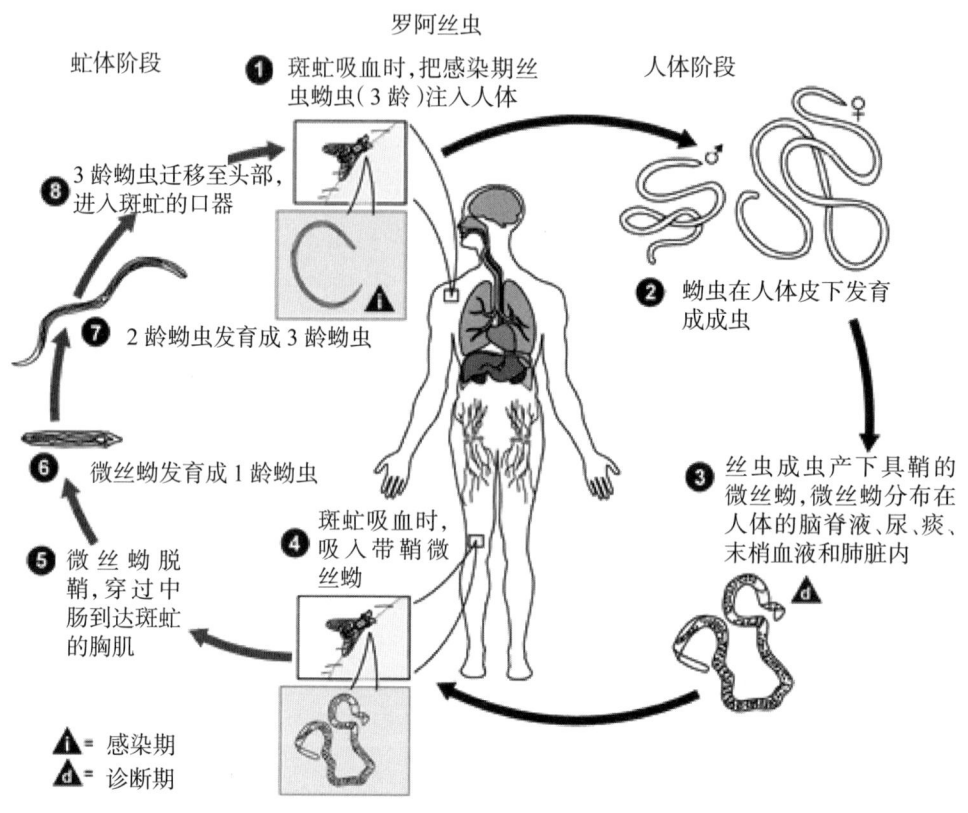

图5-11　罗阿丝虫病传播途径

(五)季节分布

在非洲全年活动。媒介斑虻孳生在热带雨林,但人们感染在开阔地带,而不在林区。

(孙毅)

参考文献

[1] Chvála M, Lyneborg L, Moucha J. The horse flyes of Europe (Diptera: Tabanidae). Ent. Soc.Cop., Copenhagen. 1972, 1-500.

[2] Xu R M, Sun Y. Fauna Sinica. Insecta Vol. 59. Diptera: Tabanidae, 2013.

第六章　蜱类

蜱类刺叮宿主,吸食血液,对人畜造成很大危害,不仅造成血液损失,且可引起宿主皮肤过敏反应,刺伤处往往形成溃疡。更重要的是传播人兽共患疾病,每年蜱危害造成的损失及其防治的费用全世界约为几十亿美元,我国约为7千万美元。全世界已知蜱类总数861种,我国发现的有127种。

第一节　蜱类的分类和形态特征

一、蜱类的分类

蜱属蛛形纲(Arachnida)蜱目(Ixodida),下分软蜱科(Argasidae)、硬蜱科(Ixodidae)和纳蜱科(Nuttalliellidae)。

二、蜱类的形态特征

蜱体呈圆形或椹圆形,背腹扁平(图6-1、图6-2、图6-4),由假头和躯体两部分组成。幼蜱有3对足,若蜱和成蜱有4对足。

假头平伸于躯体前端(硬蜱,图6-1、图6-2),或位于躯体腹面前方(软蜱,图6-4),由假头基、口下板、1对螯肢和1对须肢组成。假头基背面呈矩形、梯形、三角形或六角形,表

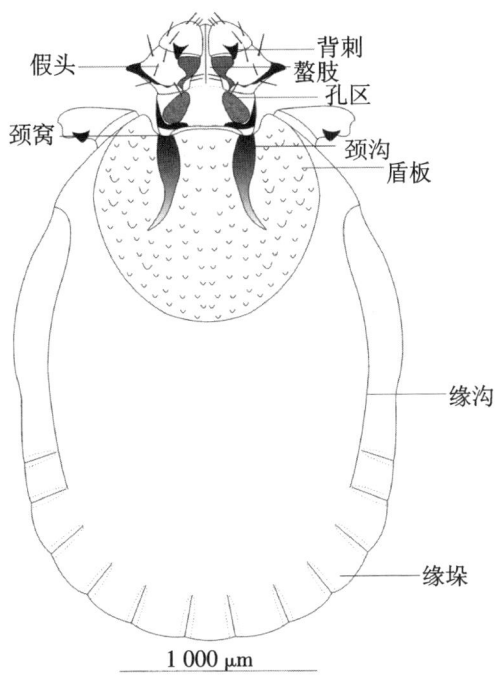

图 6-1　硬蜱（雌）背面

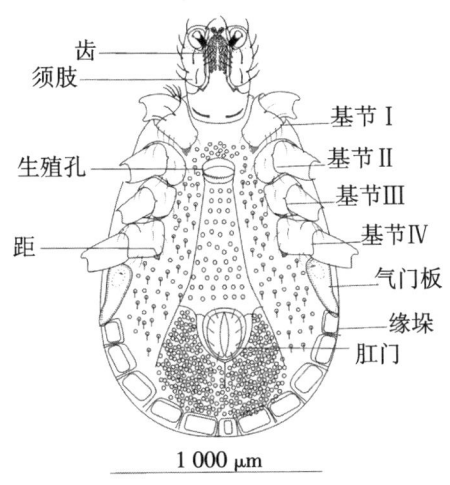

图 6-2　硬蜱（雄）腹面

面光滑或有刻点，雌性硬蜱有孔区 1 对，两侧后缘有的有基突（图 6-3）；假头基的腹面结构简单，或有横缝，或有 1 对耳状突，发达者呈齿状或刺状，退化者仅留脊状隆突或粗糙面。口下板位于螯肢的下方，沿假头基腹侧，由其前缘正中向前直伸（图 6-3）。其背面与螯肢的腹面紧贴在一起，并由两者共同围拢而拼成一道管腔，蜱类以此刺叮宿主，吸食血液。在口下板腹面，从左右两侧对称地倒生 2～5 列或更多的纵行逆齿。这些齿勾愈近顶端，形愈细小，故将口下板顶端齿小如挫的区段称为齿冠。中段和基段的齿勾较大，通常作为鉴别

特征,用齿式表示,例如 4|4,即指口下板腹面的中段和基段中线两侧的齿列,左右各有 4 行,如该种蜱口下板中段和基段齿式不一致,如 3—4|4—3,则表示中段 4|4,基段 3|3。口下板因藏在螯肢腹面之下,其侧面又有须肢掩盖,故通常不能从背面看到。须肢 1 对,平伸于假头基前方的左右两侧,蜱类在吸血时,整个须肢主要是从宿主肌体组织外部起辅助口器固定和支撑蜱体的作用。

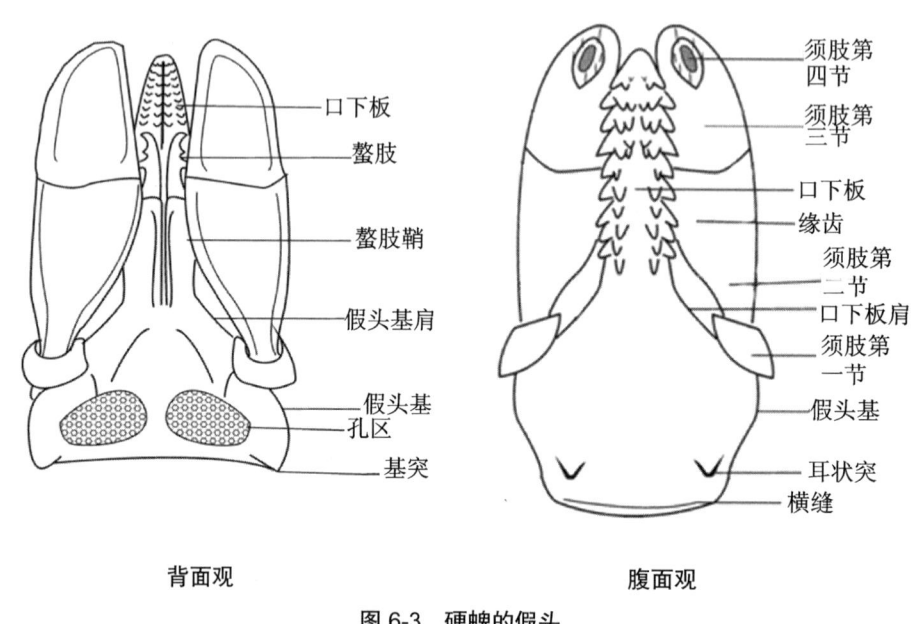

图 6-3 硬蜱的假头
(仿 Gregson,1956,改绘)

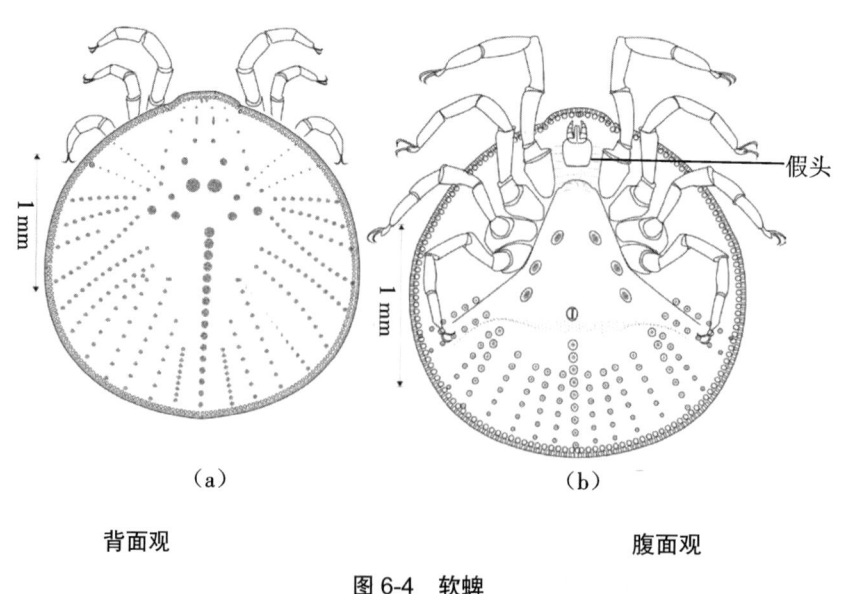

图 6-4 软蜱

躯体背面(图 6-1),硬蜱科雄蜱的整个背面,几乎全部为几丁质化的盾板所覆盖,而雌蜱、若蜱和幼蜱仅背面前部覆盖盾板。它与其余的革质柔软部分,即有膨胀弹性的异盾有明显的分界。多数蜱属有眼1对,它们位于盾板左右两侧;而有些蜱属眼不明显或根本无眼。在蜱类躯体背面,通常均有显现程度不等的长短沟痕,它们的轮廓、深浅、显隐程度、长短距离等均为鉴别蜱种的重要特征。例如雄蜱,有自缘凹基线两侧,沿体轴向后伸延并逐渐外展的1对,称为颈沟;盾板侧缘的1对称侧沟;自缘垛向前延伸,躯体后半边缘有的有小竖格,通称缘垛,一般可有11个;雌蜱躯体背面的沟痕比雄蜱多,盾板上有轮廓清晰的1对颈沟,沿体轴方向,呈弧形伸展,与它在雄蜱的位置相仿。在盾板前半靠近侧缘处,有的有稍许隆凸的侧脊,沿两侧脊的内侧,各形成一条或可辨认的侧沟,并与位在当中的颈沟相对应。在异盾两侧,相当于雄性的侧沟,通常有缘沟。腹面(图6-2)正中通常在足基节Ⅱ—Ⅳ的水平位上有一横开口的生殖孔。有的种类,雌蜱的生殖孔内两边有由两叶构成的翼状突,两叶底部相连,如"V"形;生殖孔表面有的为淡色膜质所掩覆,此即生殖帷。生殖沟呈弧线绕行于生殖孔前方,然后以左右分支,向后侧方延伸。在足基节Ⅳ的后外侧,有1对形状因属和种类不同而不同的气门板。肛门位于体后部的正中,是由两个小瓣构成的纵行裂口,小瓣上生有纤细的肛毛数对。除有肛环紧紧地围绕肛门一圈之外,尚有肛沟绕过肛门的前方或后方。不少种类雄蜱尚有几丁质腹板,它们或覆盖整个腹面,或区分为几块;或排满于全腹面,或仅集中在后区。成蜱足细长,共4对,着生在躯体靠前的腹面两侧。每足由6节组成,依次为基节、转节、股节、胫节、前跗节(或称后跗节)和跗节。各跗节末端均有1对角化的爪,爪基尚有发达程度不同的爪垫,跗节Ⅰ亚端部的背缘有一凹陷小窝,其上密生感觉毛,称哈氏器,幼蜱和若蜱也都具有类似的构造。

软蜱两性特征差异不明显,无几丁质化的盾板和腹板,但有的有碎小骨化片、小乳突等,使体表不光滑。体缘有的有边缝和小格,体缘若有边缝,背面与腹面分界明显,若无边缝,背面与腹面界限不清。基节无距,跗节有爪,但无爪垫,或爪垫不发达。与硬蜱不同,气门板着生在足基节Ⅲ—Ⅳ外侧,如有眼,则着生在足基节外侧,1~2对(图6-4)。

三、常见蜱属检索表

媒介蜱主要集中在软蜱科钝缘蜱属、锐缘蜱属,硬蜱科的硬蜱属、血蜱属、革蜱属、花蜱属、璃眼蜱属和扇头蜱属。

1 体背有盾板;假头位于体前端,从背面可见 ································· 2
  体背无盾板;假头位于体腹面前方,从背面不可见 ························· 7

2 成蜱肛沟围绕肛门之前；雄蜱腹面几乎为几丁质板（共7块）所覆盖 ··· 硬蜱属 *Ixodes*
　成蜱肛沟围绕肛门之后或很浅不明显；雄蜱腹面如有几丁质板，只覆盖体后面部分
　 ··· 3
3 盾板两侧有眼 ··· 4
　盾板两侧无眼 ··· 血蜱属 *Haemaphysalis*
4 假头基六角形 ··· 扇头蜱属 *Rhipicephalus*
　假头基矩形、三角形 ·· 5
5 须肢短，第2节与第3节约等长，第2节背面后缘有隆突 ······ 革蜱属 *Dermacentor*
　须肢瘦长，第2节明显长于第3节，第2节背面后缘无隆突 ························ 6
6 盾板多有珐琅斑；体宽短、宽卵形或亚卵形；雄性肛周无骨化板　花蜱属 *Amblyomma*
　盾板无珐琅斑；体较窄长、卵形或长卵形；雄性肛周有骨化板 ··· 璃眼蜱属 *Hyalomma*
7 体缘扁锐，背腹间有缝线分隔，体缘小格回绕整个虫体周缘 ········· 锐缘蜱属 *Argas*
　体缘圆钝，背腹间无缝线分隔，亦无体缘小格 ····················· 钝缘蜱属 *Ornithodoros*

第二节　蜱类的生态习性

一、生活史

蜱类的生活史包括卵、幼蜱、若蜱和成蜱四个时期。软蜱与硬蜱生活史有明显不同，前者在一个发育阶段内可多次吸血和蜕皮，而后者在一个发育阶段内只有1次吸血和蜕皮。

二、食性

蜱类的生长、发育以及生殖都和在宿主上摄取营养有关。蜱在生活史中有更换宿主的现象，根据其更换宿主的次数可分为四种类型。

（1）单宿主蜱。发育各期都在一个宿主体上，雌虫饱血后落地产卵，如微小扇头蜱[*Rhipicephalus*(*Boophilus*)*microplus*]。

（2）二宿主蜱。幼虫发育为若虫在一个宿主体上，而成虫在另一个宿主体上寄生，如残缘璃眼蜱(*Hyalomma detritum*)。

（3）三宿主蜱。幼虫、若虫、成虫分别在3个宿主体上寄生，如全沟硬蜱（*Ixodes persulcatus*）。

（4）多宿主蜱。幼虫、各龄若虫和成虫以及雌蜱每次产卵前都需寻找宿主寄生吸血，每次饱血后离去，通常软蜱属多宿主蜱。硬蜱多在白天侵袭宿主，软蜱多在夜间侵袭宿主。

三、季节消长

气温、湿度、土壤、光周期、植被、宿主等都可影响蜱类的季节消长及活动。在温暖地区，多数种类的蜱在春、夏、秋季活动，如全沟硬蜱成虫活动期在4—8月，高峰在5—6月初，幼虫和若虫的活动季节较长，从早春4月持续至9、10月间，一般有两个高峰，主峰常在6—7月，次峰在8—9月间。软蜱因多在宿主洞巢内，故终年都可活动。在热带，全年活动，但多数活动高峰在旱季。

四、孳生地

幼蜱孳生场所多在雌蜱的产卵场所。待吸血期幼蜱、硬蜱多停栖在附近植物茎叶上；软蜱多在宿主动物洞穴。

五、活动范围

游离蜱的活动范围有限，以孵化和蜕皮的地方为中心，一般不超过5 m；饱血落地的蜱几乎不能活动。宿主对蜱的扩散起重要作用，特别是鸟类，它的飞行距离远，有些鸟类还季节性迁飞。通过交通工具，宿主动物或货物（动物毛皮）也可造成蜱类扩散至世界各地，如波斯钝缘蜱。

第三节 常见蜱类

一、全沟硬蜱 *Ixodes persulcatus* Schulze,1930

(一)鉴别特征

假头基基突,雄性的阙如,雌性的很短;耳状突明显,钝齿状;雄性假头基腹面横脊,向后突出成圆角;足基节后缘无半透明附膜,基节Ⅰ内距长而尖,伸达基节Ⅱ前1/4~1/3;雄性生殖前板长形;中板向后渐宽,后缘圆弧形;肛板前缘圆钝,两侧向后渐宽;肛侧板前宽后窄;雄性气门板短卵形(图6-5,彩图14)。

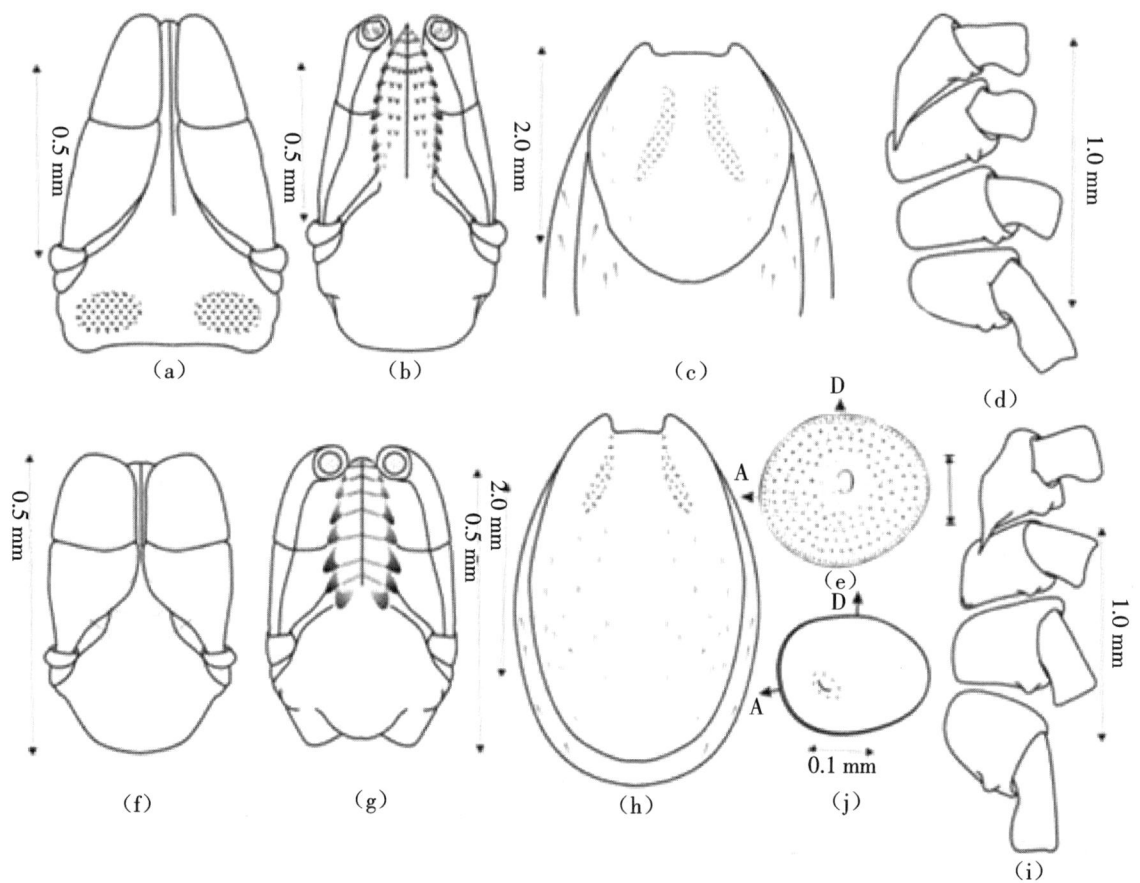

(a)雌性假头背面;(b)雌性假头腹面;(c)雌性体躯背面前半部;(d)雌性足基节Ⅰ—Ⅳ;(e)雌性气门板;(f)雄性假头背面;(g)雄性假头腹面;(h)雄性体躯背面;(i)雄性足基节Ⅰ—Ⅳ;(j)雄性气门板

图6-5 全沟硬蜱

(二)生态习性

成蜱寄生在大、中型哺乳动物,活动在春季到秋季,高峰在5月;幼期寄生在小型哺乳类和鸟类。生活史2~5年,视地区而定。

(三)地理分布

国外:芬兰、俄罗斯、蒙古、朝鲜、波兰、日本。

国内:黑龙江、吉林、辽宁、内蒙古、北京、河北、山西、陕西、宁夏、甘肃、新疆。

(四)医学重要性

全沟硬蜱是蜱媒脑炎、莱姆病和无形体病的主要媒介,也可传播土拉弗朗西斯菌病。

二、篦子硬蜱 *Ixodes ricinus*(Linnaeus,1758)

(一)鉴别特征

假头基基突不明显;假头基腹面伸长,耳状突发达。雌性须肢窄长。口下板齿式3|3~4|4,偶有2|2或5|5,基部2|2。雌性生殖孔无帷。肛沟两侧大致平行,向后多不收缩。足转节无距;基节Ⅰ内距长;基节无半透明附膜。雄性肛侧板前端宽于后端(图6-6,彩图15)。

(二)生态习性

成蜱寄生在大、中型哺乳动物,活动在春季到秋季,高峰在5月;幼期寄生在小型哺乳类、鸟类和爬行类。生活史2~4年,视地区而定。

(三)地理分布

国外:主要分布在欧洲,向南到北非摩纳哥、阿尔及利亚、突尼斯共和国,向东到土耳其、伊朗、高加索和土库曼斯坦。

国内:未见分布。

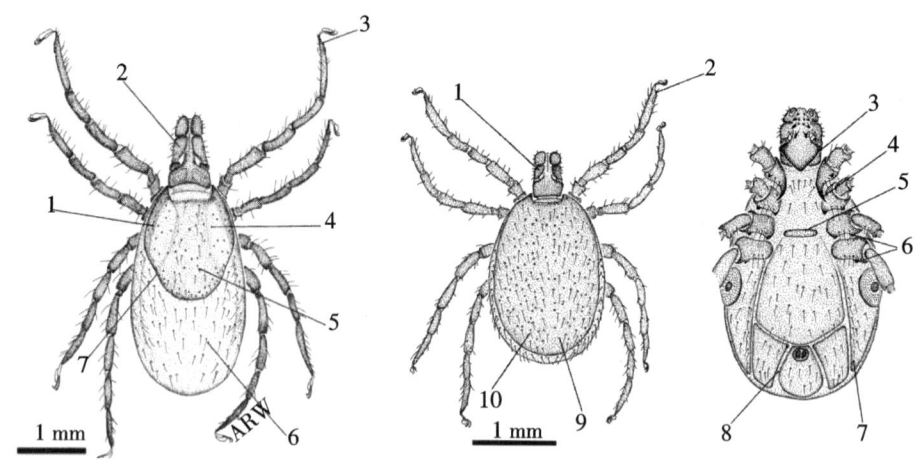

左雌性:1.肩沟;2.须肢第2节前端内突;3.跗节背面向爪端变窄;4.盾板刻点明显;5.盾板毛可见;6.异盾毛细长。
右雄性:1.口器较雌的短;2.跗节背面向爪端变窄;3.耳状突明显;4.基节Ⅰ内距长;5.生殖孔位于基节Ⅲ之间;6.足基节Ⅱ—Ⅳ外距明显;7.腹部表面有2对骨化板,1块中板和1块肛板;8.肛沟围绕肛门之前,肛板与肛侧板之间;9.盾板刻点明显;10.盾板毛存在

图6-6 篦子硬蜱

(引自Walker等,2013)

(四)医学重要性

篦子硬蜱是欧洲蜱媒脑炎、莱姆病和巴贝斯虫病的主要媒介,也传播土拉弗朗西斯菌病,有时致动物蜱瘫。

三、肩突硬蜱 *Ixodes scapularis* Say,1821

因足黑色,在当地被称为黑足蜱(blacklegged tick)。

(一)鉴别特征

雄性气门板窄,卵圆形;生殖中板刻点较大。雌性假头具基突,颈沟不达盾板后侧缘,盾板刻点较大,明显(图6-7,彩图14)。

(二)生态习性

孳生和栖息于有厚落叶层的森林地区,活动高峰期为春季、夏季和秋季,叮人主要为若蜱和雌蜱。

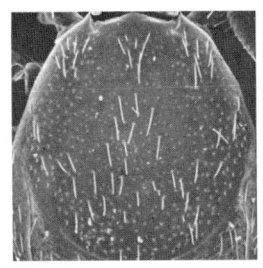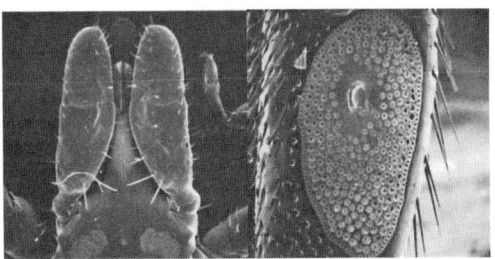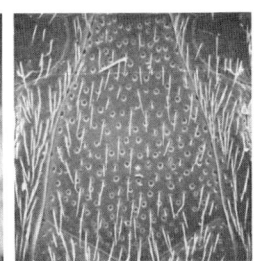

图 6-7　肩突硬蜱

（三）地理分布

国外：主要分布在美国东北部和中西部。分布区从加拿大到墨西哥。

国内：未见分布。

（四）医学重要性

肩板硬蜱是莱姆病、无形体病、巴贝斯虫病和波瓦生脑炎的主要媒介。

四、太平洋硬蜱 *Ixodes pacificus* Cooley and Kohls，1943

因足黑色，分布于美国西部，美国当地称西部黑足蜱。

（一）鉴别特征

雄性气门板卵形，中板刻点较小。雌性假头基无基突，盾板颈沟达盾板后侧缘，刻点细小，较不明显（图6-8，彩图14）。

（二）生态习性

成蜱寄生在大、中型哺乳动物，活动在秋季到春季，高峰在3月；幼期寄生在小型哺乳类、蜥蜴和鸟类。

（三）地理分布

国外：分布在北美太平洋沿岸，主要分布在美国加利福尼亚州北部。北从加拿大的不列颠-科伦比亚，南到内华达州、犹他州。

国内：未见分布。

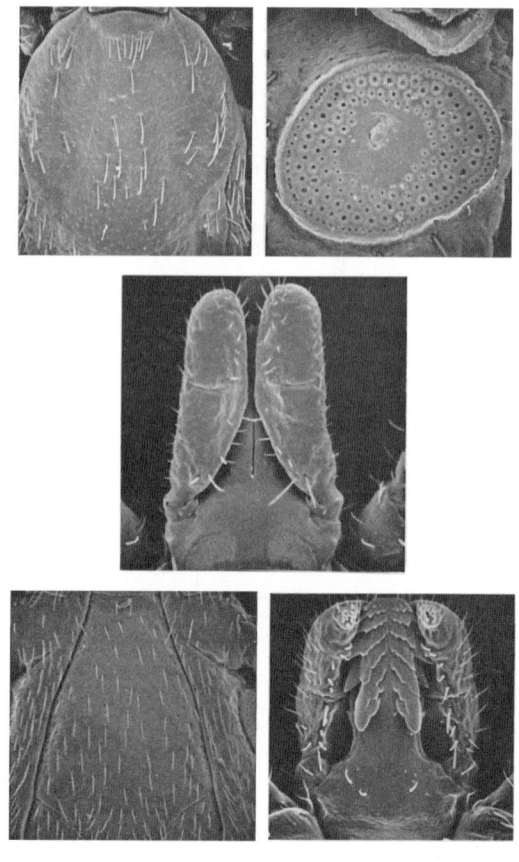

图 6-8　太平洋硬蜱

(四)医学重要性

太平洋硬蜱是美国西部莱姆病的传播媒介,也传播土拉弗朗西斯菌病和洛基山斑点热。

五、六角硬蜱 *Ixodes hexagonus* Leach, 1815

(一)鉴别特征

雌性体腹面,雌性体背面前端半部,雌性跗节Ⅰ(图 6-9)。

(二)生态习性

成幼蜱主要寄生在食肉类动物,其次为刺猬。

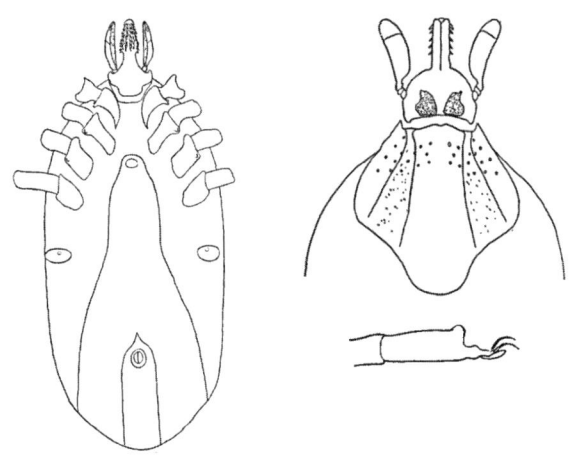

图 6-9　六角硬蜱

(引自 Sensvel,1937)

(三)地理分布

国外:分布在欧洲大部地区。北到瑞典和挪威南部,南到西班牙、意大利、希腊、罗马尼亚,西到爱尔兰、大不列颠,东到波兰、乌克兰。

国内:未见分布。

(四)医学重要性

六角硬蜱是欧洲蜱媒脑炎和莱姆病的传播媒介。

六、亚洲璃眼蜱 *Hyalomma asiaticum* Schulze and Schlottke, 1930

(一)鉴别特征

雌雄蜱足黄褐色或赤褐色,有明显的淡黄色环带,背缘同样有淡色纵条。雄蜱盾板颈沟明显,很长,斜弧形,延至盾板中部或超过中部,侧沟短而明显,前端约达盾板后 1/3;后中沟与亚中沟明显,后中沟较窄而深,末端不延伸至中缘垛,其间有脊突相隔,亚中沟较宽,向后与缘垛相连。中缘垛明显,淡黄色,明显大于侧缘垛,且色浅于侧缘垛;肛下板小,位于肛侧板下方。雌蜱盾板颈沟宽而明显,延伸至盾板后侧缘,肩沟明显,伸至盾板后侧缘(图6-10)。

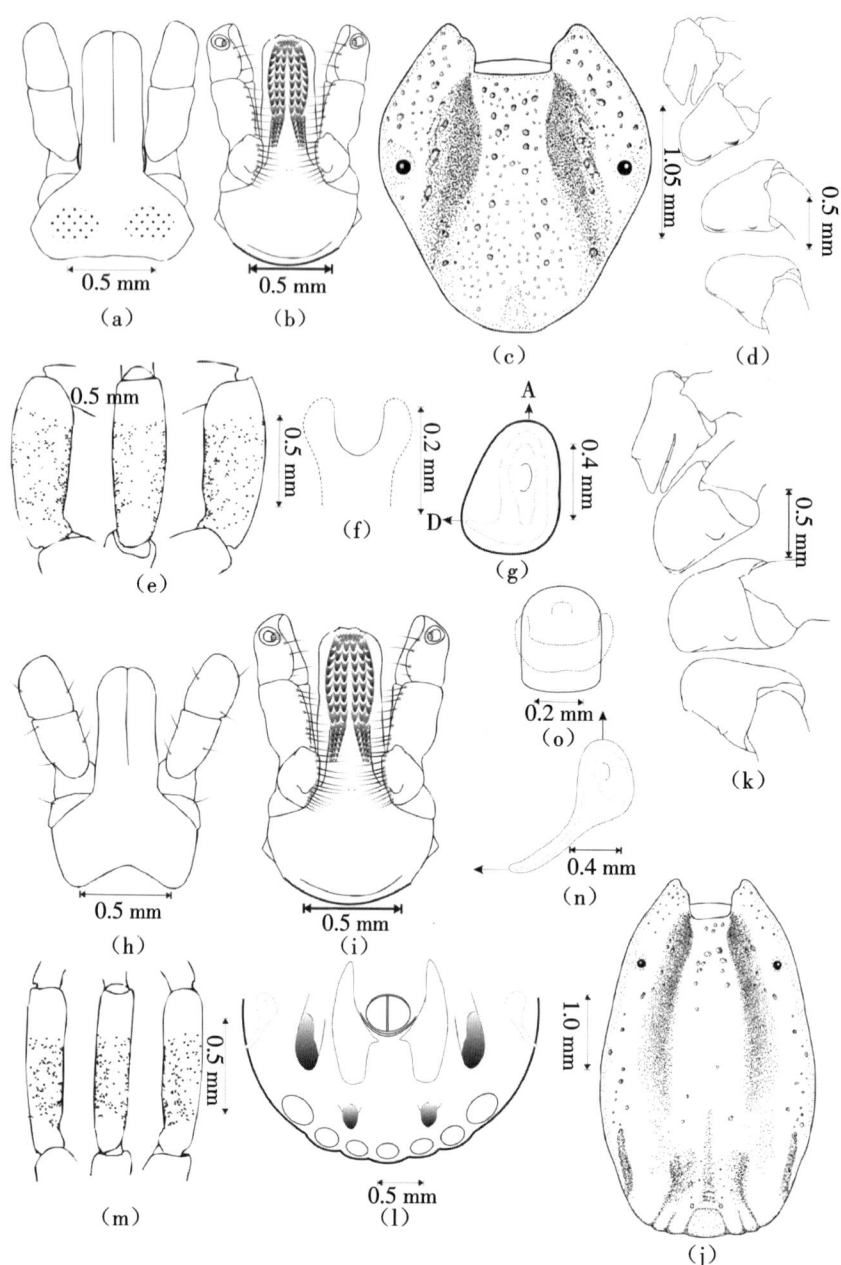

(a)雌性假头背面;(b)雌性假头腹面;(c)雌性盾板;(d)雌性足基节Ⅰ—Ⅳ;(e)雌性足胫节;(f)雌性生殖孔;(g)雌性气门板;(h)雄性假头背面;(i)雄性假头腹面;(j)雄性盾板;(k)雄性足基节Ⅰ—Ⅳ;(l)雄性体躯腹面尾端;(m)雄足胫节;(n)雄性气门板;(o)雄性生殖孔 [(c)、(d)、(e)、(f)、(g)、(j)、(k)、(l)、(m)、(o),仿Apanaskevich and Horak, 2010]

图 6-10　亚洲璃眼蜱

(二)生态习性

该种蜱多生活于荒漠或半荒漠地区,为三宿主型蜱类。成蜱出现于3—10月,4、5月宿主上发现最多。幼蜱和若蜱于3—8月在宿主体上常见。

成蜱主要寄生于羊、牛、马、驴和骆驼等家畜,也寄生于野生动物。幼期寄生在小兽,特别是野兔。

(三)地理分布

国外:从土耳其向东,经伊拉克、伊朗、阿富汗、巴基斯坦、乌兹别克斯坦、哈萨克斯坦、蒙古。

国内:内蒙古、陕西、宁夏、甘肃、新疆。

(四)医学重要性

亚洲璃眼蜱是中亚和我国克里米亚-刚果出血热的主要媒介;也传播人立克次体病,病原体为蒙古立克次体 Rickettsia mongolotimonae;也是马巴贝斯虫和牛泰勒虫的传播媒介。

七、小亚璃眼蜱 Hyalomma anatolicum Koch,1844

(一)鉴别特征

成蜱体型较小,足浅棕色,关节处浅色环不明显。雄蜱盾板窄卵形,中段最宽,颈沟浅短,侧沟短,亚中缘垛分离,中缘垛小,色深,后中沟窄长,亚中沟小而不明显,后脊2个。雌蜱盾板肩沟和颈沟浅(图6-11,彩图15)。

(二)生态习性

该蜱对干旱、炎热气候适应力很强,为典型的荒漠种类,生活于荒漠和半荒漠地区,通常为二宿主型,但当环境或宿主不适宜时,可不更换宿主成为单宿主型,或更换两次宿主成为三宿主型。成蜱主要宿主为家畜,特别是羊、骆驼、牛、马,幼期寄生在小兽。成蜱全年寄生,高峰在夏季或11、12月。若蜱也全年寄生,高峰在6—7月和10—11月。

(三)地理分布

国外:从非洲撒哈拉沙漠以北的摩纳哥、阿尔及利亚、欧洲地中海沿岸的意大利,经保加利亚、土耳其、沙特、也门、伊拉克、俄罗斯、土库曼斯坦、乌兹别克斯坦、吉尔吉斯斯坦、塔吉克斯坦、哈萨克斯坦、巴基斯坦、印度、尼泊尔、孟加拉国。

国内：内蒙古、甘肃、新疆。

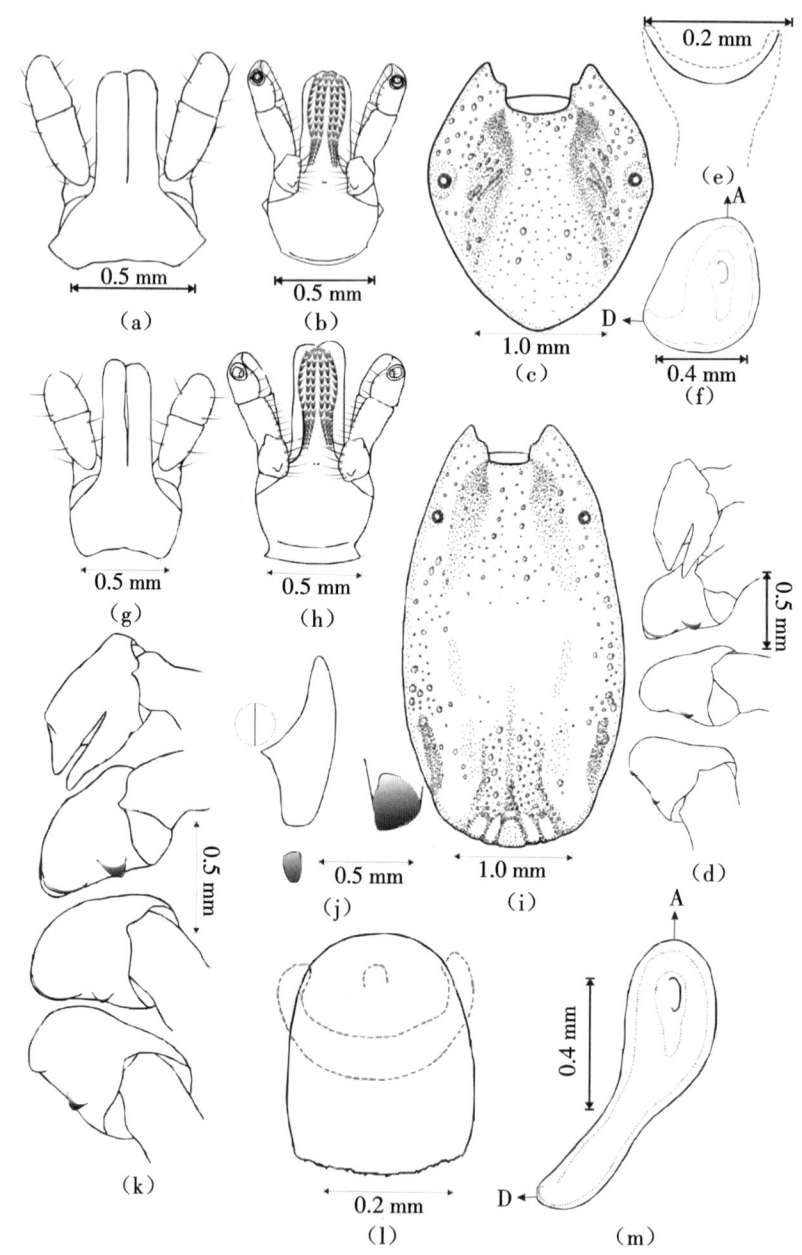

(a)雌性假头背面；(b)雌性假头腹面；(c)雌性盾板；(d)雌性足基节Ⅰ—Ⅳ；(e)雌性生殖孔；(f)雌性气门板；(g)雄性假头背面；(h)雄性假头腹面；(i)雄性盾板；(j)雄性肛侧板与肛下板；(k)雄性足基节Ⅰ—Ⅳ；(l)雄性生殖孔；(m)雄性气门板；[(c)、(d)、(e)、(f)、(i)、(g)、(j)、(k)、(l)、(m)，仿 Apanaskevich and Horak, 2005]

图6-11　小亚璃眼蜱

(四)医学重要性

小亚璃眼蜱是克里米亚-刚果出血热的传播媒介之一，也是热带牛焦虫病的主要传播媒介,也传播马焦虫病、巴贝斯虫病和牛锥虫病。

八、麻点璃眼蜱 *Hyalomma rufipes* Koch,1844

有些文献记载,麻点璃眼蜱可作为边缘璃眼蜱 *Hy. marginatum*(Koch,1844)的亚种。

(一)鉴别特征

成蜱足有浅环,围气门板毛密生。雄性盾板色深,颈沟浅,无凹陷区,缘垛不明显,中缘垛色深,亚中缘垛分离,中沟和亚中沟不存在,侧沟很短。雌盾板后缘波形(图6-12,彩图15)。

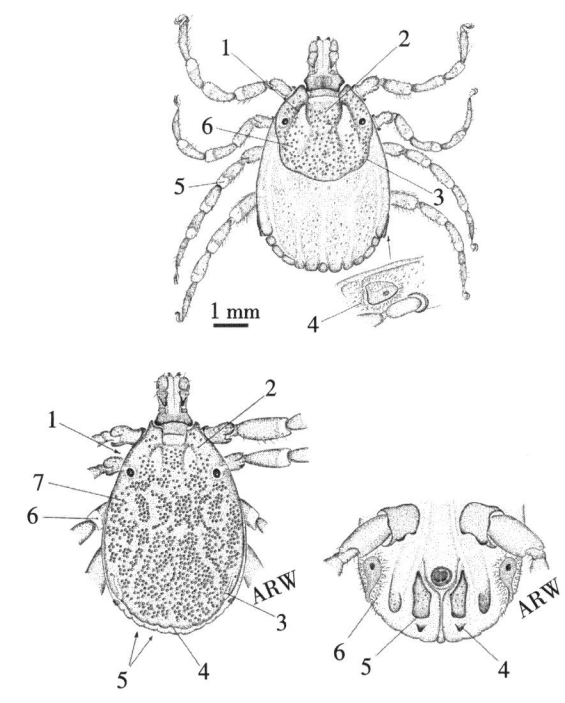

上图:雌性体背面,1.盾板肩沟脊明显;2.盾板色暗;3.盾板后缘明显波形;4.围气门板有密毛;5.足有浅色环;6.盾板刻点小而密布。下左图:雄性体背面,1.颈区凹陷不明显;2.盾板色暗;3.侧沟短;4.盾板后脊和尾凹陷区均不存在;5.盾板后中沟和亚中沟均不存在;6.足有浅环;7.盾板刻点小而密布。下右图:雄性体躯腹面后部,4.肛下板明显;5.肛板方形;6.围气门板有密毛

图6-12 麻点璃眼蜱
(引自 Walker 等,2013)

(二)生态习性

两宿主。栖息地广泛,从荒漠到热带雨林。成蜱寄生在牛、羊、马及野生有蹄类、大型鸟类,主要寄生部位为无毛区、肛门及生殖器周围;幼期寄生在地面鸟类、野兔等,数量高峰

在旱季。

（三）地理分布

国外：主要分布在撒哈拉沙漠以南的非洲，也分布在埃及的尼罗河山谷、也门和阿曼。

国内：未见分布。该蜱在我国曾有记载（邓国藩、姜在阶，1991），系图兰璃眼蜱 *Hyalomma turanicum* 的误订。

（四）医学重要性

麻点璃眼蜱是非洲最重要的璃眼蜱；是非洲克里米亚 - 刚果出血热的主要媒介；也是播人的蜱媒斑点热，病原体为康氏立克次体；是牛无形体病的主要媒介。

九、截形璃眼蜱 *Hylomma truncatum* Koch，1844

（一）鉴别特征

成蜱足有浅环，围气门板毛稀少。雄性盾板光滑，颈部无凹陷区，侧沟长，尾凹陷区大而明显，有较多刻点，无后中沟和亚中沟，中缘垛色深，亚中缘垛分离。雌性盾板肩沟长，达盾板后缘（图 6-13）。

（二）生态习性

成蜱寄生在牲畜，特别是牛，也寄生于野生哺乳类，主要活动在雨季末。幼期寄生在小哺乳类，活动在旱季，即秋季和春季。生活史一年，两宿主。

（三）地理分布

国外：分布在非洲撒哈拉沙漠以南，是最常见的蜱种。

国内：未见分布。

（四）医学重要性

截形璃眼蜱是非洲克里米亚 - 刚果出血热的传播媒介；也是人蜱媒斑点热的传播媒介，病原体为康氏立克次体 *Rickettsia conorii*；也传播马巴贝斯虫病；更主要的是，因有粗长口器,常引起牲畜皮肤直接损伤及继发感染。

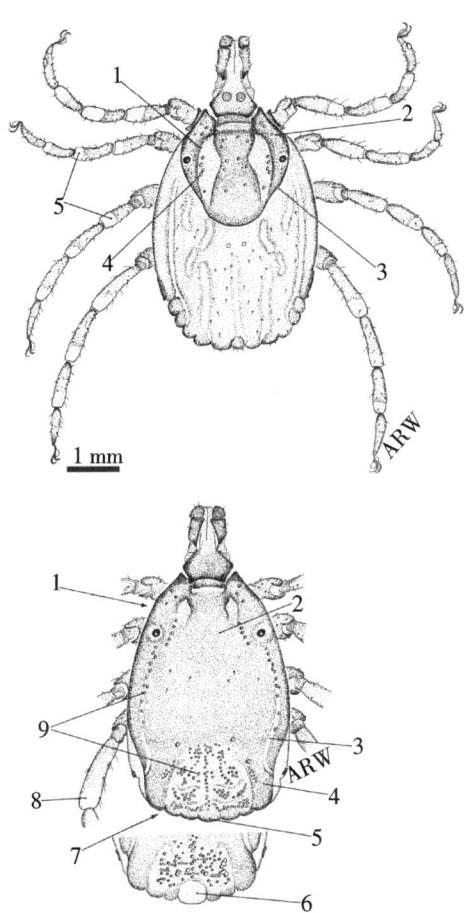

上图:雌性体背面,1.盾板肩沟脊明显,肩沟达盾板后侧缘;2.盾板色暗;3.盾板后缘明显波形;4.盾板刻点小分布不均;5.足有浅色环。下图:雄性体背面,1.颈区凹陷不明显;2.盾板色暗;3.侧沟长;4.盾板后脊2个,尾凹陷区存在,并有大刻点;5.中缘垛色深,亚中缘垛分离;6.白垛璃眼蜱(Hy. albiparmatum)中缘垛大,白色;7.后中沟和亚中沟不存在;8.足有白环;9.刻点小,分布不均

图 6-13　截形璃眼蜱

(引自 Walker,2013)

十、变异革蜱 *Dermacentor variabilis* (Say,1821)

(一)鉴别特征

雄性盾板侧沟较短,刻点分布不均,基节Ⅳ后伸中等,气门板背突短钝;雌性盾板颈沟短,盾板后缘波形,气门板背突短钝(图6-14,彩图14)。

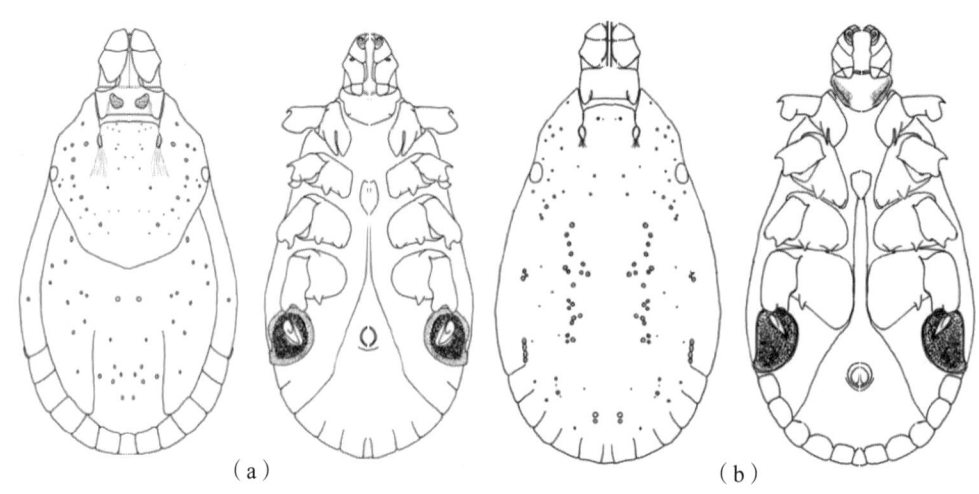

(a)雌性;(b)雄性

图 6-14　变异革蜱

(二)生态习性

在洛基山林区数量大,雌常叮人,活动高峰为春、夏季。在美国称狗蜱(dog ticks)或森林蜱。

(三)地理分布

国外:广泛分布于美国洛基山脉东部山区及北部太平洋海岸,向北到加拿大新苏格兰,南到墨西哥。

国内:未见分布。

(四)医学重要性

变异革蜱是洛基山斑点热的主要传播媒介;还传播土拉弗朗西斯菌病、传播牛无形体病;能致人和动物蜱瘫。

十一、安氏革蜱 *Dermacentor andersoni* Stiles, 1908

美国称其为洛基山森林蜱(Rocky moutain wood tick)。

(一)鉴别特征

雄性盾板侧沟中等长,刻点分布不均,后部大刻点较多,基节Ⅳ后伸很大,气门板背突窄尖；雌性盾板颈沟较长，盾板后缘波形，气门板背突短尖（图6-15，彩图14）。

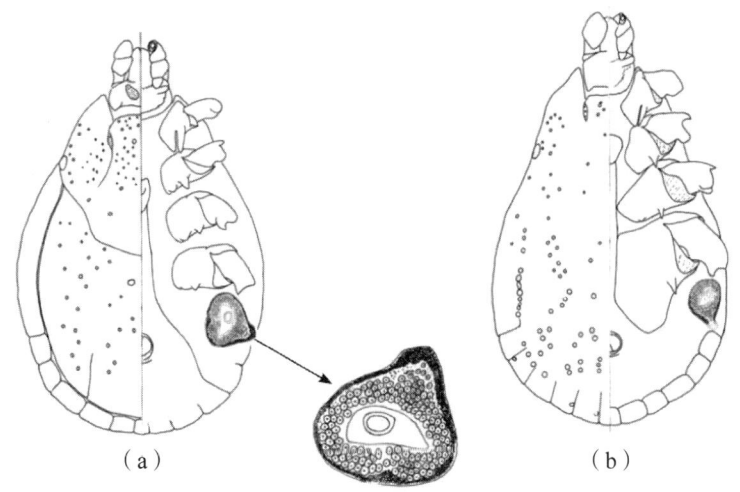

(a)雌性；(b)雄性

图6-15 安氏革蜱

（仿 Brinton, Beek and Allred, 1965）

（二）生态习性

幼蜱和若蜱寄生在小型兽类，成蜱寄生在大型动物。

（三）地理分布

国外：从加拿大西南部到美国洛基山脉地区及各州。

国内：未见分布。

（四）医学重要性

安氏革蜱是洛基山斑点热的主要传播媒介，也传播波瓦生脑炎、科罗拉多蜱媒热及土拉弗朗西斯菌病。成蜱是传病虫期。也致人畜蜱瘫。

十二、边缘革蜱 Dermacentor marginatus（Sulzer, 1776）

（一）鉴别特征

雄性气门板大，长逗点形，背突微弯，伸至盾板边缘，背缘有较窄的几丁质增厚部；基突粗短,其长小于基部之宽;转节Ⅰ背距发达,末端尖细;雌性盾板长小于或等于宽,异盾背毛较短(图6-16)。

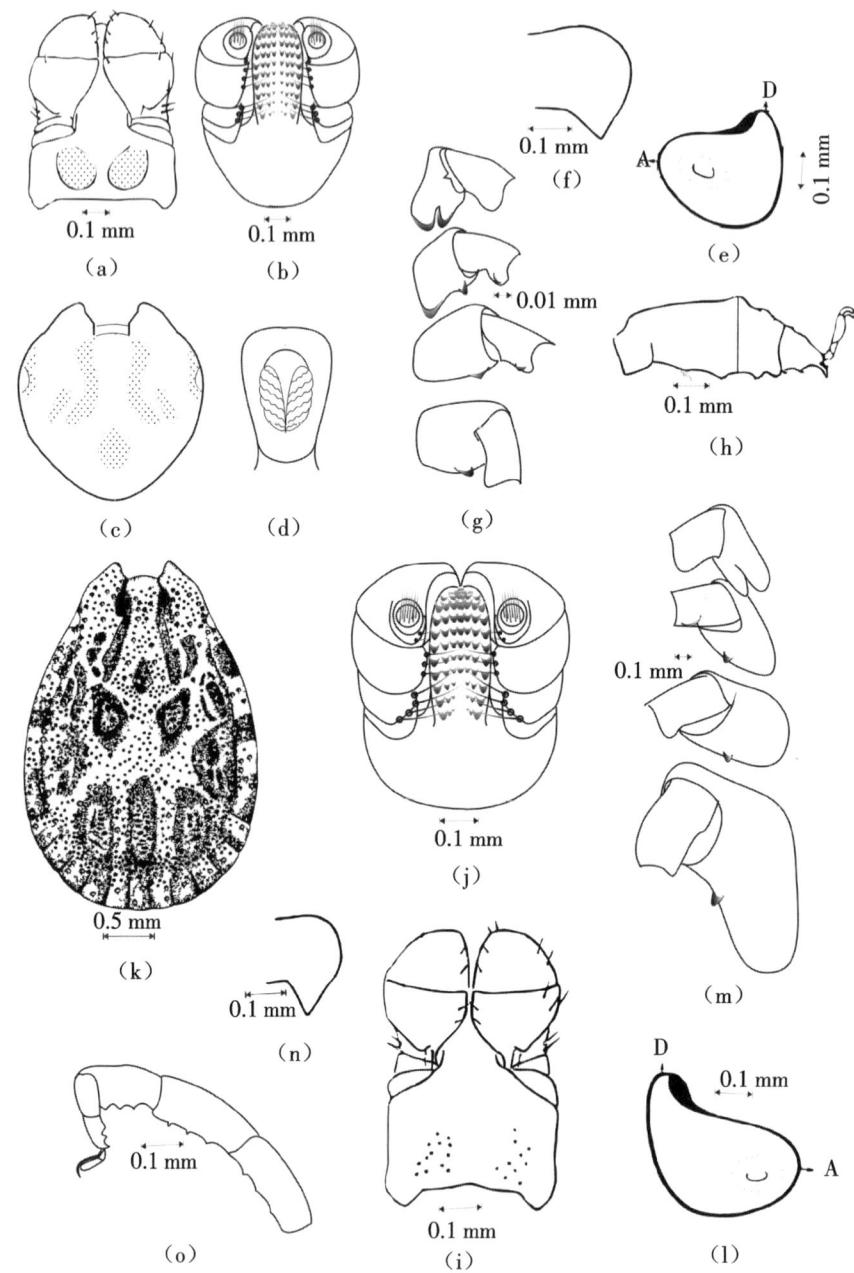

(a)雌性假头背面;(b)雌性假头腹面;(c)雌性盾板;(d)雌性生殖孔;(e)雌性气门板;(f)雌性转节Ⅰ背面;(g)雌性足基节Ⅰ—Ⅳ;(h)雌性足跗节Ⅰ;(i)雄性假头背面;(j)雄性假头腹面;(k)雄性盾板;(l)雄性气门板;(m)雄性足基节Ⅰ—Ⅳ;(n)雄性足转节Ⅰ背面;(o)雄性足Ⅳ

图6-16 边缘革蜱

(二)生态习性

成蜱主要寄生于牛、马、羊等家畜及大、中型野生哺乳动物。幼蜱和若蜱主要寄生于啮齿类及其他小型哺乳动物。栖息于森林草原地带。

(三)地理分布

国外:俄罗斯、蒙古、哈萨克斯坦、吉尔吉斯斯坦、塔吉克斯坦、乌兹别克斯坦、阿富汗、外高加索、土耳其、叙利亚、伊朗、欧洲、北非。

国内:内蒙古、陕西、新疆。

(四)医学重要性

边缘革蜱是人立克次体病的传播媒介,欧洲的病原体为斯洛文尼亚立克次体 *Rickettsia slovaka*;非洲的病原体为康氏立克次体 *Rickettsia conorii*;也传播 Q 热,病原体为贝氏柯克斯体 *Coxiella burnetii*。还传播狗巴贝斯虫病。该蜱在有些地区数量巨大,对畜牧业危害较大。

十三、网纹革蜱 *Dermacentor reticulatus*(Fabricius,1794)

(一)鉴别特征

成蜱须肢粗短,第 2 节背面后缘外侧有三角形尖刺,外缘突出成钝角,使第 2 节明显宽于第 3 节。雌性盾板眼后延边缘无半环形褐斑。雄性足基节Ⅳ向后延伸,使该节长明显超过宽,外距短小。跗节Ⅰ在哈氏器前窝与囊之间无环沟。雌性生殖孔无翼状突(图 6-17)。

(二)生态习性

成蜱主要寄生于牛、马、驴、羊、犬、猪等家畜及野生动物中的鹿、狐、刺猬等。幼蜱和若蜱主要寄生于啮齿类、食虫类和小食肉类,偶有寄生于鸟类。成蜱主要在春季活动,在秋季也有少数在宿主体上寄生。幼蜱和若蜱在夏季活动。未吸血成蜱在自然界或在宿主体上越冬,一年完成一个生活周期。栖息于林缘、灌丛和谷地。

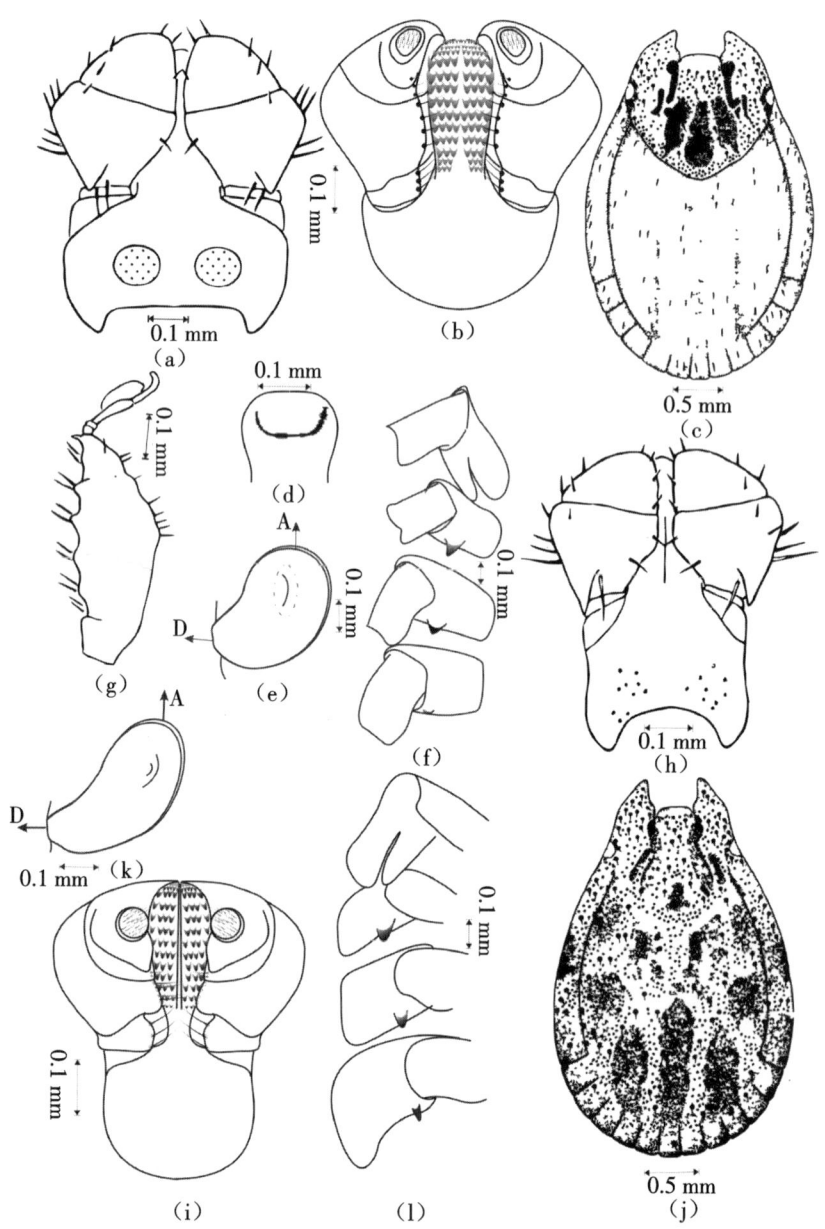

(a)雌性假头背面;(b)雌性假头腹面;(c)雌性体躯背面;(d)雌性生殖孔;(e)雌性气门板;(f)雌性足基节Ⅰ—Ⅳ;
(g)雌性足跗节Ⅰ;(h)雄性假头背面;(i)雄性假头腹面;(j)雄性盾板;(k)雄性气门板;(l)雄性足基节Ⅰ—Ⅳ

图 6-17　网纹革蜱

(三)地理分布

国外:从欧洲的英国、德国,向东经俄罗斯,到达吉尔吉斯斯坦、哈萨克斯坦。

国内:内蒙古、山西、陕西、新疆。

(四)医学重要性

传播斑点热立克次体,欧洲的病原体为斯洛文尼亚立克次体 *Rickettsia slovaca*,远东的为西伯利亚立克次体 *Rickettsia sibirica*;也能传播鄂木斯克出血热和土拉弗朗西斯菌病;还传播马、牛巴贝斯虫病。

十四、草原革蜱 *Dermacentor nuttalli* Olenev, 1928

(一)鉴别特征

雄雌蜱的假头基基突较短钝,长小于基宽;足转节Ⅰ背距较短钝;须肢第3节顶端较圆钝。气门板背突无增后部,雄性气门板背突较窄尖,末端不达盾板边缘,雌性气门板背突较短尖。盾板珐琅斑色淡,占的比例较大,眼周围和盾板后中部褐斑很小。雌性盾板长约等于宽。雌性生殖孔有翼状突(图6-18)。

(二)生态习性

为典型的草原种类。三宿主型。成蜱主要在春季活动,从2—3月开始侵袭宿主,高峰在3月下旬至4月下旬,5月以后数量逐渐减少。夏季在宿主体上找不到成蜱。秋季又有少数成蜱寄生,但它们不吸血,只停留在宿主体上越冬,但多以大量的饥饿成蜱在草地越冬。从6月上旬到8月上旬在宿主体上可发现幼蜱,但从6月下旬及7月上旬数量最多。若蜱的寄生时间从6月下旬到8月中旬,高峰在7月中、下旬。一年完成一代。饥饿成蜱寿命长约1年,幼蜱和若蜱的寿命一般为3~4个月。

(三)地理分布

国外:俄罗斯、蒙古、哈萨克斯坦。
国内:辽宁、内蒙古、陕西、宁夏、甘肃、青海、新疆。

(四)医学重要性

在北亚,草原革蜱是土拉弗朗西斯菌病和西伯利亚立克次体 *Rickettsia sibirica* 的传播媒介;在草原地区数量一般很大,对家畜造成直接危害。

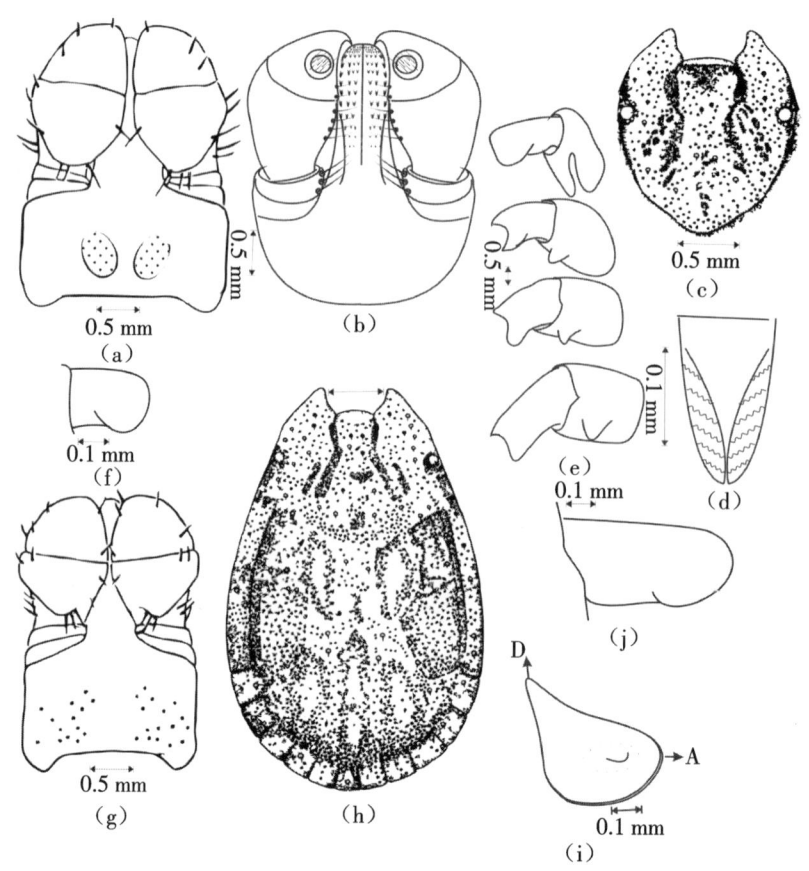

（a）雌性假头背面；（b）雌性假头腹面；（c）雌性盾板；（d）雌性生殖孔；（e）雌性足基节Ⅰ—Ⅳ；（f）雌性转节Ⅰ背面；
（g）雄性假头背面；（h）雄性盾板；（i）雄性气门板；（j）雄性转节Ⅰ背面

图 6-18　草原革蜱

十五、白纹革蜱 Dermacentor albipictus（Packard，1869）

（一）鉴别特征

雄性假头基基突大，盾板颈沟长，无侧沟，基节Ⅳ后伸中等，气门板背突短钝。雌性假头基基突三角形，盾板后缘波形，足基节Ⅳ外距尖细，较长，气门板背突短钝（图 6-19）。

（二）生态习性

寄生在大型家养和野生有蹄类，如马和鹿科动物。单宿主。幼蜱在秋季出现在植物上，开始攻击动物，各期蜱在宿主身上吸血、脱皮，饱血雌蜱在春季脱落，在分布区北部夏季，该蜱不在宿主身上寄生。在北美冬季，麋鹿的寄生率达100%。该蜱很少攻击人。

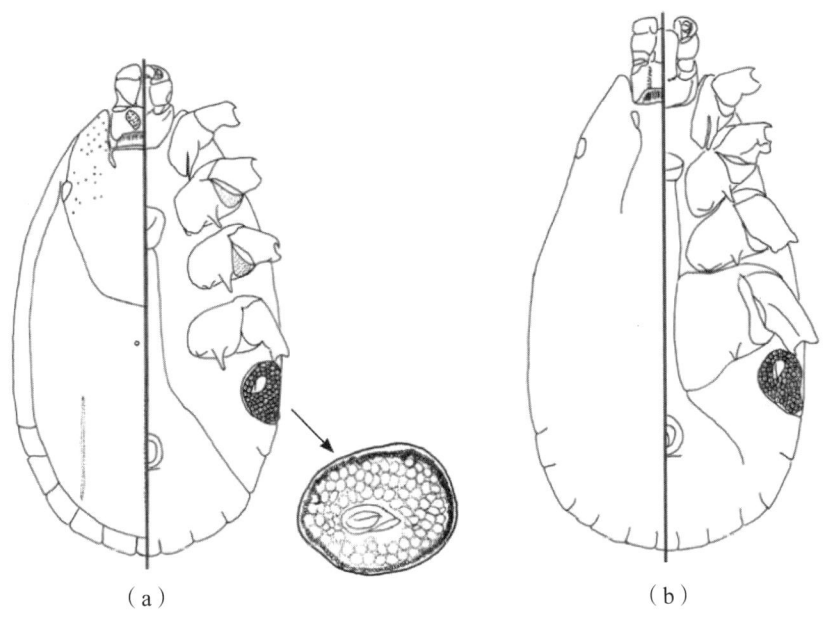

(a)雌性;(b)雄性

图 6-19　白纹革蜱

(仿 Brinton, Beck and Allred, 1965)

(三)地理分布

国外:加拿大、美国和墨西哥。

国内:未见分布。

(四)医学重要性

因为该蜱冬季寄生宿主,加上食物缺乏,致宿主消瘦,甚至死亡,对家畜和野生动物危害很大。能传播牛无形体病。

十六、金泽革蜱 *Dermacentor auratus* Supino, 1897

(一)鉴别特征

雌雄假头基基突短钝,基节Ⅰ的内外距基部略分开;盾板的珐琅斑较浓厚,明显,雄性中棕条自颈沟间向后连续伸达中缘垛,半月形褐斑完整。雌性生殖孔帷大,短,宽U形;雄蜱基节Ⅳ膨大,有3~6个距(图6-20)。

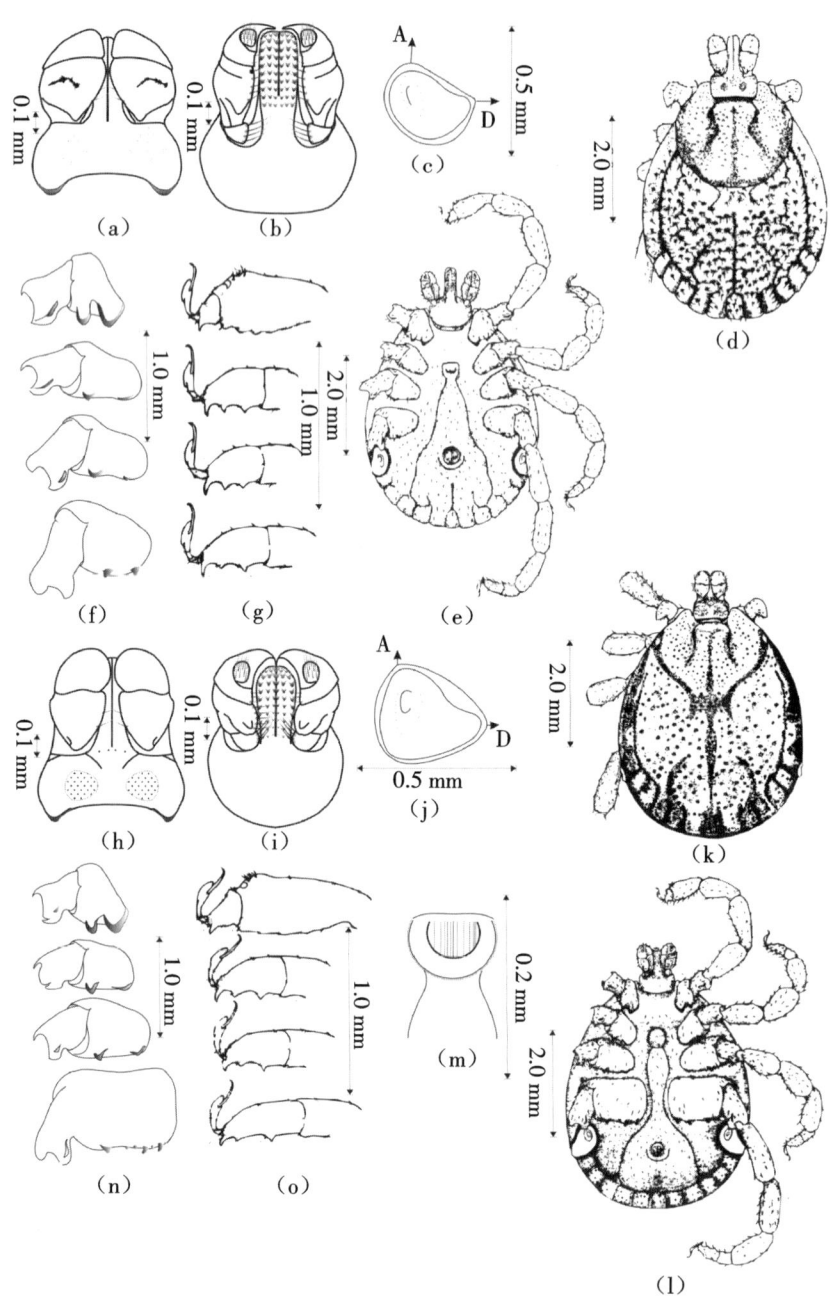

(a)雄性假头背面;(b)雄性假头腹面;(c)雄性气门板;(d)雌性体背面;(e)雌性体腹面;(f)雌性足基节Ⅰ—Ⅳ;(g)雌性足跗节Ⅰ—Ⅳ;(h)雌性假头背面;(i)雌性假头腹面;(j)雌性气门板;(k)雄性体背面;(l)雄性体腹面;(m)雌性生殖孔;(n)雄性足基节Ⅰ—Ⅳ;(o)雄性足跗节Ⅰ—Ⅳ。[(c)、(d)、(e)、(g)、(j)、(k)、(l)、(o),仿Wassef and Hoogstraal,1984]

图 6-20　金泽革蜱

(二)生态习性

成蜱主要寄生于野猪,也寄生在家猪、水牛、印度犀牛、蟒蛇等家畜及野生动物,亦可侵袭人。幼蜱和若蜱主要寄生于啮齿类动物。栖息于较干燥的原始林或次生林的林缘。

(三)地理分布

国外:印度、斯里兰卡、孟加拉、缅甸、马来西亚、尼泊尔、泰国、老挝、越南。

国内:广西、台湾、海南、云南。

(四)医学重要性

幼蜱、若蜱常攻击人,在喜马拉雅山区,是主要骚扰人的蜱种。也能传播科萨努尔森林病。

十七、血红扇头蜱 *Rhipicephalus sanguineus* (Latreille, 1806)

该蜱在世界各地通常称狗蜱。

(一)鉴别特征

雄性盾板侧沟窄长而明显,后端包围缘垛Ⅱ;后中沟稍宽,不深;肛侧板似三角形,长为宽的2.5~2.8倍,内缘中部稍凹,其下方凸角不明显或圆钝。雌性盾板长胜于宽,肩沟明显,延至盾板后侧缘,生殖孔宽U形。雌、雄足基节Ⅰ内外距约等长,围气门板毛稀少(图6-21,彩图15)。

(二)生态习性

栖息于农区、林地及城市绿地。三宿主型。成蜱主要寄生于犬,也寄生于绵羊、山羊、牛等家畜以及野猪、野兔、狐、大耳猬等野生动物,偶侵袭人。若蜱和幼蜱寄生与成蜱类同。成蜱活动季节为3—9月,高峰期5—6月和8—9月。若蜱活动季节为5—9月,高峰期7、8月,通常以饥饿的成蜱、吸血的若蜱或幼蜱自然越冬,畜舍的石块下、砖瓦下都是它的越冬场所。

(三)地理分布

国外:广泛分布于全世界,从北纬50°到南纬35°,是分布最广的一种蜱。日本、越南、尼泊尔、俄罗斯、南亚、阿塞拜疆、土库曼斯坦、非洲、南欧、大洋洲、南美洲、北美洲。

国内:北京、河北、山西、内蒙古、辽宁、江苏、安徽、福建、山东、河南、广东、广西、海南、贵州、云南、西藏、陕西、甘肃、青海、宁夏、新疆、台湾。

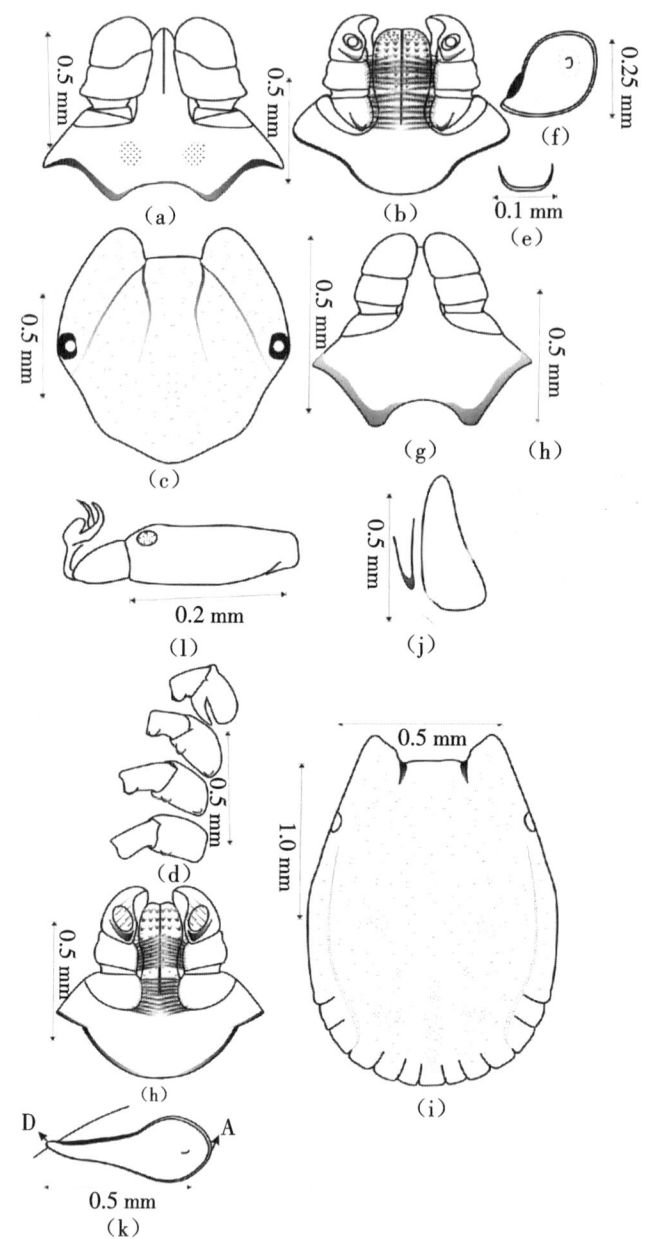

(a)雌性假头背面;(b)雌性假头腹面;(c)雌性盾板;(d)雌性足基节Ⅰ—Ⅳ;(e)雌性生殖孔;(f)雌性气门板;(g)雄性假头背面;(h)雄性假头腹面;(i)雄性盾板;(j)雄性肛侧板与副肛板;(k)雄性气门板;(l)雌性足跗节1

图6-21 血红扇头蜱

(四)医学重要性

传播人的地中海斑点热,病原体为康氏立克次体 *Rickettsia conorii*,该病1910年在突尼斯首次描述,定名为钮扣热 Boutonneuse fever,意为皮肤多丘疹的发热病。地方性流行区先在地中海沿岸国家,但以后在世界各地多处发现,故有马赛热、肯尼亚蜱传斑疹伤寒、印度蜱传斑疹伤寒、非洲蜱咬热等名称。还传播狗埃立克体、狗巴贝斯虫病,还传播能致狗死亡的原虫病肝簇虫病 Hepatozoonosis,病原体为狗肝簇虫 Hepatozoon canis。

十八、斑马扇头蜱 *Rhipicephalus pulchellus* (Gerstäcker, 1873)

因盾板有珐琅斑,非洲当地称其为斑马蜱。

(一)鉴别特征

盾板有珐琅板,这在扇头蜱属中少见(图6-22,彩图14)。

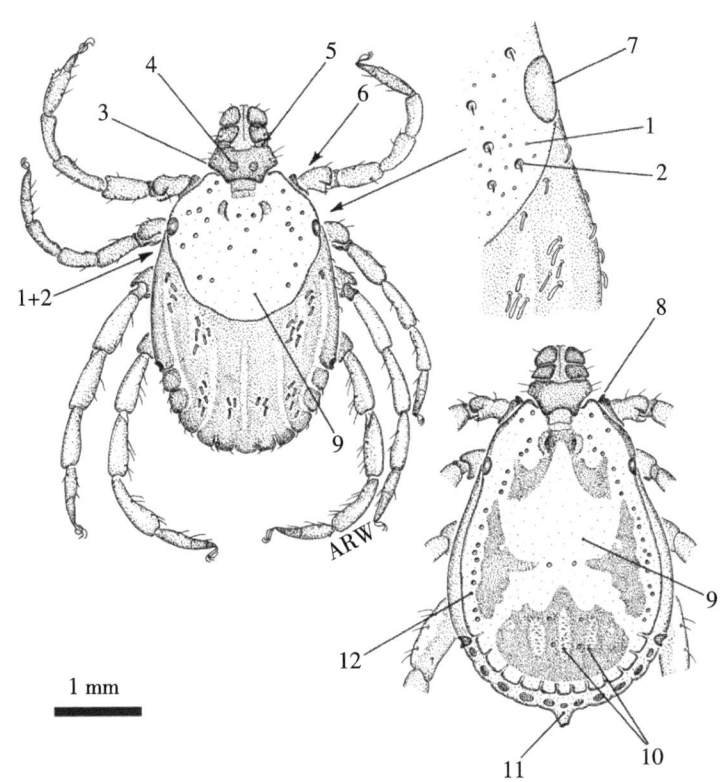

1、2.盾板上两性小刻点多而密,带毛刻点大而明显;3.假头基侧角尖;4.孔区小,分离;5.须肢基节短;6.两性颈沟不明显;7.两性眼扁平;8.雄性基节Ⅰ前距背面可见;9.雌性盾板白色珐琅斑几乎占满整个盾板;10.后中沟和亚中沟明显;11.饱血雄性尾突窄;12.侧沟由刻点组成

图6-22 斑马扇头蜱

(引自 Walker 等,2013)

(二)生态习性

各虫期寄生于牲畜和各种野生动物,主要是有蹄类。若蜱和幼蜱也寄生幼小羚羊和野兔,有时攻击人。活动高峰在旱季。

(三)地理分布

国外:分布在东非的厄立特里亚、埃塞俄比亚、吉布提、索马里、肯尼亚和坦桑尼亚。
国内:未见分布。

(四)医学重要性

传播克里米亚-刚果出血热和蜱媒斑点热;传播牛焦虫病、羊内罗比病毒病。在有些地区数量很大,对家畜造成直接危害。

十九、美洲花蜱 Amblyomma amaricanum(Linnaeus,1758)

因雌性盾板有1个大的白点,故称孤星蜱。

(一)鉴别特征

雌雄口下板3/3,假头基基突短钝,足跗节Ⅰ无端齿,跗节Ⅳ有端齿,气门板背突短钝。雌性盾板后端有1个大白色珐琅斑,雄性盾板有3对窄的白色珐琅斑。雄性足基节Ⅳ内距长,内伸(图6-23,彩图14)。

(二)生态习性

栖息在森林和灌丛。成蜱寄生在中、大型家养和野生哺乳动物,若蜱和幼蜱寄生在鸟类和松鼠。白尾鹿可为各期蜱的宿主。家畜寄生期为3—7月,高峰为4—6月。

(三)地理分布

国外:分布在墨西哥和美国东部及东南部。
国内:未见分布。

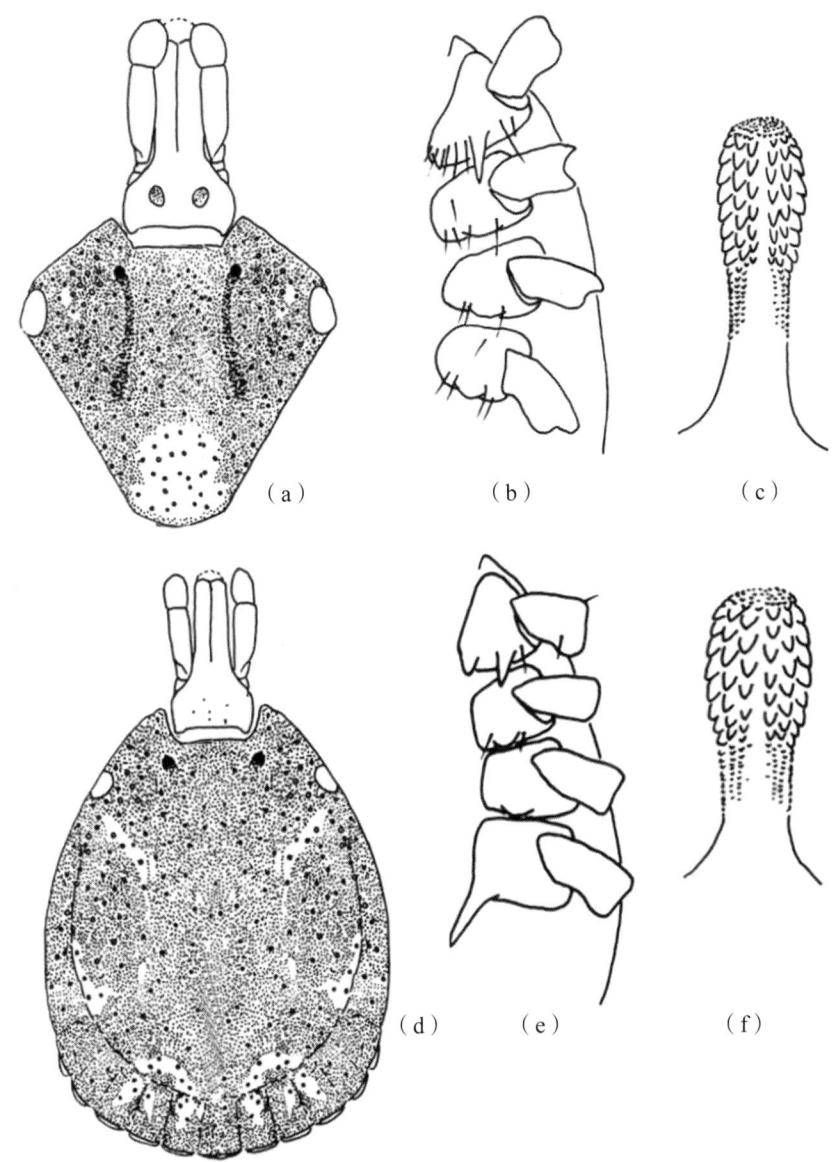

(a)雌性假头和盾板;(b)雌性足基节;(c)雌性口下板;(d)雄性假头和盾板;(e)雄性足基节;(f)雄性口下板

图6-23 美洲花蜱

(四)医学重要性

在美洲传播人埃立克体病和土拉弗朗西斯菌病;还传播白尾鹿的焦虫病;是美国人发热伴血小板减少综合征心地病毒(Heartland virus)病的传播媒介。常攻击人,蜱毒素致敏,叮咬处起红斑,并致人不适,叮人多为若蜱和雌蜱。

二十、变异花蜱 *Amblyomma variegatum*（Fabricius，1794）

（一）鉴别特征

足有白环。盾板珐琅斑粉红色至橘黄色。缘垛无珐琅斑。雌性生殖孔宽 U 形。雄性盾板后中条很窄（图 6-24，彩图 15）。

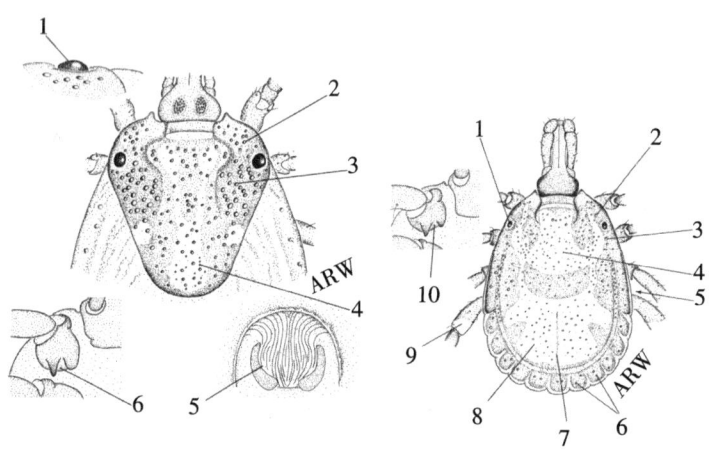

左图雌性：1. 眼明显突起；2. 盾板刻点小到中型；3. 盾板刻点分布均匀；4. 盾板珐琅斑浅红色至橙黄色；5. 雌性生殖孔宽 U 形；6. 基节 1 外距略长于内距。右图雄性：1. 眼明显突起；2. 盾板刻点小到中型；3. 盾板刻点分布不均；4. 盾板前中区珐琅斑膨大；5. 盾板中侧区无珐琅斑；6. 缘垛无珐琅斑；7. 后中条窄；8. 珐琅斑浅红色至橙黄色；9. 足有浅色环；10. 基节 1 外距长于内距

图 6-24　变异花蜱

（引自 Walker 等，2013）

（二）生态习性

三宿主。在赞比亚，成蜱高峰在雨季，10 月至来年 2 月；幼蜱 3—5 月，若蜱 5—9 月。

（三）地理分布

国外：分布于热带非洲，向南到博西瓦纳和马达加斯加，向东到亚洲的阿曼和也门。

国内：未见分布。

（四）医学重要性

传播人的蜱媒立克次体病，非洲蜱咬热，病原体为非洲立克次体 *Rickettsia africae*。传播牛、羊埃立克体病,牛焦虫病。大量寄生,皮肤感染,致牲畜得皮肤病,造成畜产品减产。

二十一、距刺血蜱 Haemaphysalis spinigera Neumann,1897

(一)鉴别特征

雌雄蜱须肢宽短,第2节后外角向外侧显著突出,腹面后缘外侧向后突出,形成刺状角突,第3节外缘不与第2节外缘连接,第3节背刺三角形,腹刺长锥形,伸达第2节中部;雄性足基节Ⅳ具1根细长刺状内距,长度约等于基节本身的长度,末端尖(图6-25)。

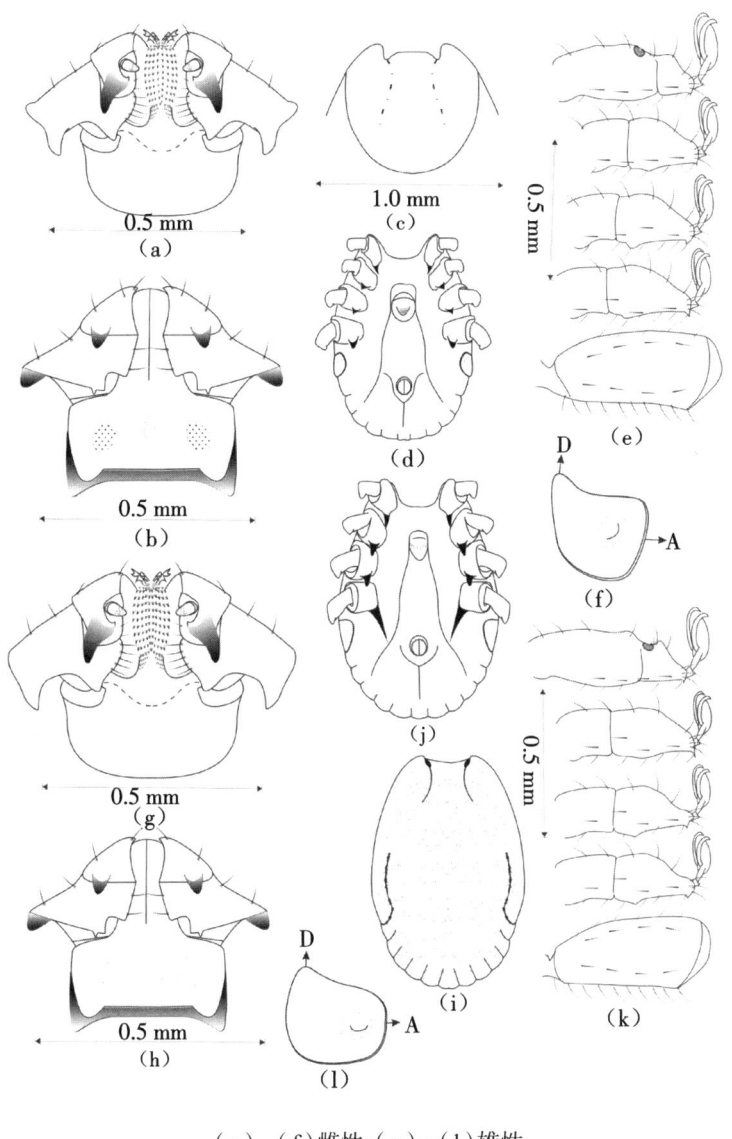

(a)—(f)雌性;(g)—(l)雄性

图6-25 距刺血蜱

（二）生态习性

成蜱寄生在大型有蹄类和食肉类，水牛、黄牛常被寄生，也寄生于小哺乳类。幼期寄生在中、小哺乳类和鸟类。若蜱常攻击人。

（三）地理分布

国外：印度、斯里兰卡、尼泊尔、越南。
国内：云南。

（四）医学重要性

距刺血蜱是印度人科萨努尔森林病的主要传播媒介。

二十二、嗜群血蜱 *Haemaphysalis concinna* Koch，1844

（一）鉴别特征

雌雄须肢粗短，第3节三角形，两侧向前收窄，前端尖细，雄性的顶端更延长，并向内弯曲，合拢时交叠成钳状，腹刺粗短，末端达第2节前缘。雌雄足基节Ⅰ内距窄三角形，末端尖，基节Ⅱ—Ⅳ内距粗短，大小约等，跗节末端有端齿；气门板背突短小。雄性盾板侧沟长（图6-26）。

（二）生态习性

主要栖息生境为针阔混交林与河畔、湖边灌木丛，是林区主要血蜱。成蜱主要寄生于大型哺乳动物，如狍、鹿、山羊及家畜牛、羊、猪等，也寄生在黄鼬、刺猬、锦鸡等，能侵袭人。幼虫和若虫主要寄生于小型哺乳动物，特别是啮齿动物及鸟类。在黑龙江东宁林区，成蜱4月至8月活动，6月下达高峰。

（三）地理分布

国外：从欧洲的西班牙、法国、德国，经东欧的捷克、匈牙利、罗马尼亚、保加利亚、波兰到俄罗斯、土耳其，向东到达到蒙古、朝鲜、日本。

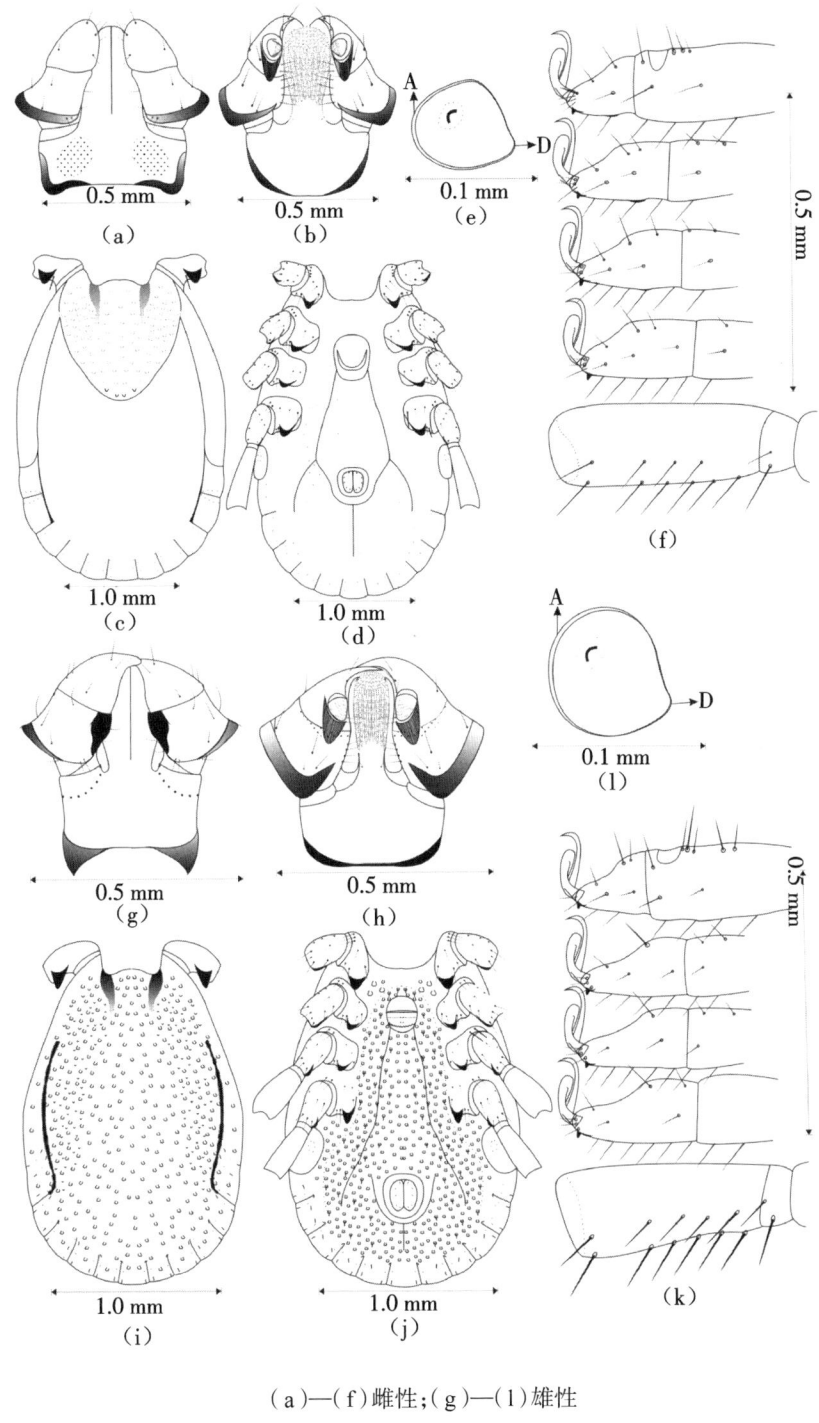

(a)—(f)雌性；(g)—(l)雄性

图6-26 嗜群血蜱

国内：黑龙江、吉林、辽宁、内蒙古、北京、河北、山西、陕西、宁夏、甘肃、新疆。

(四)医学重要性

能传播蜱媒脑炎、北亚蜱媒斑点热和Q热。

二十三、刻点血蜱 *Haemaphysalis punctata* Canestrini and Fanzago, 1878

(一)鉴别特征

雄蜱假头基有粗壮的基突,雌蜱则无基突;雌、雄蜱须肢第2节腹面内缘刚毛粗大,末端尖,排列紧密,第3节无背刺,腹刺短小,其末端,雌的不超过、雄的略超过第3节后缘;盾板颈沟明显,雄蜱侧沟长;足基节Ⅳ内距较前几节的内距粗大,雄性的特别长,末端尖细(图6-27)。

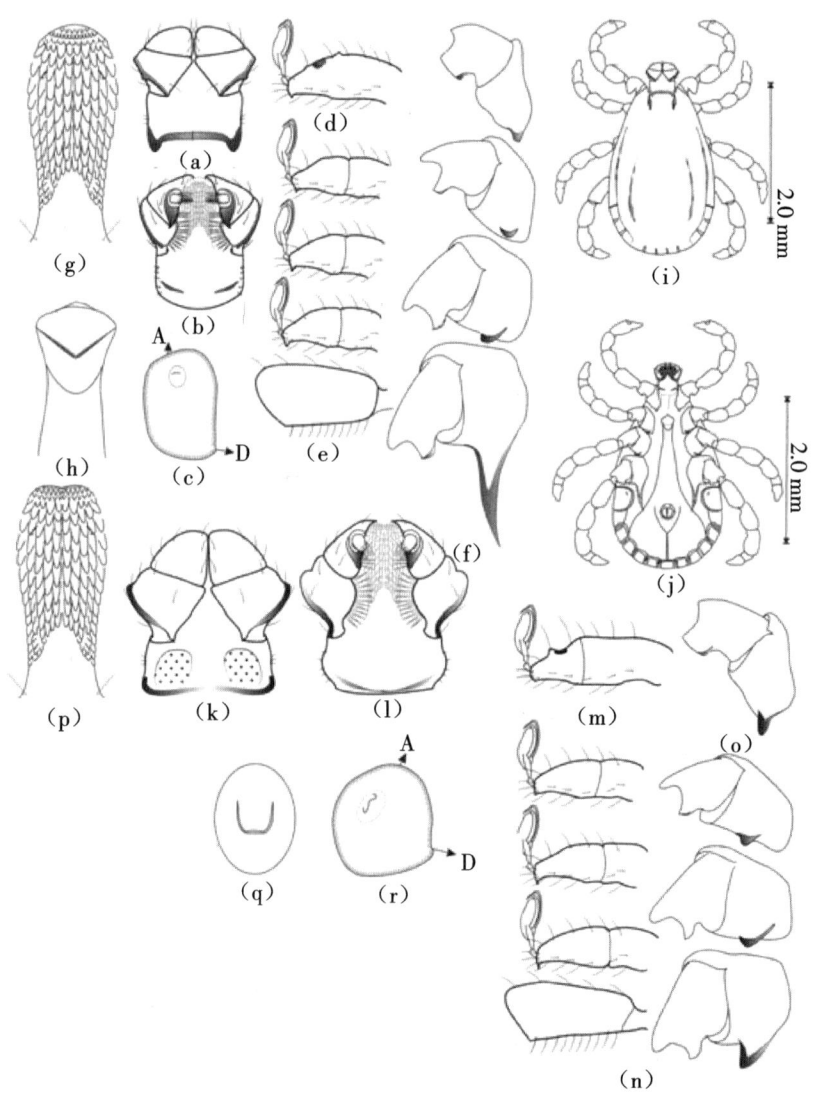

(a)—(j)雄性;(k)—(r)雌性

图6-27 刻点血蜱

(二)生态习性

生活在低洼的半干旱的山林地带,如山林草地、河岸草地,半荒漠地带也有发现。主要寄生于野生和家养的偶蹄类,如野猪、牛、马、羊等大型哺乳动物,也寄生于猪獾、刺猬等小型野生动物和鸟类,幼期主要寄生在小型野生动物、鸟类和蜥蜴。3~7月活动,一年发生一代。三宿主。生活史周期107~173 d。

(三)地理分布

国外:分布在欧洲、北非、西南亚、俄罗斯、中亚。
国内:陕西、甘肃、新疆。

(四)医学重要性

传播人土拉弗朗西斯菌病和斑点热立克次体病。传播牲畜巴贝斯虫病和焦虫病。可引起人和羊蜱瘫。

二十四、乳突钝缘蜱 *Ornithodoros papillipes*(Birula,1895)

(一)鉴别特征

体表颗粒状,排列呈链状、环状或不规则形;顶突发达,向下伸出,口下板后毛和须肢后毛长,其长度相等;肛后横沟明显,较直,与肛后中沟相交几乎成直角。足跗节Ⅰ背缘瘤突不大,跗节Ⅰ背缘微波状,隆起不明显,有4个小瘤突(图6-28)。

(二)生态习性

主要栖息于牲畜棚的墙缝中,也可在小型兽类的洞穴或岩穴中采到。白天隐伏,夜间活动。主要寄生于野生动物狐狸、野兔和刺猬,有时在羊和犬等家畜身上发现,也侵袭人。

(三)地理分布

国外:从北非的利比亚、埃及,经叙利亚、塞浦路斯、以色列、阿拉伯联合酋长国,中亚的伊朗、阿富汗、塔吉克斯坦、哈萨克斯坦,到达巴基斯坦、印度。

国内：内蒙古、山西、陕西、新疆。

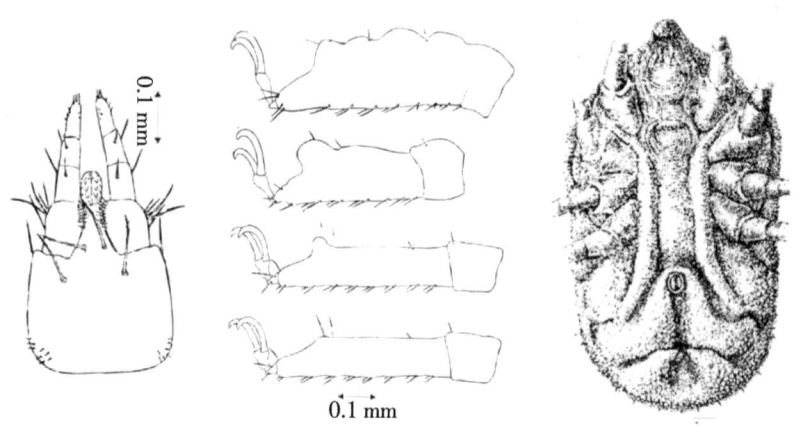

左：假头；中：足跗节Ⅰ—Ⅳ；右：体腹面

图 6-28 乳突钝缘蜱

（四）医学重要性

乳突钝缘蜱是蜱媒回归热的主要传播媒介，在新疆自然感染率达 80% 以上。

二十五、拉哈尔钝缘蜱 Ornithodoros lahorensis Neumann, 1908

（一）鉴别特征

体背腹无缝线分隔，前端尖窄，形成锥状顶突，体表皱纹状，密布星状小窝，躯体前半中段有 1 对长形盘窝，互相平行而靠近，躯体中部有 4 个圆形盘窝，排列略呈四边形；口下板后毛和须肢后毛短小；肛后中沟紧靠肛门之后，相当明显，无肛后横沟；足基节略呈圆锥形，基节Ⅰ与基节Ⅱ略微分开，其余各基节互相靠近，跗节Ⅰ背缘有 3 个粗大瘤突；无眼（图 6-29）。

（二）生态习性

主要生活在羊圈内或其他牲畜棚内（在鸡窝也曾发现）。成虫白天隐伏在圈棚的缝隙内，也有在木柱树皮下或石块下，夜间爬出活动。幼虫和前两期若虫在宿主体上取食和脱皮，而且在其体表长时间停留；第三期若虫吸饱血后离开，以后蜕化为成虫。在我国，幼虫通常在 9、10 月间侵袭宿主，若虫在整个冬季都寄生，3 月以后很少发现，成虫也在冬季活动，成虫耐饥力强，一般可达 5~6 年。

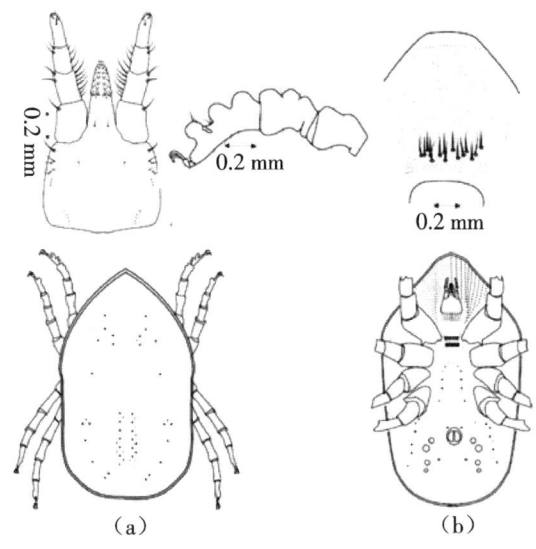

上排,左:假头;中:足跗节Ⅰ;右:头窝。下排,(a)体背面;(b)体腹面

图 6-29　拉哈尔钝缘蜱

(三)地理分布

国外:从瑞士,经土耳其、沙特、伊朗、俄罗斯,到达巴基斯坦、克什米尔、哈萨克斯坦。

国内:内蒙古、甘肃、新疆、西藏。

(四)医学重要性

可传播布尼亚病毒属(如克里米亚-刚果出血热病毒)、内罗毕病毒属病毒;在新疆保存和传播蜱媒回归热,但不是主要媒介。同时,还传播牛、羊焦虫病,骆驼锥虫病。该蜱主要危害是在部分地区,大量寄生,引起蜱瘫,致畜产品减产。

二十六、蒙巴塔钝缘蜱 Ornithodoros moubata (Murray,1877)

蒙巴塔钝缘蜱是个复合组,由3个形态近似、难以区分的3种软蜱组成,即蒙巴塔钝缘蜱 Ornithodoros moubata (Murray,1877)、家猪钝缘蜱 Ornithodoros porcinus domesticus (Walton,1962)和猪钝缘蜱 Ornithodoros porcinus porcinus (Walton,1962),但都与人关系密切。

(一)鉴别特征

成蜱体背腹间无缝线、无盾板;假头位于体腹面前端,从背面不可见,无头窝;体表粗糙,有乳突;无眼;气门版小,位于足基节Ⅲ、Ⅳ的侧背方;无爪垫。前跗节Ⅰ的背突大小约等,钝齿状。足Ⅳ短而细小,背突的间距略等(图6-30,彩图15)。

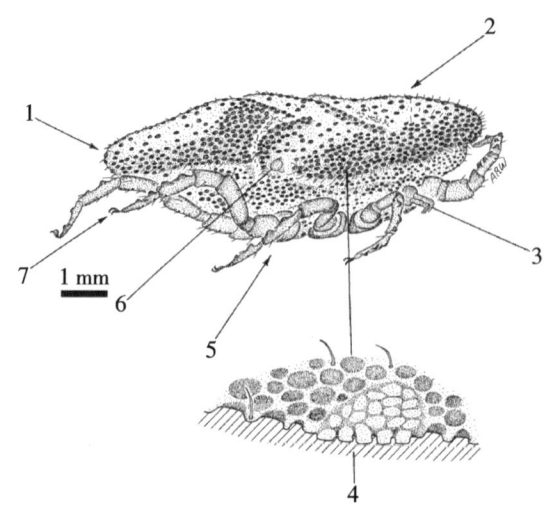

1.体缘无侧缝;2.体背无盾板;3.口器小,位于体腹面,无头窝;4.体表有无柄的乳突,体表有凹陷区,体表粗糙;5.无眼;6.气门板小,位于足基节Ⅲ、Ⅳ间的外侧;7.足无爪垫

图6-30　蒙巴塔钝缘蜱

(引自Walker,2013)

(二)生态习性

从卵孵化的幼蜱不吸血,1~2 d后变成1龄若蜱,若虫期需吸血,有4~5龄,若虫期生活很长,没有血源状态下,可生存长至2年。成蜱与若蜱一样,于晚间吸血,一次吸血需20~30 min,每吸一次血产一批卵,可多次吸血多次产卵,在无血源条件下,可存活4~5年。此类蜱白天隐蔽于宿主动物,包括住所的缝隙内。

(三)地理分布

国外:广泛分布于非洲,主要分布在东南部。

国内:未见分布。

(四)医学重要性

蒙巴塔钝缘蜱复合组成员均是非洲蜱传人回归热的主要传播媒介;也是非洲猪瘟病毒的传播媒介。

二十七、朴谧钝缘蜱 Ornithodoros savignyi (Audouin, 1827)

(一)鉴别特征

一般形态与蒙巴塔钝缘蜱相同,但有 2 对眼(图 6-31,彩图 15)。

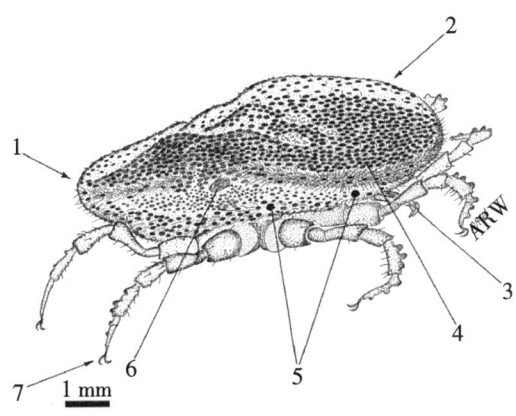

1.体缘无侧缝;2.体背无盾板;3.口器小,位于体腹面,无头窝;4.体表有无柄的乳突,体表有凹陷区,体表粗糙;5.有眼 1 对,亮黑色;6.气门板小,位于足基节Ⅲ、Ⅳ间的外侧;7.足无爪垫

图 6-31 朴谧钝缘蜱

(二)生态习性

从卵孵化的幼蜱不吸血,但很快变成 1 龄若蜱。若虫期需吸血,有 4 个以上的龄期,若虫期生活很长,没有血源状态下,可生存长至 2 年。成蜱与若蜱一样,白天晚上均可吸血,吸血速度快,一次吸血约需 30 min,吸完血就离开宿主。雌蜱每吸一次血产一批卵,可多次吸血多次产卵。吸血可于畜宿内,也可在宿外,全年均可发生。在无血源条件下,可在宿内,也可在野外宿主休息场所存活多年。对宿主反应迅速。

(三)地理分布

国外:主要分布在非洲,向东扩展分布到印度。
国内:未见分布。

(四)医学重要性

朴谧钝缘蜱是非洲骆驼和牛的主要寄生蜱,大量寄生,毒素和失血是其主要危害,可致牲畜蜱瘫或致毒血症而死亡。该蜱也吸人和猴血。

二十八、波斯锐缘蜱 *Argas persicus*(Oken,1881)

(一)鉴别特征

体背、腹有缝线分隔,体缘小格方形。假头位于体腹面前端,无头窝,头窝褶不明显。口下板后毛和须肢后毛均存在。体背、腹的盘窝多,辐射状排列。在非洲北部应注意与翘缘锐缘蜱的区别,后者无须肢后毛,体缘小格长脊状。在非洲南部应注意与沃氏锐缘蜱 *A. walkerae* 的区别,因为两者体缘小格均为方形,均有须肢后毛,但后者有头窝,头窝褶明显(图6-32,彩图15)。

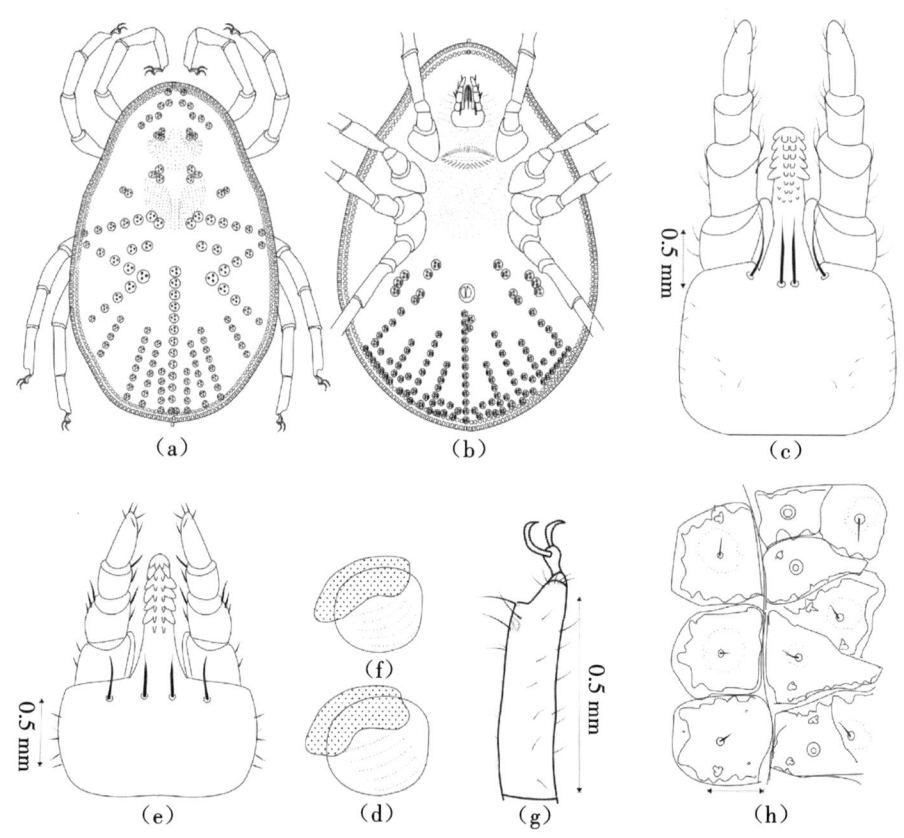

(a)成蜱体背面;(b)成蜱体腹面;(c)成蜱假头;(d)成蜱气门;(e)若蜱假头;(f)若蜱气门;(g)成蜱足跗节1;(h)体侧面观,示侧缝和缘室

图 6-32 波斯锐缘蜱

（二）生态习性

宿主为家禽和鸟类。雌蜱吸一次血，可产20～100枚卵，三周后孵化，幼蜱通常在翅下吸附5～10 d，饱血后脱落，隐藏在禽舍缝隙。若蜱有2～4龄。雌蜱可吸血产卵6～7次。若蜱和成蜱吸血发生在夜晚。无血源时，幼蜱能生存2个多月，若蜱1年，成蜱可长至3年。在温带，幼蜱和1龄若蜱活动在初夏，2～4龄若蜱活动在盛夏，成蜱活动在夏末和秋季。以成蜱和卵过冬。

（三）地理分布

国外：广泛分布在亚洲、欧洲、美洲、大洋洲、非洲。但主要分布在热带、亚热带地区。

国内：吉林、辽宁、内蒙古、北京、河北、山西、山东、陕西、甘肃、青海、新疆、江苏、上海、安徽、湖北、福建、四川。

（四）医学重要性

因栖息在人居附近，对人的危害主要是吸血骚扰。对家禽危害更大，因其大量寄生吸血，可因蜱毒素而致禽类蜱瘫。传播禽类螺旋体病，病原体为厥螺旋体 Borrelia anserina。

第四节 相关疾病

在虫媒传染病中，蜱传播的病原体种类最多。已知有200种蜱能传病，可携带220种病原体，包括病毒、细菌、立克次体、螺旋体和原虫，其中一半与人类疾病有关。蜱传病毒性疾病有蜱媒脑炎、苏格兰脑炎、波瓦生脑炎、科萨努尔森林病、鄂木斯克出血热、克里米亚-刚果出血热、新布尼亚病毒病、内罗毕绵羊病、伊塞克湖热和科罗拉多蜱媒热等。危害较大的主要有蜱媒脑炎、克里米亚-刚果出血热、科萨努森林病。新布尼亚病毒病是最近发现的蜱传病毒病。与蜱有关的细菌性疾病主要有土拉弗朗西斯菌病、布鲁氏病和鼠疫等。研究较多的是土拉弗朗西斯菌病。立克次体病主要有落基山斑点热、北亚蜱媒斑点热、纽扣热、北昆士兰蜱传斑疹伤寒、南非蜱媒立克次体病、阵发性立克次体病、埃立克体病（查费尔埃立克体病和无形体病）和Q热等。危害较大的是落基山斑点热和埃立克体病。蜱媒原虫病主要为巴贝斯虫病。已知的蜱媒螺旋体病有莱姆病和蜱媒回归热。有些蜱的毒素还致人、畜蜱瘫。

一、蜱媒脑炎（Tick-borne encephalitis, TBE）

蜱媒脑炎（TBE）是最重要的蜱传病毒病。在欧洲称欧洲蜱媒脑炎,在俄罗斯的远东、中国和日本称春夏脑炎或森林脑炎。蜱媒脑炎病毒（TBEV）归黄病毒科 Flaviviridae 黄病毒属 *Flavivirus*。病原体有3个亚型,即欧洲亚型、西伯利亚亚型和远东亚型。以远东亚型致病性最强,死亡率可高达35%,西伯利亚亚型死亡率1%~3%,欧洲亚型死亡率小于2%。年发病例估计,欧洲3 000例,俄罗斯10 000。中国1980—1998年共报告2 202例,其中420例出现在1995—1998年。由于气候变暖,蜱媒脑炎流行有增长趋势,如瑞典,20世纪80年代平均每年约50例,2011年上升到284例。

（一）临床表现

患者染病后经7~21 d潜伏期,出现高热,一般在39℃以上,伴意识障碍,肩胛肌、上肢瘫痪。病程长短不一,严重者可在发病的5或6 d内因延髓麻痹而死亡,轻者一般在发病1~2周以后出现体温逐渐下降而恢复,其中一部分人留有神经系统的后遗症。

（二）传染源和宿主

小哺乳动物是病原体的主要储存宿主,即作为该病的传染源。病毒可经期经卵传递,所以蜱也是病原体的储存宿主。人感染除蜱叮咬外,还可经饮用未消毒的牛乳而感染。最近对狗在传播蜱媒脑炎的作用有些研究,人在非流行区得蜱媒脑炎,可能是狗随人进入流行区,把病带出,狗在非流行区起传染源的作用。大动物,主要为鹿科动物,是媒介蜱的主要繁殖宿主。

（三）传播媒介

篦子硬蜱为欧洲亚型蜱媒脑炎的主要媒介;全沟硬蜱为西伯利亚亚型和远东亚型蜱媒脑炎的主要媒介。草原革蜱在南西伯利亚和蒙古可能起传播媒介的作用。中国的研究表明,云南存在蜱媒脑炎疫源地,媒介为卵形硬蜱。

(四)地理分布

该病是一种自然疫源性疾病,主要发生于森林地带,尤其在原始针阔叶混交林。现知广泛分布于亚欧大陆。在亚洲,主要分布于北亚。我国的病例集中在新疆、内蒙古、黑龙江、吉林。在欧洲的分布,南至意大利,但主要发生在北欧。

(五)季节分布

发病季节与蜱的活动季节有密切关系,病人都有近期被蜱叮咬及进入林区的经历。我国4—8月是流行季节。4月末开始发现患者,6月上、中旬病例较多,7月以后病人较少见。瑞典2011的调查表明,4—12月均有病例报告,7—8月为高峰。

二、科萨努尔森林病(Kyasanur forest disease,KFD)

科萨努尔森林病是由科萨努尔森林病毒(KFDV)引起的急性传染病。本病于1957年首先发现于印度迈索尔邦的科萨努尔(Kyasanur)森林地区,因此而得名。病原体归黄病毒科。

(一)临床表现

潜伏期3~8 d。起病急,并有高热、头痛、严重肌痛、恶心、呕吐、精神不安、虚脱、结膜炎等症状,一般神经症状少见。第3病日可出现腹泻、牙龈出血、呕血、咯血和黑便,第7~10病日常因全身出血倾向等并发症而死亡。但有时也表现为中度或重度全身性疾病而无出血症状。病程常呈双相,间隔为5~12 d;第二相时,体温再度升高,早期症状重现,同时可见软腭黏膜肿胀及出血性黏膜疹。实验室检查可见白细胞、血小板减少,尿中有蛋白、管型及白细胞,血清转氨酶在发热7 d内可高于正常值的3~4倍,恢复期多趋正常。早期死亡率为28%,近年降为2.5%~6.9%。

(二)传染源和宿主

本病的传染源为猴和啮齿动物,主要为印度猕猴、屋顶鼠、印度豪猪等。其他如松鼠、蝙蝠等也可能参与本病毒在自然界中的循环。

(三)传播媒介

血蜱属,特别是距刺血蜱。

(四)地理分布

该病毒广泛分布于印度各地、沙特阿拉伯,但人的病例仅见于迈索尔邦的科萨努尔森林地区。

(五)季节分布

本病的发生有明显的季节性,多发生于11月、12月和翌年1月,高峰在11月,这与当地蜱的生活周期和活动习性相一致。病人以青壮年农民、牧民和林业工人为主。

三、克里米亚-刚果出血热(Crimean-Congo haemorrhagic fever, CCHF)

该病首次于1944年在克里米亚发现,1956年刚果也发现该病,故现称为克里米亚-刚果出血热,在我国又称"新疆出血热"。病原为一种蜱传RNA病毒,归布尼亚病毒科 *Bunyaviridae* 内罗病毒属 *Nairovirus*。已发现有7个血清型,非洲有3个,即非洲1型(塞内加尔)、非洲2型(刚果和南非)、非洲3型(南部和西部非洲);欧洲2个型,即欧洲1型(科索沃、阿尔巴尼亚、保加利亚、土耳其、俄罗斯)、欧洲2型(希腊);亚洲2个型,即亚洲1型(中东、伊朗和巴基斯坦)、亚洲2型(乌兹别克斯坦、塔吉克斯坦、哈萨克斯坦和中国)。这7个血清型是现知死亡率最高的虫媒传染病,可高达30%。我国于1965年发现于新疆巴楚,报告11例,死亡10例,1965—2002年共报告230例,此后无病例报告,但1997年在准葛儿盆地暴发流行,报告26例,死亡4例。血清流行病学调查显示,我国内蒙古、吉林、青海、四川、安徽、云南、海南等7省区存在抗体阳性。

(一)临床表现

该病潜伏期为2~12 d,以1周左右最为多见。绝大多数病人骤然发病,出现发冷寒战,随之发热,体温高达40℃以上,持续2~6 d,伴头痛、衰弱、全身无力、全身痛、食欲不振、恶心、腹痛等毒血症状。当体温下降时,中毒症状有所缓解。另有出血现象,先是皮肤出血,后黏膜出血、鼻衄,严重者血尿和消化道大量出血,出现低血压、蛋白尿及血常规变化。严重时,会因大量出血而死亡,从发病到死亡,不超过 10 d。轻者病后恢复较慢,长期软弱无力,出现记忆力减退等后遗症。

(二)传染源和宿主

该病的传染源动物是家畜,以绵羊、山羊为主,其次是牛、马、骆驼等。疫区牧场的绵羊及野兔为主要传染源,急性期病人也可传染。

(三)传播媒介

主要为璃眼蜱属的蜱种,病原体可在蜱体内保存数月,并经卵传递。在亚洲主要是亚洲璃眼蜱,其次为小亚璃眼蜱;在北非、欧洲是小亚璃眼蜱;在非洲主要是麻点璃眼蜱和平头璃眼蜱。能感染病毒的尚有翘缘锐缘蜱和血红扇头蜱及一些血蜱。

本病除经蜱传播外,还经皮肤伤口及医务人员接触急性期病人新鲜血液后感染。

(四)地理分布

欧洲、亚洲、非洲均有分布,北到北纬 50°,南到南非,东到中国,西到西班牙。主要疫源地景观为荒漠、半荒漠地带、草原及热带干旱森林。土耳其于 2002—2008 年报告 3 128 例,死亡率 5%;科索沃于 1995—2013 年报告 228 例,死亡率 25.5%。

(五)季节分布

在我国发病季节从 3 月底开始,4 月下旬到 5 月中旬发病最多,6 月以后发病极少。牧羊人感染,多因蜱叮咬引起,而发病高峰正值接羔、剪毛、抓绒等繁忙季节,进入牧场的人增多,增加了人兽接触的机会,有引起暴发流行的可能性。在热带,全年均可流行,但主要在旱季。

四、发热伴血小板减少综合征(Severe fever with thrombocytopenia syndrome,SFTS)

本病又称新布尼亚病毒病,病原体于 2009 年在中国首次从发热伴血小板减少综合征病人血液中分离到,并命名为发热伴血小板减少综合征布尼亚病毒(SFTS virus)。2009 年美国密苏里心地医学中心也发现发热伴血小板减少综合征的病人,并分离到病原体,病原体命名为心地病毒(Heartland virus),也归布尼亚病毒科白蛉病毒属。2013 年从美洲花蜱中分离到病原体,并证实为传播媒介。现有病例报告的地区有阿肯萨州、密苏里州、田纳西州、印第安纳州和奥克拉马州。至2017年已报告20多例。属于布尼亚病毒科白蛉病毒属的病毒,已知尚有美国的孤星蜱病毒和印度的班杰病毒。

(一)临床表现

潜伏期尚不明确,通常为1~2周。急性发病。临床表现为发热,体温多在38℃以上,重者持续高热,高达40°以上,部分病例热程可长达10多天。症状为全身不适、头痛、乏力、肌肉酸痛、恶心、呕吐、厌食、腹泻等,查体常有颈部和腹股沟等浅表淋巴结肿大伴压痛,上腹部压痛及相对缓脉;少数病例病情危重,出现意识障碍、皮肤瘀斑、消化道出血、肺出血等,可因休克、呼吸衰竭、弥漫性血管内凝血(DIC)等多脏器功能衰竭而死亡。

(二)传染源和宿主

病原体归布尼亚病毒科白蛉病毒属。传播途径主要是经蜱叮咬,相当部分病人有近期蜱叮咬史;人的皮肤伤口处接触到病毒血症期患者血液也可感染。我国从病人和蜱分离到病原体,已分离到5个血清型(A—E);韩国分离到3个血清型(A、D、E);日本分离到1个血清型(E)。储存宿主动物有待调查。

(三)传播媒介

已从长角血蜱(中国)、日本硬蜱(韩国)、龟形花蜱(韩国)和微小扇头蜱(中国)中分离到病原体,但他们的媒介地位有待研究。

(四)地理分布

我国2004—2010年各地报告的发热伴血小板减少综合征病例数和死亡数:河南557(18);山东182(13);江苏13(4);安徽10(1);四川1;广东1;吉林2(2);湖北1(1);浙江1(1),共768例。其中大部分是该病,少数病例可能为无形体病。现已确定该病分布在我国的山东、河南、湖北、安徽、江苏、辽宁和韩国、日本。

(五)季节分布

病例发生在3—11月,4—7月是发病高峰期。

五、土拉弗朗西斯菌病（Tularenmia）

（一）临床表现

该病的潜伏期为3～5 d，然后出现骤然寒战、发热，体温一般为38～39℃，伴有剧烈的头痛、食欲减退，多数患者出现肝脾及淋巴结肿大、肠功能紊乱等。

（二）传染源和宿主

病原体主要感染野生啮齿动物，尤其是野兔，也可感染人，我国于1957年首先从黄鼠中分离出土拉弗朗西斯菌，以后又从野兔及病人中得以证实。病原体可以通过多种途径感染，如经动物皮肤伤口、黏膜、呼吸道以及胃肠等，人感染的主要方式有直接接触感染或病死的动物血、肉、排泄物或吸入带菌的灰尘、气溶胶以及吞食被菌污染的食物或水，蜱类叮咬或接触蜱类分泌物等。该病是由土拉弗朗西斯菌（*Francisella tularensis*）引起的自然疫源性疾病。

（三）传播媒介

能自然感染上土拉弗朗西斯菌的蜱类有变异革蜱、安氏革蜱、草原革蜱、网纹革蜱、嗜群血蜱、蓖子硬蜱、全沟硬蜱、美洲花蜱等硬蜱和一些软蜱。草原革蜱、网纹革蜱还能经变态期传递病原体。

（四）地理分布

北半球广大地区。

（五）季节分布

全年均可发生，但一般多见于春末、夏初季节，也有在秋末冬初发病的报道。野生啮齿动物中常呈地方性流行，大流行见于洪水或其他自然灾害时。

六、落基山斑点热（Rocky mountain spotted fever）

落基山斑点热是在美国最严重及广泛报告的立克次体疾病。

(一)临床表现

发病突然,有严重头痛、寒战、虚脱和肌痛症状。热度在几天内可达 39～40℃,并持续多天,严重病例可长达 15～20 d,早晨可稍缓解。可有严重干咳,在发热的第 1～6 d,大多数病人在腕、踝、手掌、脚底和前臂出现皮疹并迅速扩散至颈、面、两腋、臀和躯干。最初为粉红色斑疹,以后变成深色斑丘疹,约 4 d,疹损会变成瘀斑,融合成大片出血区,最后溃烂。神经系统症状包括头痛、烦躁、失眠、谵妄和昏迷及脑炎症状。病情严重者可出现血压下降。可存在肝大,但黄疸不多见。可产生局部肺炎,未接受治疗者可产生肺炎、组织坏死和循环衰竭,并发心和脑后遗症。暴发型病例可因心搏骤停而死亡。

(二)传染源和宿主

犬和中型的哺乳动物。

(三)传播媒介

多种革蜱为传播媒介,主要是安氏革蜱和变异革蜱。

(四)地理分布

分布在南、北美洲,但主要分布在美国。

(五)季节分布

在美国,落基山斑点热首次发生在 1918 年,在过往的 50 年,每年有 250～1 200 例。有超过 90% 的病人是在 4—8 月之间感染。

七、埃立克体病(Ehrlichiosis)和无形体病(Anaplasmiosis)

埃立克体病是由 1935 年首次发现的犬埃立克体 Ehrlichia canis 而得名的一类立克体病。此后,发现埃立克体可分别感染马、狗等牲畜和人,并致病。首例人埃立克体病例于 1954 年发现,并得以证实。另外两个埃立克体查菲埃立克体 Ehrlichia chaffeensis,马埃立克体 E. euqi 随后也被发现同人类感染有关。埃立克体为革兰氏阴性细胞内寄生小球菌,属于 α-亚群立克次体,主要寄生于白细胞、血小板,它们引起的感染统称埃立克体病(Ehrlichiosis)。埃立克体有十多个种,近年来基于 16S rRNA 等基因的序列分析,将埃立克体分为 3 个属,即埃立克体属(*Ehrlichia*)、无形体属(*Anaplasma*)、新立克次体属(*Neorickettsia*)。由埃立克体引起的疾病称埃立克体病,无形体引起的疾病称无形体病。近二十年的研究发现,埃立克体和无形体在美洲、欧洲、亚洲的许多国家均存在。国内学者已用 PCR 和基因序列分析方法在我国内蒙古、黑龙江、吉林、云南、安徽、浙江、福建等地采集的蜱和野鼠样本中检测和/或分离到查菲埃立克体、嗜巨噬细胞无形体、鼠形新立克次体,并发现了新种 - 山羊无形体(*Anaplasma capra*)。

(一)临床表现

蜱传人几种埃立克体病感染临床表现基本相同。主要有发热、头痛、寒战、肌痛等类感冒症状,严重者出现肾功能衰竭和中枢神经系统受损,甚至死亡。常规化验异常,包括白细胞减少、血小板减少和转氨酶升高等。

(二)传染源和宿主

查菲埃立克体是 1987 年报道的,1991 年分离鉴定的,是美国首次发现的蜱传人埃立克体,其主要感染人单核细胞,故它所引起的人感染称为人单核细胞埃立克体病。白尾鹿可保存病原体数周,已肯定为病原体的储存宿主和蜱的繁殖宿主。1994 年分离成功的嗜巨噬细胞无形体和 2015 年分离的山羊无形体则主要侵染人中性粒细胞,引起人粒细胞埃立克体病,又称无形体病。白足鼠是病原体的储存宿主。白尾鹿是蜱的繁殖宿主。

(三)传播媒介

美洲花蜱自然感染、实验感染和实验传播成功,病例分布区与蜱分布区一致,美洲花蜱若蜱和成蜱的活动季节与病例发生季节前后一致,已肯定为人单核细胞埃立克体病的传播媒介。在美国为肩突硬蜱和太平洋硬蜱,在欧洲为蓖子硬蜱,在北亚为全沟硬蜱,已肯定为人巨噬细胞无形体病的传播媒介。

(四)地理分布

这两种埃立克体病主要分布在美国。欧亚有些调查研究报告,流行情况不明。

（五）季节分布

病例多见于春、夏季。

八、莱姆病（Lyme disease）

该病于美国 1969 发现，1975 命名，1981 分离到病原体。莱姆病是近年来研究较多的蜱传病，全世界已知疫源地有 4 大块。北美东部疫源地，从加拿大东南部至佛罗里达，西至威斯康星州。针叶林－针阔混交林－落叶阔叶林为其自然景观，林地地表有厚的落叶层，且湿度高。北美西部疫源地，从加拿大不列颠哥伦比亚省到美国的内华达州、落基山脉以西。潮湿山间谷地林带为其自然景观。欧洲疫源地，从瑞典到西班牙，西至黑海，林区有厚的地表植被、湿的土壤。东亚疫源地，可信范围，西伯利亚到我国南岭，西到天山的针叶林－针阔混交林－落叶阔叶林地带。林地地表有厚的落叶层，且湿度高。

（一）临床表现

潜伏期为 3～32 d，平均 7 d 左右。临床症状可分三期。

第一期：主要表现为皮肤的慢性游走性红斑，初起为红色斑疹或丘疹，逐渐扩大成环状损害。一般出现在蜱叮咬后 3～32 d，好发于躯干、大腿、腹股沟、腋下等处，见于大多数病例。病初常伴有乏力、畏寒发热、头痛、恶心、呕吐、关节和肌肉疼痛等症状，亦可出现脑膜刺激征。局部和全身淋巴结可肿大。偶有脾肿大、肝炎、咽炎、结膜炎、虹膜炎或睾丸肿胀。

第二期：发病后数周或数月，8%～15% 的患者分别出现明显的神经系统症状和心脏受累的征象。

第三期：感染后数周至 2 年内，约 80% 的患者出现程度不等的关节症状，如关节疼痛、关节炎或慢性侵袭性滑膜炎。以膝、肘、髋等大关节多发，小关节周围组织亦可受累。主要症状为关节疼痛及肿胀，膝关节可有少量积液。常反复发作。

（二）传染源和宿主

北美中、东部，莱姆病螺旋体的储存宿主以白足鼠为主，其次为棉小鼠、棉鼠。棉尾兔在南部起作用，白尾鹿为蜱的繁殖宿主。北美西部，啮齿类、蜥蜴、鸟类可起莱姆病螺旋体储存宿主的作用，但主要储存宿主不清楚。成蜱寄生于大型动物，以黑尾鹿为主。欧洲和东亚莱姆病螺旋体的储存宿主以姬鼠和䶄鼠为主，成蜱寄生于大型动物，以鹿科动物为主。

(三) 传播媒介

北美中东部的北部以肩突硬蜱为主；齿形硬蜱在南方起作用。若蜱为主要传播虫期。北美西部媒介以太平洋硬蜱为主。欧洲媒介主要为蓖子硬蜱。东亚媒介以全沟硬蜱为主，中华硬蜱是全沟硬蜱复合组成员，在中国南方可能起作用。

(四) 地理分布

主要分布在北半球寒带和温带林区。

(五) 季节消长

感染主要发生在春、夏两季，秋季较少。

九、蜱媒回归热 (Tick-borne relapsing fever, TBRF)

又称地方性回归热，是由钝缘蜱传播的自然疫源性螺旋体病，病原体为包柔氏属的螺旋体。

(一) 临床表现

不规则间歇发热为其主要临床特征。阵发性高热伴全身疼痛，肝、脾肿大，短期热退呈无热间歇，数日后又反复发热，发热期与间歇期交替反复出现，故称回归热。潜伏期2～15 d，多为4～9 d。多数患者在发病前数小时至1 d可有周身不适等症状，继之急剧发病，恶寒战栗，体温很快升至39℃，伴有头痛、恶心、呕吐、全身酸痛等症状，有些患者腰痛甚重，亦可有较明显的腓肠疼痛。可出现齿龈出血、黄疸等症状。发病前在蜱叮咬的局部有炎症改变，初为斑丘疹，刺口有出血或小水疱，伴痒感，局部淋巴结可肿大，至发病时则仅留色素沉着。初次发作高热持续1～2 d，少数可长达4～6 d。退热时多伴有大汗，间歇期通常2～10 d，可伴软弱、头痛、食欲不振等。大多发作3～9次，随发作次数增加，发作期渐短，间歇期延长，症状减轻或不规则。在非洲地方性流行区，感染主要发生在儿童和孕妇，死亡率可高达436/1 000。

(二)传染源和宿主

动物传染源主要是鼠类和食虫类,病人也可作为本病的传染源。感染的牛、羊、马、驴等家畜及狗、狼、蟾蜍、蝙蝠等均可成为传染源。也可经蜱粪污染伤口感染。偶有由输血而发生感染。孕期患此病,可通过胎盘传输病原体给胎儿,致胎儿发生先天性回归热。

(三)传播媒介

索罗钝缘蜱、墨巴钝缘蜱、乳突钝缘蜱和拉哈尔钝缘蜱是传播媒介。

(四)地理分布

广泛分布在非洲、中亚及我国新疆,美国西部14个州也有相关病例。

(五)季节消长

全年均可发生,但感染多发生在旅游季节,人们在软蜱栖息场所住宿或休息,因蜱叮人,一般不疼,感染不易被发觉。

十、人巴贝斯虫病(Babesiosis)

人巴贝斯虫病是由巴贝斯虫感染所致的人兽共患自然疫源性疾病。原虫是通过蜱类媒介侵寄到宿主红细胞内,在哺乳动物中间传播。巴贝斯原虫有100多种,不同种类的巴贝斯原虫可使相应的不同种类的脊椎动物致病。目前发现的人巴贝斯虫病多由啮齿类的微小巴贝斯、牛巴贝斯和马巴贝斯原虫感染所引起。

(一)临床表现

发病初期症状轻重差异很大。轻微者,仅有低热、疲惫、轻微头痛、虚弱乏力、食欲不振等。中型患者,起病很急,高热至39~40℃,伴恶寒战栗、大汗不止、头痛剧烈、肌肉疼痛,甚至周身关节疼痛;有时出现畏光、精神抑郁或烦躁不安,还可能出现恶心呕吐,但无脑膜刺激症状,脾脏有中度肿胀,淋巴结无异常,无发疹现象。重型患者,临床症状同中型患者,但溶血性贫血发展迅速,伴发黄疸、蛋白尿、血尿以及肾功能障碍等。

(二)传染源和宿主

野生和家养动物及啮齿类为病原体的储存宿主和传染源,病人也是传染源(图6-33)。

(1)感染蜱吸血,把巴贝斯虫子孢子体注入人或宿主动物。

(2)子孢子进入红细胞,在红细胞内行无性繁殖。

(3)发育成配子体。

(4)蜱在感染宿主动物吸血时,配子体进入蜱肠道,分裂成大、小配子,进行有性繁殖,结合成动合子。

(5)动合子进入蜱唾液腺,繁殖成孢子体,内含许多子孢子。

(6)感染蜱吸人血时,子孢子进入人体。

(7)子孢子进入人体红细胞,行无性繁殖。

(8)输血可在人与人之间传播本病。

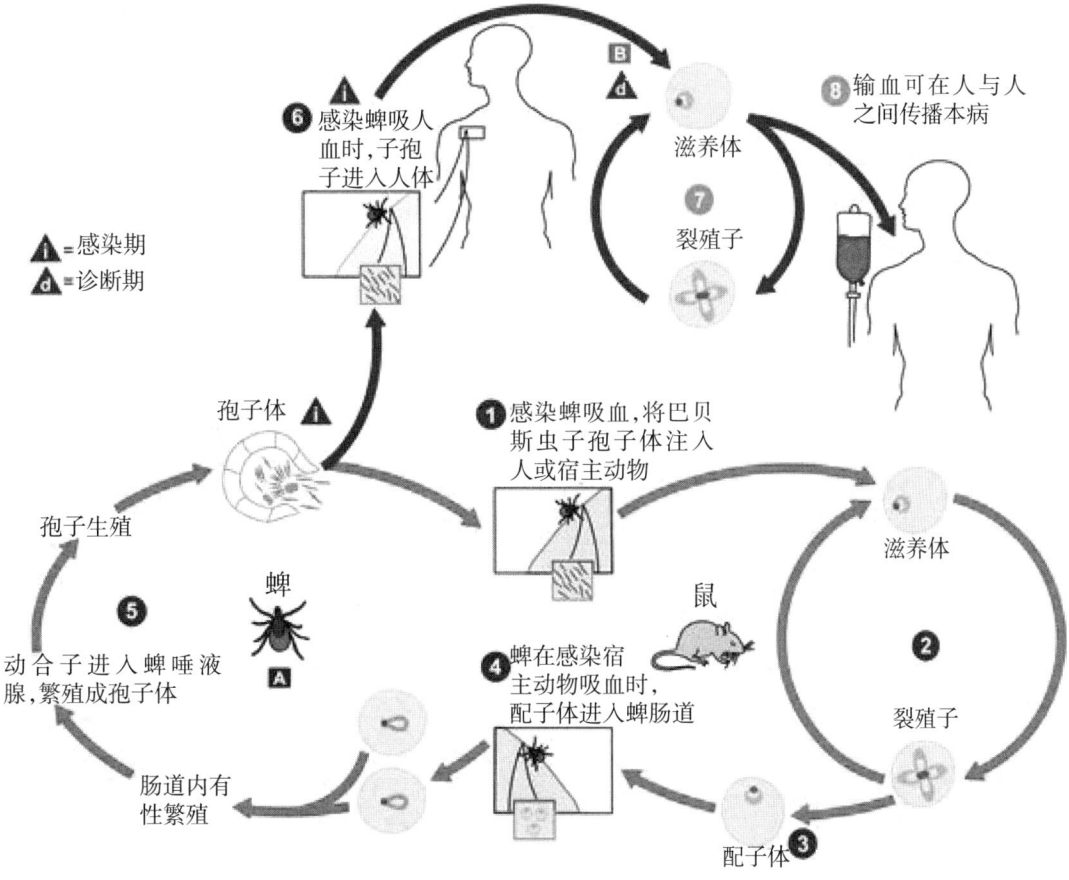

图6-33 人巴贝斯虫病传播途径

(引自 www.cdc.gov/parasites/)

(三)传播媒介

感染蜱叮咬是该病传播的主要途径,目前发现能够传播该病的主要蜱种有肩突硬蜱、篦子硬蜱、全沟硬蜱、微小扇头蜱、血红扇头蜱、网纹革蜱等。

(四)地理分布

该病在亚洲、欧洲、美洲、非洲均有分布,但欧洲、美洲的病例较多,在美国,仅纽约州从1970—1991年,就有诊断病例136个,死亡率达到5%。在欧洲各国虽然报告病例不多,但统计获得的致死率高达42%。此外,报告该病发生的地区还有埃及、南非、墨西哥以及我国的大陆和台湾地区。

(五)季节分布

经蜱传播,多在媒介硬蜱活动季节。经血传播可发生在任何地方任何时刻。

(孙毅,刘阳)

参考文献

[1] ALEKSEEV A N, DUBININA H V, JAASKELAINEN A E, et al. First report on tick-borne pathogens and exoskeletal anomalies in *Ixodes persulcatus* Schulze (Acari: Ixodidae) collected in Kokkola coastal region[J], Finland. Intern. J. Acarol., Vol. 33, N 3, 2007, P. 253-258.

[2] COOLEY R A, KOHLS G M. The genus Amblyomma (Ixodidae) in the United States[M]. 1944.

[3] DWORKIN M S, SCHWAN T G, et al. Tick-borne relapsing fever[M]. Infect Dis Clin North Am, 2008, 22(3):449-8.

[4] JONGEJAN F, UILENBERG G. The global importance of ticks[M]. Parasitology. 2004, 129, S3–S14.

[5] FILIPPOVA N A. [Ixodid ticks of the subfamily Amblyomminae.] ["Fauna of Russia and Adjacent Countries. Arachnida."] v. 4, N 5, St. Petersburg, Nauka, 436 p. (In Russian). 1997.

[6] GUGLEILMONE A A, ROBBINS R G, APANASKEVICH D A, et al. The hard ticks of the world (Acari: Ixoeida: Ixodidae)[M]. 738pp. DOI 10.1007/978-94-007-7497-1_2, © Springer Science+Business Media Dordrecht. 2014.

[7] KOLONIN G V. Fauna of ixodid ticks of the world[J]. http://www.kolonin.org/2009.

[8] SENEVET G. Faune de France 32 Ixodoides[M]. 1937, 100 pp.

[9] TENG K F, JIANG Z J. Acari: Ixodidae. Economic Insect Fauna of China. Science Press, Beijing, 1991, Fasc. 39, 359 p.(in Chinese)

[10] US CDC. Tick borne diseases of the United States[M]. A Reference Manual for Health Care Providers Second Edition. 2014.

[11] VOLZIT O V. A review of Neotropical *Amblyomma* species (Acari: Ixodidae)[M]. Acarina, v. 15, N 1, 2007, p. 3-134.

[12] VOLZIT O V, KEIRANS J E. A review of African *Amblyomma* species (Acari: Ixodida: Ixodidae)[J]. Acarina, v. 11, N 2, 2004, p. 135-214.

[13] WALKER A R, BOUATTOUR A, CAMICAS J-L, et al. Ticks of Domestic Animals in Africa: Guide to Identification of Species[M]. Edinburgh, 2013, 221 pp.

第七章 蝇类

本章所涉及的蝇类是指双翅目中与人类疫病紧密相关的有瓣蝇类,全世界有2万余种(其中中国分布超过3 700种),包括传播非洲锥虫病的舌蝇科及钉刺人畜螫蝇,以及机械携带霍乱弧菌、痢疾杆菌等多种细菌、病毒、立克次体、蛲虫、蛔虫等病原的粪蝇科、花蝇科、蝇科、丽蝇科、邻寄蝇科、麻蝇科等,这些蝇类都是重要的病媒生物。

第一节 有瓣蝇类的分类和形态特征

一、有瓣蝇类的分类

有瓣蝇类隶属于昆虫纲(Insecta)双翅目(Diptera)环裂亚目(Cyclorrhapha)有缝组(Schizophora),包括粪蝇科(Scathophagidae)、花蝇科(Anthomyiidae)、厕蝇科(Fanniidae)、蝇科(Muscidae)、丽蝇科(Calliphoridae)、邻寄蝇科(Rhinophoridae)、麻蝇科(Sarcophagidae)、胃蝇科(Gasterophilidae)、狂蝇科(Oestridae)、皮蝇科(Hypodermatidae)、寄蝇科(Tachinidae)、舌蝇科(Glossinidae)、蛛蝇科(Nycteribiidae)、虱蝇科(Hippoboscidae)、蝠蝇科(Streblidae)。

二、有瓣蝇类的形态特征

成蝇(图7-1)分为头、胸、腹三部分。蝇的种类很多,不同种类的蝇在大小、体型、色泽等方面均有不同,家蝇(Musca domestica)体长4~8 mm,体色灰黑,无金属光泽,而丝光绿蝇(Lucilia sericata)体型则常常比家蝇大,具有金属光泽。蝇类的体色常常因为其体上着生粉被而呈现不同的色泽。而这些色泽因为光源的来向和种类不同而形成不同的斑纹。蝇类体色、斑纹特征等亦常常用于分类,如市蝇(Musca sorbens)的胸背板雌雄呈现不同的斑纹(图7-2)。

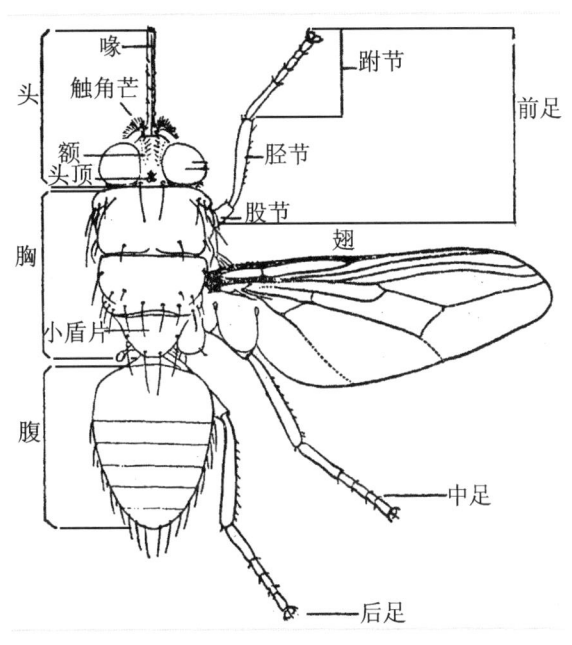

图7-1 蝇整体示意图
(仿范滋德,1965)

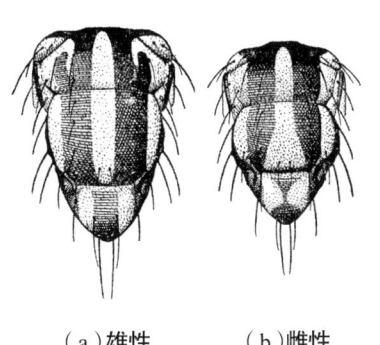

(a)雄性　(b)雌性
图7-2 市蝇的胸背面观
(仿范滋德,1965)

观察和描述需按一定的体位来进行,将蝇体纵轴放置于水平面上,沿纵轴头端为前方,尾端为后方,沿垂直轴的上方为背方,下方为腹方,朝上的面为上面,朝下的面为腹面(图7-3)。

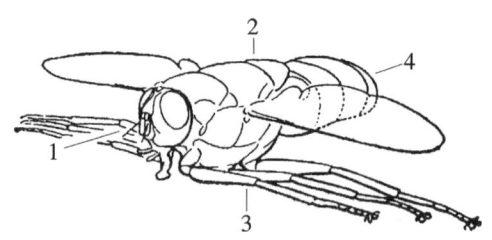

1. 前方；2. 背方；3. 腹方；4. 后方

图 7-3　有瓣蝇类成虫体位

由于蝇体是左右对成的,因此在描述时常常描述一侧,如中鬃 1+3、背中鬃 2+5 则表示一侧的中鬃沟前为 1 个沟,后为 3 个;背中鬃沟前 2 个,沟后 5 个。

体长指的是头的最前端(通常为额角或髭角)至腹部末端的长度,不包括因交尾、产卵伸出的外生殖器、产卵瓣或人为拉出来的部分,附肢及鬃毛亦不计算在内。

头部近似半球形,凸面朝前,平面朝后。有的种类,后头也稍微或比较凸出。头部两侧着生巨大的复眼,根据左右复眼距离的大小,可分为眼合生、亚合生、离生、相接近。复眼上有时有小毛(图 7-4)。在间额的下方及侧颜和中颜板之间有额囊缝,为成蝇羽化初期的额囊收缩后留下的缝痕,这是有缝类的特征之一。

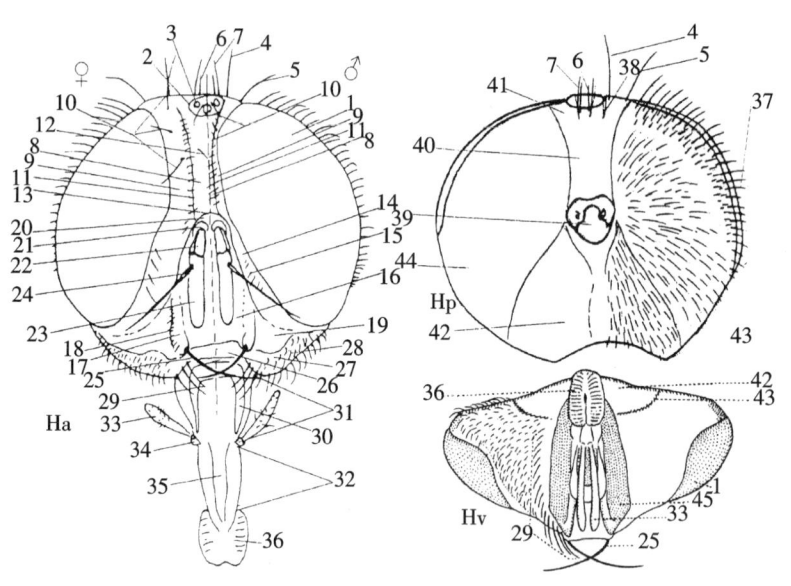

Ha. 前面观；Hp. 后面观；Hv. 腹面观

1. 复眼；2. 单眼三角；3. 单眼；4. 单眼鬃；5. 外顶鬃；6. 头顶；7. 前顶鬃(后倾上眶鬃)；8. 间额；9. 侧额；10. 额鬃(下眶鬃)；11. 间额；12. 间额鬃；13. 额前缘；14. 侧颜；15. 颜鬃；16. 中颜板；17. 额囊缝；18. 颜堤鬃；19. 下侧颜；20. 新月片；21. 触角第一节；22. 触角第二节；23. 触角第三节；24. 触角芒；25. 髭；26. 口上片；27. 颊；28. 颊毛；29. 口缘鬃；30. 上唇基；31. 基喙；32. 前颏；33. 下颚须；34. 负须片；35. 中喙；36. 口盘；37. 眼后鬃；38. 侧后顶鬃；39. 后头孔；40. 上后头；41. 侧后头；42. 下后头；43. 颊后头沟；44. 后眶部；45. 口器窝

图 7-4　有瓣蝇类成虫头部模式图

(仿范,1965)

有瓣蝇类的触角根据芒上小毛的有无或形状,可分为羽状、栉状、芒裸、毳毛等(图7-5)。

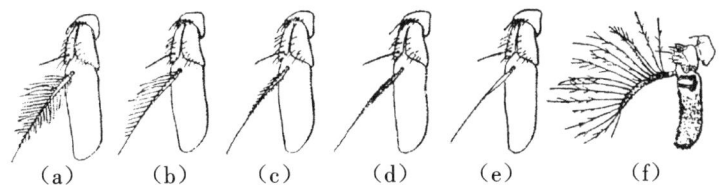

(a)羽状;(b)栉状;(c)具纤毛;(d)具毳毛;(e)裸;(f)上侧呈羽状的栉状(舌蝇)

图7-5 有瓣蝇类触角芒

(仿范,1965)

胸部由前向后分前、中、后胸,但三胸节基本愈合在一起不易区分,其中以中胸最发达,各胸节有不同的分类特征。前胸可见肩胛、前胸侧板、前胸基腹片三部分,中胸背板包括盾片、小盾片、后小盾片、侧背片、背侧片等,盾片和小盾片上同一种类常有位置和数目恒定的鬃或鬃位(图7-6)。

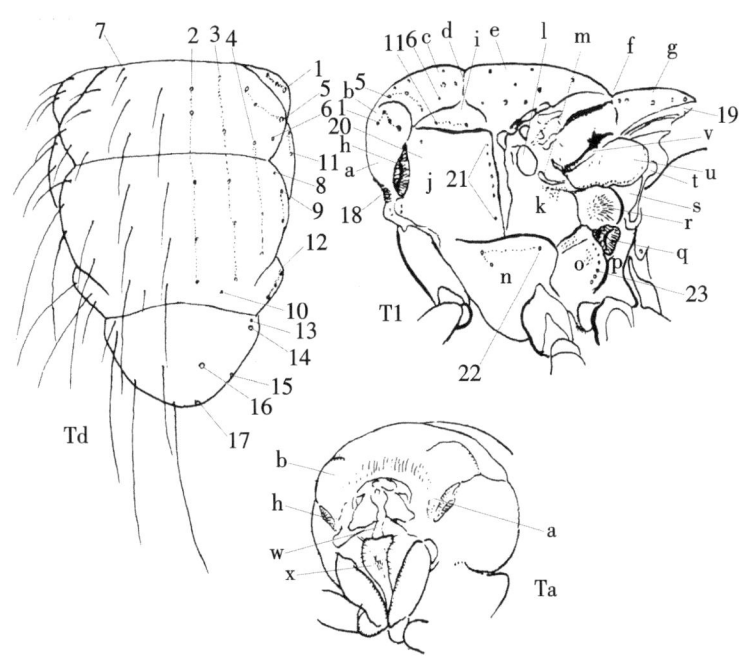

Td. 胸部背面观;Tl. 胸部侧面观;Ta. 胸部前面观(去除头部)

1. 肩鬃;2. 中鬃;3. 背中鬃;4. 翅内鬃;5. 肩后鬃;6. 沟前鬃;7. 盾前鬃;8. 翅前鬃;9. 翅上鬃;10. 内后背鬃;11. 背侧片鬃;12. 翅后鬃;13. 小盾前基鬃;14. 小盾基鬃;15. 小盾侧鬃;16. 小盾心鬃;17. 小盾端鬃;18. 前胸侧板中央凹陷;19. 小盾片下面有时具纤毛;20. 前中侧片鬃;21. 后中侧片鬃;22. 腹侧片鬃;23. 下侧片鬃(或裸或具少数小毛);a. 前胸侧板;b. 肩胛;c. 沟前盾片;d. 盾沟;e. 沟后盾片;f. 小盾沟;g. 小盾片;h. 前气门;i. 背侧片;j. 中侧片;k. 翅侧片;l. 翅下大结节(有时具纤毛);m. 翅下小结节;n. 腹侧片;o. 下侧片;p. 后胸侧板;q. 后气门;r. 下侧背片;s. 上侧背片;t. 平衡棒;u. 下腋瓣(有时上面具毛);v. 腋瓣上肋(有时具前、后刚毛簇);w. 前胸前腹片;x. 前胸基腹片(有时具毛)

图7-6 胸部模式图

(仿范,1965)

蝇类足 3 对,为前、中、后足各 1 对,每一足可分为基节、转节、股节、胫节、跗节(分 5 分跗节)、前跗节(分为爪 1 对、爪垫 1 对、中间突 1);各足上的鬃位特征具有分类意义,特别是胫节上的鬃位,按照各鬃着生的位置不同可分为前腹鬃 av、前鬃 a、前背鬃 ad、背鬃 d、后背鬃 pd、后鬃 p、后腹鬃 pv、腹鬃 v,如在文献中描述:中胫各鬃为 1、2、4、1 指的是中足胫节前腹鬃 1、前背鬃 2、后背鬃 4、后腹鬃 1;足各节鬃所着生的位置可按照基位、亚基位、近中位、中位、亚中位、近端位、端位来描述(图 7-7)。

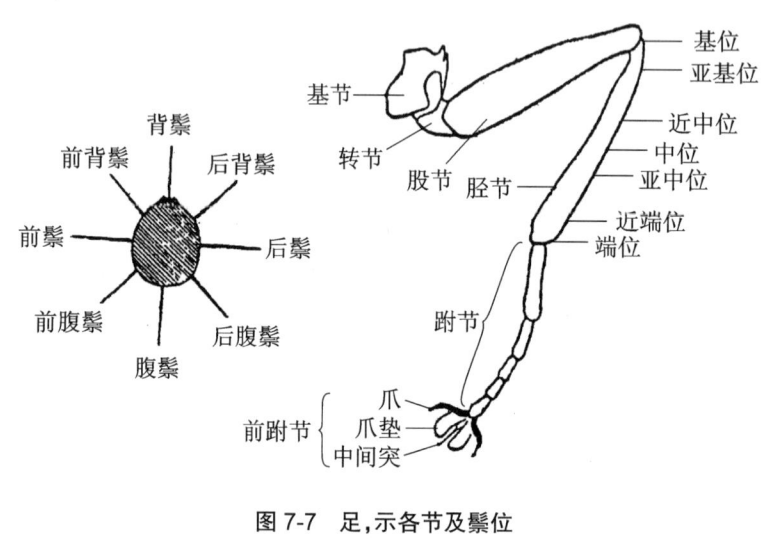

图 7-7 足,示各节及鬃位

(仿范,1965)

蝇类隶属于双翅目,因后翅退化成平衡棒,故仅有 1 对翅。翅在双翅目分类中起到很重要的作用,根据翅脉上的特征(图 7-8)将双翅目某个生物种群归为某一大类,如花蝇科 Anthomyiidae 的翅 cu_1+an_1 常达翅缘;如食蚜蝇科 Syrphidae 的翅脉中,r 脉与 m 脉之间有一两段游离的伪脉;厕蝇科的 an_2 脉绕过 cu_1+an_1 脉;等等。

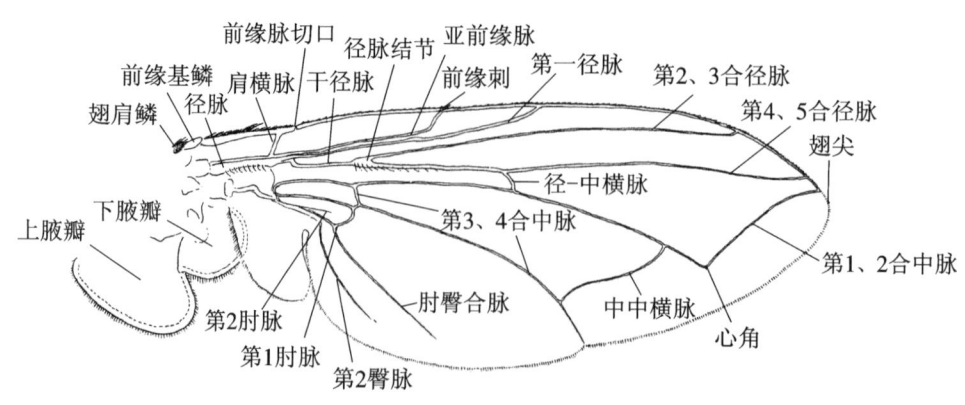

图 7-8 翅(以丽蝇科为例)

(仿范,1992)

蝇类的腹部理论上讲由 11 节组成，节与节之间由节间膜相连，最后几节常不发达或特化成负肛节。雄性主要由 9 节组成，雌性虫主要由 8 节组成；第 6 节两性第 1 至第 5 腹节称为前腹部，即外观明显可见的几节；第 6 节往后称为后腹部；后腹部往往特化为尾器（雄性为尾器，雌性为产卵器）（图 7-9）。

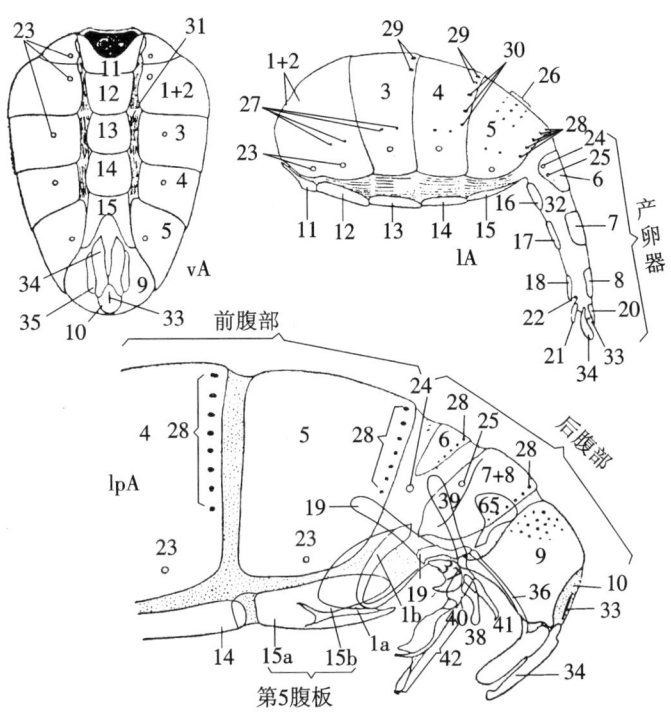

1+2. 第 1、2 合背板；3. 第 3 背板；4. 第 4 背板；5. 第 5 背板；6. 第 6 背板；7. 第 7 背板；8. 第 8 背板；7+8. 第 7、8 合腹节；9. 第 9 背板；10. 雄性负肛节；11. 第 1 腹板；12. 第 2 腹板；13. 第 3 腹板；14. 第 4 腹板；15. 第 5 腹板；15a. 第 5 腹板基部；15b. 第 5 腹板侧叶；16a. 第 6 腹板；16b. 生殖兜；17. 第 7 腹板；18. 第 8 腹板；19. 第 9 腹板；20. 肛上板；21. 肛下板；22. 阴门；23. 前腹部各节气门；24. 第 6 腹节气门；25. 第 7 腹节气门；26. 心鬃；27. 侧鬃；28. 缘鬃；29. 中缘鬃；30. 侧缘鬃；31. 腹面膜；32. 节间膜；33. 肛门；34. 肛尾叶；35. 侧尾叶；36. 系杆；37. 前阳基侧突；38. 后阳基侧突；39. 阳基内骨；40. 基阳体；41. 阳基后突；42. 阳茎

图 7-9　vA. 雄性腹部腹面观；IA. 雌性腹部侧面观；lpA. 雄性后腹部侧面观
（以丽蝇科为例）（仿范，1992）

腹部特征是重要的分类特征，特别是尾器具有很大程度上的种间差异，很多科的分类即根据尾器的形态特征进行分类的。一般而言，进化等级高的尾器结构较进化等级低的更复杂。以花蝇科、麻蝇科、丽蝇科三科蝇类的阳体举例，如图所示（图 7-10、图 7-11、图 7-12）。

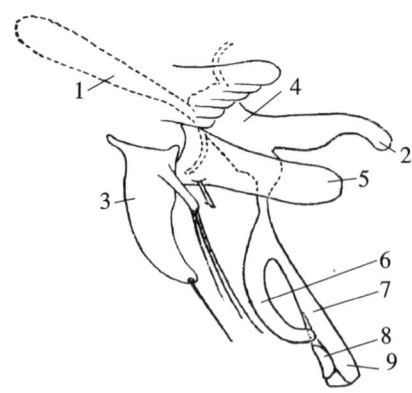

1.阳基内骨；2.阳基后突；3.前阳基侧突；4.基阳体；5.后阳基侧突；6.侧阳体；7.侧壁；8.端片；9.端枝

图 7-10 花蝇科的雄性阳体

（仿范，1992）

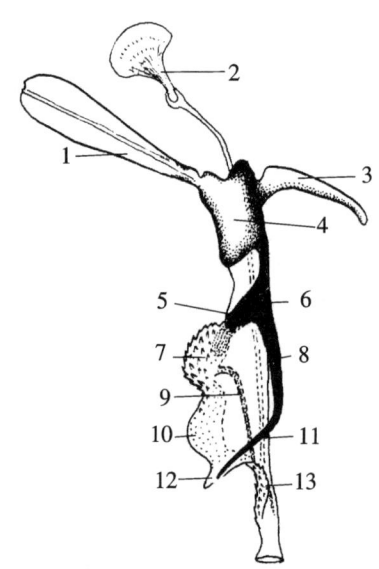

1.阳基内骨；2.射精囊小骨；3.阳基后突；4.基阳体；5.侧阳体基部前突；6.侧阳体端部垂直段；7.下阳体基翼；8.侧阳体端部垂直段；9.下阳体中条；10.下阳体侧翼；11.侧阳体端部钩状部；12.下阳体腹突；13.下阳体端翼

图 7-11 丽蝇科雄性阳体

（仿范，1992）

三、有瓣蝇类常见科检索表

1 体躯扁平，各足基节相互远离；头部嵌生胸部前方 ………… 虱蝇科 Hippoboscidae
  体躯不扁平，各足基节相互靠近；头部不嵌生，可自由转动 ……………………… 2
2 触角芒上侧呈复羽状的栉状，m_{1+2}脉第一段端段向后呈弧形突出 … 舌蝇科 Glossinidae

触角芒不呈复羽状,而呈羽状、栉状、毳毛或裸状 ……………………………………… 3

3 口器退化 ……………………………………………………………………………………… 4
  口器正常、发达 ………………………………………………………………………………… 5

4 R_3 室端部明显开放 ………………………………………………… 皮蝇科 Hypodermatidae
  R_3 室端部闭合 …………………………………………………………… 狂蝇科 Oestroidae

5 后小盾片弱,仅在少数种发达,下腋瓣小,m_{1+2} 脉直或与 r_{4+5} 脉背离或 $2R_5$ 室闭合于翅缘或具柄;前盾和后盾间区分极弱;胸腹部常被长毛;有时呈亮金属色 …………
  ………………………………………………………………………… 胃蝇科 Gasterophilidae
  后小盾片常发达,下腋瓣大,m_{1+2} 向翅前缘弯曲,$2R_5$ 室具柄或很狭地开放于翅前缘 … 6

6 下侧片通常无鬃,即使具鬃亦不排列成行,且翅侧片无鬃或毛 ……………………… 7
  下侧片在后气门前下方具曲尺状鬃或弧形排列成行的鬃,且翅侧片具鬃或毛 …… 9

7 下腋瓣很不发达,不突出于上腋瓣;后头具略多的淡色毛,两性额均宽,即使雌性亦无间额鬃;腹部第1、第2背板分节明显,可见5~6个体节 …… 粪蝇科 Scanthophagidae
  下腋瓣常发达或略发达,腹部第1、2合背板接合缝不明显,可见4~5个体节 …… 8

8 cu_1+an_1 脉达于翅后缘(即使呈褶状亦达翅后缘,除极个别种外),m_{1+2} 脉端段常直;下侧片无鬃;小盾片端部下面具直立纤毛(极个别除外) …… 花蝇科 Anthomyiidae
  cu_1+an_1 脉不达于翅后缘,m_{1+2} 脉端段常呈弧形和角形弯曲(cu_1+an_1 脉即使呈褶状亦不达翅后缘,如达于后翅缘则下侧片具排列不成行的鬃、m_{1+2} 脉直);下侧片无鬃;小盾片端腹面无直立纤毛 ………………………………………………… 蝇科 Muscidae

9 后小盾片退化,腹部至少第2腹板外露不被同节背板侧缘包被 ………………… 10
  后小盾片发达呈垫状,通常腹部腹板被同节背板侧缘包被 ……… 寄蝇科 Tachinidae

10 背侧片鬃4;外方肩后鬃位置较沟前鬃高,二者连线与背侧片背缘相交 ……… 11
   背侧片鬃2(极少数为3);外方肩后鬃位置较沟前鬃低,二者连接线与背侧片背缘平行(少数例外)………………………………………………………… 丽蝇科 Calliphoridae

11 下腋瓣宽阔具小叶,后气门前、后屦发达掩盖气门;m_{1+2} 脉常呈角形弯曲,通常有赘脉,在少数种类中 $2R_5$ 室具柄 ………………………………… 麻蝇科 Sarcophagidae
   下腋瓣狭不具小叶,后气门前、后屦不能掩盖气门;m_{1+2} 脉常呈弧形弯曲(少数种类 m_{1+2} 脉略直或不达翅缘),通常无赘脉,$2R_5$ 室具柄 …… 邻寄蝇科 Rhinophoridae[①]

---

① 近年来,多数学者将此科作为丽蝇科的一个亚科即邻寄蝇亚科 Rhinophorinae

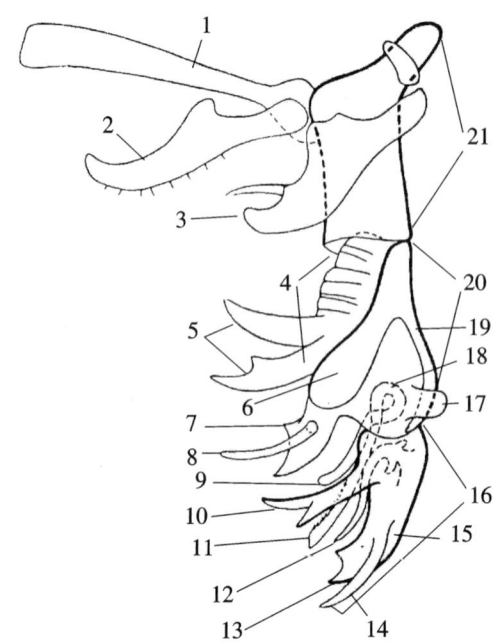

1.阳基内骨;2.前阳基侧突;3.后阳基侧突;4.膜状部;5.膜状突;6.侧阳体基部侧臂;7.侧阳体基部腹突;8.须状突;9.内侧插器;10.侧阳体端部侧突;11.中插器;12.外侧插器;13.侧阳体端部中央突;14.侧阳体端部中央突侧枝;15.侧阳体端部中央部;16.侧阳体端部;17.耳状突;18.侧插器基片;19.侧阳体基部中臂;20.侧阳体基部;21.基阳体

图 7-12　麻蝇科雄性阳体侧面观

（假想图，仿范，1965）

四、舌蝇科

蝇类种类非常多，我国广泛分布的科如蝇科、丽蝇科、花蝇科、厕蝇科、麻蝇科、狂蝇科等不做详细介绍，这里重点介绍我国没有分布的舌蝇科。

舌蝇体长为 6~13 mm，黄色或褐色、深褐色种类，成蝇具有特别尖细的口器，喙的基部呈球形膨大（或称为喙基球）。触角芒仅上侧有较多的羽状分枝，呈上侧复羽状的栉状，眼离生，眼后缘不凹入，停息时两翅重叠于腹上。幼虫在雌蝇子宫内发育经过 10 d 左右成熟，并被产于灌木丛、倒木、大石头、树木侧根阴暗潮湿的土壤或沙土中，幼虫很快自行钻入土中进行化蛹，根据温度的不同，在 22~60 d 后羽化成成虫。雌蝇一生只交配一次，在充足食物及适合的孳生环境下，每 10 d 可产幼虫一次。一次只成熟一只幼虫，其中舌蝇属（Glossina）为 30 多种，又称采采蝇（tsetse fly），不论雌雄均吸血，为昏睡病（锥虫病）的传播媒介，危及非洲 37 个国家 6 000 多万人口，同时亦是危害畜牧业生产的重要蝇类。目前，我国未发现该种蝇类的分布。

(一)舌蝇科分群检索表

1　后足跗节全暗褐色,黑褐色或黑色(或至少所有的跗节或多或少暗色;在捷舌蝇 *G. tachinoides* 中,前第1、2、3节跗节末端以及第2、3节的基端呈米色,且第1节基部或大或小的区域比其余的跗节更呈灰色,特别是在雌性标本中)…………………………………………………… 须舌蝇群 *Glossina palpalis* Group(图7-13、图7-14)
　后足跗节不全部呈暗褐色,有的呈黑褐色或黑色,但或后两节暗色,与其余各节形成明显对比,或后两节明显比前两节更暗色 ………………………………………… 2

2　腹部背板具明显条带斑纹,即底色灰色(纯灰色、米色或赭灰色)覆明显的暗褐色或紫褐色的中线间断的横带 … 刺舌蝇群 *Glossina morsitans* Group(图7-13、图7-14)
　腹部背板无上述明显条带斑纹 ………………………………………………………… 3

3　翅暗色(暗褐色),下颚须瘦而长(拟虻舌蝇 *Glossina. tabaniformis* 除外)…………
　………………………………………… 棕舌蝇群 *Glossina fusca* Group(图7-13、图7-14)
　翅灰色或浅褐色,下颚须短 ………………… 短须舌蝇群 *Glossina brevipalpis* Group

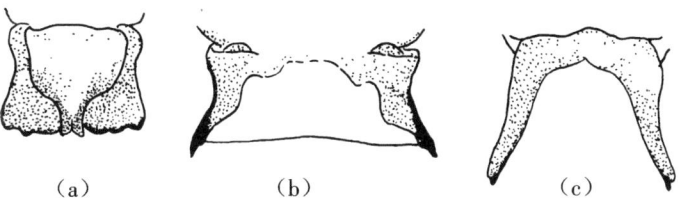

(a)刺舌蝇群;(b)须舌蝇群;(c)棕舌蝇群

图7-13　舌蝇分群

(示肛尾叶后面观雄性,仿 Pollock,1983)

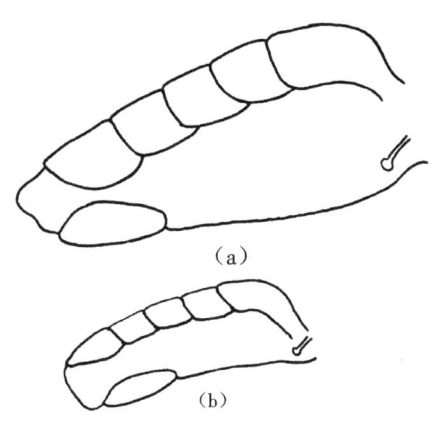

(a)棕舌蝇群;(b)刺舌蝇群

图7-14　舌蝇分群

(示雄性肛尾叶末端侧面观形状,仿 Pollock,1983)

舌蝇分群可分为四群(亚属),但一般认为与昏睡病传播较为紧密的主要为须舌蝇群及刺舌蝇群,主要包括其中的 7 种,根据世界上的分类学家进行的种下分类 16 种或亚种(表 7-1)。

表 7-1 须舌蝇群及刺舌蝇群的种及亚种

须舌蝇群 G. palpalis Group	刺舌蝇群 G. morsitans Group
(1)乌足舌蝇指名亚种 Glossina fuscipes fuscipes	(1)白足舌蝇 Glossina pallidipes
(2)金真乌足舌蝇 Glossina fuscipes quanzensis	(2)中刺舌蝇 Glossina morsitans centralis
(3)马氏乌足舌蝇 Glossina fuscipes martini	(3)长须舌蝇 Glossina longipalpis
(4)须舌蝇指名亚种 Glossina palpalis palpalis	(4)刺舌蝇指名亚种 Glossina morsitans morsitans
(5)冈比亚须舌蝇 Glossina palalis gambiensis	(5)亚刺舌蝇 Glossina morsitans submorsitans
(6)捷舌蝇 Glossina tachinoides	(6)斯氏舌蝇 Glossina swynnertoni
(7)缨角舌蝇指名亚种 Glossina pallicera pallicera	(7)奥氏舌蝇 Glossina austeni
(8)纽氏缨角舌蝇 Glossina pallicera newsteadi	
(9)乌腹舌蝇 Glossina caliginea	

(二)须舌蝇群分种检索表

1 胸部背板黄赭色或米色;第 3 至第 5 背板具明显的中间间断的暗褐色或浅褐色横带 ··· 捷舌蝇 Glossina tachinoides
 腹部背板不如上述具有明显的横带 ·· 2
2 触角第 3 节灰色(奶油色到黄赭色),全覆长缨毛,形成前后缘缨 ·····················
 ·· 缨角舌蝇 Glossina pallicera
 触角第 3 节灰色(奶油色到黄赭色),除了基部外侧覆长缨毛外,其余无明显长缨毛
 ·· 3
3 腹部背板暗棕黑色;第 2 节中部灰色区域宽,轮廓或多或少呈方形,或不规则,雄性第九背板米黄色或黄赭色 ··· 乌腹舌蝇 Glossina caliginea
 腹部背板浅褐色;第 2 节中部灰色区域呈楔形(即轮廓呈三角形),轮廓或多或少呈方形,或不规则,雄性第 9 背板灰色 ····························· 须舌蝇 Glossina palpalis

(三)刺舌蝇群分种检索表

1 前足、中足跗节最后两节具明显的深褐色、黑色末端 ··· 2
 前足、中足跗节最后两节无明显的深褐色、黑色末端(前足、中足跗节或全黑或至多

前足跗节最后两节呈浅褐色末端,中足跗节最后1节及倒数第2节端呈浅褐色,绝不形成与其他节明显对比的深褐色)⋯⋯⋯⋯⋯⋯⋯⋯⋯⋯ 白足舌蝇 *Glossina pallidipes*

2 触角第3节前后缘具明显的长缨毛;腹部背板具达后缘的暗褐色或深褐色条带(即腹部背板底色灰色,中部区域外后缘形成窄的边缘纹状)⋯⋯⋯⋯⋯⋯⋯⋯⋯⋯⋯⋯⋯⋯⋯⋯⋯⋯⋯⋯⋯⋯⋯⋯⋯⋯⋯⋯⋯⋯⋯ 长须舌蝇 *Glossina longipalpis*

触角第3节前缘无长缨毛;腹部背板的暗褐色条带不达后缘⋯⋯⋯⋯⋯⋯⋯⋯⋯⋯⋯⋯⋯⋯⋯⋯⋯⋯⋯⋯⋯⋯⋯⋯⋯⋯⋯⋯⋯⋯⋯⋯⋯⋯⋯⋯⋯ 刺舌蝇 *Glossina morsitans*

第二节 有瓣蝇类的生态习性

一、生活史

蝇类属完全变态昆虫,历经卵、幼虫、蛹、成虫4个阶段,各虫态依种类而异,各期长短因蝇种不同而不同。大部分种类卵产在体外孵化,但部分种类卵在体内孵化,产下的是成熟幼虫或1龄幼虫,如大部分麻蝇科和部分蝇科、丽蝇科产下的是1龄幼虫,而舌蝇科和胃蝇科的种类则产下成熟幼虫。

(一)卵

一般为乳白色,长为 1.0~1.55 mm,散生或堆积成卵块,卵的形状或卵块的形状因种类不同而不同,卵表面的纹理亦不同(图 7-15)。

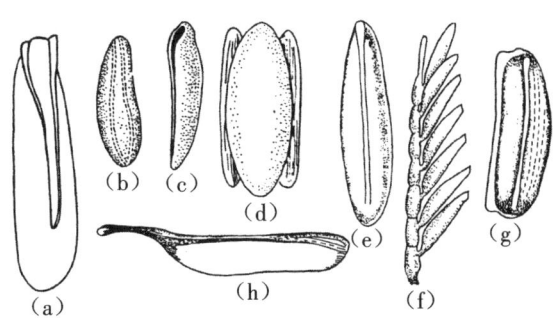

(a)花蝇;(b)家蝇;(c)厩螫蝇;(d)厕蝇;(e)丽蝇;(f)纹皮蝇;(g)腐蝇;(h)毛瓣家蝇

图 7-15 蝇卵的形状及纹理

(仿范,1992)

(二)幼虫

幼虫分3个龄期,一般认为1龄幼虫无前气门、后气门环不明显、气门裂1个;2龄幼虫具前气门、后气门环完整、气门裂2个;3龄幼虫具前气门、后气门环、气门裂3个。蝇类3龄幼虫大都呈长锥形,头小尾大,由头部往后逐渐增粗,体分14节,头部1节,胸部3节,腹部10节,但外观仅见8节,9—10节隐藏于第8节之下,第10节常演化为肛板(图7-16)。

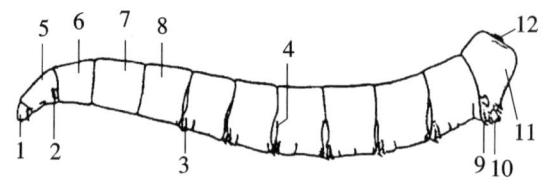

1.头部;2.前气门;3.腹垫;4.侧板;5.第1胸节;6.第2胸节;7.第3胸节;8.第1腹节;9.第9腹节;10.第10腹节;11.第8腹节;12.后气门

图7-16　家蝇三龄幼虫侧面观

(仿范,1992)

(三)蛹

3龄幼虫老熟后,表皮皱缩变成围蛹壳,围蛹壳呈棕色到褐色,有时略具金属光泽,质地坚硬,蛹被包于其中,围蛹壳除保留有3龄幼虫外部的主要特征,还有1对呼吸角。

(四)成虫

在围蛹的末期,在围蛹的头端呈环形裂开,成蝇从围蛹中羽化而出。成虫营两性生殖,一般性比为1∶1,但个别种类雌虫个体在生活中既可以均产雌性,又可以均产雄性,如丽蝇科的绯颜裸金蝇。

二、食性

(一)幼虫食性

寄生性:胃蝇科、狂蝇科、皮蝇科等。

植食性:花蝇科、粪蝇科的大部分种类。

动物食性:厕蝇科、丽蝇科、麻蝇科、蝇科的部分种类。

杂食性：丽蝇科、麻蝇科、厕蝇科的大部分种类。

(二)成虫食性

不食性：成蝇只进行繁殖需要的交配活动，如胃蝇科、狂蝇科、皮蝇科。

蜜食性：成蝇取食花蜜和植物汁液，如污蝇属的某些种类。

粪食性：成蝇主要取食各种动物的排泄物，如厕蝇属、腐蝇属、齿股蝇属、丽蝇科、麻蝇科等的一些种类。

血食性：主要食物为温血动物和人类的血液，具有刺吸式口器，如螫蝇属和舌蝇属的种类，亦如家蝇属和齿股蝇属的亲畜性种类。

杂食性：各种物质均是其食物，既取食温血动物的排泄物，亦取食垃圾、尸体等腐败动物质和植物质。

三、季节消长

蝇类季节消长因种类而异，一般而言，10℃以上即可能有成蝇出现，最先出现的可能是花蝇科以及蝇科的部分耐寒种，而早春出现的丽蝇科种类，在上海及南方，巨尾阿丽蝇则占比例会更大，至夏季则大头金蝇类较多，同时家蝇等趋住区性蝇类在温度适宜时会大量出现，由于这些种类占比较大，通常蝇类出现的高峰为5—10月，到了秋季，部分在春季出现的种类会重新出现。在热带地区，则全年均可出现高峰，因地而异。

四、孳生地

蝇类的孳生因幼虫的食性不同，表现对不同孳生地的喜好性，有的种类喜栖息于人畜粪中，如丽蝇科、蝇科、麻蝇科，有的喜孳生于腐叶、根、果实等植物性孳生物上，如花蝇科、粪蝇科的大部分种类；而有的喜欢孳生于动物尸体上，有的寄生于动物体上，如胃蝇科、狂蝇科、皮蝇科及麻蝇科、寄蝇科的部分种类。

五、活动范围

蝇类通常在孳生地半径100～200 m范围内活动，大都不超过1～2 km。但由于风力等外力作用,部分种类可飞行到数千米以外。

第三节 常见蝇类

一、须舌蝇 Glossina palpalis（Robineau-Desvoidy,1830）

(一)鉴别特征

雄性体长8~9 mm,雌性体长8.6~10.2 mm。头:侧颜及颊奶油色;后眶全灰色;额三角呈赭黄色至暗栗色,侧额带灰色,从侧面观下侧具有一狭长区域;单眼三角呈烟灰色,嵌生暗褐色单眼,除了极暗的标本外,向前形成明显的暗褐色额三角,包容着顶鬃。触角第2节末端前缘或多或少呈黄色,第3节末端外侧具狭长的淡黄色区域,余者灰色;触角芒淡黄色,下方暗褐色;下颚须灰色,上侧带黑色;喙球状部暗褐色。胸:背板大部分呈蓝灰或绿灰色斑纹。当这些斑纹完全可见时,呈沿中线两侧的细条纹,这些细纹在达盾沟时中断,并在达后缘时再次呈现。盾沟前的条带向后缘两侧扩展,而沟后的条带则向后扩展。足:前足和中足跗节最后1节呈暗褐色,基部或多或少呈淡黄色,有时端部1/3呈暗褐色,其余淡黄色;前足和中足跗节倒数第2节暗褐色,但基部或多或少带黄色。翅:带有淡淡的褐色,不像其他种类这么暗。腹:背板呈黄褐色或黑褐色;第1背板及第2背板的中间三角区域(基部在节的前方端部在节的后方)呈淡黄色或灰色;灰色的三角区向后延伸逐渐变窄呈中纵条一直延伸到第五背板,背板侧缘从第2节向后呈灰色,逐渐延伸到端部的三角斑纹;第2到第6背板后缘呈窄的灰色;第9背板呈灰色(图7-17,彩图16)。

(二)生态习性

须舌蝇种群与河边的生态有关,常在西非和中非靠近溪流、河流和湖泊旁发现。

(三)地理分布

国外:整个西非,从塞内加尔河口至安哥拉,且一直向东到苏丹南部的巴赫雷加扎地区南部。

国内：未见分布。

(a)左侧面观；(b)左前面观

图 7-17 须舌蝇雌性

(图引自 http://www.raywilsonbirdphotography.co.uk/Galleries/Invertebrates/vectors/Tsetse_Fly.html)

(四)医学重要性

该种类在1909年即证明是非洲昏睡病的媒介。

二、缨角舌蝇 *Glossina pallicera* Bigot，1891

(一)鉴别特征

头：米黄色或奶油色，颜、颊覆黄色粉被，后头烟灰色，侧额及单眼三角鼠灰色，额三角棕黄色，下半区或多或少呈褐色，单眼暗棕色，与顶鬃毛窝间具暗横带。触角第2节米色(基端褐色或暗褐色)，触角第3节通常瘦长，端部或近端部呈褐色或鼠灰色，触角芒下面米色、暗褐色，端节细长，分支18—23或24，下颚须米色或奶油色，上面灰色，末端暗褐色(图7-18)。喙基球状部生褐色，上缘呈暗褐色。胸：肩胛、侧片、盾板烟灰色，肩胛近边缘有一暗褐色点斑，有时不明甚明显。小盾片生褐色，背面沿中线两侧具有外形大体呈三角形的稍显明显的斑块。端鬃在雌性标本中有时很短，但不同个体该鬃长为雄性标本的1/6～1/2；足土黄色，前、中、后股外侧或多或少带有一点鼠灰色，下侧近端部具有一延长的褐色斑纹，通常与外侧末端前的同色小斑块相连，前、中足跗节倒数第2节末端呈褐色或暗褐色，甚至不似最后一节的暗褐色。前足、中足跗节其余节末端经常呈枯褐色。翅具有明显的棕色，腋瓣呈奶油色，平衡棒米色。腹部：第3—6节后缘，第7节整节以及雄性生殖节呈土褐色，覆粉被。雄性肛尾叶及侧尾叶互相靠近，间隙较窄甚至紧靠。

图 7-18 缨角舌蝇触角及触角芒
（仿 Austen，1911）

（二）生态习性

须舌蝇种群与河边的生态有关，常在西非和中非靠近溪流、河流和湖泊旁发现，常栖息于灌木、林荫小道、高大树木的落叶、树桩。

（三）地理分布

国外：西非的广布种。广泛分布于塞拉利昂到刚果一带。
国内：未见分布。

（四）医学重要性

该种类是非洲昏睡病的媒介。

三、乌腹舌蝇 *Glossina caliginea* Austen，1911

（一）鉴别特征

头颜、颊及后头颜色如须舌蝇，但侧额稍窄，且颊高比须舌蝇小，间额栗色，额（侧额及间额)边缘从鼠灰色到橄榄色,常比须舌蝇暗,后者从侧面观可见一延伸的暗褐色区;单眼三角纯灰或鼠灰色,单眼及与顶鬃的基部(毛窝)间横带如须舌蝇。触角鼠灰色,触角第2节末端以及第3节基部外侧具较窄的奶油米色,触角第3节前缘及后缘均无长的灰色缨毛,它的末端稍微突出。触角芒明显比须舌蝇更细长(图7-19)。下颚须烟灰色,上面向端部逐渐变暗。胸:盾板上的斑纹同须舌蝇,但有时更宽泛;侧板及背板斑纹间的区域鼠灰色,小盾片稍比须舌蝇的长,至少在雌性中如此。雌性端鬃通常较短,有时退化呈小刺,小盾片后缘及除暗色斑纹以外的区域均为奶油米色。足米黄色;基节米色,前足基节外侧具暗灰色块斑;股节,特别是前股具有暗灰色或灰褐色的条或块斑,前股常常呈深鼠灰色;前足跗节及中足跗节最后两节末端暗褐色;后足跗节全黑褐色。翅:均匀地黑褐色,相当暗。腋瓣亮奶油色,上腋瓣透明,缘缨略带浅褐色。平衡棒奶油色。腹:第1背板奶油色或米色并具暗灰色的侧斑,第2背板至第6背板深褐色;第2背板中部浅色区域为奶油色到赭色或黄棕色,中部的方形区域靠近节间缝的部分比远离节间缝的颜色更深,第2节后有一或更多背板中线附近有淡色区域,或呈米色、赭色、黄棕色,部分标本第3及4背板或第3背板、第4背板、第5背板,甚至从第1至第6背板均具有一淡色的中纵条,在另一些标本中,当其余背板淡色区域退化为一细的中纵条时,第3背板的淡色区域或第3、第4背板的淡色区域与第2节的淡色区域等宽,第2至第6背板侧缘及后角烟灰色(从背面观几乎不可见),第7背板粉被各异,从烟灰色到奶油米色或米色,而在雌性中基部略带褐色,雄性第9背板形状与须舌蝇相似,但稍大些,腹面观稍呈方形,即后缘不十分圆钝。

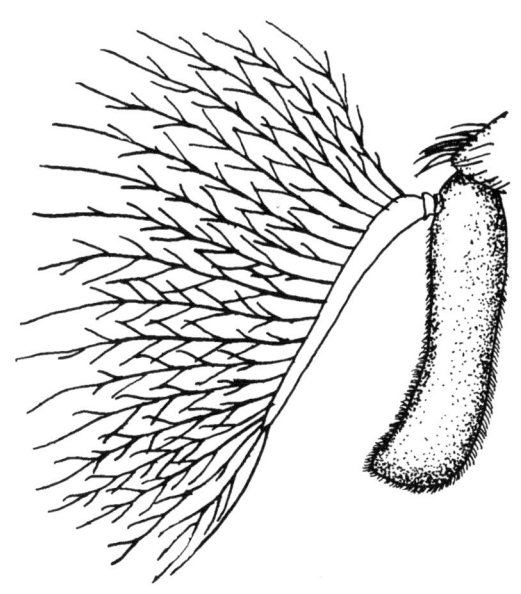

图7-19 乌腹舌蝇触角及触角芒

(仿 Austen,1911)

(二)生态习性

乌腹舌蝇与河边的生态有关,常在西非和中非靠近溪流、河流和湖泊旁发现。

(三)地理分布

国外:广泛分布于西非、尼日利亚、刚果、塞内加尔、苏丹等。
国内:未见分布。

(四)医学重要性

传播非洲昏睡病。

四、捷舌蝇 *Glossina tachinoides* Westwood, 1850

(一)鉴别特征

雄性6~6.75 mm,雌性6.8~8.4 mm。头宽:雄性2.0~2.25 mm,雌性2.2~2.25 mm。额宽在头顶处:雄性0.5 mm,雌性0.75~0.8 mm。翅长:雄性6~6.5 mm,雌性7~7.8 mm。头覆奶黄色粉被,后表面烟灰色,侧额及单眼三角明灰色,在单眼及触角基部间的中部,侧额有时具有暗斑,单眼三角两侧额纵条黄褐色,单眼三角两侧略带黄色,单眼暗褐色,与内顶鬃的基部(毛窝)间具一暗褐色横带。触角部分呈褐色或淡褐色,部分呈米色,触角第2节内面褐色或暗棕色,外侧米色,有时淡褐色且端部呈米色。触角第3节略带灰褐色或鼠灰色,基部略带米色,触角芒米色,第3芒节基部及第2芒节下侧暗褐色,芒分支14—16;下颚须米黄色,端末灰褐色。胸:肩胛、侧板纯灰色,盾板前部有一点斑或斑块(有时不显),胸烟灰色;小盾片奶油米色,具有一暗褐色,外形似三角形,在小盾片中线两侧。雌性端鬃长度约为雄性的1/3。翅:明灰色。腋瓣呈蜡白色,缘缨较短略带黄色。平衡棒奶油色。腹:第2背板中部具有一明显的方形灰色区域,其余背板中断的条带不达前缘及后缘。第7节奶油米色或具有烟灰色粉被,在雌性中则有如其余各节类似的斑纹。雄性第9背板卵形,纯灰色。足:米色,后足跗节暗褐色,所有的跗节至少带暗色,第1、3跗节的末端及第2节基部以及第3节灰色,第1节的基部大部分或小部分也呈灰色,特别在雌性更明显。前股或前股及中股外侧或多或少呈灰色,后股向端部去外侧也呈灰褐色,中股在下侧近端部具一明显的长的褐斑,后股也具有一个类似的暗斑;前足跗节和中足跗节最后一节的末端呈焦褐色,中足其余跗节末端略带褐色,有时后足跗节也如此。捷舌蝇是最小的舌蝇种类之一(图 7-20)。

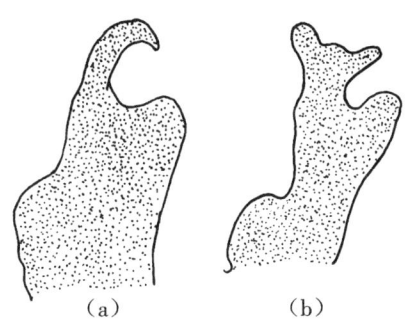

(a)乌足舌蝇;(b)捷舌蝇
图 7-20　舌蝇侧尾叶雄性
(仿 Austen,1911)

(二)生态习性

捷舌蝇常在西非和中非靠近溪流、河流和湖泊旁发现,在非洲南部的阿拉伯国家,零星地发现在大戟、巴贝刺、红柳、仙人掌生长的地带。

(三)地理分布

国外:广泛分布于西非、尼日利亚、刚果、塞内加尔、苏丹等。
国内:未见分布。

(四)医学重要性

传播非洲昏睡病。

五、白足舌蝇 *Glossina pallidipes* Austen,1903

(一)鉴别特征

中到大型种类,头米黄色,颜、颊覆亮奶油色粉被,单眼三角烟灰色或纯灰色,侧额位于中部稍往下,具有一个暗褐色延长斑,有时不显,间额生赭色,上 1/4 颜色稍呈深褐色;单眼蓝灰色,与顶鬃毛窝间具暗横带,触角第 1 节和第 2 节暗褐色,第 3 节浅灰色或深灰色,基部稍带米色,前缘具有中等长度的长缨毛,触角芒奶油色或米色,倒数第 2 节的基部分及最后一节的近端部为暗褐色,第3节长而覆毛,基部上面具有明显边缘,且具有较多枝毛,为22～28分支(图7-21)。下颚须米色,上面略带黄灰色,末端呈赭色、深灰褐色;喙基球状部深褐色或紫褐色,两侧呈棕色,除了端部。胸:侧板及背板呈鼠灰色或在雄性中呈暗灰色,在雌性中呈浅灰色、烟灰色或灰色;小盾片米色,背面沿正中两侧各具三角形的暗褐色斑纹,端鬃两性均较长。腹:第2背板两侧具一暗褐色斑纹(有时不显),该斑纹不达前缘及后缘;第3至第6背板的条带较完整(即:每一节的条带从前缘开始一直到达后缘,该条带包容在背板的底色中,从中线两侧分离,一直达到较窄的后边界);当较为明显时,每一暗色条带被中线整齐地分开,但是在很多标本中,第3、4背板条带内侧端部不十分明显,第2至第6背板的后两侧带奶油色;第7背板烟灰色或纯灰色,第9背板赭色,外形呈宽卵状。足:前股内侧且常常中股、后股的外侧向端部去或多或少带有灰色;中股有时在下侧外沿具一烟灰色条纹,中股和后股在近端部的下面具有一中等长度的暗褐色斑纹。翅:均一的明灰色。腋瓣呈蜡白色,具有奶油色边缘。平衡棒奶油色。

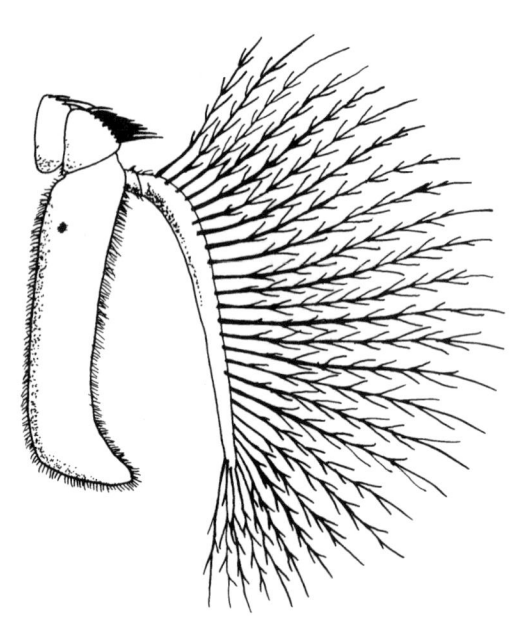

图 7-21 白足舌蝇触角及触角芒

(仿 Austen,1911)

(二)生态习性

常在东非草原上的树林区、森林区和矮灌木中发现。在乌干达区域,当火车穿越该种蝇活动带时,由于火车灯光的吸引,包括该种蝇类在内的诸多舌蝇(如短须舌蝇及长茎舌蝇)进入火车厢内,被迅速带到260 km以外的地方。

(三)地理分布

国外:非洲东部。该种的分布与长须舌蝇几乎同域分布。
国内:未见分布。

(四)医学重要性

通常传播引起人类昏睡病的罗德西亚锥虫。

六、长须舌蝇 *Glossina longipalpis* Wiedemann,1830

(一)鉴别特征

头米色,颜及颊覆奶油色粉被,后头烟灰色,单眼三角烟灰色或纯灰色,侧额具一暗褐色斑纹(与白足舌蝇类似),间额黄赭色或前段赭色,后段深褐色。单眼及与顶鬃基部间的横带如白足舌蝇,触角第1、2节米色,内侧深褐色,第3节鼠灰色,基部米色,前缘缘缨如白足舌蝇,触角芒颜色同白足舌蝇,但第3芒节没有第2芒节基部下沿的脊,暗褐色,分支毛为21~23支;下颚须米色,上面略带黄灰色,末端呈赭色、深灰褐色;喙基球状部乌黑色。胸:橄榄灰或深橄榄灰,背板斑纹似白足舌蝇,侧板、背板及小盾片与白足舌蝇相似;端鬃两性均发达。腹:背板的颜色及粉被斑如白足舌蝇,第3背板之后的诸背板上的侧斑内侧常常弱化或不显。足:除了前足跗节和中足跗节最后两节跗节外,其余颜色均同于白足舌蝇。翅:均一的明灰色。腋瓣呈蜡白色,具有奶油色边缘。平衡棒奶油色。翅、腋瓣、平衡棒三者如白足舌蝇。

本种与白足舌蝇较为相似,但前足跗节和中足跗节最后两节跗节端部具有明晰的紫褐色环斑,且雄性额宽不明显变窄(图7-22、图7-23)。

(二)生态习性

与须舌蝇相似。

(三)地理分布

国外:非洲,塞内加尔到尼日利亚、刚果、喀麦隆,南至安哥拉、赞比亚。

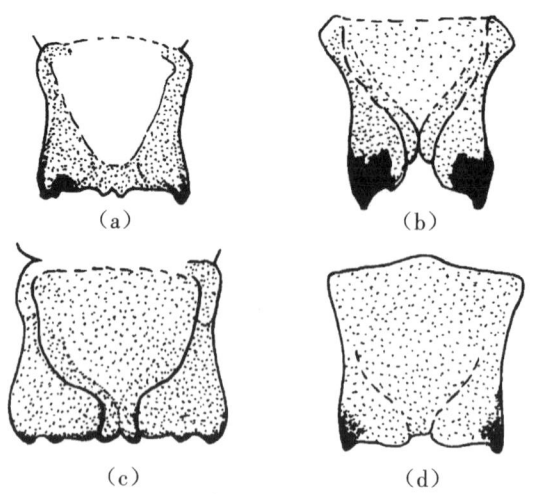

(a)奥氏舌蝇；(b)长须舌蝇；(c)刺舌蝇；(d)白足舌蝇

图 7-22　舌蝇肛尾叶雄性

（仿 Austen，1911）

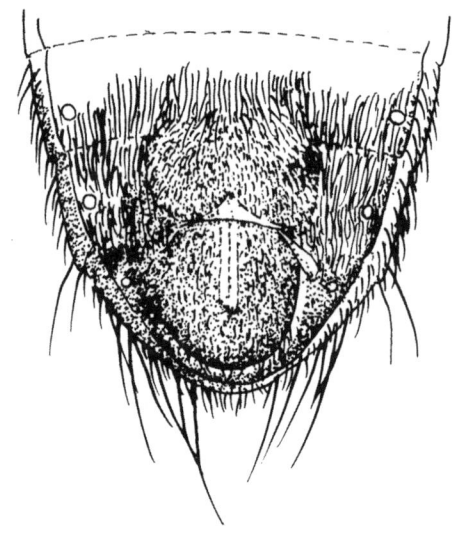

图 7-23　长须舌蝇示腹部末端，腹面观

（仿 Austen，1911）

国内:未见分布。

(四)医学重要性

通常传播引起人类昏睡病的罗德西亚锥虫。

七、刺舌蝇 *Glossina morsitans* Westwood, 1850

(一) 鉴别特征

头奶油色,颜及颊覆奶油色粉被,后头橄榄灰色,单眼三角烟灰色,在雌性中侧额在下半的上部具1暗色斑纹,而在雄性中则阙如或小或不明显,间额米色,上半或多或少呈暗褐色,单眼深灰色,顶鬃基部的单眼暗褐色,有时二者间由一同色的横带相连,触角第1、2节暗褐色,第2节端部米色,第3节鼠灰色或纯灰色,后面的角呈米色,前缘无缘缨,触角芒呈米色,第2芒节及第3芒节暗褐色,分支毛约为21支;下颚须米色,上面带黄灰色,末端鼠灰色或暗灰色。喙基球状部紫褐色或暗褐色。胸:背板或多或少似须舌蝇;雄性侧板烟灰色,在雌性中则为纯灰,背板呈烟灰色;小盾片奶油色,沿中线具1暗褐色或略带暗色三角形斑;端鬃在雌性中极短,退化呈毛状。腹:第2背板背面观基角略灰色,第6背板后缘、第2至第6背板侧缘和后角覆名灰色粉被,有时第5背板亦如此,中间中断的深褐色横带或多或少急向该节前角延伸,且中间中断的部位通常比较模糊或部分消失。当横带中断部位消失时,通常条带两半前缘及中部内侧也不明显,当条带异常不显时,其外侧通还是可见的。足:前股内侧及中、后股外侧多少略带褐色(鼠灰色、深褐色),在一些标本中,前股外侧中部区域具有1暗斑;中、后股的近端部腹面具有1长形暗褐色斑纹。中、后胫外侧有时略带褐色;倒数第2节跗节端部较窄的呈灰色。翅微带浅褐色;腋瓣蜡白色,具有奶油色边缘及缘缨(缨毛略带褐色),平衡棒奶油色(图7-24、图7-25,彩图16)。

(二) 生态习性

与须舌蝇相似。

(三) 地理分布

国外:非洲,喀麦隆,南至安哥拉、赞比亚。
国内:未见分布。

(a)雌性背侧面观;(b)雄性尾部腹面观;(c)雌性背侧面观

图 7-24　刺舌蝇

(图引自 http://www.raywilsonbirdphotography.co.uk/Galleries/Invertebrates/vectors/Tsetse_Fly.html)

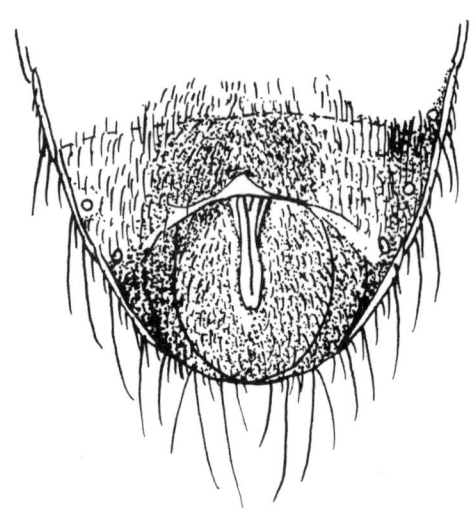

图 7-25　刺舌蝇示腹部末端,腹面观

(仿 Austen,1911)

(四)医学重要性

通常传播引起人类昏睡病的罗德西亚锥虫。

八、粪种蝇 *Adia cinerella* Fallén，1825

(一)鉴别特征

体长 3.5～5.5 mm。触角芒毳毛状；胸底色黑，具淡灰黄色粉被，背部无斑纹；中鬃 2 行，排列规则，前中鬃列间距与它和前背中鬃间距等宽；腹侧片鬃 2∶2；后胫后背鬃 2。雄性：额狭，黑色，约为触角第 3 节宽的 1/2，间额消失或存在；间额鬃阙如；腹部略呈圆锥形，具浓灰黄色粉被，各背板正中具狭三角形黑条，但不达各背板的后缘；第 5 腹板侧叶内缘末端具短鬃丛。雌性：间额黑，或有时前方略带红色，有间额鬃；腹部略呈卵形(图 7-26)。

(a)雌性头前面观；(b)雄性头前面观；(c)雌性体背面观；(d)雌性体侧面观
图 7-26 粪种蝇

(二)生态习性

幼虫主要孳生于地表猪粪、牛粪、人粪和马粪块中，也可在土厕所、人粪堆中和烂菜中孳生。成蝇喜食地表人粪、猪粪、牛粪、鸡鸭粪、狗粪和其他腐败植物质，但少见于腐败动物质中。牟广思等 1981 年报道，在辽宁西部地区粪种蝇在地表猪粪、人粪块中常与肖秋家蝇共栖。主要活动期在4月至11月中旬,6月为繁殖高峰,盛夏几乎绝迹,到10月份又出现第二次高峰;另据高景铭等1965年报道,在河北地区主要发生在4—5月,到10月中旬至12月上旬又出现。

(三)地理分布

国外:朝鲜、日本、俄罗斯、欧洲[瑞典(模式产地)]、北非洲、中亚、阿拉伯半岛、印度、尼泊尔、亚洲(北、东部及西、南部)、北美。

国内:天津、河北、山西、内蒙古、辽宁、吉林、黑龙江、上海、江苏、浙江、安徽、福建、山东、河南、湖北、湖南、广东、四川、贵州、云南、西藏、陕西、甘肃、青海、宁夏、新疆、台湾。

(四)医学重要性

可携带大肠杆菌、普通变形杆菌、金黄色葡萄球菌、肺炎双球菌和多种链球菌等。

九、夏厕蝇 Fannia canicularis (Linnaeus, 1761)

(一)鉴别特征

侧额有上眶鬃;前胸侧片中央凹陷处裸,翅前鬃存在;下腋瓣突出;后足基节有后腹鬃毛,后胫前腹鬃2;中足基节下缘具刺,中股中部无刺状前腹鬃,中胫前背鬃、前腹鬃各1;中足第1分跗节基部腹面无齿状刺,足一般黑色或暗棕色;雄性:中胸盾片具明显的3条棕色纵纹;腹部第1、2合背板、第3、4背板均有倒"T"字形暗斑,其两侧部分呈黄色、第5背板暗色,尾节正常大;雌性:腹部暗灰色,仅基部两侧带黄色;体长5.0~7.0 mm(图7-27,彩图16)。

(二)生态习性

幼虫孳生于人粪和厕所中,以砖厕所为主,也可在发酵或渍制的食物中发现。成蝇活动较广泛,属于春秋型蝇种。主要在住区活动,是经常侵入室内的蝇种之一,其雄性很活跃,活动场所有厕所、糕点店、水果摊、菜市场、酿造厂、豆制品加工厂、居室、庭院等。本种的幼虫和蛹可在垃圾中越冬。

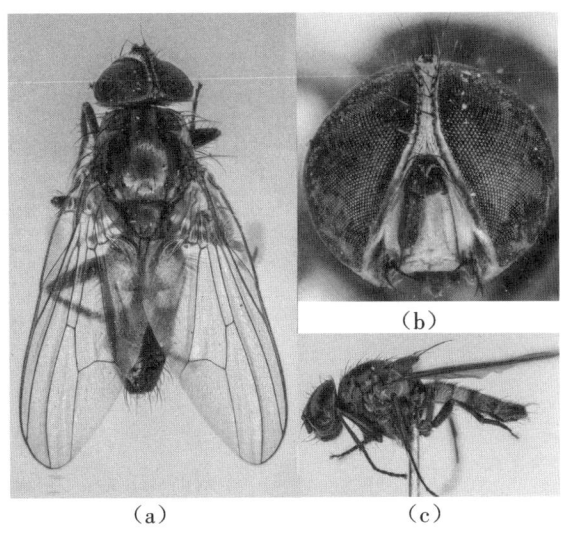

(a)体侧面观;(b)头前面观;(c)体侧面观

图 7-27　夏厕蝇雄性

(三)地理分布

国外:朝鲜、日本、蒙古、俄罗斯、全北区、瑞典(模式产地)、非洲界、新热带界、澳洲界。

国内:北京、天津、河北、山西、内蒙古、辽宁、吉林、黑龙江、江苏、山东、河南、广西、西藏、甘肃、青海、新疆。

(四)医学重要性

成蝇可携带脊髓灰质炎病毒、小儿下痢变形杆菌、普通变形杆菌、痢疾杆菌、弗氏痢疾杆菌、宋氏痢疾杆菌、麻风杆菌、金色葡萄球菌、大口马胃丝虫。幼虫可使人致皮下或胃肠道、尿道的蛆症。

十、厩腐蝇 *Muscina stabulans* Fallén, 1817

(一)鉴别特征

体长 6.0～9.5 mm。雄性:眼裸,额宽为触角第 3 节宽的 1.5～2 倍,间额黑,等于或略宽于一侧额宽,下眶鬃 10～11 对;颊黑、覆灰色粉被,颊高为眼高的 1/6～1/5 倍;触角暗色,第 3 节末端及第 3 节基部带红色,第 3 节约为第 2 节长的 2 倍且约为其本身宽的 2.5 倍,芒暗色、长羽状；下颚须黄。胸：盾片暗色,覆淡灰粉色被,2对黑纵条明显,中鬃3+1,背中鬃2（或3）+4,翅内鬃0+2,并在小盾沟前有1小的内翅内鬃,肩鬃3~4,肩后鬃3；小盾与盾片同色而端部约1/3带红色；背侧片具小毛,前胸基腹片、前胸侧板中央凹陷、翅侧片及下侧片均裸,腹侧片鬃1:2,气门暗色。翅：淡棕透明,翅肩鳞及前缘基鳞黄,m_{1+2}脉终末于翅尖的紧后方,该脉近末端呈圆弧形弯曲,$2R_5$室开口处宽约为该室宽的1/2强,m-m横脉轻度S形波曲；腋瓣微带棕色,缘缨淡棕,下腋瓣无小叶；平衡棒黄。足：胫节黄色,股节端部亦呈黄色,后股端至少1/3的腹面呈黄色,股节其余部分及跗节暗色；前胫仅有短的前背鬃而无后鬃；中股基半有前腹鬃和后腹鬃并有少数前鬃及后鬃；中胫有后鬃2~3个；后股具有前腹鬃列、基半具毛状的后腹鬃；后胫前腹鬃2,前背、后背鬃列不发达,仅其中的中位和亚中位各1个较长。腹：短卵形,底色黑,密覆棋盘状带金色粉被斑和不很明显的暗色条,第五背板中鬃、缘鬃较明显。雄性尾器：肛尾叶后面观正中愈合段约占一半长,端部宽稍大于基部宽之半,两侧几乎平行,末端呈钝平略斜的方形。

雌性：眼离生,额宽明显大于头宽的1/3；外顶鬃发达,间额黑,覆淡灰黄粉被,为一侧额宽的3.3~3.4倍,具间额鬃1对,侧额除下眶鬃约8对及2对后倾上倾鬃外,近眼前缘有1行小毛随侧额渐增宽而向前方呈不整齐的多行（图7-28,彩图16）。

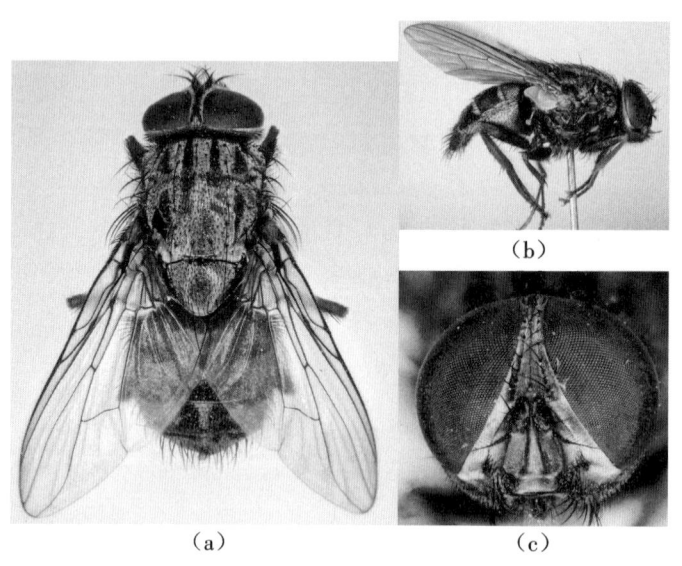

（a）体背面观；（b）体侧面观；（c）头前面观

图7-28 厩腐蝇雄性

（二）生态习性

幼虫孳生于人粪、猪粪、鸡粪、混合粪肥、兽骨、兽毛、兽皮、烂菜、腌菜、废弃物、酱渣、豆腐渣和垃圾等20余种场所。为我国北方城镇的优势种,可侵入居室。辽宁从3—11月均可出现,6月上、中旬大量羽化,出现全年最高峰,9月中旬出现第二次小高峰,为繁殖盛期。该种个体数量约占住区蝇类总数的1/3,是蝇密度重要指标之一。

(三)地理分布

国外:古北界[瑞典(模式产地)]、新北界、新热带界、澳洲界和东洋界局部地带,非洲界的肯尼亚和南非也可发现。

国内:北京、天津、河北、山西、内蒙古、辽宁、吉林、黑龙江、上海、江苏、浙江、山东、河南、四川、云南、西藏、陕西、甘肃、青海、新疆。

(四)医学重要性

成蝇可携带脊髓灰质炎病毒、口蹄疫病毒、普通变形杆菌、霍乱弧菌、小儿下痢变形杆菌、副伤寒杆菌C、弗氏痢疾杆菌、宋氏痢疾杆菌、金黄色葡萄球菌等,可传播多种肠道传染病和畜、禽类传染病。

十一、古铜黑蝇 *Ophyra aenescens*(Wiedemann,1830)

(一)鉴定特征

体亮黑,眼裸、眼后缘明显可见凹入,前中中列与前背中列间有一缺底毛的裸纵条,触角第1—2节和第3节基部黑色,下颚须黄[不同于该属的其他种类,澳大利亚东北产标本淡角黑蝇 *O. palli cornis*(Pont,1975)的触角大部黄色而下颚须黑、眼后缘直]。雄性:两眼不紧接,额宽约为前单眼宽的2倍或稍宽,间额绒黑,约为一侧额宽的3倍强,前足跗节全黑,后足转节后腹面具较长而末端弯曲的毛簇。雌性眼远离,额宽约等于一眼宽,额三角亮黑,向前达于新月片(可与厚环黑蝇区别),侧额、侧颜上部亮黑,无粉被(可与暗额黑蝇区分)(图7-29,彩图17)。

(二)生态习性

本种在我国首先在浦东机场附近孔雀尸体上采集到,成虫可被人粪、动物尸体等诱集到。当幼虫与家蝇共同孳生时,家蝇幼虫的死亡率会明显升高。

(a)雄性体背面观;(b)雄性体侧面观;(c)雄性头前面观;(d)雌性头前面观

图 7-29　古铜黑蝇雄性

(三)地理分布

国外:丹麦、挪威、德国、捷克、波兰、匈牙利、法国、罗马尼亚、希腊、马耳他、意大利、西班牙、加那利群岛、美国、墨西哥、中美洲、南美洲、澳洲界[夏威夷群岛(美)、基里巴斯、瑙鲁、马克萨斯岛及社会群岛(法国)、伊斯特岛(智)]。

国内:大连、上海、天津、南京、宁波。

(四)医学重要性

本种可传播脊髓灰质炎病毒、埃克病毒、沙门氏菌、赤痢志贺菌等重要病原微生物。

十二、家蝇 *Musca domestica* Linnaeus, 1758

(一)鉴别特征

体长 4.0~8.0 mm。雄性:复眼无毛。侧后顶鬃 1 对,内顶鬃发达,外顶鬃与眼后鬃呈毛状,下眶鬃约 18 个,间额棕或黑色,至少与侧颜等宽,侧额亮黑,其下方向下的头前面覆银白粉被,侧颜无毛;触角第 3 节灰、第 2 节棕,前者约为后者长的 2 倍;芒长羽状,基部增粗段约占全长的 2/5;颜堤毛上升至下方 1/2 处,颊高约为眼高的 1/5;下颚须棕,端部稍宽;中喙长约为宽的 2.5 倍,喙齿不特别强大,齿末端不尖,呈细锯齿状。胸部粉被灰白略带点黄色调,中胸盾片具2对黑色纵条,内方的1对在小盾沟前终止,暗色的翅侧斑延续到翅后坡,小盾基部的侧缘,小盾端部暗斑通常呈条形向前延伸到小盾沟;中鬃0+1,背中鬃3+4,翅内鬃0+1,翅前鬃1,翅上鬃1,肩后鬃1:0,沟前鬃1,小盾的前基鬃、基鬃、端鬃各1,心鬃2对,腋瓣上肋前后刚毛簇阙如,翅后坡裸,前胸基腹片和前胸侧板中央凹陷具毛;前气门白,后气门缘毛黄,在光源下闪为银黄色,其后缘嵌生1个黑色鬃,下侧片在后气门前下方疏生几个短毛,腹侧片鬃1:2。翅透明,前缘基鳞及亚前缘骨片黄,脉棕黄色前缘刺不显,m_{1+2}脉末段呈心角弯曲;腋瓣淡黄,下腋瓣上面无毛,外后缘几乎呈方形;平衡棒黄。足暗棕色,前胫仅具端鬃,中胫后鬃5;后胫前腹鬃2,后背鬃1—2。腹部第1、2合背板除前缘及中条暗色外均为黄色,第3背板上的暗中条,其中部宽约等于这一节长的1/2,余为黄色,在该中条外侧及该背板侧缘带一点轮廓不明确的银黄色粉被斑,第4背板具暗色正中条,其旁为银黄粉被斑,斑外侧隔着比这一正中条稍宽的可变色的亚侧条,其外侧方亦为银黄色粉斑;第5背板的色调、斑、条近似于第4背板,有时正中条不明确。第1腹板具毛。

雌性:额宽约等于1眼宽,额在上方的侧额极狭,下眶鬃7,上眶鬃呈小毛状,小毛上段为2行,下段则为3行;颊高约为眼高的1/6。腹部第1、2合背板与雄性相似,第2背板除具暗色正中条外还具亚侧条,正中条与亚侧条之间及亚侧条外侧方均为银灰的黄色粉被,第4、5背板都类似于第3背板(图7-30,彩图17)。

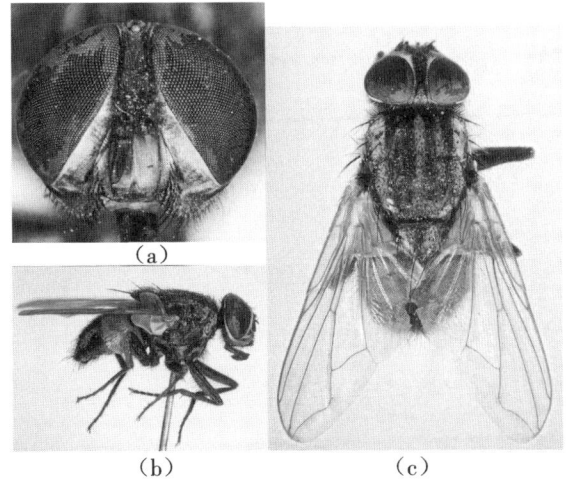

(a)雄性头前面观;(b)体侧面观;(c)体背面观

图7-30 家蝇

(二)生态习性

本种为喜室内真住区蝇类。幼虫杂食性,而极嗜畜粪,广泛分布于 20 余种孳生场所,在酒槽等发酵饲料中虫口密度最高,为垃圾中常见蝇种。垃圾成为本种在城镇的主要孳生源。越冬情况因南北气候条件而异。

(三)地理分布

国外:世界性[欧洲及美洲(模式产地)]。北美极北地区及智利南部尚无报道。
国内:全国分布,但青藏高原海拔较高地区未发现。

(四)医学重要性

本种与人的饮食和食具接触频繁,与疾病的传播有密切关系。据 Greenberg 和 Povolný (1971),家蝇所携带的病毒、衣原体、噬菌体、立克次体、细菌和原生动物不下 200 种,很多是属于病原性的,已证实它参与霍乱、沙门氏菌症、伤寒、副伤寒、痢疾、大肠杆菌有毒株等肠道传染病,炭疽、气体坏疽等创伤性传染病,结核、麻风等皮肤及呼吸道传染病,脊髓灰质炎、天花、肝炎等病毒性传染病以及沙眼衣原体等;还有多种禽、畜流行病,人畜寄生虫病。其幼虫也能致人、畜蛆症。

十三、黑边家蝇 *Musca hervei* Villeneuve,1922

(一)鉴别特征

体长 5.0~7.5 mm。雄性:复眼具微毛;额宽约等于前单眼宽、间额黑,在最狭段呈一线,下眶鬃约 25 个,头顶黑灰,额下方的头前面覆银白粉被,侧颜无毛,比触角第 3 节为宽;触角第 2 节暗灰,第 2 节黑,前者约为后者长的 2.5 倍,长羽状;颜堤毛上升至下方的 2/3 处,颊高约为眼高的 1/6,下颚须黑。胸:中胸背板呈灰色、淡黄灰等色。具 2 对暗纵条,中间 1 对黑色纵条差不多等宽,末端终止于后盾片的中部,翅侧条暗色,连续到翅后坡、小盾基部的侧缘;小盾片的末端及沿小盾沟后缘也呈暗色,中鬃 0+1,背中鬃 2+4,翅内鬃 0+1,翅前鬃 1,翅上鬃 2,肩后鬃(1~2):0,沟前鬃 1,小盾的前基鬃小,基鬃、端鬃发达,心鬃 1~2 对,腋瓣上肋前具有刚毛簇,后刚毛簇阙如,前胸基腹片具毛,前胸侧板中央凹陷裸,前气门黄,后气门缘毛棕色,其后缘嵌生黑色鬃,下侧片裸,腹侧片鬃1:2。翅透明,前缘基鳞黄色,脉棕黄,干径脉的上方后侧具1个毛,仅径脉结节有毛,r_{4+5}脉越过r-m横脉绝无小,m_{1+2}脉角形弯曲和缓,$2R_5$室开放,腋瓣黄色,下腋瓣上面无毛;平衡棒黄色。足黑,前胫仅具端鬃;中胫前背鬃1,后鬃4;后胫前腹鬃2,后背鬃1。腹部第1、2合背板上面黑色,在两侧上面有明显的圆形银灰色粉被闪斑;第3背板暗色正中条的宽度约为近中的方形银黄粉被斑宽的1/2,亚侧条棕黄色,其外侧也具淡色粉被;第4背板正中条稍细,近中斑呈长方形,亚侧条中段的宽度与正中条近似,外侧的粉被斑比近中斑大;第5背板正中条细,亚侧条较宽,有时斑纹模糊不清;各腹板及邻接腹板的背板边缘都呈黑色(图7-31)。

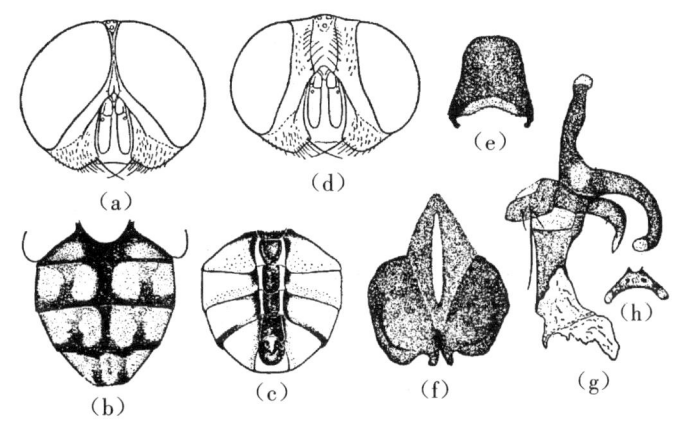

(a)雄性头前面观;(b)雄性腹部背面观;(c)同上侧面观;(d)雌性头前面观;(e)雄性第五腹板;(f)雄性肛尾叶后面观;(g)雄性外生殖器侧面观;(h)雄性阳基后突前腹面观

图7-31　黑边家蝇

[(a)、(b)、(c)、(d),仿范滋德,1965;余均仿Patton,1933]

(二)生态习性

本种幼虫孳生专一,幼虫孳生在露天地表较新的牛粪块中。成蝇血食性。雌性蝇产卵于新鲜牛粪上。

(三)地理分布

国外:朝鲜、日本、北部湾(模式产地)、印度、缅甸、斯里兰卡、尼泊尔。

国内:北京、河北、山西、内蒙古、辽宁、吉林、上海、江苏、浙江、安徽、福建、江西、山东、河南、湖北、湖南、广西、云南、陕西、甘肃、宁夏、西藏,我国亦为模式产地。

(四)医学重要性

在日本已证实为寄生眼部的吸吮线虫 Thelazia 的主要中间宿主。

十四、市蝇 Musca sorbens Wiedemann, 1830

(一)鉴别特征

体长 4.0~7.0 mm。雄性:复眼无毛,眼后缘较直;侧后顶鬃 1 对,有时一侧为 2;内顶鬃发达,外顶鬃与眼后鬃均呈毛状;额宽大于或小于触角第 3 节的宽度,间额棕黄或暗色,下眶鬃约 25 个,侧额亮黑,其下部向下去头前面覆有银白色粉被,侧颜无毛;触角第 3 节灰,第 2 节棕,前者约为后者长的 2 倍;触角芒基部 1/3 增粗,疏长羽状;颊高约为眼高的 1/6,下颚须褐色;前颊长约为高的 3 倍。胸背粉被灰白,中胸盾片沟后部分 2 对纵条合并为 1 对宽黑色纵条,并达于小盾沟;通常自小盾沟向后有 1 暗色中条达于小盾的末端,有时则中断。中鬃仅小盾前 1 对,背中鬃(2~3)+(4~6),翅内鬃 0+1,翅前鬃 1,翅上鬃 1 很发达,肩鬃 2~3,肩后鬃 1:0,沟前鬃 1;小盾的前基鬃 1,基鬃 1,端鬃 1,心鬃常 1 对;腋瓣上肋前、后刚毛簇全无,翅后坡裸,前胸基腹片两侧具较长的毛,前胸侧板中央凹陷裸,前气门白,后气门具棕色细毛羽状的屝,而在其后缘嵌生 1~2 个黑色鬃,下侧片在后气门前下方具毛,腹侧片鬃 1:2。翅黄而透明,前缘基鳞、亚前缘骨片、翅脉均为黄色;前缘刺不显,干径脉上后方仅具 1 个黑色刚毛,仅径脉结节具小毛,r_{4+5} 脉裸,m_{1+2} 脉末段呈心角弯曲,腋瓣蜡白,下腋瓣上面无毛,宽大,后缘略呈方形;平衡棒黄。足暗棕色,前胫仅具端鬃;中股中部通常具前鬃 1~2,前腹鬃 3,后腹鬃 4,均在基部;后胫前背鬃、后背鬃各 1 列,均在 10 个以上,前腹鬃 1~2。腹部第 1、2 合背板黑色(有少数个体呈棕色或近中两侧有黄色斑),第 3 背板具黑色正中条,其中段宽约为这一节长的 1/2,其旁为近中淡黄色粉被斑,斑外侧隔着狭的可变色的黄色亚侧纵条,有淡黄色的背面观略带三角形的侧粉被斑;第 4 背板除正中黑色条较狭、后缘常有暗色缘带外,余均极似第 3 背板;第 5 背板上的色斑不太稳定,通常有如下两种情况:第 5 背板中央有宽的黄灰色的粉被斑(正中暗色纵斑不明显),其外缘以狭的可变色的暗色亚侧纵条与背面观呈三角形的粉被侧斑相隔;有些个体第 5 背板具明确的暗中条,及比中条略宽的两侧条,粉被灰白或稍带些黄色。各腹板大多呈黄色。

雌性:额宽约为头宽的 1/3,间额黑,约为 1 侧额宽的 2 倍;外顶鬃与内顶鬃发达,下眶鬃7~8,上眶鬃3;胸背纵条同雄性;一般来说,底腹部色棕黑,具淡黄灰色粉被,第1、2合背板全黑,第3背板具正中暗色条,其两侧具宽度比正中条为宽的近中粉被斑,后者的外方为亚侧暗色条,宽度略狭于正中条,界限有时模糊,且有时与侧粉被斑难以区分;第4背板斑纹似第3背板,但暗色纵条狭;第5背板大部覆粉被,仅在正中线两侧具1对可变色的暗色纵斑,各腹板大多呈灰色(图7-32,彩图17)。

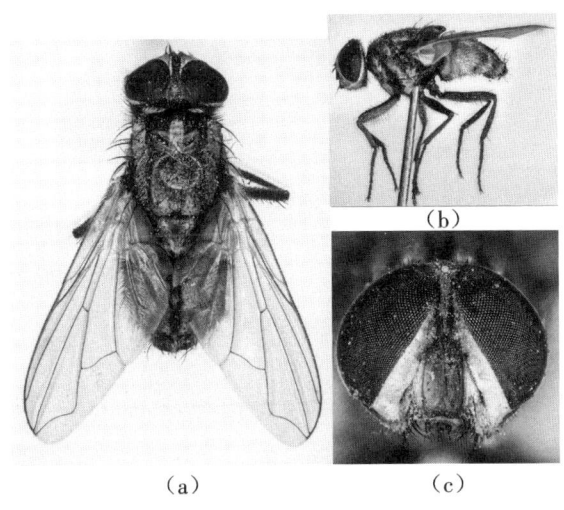

(a)体背面观;(b)体侧面观;(c)头前面

图7-32 市蝇雄性

(二)生态习性

幼虫主要孳生于地表人粪块中,也可孳生于畜粪和垃圾中。幼虫粪食性,夏秋为繁殖盛期。成蝇较喜室外,但也常出入室内,夏、秋季的菜市场、水果市场上常见,喜舔食人的分泌物。

(三)地理分布

国外:日本(吐噶喇列岛、琉球群岛)、朝鲜、韩国、泰国、柬埔寨、缅甸、东洋界、蒙古、俄罗斯(远东地区)、中亚、西南亚、阿塞拜疆、古北界(南缘)、夏威夷群岛、非洲界(模式产地:塞拉利昂)。

国内:河北、山西、内蒙古、辽宁、江苏、浙江、安徽、福建、江西、山东、河南、湖北、湖南、广东、广西、海南、四川、云南、陕西、甘肃、新疆、台湾。

(四)医学重要性

成蝇可携带沙眼衣原体、痢疾杆菌、结核杆菌、麻风杆菌、淋球菌、炭疽杆菌、绦虫、大口马胃丝虫、小口马胃丝虫、蛔虫卵,可传播眼疾和肠道传染病。

十五、厩螫蝇 Stomoxys calcitrans Linnaeus,1758

(一)鉴别特征

雄性:体长 5.0~7.0 mm。眼裸,间额宽为 1 侧额宽的 3 倍以上,间额正中有淡棕色粉被纵条,从单眼三角往下延伸,呈倒长三角形,下眶鬃 9~12,外顶鬃存在,头前面观粉被银灰色,侧颜略窄于触角第 3 节宽,颊狭,约为侧颜宽的 2/3 倍;触角棕红色,第 3 节具粉被,其长度为第 2 节的 3 倍,触角芒仅上侧具纤毛,基部约 2/5 增粗;下颚须黄色;胸背具灰黄带橄榄色粉被,后面观具 2 对暗色纵条,中鬃 0+1(小盾前),前背中鬃 1,后背中鬃仅 2 个较大;肩鬃 2~3,肩后鬃 1,翅前鬃缺如,具前中侧片鬃,背侧片具小毛,腹侧片鬃 0∶1,前胸基腹片具毛,前胸侧板中央凹陷具毛,前、后气门均小,前气门棕黄,后气门棕黑。翅透明,翅脉棕黄,翅基略暗,前缘刺不发达,翅肩鳞黑,前缘基鳞棕黄以至黄色,r_{4+5} 脉下面的小毛仅见于基部,不超过 r-m 横脉,m_{1+2} 脉末段轻微地弧形弯曲,腋瓣淡黄色,平衡棒黄。足黑,前胫无鬃;中胫无鬃;后足胫节有 1 列短的前背鬃,3 个短的前腹鬃。腹黑,具灰黄色粉被及带纹。第 3、4 背板正中上缘和两侧下缘各具 1 个不相连的暗斑。

雌性:体长 6.0~7.5 mm。额宽为头宽的 1/2 弱,间额宽为 1 侧额宽的 4 倍以上,间额上方有 1~2 对小鬃,下眶鬃 8~12 对,侧额上部另有下倾鬃状毛不整齐的 2 行(6~7 个),其中 2 个较大;侧颜裸,与触角的第 3 节几乎等宽,前缘基鳞黄,腋瓣白,平衡棒黄;腹部斑纹较雄性明显,余如雄性(图 7-33,彩图 17)。

(二)生态习性

幼虫主要孳生于畜粪中,其次是饲料和垃圾中,但人粪中也可见到。是农村和牧区常见种类,嗜热型蝇种,喜吸温动物的血。

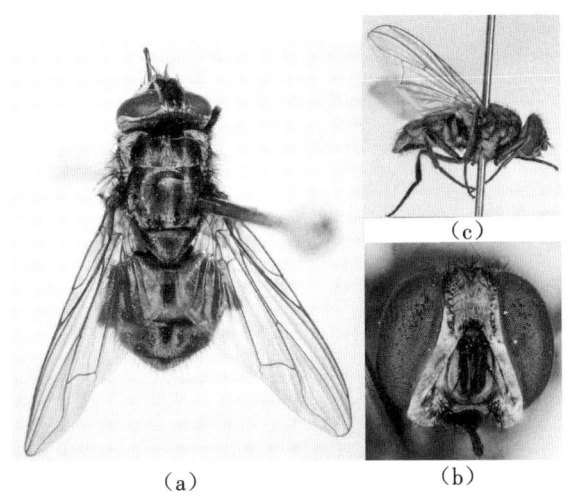

(a)体背面观;(b)体侧面观;(c)头前面观

图 7-33 厩螫蝇雄性

(三)地理分布

国外:世界性。

国内:全国性。

(四)医学重要性

成蝇可携带天花病毒、脊髓灰质炎病毒、口蹄疫病毒、马传贫血病毒、普通变形杆菌、霍乱弧菌、副伤寒杆菌 B、伤寒杆菌、鼠疫耶尔森菌、土拉弗朗西斯菌、肺炎双球菌、炭疽杆菌、牛流产杆菌、出血性黄疸螺旋体、阿米巴原虫、苏拉锥虫、小口马胃丝虫、大口马胃丝虫,也可携带伊氏锥虫、布氏锥虫、炭疽、鸡痘病毒、布鲁氏菌病、非洲马瘟。

十六、丝光绿蝇 *Lucilia sericata*(Meigen,1826)

(一)鉴别特征

体长 5.0～10.0 mm。在额最狭处,雌性、雄性侧额宽约为间额宽的 1/2;颊较宽;触角第 3 节长约为第 2 节的 3 倍;肩胛肩鬃后区小毛在 6 个以上;胸部小毛较细长而密;第 2 个前中鬃的长度达到第 1 后中鬃处;后中鬃 3 对;后胸基腹片有纤毛;前缘脉基鳞黄色;中足胫节前背鬃 1;腹部第 3 至 4 各腹板的毛的长度与后足股节、胫节上的毛等长,侧面观腹部不拱起;雄性:肛尾叶后面观端部显然向末端尖削,侧面观末端不呈头状,略直,后侧毛较长,超过末端横径2倍;前阳基侧突有3(或4)根刚毛,常着生在端部的1/3的距离内;第5腹板基部的长度大于侧叶长的1/2(图7-34,彩图18)。

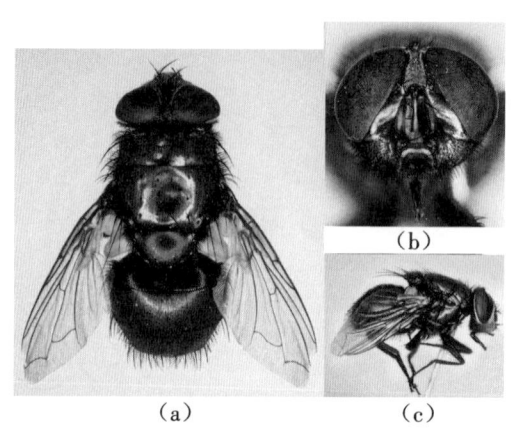

(a)体背面观;(b)头前面观;(c)体侧面观

图7-34　丝光绿蝇雄性

(二)生态习性

幼虫孳生场所广泛,但主要孳生在腐败动物质中,而人粪、猪粪和动物饲料以及垃圾内也可孳生。据高景铭等1965年报告,河北4月份出现,11月份停止繁殖。又据牟广思等1981年报告,在辽宁西部繁殖期在5—10月份,7月份为繁殖高峰。

(三)地理分布

国外:朝鲜、日本、印度、印度尼西亚、斯里兰卡、蒙古、欧洲、北非、沙特阿拉伯、南非、澳大利亚、威克岛、夏威夷群岛、马绍尔群岛、吉尔伯特群岛、菲尼克斯群岛、诺福克岛、皮特克恩岛、伊斯特岛、新喀里多尼亚岛、北美。

国内:北京、天津、河北、山西、内蒙古、辽宁、吉林、黑龙江、上海、江苏、浙江、安徽、福建、江西、山东、河南、湖北、湖南、广东、广西、海南、重庆、贵州、四川、云南、西藏、陕西、甘肃、青海、宁夏、新疆、台湾。

(四)医学重要性

本种为肠道传染病的机械携带者,包括细菌性和原虫性痢疾等,疑为脊髓灰质炎的传播者。在英国,本种幼虫是绵羊蛆症的主要病原。

十七、红头丽蝇 *Calliphora vicina* Robineau-Desvoidy, 1830

(一)鉴别特征

体长 6.5~13.0 mm。颊呈红棕色或红色;触角长,第 3 节长为第 2 节长的 4 倍左右;胸部青黑色,具粉被;中胸盾片沟前中央具两条纵纹;后中鬃 3;肩后鬃 3;前翅内鬃 1;下腋瓣上面具直立纤毛;腹部青色,第 4 背板小毛疏散,前、后缘间有小毛 7~9 行;雄性:肛尾叶短于侧尾叶,侧尾叶长宽,略直;雌性:侧后顶鬃 1 对(图 7-35,彩图 18)。

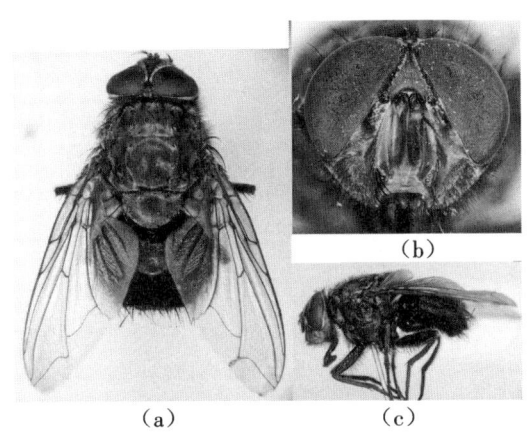

(a)体背面观;(b)头前面观;(c)体侧面观

图 7-35 红头丽蝇雄性

(二)生态习性

本种为真住区性及半住区性病媒蝇类,在亚热带,成蝇在温带发生;在温带春、秋两季出现;在亚极区或高原,则夏季出现。幼虫主要为尸食性,孳生在腐败动物质中,偶亦在粪便中。

(三)地理分布

国外:日本、朝鲜、印度、巴基斯坦、埃及、尼泊尔、沙特阿拉伯、地中海东岸、伊朗东部、欧洲、加那利群岛、北美[美国费城(模式产地)]、澳大利亚、新西兰。

国内:北京、天津、河北、山西、内蒙古、辽宁、吉林、黑龙江、上海、江苏、浙江、安徽、福建、江西、山东、河南、湖北、湖南、广东、广西、重庆、四川、贵州、云南、西藏、陕西、甘肃、青海、宁夏、新疆。

(四)医学重要性

引起人的肠蛆症,在英国,红头丽蝇是羊蛆症的病原之一。

十八、大头金蝇 Chrysomya megacephala (Fabricius, 1794)

(一)鉴别特征

体长 10.0 mm 左右;颜、颊部橙黄色,侧颜及颊部均具黄色毛;颜堤仅上 1/4 具黄色毛;腹部第 3、4 背板具蓝色后缘带;雄性:间额消失,额极狭;复眼上 2/3 为大型小眼面,下 1/3 为小型小眼面;第 5 背板腹面毛黑色,第 2 腹板上的小毛多呈黑色;雌性:中段间额宽常为一侧额的 2 倍或超过 2 倍,间额中段向两侧凸出;腹侧片及第 2 腹板上以黄色小毛占多数;复眼上下小眼面一致(图 7-36,彩图 18)。

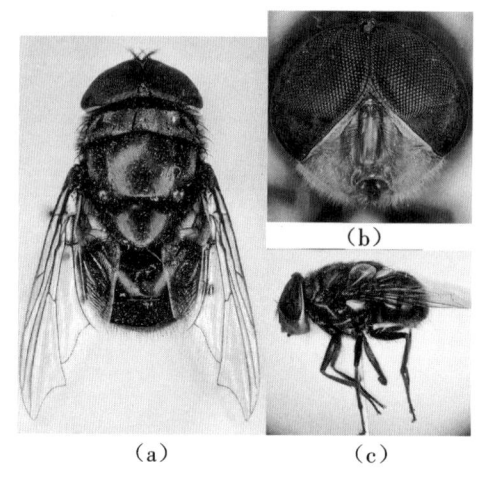

(a)体背面观;(b)体侧面观;(c)头前面观

图 7-36　大头金蝇雄性

(二)生态习性

幼虫主要孳生在厕所、粪池等稀人粪中,也可孳生于腐败动物质和垃圾中。

(三)地理分布

国外:朝鲜、日本、越南、泰国、马来西亚、孟加拉国、印度尼西亚、菲律宾、东洋界及毛里求斯、巴布亚新几内亚及新不列颠、新赫布里底群岛、澳大利亚及大洋洲、西非、南美。

国内：黑龙江、吉林、辽宁、内蒙古、河北、北京、天津、山西、山东、河南、陕西、宁夏、甘肃、青海、安徽、江苏、上海、浙江、江西、湖北、湖南、四川、贵州、福建、台湾、广东、海南、广西、云南、西藏、重庆。

(四)医学重要性

幼虫偶尔寄生于人、畜伤口。成蝇可携带多种病菌及病毒，所带病菌有伤寒杆菌、绿脓杆菌、志贺氏和福氏痢疾杆菌、大肠杆菌、副大肠杆菌以及变形杆菌等。湖北省已证实本种能携带乙型肝炎病毒，携带率为30%，以体内携带为主。

十九、次生锥蝇 *Cochliomyia macellaria*（Fabricius，1775）

(一)鉴别特征

体长6～12 mm，头高约为眼高的1.3倍；颊金黄色，密被黄毛，高约为眼高的1/4；额橙棕色，具黄白色粉被，侧额下部1/3～1/2在额鬃列外侧具黄白色短毛并向下延伸至侧颜，额鬃13～14个，上方的常不发达，向后延伸至触角梗节基部。头顶黑色稍具灰白色粉被，中颜板金黄色，颜脊在触角基部明显。侧颜具金黄色粉被，侧颜宽约为触角后梗节的1.2倍。下颚须橙黄色、线状具黑刚毛；触角第1节、梗节触角第3节、黄橙色到棕橙色，长约为梗节的3倍，触角芒长羽状，最长芒毛稍长于第3节；后头具大量中等长度的黄白色毛，下后头毛较长，胸背呈蓝绿色和金属黑色，略带紫色光泽，在特定光源下覆较浓的银白色粉被；盾片具不超过小盾沟的3个黑纵条，胸部侧板亮色或稍具银色粉被；前胸侧板橙棕色，具白色倒伏小毛；前胸侧板中央凹陷具白色纤毛；中侧片除上前部1/3覆长黑毛外余均覆稀疏白毛；腹侧片广布稀疏白毛，腹侧片鬃1∶1；下侧片亦覆白色纤毛；翅侧片后上1/2部均匀分布黑毛，余均覆稀疏白纤毛；前胸基腹片前1/3覆稀疏白毛；翅后坡丛生黑白夹杂的长毛；上侧背片裸；翅肩鳞黑，具小的黑色刚毛；翅下大结节具绿色光泽和伏生短细茸毛；肩胛黑色，多刚毛；盾沟前无前背鬃，翅上鬃2个，前面一个较弱；后中鬃列仅小盾沟前的1对发达，前面的呈短毛状；后背中鬃2，仅小盾沟前的1对强大；中胸气门大，黄白色；后气门小，棕褐色；小盾片下面两侧具细的白色纤毛；小盾片具端鬃、侧鬃、基鬃、心鬃各1对。向基部去呈淡橙棕色且翅脉常呈棕色到暗棕色；前缘基鳞棕色到暗棕色；亚前缘骨片橙色具刚毛；干径脉上面具毛，r_{4+5}脉在r-m

横脉前的基部 1/3 段具毛，m_{1+2} 脉通常无短的柄或褶（但少数标本具短柄）；端室开放且终末于翅尖之前，开口处约等于 r-m 横脉的 1/2，上腋瓣呈黄白色；上、下腋瓣交接处具淡色长毛，缘缨亦呈淡色；平衡棒橙色。橙棕色到暗棕色；基节、转节、股节棕黑具金属绿光泽；前股后背鬃 2 列，14～15 个，前胫红棕色，前腹鬃 0，前背鬃 4～5 个较短，后背鬃 0，中位后鬃 1，后腹鬃 0；中股在中部具 1～3 个前鬃，中胫亦呈红棕色，中胫前腹鬃 1、前背鬃 1、后背鬃 1、后腹鬃 2；后股短细前腹鬃列 11 个，前背鬃列短细约 13 个，后腹鬃列 4 个，后胫常呈橙红色到褐色，具前腹鬃 2，前背鬃列 15，后背鬃列短 12，后腹鬃 0；跗节橙棕色，有时几乎呈黑色；爪黑色；爪垫发达，呈白色。蓝绿色或紫色，稍具银白粉被，背板侧面及腹板腹面边缘具强粉被；腹部各背板具细中纵条，后缘具紫色缘带，侧缘及腹面覆强银白粉被；第 1 至第 4 腹板亦具强银白粉被，且具淡色毛。第五背板无缘鬃，两侧缘常具银白色纤毛，第 5 腹板侧叶约为基部的 2 倍长。雌性：8～14 mm，颊高为眼高的 0.25 倍；间额散生短刚毛，外顶鬃几乎与内顶鬃等长，前倾上眶鬃 2，后倾上眶鬃 1；触角后梗节长约为梗节的 3 倍，腹部各背板侧腹面及腹板具厚银白粉被，第五背板侧腹面覆白毛，各腹板除后缘外，亦覆盖淡色纤毛；前缘基鳞黄色到橙棕色；其余如雄性（图 7-37、图 7-38）。

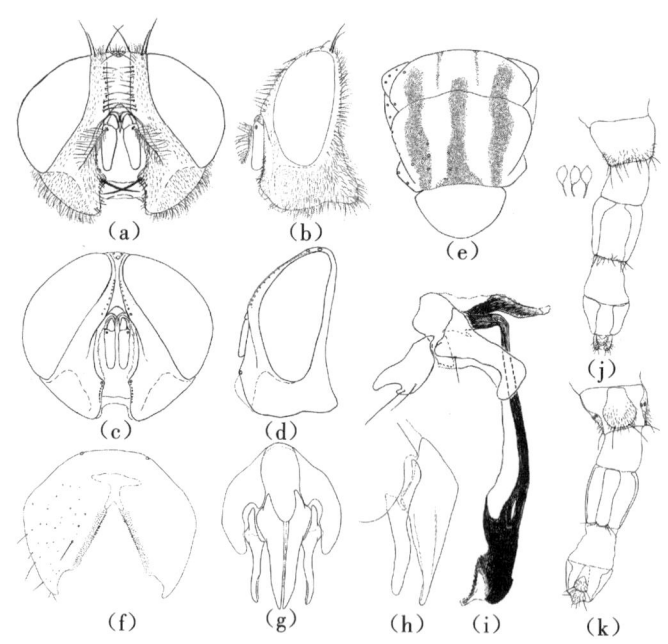

(a)雌性头前面观；(b)雌性侧面观；(c)雄性头前面观；(d)雄性侧面观；(e)雄性体胸部背板背面观；(f)雄性第 5 腹板腹面观；(g)雄性尾叶后面观；(h)雄性尾叶侧面观；(i)雄性阳茎侧面观；(j)雌性产卵器背面观；(k)雌性产卵器腹面观

图 7-37　次生锥蝇雄性

(a)体背面观;(b)头前面观;(c)体侧面观

图 7-38　次生锥蝇雄性

(二)生态习性

成蝇每 3～4 d 产卵一次,每次产卵 100 粒,大约 3 周完成一轮生活史。成蝇喜吸食恒温动物伤口上的渗出液,在伤口中排卵,孵化后的蝇蛆以动物机体为食,可危害宿主动物甚至导致其死亡。

(三)地理分布

国外:广泛分布于新北界和新热带界,从加拿大南部(包括整个美国、墨西哥、西印度群岛、中美洲、南美洲)至智利和阿根廷。

国内:未见分布。

(四)医学重要性

本种在澳大利亚是致绵羊蛆症的主要病原之一。

二十、红尾粪麻蝇 *Bercaea africa*（Wiedemann, 1824）

(一)鉴别特征

颊部前方 1/2 长度内为黑色毛,后方的毛淡色;前胸侧板中央凹陷处裸;无中鬃;后背中鬃 5 对,愈往前鬃愈小,后方 2 对强大。雄性:间额和侧颜都约为一侧额的 2 倍宽,颊高约为眼高的1/2;肛尾叶从后面看,分支部长而左右远离,跨度很大,第5腹板侧叶后方有1对密生鬃状长毛的突出物,第7、8合腹节后缘鬃发达,第9背板亮红色,背面正中有一微凹;基阳体很短,几乎呈方形,侧插器有内、外两支,侧阳体大而宽,端部很短,具细小的突起,膜状突为1对很长达的前伸突出物。雌性:中股器直达节基部,第6背板红色,背面观呈分离的两个对角,呈"W"字形,第8背板为1对远离的近似圆形的棕色骨片(图7-39,彩图18)。

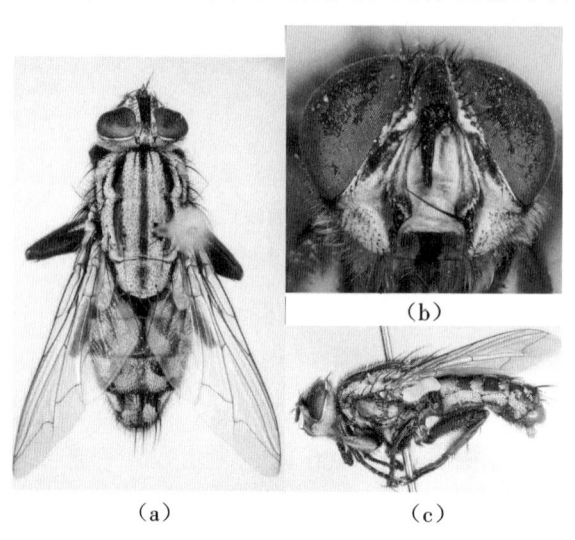

(a)体背面观;(b)头前面观;(c)体侧面观

图7-39 红尾粪麻蝇雄性

(二)生态习性

本种为住区性蝇类,并可扩散到半住区。幼虫主要孳生于人、畜粪便中,也可孳生在垃圾和腐败动物质中。

(三)地理分布

国外:朝鲜、日本、蒙古、俄罗斯、埃及、以色列、黎巴嫩、叙利亚、土耳其、伊拉克、沙特阿拉伯、也门、伊朗、阿富汗、印度、尼泊尔、欧洲(模式产地:亚享)、亚洲北部(包括大西洋沿岸群岛)、美国(夏威夷)、北美洲、南美洲。

国内:北京、天津、河北、山西、内蒙古、辽宁、吉林、黑龙江、上海、江苏、浙江、山东、河南、湖南、广东、四川、云南、陕西、甘肃、青海、宁夏、新疆。

(四)医学重要性

成蝇可携带伤寒杆菌、绿脓杆菌、志贺氏和福氏痢疾杆菌、大肠杆菌、副大肠杆菌以及变形杆菌、乙型肝炎病毒等。幼虫可引起人体体内携带幼虫的肠伪蛆症。

二十一、羊狂蝇 Oestrus ovis Linnaeus, 1758

(一)鉴别特征

体躯壮实,体长 10.0～12.0 mm,体表无明显强大鬃毛。头宽约与胸等宽。两性眼均离生,间额狭于侧额。颜面小,触角短小,芒裸。侧颜具毛,下侧颜无毛,口器退化,口窝极小,前盾与后盾几乎等长。翅:m_{1+2} 脉自 m-m 横脉相接处即向前弯与 r_{4+5} 脉合并成柄。腹呈短钝的卵形。中胸背板具黄毛,胸背有小黑疣,无条斑,在带棕色或黄色粉被的前盾上的纵条上有圆形的疣,侧颜上的皱较细,有很多较小的窝(图 7-40)。

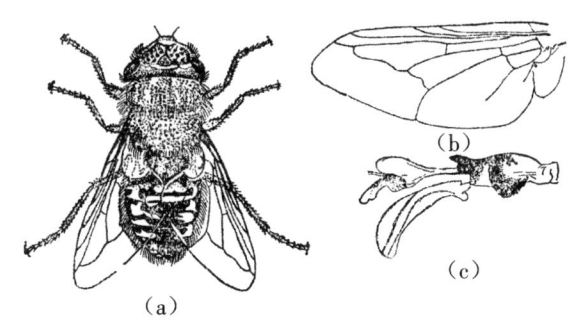

(a)雌性成蝇;(b)翅;(c)雄性阳茎

图 7-40　羊狂蝇

(仿范,1992)

(二)生态习性

主要寄生于羊,成虫在 5 月份出现,到 10 月份为止。

(三)地理分布

国外:俄罗斯、蒙古、欧洲(模式产地可能是瑞典)。
国内:内蒙古、山西、陕西、青海、新疆。

(四)医学重要性

幼虫致人眼结膜性蛆症。

第四节 相关疾病

蝇类对人畜危害较大,除在人类住房或工作环境骚扰及少数蝇种刺吸血液外,还可传播多种疾病,包括生物性传播冈比亚锥虫、罗得西亚锥虫、结膜吸吮线虫和加利福尼亚吸吮线虫等寄生虫病,也可机械性携带和传播200余种细菌、病毒、寄生虫;此外,某些蝇类幼虫(蛆)可寄生人畜而致蝇蛆病。

一、非洲锥虫病(African trypanosomiasis)

又名睡眠病(sleeping sickness),或称嗜睡性脑炎,是一种由布氏锥虫(*Trypanosoma brucei*)经舌蝇叮咬而传播的人兽共患寄生虫病,分布在非洲撒哈拉沙漠以南地区。

(一)临床表现

非洲锥虫病分东非锥虫病(又称罗德西亚锥虫病)和西非锥虫病(又称冈比亚锥虫病)两种。患者被舌蝇叮咬后约1周,局部皮肤肿胀,中心出现一红点,此即锥虫下疳。"下疳"部位皮下组织可见淋巴细胞、组织细胞及少量嗜酸性粒细胞、巨噬细胞浸润。有时可见锥虫。局部皮肤病变为自限性,约持续3周后即可消退。锥虫进入血液和组织间淋巴液后,可长期存在于血液和淋巴系统中,引起广泛淋巴结肿大,其中的淋巴细胞、浆细胞和巨噬细胞增生。感染后5~12 d,出现锥虫血症。由于虫体表面抗原间隔一段时间便发生变异,致使原来产生的特异性抗体失去效应,从而导致血内锥虫数出现交替上升与下降现象。其间隔时间为2~10 d。虫血症高峰可持续2~3 d,伴有发热、头痛、关节痛、肢体痛等症状。发热持续数日,自行消退。隔几日后体温可再次升高。此期可出现全身淋巴结肿大,尤以颈后、颌下、腹股沟等处明显。颈后三角部淋巴结肿大(Winterbottom氏征)为冈比亚锥虫病的特征。其他体征有深部感觉过敏(Kerandel氏征)等。此外,心肌炎、心外膜炎及心包积液等也可发生。主要临床症状为个性改变、呈无欲状态。出现异常反射,如深部感觉过敏、共济失调、震颤、痉挛、嗜睡昏睡等。两种锥虫所致病程有些不同。冈比亚锥虫呈慢性过程,病程可持续数月至数年,其间可有多次发热,但症状较轻,有时并无急性症状,但可出现中枢神经系统异常。罗德西亚锥虫病呈急性过程,病程为3~9个月,有些病人在中枢神经系统未受侵犯以前,即已死亡。东非锥虫病的病情可以快速恶化,脑部受影响的情况也较西非锥虫病早得多。锥虫病晚期时可能会慢慢地出现其他神经系统症状,昏睡的情况会逐渐增加,最终导致昏迷并造成死亡。脑脊液无异常者经治疗预后良好。脑脊液明显异常者预后不良,治愈率仅 30%。两型锥虫病,未经治疗者,均可致命。

(二)传染源和宿主

非洲锥虫病病原体为布氏锥虫。布氏锥虫有两个亚种。其中布氏冈比亚锥虫(*Trypanosoma brucei gambiense*)引起冈比亚锥虫病;布氏罗得西亚锥虫(*Trypanosoma brucei rhodesiense*)引起罗得西亚锥虫病。冈比亚锥虫病的传染源主要为患者,因多为慢性,并有无症状带虫者,一些家畜(如牛、猪)和野生动物(如羚羊)也可为储存宿主。罗得西亚锥虫病的主要储存宿主为家畜和非洲羚羊、狮、猎狗、猴等野生动物,患者也可为传染源。其传播途径如图 7-41。

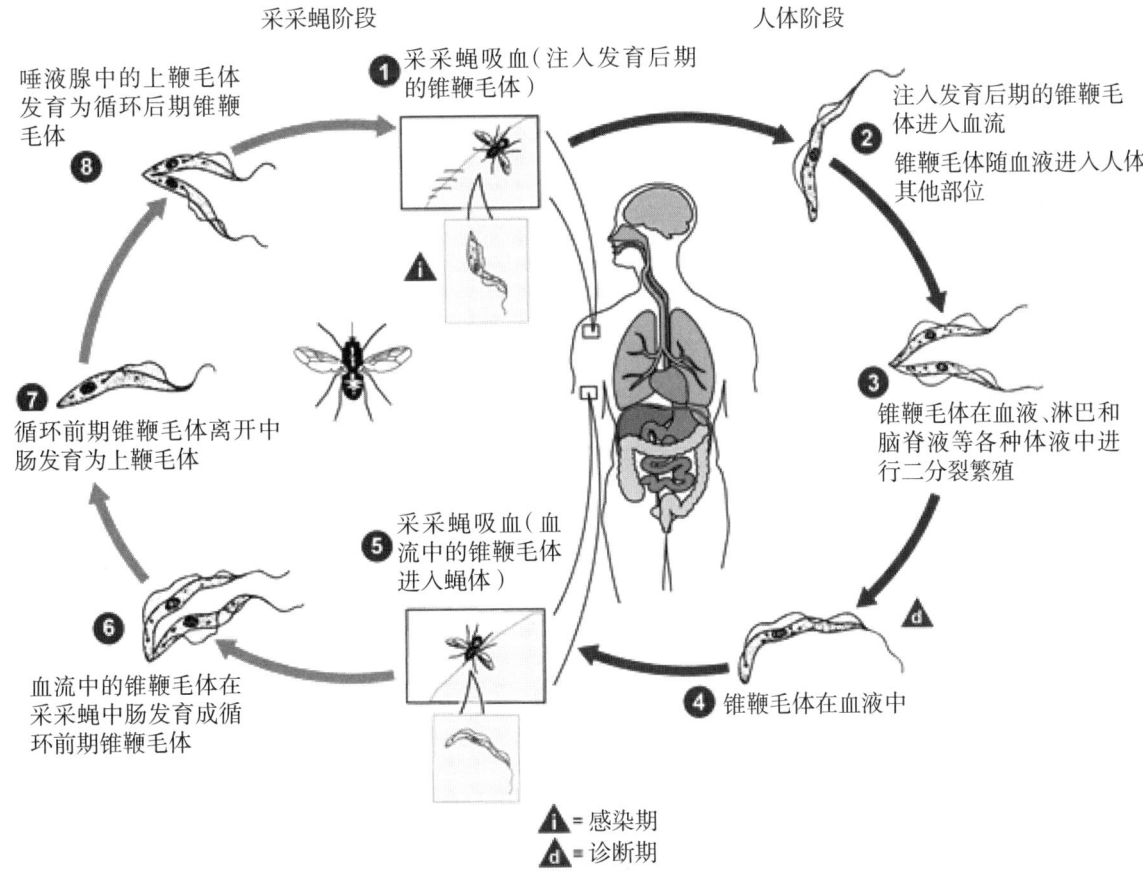

图 7-41　非洲锥虫病传播途径

(三)传播媒介

舌蝇科中多种舌蝇是传播媒介,但须舌蝇为西非的冈比亚锥虫的主要传播媒介,刺舌蝇为东非的罗得西亚锥虫的主要传播媒介。

其他途径可使人感染昏睡病的情况如下。

母婴感染:锥虫可穿过胎盘并感染胎儿。

有可能通过其他吸血昆虫发生机械性传播,但是很难评估传播的流行病学影响。

在实验室中通过受污染的针头曾发生过意外感染。

登记备案的还有寄生虫通过性接触而传播。

(四)地理分布

冈比亚锥虫病目前发现于中非和西非的 24 个国家,占病例总数的 98%。罗得西亚锥虫病发生于非洲东部、南部的 13 个国家,共计 37 个国家是本病流行区。

(五)季节分布

全年均可发生。1998 年,报告了近 4 万起病例,但估计有 30 万病例未得到诊断并因此未得到治疗。在最近流行时期,患病率在安哥拉、刚果民主共和国和南苏丹的若干村庄中达到 50%,昏睡病是这些社区中第一或第二大死亡原因,甚至超过艾滋病。2009 年,在不断做出控制努力之后,生活有 6 000 万人的 250 个疫点中,只报告新增病例 9 878 例,在过去 50 年间,首次降到 1 万以下。2015 年报告发生了 2 804 例新发病例,为 76 年前全球系统数据采集工作开始以来的最低水平。现估计有 6 500 万人生活在流行区,其中三分之一为中高度危险人群。

二、眼吸吮线虫病(Thelaziasis)

(一)临床表现

可无明显自觉症状。成虫在眼结膜囊自由行动,此虫体的分泌物、排泄物可引起局部刺激症状,眼部有异物感、痒感、畏光、流泪、分泌物增多。如寄生在前房可见丝状物飘动、眼睑水肿、结膜充血等症状。有时出现眼睑痉挛及睑外翻。在取出虫后症状即消失。预后良好。如果此虫在眼部时间较长，可因此虫口端角质反复摩擦角膜引起擦伤，偶可遗留云翳而轻度影响视力。

(二) 传染源和宿主

病原体为结膜吸吮线虫(*Thelazia callipaeda*)，吸吮科吸吮线虫属的一种线虫。引起结膜吸吮线虫病。在美国为加利福尼亚吸吮线虫。

成虫主要寄生于犬、猫等动物的眼结膜囊及泪管内，偶尔寄生于人、兔等动物的眼部。本虫属卵胎生，雌虫直接产幼虫于结膜囊内。当中间宿主蝇舐吸终宿主眼部分泌物时而被吸入蝇体内，经2次蜕皮发育为感染期幼虫后进入蝇的头部口器。当蝇再舐吸人或其他动物眼部时，感染期幼虫自蝇口器逸出并侵入宿主眼部，经15～20 d发育为成虫。成虫寿命可达2年以上。

(三) 传播媒介

多种蝇为传播媒介。当蝇舐吸终宿主眼部分泌物时，线虫被吸入蝇体内，经2次蜕皮发育为感染期幼虫，随后进入蝇的头部口器。当蝇再舐吸人或其他动物眼部时，感染期幼虫就会自蝇口器逸出并侵入宿主眼部，经15～20 d发育为成虫。

日本和苏联已证实变色纵眼果蝇为结膜吸吮线虫的传播媒介；在我国湖北流行区已证实家蝇体内发现该线虫的幼虫。传播加利福尼亚吸吮线虫为夏厕蝇、本氏厕蝇和吸吮厕蝇。

表7-2 吸吮线虫属各种的媒介一览

种名	媒介	分布
Thelazia brevispiculata	未知	中国
Thelazia bubalis	未知	印度
Thelazia californiensis	本氏厕蝇，夏厕蝇	北美
Thelazia calipaeda	冈田绕眼果蝇，变色纵眼果蝇	意大利、独联体国家、远东国家
Thelazia depressa	未知	非洲
Thelazia erschowi	未知	独联体国家
Thelazia ferulate	未知	中国
Thelazia gulosa	肖秋家蝇，秋家蝇，家蝇，孕幼家蝇，欧西家蝇，中亚家蝇	欧洲、亚洲、北美、澳大利亚
Thelazia hsui	未知	中国
Thelazia iheringi	未知	南美

(续表)

种名	媒介	分布
Thelazia kansuensis	未知	中国
Thelazia lacrymalis	秋家蝇,欧西家蝇	欧洲、南美、北美
Thelazia leesei	明家蝇	独联体国家、印度
Thelazia petrowi	未知	独联体国家
Thelazia rhodesi	秋家蝇,突额家蝇,肥喙家蝇,家蝇,黑边家蝇,孕幼家蝇,市蝇	欧洲、亚洲、非洲、南美、北美
Thelazia skrjabini	肖秋家蝇,秋家蝇,黑边家蝇,欧西家蝇	欧洲、亚洲、美洲、澳大利亚

(Domenico and Donato, 2005)

(四)地理分布

病原体最初是从印度旁遮普的犬眼中发现的,以后在美国、缅甸、菲律宾、朝鲜、印度、日本、泰国、俄罗斯、远东地区等地陆续有犬体寄生的报道。我国犬、猫的感染甚为普遍而且严重。

(五)季节分布

吸吮线虫病主要发生于夏、秋季节。湿度较高,气候炎热,为蝇类繁殖旺盛季节,是吸吮线虫感染和传播的高峰期。

三、蝇蛆病(Myiasis)

蝇蛆病主要是指双翅目蝇类幼虫(蛆)寄生于人畜的组织或器官、腔道等处引起的疾病。临床上也常依据蝇蛆寄生部位不同分为:胃肠道蝇蛆病、尿道蝇蛆病、眼蝇蛆病、耳鼻咽蝇蛆病、创伤性蝇蛆病和皮肤蝇蛆病等。我国文献记载各类蝇蛆病约计400余例。多数由狂蝇科和皮蝇科的某些蝇类幼虫所引起,同时包括其他如丽蝇科、麻蝇科、蝇科、厕蝇科、胃蝇科、食蚜蝇科、酪蝇科等蝇类。这些蝇蛆病在牧区成为人畜共患的疾病,近已渐为人们所重视。根据蝇幼虫或其他双翅目幼虫寄生程度不同,把蝇蛆病分为以下三个类型专性寄生蝇蛆病、半专性寄生蝇蛆病、偶然性寄生蝇蛆病。

专性寄生蝇蛆病(Specific myiasis producing group)蝇蛆需在宿主活组织内寄生和完成幼虫期发育。可分为以下两类。① 宿主特异性:此类蝇蛆对宿主及寄生的器官组织有特殊的适应性,一般只在其正常宿主体内的特殊部位才能生活发育为成熟的三龄幼虫。如胃蝇科蝇蛆常只寄生在奇蹄动物,即马、驴、骡等消化道中的特殊部位;皮蝇科幼虫寄生在牛及其他偶蹄动物的皮下;狂蝇科蝇蛆,可寄生于羊、马、驴、骆驼等鼻腔及其附属的窦内。上述蝇类幼虫如果偶然寄生于人和其他动物体内,往往不能正常发育,如狂蝇幼虫在人体内就停留于一龄幼虫阶段;胃蝇中某些种类在皮内寄生的也多是一龄幼虫;皮蝇的幼虫也是个别可发育到三龄。此外人肤蝇和人瘤蝇虽然在人体皮内能正常发育,但某些动物是其真正宿主。② 宿主非特异性:这类蝇蛆对宿主与寄生器官并无严格选择,但它们必须在活组织内才能发育生长到成熟的第三龄幼虫。人或动物体上任何部位有黏液或出血的情况(如伤口),都可吸引这些蝇类在上面产卵或幼虫。幼虫不能穿破未破损的皮肤。此类蝇蛆既不限于任何动物,也不限于任何组织,因此可在各种动物和人体内引起不同部位的蝇蛆病,如蛆症金蝇和污蝇属某些种类的幼虫。

半专性寄生蝇蛆病(Semispecific myiasis producing group):此类蝇蛆通常孳生在腐败的有机物中,如尸体、烂菜、粪便或垃圾中。多因人或动物体的创伤或腔道疾患化脓等发生臭味,吸引此类蝇来产卵或幼虫,幼虫可经腔道的向外开口伤口到达宿主的坏死组织,甚至在正常组织中暂时寄生,或完成幼虫发育。例如蝇科、丽蝇科、麻蝇科及蚤蝇科等某些蝇类。最常见的是丝光绿蝇等所致的创伤性蝇蛆病。

偶然性寄生蝇蛆病(Accidental myiasis producing group):通常生活在腐败有机物中,如粪尿、烂叶及腐草等。蝇卵或幼虫随污染的食物偶然进入宿主体内寄生并发育。例如消化道或尿道内寄生的蝇科、麻蝇科、丽蝇科、食蚜蝇科、酪蝇科、鼓翅蝇科、果蝇科、毛蠓科、伪大蚊科和大蚊科等某些种类的幼虫,虽以上后七科并非本篇所提之蝇类,为体现偶然蝇蛆症的完整性再次描述。

(一)临床表现

人蝇蛆病多见为皮肤蝇蛆病、耳鼻咽蝇蛆病和眼蝇蛆病。皮肤蝇蛆病主要表现为疼痛和溃疡。耳鼻咽蝇蛆病表现为堵塞感及过敏反应,有的可引起脸部肿胀和发热。眼蝇蛆病表现为过敏、肿胀和疼痛。

(二)传染源和宿主

双翅目各科包括蝇科、丽蝇科、麻蝇科、胃蝇科、狂蝇科、皮蝇科、果蝇科等的幼虫。

(三)传播媒介

雌性成蝇。

(四)地理分布

广泛分布于全世界,但多见于热带地区。皮肤蝇蛆病多见于医院。眼蝇蛆病,最近在加拿大,发现由驯鹿皮蝇(*Hypoderma tarandi*)引起。

(五)季节分布

与蝇类活动季节相符。

(邓耀华)

参考文献

[1] 范滋德. 中国常见蝇类检索表(第2版)[M]. 北京:科学出版社, 1992.

[2] 薛万琦, 赵建铭. 中国蝇类[M]. 沈阳:辽宁科学技术出版社, 1996.

[3] 范滋德, 等. 中国动物志昆虫纲 第四十九卷 双翅目 蝇科(一)[M]. 北京:科学出版社, 2008:1-1186.

[4] AUSTEN E E. A hand book of the Tsetse flies (genus *Glossina*) London, S.W[J]. British Museum (Natural History), 1911.

[5] DOMENICO O, DONATO T. Thelazia eyeworm an original endo- and ecto-parasitic nematode[J]. Trends in Parasitology. 2005, Vol. 21: 1-3.

[6] FAO. Training Manual for Tsetse Control Personnel[J]. Vol. 1. Tsetse biology, systematic and distribution; techniques (Edited by J.N. Pollock, M.Sc. Ph. D). FAO. Rome, 1982.

[7] FORD J. The distribution of vectors of African pathogenic trypanosomes[J]. Bulletin of the World Health Organization. 1963, 28:653-669.

[8] GREENBERG B. Flies and disease vol. 2 Biology and disease transmission[M]. Princeton University Press, Princeton, New Jersey, 1973.

[9] PATTON W S. Studies on the higher Diptera of medical and veterinary importance. A revision of the species of the genus *Musca* based on a comparative study of the male terminalia. II. A practical guide to the palaearctic species. *Ann. trop. Med. Parasit*. 1933, 27: 225-245, 297-430.

[10] 高锦铭, 郭念恭, 孟宪钦, 等. 河北常见蝇类幼虫小志[J]. 动物分类学报. 1965, 2(2): 89-100.

[11] 牟广思. 辽宁省芒蝇属一新种(双翅目:蝇科)[J]. 动物分类学报. 1981, 6(2): 184-185.

第八章 蚤类

蚤类（Flea）身体侧扁而细小；体壁生有许多向后伸展的鬃、刺、栉或毛等，并被有坚硬的几丁质外骨骼；无翅，后足发达，善跳跃。迄今全世界已发现的蚤类为2 500余种和亚种，分隶于5总科16科239属。在我国已发现的蚤类近650种和亚种，分隶于4总科10科74属。蚤类遍布世界，蚤种类的分布以及寄生宿主具有明显的地域性，其宿主大多数是兽类，但也有5%蚤种寄生于鸟类，多数蚤种具有宿主特异性。蚤类还可通过刺叮吸血对人畜造成骚扰、损伤和失血等危害。如潜蚤钻入皮下寄生引起，称为潜蚤病，分布于中、南美洲和热带非洲的穿皮潜蚤，寄生于人脚趾的柔软部分，严重者可寄生于手臂、肘部和腋下，甚至阴部；雌蚤钻入皮下吸血发育成熟，身体可达豌豆大小，引起剧烈痛痒，行走困难；该蚤死后寄生部位可发生溃疡，如果处理不当会引起继发感染，甚至脚趾坏死、败血症或破伤风。

蚤体内能够保存和繁殖包括细菌、立克次体、巴尔通氏体、绦虫等多种病原体，可引起鼠疫、鼠型斑疹伤寒、蚤传斑疹热、猫抓热、缩小膜壳绦虫病、犬复孔绦虫病等多种疾病。

第一节 蚤类的分类和形态特征

一、蚤类的分类

蚤类隶属于昆虫纲（Insecta）蚤目（Siphonaptera）。

二、蚤类的形态特征

蚤类成体分为头、胸、腹 3 个部分,胸部则分为前胸、中胸和后胸 3 节,每节各附足 1 对,腹部有 10 个腹节,体壁有许多衍生物,可作为蚤类的重要鉴别特征(图 8-1)。

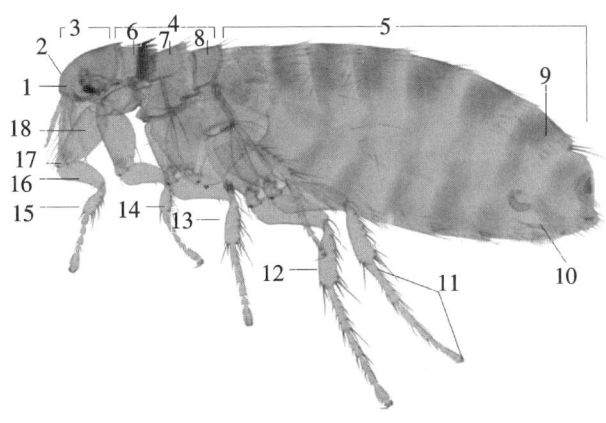

1. 颊;2. 额;3. 头部;4. 胸部;5. 腹部;6. 前胸;7. 中胸;8. 后胸;9. 第 7 背板;10. 第 7 腹板;11. 第 1—5 跗节;12. 后足;13. 中足;14. 胫节;15. 前足;16. 股节;17. 转节;18. 基节

图 8-1 不等单蚤雌性

(一)头部

蚤类的头部主要是摄食和感觉中心。可分为触角窝区、角前区和角后区 3 个区域(图 8-2)。

(二)胸部

胸部是运动中心,由前胸、中胸、后胸 3 节组成。每一胸节又包括 1 块背板、1 对侧板和 1 块腹板,且每胸节各附足 1 对(图 8-2)。

(三)腹部

腹部是营养、排泄和生殖中心,共分 10 节,每节含背板和腹板各 1 块。第 1—7 节通常无特殊变化,称为生殖前节。雄性的第 8、9 节和雌性的第 7、8、9 三节称为变形节或生殖节(雄蚤图 8-3;雌蚤图 8-4)。

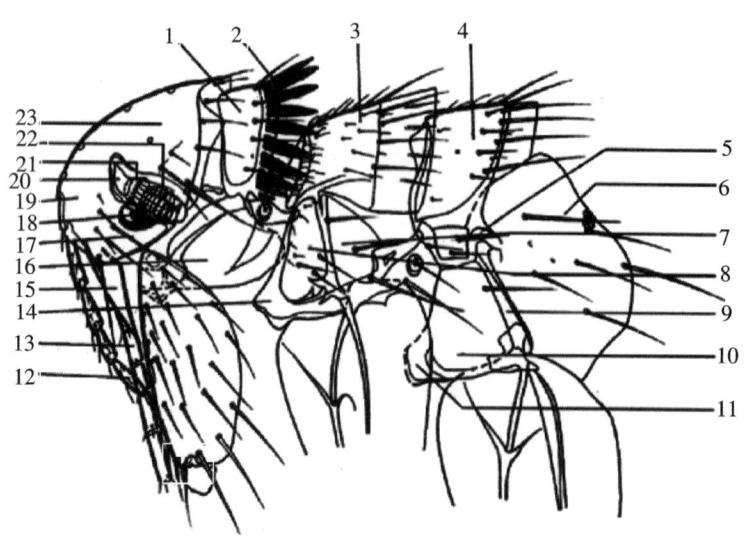

1. 前胸；2. 前胸栉；3. 中胸；4. 后胸；5. 侧拱；6. 后胸后侧片；7. 中胸后侧片；8. 中胸前侧片；9. 后胸前侧片；10. 后胸侧板杆；11. 后胸腹板；12. 下颚须；13. 下唇须；14. 中胸腹板；15. 下颚片；16. 前胸腹侧板；17. 眼鬃；18. 眼；19. 触角前区；20. 柄节；21. 梗节；22. 棒节；23. 触角前区

图 8-2　不等单蚤雌性头胸部

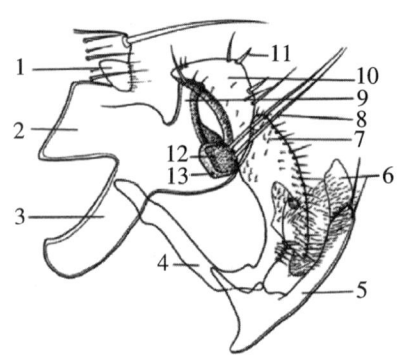

1. 臀板；2. 第 9 背板前内突；3. 柄突；4. 第 9 腹板前臂；5. 第 8 腹板；6. 端膜；7. 第 9 腹板后臂；8. 基节白鬃；9. 不动突；10. 可动突；11. 刺鬃；12. 可动突踝部；13. 基节白

图 8-3　方形黄鼠蚤松江亚种雄性变形节

三、蚤类常见科检索表

1　第 2—7 腹节背板具 1 列鬃；第 1 腹节气门远高于后胸前侧片的上缘；臀板每侧杯陷数目不多于 14 个 ·················· 蚤科 Pulicidae

第 2—7 腹节背板通常具 2 列以上鬃；第 1 腹节气门不高于或仅略高于后胸前侧片的上缘；臀板每侧杯陷数目通常为 16 个以上 ·················· 2

2 头、胸和腹部均无栉；胸、腹部背板后缘无端小刺；无臀前鬃，臀板横位；雌性无肛锥 ··· 蠕形蚤科 Vermipsyllidae
  不具备上述综合特征 ·· 3
3 后胸背板后缘无端小刺；雄性第9腹板肘部无骨化之阳茎杆向前延伸 ············ 4
  后胸背板后缘具端小刺；雄性第9腹板肘部有骨化之阳茎杆向前延伸 ············ 6
4 雌性2个受精囊 ·· 多毛蚤科 Hystrichopsyllidae
  雌性1个受精囊 ··· 5
5 无颊栉；臀板明显背凸 ·· 臀蚤科 Pygiopsyllidae
  通常具颊栉；臀板通常仅微凸 ······························· 栉眼蚤科 Ctenophthalmidae
6 具有口前栉并且通常由2(3,4)根栉刺组成；宿主为翼手目 ··· 蝠蚤科 Ischnopsyllidae
  无口前栉；宿主非翼手目 ·· 7
7 有或无颊栉；眼发达或退化；眼鬃高于眼的上缘，位于或靠近触角窝的前缘；雄性第8腹板通常较发达 ·· 细蚤科 Leptopsyllidea
  无颊栉；眼发达；眼鬃位于眼的前方，多数低于眼的上缘并且远离触角窝的前缘；雄性第8腹板狭小或退化 ·· 角叶蚤科 Ceratophyllidae

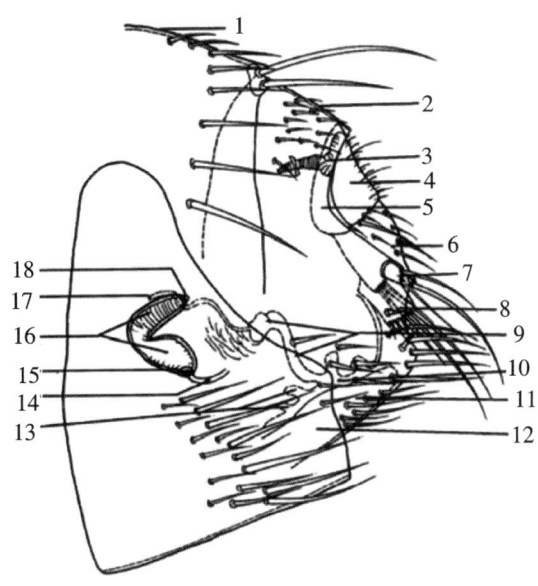

1.第7背板；2.第8背板；3.第8背板气门；4.臀板；5.第9背板；6.肛背板；7.肛锥；8.肛腹板；9.交配囊(袋部、管部)；10.阴道；11.第8腹板；12.第7腹板；13.辅腺；14.受精囊管；15.受精囊孔；16.受精囊(头部、尾部)；17.盲管；18.乳突

图8-4 方形黄鼠蚤蒙古亚种雌性变形节

第二节 蚤类的生态习性

一、生活史

蚤类是完全变态昆虫,全部生活史可分为:卵、幼虫、蛹、成虫四个阶段(图 8-5)。其中,幼虫营自由生活,多以其成虫宿主栖息巢穴等环境中的有机物或蚤类成虫排出的未彻底消化带血粪便为食。成虫营寄生生活,主要靠摄取宿主血液来生存和繁殖。

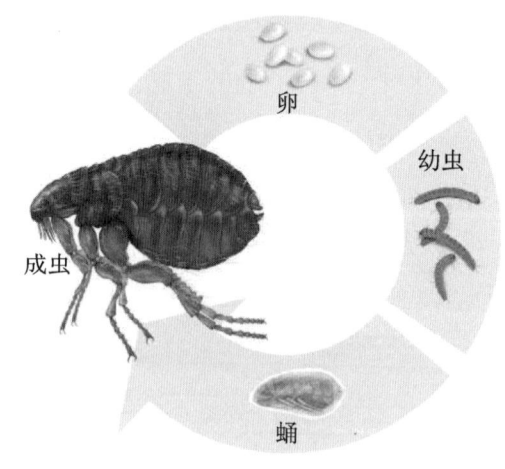

图 8-5 蚤类生活史

二、食性

蚤类成虫为专性血食性昆虫,出茧不久后即开始寻找宿主吸血,两性都终生吸血。蚤类吸血有两种方式:一种是管吸血型,即刺破宿主的微细血管直接吸血;另一种是池吸血型,即蚤类在刺破宿主微细血管后流出的血液形成的血池中吸血。而其吸血行为可分为:自由吸血型、半固定吸血型和固定吸血型三种类型。据研究,蚤类的寿命和吸血频率成正比。饥饿状态下,袭击非自然宿主的概率增加。此外,蚤种和宿主之间的关系、蚤种的性别以及环境的温湿度对吸血频率和吸血量有影响。一般情况下,雌蚤的吸血频率比雄蚤高,繁殖季节的吸血频率和吸血量会明显增加。

三、季节消长

蚤类种群的季节消长与地区的生境特点关系密切,可有下列4型:春季型,主要于4—5月份为最高峰,如新疆野生型人蚤;夏季型,主要于6—7月或8月为高峰,该期间气温较高;秋季型,可见于秋季9月或稍后,如方形黄鼠蚤蒙古亚种;冬季型,一般见于晚冬至早春,高峰常出现于冬季,如缓慢细蚤等。通常,蚤类的季节消长对鼠间和人间鼠疫的发生和流行具有较大的影响,所以可通过监测蚤类的季节消长进行鼠疫的预防和疫情的预测。

四、孳生地

蚤类主要孳生于阴暗潮湿且有宿主动物活动的地方。通常孳生于人群居室的地面、墙角、床铺下砖缝等场所附近;可孳生于畜、禽类的畜圈、禽舍内的泥土垫物中;寄生于鼠类的蚤则主要孳生于鼠洞巢穴内。

五、活动范围

蚤类的活动范围十分有限,一般不超过10 m。蚤类具有主动迁徙行为,但是绝对距离不会太大,可以随寄生宿主或栖息介质携带扩散。

第三节 常见蚤类

一、人蚤 Pulex irritans Linnaeus,1758

(一)鉴别特征

眼大,几乎与触角棒节等大,色深而圆。眼鬃列2根,眼鬃位于眼下方。下颚内叶宽短,锯齿发达。无颊栉和前胸栉,颊叶发达,颊突末端可有1根颊栉退化形成的刺,雌性多见。后头鬃1根,靠近后头后缘下方腹侧。下唇须4节,末端超过前足基节1/2处。后胸侧拱发达，侧杆短粗。各足均发达，第5跗节均具4对侧蹠鬃和1对亚端蹠鬃。第2—7腹节背板各具1列鬃；各气门下方均无鬃，臀前鬃发达1长2短。雄蚤第8背板小，成1狭条，第8气门长超过臀板。第8腹板呈一发达的大三角形。第9腹板前、后臂约等长，前臂长而直且端部略膨大。抱器第1突起较大，呈半环状遮盖于钳状的第2、3突起之上。雌蚤第7腹板后缘由1锐角状凹陷分为两叶，背叶窄小，末端钝圆；腹叶较宽，后缘直或略凸。受精囊头部圆，尾部弯曲而细长（图8-6至图8-10，彩图19）。

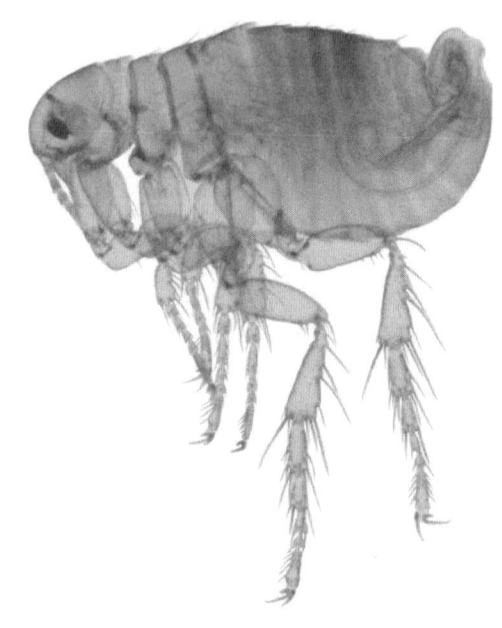

图8-6　人蚤雄性

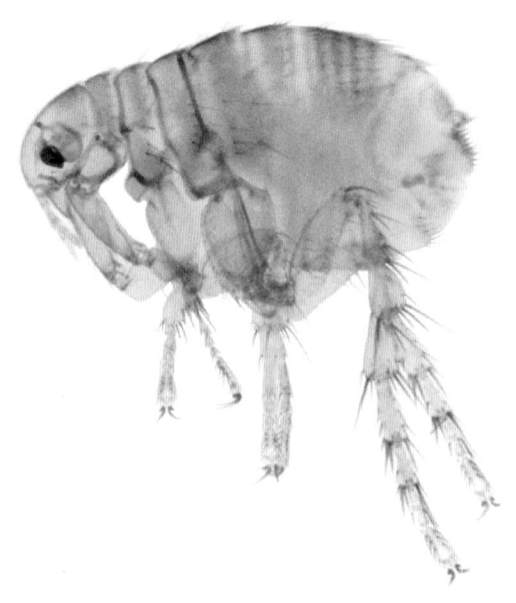

图8-7　人蚤雌性

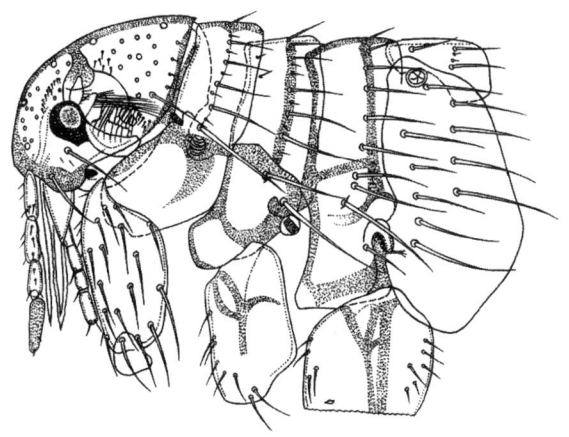

图 8-8 人蚤雌性头、前胸
(仿吴,2007)

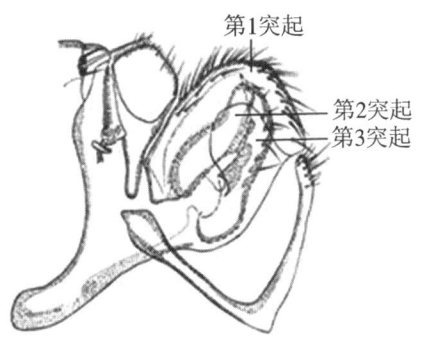

图 8-9 人蚤雄性抱器
(仿吴,2007)

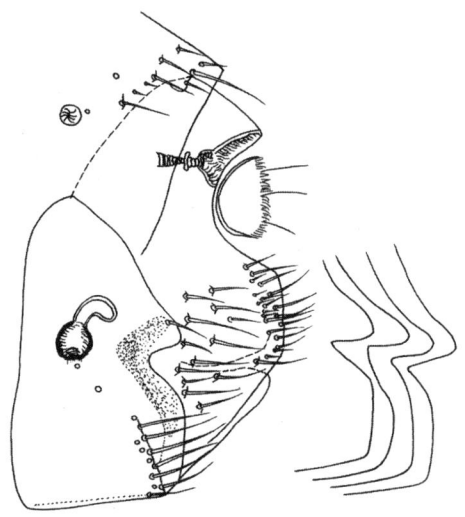

图 8-10 人蚤雌性变形节及第 7 腹板后缘变异
(仿吴,2007)

(二)生态习性

人蚤属于广宿主型。可寄生兽类、鸟类 15 目 77 属 130 种和亚种动物,其中兽类 122 种,鸟类 8 种。主要宿主有人、犬、猪、猫、狼、狐、獾、鼬、貂,野外于旱獭体较多见。属于"巢蚤",主要孳生于卫生条件较差的人居所,猫、狗、猪等活动栖息地,有家栖鼠等活动的场所。人蚤的耐饥能力较强且寿命较长,吸血后寿命会成倍增长。季节消长因气候和环境等因素而有差异,繁殖的适宜温度大约为 20℃。

雌蚤每次产卵 2～4 个,产卵时间可延续 3～6 个月,一生可产卵 540 个。温度在 25℃±0.5℃之间,相对湿度幼虫在 80%±5% 之间,成虫在 50%～70% 之间,人蚤在有利的营养条件下,各发育期平均为:卵期 3 d,幼虫期 6.9～7.7 d,茧蛹期 8.2～8.7 d,一个世代约需 18 d。人蚤在较低的温度和近饱和湿度的条件下,不吸血者能活 125 d,吸血者能活 513 d。人蚤跳跃能力在蚤类中为最强,跳高可达 70 cm,跳远可达 31 cm。

(三)地理分布

广布种,全世界均有分布。

(四)医学重要性

人蚤是传播鼠疫的重要媒介;也可引发绦虫病,是犬复殖绦虫和长膜壳绦虫的中间宿主之一;还可骚扰人、畜,引起瘙痒、红斑和溃疡等刺叮症状。

二、印鼠客蚤 *Xenopsylla cheopis* (Rothschild,1903)

(一)鉴别特征

头部宽圆,无额突和额鬃列。下唇须较长,可达前足基节末端。无颊栉和前胸栉。眼发达,眼鬃列 2 根,眼鬃位于眼前方。后头鬃 3 列,依次为 1、1、5～6 根。各胸节背板仅具 1 列鬃。前、中足第 5 跗节上各具刺形亚端腹鬃 3 根,后足上具 2 根。雄蚤抱器具 2 个发达的突起,不动突较宽近似三角状,可动突窄长略后弯。第 9 腹板后臂端部稍膨大,端部和腹缘具细鬃。雌蚤第 7 腹板后缘略凸圆,受精囊近 C 字形,头尾界限明显,头部略圆,尾基部较头部宽,尾部长,末段细而色淡(图 8-11 至图 8-16)。

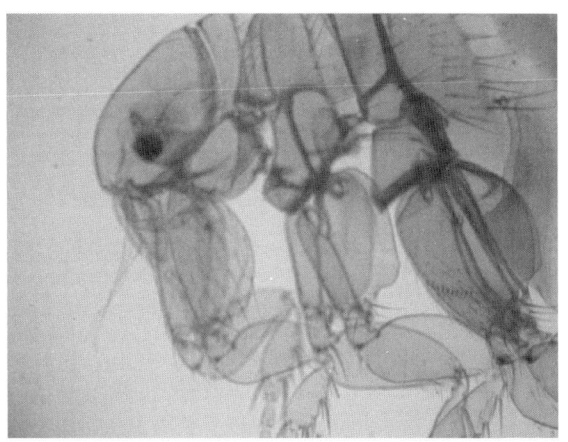

图 8-11　印鼠客蚤雌性头、胸部
（引自 Brigham Young University）

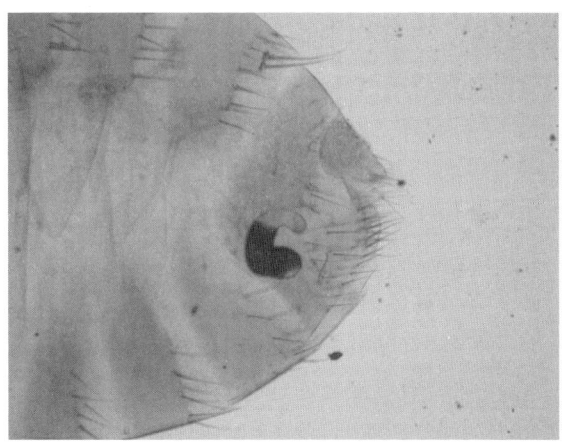

图 8-12　印鼠客蚤雌性变形节
（引自 Brigham Young University）

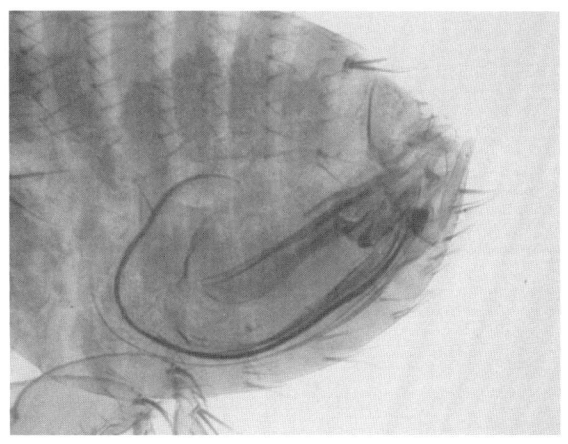

图 8-13　印鼠客蚤雄性变形节
（引自 Brigham Young University）

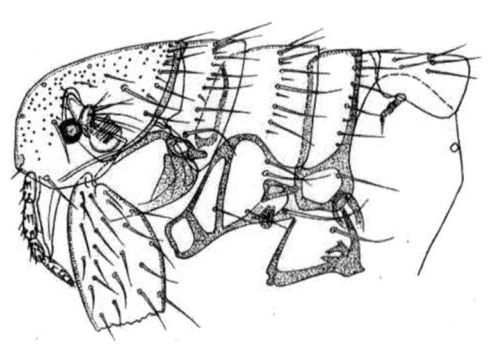

图 8-14　印鼠客蚤雌性头、胸部
（仿吴，2007）

图 8-15　印鼠客蚤雄性变形节
（仿吴，2007）

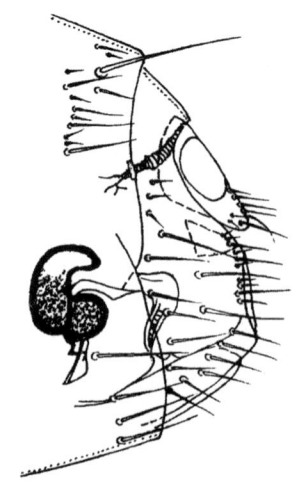

图 8-16　印鼠客蚤雌性变形节
（仿吴，2007）

(二)生态习性

印鼠客蚤属于寡宿主型。寄生宿主包括啮齿目和食虫目等10余种动物,主要寄生于黄胸鼠、褐家鼠、黑家鼠等家栖鼠,也可寄生于小家鼠、针毛鼠、社鼠、黄毛鼠、黑线仓鼠、黑线姬鼠、臭鼩鼱、达乌尔黄鼠等。该蚤的孳生环境与寄生鼠种的生活习性明确相关,主要在鼠巢下的浮土、杂物以及粮食等中间繁殖。适宜于温暖潮湿的环境中生存繁殖。该蚤在正常寄生宿主死亡后,容易袭击人群,造成疾病流行传播。

在实验室温度25℃±1℃,相对湿度75%±5%,并用人工膜喂血的条件下,印鼠客蚤生活史的全过程,雌蚤平均为26.2 d,雄蚤为31.5 d。

印鼠客蚤通常成虫出茧后,不久就能吸血、交配、产卵。在正常营养条件下,印鼠客蚤每只雌蚤,每天可产卵1~4次,每次产卵2~13粒,一生可产卵300~400粒。

印鼠客蚤发育的最适温度为24℃左右,最适相对湿度为80%~85%;发育的适宜温度为20~30℃,相对湿度为70%以上,在此范围内世代发育所需时间随温度的升高而缩短。

印鼠客蚤吸血频率较高,栖息鼠体的百分比较多,一般认为是毛蚤型。

(三)地理分布

广布种,全世界均有分布。

(四)医学重要性

印鼠客蚤是人间鼠疫的重要传播媒介之一,也可传播鼠型斑疹伤寒和绦虫病(是缩小膜壳绦虫的中间宿主)等疾病。

三、亚洲客蚤 Xenopsylla astia Rothchild, 1895

(一)鉴别特征

雄蚤后头沟深度等同于前足第2跗节长度,腹侧轮廓呈波形。第8腹板每侧具14~27(常20以上)根鬃。不动突宽带具有变异性,背侧呈圆形并具有6~9根鬃,其中2根(有时3或4根)位于顶部,其余位于背侧。可动突较不动突直,且由基部至顶端逐渐变窄。抱器柄突比非洲客蚤长,比后足第2—4跗节总长还长。射精管颈部两侧具有2个小背齿。

接近不动突处有 1 个明显凸条月型膜质结构。阳茎类似非洲客蚤，阳茎内突较宽，因此腹部的轮廓呈波浪形。第 9 腹板端臂具带状骨化，比非洲客蚤结实，具有更多的鬃。

雌蚤第 4—7 腹板两侧具有 13 根鬃，第 8 腹板包括腹缘外表面鲜有 30 根以上鬃，受精囊膨化成球状，尾部狭小，尾端基部较非洲客蚤不膨出，并不呈近三角形（图 8-17 至图 8-22，彩图 19）。

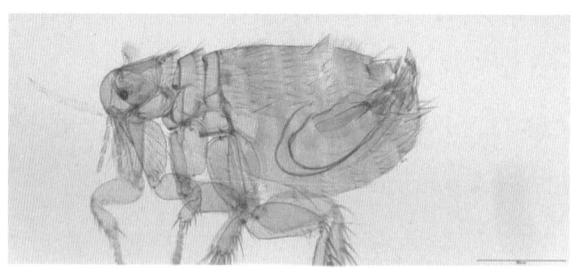

图 8-17　亚洲客蚤雄性
（引自 Brigham Young University）

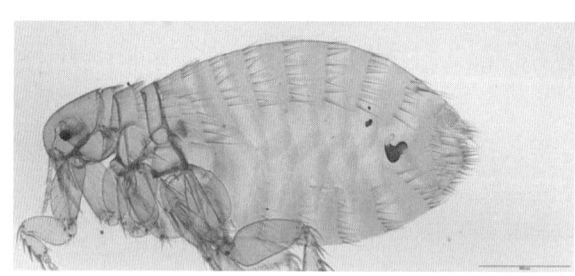

图 8-18　亚洲客蚤雌性
（引自 Brigham Young University）

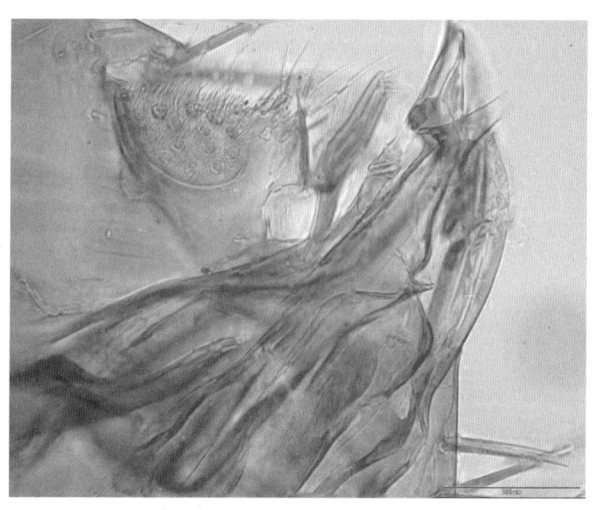

图 8-19　亚洲客蚤雄性变形节
（引自 Brigham Young University）

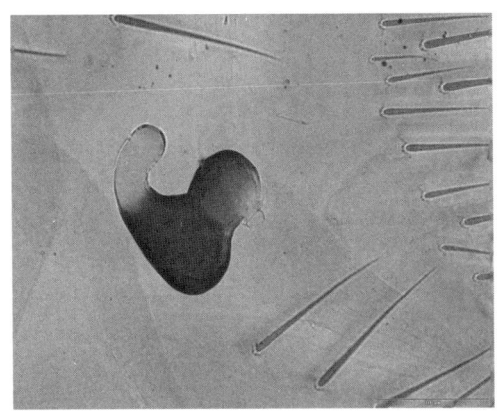

图 8-20 亚洲客蚤雌性变形节
（引自 Brigham Young University）

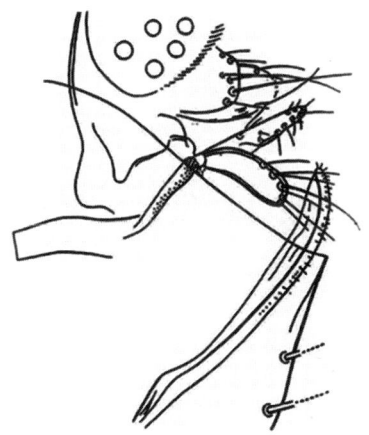

图 8-21 亚洲客蚤雄性变形节
（仿 Jordan, 1948）

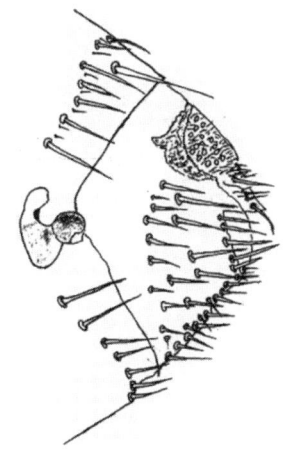

图 8-22 亚洲客蚤雌性变形节
（仿 Jordan, 1948）

(二)生态习性

主要宿主为家栖或者半家栖的黄胸鼠、褐家鼠、印度沙鼠、丽仓鼠、黑家鼠、壮沙鼠、沙黄鼠、印度地鼠、非洲跳鼠、小家鼠、东方刺毛鼠。毛蚤型,栖息鼠体的百分比较多。

(三)地理分布

国外:主要分布于亚洲和非洲,有缅甸、印度尼西亚、斯里兰卡、印度、伊朗、阿富汗、伊拉克、卡塔尔、土库曼斯坦、肯尼亚等国家。

国内:未见分布。

(四)医学重要性

在亚洲和非洲是家鼠鼠疫的主要传播媒介。

四、巴西客蚤 *Xenopsylla brasiliensis* Felson,1899

(一)鉴别特征

亚端列后头鬃两侧有12(11)根鬃,下唇须接近或达前足基节顶端,前胸背板两侧都具1列14或者15(16)根鬃,第2、第3背板具14或15根鬃,第7背板具12(13)根鬃,基腹板两侧都具2根鬃。后足基节后缘具3根鬃,后足转节内表面具1列5或6(4)根鬃,后足转节外表面近端部具2(1)根鬃,近基腹齿明显。后足胫节后缘缺刻具6根粗壮鬃,外表面具9~12根鬃,后足第1跗节长端鬃可达第2跗节端部,第2跗节长端鬃可延长至第5跗节基部或者中部。雄蚤前、中足第5跗节具3根亚端腹鬃,雌蚤则只有2根。雌雄后足第5跗节都具有2根亚端腹鬃。

雄蚤后头沟中等深,大致等同于触角第1节端部宽度。触角梗节具长鬃。腹部第3—7腹板具5~7根鬃,第8腹板每侧具8~13根鬃。不动突具8或9根粗壮刺鬃,其中一根是短粗刺鬃。可动突尖,端部中等弯曲。抱器柄突为后足第1跗节长度的3/4。阳茎内突背部呈三角形。射精管无背齿或钩。阳茎体窄,长是宽的7倍。第9腹板后臂直,端部变宽略圆。第9背板具3根鬃。

雌蚤第3—6腹板具8根鬃。第7腹板具有11~14根鬃,其中1或2根鬃位于两侧的列前头。第 8 背板每侧的外表面 16~18 根鬃,其中 8~10 形成边缘列,内表面具 6~8 根鬃。受精囊头部呈球状。受精囊尾部一侧膨胀,膨大部分约为头部的 2/3 宽,该膨大部分外观呈弧形(图 8-23 至图 8-27,彩图 20)。

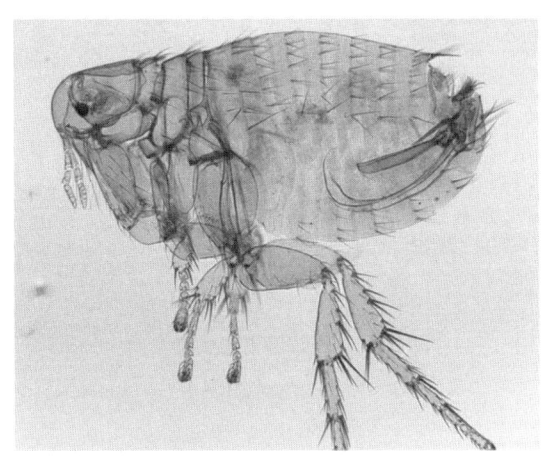

图 8-23　巴西客蚤雄性

(引自 Brigham Young University)

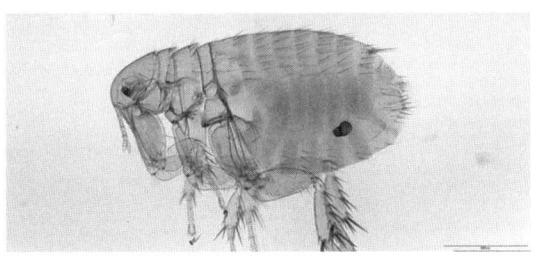

图 8-24　巴西客蚤雌性

(引自 Brigham Young University)

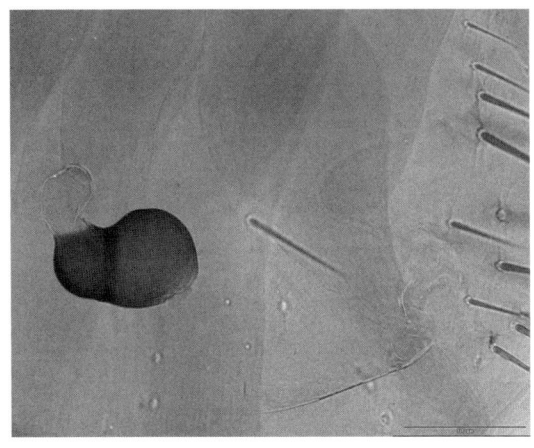

图 8-25　巴西客蚤雌性受精囊

(引自 Brigham Young University)

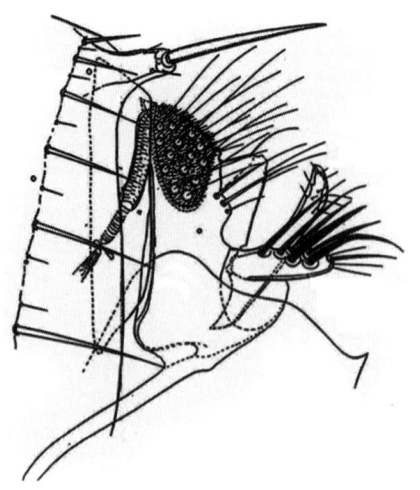

图 8-26 巴西客蚤雄性变形节

(仿 Baker,1904)

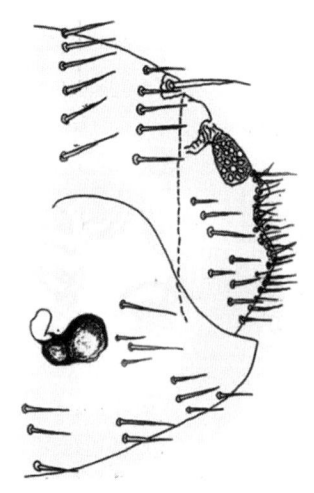

图 8-27 巴西客蚤雌性变形节

(二)生态习性

主要宿主为家栖或者半家栖的黑家鼠、亚历山大家鼠和乌干达家鼠等。

(三)地理分布

国外：主要分布于非洲，包括肯尼亚、乌干达、塞内加尔、刚果、坦桑尼亚、马拉维、安哥拉、莫桑比亚、博兹瓦纳、南非、纳塔尔、塞拉利昂、尼日利亚、毛里求斯、科摩洛群岛、巴西、不列颠群岛、马达加斯加岛。

国内：未见分布。

（四）医学重要性

巴西客蚤寄生于非洲南部和东部地区的家鼠体表，是该地区鼠疫的重要媒介。

五、非洲客蚤 *Xenopsylla africanis* Felson，1887

（一）鉴别特征

雄蚤阳茎内突呈顶端明显突起的宽板状，骨化内管端部无背齿，背中叶有一半独立杆；雌蚤受精囊尾部与头部衔接处向一侧明显膨大，顶端相对较纤细，通常第 8 背板每侧鬃不超过 28 根。两侧后头亚鬃列共有 12～15 根鬃，前胸背板雄蚤 12～15 根鬃，雌蚤 16～18 根；中胸背板 12～15 根；第 2 背板 16～21 根，第 3 背板 18～23 根，第 4 背板 14～18 根；第 3—7 腹板鬃雄蚤有 7～11 根（通常 9 或 10 根），雌蚤 10～14 根（通常 10～12 根）。后胸后侧片的第 1 列每侧 6～8 根，第 2 列 5～8 根。雄蚤臀前鬃约与后足第 2 跗节等长，雌蚤则长于后足第 2 跗节。

雄蚤：后头沟深度不超过前足第 4 跗节的长度，腹侧轮廓近乎不弯曲。第 8 腹板鬃 13～16 根，最远端鬃等于或短于倒数第 2 根鬃。不动突的大小发生轻微的变异，其上有 5 或 6 根（很少有 7 根）鬃，圆形面积接近膜质结构，而且表面无明显刻痕；可动突长于不动突，尖端逐渐变细，较直或略微下弯；柄突（从不动突基部测量）接近后足第 2—4 跗节长；端中骨片颈部呈指状轻微弯曲，背侧不呈钩状，靠近阳茎囊处腹侧有 1 个明显的末端钝状直突。

雌蚤：第 7 腹板两侧共有鬃 11～17 根。第 8 背板每侧外缘有鬃 22～32 根，内缘 7～10 根。受精囊头尾界限清楚，尾基部明显向一侧膨大，相对于亚洲客蚤外侧的形状更近似三角形（图 8-28 至图 8-32，彩图 20）。

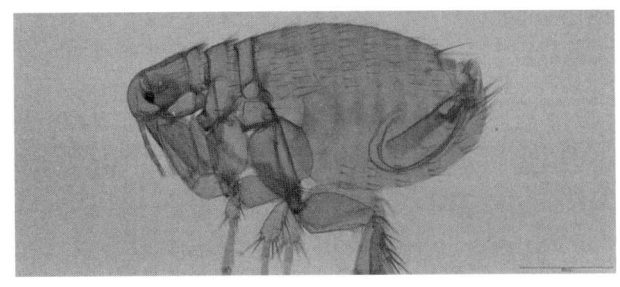

图 8-28 非洲客蚤雄性

（引自 Brigham Young University）

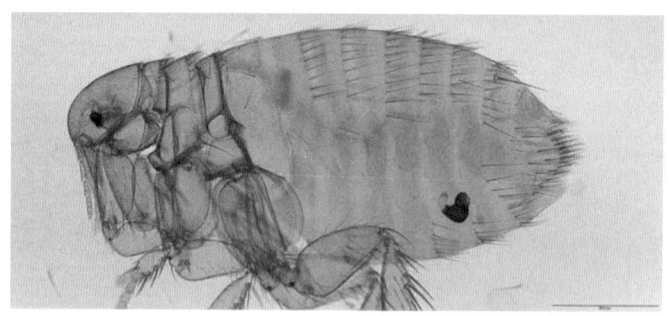

图 8-29　非洲客蚤雌性
（引自 Brigham Young University）

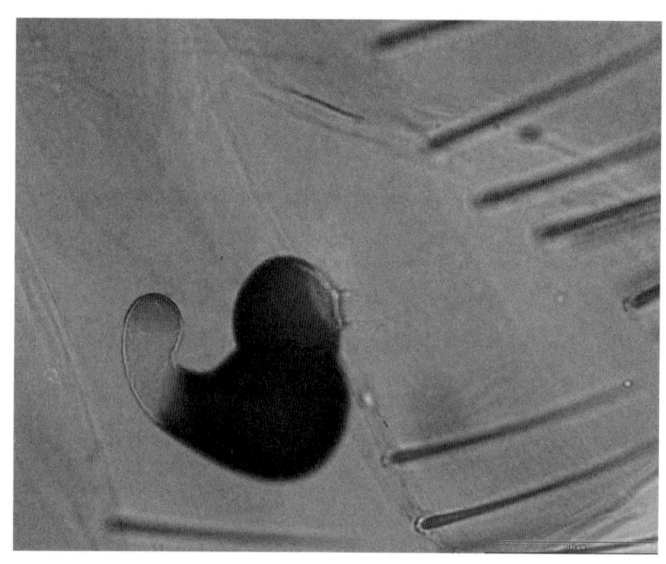

图 8-30　非洲客蚤雌性受精囊
（引自 Brigham Young University）

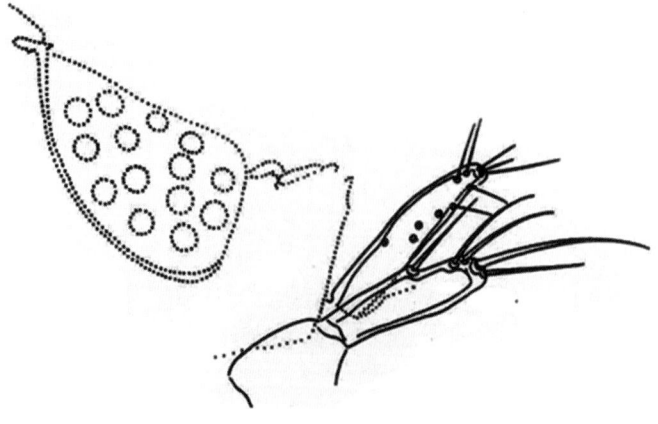

图 8-31　非洲客蚤雄性变形节
（仿 Rothchild，1903）

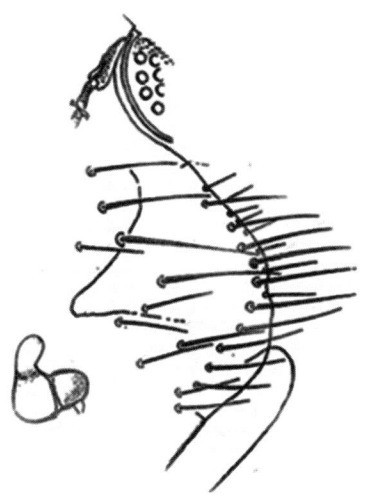

图 8-32 非洲客蚤雌性变形节

(二) 生态习性

主要宿主为家栖或半家栖的黑家鼠、亚历山大家鼠和乌干达家鼠等。

(三) 地理分布

国外:分布于非洲,包括埃塞俄比亚、东非、尼日利亚、加纳、苏丹、肯尼亚、塞内加尔、乌干达、马维拉等地区。

国内:未见分布。

(四) 医学重要性

在非洲,非洲客蚤是家鼠鼠疫的传播媒介。

六、沙鼠客蚤 *Xenopsylla philoxera*（Hopkins,1949）

(一) 鉴别特征

雄蚤后头沟浅,其腹侧轮廓直。第 8 腹板具 10~14 根鬃,最后 1 根鬃很小。第 1 突起较短而宽,长约为宽 2.5 倍。第 2 突起直,比第 1 突起要显著长而纤细。阳茎侧突背部末梢边缘极度倾斜,其前角弯曲,尖细形成刺状,叶与体之间无裂沟。阳茎体肌腱形成完整的圈状。阳茎轻微往上弯曲(或几乎直),其腹面和背面自始至终平行,端缘成平面。第 9 腹板端臂在中间最宽,中间的端部稍微向上弯曲,顶点几乎不变宽,沿着腹侧具有一些疏松的鬃,到顶点时会逐渐变多。雌蚤第 7 腹板两侧都具 1 列 6~9 根鬃。第 8 背板外表面具 16~20 根鬃,内表面 8~11 根鬃。受精囊尾部基部一侧膨出较少(图 8-33 至图 8-36)。

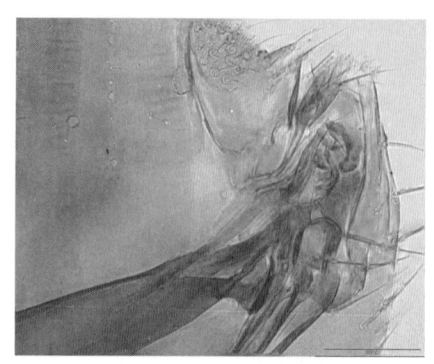

图 8-33　沙鼠客蚤雄性变形节
(引自 Brigham Young University)

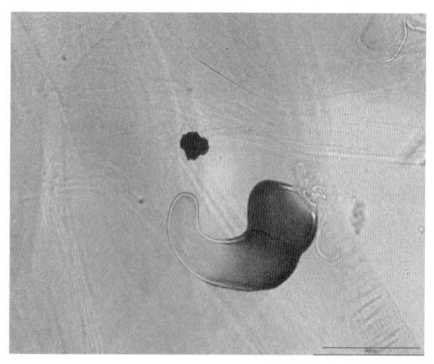

图 8-34　沙鼠客蚤雌性变形节
(引自 Brigham Young University)

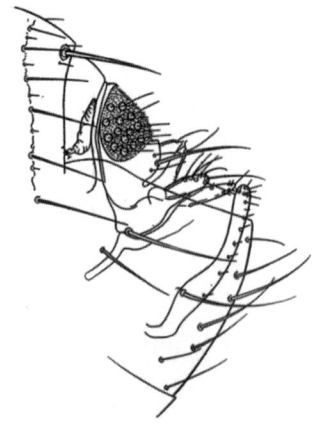

图 8-35　沙鼠客蚤雄性变形节
(仿 Hopkins,1949)

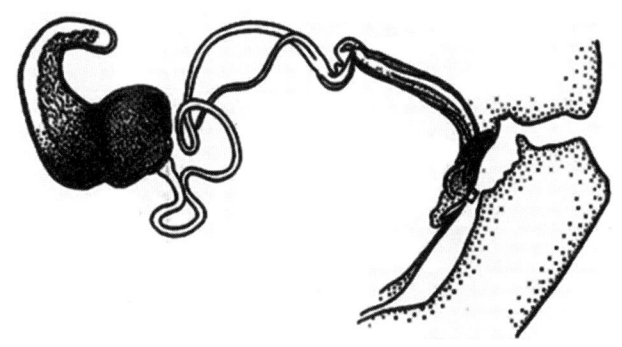

图 8-36　沙鼠客蚤雌性受精囊

(仿 Hopkins, 1949)

(二)生态习性

主要宿主为南非地松鼠、南非家鼠、非洲大沙鼠、海维尔沙鼠等。

(三)地理分布

国外:南非、博兹瓦纳、非洲西南部。
国内:未见分布。

(四)医学重要性

沙鼠客蚤非洲南部地区野鼠鼠疫的重要媒介。

七、猫栉首蚤指名亚种 Ctenocephalides felis felis (Bouche, 1835)

(一)鉴别特征

头部较长,额缘较倾斜,与颊部的腹缘夹角为锐角,额前缘内增厚狭长,无额突和额鬃列。眼大,眼鬃列2根,眼鬃位于眼前方。后头鬃3列,依次为1、1、5~6根。颊栉发达,一般8根,第1颊栉略短,可达第2颊栉4/5左右。颊突末端有1小刺。前胸栉16~17根,前中后胸背板各具1列鬃。后足胫节后缘有4~5个切刻,末1切刻下方又有1生1根鬃的浅切刻。第2—7腹节背板各具1列鬃,第1气门较大,第2—7气门稍小。臀前鬃1根。雄蚤第9背板前内突略呈方形。抱器突较犬栉首蚤宽短,可动突三角状。柄突细杆状,末端可稍膨大或缩窄。第9腹板前臂较后臂长,略成弧形;后臂短,后缘略外突。雌蚤性第7

腹板上有2～3根侧鬃,后缘内凹。第8气门腔发达,约与臀板等长。受精囊头部短,尾部略长(图8-37至图8-42,彩图21)。

图8-37 猫栉首蚤指名亚种雄性

图8-38 猫栉首蚤指名亚种雌性

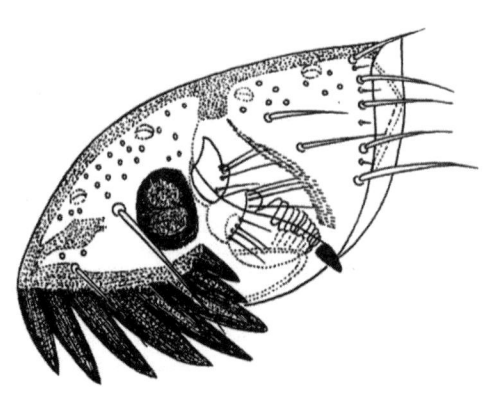

图8-39 猫栉首蚤指名亚种雌性头部

(仿吴,2007)

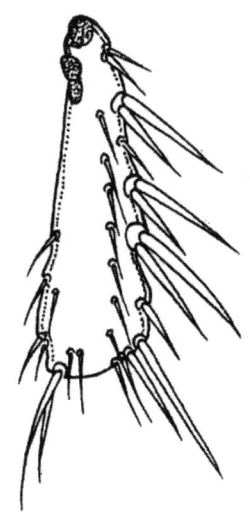

图 8-40　猫栉首蚤指名亚种雌性胫节

(仿吴,2007)

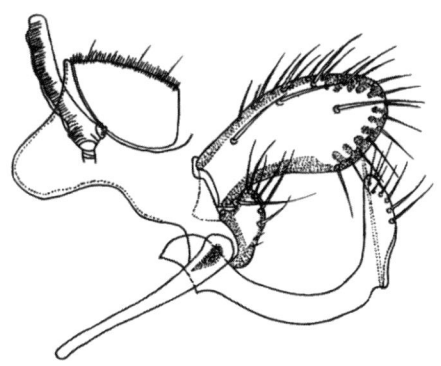

图 8-41　猫栉首蚤指名亚种雄性抱器

(仿吴,2007)

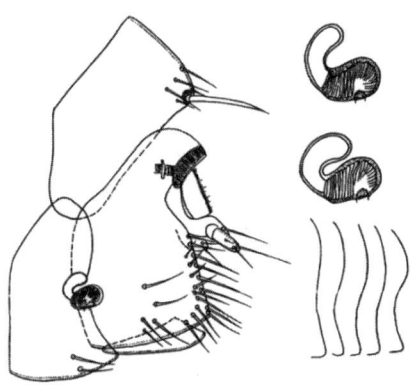

图 8-42　猫栉首蚤指名亚种雌性变形节及第 7 腹板后缘变异

(仿吴,2007)

(二)生态习性

猫栉首蚤指名亚种主要宿主是食肉类、啮齿类和人。其中寄生最多的是家猫、家犬,其次可寄生于黄鼬、大灵猫、野猫、椰子猫、貂、狐、黄胸鼠、家兔、野兔、树鼩、人等。主要孳生于猫、狗等寄生宿主的活动栖息场所。常游离于室内,叮刺骚扰人畜。在温湿的适宜生存环境下,猫栉首蚤指名亚种的生长发育周期较短,繁殖力增强。

成蚤长而有力的后足擅于弹跳,一跃而达其身长的 100 倍,跳高约 20 cm,跳远约 33 cm。雌、雄成蚤均会叮咬,吸食温血动物的血液,雌蚤于第 1 次吸血后 1~4 d 开始产卵,产于寄主身上或其掉落的毛上,分散于猫、狗的窝巢或家室地板的裂缝里,每吸 1 次血,可产一些卵,3 周内可产 3~18 次卵,终其一生可产约 800 粒卵,经 2~12 d 孵化为幼虫。

幼虫以尘芥里的有机物或成蚤的血便为食,2 次蜕皮后变成 3 龄幼虫,7~100 d 后化蛹于茧内。

茧常黏附尘芥里的一些泥沙、毛及碎屑以作掩饰,蛹期 4 d 至 1 年。对环境里的温暖、二氧化碳、震动极为敏感;无吸血对象时,可以呈休眠状态,一有寄主出现,迅即羽化为成虫,开始吸血。成虫寿命 25~60 d,耐饥可达 1 年之久。

由于成蚤喜温暖潮湿(相对湿度 75%),成、幼蚤又忌光,故多聚集于阴暗、潮湿、温暖而有机质丰富的尘埃里。水泥地面上的地毯、踏垫最适合猫蚤的生长发育。其原因是水泥地温度较低,易于凝聚湿气;而宠物睡觉的地方,又能提供适宜的温度及湿度。

(三)地理分布

广布种,全世界均有分布。

(四)医学重要性

猫栉首蚤指名亚种可直接叮刺和吸血对人畜造成危害;是犬复殖绦虫的中间宿主;体内曾分离出鼠疫耶尔森氏菌,但传播鼠疫的媒介效能较低;可能是鼠型斑疹伤寒的重要传播媒介。

八、犬栉首蚤 *Ctenocephalides canis*（Curtis，1826）

（一）鉴别特征

头部较短，额缘圆弧形，几乎垂直于颊部的腹缘；额前缘内增厚宽短，无额突和额鬃列。眼大，眼鬃列2根，眼鬃位于眼前方。后头鬃3列，依次为1、1~2、5~6根。颊栉发达，一般7~8根，第1颊栉短，仅达第2颊栉1/2左右。颊突末端有1小尖刺。前胸栉15~16根，前中后胸背板各具1列鬃，各7、8根。后足胫节后缘有4~6个切刻，各生成1对长鬃，末1切刻下方另有2个生1~2根鬃的浅切刻。第2—7腹节背板各具1列鬃，各节气门圆形，第1—2节大于3—7节气门。臀前鬃1根。雄蚤抱器突较该属其他种长，可动突三角状。柄突末端明显膨大，形状变异为圆形或铲形。第9腹板前臂约为后臂两倍长，其前缘和末端均略前凸；后臂后缘弧形。雌蚤第8气门腔发达，约与臀板等长。受精囊头部后缘圆形，腹缘较直，近尾端渐狭，尾部长于头部（图8-43至图8-48）。

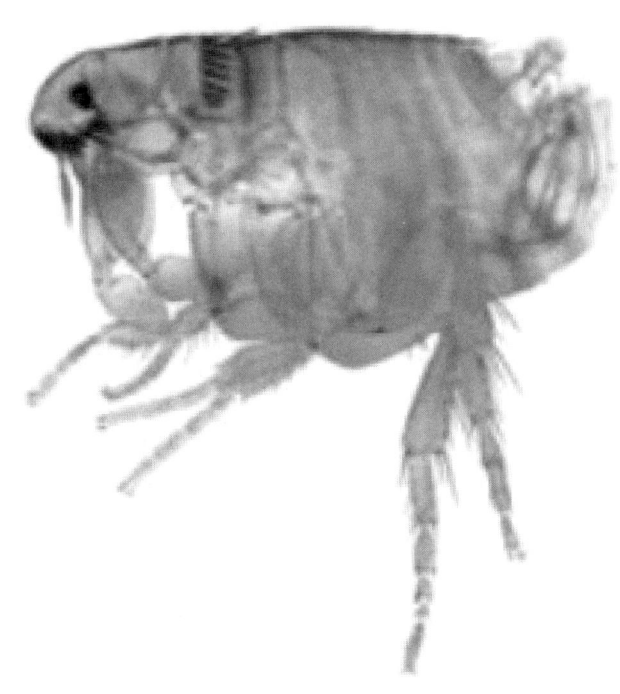

图8-43 犬栉首蚤雄性

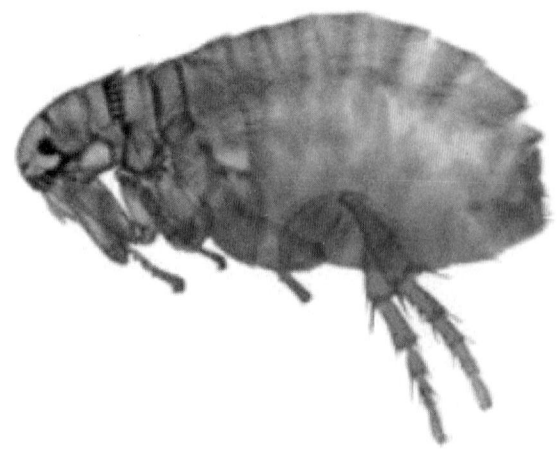

图 8-44　犬栉首蚤雌性

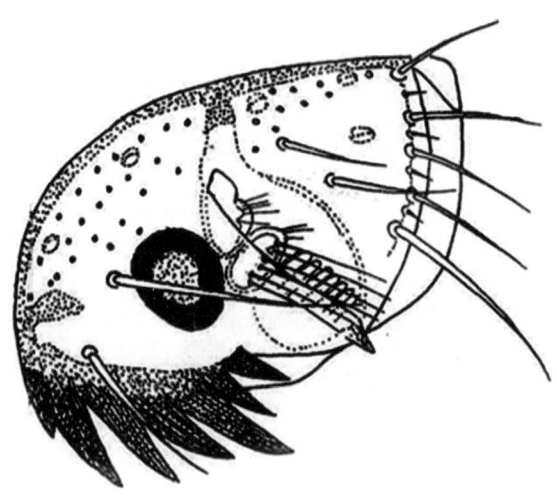

图 8-45　犬栉首蚤雄性头部
（仿吴，2007）

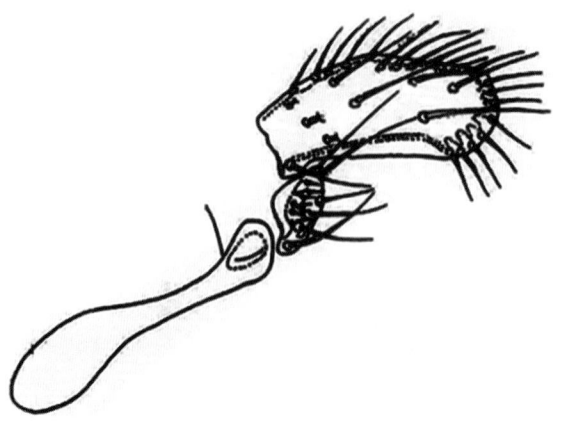

图 8-46　犬栉首蚤雄性变形节
（仿吴，2007）

图 8-47　犬栉首蚤雌性第 7 腹板变异、受精囊

（仿吴，2007）

图 8-48　犬栉首蚤后足胫节后缘下段

（仿吴，2007）

（二）生态习性

犬栉首蚤的主要宿主是犬科动物，如家犬、狼、狐等，另外也可寄生于犬科外的其他少数兽类。主要孳生于犬科动物的活动栖息场所，适应繁殖能力相对比较局限。

（三）地理分布

国外：主要分布于墨西哥、俄罗斯、巴勒斯坦、伊朗、土耳其、朝鲜、日本、蒙古、巴基斯坦、孟加拉、尼泊尔、不丹、斯里兰卡等。

国内：内蒙古、吉林、辽宁、黑龙江、新疆、江苏、上海、广东、广西、浙江、福建、海南、台湾。

（四）医学重要性

大栉首蚤是犬复殖绦虫的中间宿主。

九、缓慢细蚤 *Leptopsylla segnis*（Schönherr，1811）

（一）鉴别特征

头部裂首型，具角状额突，约位于额缘上方 1/3 水平处。额亚缘鬃列 8～9 根，其中额角附近有 2 根上端下长稍弯曲的短刺鬃。眼退化，眼鬃列 2 根，其前另有 3 根长鬃。颊栉 4 根，横位，第 3 根最长。后头鬃 4 列，后缘鬃 6～7 根。触角梗节长鬃略超过棒节末端。下唇须长达前足基节 3/5 处。前胸栉 20～24 根，背刺明显长于前背板。臀前鬃雄性 3 根、雌性 4 根。雄性第 8 腹板未缩窄，后缘亚端中长鬃约 3 根。可动突和不动突等高，前者略似肾脏形，后缘约有 6 根，连抱器体形似椭圆形。第 9 腹板后臂近肘部较细，端部宽，其下腹角和端缘有小鬃。阳茎钩突宽大而突出，背缘有深凹，略似三角形。雌性第 7 腹板后缘稍倾斜且略圆凸，具有 1 列 4～5 根长鬃，其前有 1～2 根小鬃。受精囊头尾部界限不明显，头部长于尾部。交配管细长弯曲（图 8-49 至图 8-56，彩图 21）。

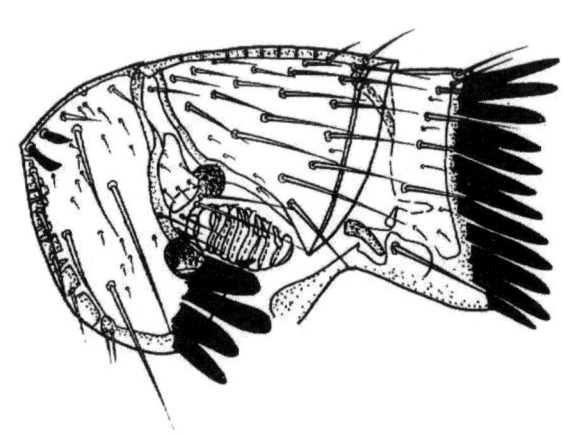

图 8-49　缓慢细蚤雌性头、前胸
（仿吴，2007）

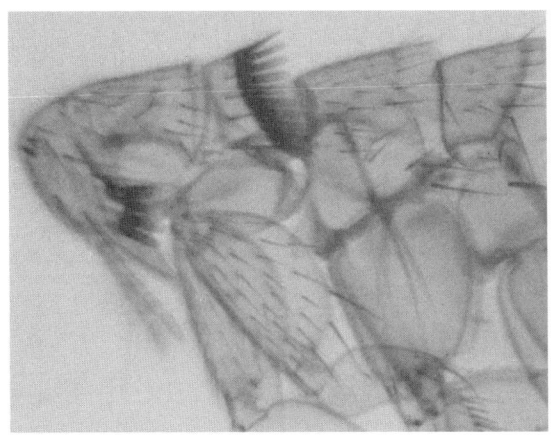

图 8-50 缓慢细蚤头部及胸部

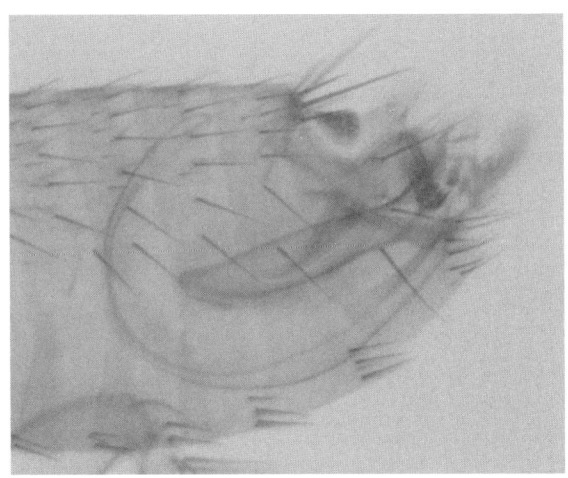

图 8-51 缓慢细蚤雄性变形节

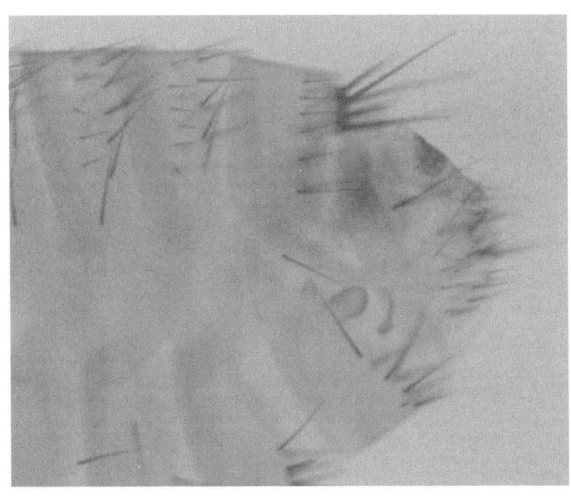

图 8-52 缓慢细蚤雌性变形节

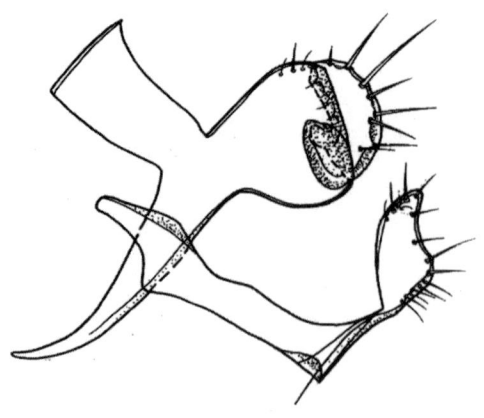

图 8-53　缓慢细蚤雄性抱器

（仿吴，2007）

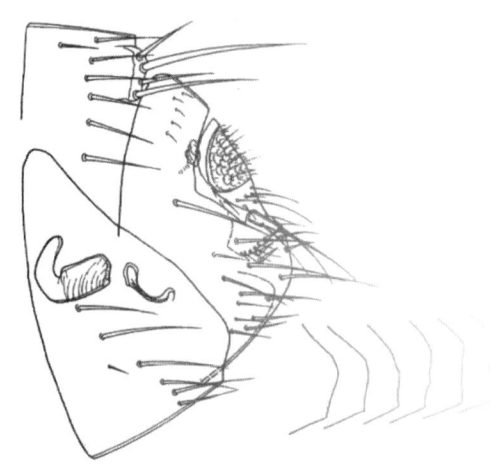

图 8-54　缓慢细蚤雌性变形节及第 7 腹板后缘变异

（仿吴，2007）

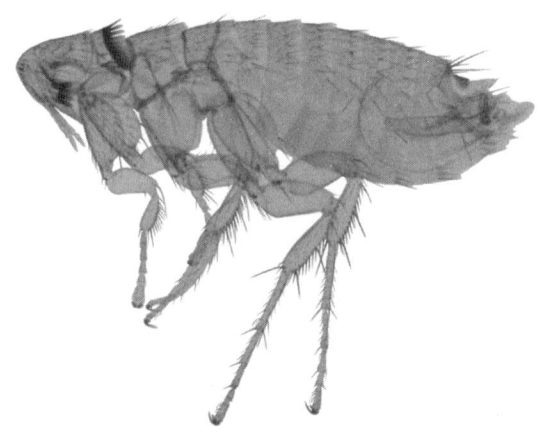

图 8-55　缓慢细蚤雄性

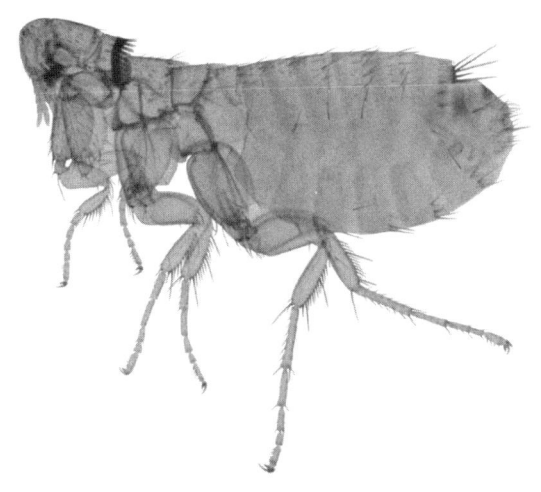

图 8-56 缓慢细蚤雌性

(二)生态习性

主要宿主为小家鼠、黄胸鼠、褐家鼠、黑家鼠、黄毛鼠、针毛鼠、大足鼠、黑线姬鼠、小林姬鼠、田小鼠、棕背䶄、臭鼩、四川短尾鼩、麝鼩等家栖和半家栖鼠类,其中小家鼠携带最多,另外也可见于家犬体表。

它的繁殖孳生盛季为冬、春季节。缓慢细蚤属于毛蚤型,主要寄生于小家鼠和半家栖鼠类,偶尔叮人吸血。

(三)地理分布

广布种,全世界均有分布。

(四)医学重要性

该蚤曾于体内分离出鼠疫耶尔森氏菌,但由于不喜叮人,媒介效能较低,所以不是鼠疫的主要传播媒介。同时由于其分布广、数量多,携带宿主主要是家鼠,少数能够传播鼠疫,在一定程度上会抵消媒介能力的不足,会对人群造成一定的威胁,故应密切关注。

十、方形黄鼠蚤蒙古亚种 Citellophilus tesquorum mongolicus (Jordan and Rothschild, 1911)

(一)鉴别特征

额突小、齿状,位于额缘中央附近。额鬃列雄性多为1根,偶有0或2根;雌性无。眼鬃列3根,眼鬃位于眼前方。后头鬃列雄性多为1根,偶有2根;雌性1根。下唇须5节,长度可超过前足基节末端一半或全节。前胸栉双侧14～21根(多为18～20),背缘栉刺稍短于或等于该背板长。后胸后侧片有5～7根鬃。变形节 雄蚤第8背板背缘有5～7根长鬃,背缘内侧棘丛不发达,第8腹板端鬃2根。可动突三角状,端部较窄,前端角略成斧形,后缘刺鬃2根,相距较远。第9腹板后臂端部约呈锥形,腹膨平直,有鬃4～8根。雌蚤第7腹板后缘多圆凸形,偶有侧凹。第7腹板主鬃列4～7根,其前具小鬃4～10根,肛锥锥形,长为宽2倍多。受精囊尾部比头部稍长,其端有或无小乳突,交配囊骨化差(图8-57至图8-60)。

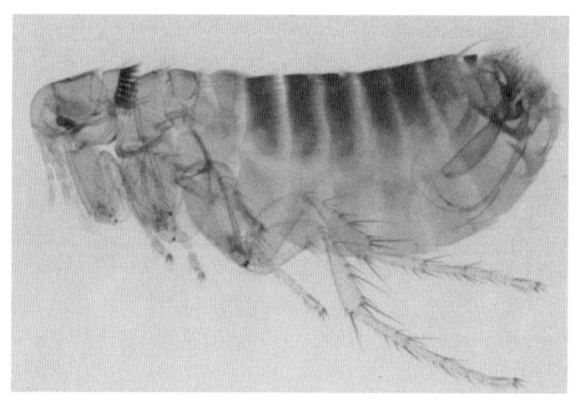

图8-57 方形黄鼠蚤蒙古亚种雄性

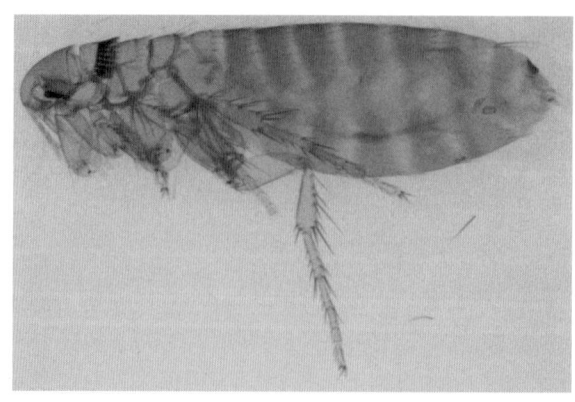

图8-58 方形黄鼠蚤蒙古亚种雌性

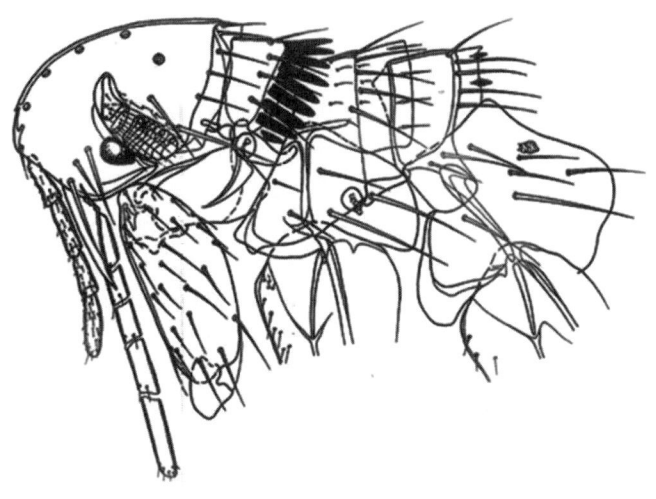

图 8-59　方形黄鼠蚤蒙古亚种雌性头部
（仿吴，2007）

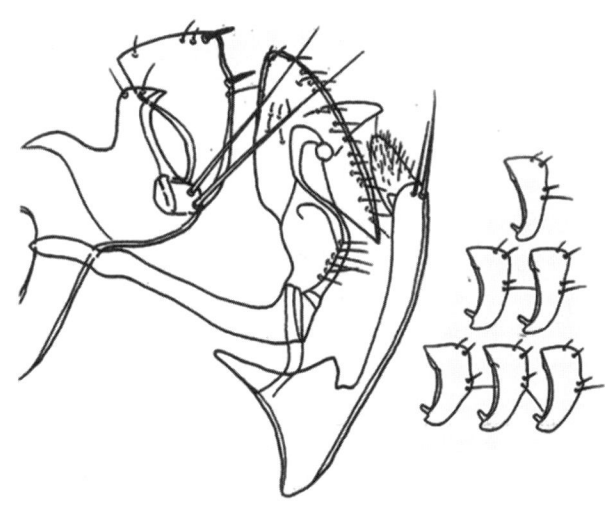

图 8-60　方形黄鼠蚤蒙古亚种雄性变形节、可动突变异
（仿吴，2007）

（二）生态习性

主要宿主为达乌尔黄鼠、阿拉善黄鼠、赤颊黄鼠、长爪沙鼠、子午沙鼠、黑线仓鼠、布氏田鼠、达乌尔鼠兔、草原鼢鼠、刺猬、艾鼬等，其中以黄鼠携带最多。其季节消长主要有 4、5 月份和 9、10 月份两个显著高峰，冬季大部分都聚集于黄鼠巢穴越冬，成蚤最低可于洞穴内零下 10℃ 左右长期蛰伏。

（三）地理分布

国外：俄罗斯和蒙古。

国内：内蒙古、甘肃、青海、宁夏、河北、山西、陕西。

（四）医学重要性

可传播鼠疫，是鼠疫自然疫源地的主要传播媒介。我国毗邻国家蒙古国鼠疫疫情严重，几乎每年都有人间鼠疫病例发生，该蚤在蒙古国分布较广，因此具有较大的医学重要性。

第四节 相关疾病

一、鼠疫（Plague）

鼠疫是一种原发于啮齿动物中间的自然疫源性疾病，能够引发人间流行。病原体为鼠疫耶尔森氏菌（*Yersinia pestis*），传染性强、传播速度快、病死率高。各类啮齿动物是主要宿主，可经过媒介叮咬、直接接触、飞沫和消化道等多种途径传播。

（一）临床表现

鼠疫潜伏期一般为1～6 d。腺鼠疫潜伏期多为2～8 d，原发性肺鼠疫及败血症型鼠疫潜伏期为1～3 d，曾接受预防接种者，可长达12 d。各型鼠疫患者的一般症状表现为危重的全身中毒症状，起病急骤，有畏寒、战栗症状，体温迅速上升至39～40℃，呈稽留热。头痛，可出现呕吐、头晕、腹泻、呼吸急促及全身衰竭等。心动过速，心律不齐，脉搏高于120次/min。血压降低，多在（11.6～11.7）/（5.2～6.5）kPa范围内。血常规检测白细胞计数增高，其中以中性粒细胞增高明显。以儿童为主的部分患者可能会出现髓细胞性白血病样反应。

重症患者可出现典型的鼠疫颜貌。表现为意识模糊、嗜睡、谵语，颜面潮红、苍白或发青，眼睑结膜和球结膜充血，狂躁不安，步履蹒跚。临床分腺鼠疫、肺鼠疫和败血症型鼠疫等型。

1. 腺鼠疫

在临床上最为常见,除具有鼠疫的一般症状以外,主要症状表现为受侵部位局部淋巴结迅速肿大。小者约为 1 cm×1 cm 大小,大者可达 5 cm×7 cm。主要以股、腋、颈部淋巴结多见。由剥食染疫动物引起的感染的患者,以腋下淋巴结肿大多见;而家鼠疫源地发生的感染病例,淋巴结肿大成人常见于腹股沟,儿童则以颌下、颈部和腋下等部位多见。腺鼠疫淋巴结肿大呈快、痛、硬、连等显著特点。快:淋巴结可迅速肿大至鸡蛋般大小,肿大速度远远超过其他疾病引起的淋巴肿,每时都有所变化;硬:鼠疫患者在急性期,肿大的淋巴结不但极大,而且有触摸石头般的坚硬感觉;痛:肿大的淋巴结可以导致剧烈疼痛,患者常拒绝触摸,呈被迫体位,由于剧痛可诱发休克;连:鼠疫的淋巴结肿大与皮下组织粘连紧密,外形平坦、边缘不清,不能移动,触诊时不像其他疾病导致的肿大淋巴结一样在皮下滚动。

2. 肺鼠疫

可原发或继发于腺鼠疫,起病急,病死率高。除具有鼠疫的一般症状以外,还有呼吸道感染的特殊症状。高热可达 40~41℃,由于呼吸困难导致缺氧,口唇、颜面部及四肢发绀,患者临终前全身皮肤发绀呈黑紫色,故有"黑死病"之称。病初干咳,继之为泡沫状或鲜红色血痰,胸部检查体征与严重的全身临床症状不相符合。若不及时治疗,常因心力衰竭、出血、休克于 2~3 d 内死亡。

3. 败血症型鼠疫

多继发于肺鼠疫或腺鼠疫,是临床上为最严重的病型之一。起病急骤,伴寒战、高热、剧烈头痛、谵妄或昏迷,皮下黏膜出血,时有血尿、血便或血性呕吐物,病情发展迅速,如不及时治疗常于 1~3 d 或数小时内死亡。

4. 其他类型鼠疫

如皮肤鼠疫、脑膜型鼠疫、肠鼠疫、眼鼠疫、扁桃体鼠疫等,较少见。

(二)传染源和宿主

传染源主要是各种啮齿动物。肺鼠疫患者也可成为传染源。能够自然染疫的宿主主要有:啮齿目、兔形目、食虫目、食肉目、偶蹄目和鸟类等。根据其重要性可分为主要宿主、次要宿主和偶然宿主。主要储存宿主能够在鼠疫疫源地中长期维持鼠疫耶尔森氏菌的存在，其中啮齿类动物中最为重要；次要宿主则在鼠疫疫源地中参与鼠疫的流行，但是对维持鼠疫耶尔森氏菌的长期存在起不到主要作用；偶然宿主只是偶尔感染鼠疫，无论是对鼠疫的流行还是对鼠疫耶尔森氏菌的保持都没有特殊的意义。

（三）传播媒介

鼠疫的传播媒介主要是蚤类，根据其传播鼠疫的能力可划分为：主要媒介、次要媒介和偶然媒介。主要媒介蚤种特点：应该是主要宿主的主要寄生蚤；具有较强的吸血习性；不但能够感染鼠疫，还要具有很高的传播能力。鼠疫的传播机制：蚤吸食病鼠血液，鼠疫耶尔森氏菌可在蚤的前胃聚集增殖，形成菌栓，然后逐渐充满前胃，造成前胃堵塞。当蚤再次吸血时血液不能进入胃内，同时可使鼠疫耶尔森氏菌回流到宿主体内导致宿主感染。而染疫蚤由于不能饱食血液，饥饿感增强，吸血频率增加，因而导致感染宿主的机会增多，如印鼠客蚤、臀突客蚤、谢氏山蚤和方形黄鼠蚤蒙古亚种等。

（四）地理分布

鼠疫在全世界广泛分布，亚洲、非洲、欧洲、美洲和大洋洲的68个国家和地区都有过人间鼠疫病例的发生。鼠疫自然疫源地分布在亚洲、非洲和美洲的56个国家，不时地引发人群感染，近年鼠疫疫源地面积进一步扩大，鼠疫疫情呈明显上升趋势。

（五）季节分布

鼠疫的流行有明显的季节性，人间鼠疫的流行一般都是发生在动物鼠疫流行之后。动物鼠疫的流行一般与鼠疫自然疫源地内地理条件、气候因素等对宿主、媒介的生态学影响存在密切的关系。比如我国内蒙古高原长爪沙鼠鼠疫自然疫源地有4—5月份和10—11月份两个流行高峰；蒙古国鼠疫高峰期为7—9月份；非洲坦桑尼亚鼠疫高峰期为3—4月份。

二、鼠型斑疹伤寒（Murine typhus）

鼠源性斑疹伤寒是由莫氏立克次氏体（*Rickettsia mooseri*）引起的自然疫源性疾病，也称为地方性斑疹伤寒（endemic typhus）。

（一）临床表现

潜伏期一般为 5～15 d。发病可骤起或缓起，主要表现为发热、头痛、食欲缺乏，部分患者出现皮疹或者肝脾大，白细胞多数正常。

（二）传染源和宿主

储存宿主为哺乳动物和其寄生蚤和蜱螨等，但最重要的是黑家鼠、褐家鼠、黄胸鼠和小家鼠等家栖鼠类。蚤传播鼠型斑疹伤寒的主要途径是带病原体的蚤粪污染宿主皮肤伤口而致病，但带病原体的蚤粪干燥后产生的气溶胶，可以通过呼吸道和眼结膜感染鼠和人体是一个值得引起重视的另一传播途径。该病原体可以经卵传递，而且子代印鼠客蚤仍然具有媒介能力。

（三）传播媒介

传播媒介为印鼠客蚤、亚洲客蚤、巴西客蚤、具带病蚤、不等单蚤、人蚤、猫栉首蚤、缓慢细蚤和禽角头蚤等。

（四）地理分布

本病广泛分布于全世界，包括美国东南部、南美洲、印度西部、欧洲和亚洲的菲律宾、泰国、越南和中国等。

（五）季节分布

发病季节和印鼠客蚤生态学有密切关系，虽然全年都有病例发生，但一般多发生于夏、秋季节，我国7—8月份多见，北方9—11月份为发病高峰。

（魏怀波，方义亮，张丽杰）

参考文献

[1] BITAM I, DITTMAR K, PAROLA P, et al. Fleas and flea-borne diseases[J]. International Journal of Infectious Diseases, 2010, 14(8): 667-676.

[2] MIARINJARA A, ROGIER C, HARIMALALA M, et al. *Xenopsylla brasiliensis* Fleas in Plague Focus Areas, Madagascar[J]. Emerging Infectious Diseases, 2016, 22(12): 2207-2208.

[3] GRATZ N. Rodent reservoirs and flea vectors of natural foci of plague[M]. Peste, In Plague manual: epidemiology, distribution, surveillance and control. World Health Organization, Geneva, Switzerland. 1999, 63–96.

[4] GUNN D L. Ecological Studies in Southern Africa by D. H. S. Davis, B. De Meillon, J. S. Harington, M. Kalk [J]. Journal of Animal Ecology, 1966, 35(2): 391-392.

[5] MALEKIRAVASAN N, SOLHJOUYFARD S, BEAUCOURNU J C, et al. The Fleas (Siphonaptera) in Iran: Diversity, Host Range, and Medical Importance[J]. Plos Neglected Tropical Diseases, 2017, 11(1): 1-24.

[6] 陆宝麟,吴厚永. 中国重要医学昆虫分类与鉴别 [M]. 郑州:河南科学技术出版社,2003.

[7] 张际文. 中国国境口岸医学媒介生物鉴定图谱 [M]. 天津:天津科学技术出版社,2015.

[8] 刘俊,石杲. 内蒙古蚤类 [M]. 呼和浩特:内蒙古人民出版社,2009.

[9] 王身荣,徐成. 吉林蚤类 [M]. 长春:吉林科学技术出版社,2013.

[10] 吴厚永. 中国动物志——昆虫纲蚤目(第 2 版)(上下)[M]. 北京:科学出版社, 2007.

[11] 刘纪有,张万荣. 内蒙古鼠疫 [M]. 呼和浩特:内蒙古人民出版社,1997.

第九章 臭虫

臭虫，俗称壁虱、床虱，有1对臭腺，能分泌一种异常臭液，该臭液有防御天敌和促进交配之用，臭虫爬过的地方，都留下难闻的气味，故名臭虫。

臭虫吸食人和温血动物的血液，是分布最广泛的人类寄生虫之一。臭虫对人体的危害主要是夜间叮咬吸血，扰人睡眠。叮咬时，常引起皮肤发痒，过敏的人被叮咬后有明显的刺激反应，伤口常出现红肿、奇痒，如挠破后往往引起细菌感染，有些甚至发生丘疹样麻疹。若长期被较多臭虫叮咬，可产生贫血（尤其是营养不良者）、神经过敏及失眠，严重影响健康。在非洲，有因臭虫大量吸血引起的贫血，或诱发心脏病及感冒的报道。臭虫在全世界分布广泛，和人类接触频繁，多年以来不断有人怀疑它在疾病传播中起某种媒介作用，尽管用实验方法可使臭虫感染多种病原体，也曾在臭虫体内分离出乙肝病毒等病原体，但尚无确凿证据证明臭虫是某种疾病的传播媒介。

第一节 臭虫的分类和形态特征

一、臭虫的分类

属于昆虫纲（Insecta）半翅目（Hemiptera）臭虫科（Cimicidae）。

二、臭虫的形态特征

虫体呈宽扁的卵圆形,体长 4~7 mm,宽约 3 mm,密生短毛;体色为有光泽的浅红棕色,吸血后为深棕色;头小,嵌在胸部前缘形成的凹陷中;无单眼,触角 4 节,第 2 节等于或长于第 3 节;喙 3 节,唇基三角形,顶端较宽;次生无翅,但有明显的翅基;跗节 3 节(图 9-1)。

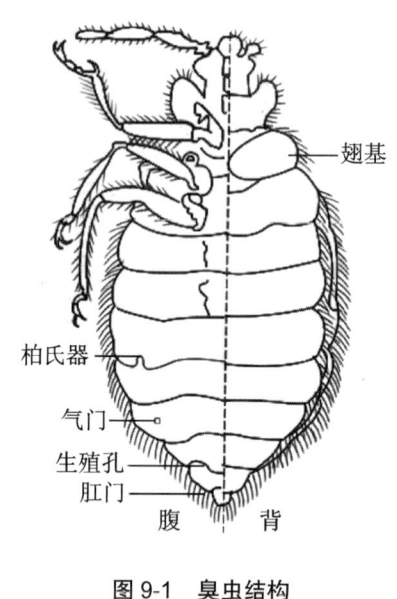

图 9-1　臭虫结构
(背腹面)

头部较宽无颈,两侧有 1 对突出的复眼,各由约 30 个小眼面组成。触角 1 对,能弯曲,第 1 节短,第 2 节粗壮,等于或长于第 3 节,第 3 第 4 节等长。喙较粗,由头部前下端发出,内含刺吸式口器,不吸血时向后弯折在头、胸部腹面的纵沟内,吸血时向前伸与体约成直角。胸部最显著的是前胸,其背板中部隆起,前缘有不同程度的凹陷,头部即嵌在凹陷内,侧缘弧形,后缘向内微凹(图 9-2)。

中胸小,其背板呈倒三角形,后部附着 1 对较大的椭圆形翅基。后胸背面大部分被翅基遮盖。足 3 对,在中、后足基节间有新月形的臭腺孔。各足跗节 3 节,末端具爪 1 对。腹部宽阔,因第 1 节消失、第 10 节缩小,故外观只可见 8 节。雌虫腹部后端钝圆,有角质的生殖孔,第 5 节腹面后缘右侧有 1 三角形凹陷,称交合口(copulatory orifice)。雄虫腹部后端窄而尖,端部有 1 镰刀形的阳茎,向左侧弯曲,储于尾器槽中(图 9-3)。

若虫形态:体较成虫小,颜色浅,随龄期加大而体色加深;体毛短而稀少;触角第 2 节短;无翅基;胸部中央有蜕皮缝线;跗节 2 节;腹部 3—5 节后缘中央各有 1 宽大臭腺孔。

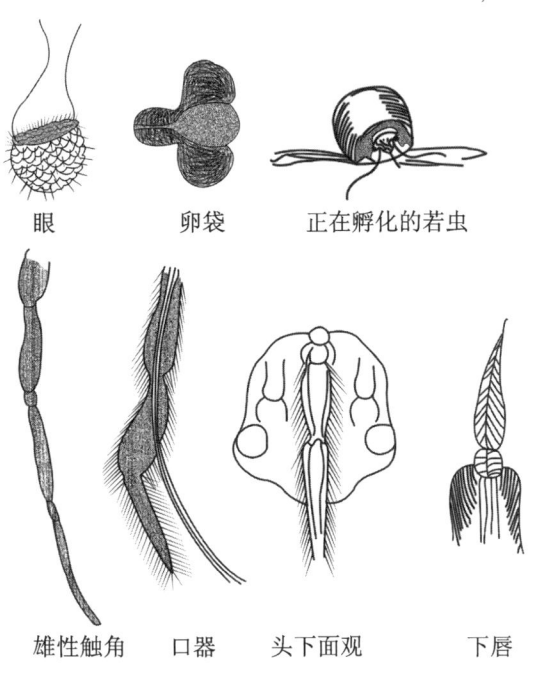

图 9-2 臭虫主要身体结构

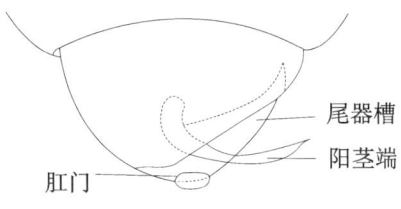

图 9-3 臭虫雄虫外生殖器

第二节 臭虫的生态习性

一、生活史

臭虫为不完全变态,生活史分卵、若虫和成虫 3 期,若虫 5 龄(图 9-4)。卵黄白色,长圆形,卵壳有网状纹,前端有盖。经 6～7 d,若虫从卵盖处钻出,形似成虫而较小,蜕皮 5 次后变为成虫。在适宜温度(35～37℃)时,由卵发育至成虫需 1 个月左右。气候温暖处,1 年至少可有 5、6 代。

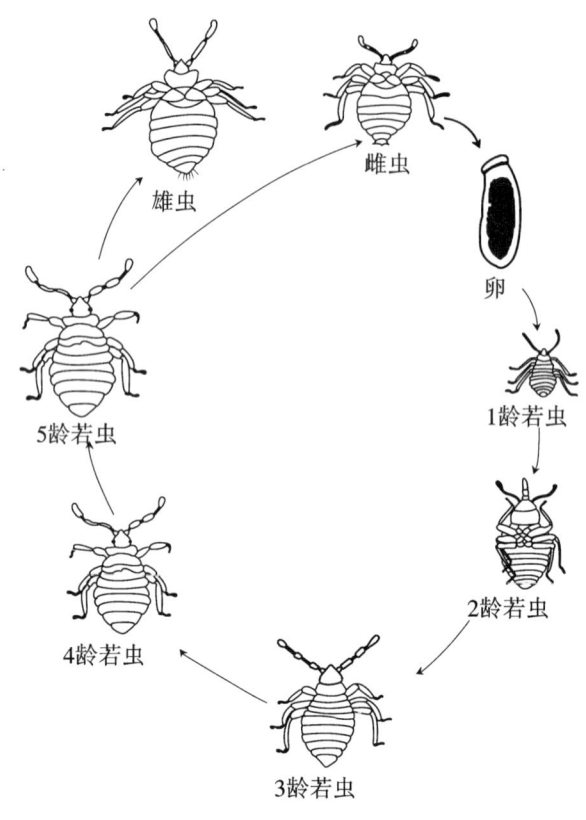

图 9-4 臭虫生活史

臭虫营有性生殖,每雌每日可产卵 7~8 粒,多时 10~15 粒,产卵期为 4~18 周,一生可产卵 200~500 粒。产卵的数量取决于营养,即吸血的次数和多少。

二、食性

若虫及雌雄成虫都吸血,主要吸人血,也吸鼠类、兔等的血液。臭虫吸血很快,5~10 min 就能吸饱,吸血量可超过虫体重量 3~6 倍。冬季停止吸血和产卵。成虫耐饥力强,可 1 年不吸血。

三、季节消长

臭虫可以在一个相当广泛的温度范围里存活,但一般在低于 16 ℃进入半休眠状态,13 ℃以下就不能生长,因此主要发生在气温较高的夏季,但在气候寒冷时,有供暖设备的卧室臭虫也会活动。

四、孳生地

臭虫一般过群居生活,因此在适宜隐匿的场所常常发现有大批臭虫聚集。成虫主要栖息在住室的床架、帐顶四角、墙壁、天花板、桌、椅、书架、被子褥、草垫、床席、床板、墙壁和天花板等的缝隙和糊墙纸的后面,栖息处所带有许多褐色的粪迹,可从屋顶或蚊帐上掉落于人体吸血。通常夜间活动,白天则潜伏在上述场所,消化血液及产卵。在隐蔽的场所交配后,把卵产在宿主动物睡眠场所不远的缝隙处,借助副腺分泌的黏液将卵胶着于产卵场所。

五、活动范围

臭虫无翅,一般只能作短距离的移动,但也常藏匿在衣物、行李、舟车、飞机,或者旧家具内,随之散布各处。臭虫的足没有为攀附毛发而特化,反而更适合在宿主表面快速运动。

第三节 常见臭虫

全世界约 75 种,与人类关系密切的有热带臭虫和温带臭虫 2 种,生长繁殖在人居室、床榻的狭缝中,2 种臭虫除分布区域和头胸部结构有差别外,其他均相似,温带臭虫分布范围更广,热带臭虫主要分布在热带和亚热带。

一、热带臭虫 Cimex hemipterus Fabricius,1803

(一)鉴别特征

平均体长 5.5 mm,体宽 2.5 mm,体长最大可达 8 mm。整体长卵圆形,深褐色,个体较大。头短、宽前端尖且具 1 对突出的复眼。复眼卵圆、褐色、无眼柄。触角 4 节,第 1 节明显短于其他各节,3、4 节明显比其他 2 节细,所有 4 节上都具有细毛状结构。刺吸式口器,由三角形的上唇,长达前胸基部的分 3 节的下唇以及成对的上颚和下颚针组成。前胸长是宽的 2 倍,中胸三角形,后胸新月形;前胸明显比中胸和后胸大,具有明显的翅基。前胸背板宽度为中线长度的 2.5 倍以下,侧缘隆起,前缘凹陷较浅,两侧角不遮挡复眼,与头的连线呈弧形。翅基小,掩盖第 1 腹节的面积小。股节和胫节有细刺,跗节 3 节,第 3 跗节细长,爪位于第 3 跗节顶端。腹部 8 节,第 1 和第 2 腹节愈合,与雌性相比,雄性臭虫的腹部略窄,并且末端更尖和弯曲。腹部较瘦长,最宽处在第 3 腹节。雌性腹部略宽圆,腹部第 4 节侧面有柏氏器(彩图 31)。

(二)生态习性

臭虫怕光,多在夜间活动。臭虫活动很敏捷而机警,可以在宿主不留意下吸取宿主的血液,在吸血时,如人体稍有移动,即停止吸血,爬走而隐藏,臭虫每分钟能爬行 1～1.25 m,不受干扰的情况下每次吸血过程长达 15 min。臭虫喜群居,并可随衣物、行李传播。

(三)地理分布

热带和亚热带国家。我国主要分布于南方诸省往北至湖南衡阳、贵州遵义、四川成都一线的热带和亚热带地区。

(四)医学重要性

能引起人类的过敏反应。

二、温带臭虫 *Cimex lectularius* Linnaeus, 1758

(一)鉴别特征

卵圆形,褐色,个体较小。前胸背板宽为中线长度的 3 倍,侧缘扁平,前缘深凹,两侧角向前突出,遮挡部分复眼,与头的连线呈水平状。翅基大,掩盖第 1 腹节大部。腹部较短胖,最宽处在第 4 腹节(彩图 31)。

除头胸部和热带臭虫有所差别外,其余特征基本一致(图 9-5)。

温带臭虫和热带臭虫的形态鉴别特征对比表 9-1。

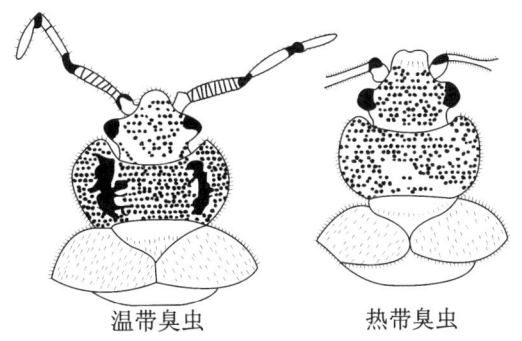

图 9-5　温带臭虫和热带臭虫的头前胸比较

表 9-1　温带臭虫和热带臭虫的鉴别特征

特征	温带臭虫	热带臭虫
外形	卵圆形,褐色,个体较小 雌:5.57 mm × 1.40 mm 雄:5.43 mm × 1.33 mm	长椭圆形,深褐色,体较大 雌:7.00 mm × 1.40 mm 雄:6.65 mm × 1.34 mm
前胸背板	宽为中线长度之8倍;侧缘扁平,前缘深凹,两侧角向前突出,遮挡部分复眼,与头的连线呈水平状	宽为中线长度的2.5倍以下,侧缘隆起,前缘凹陷较浅,两侧角不遮挡复眼,与头的连线呈弧形
胫端毛簇	密;刺粗短,排列整齐	稀;刺长而分散
翅基	大;掩盖第1腹节大部	小;掩盖第1腹节的面积小
鬃形	前胸和翅基周围的鬃毛外侧缘呈锯齿状	不呈锯齿状,仅毛的顶端分叉
腹部	较宽短,最宽处在第4腹节;雌虫的交合口较浅;柏氏器呈管状,外观不明显	较瘦长,最宽处在第8腹节;雌虫交合口深;柏氏器呈深色块状,较明显

(二)生态习性

同热带臭虫。

(三)地理分布

北美、欧洲、澳大利亚。在我国主要是以长江以北各省区和华中地区多见。

(四)医学重要性

能引起人类的过敏反应。

（邱德义）

参考文献

[1] 柳支英,陆宝麟. 医学昆虫学 [M]. 北京:科学出版社,1990.

[2] 李朝品. 医学昆虫学 [M]. 北京:人民军医出版社,2007.

[3] KHAN H R, RAHMAN M M. Morphology and biology of the bedbug, *Cimex hemipterus* (Hemiptera: Cimicidae) in the laboratory [J]. Dhaka University Journal of Biological Sciences, 2012, 21(2): 125-130.

[4] ZHU Y I, STILLER M J. Arthropods and skin diseases [J]. International journal of dermatology, 2002, 41(9): 533-549.

第十章 猎蝽

猎蝽科昆虫在世界已知3 000种以上,多分布于暖热地区。中国已知300余种,大部种类均分布于南方。典型的猎蝽为捕食性昆虫,属于益虫,而锥猎蝽亚科种类较少,此亚科昆虫全靠吸食脊椎动物血液生存和繁殖,常栖居于哺乳动物巢穴和人的居室附近,习惯夜间在睡熟的人的眼或者嘴周围的较软皮肤吸食血液,因此也叫吻蝽(亲嘴虫),亦称刺蝽。该亚科中红猎蝽属、全园蝽属和锥猎蝽属的种类可传播美洲锥虫病(恰加斯病)。美洲锥虫病发生在中、南美洲的大部分国家,目前仍不能治愈。慢性病程可导致心脏和肠道损害,一些病人死于心脏衰竭。锥蝽叮咬时多数人没有感觉,不痛。有些人被叮咬后感觉皮肤奇痒或出现其他症状,数次被叮咬后,可因失血导致贫血。

第一节 猎蝽的分类和形态特征

一、猎蝽的分类

属于昆虫纲(Insecta)半翅目(Hemiptera)猎蝽科(Reduviidae)。

二、猎蝽的形态特征

中型至大型,体壁一般比较坚强结实;多为黄褐、褐色或黑色,部分种类具有橙色或者红色斑纹。身体分为头胸腹3部分,头部长,颈部较狭,连接头部和胸部。头部狭长,唇基和前唇基突出,有细颈,活动自如;头部相对较小,平伸,基部多少变窄,略成1颈状。头部其他的附肢包括盾形的唇基、前唇基以及分节的触角。少数种类具长毛。刺吸式口器,口器由退化的上唇、和一个小的后口前腔(咽)组成,下唇上着生下颚须和上颚针,共同构成口针。下颚针构成食道和唾液管。喙较粗短,不达中足基节,明显成弧形弯曲,不与头下接触,仅末端纳于前胸腹板中央的纵沟内,一般3节,第1节极短;复眼突出,单眼位于连接复眼后缘的直线后方,即头顶在单眼前方常有1横沟。触角细长,4节,第3和第4节长,并常具若干次生环节,致使触角视若节数很多。前胸背板大约成梯形,中部有深横沟将之分为前、后两叶;前胸腹板中央有1纵沟,沟底具细密横列棱纹,喙端即置于此沟中,与横纹摩擦可以发声。小盾片小。前翅爪片向端渐狭,且左右翅在小盾片后即开始互相重叠,因而爪片接合缝不能形成。前翅膜片基部有2~3个大形翅室,可由端部翅室伸出1根或数根很短的翅脉,多不再分枝。少数种类无翅。前、中足胫节端部腹面常具海绵状垫,称海绵窝,可能与捕捉猎物有关。前足腿节有时粗壮,可具刺列。跗节3节(飒猎蝽亚科的前足胫节端部渐肥大,跗节2节,常反折隐藏于胫节端部的沟槽中,外观似若跗节缺失,颇为特殊)。雄虫抱器及生殖囊两侧对称。雌虫产卵器针状。腹部臭腺开口情况多样,或全无,或在第3—4、4—5腹节节间,或第4—5及5—6腹节节间,或第3—4、4—5、5—6腹节节间有臭腺开口(图10-1)。

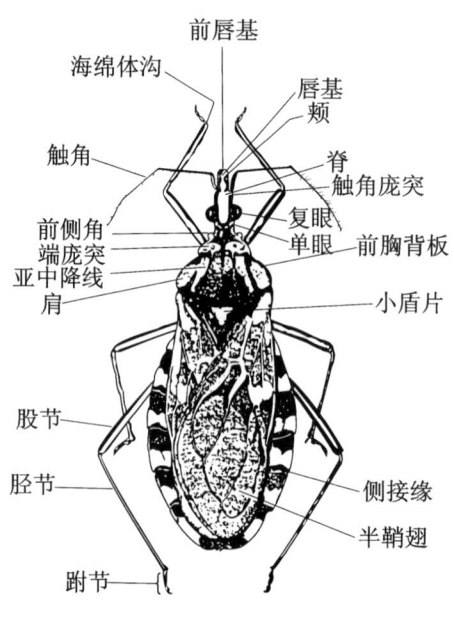

图 10-1 猎蝽结构

若虫除个体小外与成虫基本相似,唯若虫无单眼,翅和外生殖器均未长成。其他区别:若虫颜色浅,成虫体色鲜艳,在侧接缘上有红棕色带和斑纹,且在胸部和肢体亦有色斑。

第二节　猎蝽的生态习性

一、生活史

不完全变态昆虫,整个发育过程经过卵期、若虫和成虫期,无蛹期。若虫从卵中孵出2~3 d后开始吸血,每龄若虫均须饱血才能蜕皮,经5龄羽化为成虫。成虫交尾10~20 d后开始产卵,每次产卵数量不多,而产卵期可达6个月之长,一生可产100~600粒卵,产卵的数量和频度与吸血量的多少密切相关。多数种类生活周期长,5~12个月,有些种类2年,有1年2代的种类,有1年1代的种类,也有2年1代的种类(见图10-2)。最适温度为21~27 ℃,多数种类低于16 ℃不能发育,高于37 ℃则迅速死亡。

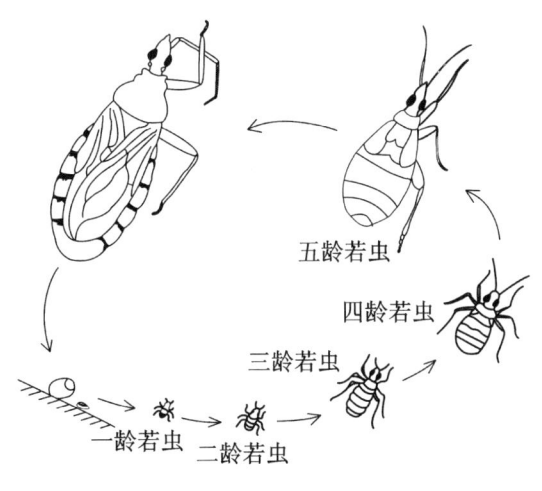

图10-2　猎蝽生活史

二、食性

猎蝽吸血对象十分广泛,有哺乳动物、鸟类和爬行类,甚至可吸其同类和臭虫的血液。家栖的种类以吸人、犬、猫、鼠和家禽的血为主。猎蝽常刺叮人体的裸露部位,如眼的外眦和嘴唇。大多数种类在夜间动物熟睡时吸血，但吸食蜥蜴和夜行动物的种类则在白天吸血，在有利条件下，猎蝽需连续吸血 20~30 min 才能达到饱食。吸血量若虫约可达自重的 9 倍，成虫约为自重的 2~4 倍。猎蝽长期耐饥能力强，有的种类可达 11 月之久。猎蝽在吸血的当时和吸血之后开始排粪，粪便中含有传染性病原体锥虫，边吸血边排粪猎蝽的媒介效能大于吸血后排粪的种类。

三、季节消长

在南半球的 12 月至次年 1 月的夏季达到发生高峰期。

四、孳生地

猎蝽的种类均来源于野生的环境，主要与哺乳动物和鸟类的巢穴有联系，也有不少种类离开了特定的孳生地和特异的宿主，或多或少地适应了人类活动的人居场所，广泛分布于人房和畜舍中，在墙角、墙缝、屋顶、鼠洞、柴垛和垃圾堆中比较常见。猎蝽的卵多产于物体表面，可散落于地表，或以胶质黏附于其他物体上，直立或横卧，或数卵相互黏附成小卵块，或半埋于松散的土中，具卵盖。栖息场所多样，或栖息活动于植物上，或躲藏于树洞、石缝中，或潜伏于树皮、石块下，或在地表爬行，或生活在蛛网附近。

五、活动范围

可昼间活动，这些种类常警觉而善飞翔。

第三节 常见猎蝽

常见猎蝽且与传播疾病密切相关的种类主要有侵扰锥猎蝽、长红猎蝽和大全园蝽，三者在外形上非常相似，但头部形状和触角的着生位置有明显的差别。

红猎蝽属的昆虫，头部长，触角着生在头前部近唇基处；锥猎蝽属的昆虫，头部中等长，触角着生在眼和唇基之间；全园蝽属的昆虫头部粗短，触角着生在眼的紧前方（见图 10-3）。

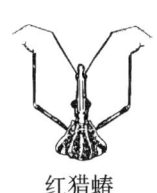  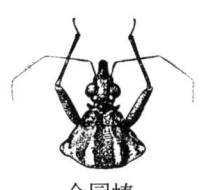

红猎蝽　　　　锥猎蝽　　　　全园蝽

图 10-3　三种常见猎蝽属的头部形状比较

一、侵扰锥猎蝽 *Triatoma infestans* Klug, 1834

(一) 鉴别特征

体型较大,长约 35 mm。体色为红棕色,在腹缘及腿部有红或者黄颜色的条纹。1 对复眼球状,向两侧突出,单眼退化位于复眼的后侧。胸部特化使其更适合运动,主要由前胸盾片和小盾片组成。

(二) 生态习性

侵扰锥猎蝽嗜血,吸食哺乳动物,主要吸食有袋类、鼠类和人类。

侵扰锥猎蝽喜欢温暖的热带气候,在野外一般生活在森林中,如鸟巢、岩桩、空心树、啮齿动物的巢穴、蝙蝠的洞穴等;在人居环境中数量也非常大,一般在鸡笼、宠物豚鼠笼以及羊圈中也有大量的分布。

外翅型(翅芽体外发育)半完全变态发育,也就是非成虫形态与成虫形态相似。依温度不同,卵大约需要 10~40 d 孵化,无蛹期,经 5 期的若虫发育成成虫。雌虫一般可成活 3~12 个月,多次交配,能储存精子,一生可产 100~600 只卵。温度能影响侵扰猎蝽的交配能力,温度低时,雄虫的附腺分泌减弱,未受精卵增多。

(三) 地理分布

侵扰锥猎蝽最早发现在玻利维亚的科恰班巴地区,现在南美洲的玻利维亚、阿根廷、乌拉圭、巴拉圭、智利、巴西和秘鲁等国家和地区均有发现,是可导致美洲锥虫病的克氏锥虫的最重要媒介。

(四)医学重要性

侵扰猎蝽是原生动物克氏锥虫的载体。克氏锥虫能引起锥虫病,造成神经系统、肌肉组织、心脏的永久性损伤,甚至引起死亡。克氏锥虫的生活史见图10-4。

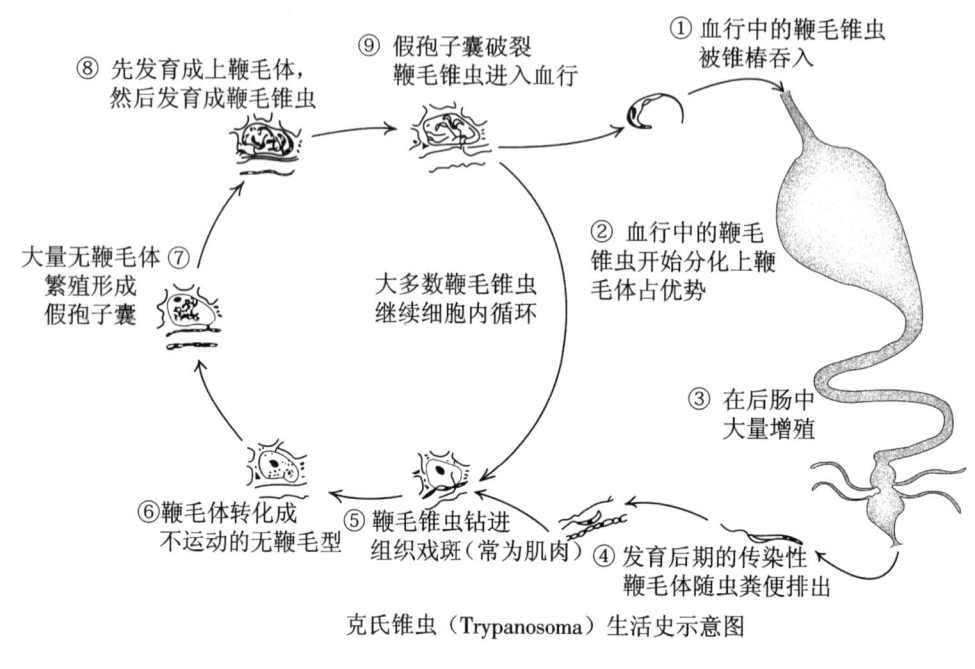

图10-4 克氏锥虫生活史

二、长红猎蝽 Rhodnius prolixus Stål, 1859

(一)鉴别特征

体长达34 mm,体红棕色,翅端部稍凹。头部狭长,触角4节,复眼2只,单眼2只位于复眼的后侧。唇基宽大,刺吸式口器,刺针由退化的上唇和由上下颚组成的管状下唇组成,休息时折叠在头和胸部的下方。雄虫略小于雌虫(彩图31)。

(二)生态习性

不完全变态,若虫每蜕一次皮成熟一次,若虫同样具有复眼、发育完全的附肢、翅芽和外露的尾器,若虫一共有5期,第1到第3龄期的若虫不进食,从第4龄期开始吸食寄主的血液。雌虫的产卵节律受光暗周期的调节。

长红猎蝽为夜行性昆虫,喜欢生活在哺乳动物的巢穴中,在人或者其他哺乳动物睡熟后吸食血液,经常叮咬眼睛或者嘴的周围。唾液中含有抗凝剂。在乡村,长红猎蝽经常叮食狗、猫和鼠,偶尔也会叮食负鼠、犰狳、蝙蝠、松鼠、豚鼠和树懒。

(三)地理分布

主要分布在中南美洲,是哥伦比亚、委内瑞拉、危地马拉、洪都拉斯、尼加拉瓜和萨尔瓦多等部分地区。

(四)医学重要性

也是克氏锥虫的寄主,主要传播美洲锥虫病。

三、大全园蝽 *Panstrongylus megistus* (Burmeister, 1835)

(一)鉴别特征

体色深棕色或者黑色,颈部或者胸部有红棕色或者黄棕色的斑纹。雌雄体长有差别,雌性体长于雄性,雌虫一般体长 26~34 mm,雄虫体长 29~38 mm。雄虫的复眼大于雌虫的复眼,头长和眼宽的比率约为 1.5。

(二)生态习性

主要栖息在森林里,如鼠类等啮齿动物的洞或者腐烂的树洞里。同时也出现在人类居住地,如鸡舍中,白天隐藏,夜晚出来觅食,与其他的猎蝽相比,大全园蝽喜欢湿度高的环境。在实验室内,湿度达到 100% 大全园蝽才能生存。

(三)地理分布

主要分布在巴西的东南部,此外与巴西接壤的阿根廷、巴拉圭和乌拉圭的部分地区也有分布。

(四)医学重要性

也是克氏锥虫的寄主,主要传播美洲锥虫病。

第四节 相关疾病

美洲锥虫病（American trypanosomiasis）

美洲锥虫病由克鲁斯锥虫引起，传播媒介为吸血猎蝽，主要流行于中、南美洲，由恰加斯（Chagas）医生在1908年首次发现此病，故又称恰加斯病（Chagas' disease）。

美洲锥虫病是被列在疟疾和血吸虫病之后的世界第三的致残病因，在拉丁美洲是第四大致死病因，一般被认为是贫穷的疾病。估计在中、南美洲有2 000万受染者。旅游时被猎蝽叮咬对旅行者也是一大威胁，近年发现该病也有通过输血或器官移植得病者的案例，南美锥虫病成为当前严重的公共卫生问题之一，目前还没有针对该病的有效疫苗。

（一）临床表现

被锥虫感染的猎蝽叮咬后，25%局部无反应，50%局部病变出现于面部，25%出现于躯干。叮咬的局部反应为：从皮肤入侵者，局部产生皮下结节，即南美洲锥虫肿。从眼结膜入侵者出现结膜炎，眼窝水肿合并局部淋巴结肿大，即Romana征。本病的潜伏期被猎蝽叮咬受染者为6~10 d，由输血受染者为10~20 d。急性期有发热、头痛、淋巴结肿大、面色苍白、颜面水肿、肌肉痛、呼吸困难、胸腹部疼等症状。下一个阶段为无症状期（隐匿期），可持续数月或数年。锥虫侵入并慢慢影响体内许多器官，最后导致慢性症状，如心肌炎、心力衰竭、巨食管炎、巨结肠及肺、脑栓塞、猝死等发生。

急性期可并发心力衰竭、慢性期可并发巨食管或巨结肠症。感染早期由于症状轻微而被忽视，但病原在体内可持续终生，每年因心脏、食管、器官损坏致死者有5万人。

（二）传染源和宿主

感染有克氏锥虫的患者是本病的主要传染源，另外犬、猫、南美犰狳、蝙蝠、雪貂、狐狸、负鼠、食蚁兽、松鼠和猴等均可作为本病的储存宿主。主要通过患者或储存宿主→猎蝽→人的方式传播。

(三)传播媒介

猎蝽昼伏夜出,咬人吸血,多咬人的面部,所以猎蝽粪便内的锥虫除经叮咬的皮肤伤口外,也很易污染眼、口、鼻黏膜。在拉丁美洲,克氏锥虫主要通过接触受感染的粪便传播。美洲锥虫病也可通过母乳、胎盘、输血或食入传染性猎蝽粪便污染的食物而感染。

克氏锥虫也可通过以下途径传播:

(1)食用经克氏锥虫污染的食物,例如通过接触受感染的猎蝽的粪便。

(2)输血(血液来自受感染的献血者)。

(3)在妊娠或分娩期间由受感染的母亲传播给新生儿。

(4)使用受感染捐献者的器官进行器官移植。

(5)实验室事故。

(四)地理分布

该病主要见于21个美洲国家:阿根廷、伯利兹、玻利维亚(多民族国)、巴西、智利、哥伦比亚、哥斯达黎加、厄瓜多尔、萨尔瓦多、法属圭亚那、危地马拉、圭亚那、洪都拉斯、墨西哥、尼加拉瓜、巴拿马、巴拉圭、秘鲁、苏里南、委内瑞拉和乌拉圭。我国属锥虫病非流行地区,该病在我国非常罕见。

(五)季节分布

在南半球的12月至次年的1月的夏季达到发生高峰期。

(岳巧云)

参考文献

[1] 柳支英,陆宝麟. 医学昆虫学 [M]. 北京:科学出版社,1990.

[2] 李朝品. 医学昆虫学 [M]. 北京:人民军医出版社,2007.

[3] PATTERSON J S, BARBOSA S E, FELICIANGELI M D. On the genus *Panstrongylus* Berg 1879: evolution, ecology and epidemiological significance[J]. Acta tropica, 2009, 110(2): 187-199.

[4] ZHU Y I, STILLER M J. Arthropods and skin diseases[J]. International journal of dermatology, 2002, 41(9): 533-549.

第十一章 虱类

吸虱全世界已知约500种,中国96种,其终生专性寄生于哺乳动物或鸟类体表,口器刺吸式,仅吸食血液,有极强的宿主专一性。由于人体为虱的寄生提供了稳定的小气候条件,因此世界各地凡有人类居住之处都有虱的分布。从亚、欧、美、澳、非各大陆到大洋中的岛屿,从赤道热带居民到北极的爱斯基摩人,从潮湿的季风雨林气候区到旱热沙漠区,都有人体虱的存在。随着生活水平的提高,卫生条件的改善,在经济发达地区,人感染虱的情况已很少见,但在少数经济不发达地区仍有存在。虱的危害除吸血、引起皮肤瘙痒,青灰色斑,严重者可产生丘疹或荨麻疹、反应强烈者甚至引起上肢浮肿,它还可以传播流行性斑疹伤寒、战壕热、流行性回归热以及沙门氏菌感染等多种疾病,其中流行性斑疹伤寒,曾在历史上多次暴发流行,造成了大量的人员死亡。

第一节 虱类的分类和形态特征

一、虱类的分类

虱类属于昆虫纲(Insecta)吸虱目(Anoplura)。

二、虱类的形态特征

成虫背腹扁平，体小，次生无翅。头向前突出，有眼；触角 5 节，触须消失；口器特化成吸喙，适于吸血，口针不用时收缩在头囊之内；胸节在一定程度上愈合，成虫腹部 9 节，前 2 节退化，可见 7 节；气门着生于背侧，7 对，1 对位于胸部，6 对位于腹部（腹节Ⅲ—Ⅷ）；足粗短，跗节仅 1 节，端部具爪，此爪与胫节端部 1 突起合拢成钳状，可紧握宿主毛发，尾部无尾须（图 11-1）。

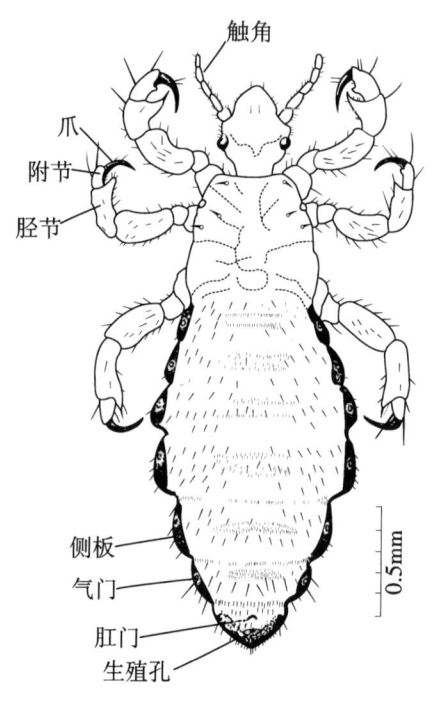

图 11-1　人体虱结构
（雄性，背视，仿 Buxton，1947）

第二节　虱类的生态习性

一、生活史

虱子的发育属不完全变态，分为卵、若虫、成虫三个时期（图 11-2）。

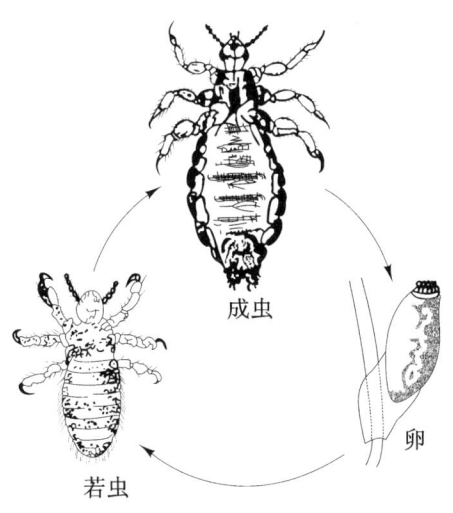

图 11-2 虱类的生活史
（仿陈佩惠,1997）

卵：虱子的卵为淡黄色，椭圆形，长 0.9~1.0 mm，一端有盖。雌虱在产卵时用尾端挟持毛发或衣服纤维，分泌胶液，将卵粘住，使之不脱落。头虱和阴虱均产卵在毛发上，体虱则产卵在衣服的纤维上（图 11-3）。

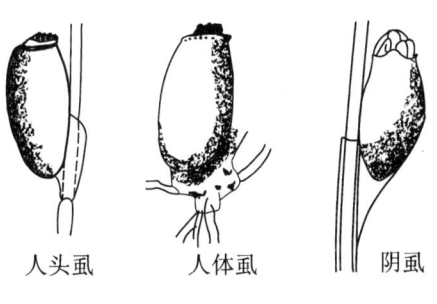

人头虱　　人体虱　　阴虱

图 11-3 虱卵
（仿陈佩惠,1997）

若虫：虱子的卵，经过 6~8 d 的发育即从卵壳里孵出，称之为若虫。若虫的形态基本上与成虫相似，仅仅看上去颜色稍淡一些，个头稍小一些。若虫一经孵出即可吸血，约经 9 d，经过 3 次蜕皮即变为成虫。

成虫：雌雄成虫在若虫末次脱皮后 10 h 内即可交配，一个成虫一生可交配若干次。雌虫在交配 2 d 后开始产卵，每天可产卵 7~8 粒。一个雌虫一生累计可产卵 200~300 粒。从卵发育成成虫通常需要 3~4 周，在温度适宜时（30~32 ℃）和随时能得到血源的情况下，只需 16 d 即可完成一个世代。

二、食性

虱子在人体表面寄生,每天吸血多次。虱子的若虫和成虫均吸血,而且专吸人血。吸血量一般可达其体重的 1/3 以上。

三、季节消长

由于人是恒温动物,又有随气候变化调节穿衣和室内的温湿度的能力,因此体虱所处的环境温度和湿度相当稳定,季节性变化不大。虱子已经完全适应了宿主体表环境,如体虱的最适温度是 30～32℃,正是人体表的温度;最适相对湿度为 10%～60%。不喜欢潮湿和高温。对黑暗有趋向性。故在春季天气转暖后,寄主因活动出汗或发热时,虱子易从体表爬到衣服外面,通过宿主或衣服的接触,向外传播。

四、孳生地

虱子有群集一处的习性。如体虱多聚集在内衣领襟、腋下、裤腰等处。头虱主要集中在发根。阴虱主要集中在会阴部。

五、活动范围

虱类的活动范围非常有限,主要生活在内衣领襟、腋下、裤腰等处,白天情况下一般不离开宿主而游离活动,夜间在不同人体宿主之间仍有往来转移活动。人虱 2 h 内可爬行 30 cm,在衣服的褶缝内均匀分布。

第三节 常见虱类

寄生于人体的虱有两种,即人虱和阴虱,分别隶属于虱科(Pediculidae)的虱属(*Pediculus*)和阴虱科(Phthiridae)的阴虱属(*Phthirus*)。人虱又分为两个亚种,即人体虱和人头虱。

我国常见和重要吸虱分种检索表：

1 胸部长大于宽，前足和中、后足接近等大（Pediculidae 人虱科）··················· 2
  胸部宽大于长，前足明显比中、后足细小（Phthiridae 阴虱科）··· 阴虱 *Phthirus pubis*
2 体形较大，体色稍浅，多呈灰白色，触角较细长；常见于人体 ·······················
  ·· 体虱 *Pediculus humanus humanus*
  体形略小，体色稍深，呈灰黑色，触角较粗短；常见于人头部 ·······················
  ·· 头虱 *Pediculus humanus capitis*

一、体虱 *Pediculus humanus humanus* Linnaeus，1758

（一）鉴别特征

体长 2.0～3.5 mm，为灰色或灰白色。头略呈橄榄形，在触角处最宽，向后渐窄细，颈小可动。触角 5 节，略与头等长。眼较小不发达，位于触角后的两侧。胸节融合不能区分，在中胸两侧有气孔 1 对。腹部边缘无深色角质侧片。足粗壮，跗节只有 1 节，其末端有 1 个大而弯曲的爪（图 11-4）。雄虱子腹部末端钝圆，常有生殖器的阴茎伸出。雌虱子尾端分叉，形似"W"形凹陷（彩图 31）。

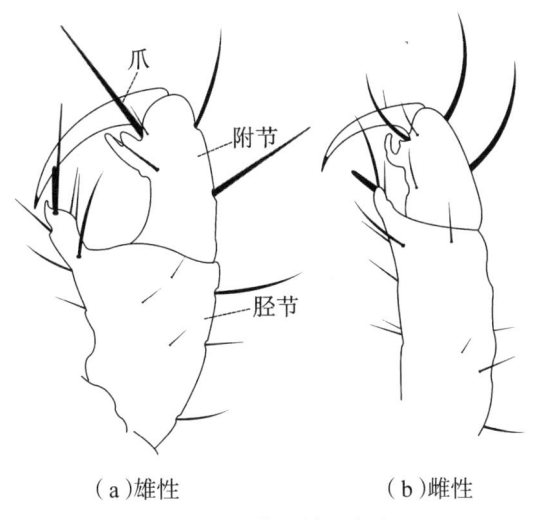

(a)雄性　　(b)雌性

图 11-4 体虱前足末端

（仿 Keilin and Nuttall，1930）

（二）生态习性

体虱卵黏附于内衣纤维上，白色俗称虮子。卵孵化后变成若虫，若虫较虱外形相似、但体型较小,尤其是腹部较成虫短小。若虫蜕皮 3 次后成为成虫。传播方式如下。

1. 直接接触传播

人体虱和人头虱主要通过人体相互接触传播,在过于拥挤和卫生状况差的地方如监狱、难民营、战壕等经常会产生,在拥挤的市场、交通工具人虱也会通过直接接触传播。

2. 间接接触传播

人体虱通过共用床具、毛巾、衣物或坐在已被污染的加垫椅子上等会被感染。

(三)地理分布

全世界均有分布。

(四)医学重要性

为流行性斑疹伤寒、虱传回归热和战壕热的主要媒介。

二、头虱 Pediculus humanus capitis De Geer, 1767

(一)鉴别特征

体色较深黑,体型较小,长 1.5~2.5 mm。触角各节较短粗,腹部边缘为暗黑色,其他与体虱相似。与体虱相比较,头虱的前脚比较大,以便抓紧毛囊(图 11-5)。

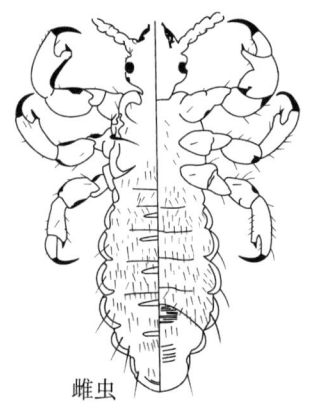

图 11-5 人头虱

(示背腹面,仿 Ferris1951)

(二)生态习性

多发生在那些卫生条件差、居住环境拥挤的人们身上,主要寄生在人的头部。营有性生殖(图11-6)。

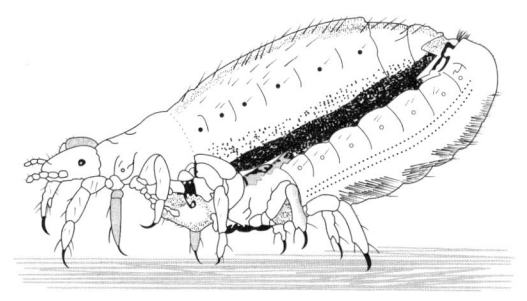

图11-6　交配中的头虱
(上为雌性,下为雄性)

(三)地理分布

全世界均有分布。

(四)医学重要性

为流行性斑疹伤寒、虱传回归热和战壕热的次要媒介。

三、阴虱 *Phthirus pubis* Linnaeus,1758

(一)鉴别特征

体型较体虱、头虱为小,身体扁平,呈卵圆形,体灰白色,长1.5~2.0 mm,宽约1.5 mm,体宽与体长几乎相等。阴虱头短,触角5节,较头部稍长,眼位于触角后突上。胸腹部前宽后窄,呈蟹形,故也称蟹虱。胸部宽短,宽约为长数倍。无胸板和背窝。前腿细小,中及后腿粗大,各基节均具1钝突。胫突发达,末端具棘鬃1,跗节上有大而粗壮的爪。腹部无背片及腹片,腹节Ⅴ—Ⅷ的侧背片高度硬化成侧叶,腹节Ⅷ的最大,雌雄体生殖片均大,其余腹部为膜质。腹气门6对,腹节Ⅲ—Ⅴ的3对气门靠拢,形成1斜列。雄虱外生殖器发达,雌虱生殖肢发育良好。有受精囊。其他构造与体虱、头虱相似(图11-7,彩图31)。

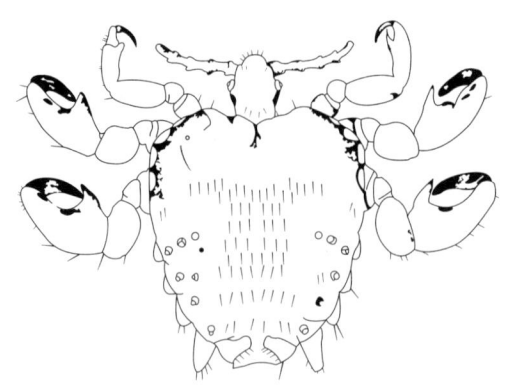

图 11-7　阴虱成虫
（雌性，背视）

（二）生态习性

主要寄生于人体阴毛处，也有寄生于睫毛、腋毛、眉毛、头发及其他浓密体毛处的报道。阴虱卵产于阴毛根部，椭圆形，红褐色或铁锈色。卵孵化后的若虫比成虫小，也以血液为食。

阴虱的传播主要有三个途径，即性接触传染、直接接触传染和间接接触传染三种。而通过性接触传染的阴虱病最常见，约占95%以上。

1. 性接触传染

性行为时常造成阴虱寻找新的宿主的机会，传染于新的宿主，故阴虱病常在性乱者之中流行。夫妻往往同患阴虱病。

2. 直接接触传染

指的是非性接触的其他直接接触性传染。由于生活条件所限，住房拥挤，卫生条件差，与患有阴虱病的患者同床共寝，密切接触，也可传染本病。

3. 间接接触传染

阴虱、虱卵常随着阴毛的脱落而污染内裤、毛巾、床单、马桶等，其他人接触阴虱污染的这些物品而受到传染。

(三)地理分布

全世界均有分布。

(四)医学重要性

主要引起瘙痒或者皮肤过敏等症,传病能力很弱。

第四节 相关疾病

一、流行性斑疹伤寒(Epidemic typhus)

流行性斑疹伤寒又称虱传斑疹伤寒(louse-borne typhus)或"古典斑疹伤寒",是由普氏立克次体(*Rickettsia prowazeki*)引起,主要通过人体虱传播的急性传染病,阴虱亦可传播此病。

(一)临床表现

人感染立克次体后,经 9~14 d 潜伏期后急性发病,主要表现为持续高热、剧烈头痛、皮疹、气管炎、颜面出血,甚或出现神志错乱或痴呆症状。约于发病的第 5 d 或第 6 d,胸部腹部出现许多斑疹,以后遍布全身以至手足和颜面部。死亡率一般为 20 % 或更高。在饥馑和普遍营养不良的人群中流行时,如不治疗,死亡率可达到 100 %。如能及时使用高效抗生素治疗,死亡率可降至极低。我国仅有少数散发病例,为丙类传染病。

(二)传染源和宿主

病人是唯一的传染源;鼠类在自然界维持病原体循环起主要作用。1975 年国外报告从东方鼩鼠以及牛、羊、猪等家畜体内分离出普氏立克次体,表明哺乳动物可能成为储存宿主。

(三)传播媒介

人虱是主要传播媒介,体虱最重要,头虱次之。"人—虱—人"的传播方式,是本病流行的基本途径。

(四)地理分布

此病在地球上分布广泛,而以欧洲、非洲、墨西哥和中南美洲的高海拔地区多见。以往较多发生于寒冷地区,但近年来热带如非洲等地有较多病例报道。战争、灾荒及卫生条件不良易引起流行。

(五)季节分布

此病主要发生在寒冷季节,如在热带则发生在气候较凉的高山地带。在极度贫困、灾荒或战乱时期,人群匆忙迁移并聚居在狭小环境中,容易暴发流行。在冬春季为多见,因气候寒冷,衣着较厚,且少换洗,故有利于虱的寄生和繁殖。

二、虱传回归热(Epidemic relapsing fever)

虱传回归热又称流行性回归热,系虱传回归热螺旋体(*Borrelia recurrentis*)引起的急性传染病,体虱为传播媒介。

(一)临床表现

起病急骤,发热迅速高达40℃左右,常伴有头痛,剧烈全身肌肉、关节疼痛等。严重者可有昏迷、谵妄、黄疸及出血倾向。发病数日后,体温于2~4 h内骤降,即进入间歇期。发热期与间歇期交替出现。患病后有免疫力,但不持久,一般为2~6个月。并发症有中毒性肝炎、支气管炎、肺炎、急性肾炎、心内膜炎、脑膜炎、脑炎等。亦有并发中耳炎、腮腺炎者。

(二)传染源和宿主

患者是唯一的传染源,体虱为其主要传播媒介,头虱亦可传播,但阴虱却不能。在人群拥挤、气候寒冷、战争、成群移民、营养不良、个人卫生差等情况下,均有利于本病流行。如在二次世界大战时,欧洲与非洲有百万人以上的大流行。

(三)传播媒介

人虱是主要传播媒介。

(四)地理分布

本病曾流行于亚洲,非洲中部和东、北部,以及南美洲。近年来本病在世界范围内已基本消灭。自1971年1月1日起停止国际检疫。

(五)季节分布

流行季节以冬春居多,虱吸吮回归热患者血液后4~5 d即具有传染性,受染体虱不患病,亦不传给下一代。人对虱传回归热普通易感。病后免疫力不持久,约持续2~6个月,最长也仅2年。虱传回归热呈世界性分布,好发季节为冬春季。但无明显地区性。凡有虱的地方,就有发生和流行本病的可能。贫困、灾荒、战争和卫生条件差的情况下容易流行。

三、战壕热(Trench fever)

战壕热又称五日热(five day fever)或胫骨热(shin-bonefever),是由五日热类立克次体(*Rochalimaea quintana*)通过人虱媒介而传播的急性传染病。

(一)临床表现

起病急骤,发热至38.5~40 ℃,头痛剧烈,眩晕,骨骼及全身性肌痛,尤以胫骨痛为特殊。腹痛似阑尾炎,颈痛如脑膜炎,疼痛可持续2~3 d。

(二)传染源和宿主

人是唯一已知储存宿主,人虱是在人群中传播本病的主要媒介,但病原体不能经虱卵垂直传递。传播途径是含病原体的虱粪经由虱叮咬造成的皮肤抓痕或破损处,或经眼结合膜侵入而致人体感染。

(三)传播媒介

人虱。

(四)地理分布

本病曾在第一次世界大战欧洲战场的战壕中发生广泛流行。欧洲、非洲(突尼斯、布隆迪、埃塞俄比亚)、中南美洲(墨西哥、玻利维亚)等地均有发生。

(五)季节分布

冬春两季发病较多。

(岳巧云)

参考文献

[1] 陈佩惠. 人体寄生虫学 [M]. 北京：人民卫生出版社, 2000.

[2] 柳支英, 陆宝麟. 医学昆虫学 [M]. 北京: 科学出版社, 1990.

[3] 李朝品. 医学昆虫学 [M]. 北京: 人民军医出版社, 2007.

[4] BUXTON P A. THE LOUSE. An account of the lice which infest man, their medical importance and control[J]. The Quarterly Review of Biology, 1947, 115(Volume 23, Number 2):1479.

[5] IBARRA J. Lice（Anoplura）//in Medical insects and arachnids[M]. Springer Netherlands, 1993: 517-528.

[6] NUTTALL G H F. The systematic position, synonymy and iconography of *Pediculus humanus* and *Phthirus pubis*[J]. Parasitology, 1919, 11(3-4): 329-346.

[7] HATSUSHIKA R, MIYOSHI K, OKINO T. A case study of body louse *Pediculus humanus corporis*（Anoplura: Pediculidae）infestation found on a homeless person in Okayama, Japan[J]. Kawasaki medical journal, 2000, 26(1): 23-28.

[8] KEILIN D, NUTTALL G H F. Iconographic studies of *Pediculus humanus*[J]. Parasitology, 1930, 22（01）: 1-10.

[9] ZHU Y I, STILLER M J. Arthropods and skin diseases[J]. International journal of dermatology, 2002, 41(9): 533-549.

第十二章 蜚蠊

蜚蠊俗称蟑螂（cockroach），是一类重要的卫生害虫，其分布广泛，遍及全球，全世界蜚蠊约5 000多种，我国已记录种类达400余种。蟑螂不仅污损食品、咬坏衣物和书刊等造成经济损失，而且还能携带和传播数十种病原体，其排泄物可引起皮肤和呼吸道的过敏反应；蟑螂咬人致伤的事例也常有发生；在交通工具上，蟑螂钻进通信设备、电器仪表的箱（盒）中栖息聚集，致使电路短路，通讯中断，自控失灵，机件烧毁等意外事故也时有发生。

2012年2月，德国世界报21日称，"穆勒"是德国最大的焙制食品制造商，每天生产100万个面包，有着80年历史的著名家族企业因蟑螂卫生问题宣布破产；2016年2月，中国中央电视台中文国际频道（CCTV-4）报道，从一位经常头痛的印度妇女颅骨内取出活蟑螂。

历史上蜚蠊入侵的事例举不胜举。

褐带蜚蠊原是非洲大陆土生土长，1862年在古巴被发现，1903年传入美国南部，1940年到达华盛顿，1977年首次在意大利被发现，随后这种蜚蠊已经广泛分布到当地居民的家中，2003年珠海、2004年宁波、2006年在上海、2008年在浙江、2016年在河南均截获到该褐带蜚蠊，分别来自东南亚、美洲、非洲和欧洲等国家和地区。

日本成田国际机场，1972年调查42架班机，其中有蜚蠊危害的有24架。

1978年5月，在美国加州食品仓库和餐厅中发现了1种蜚蠊，叫土耳克斯坦蜚蠊。1979年9月，在得克萨斯州也发现同一物种。该蜚蠊来自土耳其、伊朗和以色列等国，系装载物品的海轮携带。

南方航空公司在1999年调查4种机型波音客机共25架，发现德国小蠊侵害的有21架，占84%。机上驾驶舱、客舱、配餐间、货舱等都有蜚蠊存在。

近年，从国境口岸入境的交通工具、集装箱及其货物中截获蜚蠊的数量明显增加，由

2002年的35万只猛增至2005年的373万只,三年来增长了10.7倍。这些蜚蠊来源地域广泛,生物种类丰富,成为重要的口岸入侵病媒生物。这些蜚蠊一旦落户我国,必将对生态环境和人民健康产生危害。

今天各地的蜚蠊最早起源于非洲大陆,由非洲传到美洲;从北非经希腊和古代腓尼基的船只传到东欧→小亚细亚→黑海→苏联南部等,然后缓慢地向北、向西传到英国。传播的方式就是通过货物贸易往来和贩卖奴隶的船只先扩散到沿海港口,再通过陆上交通,由港口城市扩散到内陆城市。

第一节 蜚蠊的分类和形态特征

一、蜚蠊的分类

蜚蠊属于昆虫纲(Insecta)蜚蠊目(Blattaria)。蜚蠊虫体背腹扁平,头小且向下倾斜,咀嚼式口器,触角长丝状,前胸背板宽大,覆盖头之大部。

二、蜚蠊的形态特征

一般体形扁平,分为头、胸、腹三部(图12-1)。蜚蠊目昆虫体形差异较大,小到2~5 mm,如蚁穴蠊属,中型20~40 mm,如大蠊属,大的可达100 mm,如硕蠊属。体色因种而异,一般为黄褐色、红褐色、黑褐色等,有的前胸背板及翅脉上有斑纹,或具颗粒或刻点,大多体表具有油状光泽。

(一)头部

蜚蠊的头很小,呈三角形,隐藏在前胸背板下面,从背面看只能看到头顶端的小部分。头部有复眼1对,位于头的上部两侧,有些种类两复眼在头顶部相连,有些种类则因长期生活在洞穴中,两复眼退化或消失。单眼两个,位于触角的内上方,呈淡色点状。头顶有触角1对,细鞭状,由三部分组成,第1节为柄节,第2节为梗节,第3节及以后各节为鞭节,鞭节细而长,是蜚蠊的重要感觉器官。额较宽,位于触角下方的前面,额的前方伸出较短的部分是后唇基,后唇基的前方是稍膜质化的前唇基,前唇基端部与上唇基部相连(图12-2)。

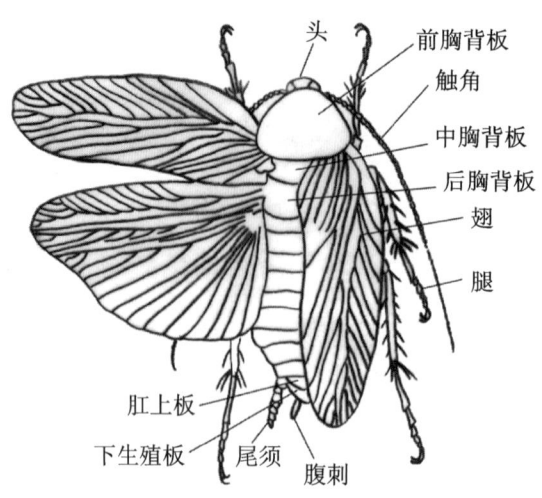

图 12-1 蜚蠊的形态特征

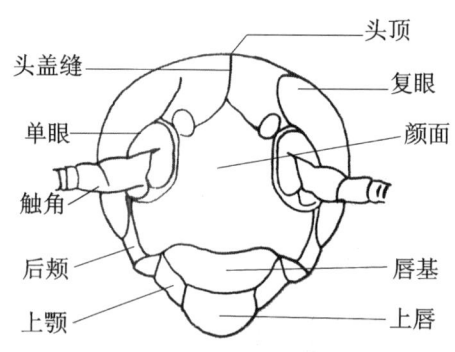

图 12-2 蜚蠊头部

口器为咀嚼式，由上颚、下颚各 1 对和上唇、下唇、舌各 1 个组成。上唇发达，略微宽扁，端部钝圆（图 12-3）。

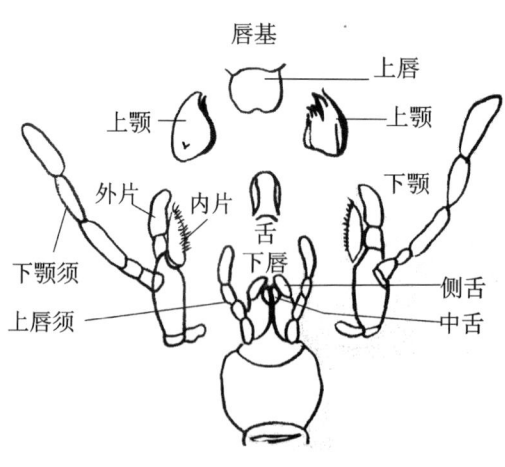

图 12-3 蜚蠊口器

(二)胸部

胸部扁平,分前胸、中胸、后胸,各节均由背板、腹板、侧板组成。前胸背板较大,形似盾板,中胸和后胸大小相近。有翅种类,在中、后胸背板各长 1 对翅。蜚蠊由于身体扁平其侧板稍呈斜式并有些变形,在中胸和后胸的前方各有 1 个气门的开口。各胸节腹面还分别具足 1 对。

1. 前胸背板

前胸背板极为发达,覆盖头部,休息时头仅露前缘。前胸背板有梯形、多边形、椭圆形,表面平滑或具点刻,有的种类具斑纹,如德国小蠊,有的种类具凹陷、突起,如弯翅蠊(图 12-4)。

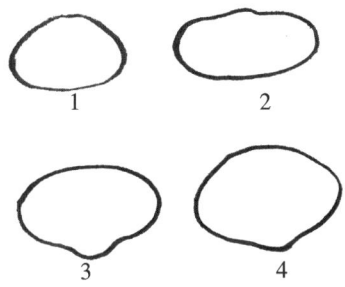

图 12-4　蜚蠊前胸背板

2. 足

足发达,分为前、中、后 3 对,各足由基节、转节、股节、胫节、跗节组成,基节宽大,足上多刺,跗节为 5 节,适于疾走。股节(图 12-5)较粗,腹面有刺,或无刺,刺的大小,数量的排列在分类上有一定意义。跗节分为 5 节,各节间有跗垫,第 5 跗节端部具爪,两爪之间有爪垫(图 12-6)。

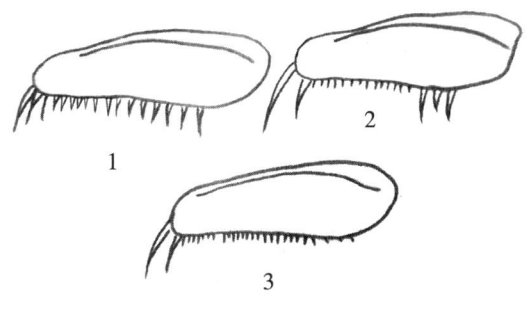

1.A 型　2.B 型　3.C 型

图 12-5　前足股节前下缘刺型

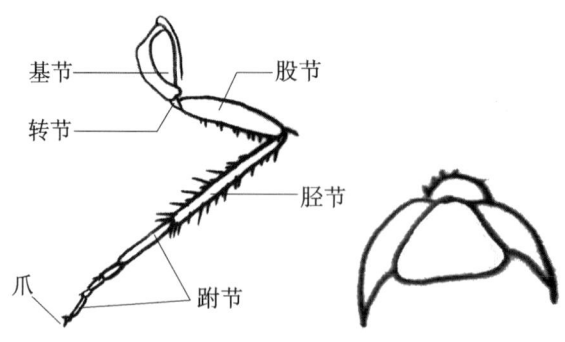

图 12-6　蜚蠊足的分节和爪垫

(三)腹部

腹部(图 12-7、图 12-8)广阔,一般有 11 节,通常可见到背板 10 节,背板第 1 节甚短,第 10 节发达,称为上生殖板,也叫肛上板,其形状也是分类的重要依据。其两侧着生尾须 1 对,分节颇多,第 11 节退化,仅有革质痕迹;腹板第 1 节退化,最末 1 节称为下生殖板,也叫肛下板,雄虫下生殖板上着生腹刺 1 对,雌虫无腹刺,这是雌雄成虫鉴别的依据。蔗蠊科腹刺仅 1 根,弯翅蠊科腹刺缺。雄虫一般瘦小、细长,雌虫较宽大、肥厚。

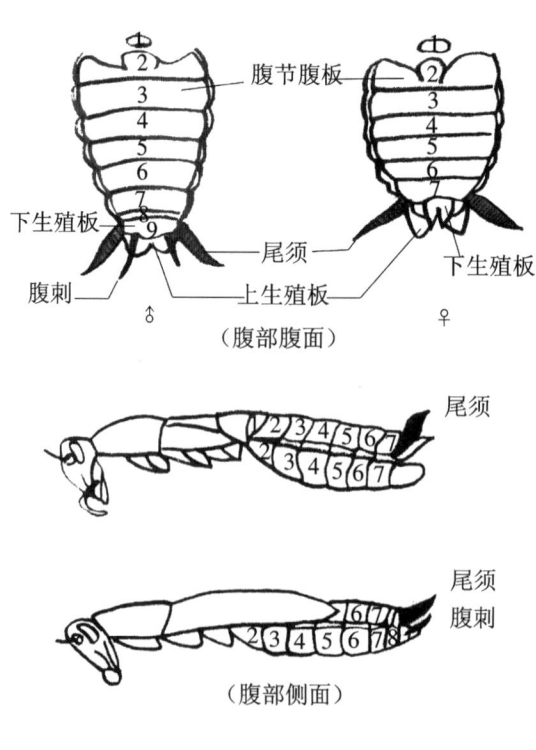

图 12-7　蜚蠊的腹部

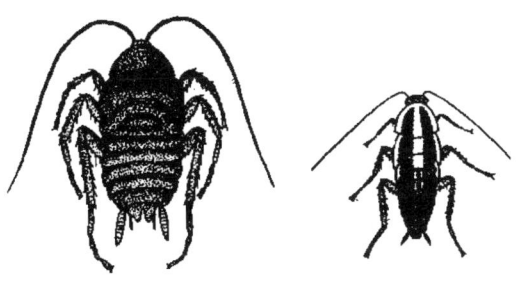

图 12-8 蜚蠊的若虫

第二节 蜚蠊的生态习性

一、生活史

蜚蠊属于不完全变态的昆虫,整个生活史包括卵、若虫和成虫3个时期(图12-9)。

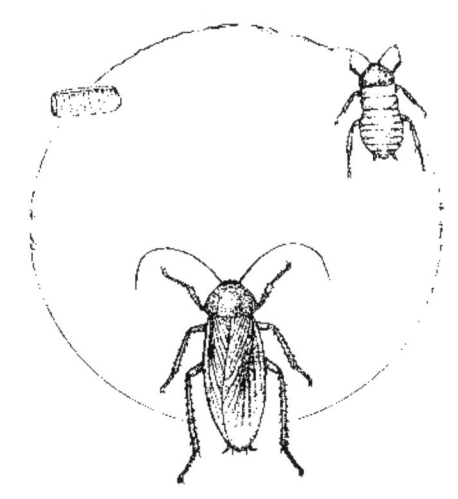

图 12-9 蜚蠊生活史

(一)交配和产卵

雌雄成虫在羽化后1周左右时间内,性即成熟,就能进行交配产卵。雄虫一生可以同多个雌虫交配,而雌虫一生只交配1次,就可以终生产卵。未经雄虫交配的雌虫,也能产出卵鞘,但一般不能孵出若虫。美洲大蠊和蔗蠊等个别种类的蜚蠊有孤雌生殖现象发生,即雌虫未经交配也可产出可孵化的卵鞘。

(二)卵期

卵呈窄长形,乳白色,半透明,在卵鞘中排成整齐的两列。胚胎头向着卵鞘龙骨边缝。孵化时,小若虫向上蠕动,顶开闭合的卵鞘缝而爬出。刚爬出的若虫,呈白色,集合在卵鞘四周,以后体色慢慢变深,若虫渐渐向外散开。

蜚蠊卵期也就是胚胎发育期,历时长短因种类不同有差别。在25℃、60%～80%的湿度下,卵期一般在30～90 d,黑胸大蠊平均为46 d,美洲大蠊为45～90 d,德国小蠊平均为28 d。同种蜚蠊因温度变化,卵期也相应变化,一般来说,随着气温的升高,卵期缩短,例如:温度从21℃上升到25℃和30℃,德国小蠊的卵期从28 d分别下降到24 d和17 d;美洲大蠊的卵期也从88 d分别缩短到57 d和35 d。

(三)若虫期

若虫期比较长,一般历时40～450 d,期间需经历7～13次蜕皮。

从卵鞘孵出的若虫,呈白色,两只复眼黑色,很明显,以后体色逐渐变深,由浅棕色至棕褐色。若虫形似成虫,只是体型小,无翅,性器官未发育成熟。若虫经最后一次蜕皮后,便长出翅膀,羽化为成虫。刚蜕皮的若虫和刚羽化的成虫也呈白色,以后逐渐体色变深,并出现斑纹等特征。

若虫在丧失附肢和触角折断之后,可以在蜕皮之后的下一龄若虫身上重新长出新的附肢,再生的若虫附节比正常的少1节附节,这种损伤性再生还会增加蜕皮次数。

(四)成虫期

末龄若虫蜕皮后就羽化为成虫,经1周左右,雌雄成虫性成熟,便可进行交配、生育。

蜚蠊生活史历时比较长,完成一个世代,最短的如德国小蠊,一般也需60多天,最长的美洲大蠊需500多天。成虫寿命也比较长,德国小蠊最短为100 d,美洲大蠊最长,可达1年之久,一般雌虫寿命要比雄虫长。

蜚蠊的繁殖力很强。尽管黑胸大蠊、美洲大蠊生活史较长,1～2年才繁殖1代,但它们的雌虫寿命也长,所以一生产的卵鞘就多,美洲大蠊最多可产90个卵鞘,因此,繁殖的后代也多。德国小蠊虫小,卵鞘很小,可它的繁殖力比任何大蠊还强。它的生活史比大蠊短,

1年可繁殖3～5代。成虫寿命没有大蠊那么长,所以它一生可产的卵鞘数也少,平均7个,但是每个卵鞘可孵化的若虫数要比大蠊的多,平均35只,最多可达50多只。有人估算,1对德国小蠊一年可繁殖1千万只后代。

二、栖息习性

蜚蠊喜欢选择温暖、潮湿、食物丰富和多缝洞的隐蔽场所栖居,这是它们孳生繁殖所必需的4个基本环境条件。

(一)喜暖爱潮

在饭店、家庭、火车、轮船上,厨房间总是蜚蠊侵害最严重的场所。就是在厨房,它们一般也总是喜欢栖居在紧挨炉灶、水池附近的隐蔽场所。厨房的小气候可满足蜚蠊的生活需求。

(二)钻洞藏缝

蜚蠊身体扁平,还具有躯体可以压缩的本领,所以蜚蠊很适合于钻洞藏缝,可以躲进很窄小的缝洞中栖息。假如一栖息场所有1.6～12.7 mm宽的缝隙,发现有85%的蜚蠊都喜欢挤到4.8 mm宽的缝隙中居住。

(三)群居生活

蜚蠊成虫和若虫都能分泌一种"聚集信息素"。在蜚蠊栖居的地方,常见粪便形成的棕褐色粪迹斑点,粪迹越多,蜚蠊聚集也越多。栖息处的这种"蜚蠊气味"对它们有极强的引诱力,有83%的蜚蠊都喜欢原先栖居的地方。

(四)昼夜节律

是负趋光性的昆虫,有明显的昼夜活动节律。白天隐藏在阴暗避光的场所,一到晚上才爬出来活动,或觅食或寻求配偶,活动时间一般从19点后开始,活动高峰期多在上半夜,下半夜活动逐渐减少,有的在黎明之前出现1个小高峰,到翌晨5—6点活动终止,回到原来的栖息场所。出来活动的仅占三分之一左右,在一天24 h内,它们约有75%的时间处于休息状态。

（五）食性

食性广泛杂食性昆虫。人的排泄物、痰液、血迹等都要吃，就连肥皂、牙膏、糨糊、茶叶渣、纸张、布匹、皮革、棉毛织品、木材等也要啃食。虽然它是一种杂食性昆虫，但它对富含淀粉或香甜的发酵食品尤为喜欢。对蜚蠊而言，水比食物更重要，所以它们喜欢潮湿的环境，就是为了方便地获得水分。

（六）季节消长

受温度的影响较大，在正常情况下，季节消长因气温的变化而表现出种群数量的变化和越冬现象。到了冬季，蜚蠊大多移居到暖和、无风、阴暗的缝、洞、堆处越冬。一般成虫，若虫和卵鞘都可以越冬，而以若虫和卵鞘多见，因为卵鞘和若虫比成虫更耐寒。如果室内有取暖设备，或在南方城镇，冬天室温较高，蜚蠊可以终年活动，不出现越冬状态。

三、活动习性

蜚蠊的活动主要靠3对发达的步行足爬行，只是在受惊时，也能作短距离的由高处向低处的滑翔活动，有时还可以跳跃几厘米远。蜚蠊扩散主要有两种方式：即主动迁移和被动迁移。

（一）主动迁移

主动扩散是蜚蠊的局部活动，扩散范围不大，主要靠爬行或短距离的滑翔。

（二）被动迁移

蜚蠊广泛分布，全靠被动扩散。在蜚蠊的被动扩散中，各类交通工具起到了关键作用。蜚蠊和其卵鞘隐藏在各类货物、行李、集装箱中，由火车、轮船、汽车和飞机，使蜚蠊在地区间，乃至国际间广泛传播、扩散。又随着这些货物、行李等，稍稍地进驻各类建筑物内，潜入到各行各业。

第三节 常见蜚蠊

全球现有蜚蠊5 000多种,广泛分布于热带和亚热带,少数分布于温带。不同种类的蜚蠊,对生活环境的要求不同,它们的分布也不相同。在众多蜚蠊中,与人类密切相关的不过1%,主要为蜚蠊科、光蠊科、姬蠊科、折翅蠊科和鳖蠊科的蜚蠊。在人类活动的领域里,由于生活环境、气候差异,蜚蠊在分布上也有地区的差异。有的种类遍布广,如美洲大蠊、德国小蠊,成为世界性害虫;有的种类则局限于某些地区,如日本大蠊主要分布在日本、韩国、俄罗斯和我国北方地区,方斑巨蠊、盘形硕蠊等多生活在南美洲,有些种类生活在非洲,如多斑真艳蠊等。

一、东方蜚蠊 Blatta orientalis Linnaeus, 1758

属蜚蠊目(Blattodea)蜚蠊科(Blattidae)蜚蠊属(*Blatta*)的昆虫。

(一)鉴别特征

体型中等大(图12-10、图12-11),体长19～22 mm,雌雄明显异型。头顶及复眼间棕黑色,上唇深黑色,下颚须褐色,体棕黑色至深赤褐色。前胸背板梯形,黑褐色,前后缘弧形。雌虫前胸背板半圆形,后缘中部略向后突出。雌虫前翅很短,后翅缺,雄前翅黑棕色,短于腹部,仅覆盖腹部的2/3;后翅比前翅略短。雄虫前胸背板凸凹不平,中部具1明显的纵脊,贯穿全板。腹部各节无特化,仅第9节后缘凹陷呈缓弧形。肛上板横阔呈梯形,两侧缘略凹陷,后缘接近平直,中央有1切刻。雄虫腹部第1节背板不特化。肛上板长三角形,端部具1三角形缺口。尾须棕黑色。下生殖板宽阔(图12-12)。下生殖板中部向下隆起,两侧上倾形如船底。足深褐色,爪垫极度退化,几乎不存在。雌雄尾须棕黑色。

(二)生态习性

本种是重要的室内害虫,最适宜的生存温度为20～29 ℃,但在地下室、地窖、下水道、阴沟、房屋的背面、墙壁内、地板下也易生存,室外具有保护作用的垃圾、树皮、石块、树叶下和其他类似的场所也易生存。

图 12-10 东方蜚蠊雄性

图 12-11 东方蜚蠊雌性

图 12-12 上生殖板雄性

(三)地理分布

国外:世界性分布。

国内:北京、广东、云南、新疆、海南。

(四)医学重要性

可携带肠道致病菌、病毒、霉菌及蛔虫卵等。

二、美洲大蠊 *Periplaneta americana*(Linnaeus,1758)

属蜚蠊目(Blattodea)蜚蠊科(Blattidae)大蠊属(*Periplaneta*)的昆虫。

(一)鉴别特征

体躯大型,体长 38～42 mm。前胸背板淡褐色,略呈梯形,前缘几乎平直,后缘缓弧形,中部有 1 赤褐至黑褐色碟形大斑,其后缘中央向后延伸像小尾巴,不达前胸背板后缘,前缘有"T"形淡黄色小斑,后缘呈褐色。足赤褐色。腹部赤褐色。雄肛上板宽大,无色透明,基部较宽,向中部呈内弧形收缩,由中部向端部又呈现外弧形收缩,后缘中央有深三角形切口,几乎达肛上板的 1/2 处,两侧角钝圆。在肛上板基部两侧有尾须 1 对,尾须由基部向端部逐渐变细,呈"八"字胡须式向两侧伸展。下生殖板宽而短,端部两侧稍后长有尾刺 1 对,雌肛上板略呈三角形,赤褐色不透明,后缘具 1 小三角形切口,端角钝圆(图 12-13 至图 12-15,彩图 22)。

图 12-13　美洲大蠊雄性

图 12-14　美洲大蠊雌性

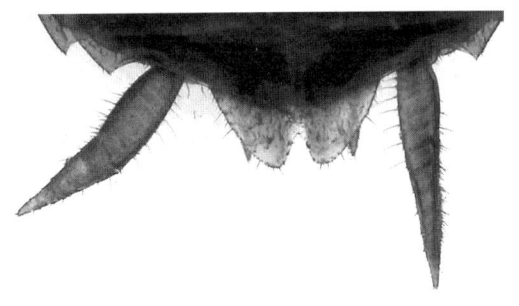

图 12-15　上生殖板雄性

(二)生态习性

本种对温度要求较严,善疾走与短距离飞行。喜食腐败变质食物,也喜食糖。在热带地区能捕食其他小虫甚至自相残杀,吃掉同类卵鞘。

(三)地理分布

国外:世界性分布。

国内:天津、河北、辽宁、吉林、江苏、浙江、安徽、福建、江西、湖北、湖南、广东、广西、四川、贵州、云南、新疆、台湾、海南。

(四)医学重要性

可携带肠道致病菌、病毒、霉菌及蛔虫卵等。

三、澳洲大蠊 *Periplaneta australasiae*(Fabricius,1775)

属蜚蠊目(Blattodea)蜚蠊科(Blattidae)大蠊属(*Periplaneta*)的昆虫。

(一)鉴别特征

体躯大形、体长24～34 mm。前胸背板淡黄色,呈梯形,前缘平直,后缘弧形,背板淡黄色或淡褐色,中部有2个大近圆形黑斑,2大斑分开较明显,周缘黑色,后缘黑色较宽。足赤褐色。腹部赤褐色。雄肛上板基部宽,向中部渐收缩,形如花盆,后缘呈凹陷,中央凹入,全板不透明,两侧圆角近直角,基部两侧生尾须1对,呈胡萝卜状。下生殖板基部宽,向端部呈弧形收缩,后缘呈浅的凹陷,两侧角钝圆,两侧长有细棒尾刺1对。雌肛上板窄小,略呈三角形,后缘有1小切口,基部两侧生尾须1对,粗而长,其形同雄尾须。下生殖板似船底形(图12-16至图12-18,彩图22)。

图12-16 澳洲大蠊雄性

图12-17 澳洲大蠊雌性

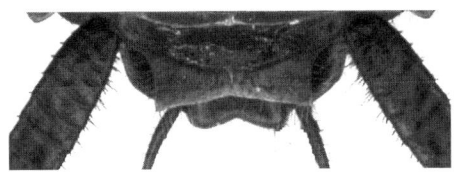

图 12-18　上生殖板雄性

(二)生态习性

此虫尤其易受环境条件的影响,喜欢暖和的环境,喜食腐败变质食物,也喜食糖,还常常在室外以植物为生。

(三)地理分布

国外:热带和亚热带、美国、日本、俄罗斯。

国内:福建、广东、广西、四川、贵州、云南、台湾、海南。

(四)医学重要性

可携带病菌、病毒、霉菌及蛔虫卵等。

四、黑胸大蠊 *Periplaneta fulginosa*(Serville,1839)

属蜚蠊目(Blattodea)蜚蠊科(Blattidae)大蠊属(*Periplaneta*)的昆虫。

(一)鉴别特征

体躯大型,体长 23～35 mm。前胸背板黑褐色,表面平滑,具强金属光泽,头顶暴露褐色,头及颜面深黑褐色,唇基及触角赤褐色至褐色。前胸背板黑褐色或黑色,略呈梯形,前缘近乎平直,后缘缓弧形,中部稍隆起。前翅黑色。腹部黑褐色。雄肛上板短,基部宽,向中部呈弧形收缩,略呈长方形,后缘呈浅的凹陷,基部两侧有尾须 1 对。雌肛上板前宽后窄,略呈三角形,中线隆起呈脊状,后缘具三角形切口。下生殖板宽大,略呈三角形,中部向下隆起,两侧上倾,形如船底。前胸背板宽大,漆黑色,表面平滑,具强光泽(图 12-19 至图 12-21)。

图12-19　黑胸大蠊雄性

图12-20　黑胸大蠊雌性

图12-21　上生殖板雄性

（二）生态习性

对温度要求较宽，分布较广，喜在室内阴湿场所栖息，昼伏夜出。食性复杂，喜食糖类、淀粉类食品。

（三）地理分布

国外：日本、美国。

国内：北京、天津、辽宁、上海、江苏、浙江、福建、江西、湖北、湖南、四川、贵州、台湾、海南。

（四）医学重要性

可携带病菌、病毒、霉菌及蛔虫卵等。

五、德国小蠊 *Blattella germanica* (Linnaeus, 1767)

属蜚蠊目(Blattodea)姬蠊科(Blattellidae)小蠊属(*Blattella*)的昆虫。

(一)鉴别特征

形体小,体长10~14 mm。两眼间具不明显的赤褐斑或缺。前胸背板接近梯形,前缘稍弧形,后缘弧形,但中央部稍突出,背板表面淡褐色,并有2条平行黑色纵带,纵带宽度小于纵带间距。雄肛上板狭长,牛舌状,基部色深端部色淡,半透明,后缘缓弧形。肛上板基部两侧生尾须1对,尾须呈鞭状。下生殖板左右不对称,右后缘有1凹挡,尾刺退化呈两个小颗粒。雌肛上板宽阔,赤褐色,略呈三角形,侧缘斜,略向内凹陷。下生殖板宽大,表面隆起,前缘近半圆形,后缘缓弧形,全板似馒头状(图12-22至图12-24,彩图23)。

图12-22 德国小蠊雄性

图12-23 德国小蠊雌性

图12-24 上生殖板雄性

(二)生态习性

繁殖快,分布广,适应性强。喜在温暖、潮湿处栖息。群居,多在墙的缝隙、衣橱、饭厨、冰箱后等处聚集。为交通工具、宾馆、饭店的优势种。

(三)地理分布

国外:世界各地。
国内:全国分布。

(四)医学重要性

可携带肠道致病菌、病毒、霉菌及蛔虫卵等。

六、长须蜚蠊 Supella longipalpa (Fabricius, 1798)

属蜚蠊目(Blattodea)姬蠊科(Blattellidae)皮蠊属(Supella)的昆虫。

(一)鉴别特征

体淡褐色,体长 10~12 mm。头部稍微露出或不露出前胸背板之前,具钝角形突出的前额,单眼明显,触角较体长。前胸背板宽约大于长的 1/3,向前趋狭,后缘微圆凸。雌性前翅不达腹端;雄性前翅发达,翅淡褐色,具有 2 条暗色横带,近矛形,具稍圆的端部,从翅的 1 边横贯另 1 边,在棕褐色的翅膀上形成"V"形。翅脉纵向,端三角区不明显。雌性前翅不超过腹端。前足股节前腹缘刺为 A2 形;中和后足股节腹面具刺,跗节爪对称,简单,具中垫。雄性腹节背板特化,具腺窝。两性肛上板宽,端部具明显或不明显的凹缺。雄性下生殖板不对称,具腹突,生殖钩位于右侧。肛上板端部具明显的凹缺,下生殖板后缘宽圆(图 12-25 至图 12-27,彩图 23)。

(二)生态习性

常在卧室以及办公楼里发现,隐藏在衣帽架、衣柜、食品橱、办公桌、画框后面等地方,还喜欢生活在电视机、电冰箱、音箱和烤箱等电器里;也能飞往室外或从室外飞入,非洲本土的有此现象发生,它们常是野栖,喜欢温度略高、更为干燥的场所。

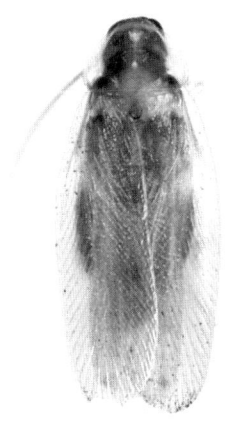
图12-25 长须蜚蠊雄性

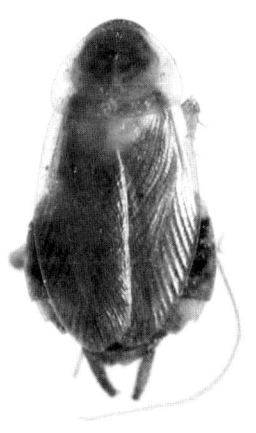
图12-26 长须蜚蠊雌性

图12-27 上生殖板雌性

（三）地理分布

国外：全世界。

国内：台湾。

（四）医学重要性

可携带脊髓灰质炎等病毒、金黄色葡萄球菌等病原生物。

七、苏里南蔗蠊 *Pycnoscelus surinamensis*（Linnaeus，1758）

属蜚蠊目（Blattodea）蔗蠊科（Pycnoscelidae）蔗蠊属（*Pycnoscelus*）的昆虫。

(一)鉴别特征

体型中等大,体长17 mm,黑褐色。雄窄长,头顶、复眼、额及上唇基部黑色。唇基不加厚,与额间无明显界限。下颚须褐色。前胸背板隆起,接近五边形,棕色,前缘弧形,前及两侧边缘为淡色,后缘向后突出呈钝角状。后缘向后突出呈钝角状。前翅长过腹部许多,褐色。足褐色,前足前下缘具1列微毛,基跗节垫较长,几乎达其基部。肛上板横阔,后缘凸出呈弧形,中央具1小缺刻。腹刺1根,尾须长于肛上板。

雌虫体长17 mm,体色较雄更接近棕色,前翅灰黄与前胸背板的黑褐色形成明显对照,故有二色蠊之称(图12-28至图12-30,彩图23)。

图 12-28　苏里南蔗蠊雄性

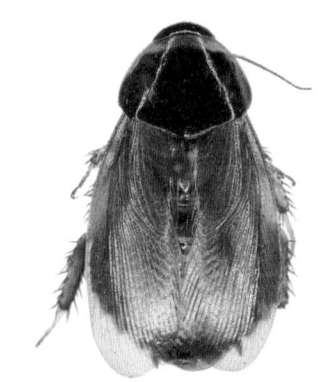

图 12-29　苏里南蔗蠊雌性

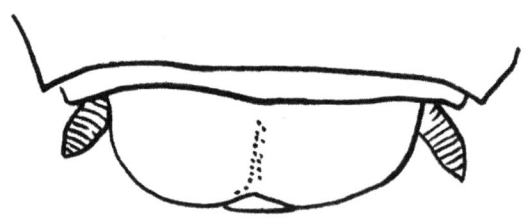

图 12-30　上生殖板雌性

(二)生态习性

雌虫未经交配即能生育繁殖,卵胎生,卵期1—2月,若虫蜕皮8~10次,为4—7月,成虫期1年。穴居土内或地面枯枝落叶、砖块下,夜间活动,善走,偶然飞趋灯光。

(三)地理分布

国外:南美洲、非洲、欧洲和东南亚。

国内:广东、广西、海南。

(四)医学重要性

可携带大肠杆菌等病原生物。

八、古巴绿蠊 Panchlora nivea (Linnaeus, 1758)

属蜚蠊目(Blattodea)硕蠊科(Blaberidae)绿蠊属(Panchlora)的昆虫,俗名有古巴蜚蠊或绿香蕉蜚蠊。

(一)鉴别特征

成虫中等大,雌雄异型不明显,体色为亮绿色、浅绿色至黄绿色。雄虫体狭长浅黄色,雌虫暗红色。前胸背板绿色,前缘缓弧形,最宽处在中部之后,向后呈钝角延伸,侧缘钝圆形突出,前胸背板两侧各具1条黄色亚缘线,延伸到前翅中部。雌性体长18～25 mm,雄性普遍较小,最多12～15 mm。虫体略扁平,体壁略透明,体表无毛。头顶外露,复眼红褐色且间距极窄,近乎靠近。面颊部为白色,单眼白色,触角浅褐色,单眼间距窄于触角窝间距。前后翅发育完全,长度均超过腹部末端。前翅绿色无点刻,径脉处具浅黄色窄条纹,后翅臀域折叠呈扇形。有时前翅端部1/3处具1个小的褐点。腹部白色。雄虫腹部不特化。前足股节腹侧缘刺呈C1型。中后足股节腹侧无粗刺或仅末梢具小刺,第4跗节基部均有腹侧垫。尾须绿色略宽,小而钝。肛上板分成两片(图12-31至图12-33,彩图23)。

图12-31 古巴绿蠊雌性

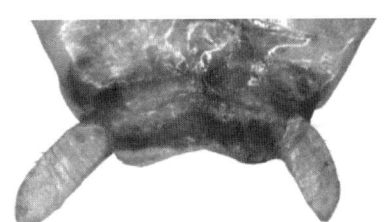

图12-32 上生殖板雌性

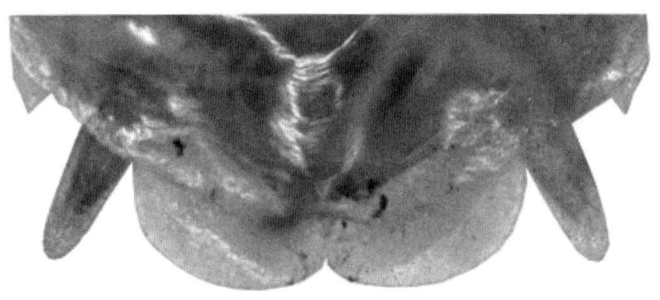

图 12-33 下生殖板雌性

(二)生态习性

成虫呈绿色,具有趋光性,擅于飞行,属于室外型,偶尔进入室内。主要生活在枯叶堆、木材堆、腐土等室外环境中,卵生繁殖。

(三)地理分布

国外:主要分布于西半球热带地区,包括墨西哥、古巴、波多黎各、特立尼达岛、大安的列斯群岛、巴哈马群岛。广泛分布于南美洲北部、中美洲和非洲,美国主要分布在墨西哥湾东南部佛罗里达至德克萨斯区域。

国内:未见分布。

(四)医学重要性

可携带大肠杆菌等病原生物。

(曹敏)

参考文献

[1] 江雪峰. 蟑螂的危害和杀灭蟑螂的方法 [M]. 北京：人民军医出版社，1985.

[2] 胡修元. 蟑螂世家 [M]. 北京：中国医药科技出版社，1988.

[3] 江雪峰，陆宝麟. 城市灭蟑螂 [M]. 北京：科学出版社，1992.

[4] 冯平章，郭予元，吴福桢. 中国蟑螂种类及防治 [M]. 北京：中国科学技术出版社，1997.

[5] 刘宪伟，朱卫兵，戴莉，等. 中国东南部地区的蜚蠊 [M]. 河南：河南科学技术出版社，2017.

[6] 郑剑宁，裘炯良，卢岳云. 褐带皮蠊的研究与防治 [J]. 中华卫生杀虫药械，2006，12（3）：170-173.

第十三章 螨类

在蜱螨亚纲中,与医学有关的螨类(mite)主要包括革螨、恙螨、疥螨、粉螨等。其危害包括两大类:一类是由于螨类直接寄生、叮刺或致变态反应,引起螨源性疾病,如疥螨引起的疥疮,粉螨、革螨、跗线螨、肉食螨引起的肺螨病,粉螨、跗线螨、蒲螨引起的尿螨病,粉螨引起的肠螨病,过敏性哮喘及过敏性鼻炎,恙螨、革螨、粉螨、蒲螨、跗线螨、肉食螨引起的过敏性皮炎等。另一类是间接地作为媒介传播病原体,引起螨媒性疾病,如地里纤恙螨、小板纤恙螨等可传播恙虫病东方体,而引起恙虫病;格氏血厉螨、柏氏禽刺螨等革螨及小板纤恙螨可传播汉坦病毒引起流行性出血热等;鼠螨传播立克次体痘。全世界已知螨类总数约5万种,我国发现的医学螨类至少有696种。

第一节 螨类的分类和形态特征

一、螨类的分类

本章包含的重要医学螨类为恙螨、革螨、疥螨和粉螨。

(一)恙螨 chigger mite

恙螨归真螨目(Acariformes),恙螨科(Trombiculidae)。

（二）革螨 gamasid mite

革螨归寄螨目，革螨股（Gamasina）。

（三）疥螨 sarcoptid mite

疥螨归真螨目，疥螨科（Sarcoptidae）。

（四）粉螨 acarid mite

粉螨归真螨目，粉螨亚目（Acaridae）。

二、螨类的形态特征

（一）恙螨

真螨目的主要鉴别特征为：螨体后半体无气门；前足体若有感器，常为盅毛形式或更为特化；有1对头足沟，足基节与腹板结合。恙螨是真螨目中的一个科，即恙螨科，其主要特征为：幼虫体圆或椭圆形，若虫和成虫为"8"字形，口器为刺吸式，须肢发达，胫节爪和指状的跗节相对，成拇—爪复合体。媒介恙螨多归纤恙螨属，其主要特征为：体小型至大型恙螨，Ip = 469～1 418，fT = 7B-7B，须肢爪分3叉，螯鞘毛分枝，背板近四边形，宽大于长，AM位于ALs之后。感毛端部一半具分枝或光裸，PL不特化呈叶片状。足Ⅰ膝毛2根，足Ⅲ无长鞭毛。恙螨的生活史各期中，只有幼螨寄生于动物或人，鉴别虫种以幼螨为主。

恙螨幼虫体长0.2～0.5 cm，椭圆形，红色、橙色、黄色或乳白色，体分颚体和躯体两部（图13-1）。

颚体又称假头或口器，在身体的前端，包含螯肢与须肢（颚肢）各1对（图13-2）。螯肢在颚体的中间，由基节、端节及表皮内突三部分构成。须肢在螯肢的外侧，分6节，即基节、转节、腿或股节、膝节、胫节和跗节。转节甚小，与基节融合，仅在腹面留有痕迹，故一般只见5节。左、右基节在中间愈合，形成颚基或须床。

躯体为颚体以后的部分，呈椭圆形。躯体包含背板、背毛、腹毛和足等结构。

背板：又称盾板，呈长方形、方形、五角形、梯形或舌形等，因种类而异。在盾板的中部有1对圆形感器基，上面有呈丝状、羽状或球杆状的感器1对。盾板的两侧常有眼板1对，上面有眼1～2对。

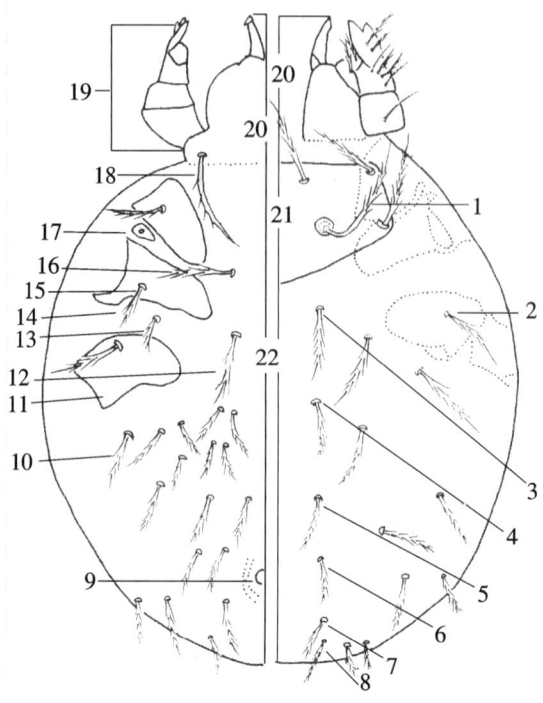

背面(右):1.背板 2.第1排毛(肩毛) 3.第2排毛 4.第3排毛 5.第4排毛 6.第5排毛 7.第6排毛 8.第7排毛;腹面(左):9.肛孔 10.腹毛 11.足Ⅲ基节 12.后胸毛 13.肩下毛 14.基节毛 15.足Ⅱ基节 16.前胸毛 17.拟气孔 18.基节毛 19.须肢 20.颚体 21.背板 22.躯体

图13-1　恙螨幼虫背、腹面
(仿王,1997)

背毛:在背板与体后端间成行排列的刚毛,多呈羽状,其长度、数目与位置很固定,且各种不同,亦作为鉴别种类的特征之一。

腹面毛:腹面有胸毛和腹毛。

足:腹面有足3对(图13-3)。足分为6节,足的末端有爪1对和爪间突1个。

(二)革螨

革螨归寄螨目,寄螨目的主要鉴别特征为:螨体有气门1～4对,位于后半体背侧或腹侧;前足体无特殊感觉器;无头足沟;足基节游离。医学革螨归革螨股,革螨股的鉴别特征为:气门位于足Ⅲ、Ⅳ基节之间;气门沟长,通常向前延伸至足基节Ⅱ;须肢为长棒状,其跗节基部具一粗状叉毛;雌螨生殖孔位于胸板的后方,腹面的骨板有胸板、腹板、生殖板和肛板,有些革螨的生殖板与腹板愈合为生殖腹板,腹板与肛板愈合为腹肛板;雄螨生殖孔位于胸板前缘;螯肢演变为导精趾。医学重要的革螨多归入革螨股的厉螨科(Laelapidae),厉

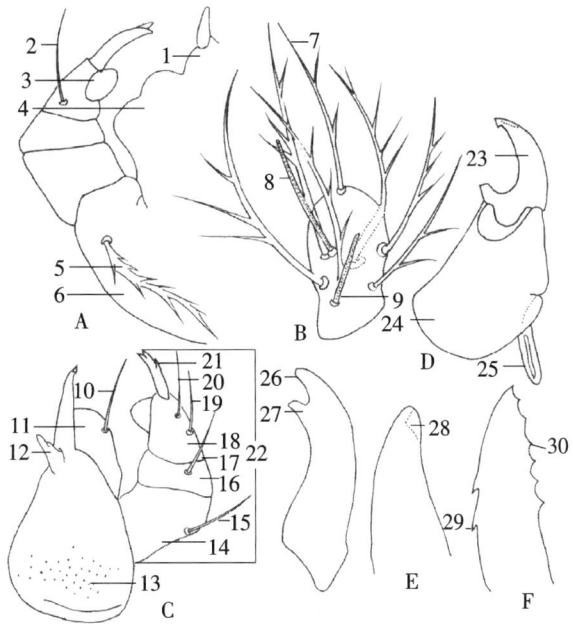

A. 颚体腹面观（左半部）：1. 颚基内叶；2. 腹胫毛；3. 跗节；4. 螯鞘；5. 基节毛；6. 颚基；B. 颚体跗节：7. 顶刚毛；8. 亚端刚毛；9. 感棒；C. 颚体背面观（右半部）：10. 螯鞘毛；11. 螯肢毛；12. 假螯钳；13. 点头结构；14. 腿节；15. 腿毛；16. 膝节；17. 膝毛；18. 胫节；19. 侧胫毛；20. 背胫毛；21. 爪；22. 须肢；D. 螯肢；23. 螯肢爪；24. 基节；25. 表皮内突；E. 须肢爪；26. 主爪；27. 副爪；F. 螯肢爪；28. 三角冠；29. 齿；30. 齿

图 13-2　恙螨幼虫颚体

（仿王，1997）

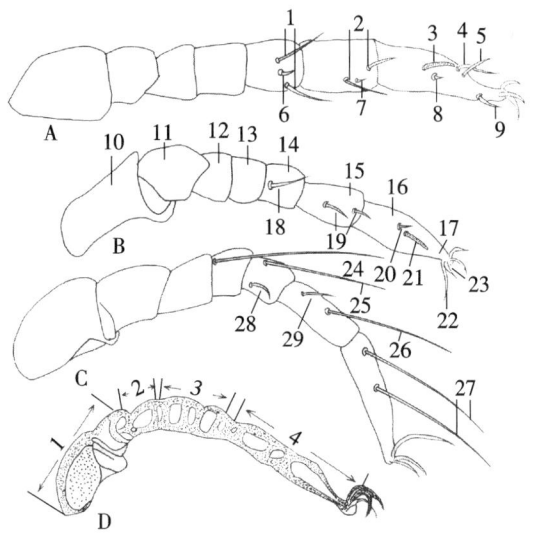

A. 足Ⅰ（pa）：1. 膝毛（ga）；2. 胫毛（ta）；3. 跗毛（sl）；4. 副亚端毛（PST）；5. 亚端毛（ST）；6. 微膝毛；7. 微胫毛；8. 微跗毛；9. 跗前毛（PT′）；B. 足Ⅱ（pm）：10. 基节；11. 转节；12. 基腿节；13. 远腿节；14. 膝节；15. 胫节；16. 跗节；17. 跗前节；18. 膝毛（gm）；19. 胫毛（tm）；20. 微跗毛；21. 跗毛（sl）；22. 跗前毛（PT″）；23. 爪间垫；C. 足Ⅲ（pp）：24. 长腿毛（MF）；25. 长膝毛（HG）；26. 长胫毛（M）；27. 长跗毛（MT）；28. 膝毛（gp）；29. 胫毛（tp）；D. 足Ⅲ长度：1+2+3+4=PP

图 13-3　恙螨幼虫足

（仿王，1997）

螨科的鉴别特征为：叉毛2叉；背板1块，覆盖背面很大部分。生殖腹板滴水状，后面往往膨大；气门沟长，至少延伸至足基节Ⅲ之前；多数种类厉螨的足具端跗节、爪和爪垫。病媒厉螨，多集中在厉螨属和血厉螨属。厉螨属的鉴别特征为：中型或大型革螨，体长可超过1 mm；体色为黄色或褐色；背板宽阔，中央部分常有大型锚状或十字形黑斑；板上通常具刚毛39对；生殖腹板具刚毛4对；肛板三角形或卵圆形；雄螨第1对胸毛末端超过第2对胸毛基部；体毛和足毛常粗大呈针状或呈刺状；基节上若干刚毛呈锥状；雌螨螯肢钳状，螯钳内缘具齿；雄螨螯钳常演变为导精趾。血厉螨属的鉴别特征为：螨体椭圆形，足较长；雌螨螯钳具齿，雄螨螯钳不呈剪状；生殖腹板只有1对刚毛；各足基节无刺状或锥状刚毛；雌螨胸板宽大于长；雄螨腹面常为一整块全腹板；少数种类肛板分离。

革螨体呈卵圆或椭圆形，长0.2～0.5 mm，颜色呈黄色、黄褐色、褐色、鲜红色或暗红色。体表为膜质，具有骨化的骨板。

颚体是螨类的主要感觉器官和营养器官，位于躯体前部。由须肢、螯肢、口下板、颚盖、上唇、内磨叶、颚角、涎针和颚沟组成（图13-4）。

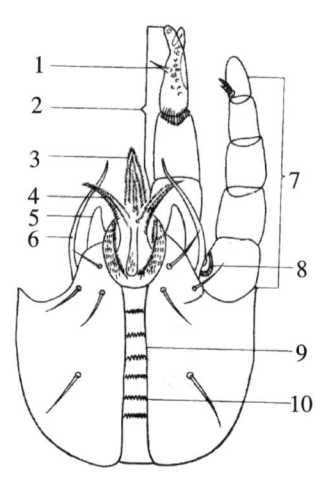

1.钳基毛；2.螯肢；3.上唇（上咽）；4.内磨叶 5.颚角；6.涎针；7.须肢；8.须肢转器；9.颚沟；10.颚沟齿

图13-4 革螨颚体的腹面

须肢位于颚体前端两侧，呈长棒状，1对；其基部与颚基愈合，仅有转节、股节、膝节、胫节和跗节。跗节内侧具1叉毛，除少数类群不分叉或退化消失外，叉毛常分2叉或3叉。螯肢由螯杆和螯钳组成。螯钳分动趾和定趾，定趾齿内缘端部具有钳齿毛，其形状不一，有的呈蝶翅状，有的呈针状等，具有分类意义。定趾基部具有钳基毛。雄螨的螯钳演变为导精趾，导精趾具有外生殖器的作用，特征恒定，可作为分类依据。口下板是颚基前外侧的一对突出部分，呈三角形，板上通常有3对刚毛。颚盖指从颚基背壁向前延伸的部分，为膜状物,它的前缘形状具有分类意义。上唇又叫上咽,位于咽的背面,舌状,边缘具纤毛。内磨叶也叫下咽,是口前下方像喙一样的构造,分两叶。颚角位于口下板外缘前方,呈角形,其形状、大小及顶端会聚与否具有分类意义。涎针位于口下板与须肢之间,为一对狭长而几丁质较弱的构造。颚沟位于颚基中部的一条纵沟,内有若干横列的齿突。

躯体一般呈卵圆或椭圆形,背部明显隆起,腹面略向外凸,背腹交界处的侧缘无锐利的界限。

背板覆盖于背部表皮,几丁质化较强。背板上的刚毛,因种类而异,多数种类表现为有一定规律的毛序。Захваткин体系是以厉螨属为基础提出的毛序(图13-5)。其中,额毛位于顶端,3对,F_1—F_3;外额毛接近于顶端的侧缘,2对,即ET_1、ET_2;内颞毛在ET的内侧,2对,即T_1、T_2;顶毛位于F3的后方,1对,即V;缘毛位于M毛的内侧,8对,S_1—S_8;胛毛位于S_1的内侧,1对,即SC;中背毛位于V毛之后,沿背板中线两侧向后8对,即D_1—D_8;间毛位于S毛与中背毛之间,3对,即I_1—I_3。

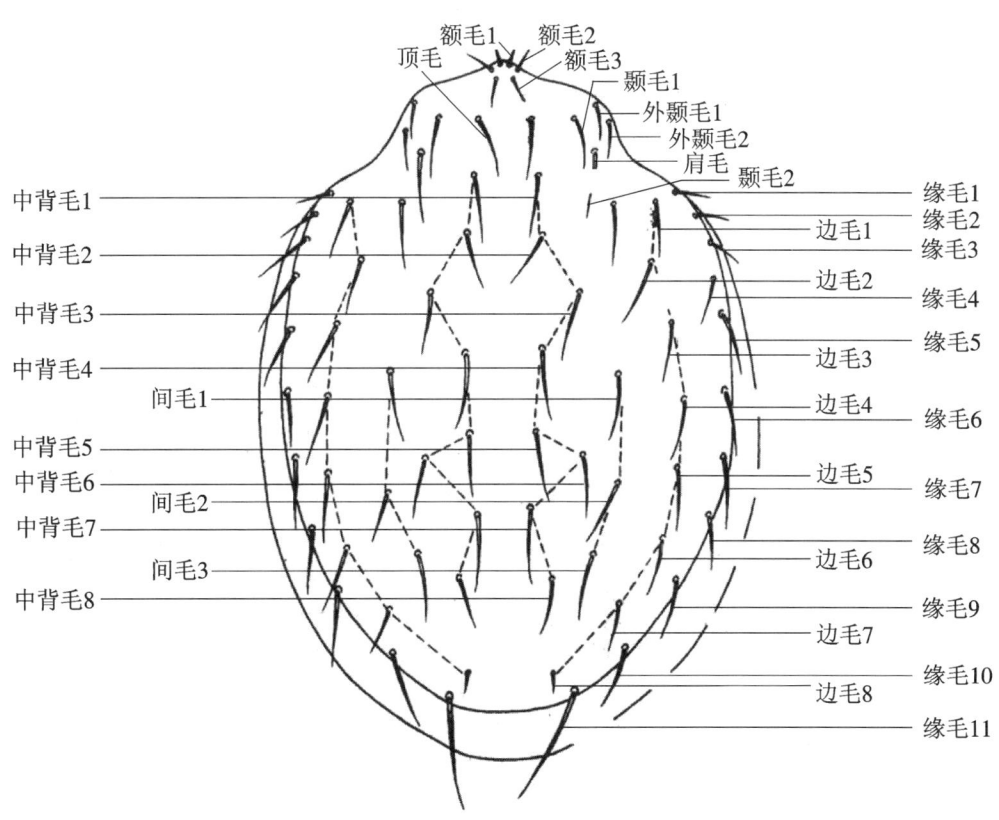

图13-5 革螨背板毛序

胸叉位于躯体腹面(图13-6),近颚体后缘中部。除蝠螨科(Spinturnicidae)和内寄生类群革螨,绝大多数革螨具胸叉。

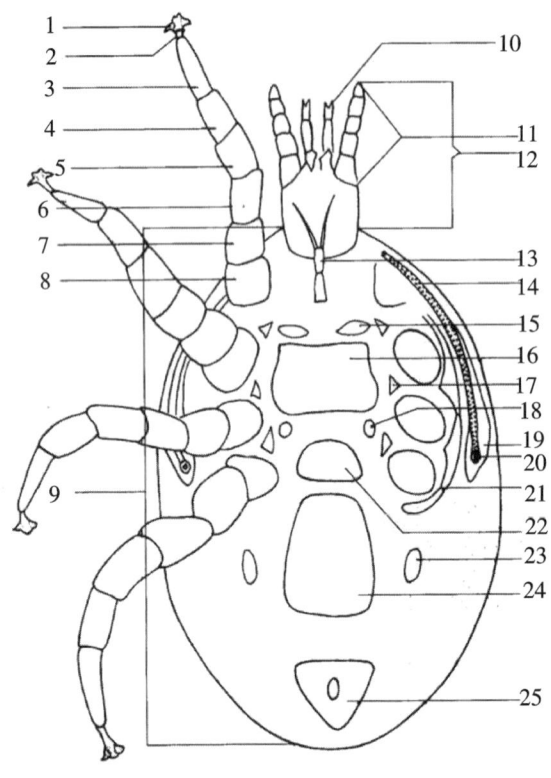

1.爪;2.趾节;3.跗节;4.胫节;5.膝节;6.股节;7.转节;8.基节;9.躯体;10.螯肢;11.须肢;12.颚体;13.胸叉;14.气门沟;15.胸前板;16.胸板;17.内足板;18.胸后板;19.气门板;20.气门;21.侧足板;22.生殖板;23.足后板;24.腹板;25.肛板

图 13-6 革螨腹面模式图

胸板位于颈板之后,上面具有 3 对刚毛(St_1—St_3)。板上具有 2~3 对隙状器。生殖板位于胸板之后,具刚毛 1 对。有很多革螨的生殖板与腹板愈合为生殖腹板,其上具刚毛 4 对(V_1—V_4)或更多。腹板位于生殖板之后,其上分布若干刚毛。肛板位于腹板之后,板上有肛孔和 3 根刚毛。也有一些类群的肛板与腹板愈合为腹肛板。胸后板位于胸板后侧,1 对,各具刚毛 1 根。足后板位于基节Ⅳ后方,1 对。一些类群很发达,而有些类群则退化或消失。气门位于基节Ⅲ与Ⅳ之间的外侧,1 对;气门沟是一条从气门向前延伸的沟管,长度因种而异;气门板是围绕气门和气门沟的骨板。雄螨全腹板由胸板、生殖板、腹板、肛板、胸后板等愈合成一整块而成;也有些种类分为两块,即胸生殖板,腹肛板或胸生殖腹板与肛板。生殖孔:革螨的生殖孔位于胸板之后,呈横隙缝状,被生殖腹板覆盖;雄螨生殖孔呈漏斗状,位于胸板前缘。侧足板位于气门板与足基节之间,有些种类的侧足板与气门板愈合在一起。内足板 1 对,位于足基节Ⅲ、Ⅳ与胸后板之间。

足:分为基节、转节、股节、膝节、胫节、跗节。基节上有刺,距刺的数目可列为基节刺式,具有分类意义。一些类群足Ⅱ的股节、膝节、胫节具有距或刺,在分类上是可靠特征。在跗节末端一般均具1对爪和1个爪垫。蝠螨科的爪非常发达,而巨螯螨足Ⅰ的爪退化消失。

各足均具有很多刚毛。为了便于对足毛的研究和命名,通常将各足节分为4个面,即背面、腹面、前侧面和后侧面。足节的前面和后面是根据各足向侧方伸直与体纵轴垂直时定方向的,它与躯体的方向一致。在足的背面、腹面的毛可分为前列毛和后列毛,在不能分为前列和后列时,就称为背毛和腹毛。在跗节Ⅱ—Ⅳ背面和腹面的不成对毛则分别称为中背毛和中腹毛,毛的顺序从足节的末端数向基部。在鉴定螨种时需要了解每足节毛的数目并表明毛的分布。

(三)疥螨

疥螨后半体无气门。前足体若有感器,常为盅毛形式或更为特化。有1对头足沟,足基节与腹板结合。雌螨较大,雄螨较小。颚体短小,有1对钳状螯肢。足4对,前2对足端部具有细长柄吸垫,后2对足在雌螨具长刚毛,雄螨第3对足端部有长刚毛,而第4对足端部具有柄吸垫。

雌螨大小为(300~500)μm×(250~400)μm,雄螨为(200~300)μm×(150~200)μm。体近圆形,背部隆起呈球状,乳白色,半透明,螨体不分节,无眼无气门,有足4对,位于腹面。整个螨体分为颚体和躯体两部分。

颚体俗称假头,位于躯体前端,较短小,它由螯肢、触须和口下板组成。螯肢1对,位于背面中央,呈钳状,其定趾与动趾内缘有锯齿;触须1对,位于螯肢的两侧,其各由3节组成。各节具有刚毛,末端除1根刚毛外,还有1根杆状突起和小刺,可能为感觉器。触须外缘有一膜状结构,呈鞘状覆盖于其两侧;口下板1对,位于腹面,由颚基向前延伸而成。

躯体呈囊状,背面隆起,腹面较平,有大量的波状横行皮纹位于体表,并有成列的圆锥形皮棘、成对的刚毛和粗刺。躯体背部前端有盾板。雌螨的盾板呈长方形,宽大于长(图13-7);雄螨的盾板则呈盾牌状,长大于宽(图13-8)。另外,雄螨躯体后半部背面还有1对后侧盾板。躯体中部表皮突起,形成许多皮棘。雌螨约有皮棘150个左右,雄螨较少。肛门位于躯体后缘正中,半背半腹。疥螨的足粗短,圆锥形,前两对与后两对之间距离较远,各足基节与腹壁融合成骨化的基节内突。第1对足的基节内突在中央汇合,然后向躯体后方延伸为一条呈"Y"形的胸骨,第2对内突互不连接。第1,2对足各节,除具刚毛外,在膝节、胫节和跗节上有感觉毛,跗节上还有微毛和爪突。跗节的端部有一个带长柄的吸垫。该吸垫为膜质,呈钟形,具有吸盘功能。第3、4对足,雌性者基节内突相离,跗节末端各具1根长鬃;雄性者基节内突相接,第3对足跗节末端各具1根长鬃,第4对足跗节末端则为长柄吸垫。雄螨的生殖区位于第4对足之间略后处,生殖器骨化较深,呈钟形,前方有一细长的骨质内突,称为生殖器前突,与第3、4对足的基节内突相连,正中有弯钩状的阳茎。雌螨的生殖孔呈横裂状,位于腹面足体中央。在躯体后方紧接肛门的背前端,有一骨化较强的交合突,此突的后缘有一交合孔,经一细弯管通至体内的受精囊。扫描电镜显示前2对足末端的吸垫边缘稍高,中央凹陷,底部有一环状皱折,与柄连接处具关节囊状结构;爪突高度几丁质化,呈"犬齿"状,4对足跗节末端均具1对;多数皮棘呈不规则的锥形,部分皮棘无尖,呈"指"状;7对杆状粗刺的基部均有表皮突起形成的"底座"。但其端部形状不一,少数具尖,多数无尖,无尖者断面凹陷呈"V"形。

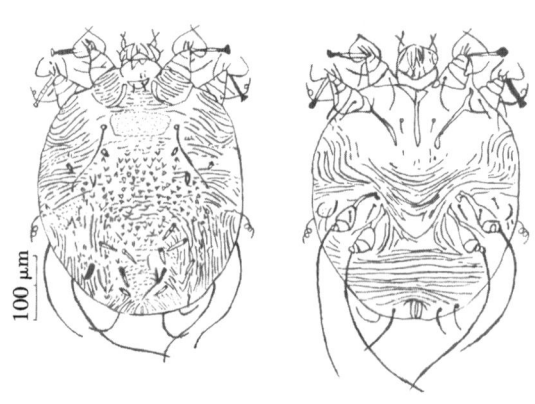

左:雌螨背面,右:雌螨腹面

图 13-7　疥螨成虫

（仿徐业华）

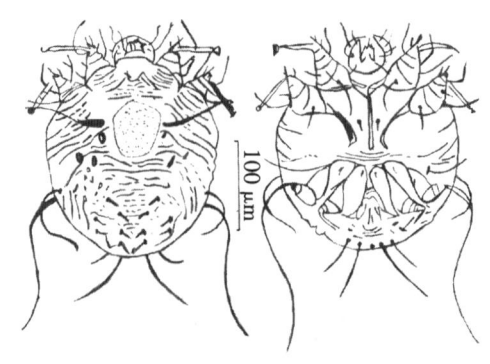

左:雄螨背面,右:雄螨腹面

图 13-8　疥螨成虫

（仿徐业华）

(四)粉螨

粉螨体后半体无气门。前足体若有感器,常为芔毛形式或更为特化。有 1 对头足沟,足基节与腹板结合。以围颚沟为界分为颚体和躯体;躯体背面由一横沟明显地划分为前足体和后半体,前足体常具背板。表皮光滑、粗糙或增厚成板,除皱皮螨属外一般无细致皱纹。躯体刚毛多光滑,少数有栉齿。足跗节端部有单爪,以 1 对骨片与跗节端部相连,爪较粗壮,前跗节柔软并包围爪和骨片;若前跗节延长,则雌螨的爪分叉。跗节Ⅰ、Ⅱ的第一感棒 ω_1 着生在跗节基部。雌螨生殖孔为一长缝,被 1 对生殖瓣所蔽盖,在每个生殖褶的内面有 1 对生殖感器;雄螨常有 1 对肛门吸盘和 2 对跗节吸盘。前足体的前缘未覆盖颚体。雄螨足Ⅳ常较足Ⅲ短细,足Ⅳ跗节有 2 个圆形吸盘。雌螨后生殖板不骨化。躯体后缘有长刚毛 2 对。

粉螨亚目的螨类大小多为 120~500 μm 之间,体壁薄,半透明且较光滑,前端背面有 1 块背板。表皮柔软,无气门及气门沟,可通过皮肤进行呼吸。粉螨体躯以围头沟为界分为颚体和躯体两部分。

螨的颚体由 1 对须肢、1 对螯肢及口下板组成,位于躯体前端。螯肢位于颚体背面,须肢位于两侧,口下板位于颚体的下面。

螯肢:由 3 节基节和 2 节端节构成,与须肢同为取食器官。螯肢的两侧较扁平,后面的部分为一个大的基区(图 13-9),基区向前延伸的部分为定趾,与定趾关联的部分是动趾,两者形成剪刀状结构,其内缘常具有刺或锯齿。在定趾的内面为一锥形距,上面为上颚刺。螯肢的下方为上唇,为一中空结构,形成口器的盖。

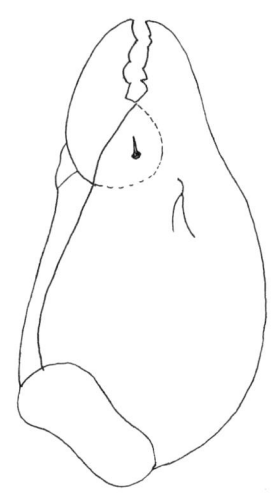

图 13-9　粉螨螯肢

须肢及口下板：须肢为一扁平结构，很小。须肢的愈合基节组成颚体的腹面部分，向前形成 1 对内叶（磨叶），外面有 1 对须肢，常分为 2 节。

大多数粉螨的躯体为卵圆形，有些粉螨体后缘呈叶状，如尾囊螨属和狭螨属。躯体往往由一条背沟将螨体区分为前足体和后半体，如粉螨科和麦食螨科的螨类；也可有不明显的分节或无分节的痕迹，如食甜螨科和果螨科的螨类。躯体背腹面均着生各种刚毛，刚毛的排列和形状因种属而异，是分类鉴定的重要依据。

背毛：粉螨背毛的形状及长短不同，但在同一类群中，其背毛的形状和排列位置为固定的，观察背毛在粉螨的分类鉴定方面有着重要的鉴别意义。

前足体有 4 对刚毛，即顶内毛（vi）、顶外毛（ve）、胛内毛（sci）和胛外毛（sce）。顶内毛（vi）位于前足体的前背面中央，并在颚体上方向前延伸；顶外毛（ve）位于螯肢两侧或稍后的位置；胛内毛（sci）和胛外毛（sce）排成横列位于前足体背面后缘。这些刚毛的长短、形状、位置及是否缺如等，是粉螨亚目分类鉴定的重要依据。如粉尘螨和屋尘螨的雌雄体均无顶毛（图 13-10）。

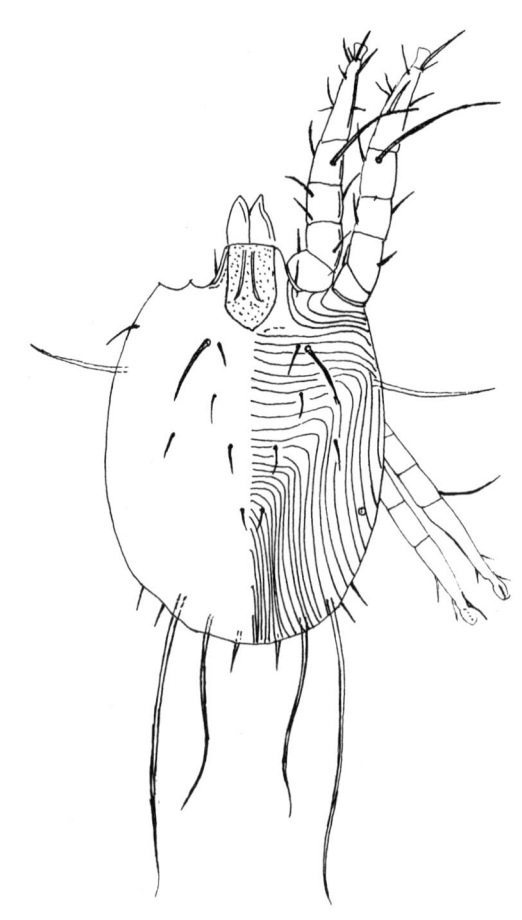

图 13-10　粉尘螨雄性背面

后足体和末体构成后半体。在后半体前侧缘的足Ⅱ、Ⅲ间,有1~3对肩毛,依位置分肩内毛(hi)、肩外毛(he)和肩腹毛(hv)。中线两侧有4对背毛,排列成2纵列,从前至后分别为第一背毛(d_1)、第二背毛(d_2)、第三背毛(d_3)、第四背毛(d_4)。躯体两侧有2对侧毛,依位置分为前侧毛(la)、后侧毛(lp),前侧毛位于侧腹腺开口之前。在后背缘,生有1或2对骶毛,即骶内毛(sai)和骶外毛(sae)。椭圆食粉螨躯体背面刚毛及所在位置较为典型(图13-11)。后半体背毛的数量、位置、形状等也是粉螨类别鉴定的重要依据。粉螨科螨类的背毛多为刚毛状;果螨科螨类背毛多为短杆状;食粪螨属螨类的背毛为棍棒状且有很多小刺;食甜螨科螨类背毛可为栉齿状、羽毛状和刚毛状等不同形状。

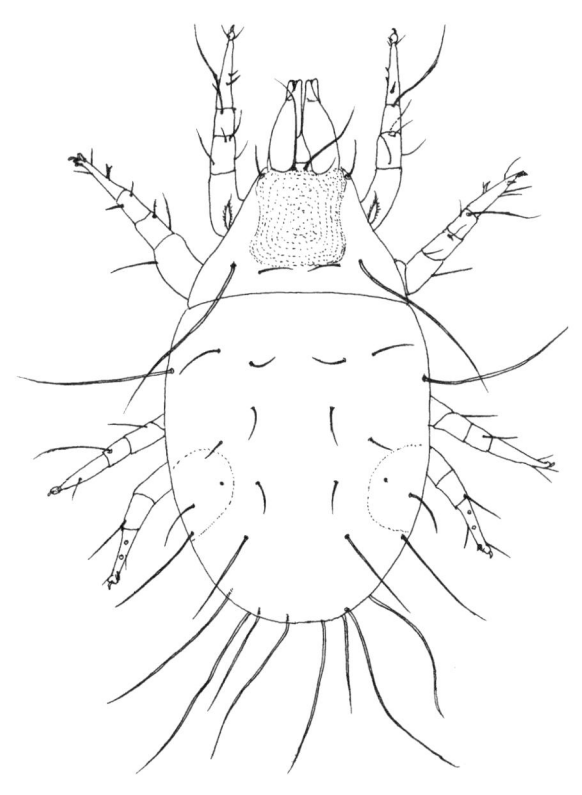

图13-11 椭圆食粉螨雄性

腹面结构:粉螨躯体腹面的刚毛数量相对较少,其构造也较简单。在足Ⅰ基节和足Ⅲ基节上各有1对基节毛(cx)。生殖孔周围有3对生殖毛(g),常根据位置的前后分别称为前、中、后生殖毛(f,h,i)。粉螨的肛门周围也有两群刚毛,分别称为肛前毛(pra)和肛后毛(pa_1—pa_3),有时将这两群肛毛合在一起称为肛毛。同种类粉螨的生殖毛和基节毛位置和数目是固定的,异种或异性间肛毛的数目和位置变异很大。椭圆食粉螨躯体腹面刚毛及其位置见图13-12。雄螨生殖孔外表有1对生殖瓣及2对生殖盘,中央有阳茎(图13-13);雌螨相应处是一产卵孔,中央纵裂,两侧具 2 对生殖盘,外覆生殖瓣,生殖孔两侧有 3 对生殖毛(f,h,i)(图 13-14)。

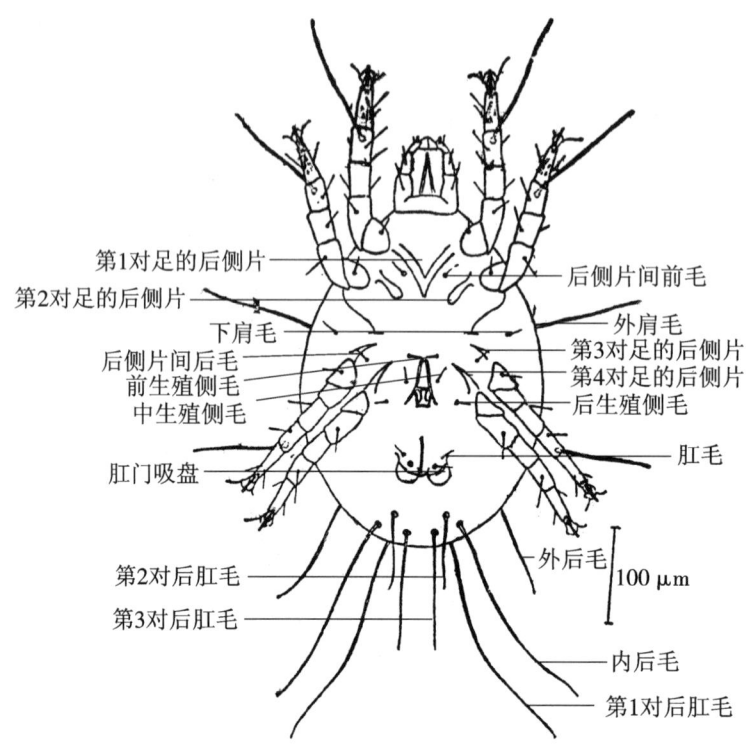

图 13-12　椭圆食粉螨腹面

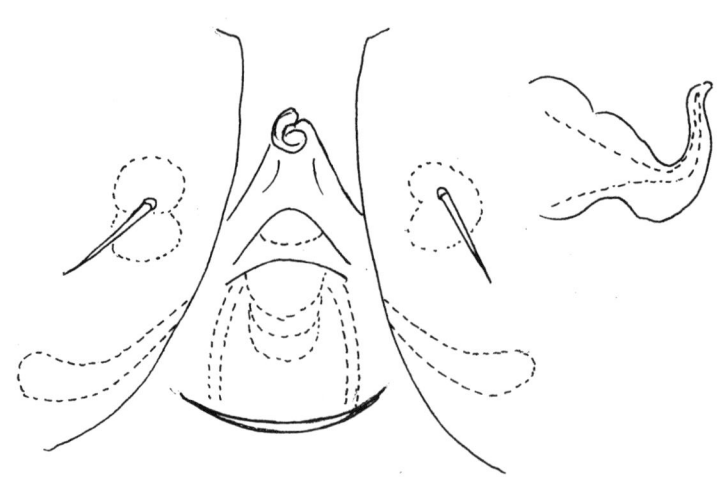

图 13-13　腐食酪螨雄性外生殖器区

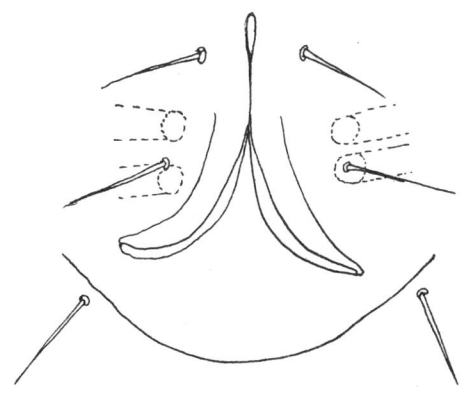

图 13-14　粗脚粉螨雌性外生殖器区

第二节　螨类的生态习性

一、恙螨的生态习性

(一) 生活史

恙螨生活史(图 13-15)分为卵、次卵、幼虫、若蛹、若虫、成蛹和成虫 7 个期,只有幼虫行寄生生活,以分解的宿主组织和淋巴液为食;其他营自由生活,成虫和若虫主要以土壤中的小节肢动物和昆虫卵为食。

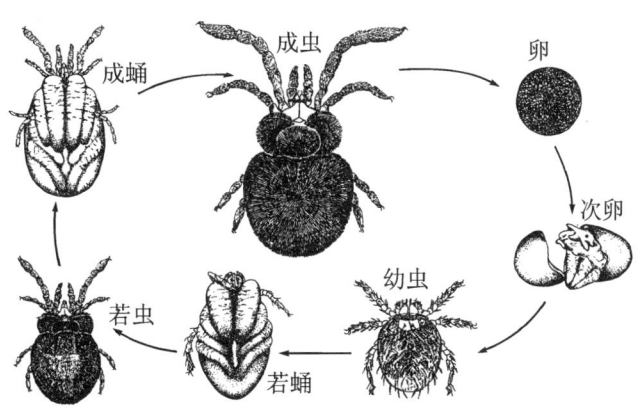

图 13-15　恙螨生活史

(仿王,1997)

(二)食性

大多数恙螨的幼螨寄生在鼠的耳窝、会阴部和鸟类的腹股沟、翼腋等皮肤娇嫩部位。在人体则常寄生在腰、腋窝、腹股沟、阴部。幼螨在宿主皮肤刺吸时间长,至少 1 d 以上,一般 2～10 d。幼螨只饱食 1 次,在刺吸过程中,一般不更换部位或转换宿主。

(三)季节消长

根据一年中,恙螨的幼螨出现数量有明显的季节性变化,常可分为 3 型:

(1)春秋型:该型恙螨每年繁殖 2 代,其种群数量在春、秋季分别出现一高峰,多数纤恙螨属的螨类属于此型。

(2)夏季型:该型恙螨种群数量在夏季出现高峰,红纤恙螨属于此型。

(3)秋冬型:种群数量高峰出现在每年的 10 月以后至次年 2 月,该型恙螨在春夏仅有少量幼螨。也有些地区恙虫病发生在冬季,其他季节很少发现病人,如日本巴丈岛恙虫病在冬季发生,传播媒介是小板纤恙螨。由于不同种类季节消长的不同,恙螨越冬的形式各异。春秋型和夏季型的恙螨常以成螨、若螨在土壤中越冬,而秋冬型的恙螨却无越冬现象。

(四)孳生地

恙螨的孳生地常为潮湿、多草、隐蔽、多鼠的场所,以溪边、山坡、江河沿岸、森林边缘、山谷及荒芜的田园等杂草丛生地区为最佳;也常见于村镇附近的菜园、农作物区、墙角及瓦砾堆等处。幼螨喜群集于石头或地面物体的尖端部位及草树叶,有利于其攀附宿主。

(五)活动范围

游离恙螨的幼螨活动范围很小,一般其活动半径不超过 2 m,垂直活动距离也不超过 20 cm,常聚集在一起,呈岛状分布。

二、革螨的生态习性

(一)生活史

革螨的基本生活史分 5 期,卵、幼螨(L)、第一若螨(N_1)、第二若螨(N_2)和成螨。革螨有卵生、卵胎生，也可直接产幼螨或第一若螨。各期发育完全，是自由生活型的特点，如埋口异肢螨和钝绥螨。寄生型革螨缩减生活史发育期数，即幼螨甚至第一若螨发育胚胎化，如长血厉螨雌螨产含发育为幼虫的卵；格氏血厉螨、鼠颚毛厉螨产卵极少，且无生活能力，产幼螨是主要生殖方式；毒厉螨都是直接产幼螨；茅舍血厉螨以产第一若螨为主，有时产幼螨，产卵极少。

（二）食性

革螨基本上可分为自由生活与寄生生活两个类型。营自由生活者为掠食和腐食螨；营寄生生活者，可分专性血食、兼性血食和体内寄生革螨。

寄生性革螨，螯肢剪状或细长针状，适于刺吸血液，一生均多次反复吸血。如皮刺螨科、巨刺螨科、蝠螨科、厉螨科及血革螨亚科中部分螨。例如子午赫刺螨，从卵孵出第二若螨，吸血一次者发育为雄螨；吸血二次则蜕皮变为雌螨。

兼性血食自由生活向寄生生活、掠食向血食的过渡类型。各种革螨向血食过渡程度不一，食性较广，取食频繁，既可刺吸宿主血液和组织液，又可食游离血、血干，有的还可掠食昆虫，或吃动物性废物和有机质。这类革螨如厉螨科，它们能否叮刺吸血是能否传病的生物学基础。

体内寄生、专性吸食腔道寄生革螨，如鼻刺螨科寄生于鸟类鼻腔内；内刺螨科寄生于蛇的呼吸道。内寄生革螨以寄主的血液或体液为食。肺刺螨属、鼻刺螨属、中刺螨属的革螨，螯肢较细，显然不能穿过黏膜，但在螨的消化道发现有宿主的红细胞和上皮细胞，证明能吸食。

（三）季节消长

多数革螨能整年活动，但有明显的繁殖高峰季节。影响其季节消长的因素除温度外，还取决于宿主巢穴微小气候条件、宿主的活动变化及宿主在其巢穴居留时间的长短等。秋冬型如格氏血厉螨、耶氏厉螨，螨密度一般在 9 月以后逐渐增高，10—11 月出现高峰。柏氏禽刺螨呈春末夏初和秋冬双峰型。

（四）孳生地

革螨对热和干燥的耐受性差，其孳生地多为鼠巢、鸡窝、鸽窝、燕窝及草堆等场所。如，毒厉螨常孳生于鼠巢内，尤其是窝草下浮土上，以鼠体后背部多见，腹面较少。

(五)活动范围

革螨体型较小,爬行速度和爬行距离均非常有限。由于革螨的宿主非常广泛,它们可借助于宿主动物的迁移、飞翔而广泛传播。例如,鸡皮刺螨和林禽刺螨可寄生于鸟而随着宿主的飞翔而实现较大的活动范围。

三、疥螨的生态习性

(一)生活史

疥螨的生活史过程包括卵、幼螨、若螨和成螨四个阶段,雌性疥螨有2个若螨期。除交配活动外,疥螨的生活史过程在宿主皮肤角质层其自掘的"隧道"内完成。从卵发育到成螨,一般约需10~14 d。雌螨产卵于"隧道"内,卵期一般为3~4 d,但若外界温度降低,孵化期可延续到10 d左右。卵对环境有一定的耐受性,离开宿主后10~30 d尚能发育。幼虫很活跃,有时离开"隧道"爬到宿主皮肤表面,重新再凿一"隧道"生活,有的在原来的"隧道"旁挖掘一侧道定居,有的仍在母体"隧道"内寄居。幼虫期3~4 d,在定居的"隧道"内蜕皮变为若虫。雄性若虫只有一期,经2~3 d后蜕皮发育为雄螨;雌螨有2个若虫期,Ⅰ期若虫约2~3 d后变为Ⅱ期若虫,该期又称青春期若虫。雄螨交配后不久死亡,或筑一短"隧道"短期寄居。雌性Ⅱ期若虫则于交配后重新钻入宿主皮肤内挖掘"隧道",不久蜕皮羽化为雌性成虫。再经2~3 d开始产卵,每2~3 d产卵一次,每次可产卵2~3个。因此,在"隧道"内可见很多卵排集在一处(图13-16)。雌螨一生可产40~50个,产卵后死亡于"隧道"末端,生活约6~8周。

(二)食性

疥螨在宿主表皮内,以角质层组织和渗出的淋巴液为食。

(三)季节消长

多数作者的报告说明秋季和冬季是疥疮的多发季节。

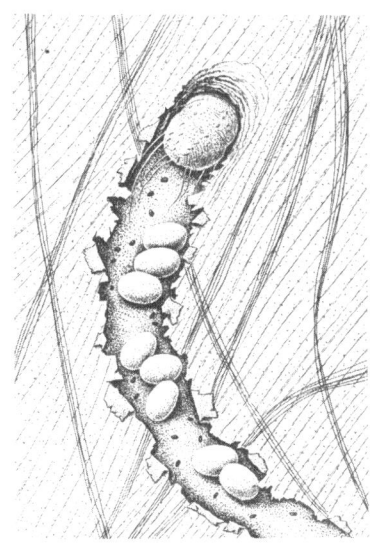

图 13-16 疥螨在皮肤内的隧道
（仿徐业华）

（四）活动范围

疥螨的交配现象较为特殊,多于夜间在宿主皮肤表面进行。雄螨羽化后,十分活跃,钻出"隧道"游离于宿主皮肤表面,寻找配偶,与雌性第Ⅱ期若虫交配。受精后的雌性Ⅱ期若虫,非常活跃,爬行迅速,是疥螨散播和侵犯宿主的重要时期。此时,其既可再感染原宿主,又易感染新宿主,还可以污染被褥、衣服导致间接传播。疥螨爬行扩散速度的快慢直接受外界温度的影响,也与虫龄大小、个体差异及离体时间的长短等因素有关。在外界温度 13～14℃时,每分钟平均爬行距离 3 mm；在 25℃±2℃时,平均爬行距离为 11.4 mm,波动范围在 7～21 mm 之间；在 32℃时,1 min 最快可爬行 35 mm。离体疥螨在爬行的过程中时有停留,停留的位置多在两条以上皮纹沟交叉的凹陷处。

疥螨挖掘人体皮肤角质层的部位,一般选择在两条以上皮纹沟的柔嫩皱褶处,多发生在皮薄而嫩的部位。

四、粉螨的生态习性

粉螨分布广泛,怕光、畏热,喜欢栖息于阴暗潮湿的地方,所以不引人注目。但当环境条件适宜时,粉螨可大量孳生,曾在 1 kg 饲料中发现各种粉螨几万只、几十万只甚至上百万只。

（一）生活史

大多数营自生生活的粉螨是卵生的，其生活史多分为5个阶段，即卵、幼虫、第一若螨（前若螨）、第三若螨（后若螨）、成螨；但在第一若螨和第三若螨之间可以有一个第二若螨（移动若螨），它在某种条件下可转化为休眠体，有时可完全消失。

由于粉螨卵有卵黄，故卵比较大，产下的卵都是聚集成堆，偶有孤立的小堆。亦有少数种卵在雌螨内可延迟至幼螨和第一若螨后产出。卵产出后，因外界环境条件不同，其卵发育期所需时间不同，一般情况下，温度25 ℃、相对湿度80%左右时，对粉螨卵孵化出幼虫比较适宜。国内学者于晓、范青海等对不同温度下腐食酪螨各生活史发育历期做了较为详细的研究，在适宜的温度范围内，腐食酪螨卵发育期随温度的升高而缩短，值得关注的是，卵在30 ℃下的发育历期反而比25 ℃下长，原因可能是高温影响了腐食酪螨卵的发育。当温度为25 ℃、相对湿度80%时，其卵发育期最短，仅需60 h。

粉螨幼螨经过一段活动时期后开始静息，此期为一完全不活动时期，其静息期约为24 h。静息期的幼螨躯体膨大呈囊状、半透明、晶亮而有珍珠样的光泽，3对足向躯体紧缩，易与幼螨相区别。幼螨经过静息期后蜕化而成第一若螨。第一若螨发育一段时间后进入第一若螨静息期，第一若螨静息期时间很短暂，约24 h。第一若螨经过静息期蜕皮后即变为第三若螨。第三若螨经一段时间的活动期，也会经过约24 h的静息时期（第三若螨静息期），蜕皮后发育为成螨。成螨有雌螨和雄螨两性。雄螨又可分为常型雄螨和异型雄螨二型。与卵发育期一样，不同的环境条件，粉螨各期发育时间不同。

休眠体期是粉螨的生活史中一个很特殊的发育阶段，介于第一若螨和第三若螨之间。粉螨在休眠体期不进食，其腹面末端有吸盘，可以此附着昆虫、其他动物体、食品、工具等得以传播，甚至附着于尘土中借助气流来传播，休眠体不仅有利于传播，还可以使其在不良环境下生存，所以一般认为休眠体是一种适于传播及抵抗不良环境的原始形式。一旦遇到适宜环境时，即能蜕去硬皮恢复活动。大多数粉螨形成活动休眠体，只有少数一些粉螨形成不活动休眠体，如粉螨属、食甜螨属等（图13-17）。

大多数营自生生活的粉螨是卵生的，有些种类还可行卵胎生，即雌螨直接产出幼螨，有时也可产出若螨。粉螨雌雄异体，主要为两性生殖，粉螨科有些种类有两种类型的雄螨，任何一种类型的雄螨都能与雌螨交配。此外，也有少数螨种可行孤雌生殖。如粗脚粉螨的繁殖方式既可为两性生殖，也可行孤雌生殖，但其孤雌生殖的后代均为雄螨。

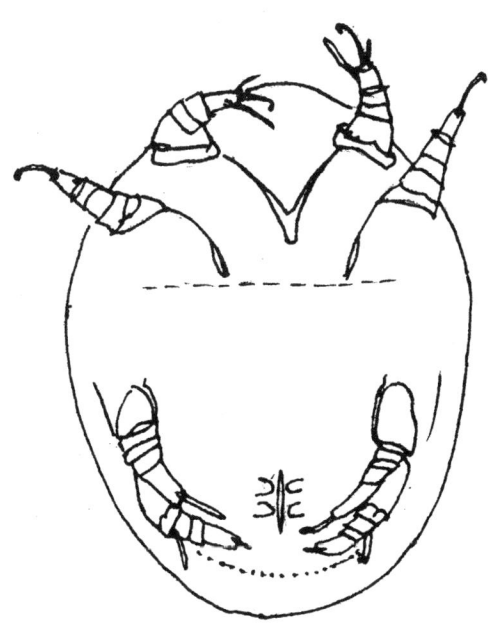

图 13-17　害嗜鳞螨不活动休眠体腹面

粉螨亚目多数螨种是以直接方式进行交配,雄螨阳茎直接将精子导入雌螨受精囊内。在同一世代中,往往雄螨比雌螨提前成熟,当雌螨发育成熟后,雄螨即开始追逐雌螨,一旦追到后,即行交配。雄螨多用足先接触雌螨末端,然后爬上雌螨体背,再缓慢地倒转体躯与雌螨成相反方向,再用吸盘或足紧紧地吸附或抱住雌螨体躯末端进行交配。交配过程中,螨体可以活动、取食,但以雌螨活动为主,一旦遇惊扰或有外物阻拦,多立即停止交配。多数雌雄粉螨可多次交配,交配时间长短不一,一般为 10~60 min。

在室内饲养条件下,雌螨多于交配后 1~3 d 开始产卵,且喜将卵产于离食物近、湿度较大的地方。产卵量及产卵期持续时间随螨种不同有所差异:例如,① 伯氏嗜木螨昼夜均可产卵,产卵时间可持续 4~8 d,单雌产卵 6~93 粒,平均 48.1 粒。产卵方式为单产或聚产,聚产的每个卵块有 2~12 粒不等,排列整齐或呈不整齐的堆状,产卵开始后 3~6 d 达高峰,最高日单雌产卵量为 27 粒,产卵持续期内偶有间隔 1 d 不产卵现象。在产卵期间,仍可多次进行交配。② 椭圆食粉螨,一生可以交配多次,于交配后 1~3 d 开始产卵。以面粉作饲料,在温度 25℃和相对湿度 75% 的条件下,可持续产卵 4~6 d,一只雌螨可以产卵 33~78 粒,平均为 55.5 粒。在上述饲养条件下,卵期平均 3 d。粗脚粉螨在湿度为 80%~85% 及适宜地温度条件下,其繁殖率最快。③ 福建嗜木螨在室温 25℃时,雌螨一次产卵可延缓 1 d 至数天不等,每一卵块的卵数可多达 100 余粒。

温度、湿度等环境因素以及食料种类等均对粉螨产卵能力有较大影响。孙庆田等对粗脚粉螨生殖作了较为全面的研究,发现该螨生长发育的最适宜温度为 25~28 ℃。在此条件下,雌螨羽化后 1~3 d 交尾,交尾后 2~3 d 开始产卵。粉螨产卵量取决于温度、食料的种类和质量以及雌螨的生活状态。如在 24~26 ℃下,每头雌螨 24 h 产卵 10~15 粒。高于 30 ℃或低于 8 ℃其产卵均受到抑制,甚至停止产卵。以面粉为食的雌粗脚粉螨每头可产卵 45~50 粒;以碎米为食的粗脚粉螨每头的产卵量平均为 68~75 粒,甚至高达 96 粒。

(二)食性

粉螨作为自由生活的螨类,以食物碎屑、腐败有机物以及霉菌等为食。许多粉螨可以在储藏粮食及食物中生活,以其粗短齿状螯肢刮食、凿食其孳生场所的各种仓储食品和谷物。如某些根螨属的螨类以植物的球茎为食;土壤及土壤表面的阔食酪螨以腐烂植物的残余物为食;椭圆食粉螨可以生长在谷物上的霉菌为食;粗脚粉螨喜食谷物的胚芽部分,主要危害小麦、面粉、大米、小米、黄豆、稻谷、玉米、玉米粉、香肠、向日葵、中药材、水果干及各种干杂食品等,其还喜食阿姆斯特丹散囊菌、葡萄散囊菌和赤散囊菌,并能消化这些真菌的大部分孢子。

(三)季节消长

高温、高湿是粉螨的活动高峰季节,每年 7、8 两月,粉尘螨的数目最多。多数螨类以雌成螨越冬,也有的以雄成螨、若螨或卵越冬。水体、枯枝落叶、杂草和各种植物等是粉螨常见的越冬场所。

(四)孳生地

粉螨孳生场所多样。许多是家栖螨类,常孳生于谷物、棉花、农副产品、中药材、人居场所及灰尘等。常在此环境中工作的粮食加工厂工人、粮食仓库保管员、中药材仓库保管员、纺织工人及搬运工人等,因长期与粉螨接触,可被粉螨侵寄而致人体螨病。

粉螨也孳生房舍、地毯及床垫的灰尘中。

第三节　常见螨类

一、地里纤恙螨 Leptotrombidium deliense（Walch，1922）

（一）鉴别特征

幼螨细小（图 13-18），但肉眼能见到，活体标本未饱食橘红色，饱食后淡红色，虫体饱食后短胖，近椭圆形，无腰缩，有鲜红色的眼点。体长 246～537 μm，宽 180～378 μm。体壁上有明显的横纹，上有背板、背毛和腹毛及足。

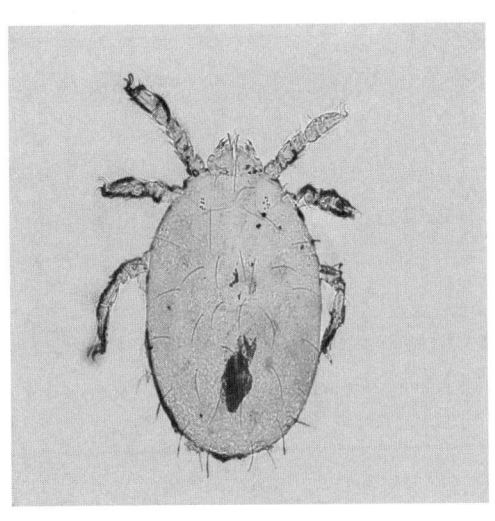

图 13-18　地里纤恙螨幼螨

背板略呈长方形，宽大于长，背板刚毛 5 根（前中毛 AM=1，前侧毛 AL=2，后侧毛 PL=2），后侧毛距（PW）略大于前侧毛距（AW），背板后缘微向后突，中部微凹，两侧缘向内凹（图 13-19）。感觉毛丝状，近基部光裸，油镜下可见少量微小分支，端部 1/2 处有 5～6 对细长分枝。感毛基（SB）位于后侧毛基水平线（PLs）的上方，前后侧毛距等于感毛基距（AP=SB），前后侧毛距（AP）大于后侧毛基与感毛基间的距离（PS），后侧毛距与前后侧毛距的比例（PW/AP）=2.6。

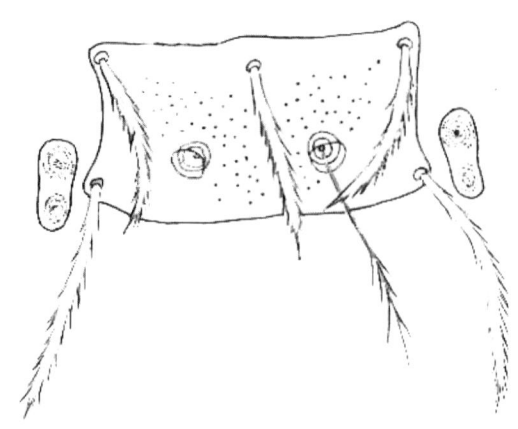

图 13-19　地里纤恙螨背板

眼点:鲜红色眼点,在背板外两侧,近后侧毛附近,有 2 对位于眼板上。

背毛(DS)为在背板与体后端之间成行排列的刚毛,背毛纤细具短小分支,背毛长 44～49 μm;背毛排列(背毛公式,fDS)为 2.8.6.6.4.2,共 28 根。

(二)生态习性

地里纤恙螨在海拔低的河流沿岸及沿海地区、山间盆地和开阔的河谷平原密度较高,常分布在多草的阔叶林、椰子林等地区。宿主包括啮齿目、食虫目、家畜(家兔、家猫)及一些鸟类,种类数量达 30 余种。在自然界地里纤恙螨的繁殖季节为夏秋季,广州地区地里纤恙螨全年都有出现,5—11 月是种群数量高峰季节。福建 4 月份开始出现,6—8 月份种群数量达到高峰,9 月以后数量开始下降,冬季几乎看不到。

(三)地理分布

国外:主要分布于日本、印度、菲律宾、缅甸、泰国、马来西亚、新几内亚、斯里兰卡、印度尼西亚、澳大利亚、巴基斯坦等。

国内:主要分布于上海、浙江、福建、江西、湖南、广东、广西、四川、贵州、云南、西藏、陕西、香港、台湾等。

(四)医学重要性

地里纤恙螨为恙虫病的最主要传播媒介。

二、小板纤恙螨 Leptotrombidium scutellare (Nagayo et al., 1921)

(一)鉴别特征

小板纤恙螨又称小盾纤恙螨,活体标本未饱食橘红色,饱食后呈均匀的粉红色。幼螨饱食后短胖,近椭圆形,无腰缩(图 13-20,彩图 32)。

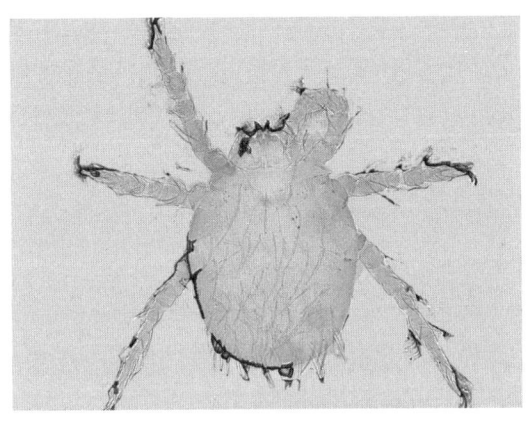

图 13-20 小板纤恙螨幼螨

背板长方形,前缘和侧缘微向内凹,背板后缘向后呈弧形突出。PW／SD=1.64,AP>PS 或 AP=PS,眼点 2×2。背板各部位测量(单位:μm):前侧毛距(AW)63~67;后侧毛距(PW)77~89;感毛基距(SB)31~33;感毛基前长(ASB)26~28;感毛基后长(PSB)12~15;背板长(SD=ASB+PSB)39~43;前后侧毛距(AP)28~31;前中毛长度(AM)41~48;前侧毛长度(AL)41~43;后侧毛长度(PL)54;感觉毛长度(Sens)54~58(图 13-21)。

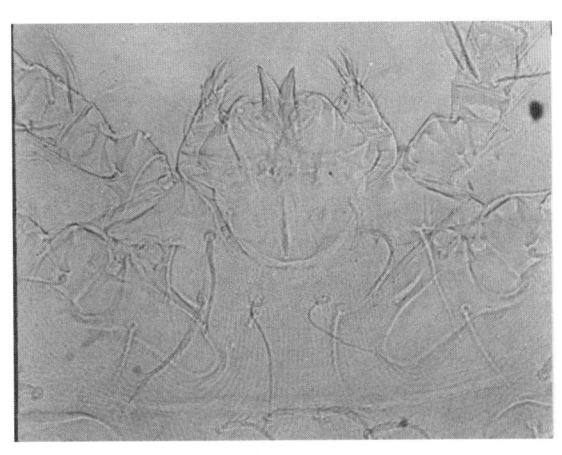

图 13-21 小板纤恙螨背板

fDS=2.10(10~12)……=45~56,VS=31~40。

(二)生态习性

小板纤恙螨在我国分布范围很广,动物宿主范围也很广,其宿主包括褐家鼠、黄胸鼠、针毛鼠、黄毛鼠、青毛鼠、社鼠、黑线姬鼠、高山姬鼠、小林姬鼠、斯氏家鼠、大足鼠、白腹鼠、大仓鼠、板齿鼠、竹鼠、黑腹绒鼠、大绒鼠、滇绒鼠、棕背䶄、东北鼠兔、松鼠、臭鼩、树鼩、坚实小毛猬、黄鼬、猫、犬、鸟、人等,该螨主要寄生于耕作地栖息的鼠类。

(三)地理分布

国外:主要分布于日本。

国内:主要分布于河北、内蒙古、黑龙江、上海、江苏、浙江、安徽、福建、江西、山东、河南、广东、广西、云南、陕西。

(四)医学重要性

小板纤恙螨是日本富士山和八丈岛等地区秋冬型恙虫病的主要媒介,也是我国江苏、山东等地秋冬型恙虫病的主要传播媒介。可自然感染并能经卵传递和传播流行性出血热病毒。

三、格氏血厉螨 *Haemolaelaps glasgowi*(Ewing,1925)

(一)鉴别特征

雌螨螯肢发达,螯钳具齿;钳齿毛中部膨大,端部细长并弯曲成钩状(图 13-22),为该螨重要特征之一。颚盖前缘光滑。背板几乎覆盖整个背部,具背毛 38 对,T_2 毛缺如,这是与其他血厉螨主要的区别点。气门沟前端延伸至基节 I 中部。胸板宽大于长,前缘平直,后缘向内浅凹,具刚毛 3 对,St_1 位于前缘上,隙状器 2 对。生殖腹板较短,舌状,刚毛 1 对。肛板近似倒梨形,宽略大于长,肛后毛较肛侧毛长(图 13-23)。足后板呈肾形。

雄螨:背板上刚毛数同雌螨,M_{11} 特别长,超过 S_8 毛 1.5 倍。全腹板在基节Ⅳ后极为膨大,几乎覆盖末体腹面,具刚毛 14 对(肛毛除外)。螯肢较小,无齿,导精趾末端 1/3 处向下弯曲。大型雄螨体长 640~740 μm,全腹板狭长,在足基节Ⅳ后膨大,具刚毛 9 对(不包括肛毛)。

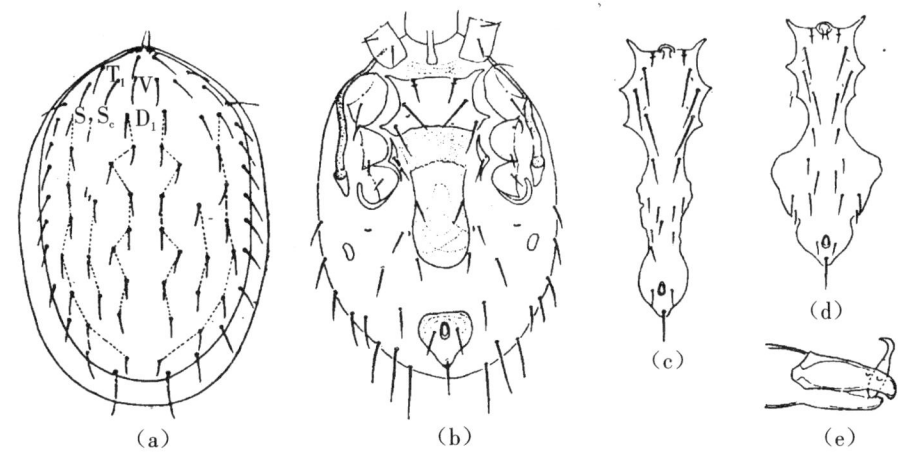

(a)背面雌性;(b)腹面雌性;(c)大型螨全腹板雄性;(d)小型螨全腹板雄性;(e)螯钳及钳齿毛
图 13-22　格氏血厉螨

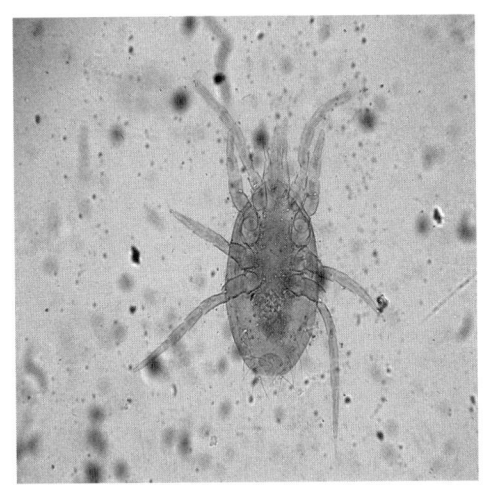

图 13-23　格氏血厉螨腹面

(二)生态习性

本螨以杂食性为主,兼营吸血。可叮刺小白鼠和人体完整皮肤,摄食多种哺乳类动物的血液、血干、内脏、新鲜或腐败组织。实验室人工饲养,用套颈圈的小白鼠喂血,并定期补充离体血膜或内脏。还可摄食人头皮屑、跳蚤粪等。该螨为产雄孤雌生殖,孤雌生殖时,产下的均为小型雄螨。染色体核型为单二倍体。未受精的单倍体卵发育为雄螨,受精的二倍体卵发育为雌螨。

宿主为黑线姬鼠、大林姬鼠、黄胸鼠、黄毛鼠、褐家鼠、小家鼠、黑线仓鼠、大仓鼠、长爪沙鼠、子午沙鼠、小毛足鼠、达乌尔黄鼠、根田鼠、五趾跳鼠、三趾跳鼠、花鼠、岩松鼠、麝鼩等动物。另外在鸟、蝙蝠、小的肉食动物(黄鼬)体上也曾发现格氏血厉螨。

(三)地理分布

国外:主要分布于日本、朝鲜、俄罗斯,以及欧洲、美洲和大洋洲等。
国内:广泛分布。

(四)医学重要性

格氏血厉螨可传播肾综合征出血热、淋巴细胞脉络丛脑膜炎、蜱媒斑点热、Q热、土拉弗朗西斯菌病。可因叮咬引起人体皮炎。

四、毒厉螨 *Laelaps echidninus* Berlese,1887

(一)鉴别特征

雌螨:体型大,卵圆形,深棕色,骨化强(图13-24,彩图32)。螯肢发达呈钳状,动趾具2齿,定趾具1齿,钳齿毛较细长,末端呈钩状。背板一整块,几乎覆盖整个背面,约长1 163 μm,宽824 μm;具刚毛39对,为针状长刚毛。胸板长略大于宽,刚毛3对,隙状器2对。后胸板呈滴水状,具刚毛1根。生殖腹板烧瓶状,后缘内凹,有刚毛4对,自基节Ⅳ后开始极为膨大,最宽处约485 μm,两 Vl_1 间距较 Vl_4 间距小,Vl_4 位于该板亚末端(图13-25)。肛板与生殖腹板之间的距离仅呈一狭沟,肛板前端宽圆,后端尖窄,肛侧毛达到肛后毛的基部,肛后毛明显比肛侧毛粗而长。足后板小,滴水状。气门沟前端达足基节Ⅰ的后部。足基节Ⅰ—Ⅳ各具1根刺状刚毛。跗节Ⅱ—Ⅳ腹面刚毛均较粗长。

雄螨:全腹板在足基节后明显膨大,占腹面大部分,除 Ad 和 PA 外,尚有10对针状刚毛。全部跗节上均有棘状刚毛。

(二)生态习性

毒厉螨孳生于鼠巢内,尤其是窝草下浮土上,以鼠体后背部多见,腹面较少。实验室人工饲养用大白鼠喂血,吸取血液或伤口的渗出液或其他分泌液。该螨为卵胎生,雌螨吸血后每次产一幼螨,幼螨不摄食,第一期和第二期若螨均需吸血。在25 ℃从幼螨发育至成螨平均为11～12 d。雌螨可孤雌生殖,其子代都是雄螨。

图 13-24 毒厉螨雌性腹面

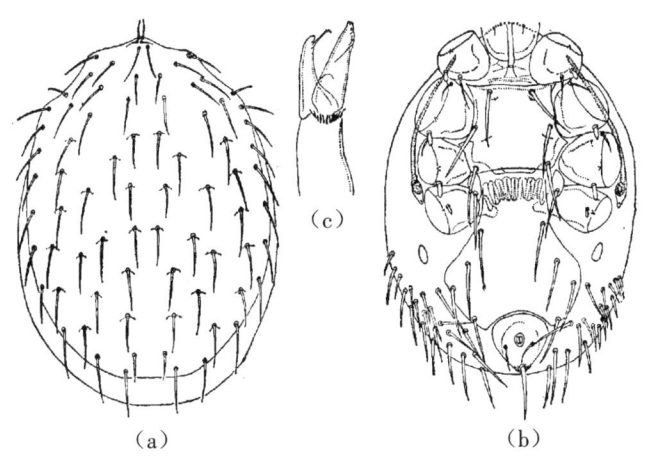

(a)背面;(b)腹面;(c)螯钳

图 13-25 毒厉螨雌性

(仿顾以铭,1992)

该螨寄生于啮齿类动物,其主要宿主有黄毛鼠、褐家鼠、黄胸鼠、小家鼠、小泡巨鼠、针毛鼠、黑线姬鼠、社鼠、白腹鼠、青毛鼠、白腹巨鼠、臭鼩等。

(三)地理分布

国外:呈世界性广泛分布。

国内:毒厉螨在我国各地均有分布。

(四)医学重要性

曾分离出恙虫病立克次体;被该螨叮咬过的地鼠分离出Q热立克次体;还曾从该螨分离出地方性斑疹伤寒的莫氏立克次体、立克次体痘病原体、伪结核杆菌和一株钩端螺旋体。

五、人疥螨 *Sarcoptes scabiei hominis* Hering, 1834

(一)鉴别特征

肉眼仅能看见如灰点。螨体呈短椭圆形,乳白色,半透明。颚体短小,螯肢钳状,须肢分3节。腹面平坦,背面上突。背上有3对锥状刺,7对指状刺及很多细小的刺(图13-26,彩图32)。

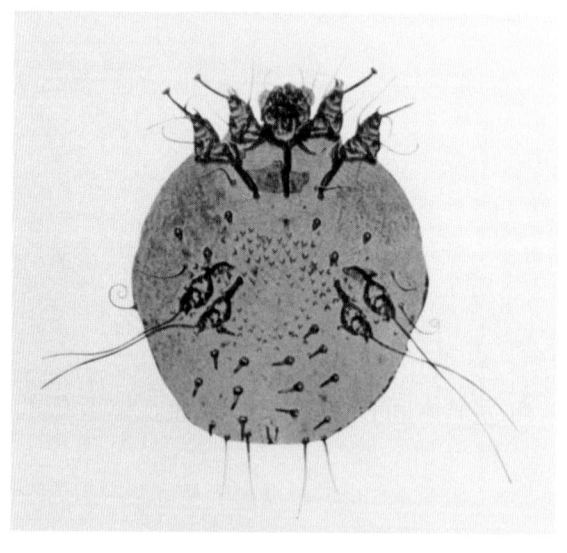

图13-26 人疥螨腹面

体前端之口器如龟头状,其后方有1对刺。无特殊的呼吸器官。靠近体前端有足2对,其末端有吸盘。后端亦有足2对,其雌虫之后足末端具长刚毛而无吸盘;雄虫仅第3对足有长刚毛,第4对足有吸盘。成虫有4对足,幼虫仅3对足。雌虫生殖孔位于腹面前方中央,肛门位于后端。雄螨外生殖器位于足Ⅲ、Ⅳ之间,为几丁质板状构造,中部有阳茎。

(二)生态习性

人疥螨寄生于人体,发育为不完全变态,其生活史包括卵、幼虫、若虫和成虫四个阶段,雌性疥螨有2个若虫期。除交配活动外,生活史在宿主皮肤角质层其自掘的"隧道"内完成,受孕的雌螨在皮肤表皮层构筑隧道,一边前进,一边产卵,每日可产卵4~5粒,3~5 d后即孵化为幼螨,但若外界温度降低,孵化期可延续到10 d左右。卵对环境有一定的耐受性,离开宿主后10~30 d尚能发育。幼螨经3~4 d后变为若螨,再经4~5 d变为成螨。雌螨一生可产40~50个,生活约6~8周,产卵后死亡于"隧道"末端。雌螨产卵完毕,雄螨交配以后,即相继死亡。自卵至成螨需时9~15 d。人疥螨各发育期死亡率很高,仅10%的卵能最后发育为成虫。雌雄比例约3∶1。

(三)地理分布

国外:呈世界性广泛分布。
国内:人疥螨在我国各地均有分布。

(四)医学重要性

人疥螨是疥疮的病原体。还可由疥疮而引起脓疱疮、化脓性皮炎、淋巴管炎等疾病。

六、粉尘螨 *Dermatophagoides farinae* Hughes,1961

(一)鉴别特征

雄螨:长圆形,前足体和后半体间背沟不明显。前足体背板的形状多样,后缘可向侧面伸展并包围胛毛;后半体背板未前伸到背毛d_2处(图13-27)。腹面(图13-28),基节区骨化并有细微刻点;Ⅰ表皮内突可分离或在中线愈合成短胸板;Ⅲ表皮内突长,并弯曲成直角。生殖孔在Ⅲ、Ⅳ基节间。肛门被一圆形围肛环包围,环内有明显的肛门吸盘和肛前毛(pra)1对。着生在三角形基板上的阳茎细长。躯体刚毛光滑,胛外毛(sce)比胛内毛(sci)长4倍以上,有基节上毛(scx);肩毛2对(he, hv),肩腹毛(hv)位于基节Ⅲ水平的躯体侧面,与sce等长;4对背毛(d_1, d_2, d_3, d_4)等长,排成两纵列,并在躯体后缘相互靠近,与前侧

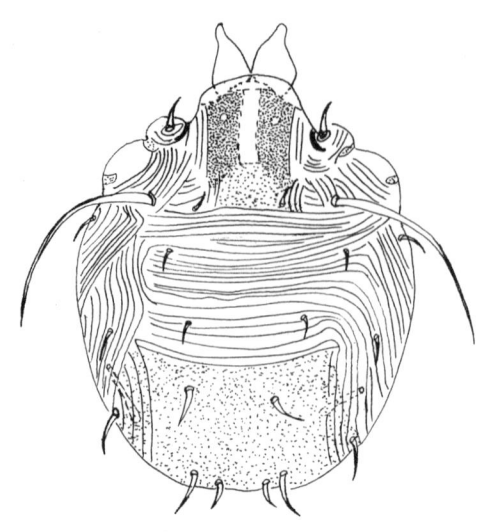

图 13-27 粉尘螨雄性背面

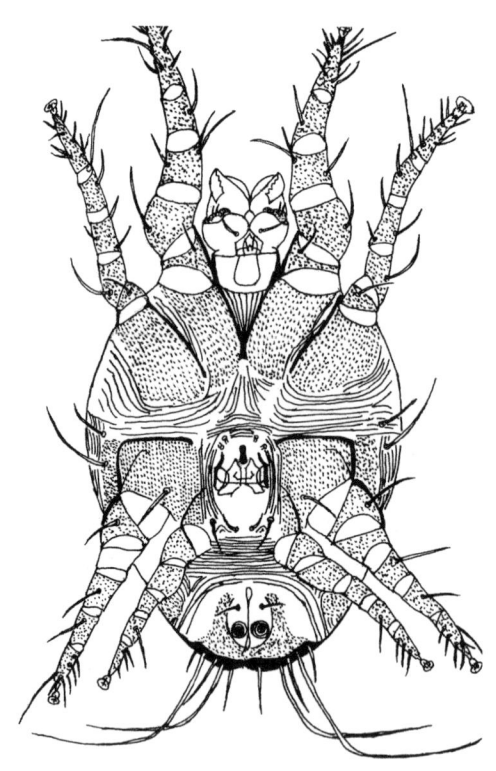

图 13-28 粉尘螨雄性腹面

毛(la)、后侧毛(lp)、骶外毛(sae)和肛后毛 pa_2 等长;肛后毛 pa_1 和骶内毛(sai)为长刚毛。腹面,基节Ⅰ、Ⅲ有基节毛(cx);生殖孔周围有生殖毛3对(f,h,i),后生殖毛(i)较前、中生殖毛(f,h)短。各足末端前跗节发达,有小爪;足Ⅰ明显加粗,但两侧紧压。股节Ⅰ腹面有一粗钝突起。跗节Ⅰ的第一感棒(ω_1)在前跗节的基部,与感棒 ω_3 在同一水平;芥毛(ε)很小,接近顶端;跗节Ⅰ的侧面顶端有一粗大突起;跗节Ⅲ末端分叉,相对位置有一小突起;跗节Ⅱ的感棒 ω_1 在该节基部。胫节Ⅰ、Ⅱ有腹面刚毛1根。膝节Ⅰ有感棒2根(σ_1,σ_2),1根很长,1根较短。足Ⅲ较足Ⅳ粗长,足Ⅳ的跗节末端有1对小吸盘(图13-29)。

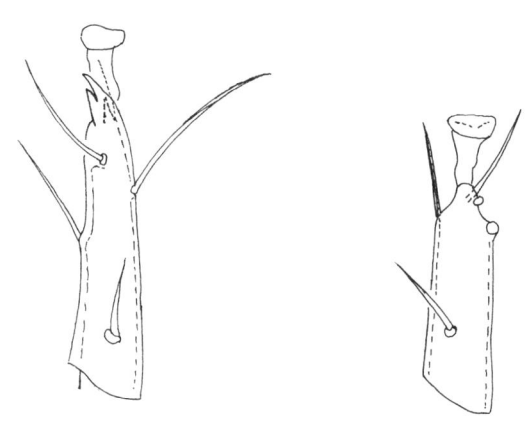

图13-29　粉尘螨雄性Ⅲ、Ⅳ跗节顶端

雌螨:躯体长360～400 μm。一般形状与雄螨相似,不同点:无后半体背板,背面表皮有横纹(图13-30)。腹面(图13-31),骨化不完全,足Ⅰ表皮内突分离的较远,Ⅲ表皮内突不弯曲成直角。生殖孔呈"人"形,前端有一新月形的生殖板,后生殖板侧缘骨化较完全(图13-32)。交配囊孔在肛门区背面,由一细管与受精囊相通。足Ⅰ不膨大,与足Ⅱ的长短、粗细相同;足Ⅳ长于足Ⅲ。跗节Ⅳ上为2条短刚毛。

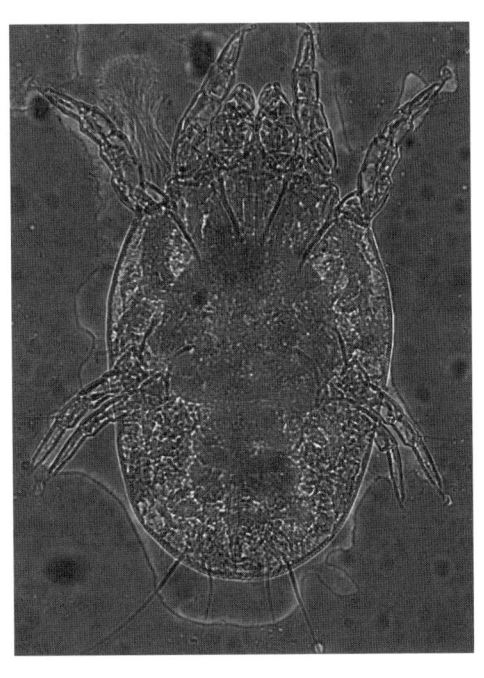

图13-30　粉尘螨雄性背面

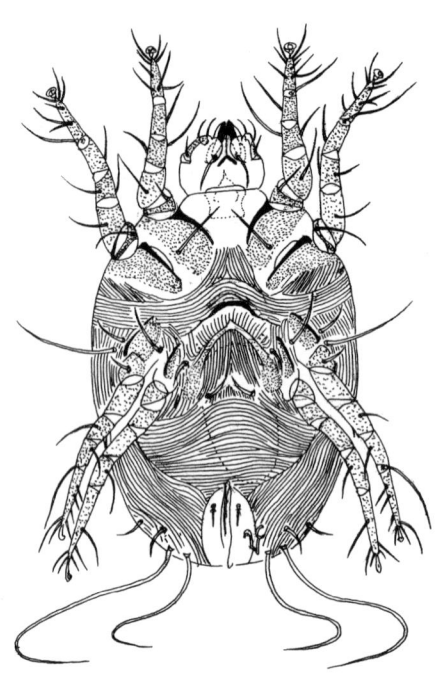

图 13-31 粉尘螨雌性腹面

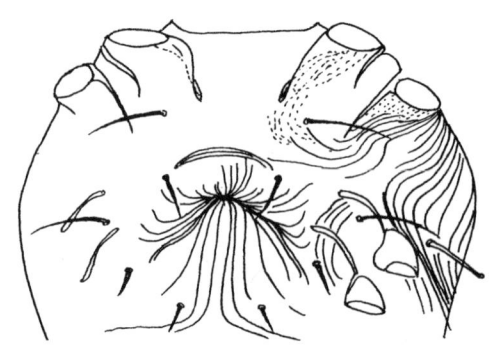

图 13-32 粉尘螨雌性生殖区

(二)生态习性

粉尘螨生境广泛,常孳生在动物饲料、面粉、食品、家禽和家畜的饲料、废棉花、中药材、仓库及房舍灰尘中,还可孳生在夏季凉席和空调隔尘网中,在哮喘病患者的衣服、被褥上也可发现粉尘螨。粉尘螨生境分布广泛,在动物饲料、部分中药材及地脚粉中孳生密度较高。粉尘螨孳生密度常自每年的 5 月份起增高,至 7、8 月份达孳生高峰,10 月份开始下降,全年可维持 5 个月的较高孳生密度。

粉尘螨行两性生殖,未受精的雌螨不会产卵。其发育过程包括卵、幼螨、第一若螨、第三若螨和成螨 5 期,无第二若螨期,完成一代生活史约需 30 d,雌螨交配后 3~4 d 便开始产卵,每次产卵1～2粒,每只雌螨至少可产卵30 d。雄螨寿命约60～80 d,雌螨可长达100～150 d。在温度25℃±2℃、相对湿度80%的饲养条件下,粉尘螨卵期、幼螨期、幼螨静息期、第一若螨期、第一若螨静息期、第三若螨期、第三若螨静息期分别为7.44 d、4.85 d、3.26 d、6.8 d、2.8 d、4.2 d、2.8 d。

(三)地理分布

国外:粉尘螨分布广泛,几乎遍及全世界。分布于英国、美国、加拿大、日本、阿根廷和荷兰等。

国内:分布于北京、上海、安徽、江苏、河南、辽宁、广东、广西、福建、四川等。

(四)医学重要性

粉尘螨普遍存在于全球人类居住和工作的室内环境中,其代谢产物是强烈的变应原,可引起过敏性鼻炎、螨性哮喘、特应性皮炎和慢性荨麻疹等。

七、屋尘螨 Dermatophagoides pteronyssinus Trouessart,1897

(一)鉴别特征

雄螨:与粉尘螨的主要区别为:后半体背板较大,向前伸展至背毛 d_1 和 d_2 间(图13-33)。腹面(图13-34),Ⅰ表皮内突分离,不愈合成胸板。足Ⅰ—Ⅳ基节区的骨化程度弱,后生殖毛退化。足Ⅰ、Ⅱ的长、宽度一样,跗节Ⅰ末端的粗大突起不明显(图13-35,彩图32)。

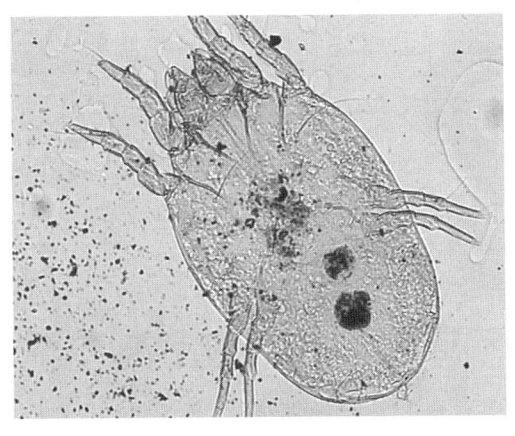

图13-33 屋尘螨雄性背面

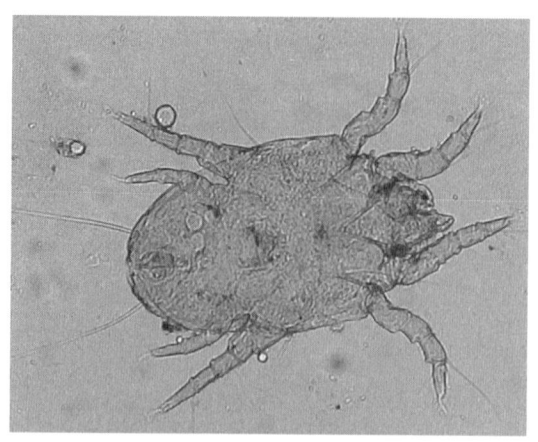

图 13-34　屋尘螨雄性腹面

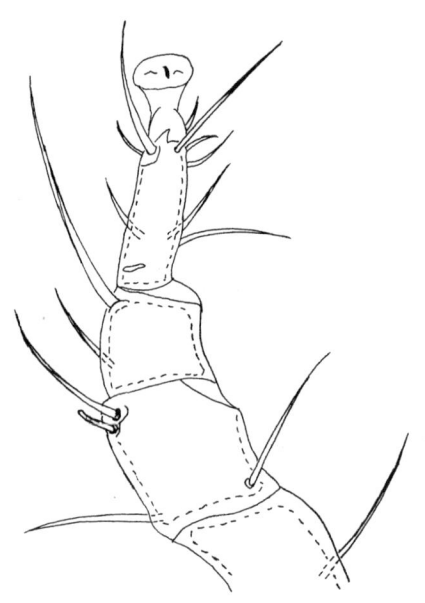

图 13-35　屋尘螨雄性右Ⅰ足背面

雌螨：形态特征与雄螨相似，不同点：无后半体背板；背毛 d_2 和 d_3 着生处的表皮有纵条纹（图 13-36）。交配囊孔在肛门后缘一侧（图 13-37），由一条细长管与受精囊连接。

（二）生态习性

屋尘螨广泛栖息于房屋尘埃和褥垫表面灰屑中，以动物脱落皮屑为食，尤其在湿度较大的房间居多，是房舍孳生螨类的主要成员。在空调隔尘网和汽车坐垫的灰尘上发现屋尘螨，在动物性和植物性中药材中亦发现此螨，在中药厂、面粉厂、纺织厂、粮库工作场所和学校教学楼内均发现有屋尘螨的孳生。

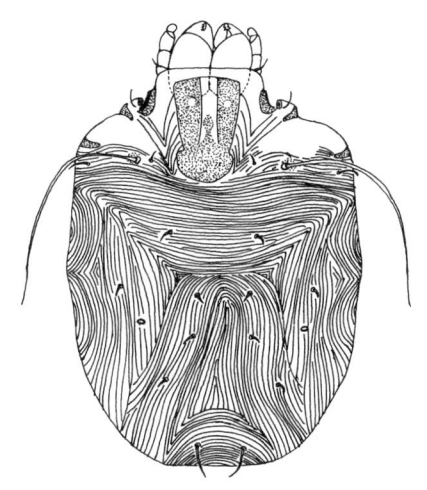

图 13-36 屋尘螨雌性背面

图 13-37 屋尘螨雌性腹面

屋尘螨是喜湿性螨类，凡房屋潮湿、尘屑丰富处均易于发生，其发育过程包括卵、幼螨、第一若螨、第三若螨和成螨 5 期，在适宜条件下完成一代生活史约需 30 d。屋尘螨为有性生殖，雄螨终生可多次交配，但雌螨仅在前半生交配 1~2 次，偶有 3 次。雌螨交配后 3~4 d 开始产卵，平均每天产卵 1~2 粒，共产卵约 30 粒，产卵多者可达 200~300 粒，整个产卵期约为 1 个月。雄螨寿命约 60~80 d，雌螨可长达 100~150 d。屋尘螨生长繁殖和活动的适宜温度为 24~26 ℃，适宜的相对湿度为 70%~75%，在通气和防霉的环境下屋尘螨生长和繁殖良好,10℃以下发育和活动停止,相对湿度低于30%可致成螨死亡。屋尘螨的数量随季节消长,它在初夏开始增加,在早秋数量最高,冬季屋尘螨的数量保持相对稳定。

(三)地理分布

国外:呈世界性分布。分布于英国、美国、意大利、丹麦、荷兰、比利时和加拿大等国。

国内:分布于北京、上海、安徽、江苏、辽宁、广东、广西、河南、福建、四川等。

(四)医学重要性

屋尘螨常孳生于人类居住和工作的室内环境中,其螨体、排泄物和代谢产物作为过敏源可引起过敏性鼻炎、过敏性哮喘、荨麻疹、过敏性皮炎和结膜炎等变态反应性疾病,这些变态反应可在不同患者身上出现,也可在同一患者身上出现多种症状,可发生于各年龄段人群。在婴幼儿过敏性哮喘中,屋尘螨也是最主要的过敏源。

第四节 相关疾病

一、恙虫病(Chiggerbome rickettslosis)

恙虫病又名丛林斑疹伤寒或蜱传斑疹伤寒,是一种自然疫源型疾病。病原体为恙虫病立克次体(恙虫病东方体),鼠类为主要宿主,通过恙螨幼虫叮咬将病原体传播给人和动物。

(一)临床表现

恙虫病潜伏期一般为7~14 d,长者3周左右,短者仅1~5 d;临床表现为发热,体温高者可达42℃;恙螨幼虫叮咬处出现焦痂或溃疡;淋巴结肿大;皮疹发生率为10%~84%;头痛乏力,食欲缺乏,表情淡漠,颜面潮红,脉搏相对迟缓,偶有干咳,眼结膜充血。

(二)传染源和宿主

啮齿目(中国黑线姬鼠、黄毛鼠、黄胸鼠是主要宿主)、食虫目、有袋目和家畜、家禽,鸟类如麻雀和鹌鹑在地面活动,受恙螨叮咬的机会多,能把带毒恙螨带到远方去,扩散疫源地。

(三)传播媒介

恙螨幼虫通过叮咬途径,从感染动物宿主可吸入恙虫病东方体,能经期传递和经卵传递至子代。已知媒介有地里纤恙螨、微红纤恙螨、高湖纤恙螨、小板纤恙螨、红纤恙螨、苍白纤恙螨、海岛纤恙螨等。

(四)地理分布

中国、日本、马来西亚、印度尼西亚、菲律宾、泰国、越南、澳大利亚、巴布亚新几内亚、迪戈加西亚岛、美拉尼西亚、韩国、印度、柬埔寨、缅甸、斯里兰卡、巴基斯坦、朝鲜、塔吉克斯坦、俄罗斯滨海地区、伊朗、尼泊尔、法国(旅游输入)、德国(旅游输入)。

(五)季节分布

恙虫病的发生与恙螨幼虫的季节消长和气候情况密切相关,尤其是温度和湿度。温度适量而湿度大的季节有利于恙螨繁殖和活动,炎热干燥季节不适于恙螨繁殖。不同地区、不同季节恙螨种群的分布也不同。恙虫病南方疫源地流行季节主要在夏秋季节,30~40 ℃是恙螨活动的最佳温度,我国北纬25°以南的广东地区全年有流行。螨类出现的高峰期一般在发病期之前,有时与发病期吻合。媒介恙螨幼虫种群密度较高的季节,也往往是恙虫病的流行季节。

恙螨是南方口岸地区重点防控,定期监测、检测对象。

二、立克次体痘(Rickettsialpox)

立克次体痘也称疱疹性立克次体病,该病常由血红异皮螨等螨类传播的立克次体病原而引起。

(一)临床表现

螨叮咬后经7~14 d潜伏期后,在叮咬处出现一直径5~15 mm大小的坚实丘疹,再扩大为圆形或椭圆形的水疱,后干燥结痂。常伴有局部淋巴结肿大。数日后患者出现发热、寒战、出汗、头痛和背痛等流感样症状,该症状一般持续4～5 d。在发生全身症状的同时,皮疹也泛发全身,可累及口腔,但掌趾不发生皮疹。皮损的外观类似水痘,其基本损害表现为丘疹或丘疱疹,四周绕以小水疱。一般病情较轻,呈自限性,多在2周内痊愈。罕见病例可出现脾肿大和全身淋巴结肿大。

(二)传染源和宿主

其病原体为立克次体,常存在于鼠及鼠表寄生的螨体内,当螨叮咬人时可将其体内的立克次体传染于人。立克次体痘的主要储存宿主是小家鼠。此外,还包括东方田鼠、长尾黄鼠、黑线姬鼠、棕背䶄、麝鼠、黄毛鼠、黄胸鼠、海南屋顶鼠等。

(三)传播媒介

本病的主要传播媒介为寄生于啮齿动物体表的血红异皮螨、柏氏禽刺螨等。其中,血红异皮螨的若虫与成虫均需吸血,且吸血极快,并常于患者睡眠时叮咬,随后立即离开宿主,故常不易为患者所察觉。

(四)地理分布

自1946年有立克次体痘的描述以来,世界各地陆续发现。该病主要流行于美国和俄罗斯,在中国、朝鲜和非洲也存在。

(五)季节分布

全年均可发生,5—7月较多。

三、螨性过敏(Mite hypersensitivity)

(一)临床表现

螨性过敏或螨性变态反应,临床上主要表现为螨类引起的过敏性哮喘、过敏性鼻炎、遗传过敏性皮炎等。这些过敏性疾病可在不同患者身上分别出现,也可在同一患者身上同时出现多种症状。一般以哮喘为主,伴发其他症状,也有几种症状交替出现者。

1. 过敏性哮喘

过敏性哮喘常在晨起或睡后突然、反复发作,往往有干咳、连续打喷嚏、咳大量白色泡沫痰等前驱症状,随后便出现胸闷气急、有哮鸣音、呼气性呼吸困难、不能平卧以及严重时的缺氧、唇甲发绀等症状。其临床表现特点是症状较重,但持续时间较短,并可突然消失。常幼年起病,有婴儿湿疹史或兼慢性毛细支气管炎史,到 3—5 岁时,部分儿童转为哮喘,病程可迁延至 40 岁以上,其中有约半数儿童可在青春期自愈。

尘螨所致过敏性哮喘的发病受遗传因素、环境触发和过敏源暴露三因素影响,在这些因素共同作用下引起患者致敏,如果再次暴露于尘螨过敏源($\geqslant 2\ \mu g/g$ 危险水平)则可出现哮喘症状,其症状的严重程度也与暴露的级别程度密切相关。过敏性哮喘常在春秋季节好发或常年发作春秋加重,其发作诱因主要与环境中尘螨变应原增多并过度暴露有关。患者若到户外活动,发作可趋于暂时性缓解,若患者迁居或异地治疗,则缓解效果可较持久。

2. 过敏性鼻炎

过敏性鼻炎最主要的过敏源之一是螨类,它可使患者发生长期鼻黏膜炎症,并可进一步发展成鼻息肉。螨过敏性鼻炎具有阵发性和迅速消除的特点,表现为鼻内奇痒难忍、鼻塞、连续喷嚏不止、大量流涕,兼或流泪和头痛,典型患者的鼻腔黏膜苍白水肿。鼻涕检验常可见较多嗜酸性粒细胞。

3. 特应性皮炎

特应性皮炎亦称遗传过敏性皮炎,其最重要的过敏源之一便是螨类,患者对螨的过敏程度与特应性皮炎的病情严重程度呈正相关。婴儿常表现为面部湿疹;成人主要表现为肘窝、腘窝和四肢的屈面处湿疹或苔藓样变,好发于冬季,常绵延多年不愈。特应性皮炎患者常伴有哮喘、过敏性鼻炎等其他过敏症状。

(二)传染源和宿主

螨本身是传染源。

(三)地理分布

螨性过敏或螨性变态反应最早在意大利发现,是 20 世纪 60 年代阐明的病种,螨性过敏呈世界性分布。螨类过敏或螨性变态反应患病率在晚近50年内发达国家和地区急剧上升,认为与先进的住房设施,包括恒温恒湿且较为密闭的房屋空间、地毯、软垫家具、空调隔尘网等有利于螨类的大量孳生有关。如,在经济卫生水平均较高的慕尼黑,哮喘及尘螨性过敏的患病率却远高于其气候、风俗、人种等均基本相同的经济卫生水平较为落后的莱比锡;同样结果也表现在香港与广州两座城市,广州市民哮喘患病率不到香港的一半。就全球范围而言,过敏性哮喘患病率最高的是新西兰和澳大利亚,这与两国住房全部用地毯密切相关,而地毯则为螨类的孳生提供了绝佳的场所。在世界主要城市中,伦敦、东京、首尔、曼谷、新加坡,以及我国香港和台湾地区等过敏性哮喘患病率均大于10%。我国中部和南部地区均高于北部地区。环境因子和螨致敏危险性之间的相关性分析结果表明,中部地区和南部地区床尘螨的致敏危险性分别为北方地区的8.6倍和7.4倍。

(四)季节分布

螨性过敏好发于春秋两季,尤以秋季最多,也有少数病例全年发病,这主要与气候中的温度、湿度有关。因气温和湿度可以直接影响螨类的生长繁殖。螨的繁殖季节以6—10月为最盛,其中活螨的出现率在6—10月间约占94%,这时的气温在20～30℃间,相对湿度为75%～80%,最适合螨类的生长繁殖,因而在季节上与螨性过敏的发病时间相重叠,这也是秋后干燥季节螨性哮喘发作频度减少的重要原因。

(杨庆贵)

参考文献

[1] 张启恩，鲁志新，韩光红. 我国重要自然疫源地与自然疫源性疾病 [M]. 沈阳：辽宁科学技术出版社，2003.

[2] 曾智勇，杨光友，梁海英. 疥螨与疥螨病研究进展 [J]. 中国兽医杂志，2004；40(11)：36-39.

[3] SKERRATT L F, CAMPB ELL N J H, MURRELL A. The mitochondrial 12 S gene is a suitable marker of populations of *S. scabiei* from wombats, dogs and humans in Australia[J]. Parasitology Research, 2002, 88: 376-379.

[4] 李朝品，武前文. 房舍和储藏物粉螨 [M]. 合肥：中国科学技术大学出版社，1996.

[5] 李朝品. 医学蜱螨学 [M]. 北京：人民军医出版社，2006.

[6] 李隆术，李云瑞. 蜱螨学 [M]. 重庆：重庆出版社，1988.

[7] 陆联高. 中国仓储螨类 [M]. 成都：四川科学技术出版社，1994.

[8] 忻介六. 应用蜱螨学 [M]. 上海：复旦大学出版社，1988.

[9] 张健之，范明远. 中国斑点热的研究成就 [J]. 中华流行病学杂志，1999；20(2)：71-73.

[10] 黎家灿. 中国恙螨（恙螨病媒介和病原体研究）[M]. 广州：广东科学技术出版社，1997.

第十四章　蝎类

蝎类（scorpion）隶属于节肢动物门、蛛形纲、蝎目。蝎雌雄异体，体形似虾，故有山虾之称。蝎对人类的危害主要是由于其含蝎毒，蜇刺人体后，轻者局部剧痛、红肿、水疱、肢体麻木，重者出现头昏、流涎、畏光、流泪、鼻出血、发热、全身不适、肌肉疼痛与痉挛、血压升高，或出现恶心、呕吐、胃肠出血、肺水肿，甚至可导致呼吸中枢麻痹而死亡。

据世界知名蝎类研究网站（The Scorpion Files）统计（截至2017年11月），目前世界上已知的蝎子约有2 349种，分属于17科211属。中国记录蝎目5科14属52种（含6亚种）。

第一节　蝎类的形态特征

蝎类的身体分成头胸部（前体部）和腹部两部分，其中腹部又分为前腹部（中体部）及后腹部（后体部）。前体部包括头胸甲（具中眼和侧眼）、螯肢、触肢、步足、胸板等部分；中体部包括7块背板、5块腹板、生殖盖、栉器等部分；后体部包括5个体节和1个尾节，尾节包括毒囊和蜇刺（图14-1、图14-2）。

蝎的触肢由基节、转节、腿节、膝节、胫节（螯掌和固定指）和跗节（可动指）6节组成；步足由基节、转节、腿节、膝节、胫节、前跗节和跗节7节组成。

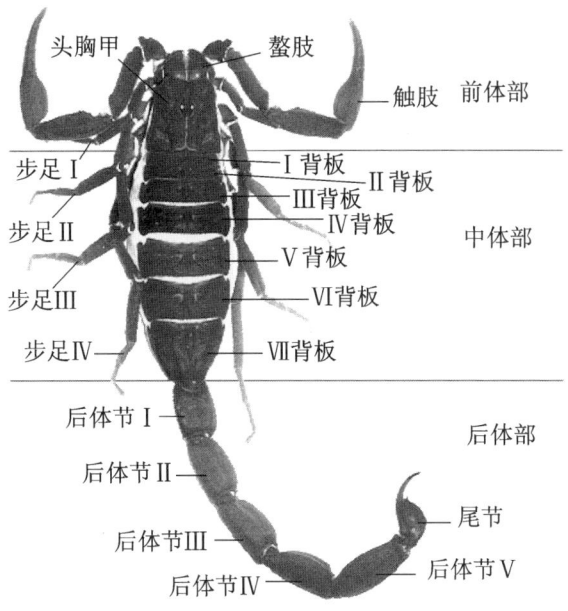

图 14-1　蝎躯体背面观

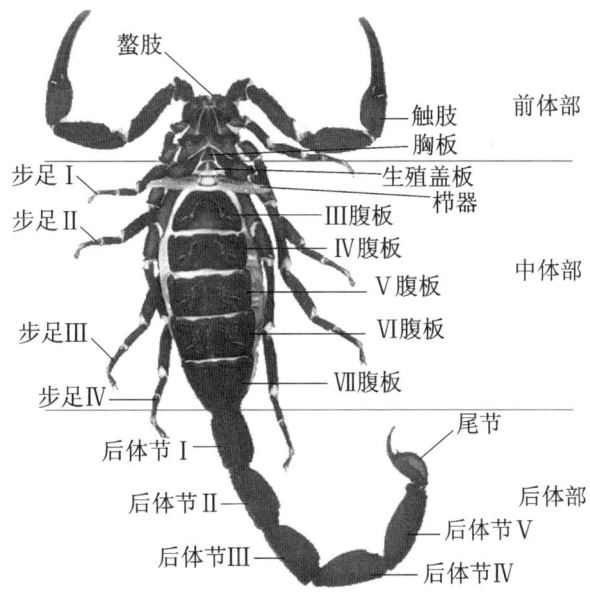

图 14-2　蝎躯体腹面观

一、前体部重要特征

(一)头胸甲

位于前体部背面,其上密布颗粒状突起,背部中央有1对中眼,前端两侧具对称分布侧眼。头胸甲的形状以及其上颗粒的大小、位置,脊、沟的形态、位置,侧眼的大小、数量等均是重要分类特征。

(二)颚叶

据文献(杨啸风,2008)报道,颚叶形态可分为三种类型:第一颚叶前缘无变宽或变窄趋势;第一颚叶前端变圆,基部至前端有变细窄趋势;第一颚叶前缘显著变宽。

(三)胸板

可分为1型和2型。1型胸板后端闭合,2型胸板后端开裂。

(四)螯肢

根据Vachon(1963)描述,螯肢齿式(图14-3)可分为4种类型。

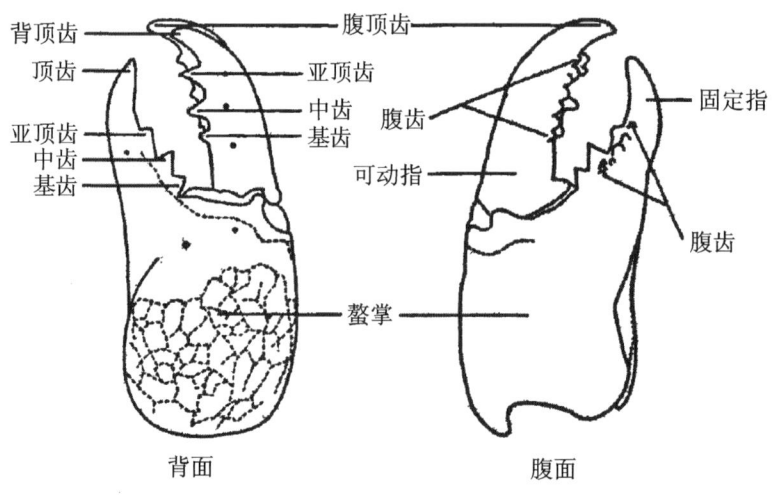

图14-3 蝎螯肢齿的形态

(1)可动指背侧具1枚亚顶齿,2枚基齿,腹侧具2枚大齿;固定指的中齿与基齿形成二叉齿。

（2）可动指背顶齿比腹顶齿显著短，且位于腹顶齿上，背侧具1枚亚顶齿，1枚基齿，腹侧无齿。

（3）可动指背顶齿比腹顶齿显著短，且位于腹顶齿上，背侧具1枚亚顶齿，1枚较大基齿，腹侧具1列细小的腹齿；固定指不形成二叉齿。

（4）可动指背顶齿比腹顶齿显著短，且位于腹顶齿上，背侧具2枚亚顶齿，1枚基齿，腹侧齿变化多样；固定指形成二叉齿。

二、中体部重要特征

（一）背板

包括7块背板，其上脊的条数和长度是重要分类特征，尤其是Ⅶ背板脊的形态。

（二）腹板

包括5块腹板，其上脊、颗粒和书肺孔形状是重要的分类特征，尤其是Ⅶ腹板脊的形态。

（三）生殖盖

由两片对称的骨片组成，其形状及与生殖孔的结构关系是重要的分类特征。

（四）栉器

由基板、边横板、中横板、支点和栉齿组成。基板的形状、栉齿的数量是区分雌雄和分类的重要依据。

三、后体部重要特征

由5个体节和1个尾节组成，其上脊的形态是重要分类特征。

尾节：由毒囊与蛰刺组成，毒囊和蛰刺长度的比例是一重要分类特征。

四、体表附属物

(一)听毛

长而纤细的毛,极易被扰动,下有毛窝。听毛有两种,一种毛窝较大,听毛较长;一种毛窝较小,听毛较短。

(二)刚毛

硬而直的毛状结构,一般都很细,长短不一,可弯曲和动摇。按其排列方式可分为刚毛列和刚毛簇梳。

第二节 蝎类的生态习性

一、生活史

蝎为卵胎生动物,从仔蝎至成蝎,不经变态发育过程,需经 6 次蜕皮。刚孵化出生的仔蝎不能独立生活,需爬伏于母蝎背上,仔蝎不取食,靠其腹内残存的卵黄为营养。仔蝎每蜕皮 1 次增加 1 龄,初生仔蝎称 1 龄蝎。2 龄蝎开始逐渐脱离母蝎,开始独立生活。

蝎类属变温动物,其生长发育受温度影响较大,温度越低,趋温性表现越明显。蝎类最适生长活动温度为 25~39 ℃,最适繁殖温度为 28~39 ℃。常温下,蝎类从仔蝎到成蝎需要 3 年左右的时间,繁殖期 4~5 年,每年产 1 次,一般寿命 7~8 年。

二、食性

蝎类为捕食性、肉食性动物,常以蜘蛛、小蜈蚣、蟋蟀等各种节肢动物为食。蝎类的消化方式为体外消化,即先从体内分泌含有消化酶的唾液,将猎物消化为液状,再吸食;也可用螯肢上的齿研磨食物,再将食物细块吞入。

因蝎体内有肠盲囊贮存食物,故其耐饥能力很强,一般每 5~7 d 捕食 1 次,但若饥饿较久,也会发生互相蚕食。

三、季节消长

蝎类有冬眠习性,冬季温度下降至 10 ℃左右时,便潜伏于土中冬眠,当次年春季气温上升至 10 ℃以上时,又开始苏醒活动。

四、孳生环境

蝎类喜栖息于山坡、石砾、落叶下或缝隙的干燥处,觅食时多至潮湿多虫处。蝎类喜温畏寒,生长繁殖最佳温度为 25～35 ℃,活动场所相对湿度为 60%～80%。栖息窝的湿度为 15%～20%,冬眠期间为 10%～15%。

五、活动规律

蝎类喜群居,易受惊。具识窝和认群能力,昼伏夜出,白天在窝中休息,夜间外出觅食、饮水及交配,其活动时间与气温高低有关。

六、荧光特性

因蝎类体内含 β-咔啉化合物,可在紫外线中发出荧光。刚蜕完皮的蝎类在紫外线下并不会发光,而只有在外骨骼完全骨化后才会发光。

第三节 常见蝎类

一、中东金蝎 *Scorpio maurus* Linnaeus,1758

俗名:Middle East Gold Scorpion、Gold Scorpion。

(一)鉴别特征

体长 5～8 cm,体色为黄褐色、深褐色或黑色,尾部较短。体型纤细,螯肢相对粗大(图 14-4,彩图 32)。

图 14-4　中东金蝎

(二)孳生习性

本种通常在沙漠栖息地,但也可以在干燥的森林中发现。它是一种穴居的种类,可栖息于不同类型的基质。洞穴往往 20～70 cm 深(底部的空间通常扩大)。中东金蝎常生活在非常温暖的栖息地,但在一些地区,冬天的温度会下降到 10～15 ℃,此时蝎类会开始冬眠。

(三)地理分布

国外:中东金蝎遍布整个撒哈拉沙漠地区,从塞内加尔到埃塞俄比亚;中东从也门到土耳其南部也很普遍。

国内:未见分布。

二、帝王蝎 *Pandinus imperator* Koch,1842

俗名:非洲帝王蝎,霸王蝎,巨蝎,帝蝎。

(一)鉴别特征

平均长约 20 cm,体重达 30 g,孕蝎体重可达 50 g,是世界上最大的蝎类。躯体黑色,具强有力的触肢(有显著的颗粒状纹理)和尾节,成蝎的尾节成红褐色,幼蝎尾节较为细长呈白到黄色（图 14-5，彩图 32）。

图 14-5　帝王蟹孕蝎与 4 龄幼蝎

（二）孳生习性

帝王蝎通常分布于炎热潮湿的森林中，自身很少挖洞，反而躲在原木或岩石下、洞穴里，更喜欢生活在落叶、森林残骸、河岸以及白蚁的巢穴中。帝王蝎喜聚集生活，并可经常在人类活动区域发现。帝王蝎通常捕食白蚁等昆虫和其他节肢动物，偶尔捕食小型脊椎动物。成蝎一般不用尾刺毒杀猎物，而是用螯肢撕裂猎物。幼蝎只能依靠它们的毒刺捕获猎物。

（三）地理分布

国外：分布于西非地区的刚果民主共和国，科特迪瓦，加纳，几内亚，圭亚那，尼日利亚，多哥等区域。

国内：未见分布。

三、黄肥尾蝎 Androctonus australis Ewing, 1928

俗名：Yellow Fat-tailed Scorpion。因其强有力且粗大的尾部而得名，是世界上最危险的蝎类之一，有着非常强大的毒液，每年均造成数人死亡。

（一）鉴别特征

体中小型，公蝎体长 7～10 cm，母蝎体长可达 8～14 cm。体色呈黄褐色，螯肢与尾节上棱脊有成排的黑色颗粒，中眼分出两条深色脊线弧形直达螯肢上端头甲，尾节强有力且粗大,棱脊深色条纹明显,尾部的最后部分有时比尾部的其余部分颜色更深。与其他蝎类一样,黄肥尾蝎在紫外光下发出蓝绿色荧光(图14-6,彩图32)。

图14-6　黄肥尾蝎

(二)孳生习性

黄肥尾蝎常分布于干燥的栖息地/沙漠地区。常发现于石质土壤,丘陵树篱,干旱山区和高原,也可在移动沙丘的陡坡上找到。不喜潮湿的沿海地区。黄肥尾蝎常隐藏在石头和天然缝隙之下,在人类栖息地附近也可发现(在石头和砖块制成的墙壁等裂缝中)。

(三)地理分布

国外:广泛分布于北非的阿尔及利亚、乍得、利比亚、埃及、毛里塔尼亚、索马里、苏丹、突尼斯,西亚的以色列、沙特阿拉伯、也门、巴基斯坦等地。

国内:未见分布。

四、利比亚金蝎 *Androctonus amoreuxi* Audouin,1826

俗名:Libye Gold Scorpion、African Fat-tailed Scorpion。

(一)鉴别特征

大型毒蝎,体长近11 cm。体色一般为黄色,前体头胸甲和背片略暗,腹片淡黄,腹部黄色,并具浅红棕色隆凸。赭石样囊泡具基部黄色端部淡红色的螯刺。腿和须肢淡黄色。头胸甲具隆凸和中等颗粒,背甲具较多颗粒状突起。腹节Ⅰ—Ⅳ背面具隆凸周围具颗粒环绕(图14-7,彩图32)。

图 14-7 利比亚金蝎

(二)地理分布

国外:主要分布于非洲(摩洛哥、毛里塔尼亚、马里、塞内加尔、埃及等),中东(伊朗、伊拉克、阿富汗等)。

国内:未见分布。

(贺骥)

参考文献

[1] 邸智勇, 杨自忠, 曹志贱, 等. 中国蝎目区系(螯肢亚门:蛛形纲)[J]. 蛛形学报, 2015, 24(2): 109-115.

[2] 杨啸风. 中国蝎目的区系分类研究(螯肢亚门:蛛形纲)[J]. 蛛形学报, 2008, 12(2): 13-24.

[3] 周元军. 图说蝎子养殖技术(第2版)[M]. 北京:中国农业出版社, 2014.

[4] 部分图片资料引自 http://www.wrbu.org.

[5] 部分图片资料引自 http://www.ntnu.no/ub/scorpion-files/index.php.

第十五章 啮齿动物

啮齿动物无犬齿，有齿间隙，上下颌门齿1对，呈凿状，能终身生长，所以有磨牙的习性。啮齿动物作为哺乳纲的动物类群，具有哺乳动物的主要特征，但它们与其他哺乳动物有明显的区别。其外形多鼠形，体中、小型；营陆生、穴居、树栖或半水栖；无犬齿而具齿虚位；听觉发达，听泡鼓状；具双子宫，生殖孔和排泄孔分开；具胎盘，雌体有发达的乳腺。

适应能力强，分布广，数量多，全世界有2 369种，我国有212种。跳鼠后肢长（2～4倍于前肢），趾密生硬毛，是适应沙漠的种类；鼢鼠前肢发达，爪长锋利，善于挖洞，适应地下生活的种类；麝鼠和海狸鼠，趾间有蹼，是适应于水栖种类；鼯鼠四肢长，前后肢相差不显著，尾长且蓬松，是适应于树栖种类；家鼠中褐家鼠、黑家鼠和小家鼠是世界性的害鼠，全年繁殖，夜间活动，适应于人居环境。

第一节 啮齿动物的分类和形态特征

一、啮齿动物的分类

啮齿动物在分类学上归属于脊椎动物中最高等的哺乳纲，啮齿动物包括了啮齿目（Rodentia）和兔形目（Lagomorpha）两大类群。

二、啮齿动物的形态特征

啮齿动物常用的鉴别特征有外部形态特征和头骨构造特征。其外部形态主要包括头、颈、躯干和尾及体表被毛。啮齿动物的外形量度(体长、耳长、尾长及后足长)通常成为其外部形态特征的重要组成部分(图 15-1);啮齿动物全身均具毛,其具四种被毛:短而密柔软的柔毛,软而长的普通毛,扁长针状的针毛,坚硬粗疏的棘毛。啮齿动物不同种类或不同季节,其毛色差异很大。啮齿动物头骨主要由鼻骨、前颌骨、上颌骨、额骨、顶骨、鳞骨、蝶骨、枕骨、听泡骨和下颌骨 10 个骨片构成(图 15-2)。头骨构造特征及其度量也是其种类鉴别的可靠依据。啮齿动物牙齿由门齿、前臼齿和臼齿组成。其门齿齿面是珐琅质,前臼齿是乳齿脱落后生长出来的,0～3 对。臼齿较大,3 对,臼齿具齿突或齿环。

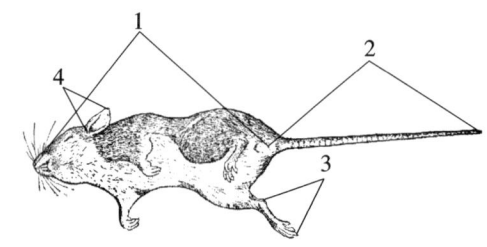

1. 体长;2. 尾长;3. 后足长;4. 耳长

图 15-1 鼠类外形测量

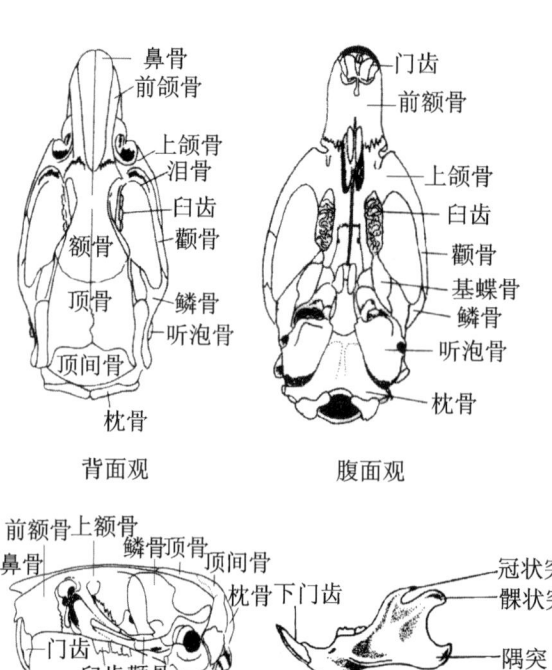

图 15-2 鼠类头骨

第二节 常见啮齿动物

一、北美灰松鼠 *Sciurus carolinensis* Gmelin，1788

(一)鉴别特征

体中型,为树栖鼠;体长 230~275 mm,尾长 150~250 mm,耳长 25~33 mm,右后足长 54~76 mm,体重 300~710 g;背毛颜色从中部黑灰色到两侧过渡到浅灰色,其中夹杂着肉桂色;腹毛白色;耳朵浅灰色,无簇毛;尾背面浅灰色,腹面为浅黄色,而尾两侧为白色(图15-3,彩图24);颅骨短宽,听泡突出。齿式为 1/1：0/0：2/1：3/3=22。

图 15-3 北美灰松鼠

(二)生态习性

喜栖息在落叶林、针叶林和阔叶林混交林,以树洞或树叶筑巢,巢穴通常距地面 7.62 m 以上,巢穴通常宽 15~25 cm,深 40~50 cm。

白天活跃,尤其是清晨和午后最为活跃;冬季在下雪季会有 1~2 d 不活跃期。

每年繁殖 1~2 胎,每胎 2~3 仔;繁殖期一般在每年的 12 月至转年 2 月和 4~5 月。

幼鼠14个半月达性成熟。

(三)地理分布

国外：美国、加拿大、不列颠群岛、意大利、南非。
国内：未见分布。

(四)医学重要性

可传播加利福尼亚脑炎、鼠疫、土拉弗朗西斯菌病、莱姆病、破伤风、钩端螺旋体病、Q热、狂犬病。

二、加州黄鼠 Spermophilus beecheyi（Richardson，1829）

(一)鉴别特征

属于大型黄鼠，成体体长173～300 mm，尾长127～229 mm，10 mm< 耳高 <25.4 mm，体重280～738 g。眼周有1个白环。毛色较深，背部毛色毛基为暗褐色，部分被毛有灰色、白色和棕色毛尖，因此在体背部形成斑驳的小白斑和灰色斑，腹毛呈白色或黄色。其肩部、颈部和体侧毛色为亮灰色。尾部毛发浓密，尾背面毛色为暗褐色，尾腹面毛色为夹杂着灰色、白色和亮褐色毛尖的斑驳色（图15-4，彩图24）。腿短，内颊囊大，雌鼠有4～7对乳头；齿式：1/1：0/0：2/1：3/3 = 22。

图15-4　加州黄鼠

(二)生态习性

栖息于路边、农田、丛林、沙漠和草原地区。垂直分布范围海拔 0~2 200 m。

通常在原木、灌木、建筑和岩石下挖掘深洞,在洞中睡觉和育幼;成鼠一年只有几个月活跃期,雄成鼠一般在初夏之后就蛰伏于洞中,雌鼠在晚夏和早秋完成育幼并之后蛰伏于洞中,在秋季和冬季地面上的种群几乎都是幼鼠。

出蛰后不久就开始繁殖,每年繁殖 1 胎,每胎 5~11 仔,幼鼠第二年达性成熟。

(三)地理分布

国外:分布于美国的西部和加利福尼亚州、俄勒冈州、内华达州西部、华盛顿的西南部、墨西哥北部的南下加利福尼亚州。格陵兰群岛和加拿大北极群岛。

国内:未见分布。

(四)医学重要性

可传播鼠疫、土拉弗朗西斯菌病、钩端螺旋体病。

三、南非乳鼠 Mastomys natalensis (A. Smith,1834)

(一)鉴别特征

体中型,身体细弱,体长 82~168 mm,尾长 72~150 mm,体重 34~56 g;尾长略短于体长;体被柔软的灰色基毛,背毛黄褐色,腹毛为灰白色;头尖,耳大且圆,尾和耳部裸露,上有稀疏的短毛。雌鼠有 8~12 对乳头(图 15-5,彩图 24)。头骨小于 36 mm,第一上臼齿有 3~4 个横脊。

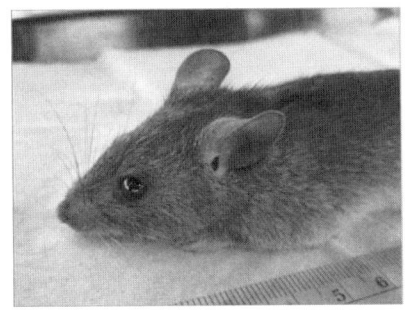
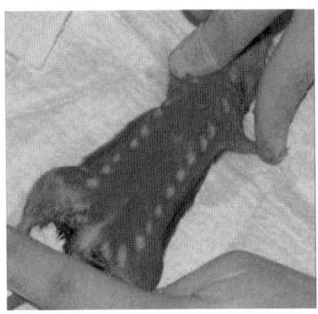

图 15-5 南非乳鼠

(二)生态习性

该鼠种与人类活动密切相关,其自然栖息地主要为亚热带或热带干燥森林、亚热带或热带潮湿低地森林、干燥稀树草原、潮湿热带稀树草原、亚热带或热带干燥灌木丛、亚热带或热带潮湿灌丛、耕地、牧场、乡村果园、城市地区,灌溉土地和季节性淹没的农田,在非洲的村庄及其周围都很常见。

该鼠种善攀爬和游泳,通常在岩石的缝隙处挖掘巢穴,在野外一般取食植物种子和昆虫;该鼠种如果栖息在人类居住区附近,几乎可以取食人类做的任何食物。

该鼠种全年都能繁殖,繁殖高峰一般在雨季末期和干旱期初期,雌鼠每年繁殖2胎,每胎1~22仔,平均11~12仔;幼鼠三个半月达性成熟。

(三)地理分布

国外:该鼠种除了在非洲大陆西南部地区没有分布外,在撒哈拉沙漠以南非洲地区分布很普遍。主要分布在:在安哥拉、贝宁、博茨瓦纳、布基纳法索、布隆迪、喀麦隆、中非共和国、乍得、刚果共和国、刚果民主共和国、非洲象牙海岸、赤道几内亚、埃塞俄比亚、加蓬、加纳、几内亚、几内亚比绍、肯尼亚、莱索托、马拉维、马里、毛里塔尼亚、莫桑比克、纳米比亚、尼日尔、尼日利亚、卢旺达、塞内加尔、塞拉利昂、索马里、南非、苏丹、斯威士兰、坦桑尼亚、多哥、乌干达、赞比亚共和国、津巴布韦。

国内:未见分布。

(四)医学重要性

可传播拉沙热和鼠疫。

四、稻田家鼠 *Rattus argentiventer*(Robinson et Kloss, 1916)

(一)鉴别特征

体中型,体长166~200 mm,尾长140~200 mm,体重97~219 g,颅长37~41 mm。体背面毛色黄褐色,无针毛;体腹面中间毛色灰色,两侧毛色为白色;后足背面毛色为黄褐色,同其体背面毛色一致,但其上面通常有黑色斑点或黑线;尾背、腹面毛色一致,均为褐色;幼鼠耳部前方有1橙色毛簇（图15-6,彩图25）。雌鼠6对乳头,凿样门齿。

图15-6　稻田家鼠

（二）生态习性

其自然栖息地是沼泽草地,但目前主要栖息在稻田、草原和种植园,与人类广泛共生。

该鼠通常在土壤、岩石和原木下挖洞筑巢,属杂食动物,主要取食植物种子和一些小型昆虫,它们通常在晚上取食,黄昏和黎明时活跃。

环境气候适宜食物丰富时,全年均可繁殖。每次产仔3~8仔,幼鼠3个月后达性成熟。

（三）地理分布

国外：该种主要分布在泰国、苏梅岛、泰国半岛的东海岸、柬埔寨、老挝、越南、马来半岛、苏门答腊、爪哇、婆罗洲、康安岛和巴厘岛、龙目岛、松巴哇岛、科摩多、东帝汶、菲律宾、苏拉威西岛和新几内亚。

国内：未见分布。

(四)医学重要性

可传播梭形血吸虫病、钩端螺旋体病、恙虫病。

五、孟加拉板齿鼠 *Bandicota bengalensis*(Gray,1835)

(一)鉴别特征

体中型,尾短于体长。体长 160~192 mm,尾长 125~143 mm,后足长 32~36 mm,耳长 18~24 mm,体重 110~170 g。背毛棕色,沿背中线有黑色针毛;腹毛灰白色;体侧呈棕灰色。尾粗,单一的暗灰色。前足和后足背面暗灰色,爪强健发达;雌体有 6 对乳头(图 15-7,彩图 25)。头骨厚实,口鼻短而粗,有突出的眶上脊,颧骨强壮,听泡大,门齿宽,呈黄色;臼齿齿间完全合并形成 1 横叶。

图 15-7 孟加拉板齿鼠

(二)生态习性

该鼠种具广泛自然栖息地,包括沼泽、亚热带和热带干燥落叶林和红树林;也可多见于农业种植区,如稻田,但也常栖息于城市地区。

该鼠种夜间或黄昏最活跃,擅长游泳和潜水;爪发达适于挖掘,有时把洞穴建在混凝土地下室底下,其洞穴复杂,一般有 2~6 个洞口;以植物种子、水果和昆虫为食。

全年都能繁殖,4 月和 11 月是两个繁殖高峰,每年繁殖 2~3 胎,每胎 5~7 仔。

(三)地理分布

国外:巴基斯坦、印度、斯里兰卡、孟加拉国、缅甸、苏门答腊、爪哇岛、印度尼西亚、马来西亚和普吉岛。

国内:未见分布。

(四)医学重要性

可传播鼠疫、鼠型斑疹伤寒、钩端螺旋体病、沙门氏菌病和鼠咬热。

六、波氏囊鼠 Thomomys bottae (Eydoux et Gervais, 1836)

(一)鉴别特征

中型鼠,体型粗壮,身体呈纺锤形;体长 75~205 mm,尾长 40~95 mm。雄性通常比雌性大,体重 160~250 g,雌性体重 120~200 g。背毛灰褐色,腹毛灰白色。头大,腿短,眼小,爪粗壮;颊囊明显,上密布褐色的毛;体毛中等长度,软而光滑,上零散夹杂着针毛;前爪长,耳和尾的端部裸露无毛(图 15-8,彩图 25)。头骨较平,上门齿和下颌大,齿珐琅厚,上门齿缺前凹槽。

图 15-8　波氏囊鼠

(二)生态习性

喜栖息在沙漠灌丛、高海拔针叶林中,在农业种植区也经常发现其踪迹。

全天活跃,善挖洞筑巢穴。通常用上门齿和四肢挖洞,首先通过有力的下颌和颈部肌肉带动上门齿使泥土变松,再四肢并用在土里匍匐前进;巢穴离地面 1.6 m 深。每年繁殖 1 胎,每胎 3~7 仔,幼仔 9~12 个月后达性成熟。

(三)地理分布

国外:主要分布在美国西部和墨西哥北部,从俄勒冈州南部到墨西哥的下加利福尼亚,向东穿过中部大盆地,南至墨西哥北部低地。

国内:未见分布。

(四)医学重要性

无。在北美洲为重要的农林害鼠。

七、河狸鼠 *Myocastor coypus* (Molina, 1782)

(一)鉴别特征

体型粗大,身体呈拱形,体长 472~575 mm,尾长 240~405 mm,体重 5~9 kg。耳和眼很小,口鼻处有 1 白斑;体背面被浓密软毛,其间夹杂浓密粗针毛,软毛颜色深灰色,针毛颜色黄褐色,腹部软毛密集;下巴密被白毛。尾长而圆,尾部毛发稀疏;前面呈橘色。腿短,后足比前足长,后足有五趾,前四趾联在一起与第五趾分开,前足有四个未连在一起的四趾、长度较长且可灵活伸展,第五趾已退化(图 15-9,彩图 26)。雌性有 4 对乳头。上门齿宽。

(二)生态习性

喜栖息在水附近。在离水 100 m 远处很难看到其活动踪迹。

全年均可繁殖,每胎 3~6 仔,幼仔 6 个月后达性成熟。

图 15-9　河狸鼠

(三)地理分布

国外:南美洲、北美洲、欧洲、非洲、亚洲。

国内:未见分布。

(四)医学重要性

可传播弓形虫病、肝片形吸虫病、钩端螺旋体病。

八、草原暮鼠 *Calomys laucha* (Fischer,1814)

(一)鉴别特征

小型鼠,体型像小家鼠,体长 60~125 mm,尾长 30~90 mm,尾长短于体长,体重 30~38 g。背毛不浓密,灰棕色,腹毛灰白色;耳后有 1 小白斑。尾上部为灰棕色,下部为灰白色;耳大、突出,前后足窄小,尾被较密短毛;雌鼠乳头数量可变化,一般为 4 对、5 对或 7 对(图 15-10,彩图 26)。

图 15-10 草原暮鼠

(二)生态习性

该鼠种喜栖息在干旱的生境中,在农业区、开阔植被地带、草地、山脉地带及海岸线沙丘地带时常发现其活动踪迹。

一般在岩石下部或地面裂缝处挖洞筑巢,善攀缘,喜取食蔬菜和甲虫。

生育季一般在春季和夏季,每年繁殖2胎,每胎4~8仔。

(三)地理分布

国外:该鼠种主要分布在玻利维亚中南部、阿根廷中东部和中北部、巴拉圭西部、巴西南部和中西部及乌拉圭。

国内:未见分布。

(四)医学重要性

可传播汉坦病毒肺综合征。

九、山河狸 *Aplodontia rufa*（Rafinesque，1817）

（一）鉴别特征

体粗壮，体长 290～460 mm，尾长 10～40 mm，体重 500～900 g。除耳部下面有白斑外，全身体毛黑褐色，体被浓密粗毛，上夹杂稀疏针毛，背毛灰棕色。上门齿强壮，头扁而宽，鼻部微拱；四肢短，尾极短（图 15-11，彩图 26）。头骨为始啮模式，头骨上无眶后突，咀嚼肌中颞肌较强大。

图 15-11　山河狸

（二）生态习性

喜欢生活在凉爽、潮湿的环境，栖息于海拔 2 200 m 以下的森林和茂密灌丛下常年积水的洼地中。

昼间活动，善游泳和爬树，喜欢潮湿土壤，在河堤上挖洞并筑巢，不冬眠，大多在地下过冬，用树叶、树枝和草筑巢，巢离地面 61 cm。

繁殖率低，单次发情，每胎 2～4 仔，幼仔 2 年以后性成熟。

（三）地理分布

国外：主要分布在北美洲西部的太平洋海岸，从加拿大的西南部，往南到美国的加利福尼亚中部都有分布。

国内：未见分布。

(四)医学重要性

无。为北美洲主要农林害鼠。

十、印度板齿鼠 *Bandicota indica*（Bechstein，1800）

(一)鉴别特征

大型鼠类，体长 250～252 mm，尾长 205～207 mm，后足长 46 mm，耳长 27 mm。尾长等于或略短于体长。吻短，口鼻及两眼间为黑色。耳内外均为褐黄色。背毛长而硬，呈黑褐色，毛尖棕黄，毛基灰褐。头部和背部中央毛色较深，腹毛较背侧毛淡，背腹间毛色无明显界限。四足背面棕褐色。尾毛背面和腹面均黑褐色。耳壳外侧生有浓密的黑褐色细毛。后足宽大，掌垫 6 个，其中近足跟的 1 个为长方形。除前肢拇趾外，其余趾均具坚强而几乎直的爪。爪锐利。乳头 6 对，胸部及鼠鼷部各 3 对（图 15-12，彩图 27）。头骨大，吻部短而宽，颧弓大，向上扩展，眶上脊发达。左右两侧颞脊平行，脑颅窄，颞脊间的距离较窄，听泡小而平。门齿孔细长，其后端超过上颌第 1 臼齿前缘的连接线。门齿粗大。臼齿大而宽，臼齿咀嚼面上每个横脊上的齿突愈合成 1 个板状整体，横脊的边缘高，中间低，呈臼状，结构简单。上颌臼齿齿冠具 3 列横板条状齿环，无齿突。下颌门齿末端突起大而高，其上缘和关节突前缘几乎等高。

图 15-12　印度板齿鼠

(二)生态习性

栖息于土质疏松且较潮湿的池沼边缘或杂草丛生的地带。其洞穴复杂,一般有2～4个洞口,其中有1个靠近水流,洞口直径约13 cm,洞长260～750 cm。

夜间活动为主。机警多疑,若遇敌情,迅速入洞躲避。如逃不及时,背毛竖起,张牙舞爪,向来犯者凶猛地反扑,并发出小猪似的声音。善于游泳,潜水可达15 min。

一年四季均可繁殖,春末至秋初为其繁殖高峰。每年可繁殖2～3次,每胎产4～6仔。

(三)地理分布

国外:斯里兰卡、印度、缅甸、越南。

国内:江西、福建、广东、广西、四川和贵州南端、云南、台湾。

(四)医学重要性

可传播恙虫病、钩端螺旋体病、Q热及鼠型斑疹伤寒。

十一、黑尾草原犬鼠 Cynomys ludovicianus（Ord, 1815）

(一)鉴别特征

体大型,为地栖松鼠;体长276～313 mm,尾长76～102 mm,体重680～1 360 g,雄体比雌体重10%～15%。体背面为棕黄色,腹面为白色;尾短,尖端为黑色;体毛颜色随季节变化,通常冬季体毛会变成黑色斑驳色,而夏天变成白色斑驳色;体粗壮,头圆,耳短圆,眼大且圆;雌体4对乳头(图15-13,彩图27)。

(二)生态习性

喜栖息于植被稀少、干燥、平坦开阔的草原。

喜欢在中等黏性土壤中挖洞筑巢穴,巢穴距地面1.2～1.5 m深,白天活跃,不冬眠。

每年春季繁殖1次,每胎1～8仔,幼仔1～3年性成熟。

图 15-13　黑尾草原犬鼠

（三）地理分布

国外：美国、加拿大、墨西哥。

国内：未见分布。

（四）医学重要性

可传播鼠疫、钩端螺旋体病。

十二、黑家鼠 *Rattus rattus*（Linnaeus，1758）

（一）鉴别特征

体长 158～180 mm，尾长 179～185 mm，后足长 26～35 mm，耳长 17～23 mm，体重 70～300 g。体色有黑色和棕褐色二型。黑色型背毛为黑色，腹面灰褐色。棕褐色型腹面浅黄或灰白色。尾部背面腹面毛色均为黑色，尾毛稀疏，呈暗黑色，鳞环清晰。前足背面黑褐色，后足白色。尾长大于体长。耳大而薄，前折可达眼缘。鼻骨短，其长不及颅全长的 40%。前足掌垫 5 个，后足掌垫 6 个。雌鼠有乳头 5 对（图 15-14）。头骨小，吻较短，鼻骨较长；眶上脊发达，与颞脊相连，左右两侧的额脊呈弧形向外弯曲。门齿孔较长，上颌第 1 臼齿齿冠前缘有 1 条带状隆起，臼齿咀嚼面有 3 横脊，第 3 横脊内侧齿突消失；第 2 和第 3 上臼齿第 1 横脊退化仅余 1 个内侧齿突，第 3 上臼齿的横脊愈合成半圆形。

图 15-14　黑家鼠

(二)生态习性

喜栖于建筑物的上层。洞穴复杂,尤其在夹墙中的洞穴,分支多,上通天花板,下达地板,前后左右可贯通全室。

夜间活动为主,一般黄昏时有 1 个活动小高峰。善攀登,在粗糙的墙面上能行走,在横梁上奔跑自如。

环境气候适宜食物丰富时,全年均可繁殖;以春、秋两季为主,每次产仔 6～7 仔,幼鼠 3 个月性成熟。

(三)地理分布

国外:原产欧洲,由船舶输入我国和其他国家。非洲、美洲均有分布。

国内:辽宁、江苏、浙江、安徽、福建、山东、河南、广东、广西、云南、台湾。

(四)医学重要性

可传播肾综合征出血热、鼠型斑疹伤寒、恙虫病、Q 热、钩端螺旋体病、蜱媒回归热、鼠疫、弓形虫病等多种疾病。

十三、褐家鼠 Rattus norvegicus（Berkenhout，1769）

(一)鉴别特征

体长 150～250 mm，尾长 145～185 mm，耳长 22 mm，后足粗大，长 35～45 mm，体重 140～500 g。背毛棕褐色至灰褐色，毛基深灰色。腹毛毛尖灰白色。足背毛白色。尾毛黄褐色。头小吻短，口鼻钝圆。尾毛稀少，表面有鳞片，尾环显著。雌鼠有乳头 6 对。尾较短，小于或等于体长。耳朵短小而厚，前折不能遮住眼部。尾背面与腹面二色，背面黑褐色，腹面白色(图 15-15)。头骨粗大，顶间骨宽度与左右顶骨宽度总和几乎相等。头骨大而狭窄。眶上脊发达。左右颞脊近似平行。其最大宽度约等于顶骨长度。听泡小。门齿较短。上颌第 1 臼齿较大，咀嚼面由 3 列横脊组成，第 1 横脊的中央、内侧齿突明显，外侧齿突不明显，几乎与中央齿突愈合，第 3 横脊内齿突消失。第 2、3 臼齿的第 1 横脊的退化，尚存内侧齿突。第 3 上臼齿第 2、3 横脊愈合成月牙状的整体。

图 15-15　褐家鼠

(二)生态习性

为家、野两栖，以家栖为主。其栖息地十分广泛。洞穴构造复杂，聚群而居，洞口 2～4 个。

昼夜活动，以夜间活动为主。

环境气候适宜食物丰富时,全年均可繁殖。每次产仔 4~10 仔,最多 17 仔。通常在 4、5 月份和 9、10 月份各有 1 个繁殖高峰。

(三)地理分布

国外:世界性分布。
国内:全国各省均有分布(除西藏局部地区外)。

(四)医学重要性

可传播鼠疫、血吸虫病、弓形虫病、肾综合征出血热、鼠型斑疹伤寒、恙虫病、Q 热、钩端螺旋体病、蜱媒回归热等多种疾病。

十四、小家鼠 *Mus musculus* Linnaeus,1758

(一)鉴别特征

体型小,体长 65~95 mm,尾长 60~90 mm,后足长 15~19 mm,耳长 12~14 mm,体重 7~25 g,尾长等于或稍短于体长。毛色变化较大,随栖息环境而异。背部毛为棕灰、灰褐或黑褐色,毛基部黑色。腹部毛为白色、灰白色或灰黄色。背腹毛界线分明。前后足背面暗褐色或污白色。尾部背面色较深,为黑褐色,腹面稍浅呈沙黄色。头较小,吻部短而尖。耳宽大,向前拉可达眼睑。四肢细弱,后足较短。雌鼠有乳头 5 对(图 15-16)。上门齿的后缘从侧面观有 1 极明显直角形缺刻。头骨纤细,吻部较短,顶间脊甚宽。门齿孔长,其后缘超过第 1 上臼齿前缘水平,眶上脊不发达,脑颅低平。听泡小而扁平。

(二)生态习性

典型的家野两栖类,在居民区多栖息于室内外。起居室、厨房、仓库、地板底、天花板夹层里均能栖息。在野外多栖息于田埂、草垛根部、荒地、农村场院、杂草堆中。洞型简单,一般有 1~3 个出口,洞口直径为 2~3 cm,洞口常推出新的土丘,有 1~3 条洞道和 1~2 条分支。

以夜间活动为主。其活动规律受食物影响很大。小家鼠能被交通工具、货物、行李带到很远的地方栖息,对条件变化和食物适应性也很强。

图 15-16 小家鼠

繁殖力强大,每 20 d 即可繁殖 1 次,在哺乳期仍能受孕,一年四季均能生育。成年鼠每年产仔 5~6 次,每次 5~6 仔,多时达 10 多仔。幼鼠生后 2~3 个月即达性成熟。

(三)地理分布

国外:世界性分布。
国内:全国各省区。

(四)医学重要性

家鼠鼠疫的次要宿主,还可传播土拉弗朗西斯菌病、钩端螺旋体病、蜱媒回归热、旋毛虫病、狂犬病等。

十五、缅鼠 *Rattus exulans*(Peale,1848)

(一)鉴别特征

体长 91~140 mm,尾长 100~145 mm;后足长 22~23 mm,耳长 15~17.5 mm,体重 43~55 g。小型鼠,体纤弱,耳大,足纤细;背毛浅灰棕色,腹毛淡灰色。尾长长于体长,尾色为单一深棕色,上有鳞环;其后足背面的外侧边缘靠近脚踝处为黑色,而其余部分为白色。雌鼠有 4 对乳头(图 15-17,彩图 27)。颅全长 28~33 mm,头骨沿着脑颅侧边延伸,有很凸起的脊;鳞骨根位于脑颅低位;腭骨向后延伸到臼齿齿列。

图 15-17　缅鼠

(二) 生态习性

该鼠种栖息地广泛,喜栖息在农田、热带亚热带干燥落叶林生境中,及人类定居点附近的沿海低地丘陵地带。

高度树栖性,喜攀爬灌木、矮树、墙和屋顶。在茅屋顶筑巢或在稠密的草地上离地 20 cm 高处筑巢。

成年鼠每年产仔 4 次,每胎 4 仔。幼鼠生后 8~12 个月即达性成熟。

(三) 地理分布

国外:分布于澳大利亚、新西兰、塔斯马尼亚、新几内亚岛及周边岛屿、在欧洲和非洲北部也有分布,并广布亚洲东南部和印度。

国内:在中国的分布局限于台湾和南海西沙群岛的永兴岛。

(四) 医学重要性

可传播鼠疫、钩端螺旋体病和恙虫病。

十六、尼罗河鼠 *Arvicanthis niloticus*（É. Geoffroy, 1803）

（一）鉴别特征

体长 106～204 mm，尾长 90～173 mm，右后足 33～42 mm，耳高 19～23 mm，体重 50～183 g；体型中等，体粗壮；头大且鼻短；耳大而圆，上覆盖短而细的毛；上门齿无凹槽，尾上覆盖细小绒毛，呈双色，背面为黑色，腹面为黄白色；后足发达，右后足上最里面的第三趾长于外面的两趾，前足的第三趾较短小且趾端仅见拇指。体背面毛的毛基为黑色或褐色，中间毛色为亮黄色或红褐色，端毛为黑色，整体呈现出盐和胡椒混杂在一起的颜色，而体腹毛短，基部为黑色，端部为白色；吻部长胡须的区域和眼周及耳后有一小块为橘色（图 15-18，彩图 28）。

图 15-18　尼罗河鼠

（二）生态习性

该鼠种栖息地广泛，其自然栖息地包括干旱稀树草原、潮湿热带草原、亚热带或热带潮湿灌木、耕地、牧场、城市地区以及季节性洪水泛滥的农田。

喜在矮树丛、树木、岩石或白蚁丘下筑巢，以草、叶和茎、种子及一些木本植物的树皮和栽培作物为食。

成年鼠每胎平均 5 仔。幼鼠生后 4 个月即达性成熟。在寒冷的干燥季节（10 月至转年 3 月）交配，并可能在高度适宜的环境中全年繁殖。

(三)地理分布

国外:该鼠种除非洲大陆南部和西南部未有分布外,主要分布于尼罗河河谷和撒哈拉以南非洲的大部分地区,包括贝宁、布基纳法索、布隆迪、中非共和国、乍得、刚果民主共和国、科特迪瓦、厄立特里亚、埃塞俄比亚、冈比亚、加纳、肯尼亚、马拉维、毛里塔尼亚、尼日尔、尼日利亚、塞内加尔、塞拉利昂、苏丹、坦桑尼亚、多哥、乌干达、赞比亚、阿尔及利亚、埃及和也门。

国内:未见分布。

(四)医学重要性

可传播鼠疫和血吸虫病。

十七、欧䶄 *Clethrionomys glareolus*(Schreber,1780)

(一)鉴别特征

体长100～110 mm,尾长短于体长,为30～40 mm,体重17～20 g;小型鼠,雌雄体型大小基本一致,头眼均小,耳较其他大多数田鼠大,口鼻钝圆;体背面毛色为红棕色,腹毛为灰白色,侧毛为灰色,但带有红褐色光泽;尾短,尾端毛微呈丛状(图15-19,彩图29)。头骨小,齿为棱形,齿冠扁平。

图15-19 欧䶄

(二)生态习性

该鼠种栖息在各种类型的林地上,更喜栖息在林地边缘、森林中河流和小溪的岸边。在灌木、公园和树篱中也能发现其踪影。

该鼠种白天和夜间均活动,冬天不冬眠;挖掘的巢穴有多个分支和出口,取食植物叶、根、芽及种子。

繁殖期从4—9月,成年鼠全年产仔4次,每胎平均4仔。幼鼠生后3~6周即达性成熟。

(三)地理分布

国外:该鼠种在欧洲很普遍,从不列颠群岛延伸到欧洲大陆和俄罗斯贝加尔湖畔;在北方,它的范围可延伸到北极圈以外的地区,南部则延伸到土耳其北部和哈萨克斯坦北部。但其在伊比利亚半岛南部和意大利的大部分地区及地中海岛屿未有分布。

国内:未见分布。

(四)医学重要性

可传播肾综合征出血热和土拉弗朗西斯菌病。

十八、黄喉姬鼠 Apodemus flavicollis (Melchior, 1834)

(一)鉴别特征

体长89~133 mm,尾长96~145 mm,体重28~43 g;中小型鼠,眼大耳大,体毛柔软,尾部略被毛,被毛棕黄色,腹毛白色,背毛和腹毛颜色有明显分界线,但在两前足之间腹毛有1赭色长形斑(图15-20,彩图28)。足白色,雌鼠有6个或8个乳头。上颌第1臼齿长约为第2、第3臼齿的总和,第1、第2上臼齿咀嚼面具3纵列齿突,每3个并列的齿突又形成1个横脊。上门齿的前部和两侧有一层珐琅质。

(二)生态习性

该鼠种为林地鼠种,经常生活在森林边缘,但是在山区,它可栖息于森林中任何地方。在落叶林地中常见,在灌木、果园和种植园中也能发现其踪影。

图 15-20-1　黄喉姬鼠

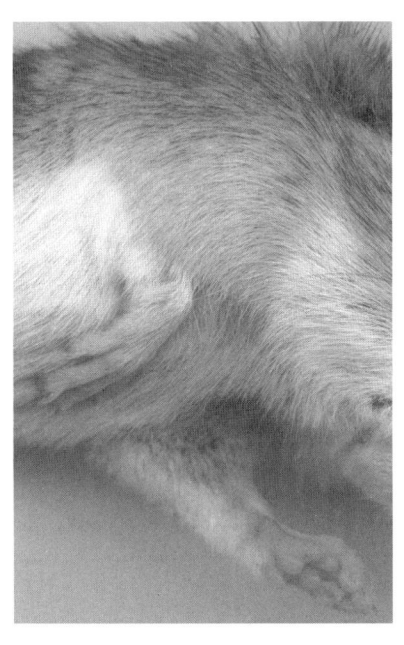

图 15-20-2　黄喉姬鼠

该鼠种夜间活动,不冬眠。巢穴通常建在地下隧道、空心原木、鸟和睡鼠的巢穴里或茂密的植物中。取食水果、植物种子及昆虫。

繁殖期在4—10月,成年鼠全年产仔3次,每胎平均5仔。

(三)地理分布

国外:该鼠种主要分布在除斯堪的纳维亚半岛北部、西班牙南部和法国西部以外的西欧多山地区。它还分布在土耳其以东、亚美尼亚、伊朗南部的扎格罗斯山脉、叙利亚、黎巴嫩和以色列。

国内：未见分布。

(四)医学重要性

可传播肾综合征出血热、地方性斑疹伤寒和蜱媒脑炎。

十九、鹿鼠 Peromyscus maniculatus (Wagner, 1845)

(一)鉴别特征

小型鼠，体长119～222 mm，尾长短于体长，尾长45～105 mm，后足长短于22 mm，体重10～20 g；体圆但纤弱，鼻尖眼大而黑；耳大上被毛少，触须长而突出；前足短于后足；体毛短但软而密，背毛褐色或红棕色，腹毛白色。尾为双色，上半部为黑色，下半部为亮白色，分界线十分明显这个特征是它区别于其他白足鼠的特征（图15-21，彩图29）。齿式1/1：0/0：0/0：3/3=16，臼齿齿冠低而尖，第3上臼齿比前两颗小。

图15-21　鹿鼠

(二)生态习性

该鼠种栖息地非常广泛，苔原、针叶林、温带和寒带森林、沼泽、草原、沙漠和灌木都是其栖息场所。

该鼠种夜间活动，通常在灌木、树木、岩石和树桩下挖洞筑巢，杂食性，通常取食植物种子、水果、昆虫和无脊椎动物。

全年繁殖,但一般在温暖季节繁殖,成年鼠在温暖的月份里每3~4周繁殖1次,每胎平均产仔5~6只;幼鼠49 d到性成熟。

(三)地理分布

国外:该鼠种是北美分布最广的鼠类,除了在美国的墨西哥湾沿岸未有分布外,遍布加拿大南部、美国、墨西哥北部和中部。

国内:未见分布。

(四)医学重要性

可传播鼠疫、莱姆病和汉坦病毒肺综合征。

二十、白足鼠 *Peromyscus leucopus*（Rafinesque,1818）

(一)鉴别特征

小型鼠,体长95~110 mm,尾长65~95 mm,体重15~25 g;后足长长于22 mm,体圆但纤弱,鼻尖眼大而黑;耳大上被毛少,触须长而突出;前足短于后足;体毛短但软而密,背毛灰褐色,腹毛白色,足白色;尾背面为黑色,腹面为白色,但分界线不明显(图15-22,彩图29);齿式1/1 : 0/0 : 0/0 : 3/3=16,臼齿齿冠低而尖,第3上臼齿和第1、2上臼齿几乎一样大。

图15-22 白足鼠

(二)生态习性

该鼠种栖息地较广泛,喜栖息在温暖、干燥的森林和中等海拔的地方,他们是美国东部的混合森林中最丰富的啮齿动物,灌木和半荒漠地区通常也是它们的栖息地。

该鼠种通常在灌木、树木和树桩下挖洞筑巢;杂食性,主要取食植物种子、水果、昆虫和真菌。

美国北方种群,其繁殖期主要在3—10月;在南方繁殖季节较长,而在墨西哥南部则一年四季繁殖。成年鼠全年产仔2~4次,每胎平均产5仔,幼鼠44 d性成熟。

(三)地理分布

国外:该鼠种主要分布在美国东部近三分之二地区及毗邻美国东部的加拿大南部地区,南至墨西哥南部。但其在美国东南部各州的沿海平原地区未有分布。

国内:未见分布。

(四)医学重要性

可传播莱姆病和汉坦病毒肺综合征。

二十一、西撒哈拉刺鼠 Acomys cahirinus (É. Geoffroy, 1803)

(一)鉴别特征

中小型鼠,体长70~170 mm,尾长50~120 mm,体重30~70 g;背部覆盖浓密针状刺毛,刺毛从肩部一直延伸到臀部;背部毛色灰褐色或沙色,头部毛色灰黑色,腹部毛色白色;足白色,眼下区毛色白色,鼻尖耳大,耳直立,耳后有1块突出白斑,眼突出明亮;尾部背面颜色灰色,腹面颜色浅黄色,尾部无毛和鳞片(图15-23,彩图29)。

(二)生态习性

该鼠种主要栖息地在干旱多岩石区及峡谷,但也经常出现在花园和其他与人类有关的栖息地,包括房屋、河边的沙丘。

该鼠种喜夜间活动,生活在洞穴和岩石缝隙中,杂食性,主要取食植物和昆虫。

繁殖期为2—7月；一年繁殖3~4次，每胎产1~5仔，幼鼠60 d性成熟。

图15-23　西撒哈拉刺鼠

（三）地理分布

国外：该鼠种主要分布在北非、毛里塔尼亚南部和摩洛哥东部、埃及、埃塞俄比亚、厄立特里亚、苏丹、马里和尼日尔。

国内：未见分布。

（四）医学重要性

可传播鼠疫、斑疹伤寒和斑点热。

第三节　相关疾病

鼠糟蹋粮食外，可传播多种疾病。鼠类可传播鼠疫、肾综合征出血热、汉坦病毒肺综合征、玻利维亚出血热、阿根廷出血热、拉沙热、土拉弗朗西斯菌病、蜱媒回归热、Q热、莱姆病、钩端螺旋体病、恙虫病、血吸虫病、鼠型斑疹伤寒、鼠咬热、弓形虫病，肝片形吸虫病等多种传染病，威胁人类健康和生命安全。据报道，全世界目前已证实鼠类能传播的疾病达150种之多。

一、汉坦病毒出血热（HFRS & HPS）

汉坦病毒主要是由鼠类等啮齿动物传播的一类病原体，在临床上引起欧亚地区的肾综合征出血热（Hemorrhagic Fever with Renal Syndrome，HFRS）和美洲的汉坦病毒肺综合征（Hantavirus Pulmonary syndrome，HPS），HFRS 是一类以发热出血和肾功能损伤为特征的急性传染病，HPS 主要引起急性发热，进行性呼吸衰竭。汉坦病毒出血热几乎遍及全世界，其流行之广，危害之重，使其已成为一个全球性的公共卫生问题。

（一）临床表现

HFRS 是以发热、休克、出血倾向及肾脏损害为主要临床特征的急性病毒性传染病，病死率在 0.1%～10%。该病发病急、病情重，发病率和病死率仍较高，严重危害人民生命和健康。本病主要分布于欧亚大陆。HFRS 在多尿期，尤其是重型或危重型患者会出现与贫血有关的头晕，可能与低血糖有关的夜间异常饥饿晕厥综合征，部分患者会出现垂体功能减退的系列症状，此外，国内一些学者报道的 HFRS 少见并发症有急性脊髓炎、脑神经损害、格林巴利综合征、皮质盲、脑炎与脑膜炎、胎盘早期剥离，垂体功能减退，不可逆性肾损害、阿斯综合征、心肌梗死、糖尿病高渗性昏迷、脾破裂、腔隙性脑梗死、高血压脑病等。HPS 其临床特征为发热、头痛、肌痛、低血压、血小板减少出现双侧弥漫性非心源性肺水肿，类似于急性呼吸窘迫综合征。病死率高达 40%～60%。本病主要分布于美洲。

（二）传染源和宿主

汉坦病毒宿主至今已报道有 174 种脊椎动物可以自然感染该病毒，在我国至少有 67 种，其中最主要的是啮齿动物，但已被证实起传染源作用的仅有数种，包括鼠科姬鼠属的黑线姬鼠、黄喉姬鼠，家鼠属中的褐家鼠和仓鼠科田鼠亚科中的欧洲棕背䶄。此外，林区的大林姬鼠、实验用大白鼠、家栖的小家鼠、黄胸鼠和野栖的黄毛鼠、大仓鼠、黑线仓鼠也可作为传染源。在局部地区家猫、家犬、草兔及家禽在 HFRS 的传播方面起一定作用。美洲地区 HPS 则主要以鹿鼠、棉鼠、米鼠等为优势宿主动物；引起欧亚地区的 HFRS，优势宿主分别为黑线姬鼠、褐家鼠与黄喉姬鼠。

（三）传播媒介

过去，人们普遍认为汉坦病毒是唯一不经节肢动物传播的布尼亚病毒属病毒，但近年来，有研究表明汉坦病毒不仅能在革螨和恙螨体内定位和增殖，而且能自然感染并经卵传递，从而认为革螨和恙螨是 HV 在自然界中的传播媒介。目前研究认为汉坦病毒是多传播途径，以气溶胶通过呼吸道传播为主要途径，其他尚有经消化道，经破损皮肤，经虫媒传播。

（四）地理分布

汉坦病毒的传播几乎遍及世界各大洲，而且疫区不断扩大。不同型别的新病毒不断发现，现已成为一个严重的世界性公共卫生问题。HFRS 主要分布于亚、欧、非、美、澳五大洲的 34 个国家和地区，而以亚欧大陆为主；而 HPS 则主要分布于美洲国家和地区。

（五）季节分布

汉坦病毒出血热发病有明显的季节性，虽在全年各月均有散发病例，但每年周期性地在一定的月份流行并出现高峰，其季节性表现为与鼠类繁殖、活动及与人的活动接触有关。周期性的产生与主要宿主动物周期性密度变化和种群数量、带毒水平以及人群的免疫水平、人们的生产生活方式有关。随着疫苗的使用、人们的生产生活方式的改变、生态环境的变化等，汉坦病毒出血热的流行周期将会发生大的变化。

二、拉沙热（Lassa fever）

拉沙热是由拉沙病毒（Lassa virus，LASV）引起的一种急性发热性、多器官受累、可致死的自然疫源性疾病。其病情的轻重程度差异很大，从轻症临床疾病或亚临床感染，直至迁延多日常可致死的严重疾病。拉沙热主要发生、流行于西非，是当地的严重疫病。此病于 1969 年 1 月首次被发现于尼日利亚东北部的拉沙镇（Lassa），该病病名和病原体即以此命名。1972—1973 年，首次从自然感染的非洲多乳房鼠的器官中检出 LASV，揭示了本病的自然疫源性。LASV 可通过直接、间接接触、气溶胶等多种途径在人间传播，尚无有效疫苗，可被作为生物战剂使用。

（一）临床表现

典型病例的临床特征为逐渐起病、不明原因发热、全身无力、咽痛、头痛、恶心、呕吐，继而嗜睡、表情淡漠、皮肤偶见点和斑、黏膜有出血倾向、进行性少尿，直至低血压休克而死亡。

（二）传染源和宿主

多乳房鼠既是 LASV 已知的唯一储存宿主，也是该病毒的重要传染源。LASV 的基本生态学是病毒平时在多乳房鼠种群内不断循环传播。地方性流行性传播的主要传染源是感染的多乳房鼠。LF 流行区，通常居住拥挤，卫生状况较差，室内光线很暗，多乳房鼠活动频繁，带毒鼠的唾液和尿液可污染居住环境、食物和水源，从而传播给人。此外，捕捉，烹饪、食用感染的多乳房鼠，病毒可通过直接接触黏膜或经破损的皮肤进入人体内引起感染。不仅传染性很强的住院患者可作为医院内 LF 感染的重要传染源，而且还存在着广泛的亚临床感染者。这些医院外的隐性感染者或轻症感染者，也有可能成为家庭中人→人传播的传染源。

（三）地理分布

LF 主要分布于西非。尼日利亚、利比里亚、塞拉利昂、几内亚等国家曾有疾病流行的报道。血清学调查表明从尼日利亚到塞内加尔西非各国均有本病存在。

（四）季节分布

拉沙热在非洲一年四季均可发生，尼日利亚和利比里亚的医院内暴发发生在旱季（1—4 月），而在塞拉利昂则全年均不断有病例发生。

（郭惠琳，李焱）

参考文献

[1] 陆宝麟. 中国重要医学动物鉴定手册 [M]. 北京：人民卫生出版社，1982.

[2] 黄文几，陈延喜，温业新. 中国啮齿类 [M]. 上海：复旦大学出版社，1995.

[3] 罗泽珣，陈卫，高武，等. 中国动物志 兽纲 第六卷 啮齿目（下册）仓鼠科 [M]. 北京：科学出版社，2000.

[4] 郑智民，姜志宽，陈安国. 啮齿动物学 [M]. 上海：上海交通大学出版社，2008.

[5] 张继文. 中国国境口岸医学媒介生物鉴定图谱 [M]. 天津：天津科学技术出版社，2015.

[6] 唐家琪. 自然疫源性疾病 [M]. 北京：科学出版社，2005.

[7] ANDREW TS，解焱. 中国兽类野外手册 [M]. 长沙：湖南教育出版社，2009.

[8] http://www.science.smith.edu/departments/Biology/VHAYSSEN/msi/default.html

[9] http://www.eol.org/pages/1179008/overview

[10] http://www.departments.bucknell.edu/biology/resources/msw3/

[11] http://animaldiversity.org/accounts/Apodemus_agrarius/

[12] http://www.catalogueoflife.org/col/

[13] http://projects.biodiversity.be/africanrodentia/

[14] http://indiabiodiversity.org/species/

[15] http://www.mammalogy.org/search/apachesolr_search/Mastomys%20natalensis

[16] https://www.itis.gov/

第十六章 DNA条形码技术在病媒生物分类鉴定中的应用

第一节 概述

一、分类鉴定的目的和意义

分类是科学认识事物的基础,鉴定昆虫在研究生物进化、生态保护、指导害虫防治等方面都具有重要的理论和现实意义。昆虫分类的目的和意义在于:

物种知识的积累,认知空间的探索和拓展——即发现新分类单元,命名并记述相关信息,建立信息库。

物种知识的系统化、条理化——通过共性归类,个性分类,建立分类单元的检索系统,便于相关信息的提取和使用。

分类单元自然历史的再现——通过对分类特征的提取和分析,回归分类单元的进化历史并了解其亲缘关系,以利于建立更符合昆虫进化实际的分类系统。

通过分类鉴定弄清本国物种资源,以便发现其潜在的生物价值,为以后管理和利用物种资源打下良好的基础。

分清本地种和入侵种离不开对本地种类的深入调查和研究,不清楚本土种类资源,也就谈不上研究入侵种类。完善的分类体系是研究生物多样性保护和利用及外来生物入侵的理论基石。

对于重要的检疫对象,准确的鉴定成为我们在解决相关贸易纠纷和贸易措施中的重要环节。

研究昆虫分类有助于促进生物学、生态学、生理学等相关学科的发展,进而加快控制和防治方法的研究进程,从而更好地解决生活中的实际问题。

二、物种鉴定方法的发展

随着生物技术的不断发展,物种鉴定方法也随之不断更新。物种鉴定方法经历了形态鉴定、细胞水平鉴定、生化分析鉴定、免疫鉴定、分子标记鉴定等几个阶段。

(一)形态鉴定

是指通过肉眼或借助仪器对生物外表形态如外观、体型、体色、结构等特性或者解剖特征的识别进行鉴别。这种方法具有操作简单、方便直观、需要仪器少、文献资料多、鉴定周期短、不破坏标本等特点,只要保持昆虫标本的完整性,不同的人可进行多次重复的观察,必要时可与模式标本比对,以减少鉴定的误差。但是,形态鉴定依赖于生物的外表形态特征,受标本和鉴定者诸多因素的影响,也存在局限性,表现为:

(1)样本外表形态特征的可塑性和遗传可变性导致生物个体差异而出现鉴定结果的不准确性。

(2)许多生物存在隐存分类单元,他们的外表形态特征区别不明显,难以通过外表形态特征区别隐存单元。

(3)许多生物属变态昆虫,不同的发育阶段具有不同的外表形态,某些发育阶段无特异的外表形态特征,故无法用于种属鉴定。

(4)成功鉴定和描述生物必须依赖于分类工作者丰富的专业知识和准确的鉴定能力,但形态鉴定本身的局限性使得分类学者特别偏向于某一领域,如昆虫、脊椎动物、线虫等,专业工作者退休之后,他们积累的丰富经验和知识也流失,且目前从事专业分类鉴定工作的人员逐年稀少,分类工作队伍不断缩减,使得生物鉴定也面临巨大的挑战。

(5)鉴定一个物种可能涉及该物种的许多特征部位,任何一个部位的缺失或不完整都可能使得鉴定工作无法进行,因此生物在捕获、保藏或运输途中导致形态的不完整是分类工作者无法完成鉴定工作的另一障碍。因而迫切需要发展其他的鉴定方法,与形态特征鉴定方法相辅相成,共同做好生物鉴定工作。

(二)细胞水平鉴定

指对生物染色体数目、形态进行分析。染色体是遗传物质的载体,染色体变异会导致生物体发生遗传变异。一个物种的核型特征即染色体数目、形态是相对稳定的,可作为一种遗传标记来测定,但这类标记的数目很局限。

(三)生化分析鉴定

是以生物体内的某些生化性状(血型、血清蛋白及同工酶)作为遗传标记,通过对血浆和血细胞中可溶性蛋白和同工酶中氨基酸变化的检测,为生物种内遗传变异和种间亲缘关系提供有用信息。生化标记检测所用的蛋白质电泳具有经济、方便的特点,且标记本身的多态性比形态标记和细胞标记丰富,已被广泛应用于物种起源与分类研究中。但是,检测的标记物(蛋白和同工酶)不是遗传物质本身,而是基因的表达产物,受环境和发育状况影响较大,决定了这种标记具有一定局限性:

(1)蛋白质的主要变异体种类少。

(2)蛋白质易于变性降解,分析所用的样本必须新鲜,因此,受分析材料采集的时间、空间限制,此类遗传标记的发展和应用也是有限的。

(四)免疫学鉴定

以动物的免疫学特征为遗传标记,主要指:红细胞抗原、白细胞抗原、胸腺细胞抗原等。从1900年Ehrlieh和Morgenroth发现山羊红细胞表面抗原,并证明这些抗原具有个体差异开始,到20世纪80年代初,人们开始转向白细胞抗原的研究(即主要组织相容性复合体(MHC)),MHC与疾病及生理性状有关,同时发展的还有根据动物个体淋巴细胞抗原的特异性,进行种间、个体间、抗病力强弱的差异及亲子关系等研究。

(五)分子生物学鉴定

核酸作为生物遗传信息的主要载体,生物的生理、分化、形态、习性演变等无不以之为基础,因此用DNA来进行分类学研究,更能从根本上反映物种的差异,且不受发育阶段的限制,仅需少许组织样本即可,即使样本腐烂或残缺,理论上只要能提取到足够的DNA即可实现分类鉴定。

第二节　DNA条形码技术

一、DNA条形码概念

2002年德国进化生物学家Tautz首次提出DNA分类的概念（DNA Taxonomy），以DNA序列为基础建立物种识别体系，利用DNA序列的差异进行种级阶元的分类，并与林奈命名系统一一对应。理想的DNA条形码应符合以下基本标准：

（1）用于条形码的目标DNA片段应具有足够的遗传变异性和一定的分化度，可以区分不同的物种，同时种内变异小，具有保守性。

（2）必须是一段标准的DNA片段来鉴别不同的种群。

（3）目标DNA片段应该包含足够的系统进化信息，用以定位物种在分类系统中的位置。

（4）目标DNA片段两端应该具有高度保守的引物设计区，便于通用引物的设计。

（5）目标DNA片段长短应该适中，便于DNA的提取、PCR的扩增和测序。

2003年加拿大科学家Hebert教授提出了DNA条形码（DNA barcoding）的概念，并以线粒体DNA中细胞色素C氧化酶亚单位Ⅰ（Cytochrome Oxidase Subunit Ⅰ，COI）基因为基础进行动物分类研究。

线粒体DNA（mitochondrial DNA，mtDNA）是真核细胞中分子质量较小而又较易纯化的复制单位。20世纪60年代，Nass M和Nass S首次利用电子显微镜直接观察到线粒体内细丝状的DNA（mtDNA）。1981年Anderson等首次完成人类线粒体全基因测序，其全长为16569bp（图16-1）。线粒体基因组由编码区和非编码区（调控区D-loop和L-链复制起始区）组成。编码区内含有37个基因，其中包括2个rRNA基因（16S rDNA和12S rDNA）、22个tRNA基因和13个蛋白质编码基因。13个蛋白质编码基因由1个细胞色素b基因（Cytb）、3个细胞色素C氧化酶亚单位（Cytochrome Oxidase Subunit Ⅰ、Ⅱ、Ⅲ，COI、COII、COIII）基因、2个ATP酶复合体亚基（ATPase6和ATPase8）基因和7个NADH脱氢酶亚基（ND1～ND6和ND4L）基因组成。

细胞色素C氧化酶亚单位Ⅰ（COI）是线粒体DNA中13个蛋白质编码基因的组成

部分。

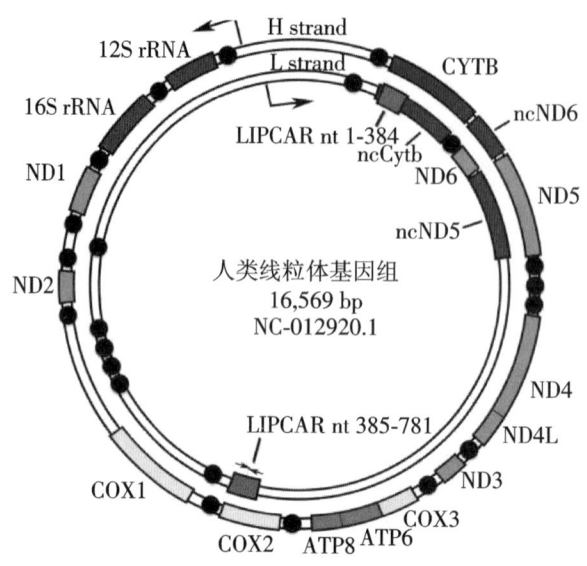

图 16-1 人类线粒体基因结构图

Zardoya 和 Meyer 通过对 19 种亲缘关系明确的脊椎动物线粒体基因中 13 个蛋白质编码基因进行分析，发现 NDZ、ND4、NDS、Cytb 和 COI 进化较快，有良好的系统发育信息，可较好地反映物种的进化历史；COII、COIII、NDI 和 ND6 进化较慢，有一定的系统发育信息；而 ATPase6、ATPase8、ND4L 和 ND3 进化最慢，无法很好地提供系统发育信息。线粒体蛋白编码基因进化较快，是解决科、属和种等较低分类阶元的有力标记，其中对 COI 和 Cytb 的研究最为广泛。

COI 基因是线粒体编码的 3 种细胞色素氧化酶亚基之一，其分子质量最大、功能结构域保守，其序列不仅可以区分分化时间较远的种类，而且存在足够的变异，可区分亲缘关系很近的种类并应用于不同分类阶元层次上的分子系统学研究。Hebert 等通过对不同类群动物的 mtDNA COI 的碱基序列和氨基酸序列进行分析后，认为该序列可作为动物物种鉴定的核心序列，提出利用该序列作为物种的 DNA 条形码进行生物学鉴定，其应用包括脊索动物门（Chordata）中的各种鼠类。Robins 等通过对博物馆标本的测序比较，评估了基于 mtDNA COI 的条形码技术在鼠类鉴定中的准确性，其鉴定结果具有较高的一致性，并在此基础上尝试使用约 200 bp 的 COI 对考古标本进行鉴定，亦获得较高的准确性。

Cytb 基因是线粒体 13 个蛋白质编码基因中研究最清楚的基因，位于 mtDNA 的 H 链，编码以铁卟啉为辅基的色蛋白。进化速率适中，在物种的分类鉴定中准确性较高。

线粒体非蛋白编码基因包括 rRNA 基因、tRNA 基因和复制控制区（D-loop 和 L-链复制起始区）。其中的 tRNA 基因大部分分散在 rRNA 基因和蛋白质编码基因周围，其片段较短，很少应用于分类学研究。16S rDNA 和 12S rDNA 参与合成线粒体自身的核糖体，分别约占整个 mtDNA 的 1/10 和 1/16。相对于线粒体的蛋白质编码基因，16S rDNA 非常保守，可以解决高阶元的分类地位；12S rDNA 通常用来解决中间阶元的分类地位。

D-Loop 区位于 H 链，不编码蛋白，其在线粒体基因组中进化速度最快，碱基替换率比其他区域高 5～10 倍。目前动物线粒体 DNA 控制区基因是动物种群遗传学、分子生态学和系统地理学研究中非常有效和最灵敏的遗传标记。

综上所述，线粒体 COI 基因作为 DNA barcoding，基本符合 DNA 条形码的标准要求。同时，线粒体 Cytb 基因和 D-Loop 区在物种鉴定中也有较高的应用价值。

昆虫作为世界上物种数量最多的类群，其在分类上存在大量争议，并且，目前尚有大量种类有待我们去发现、描述和命名，因此其分类任务复杂而艰巨。DNA barcoding 具有客观、简便、准确、快速、易操作等优点，它的出现弥补了传统形态分类的诸多不足，为提高昆虫物种鉴定效率、发现新种和隐存种、研究系统进化关系、保护昆虫物种资源多样性等提供了新的研究方法。

二、DNA 条形码技术方法

（一）DNA barcoding 技术流程

目前作为 DNA barcoding 使用的 COI 基因是靠近 5' 末端的约 650 bp 的一段序列。DNA barcoding 的技术流程（图 16-2），主要包括样品获取、DNA 提取、PCR 扩增、序列测定、序列比对及根据序列差异进行物种判别。

（二）DNA barcoding 技术操作

1. 准备

（1）仪器

超净工作台、生物安全柜、研磨器、PCR 仪、离心机、分光光度仪、凝胶成像仪、电泳仪、割胶台和测序仪等仪器。

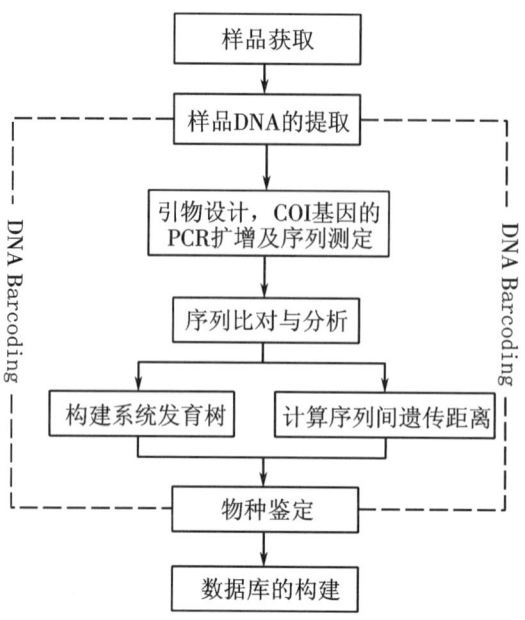

图 16-2　DNA barcoding 的技术流程

（2）试剂

DNA 提取试剂盒、Taq DNA 聚合酶、DL1000 marker、DL2000 marker、10×PCR buffer、2.5mM dNTPs、引物、无菌去离子水、琼脂糖、EB、DNA 纯化试剂盒、测序试剂盒。

（3）计算机

可以连接互联网的计算机，或具有本地数据库的计算机。

2. 样品

按实验要求采集标本，样品最好新鲜，能满足 DNA 提取需要。采集时要符合生物安全规定要求。

3. 检测

（1）生物安全防护要求：生物安全防护应符合《Biosafety in Microbiological and Biomedical Laboratories》要求。

（2）模板 DNA 提取：可以采取商品化的试剂盒或自己配制的试剂提取 DNA。不同的组织样品可以选择不同的提取试剂，有些放置时间过久或腐败变质的标本，受到物理、化学、生物降解等方面的作用，加大了 DNA 的提取难度，故在 DNA 提取时，要根据标本的情况，选择不同组织，采取不同方法提取 DNA。

（3）模板保藏：DNA 模板提好后，尽可能在短时间内进行核酸扩增，如需保藏，则要选择合适的保藏方式,在4℃冰箱内,模板可以保藏48 h;在-20℃低温冰箱内,模板可以保藏2周;在-80℃超低温冰箱或液氮中,模板可以长期保藏。如果保藏不当,DNA模板降解,影响核酸扩增。

(4)PCR扩增

引物序列与扩增片段大小见下表。

目标片段	引物名称	引物序列	扩增片段大小
COI	LCO1490	5′-GGTCAACAAAT-CATAAAGATATTGG-3′	~650bp
	HCO2198	5′-TAAACTTCAGGGT-GACCAAAAAATCA-3′	

扩增体系(20 μL)

序号	成分	体积(μL)	加样顺序
A	10×buffer	2μL	1
B	2.5mM dNTPs	2μL	2
C	上游引物	1μL(终浓度500nmol)	3
D	下游引物	1μL(终浓度500nmol)	4
E	模板	终浓度500nmol	5
F	Taq酶	0.4μL(终含量为2U)	6
G	无菌去离子水	补足至20μL	7

扩增条件:95℃ 5 min 1cycle

95℃ 1 min
58℃ 1 min } 30 cycles
72℃ 1 min

72℃ 5 min

(5)电泳:1%的凝胶,PCR扩增产物上样量为5 μL,电压为80~100 V,电泳时间为1 h。

(6)PCR产物纯化

用DNA纯化试剂盒,选择目的条带清晰的扩增产物进行纯化。

(7)测序

在10 μL的测序反应体系中,BigDie 0.5 μL,5×buffer 1.75 μL,单向引物0.5 μL,灭菌去离子水6.25 μL,再加DNA模板1 μL。反应条件:96 ℃预变性1 min;96 ℃变性10 s,50 ℃退火5 s,60℃延伸4 min,共25个循环;4 ℃终延伸7 min。测序反应后,根据OME-

GA Mag—Bind SE DTR Kit 试剂盒进行测序反应后纯化。将纯化后产物溶于 Applied Biosystems Hi—Di Formamide 试剂,测序。

4. 测序结果拼接

首先用 Chromos 软件观察测序峰图,评价测序质量,然后通过美国 DNAStar 公司发布的综合性序列工具软件 LaserGene v7.1 的 SeqMan 程序拼接测序文件。

5. 数据比对

首先将拼接后的序列数据提交至 BOLD(The Barcode of Life Data System)进行比对。若 BOLD 匹配不上,或相似性太低,可通过 NCBI(National Center for Biotechnology Information)的 BLAST 工具将序列与 Genbank 数据库进行比对。

6. 结果判定

在 BOLD 或 NCBI 检索中获得 98% 以上相似性(Similarity)的最优匹配物种判定为分子鉴定结果。

注:分子鉴定结果可为物种鉴定提供依据,但分子鉴定结果不可直接作为物种鉴定的结果使用。

第三节　DNA barcoding 在病媒生物分类中的应用

DNA barcoding 最基本的用途是物种间的相互区别和新物种的发现。由这两个用途衍生出许多其他用途,比如:物种多样性分析、发现隐存种、监测外来物种入侵、检验检疫中的快速物种鉴定等。

目前,DNA barcoding 技术已经应用于昆虫纲 26 个目的种类鉴定(表 16-1),已经公布的 COI 序列主要集中在物种多样性较为突出的鳞翅目、膜翅目、双翅目、鞘翅目、毛翅目和半翅目。最早将 DNA barcoding 技术应用于昆虫分类研究的是加拿大 Guelph 大学的 Hebert 教授,他基于 COI 序列对双翅目、鞘翅目、膜翅目和鳞翅目昆虫进行序列差异分析,其结果显示鳞翅目具有较低的序列分歧。此后,Herbert 等又基于 COI 基因证明了双带蓝闪弄蝶 *Astraptes fulgerator* 实际上是 10 种蝴蝶的混合种团。针对长久保存的馆藏标本,人

表 16-1　DNA barcoding 在昆虫纲部分种类中的应用（引自 BOLD，截止 2017 年 6 月）

目（Order）	已公布的 COI 序列数目	目（Order）	已公布的 COI 序列数目
蜚蠊目 Blattodea	7 356	脉翅目 Neuroptera	10 318
鞘翅目 Coleoptera	40 7204	恐蠊目 Notoptera	6
革翅目 Dermaptera	2 165	蜻蜓目 Odonata	25 559
双翅目 Diptera	2 034 233	直翅目 Orthoptera	31 296
纺足目 Embioptera	317	竹节虫目 Phasmatodea	1 057
蜉蝣目 Ephemeroptera	26 462	襀翅目 Plecoptera	14 006
半翅目 Hemiptera	286 585	啮虫目 Psocoptera	36 154
膜翅目 Hymenoptera	888 609	蛇蛉目 Raphidioptera	213
等翅目 Isoptera	6 464	蚤目 Siphonaptera	1 491
鳞翅目 Lepidoptera	1 291 988	捻翅目 Strepsiptera	514
螳螂目 Mantodea	2 409	缨翅目 Thysanoptera	21 593
长翅目 Mecoptera	1 852	毛翅目 Trichoptera	66 224
广翅目 Megaloptera	2 016	缺翅目 Zoraptera	4

们提出了 DNA 微型条形码（mini-barcode）技术（约 130bp 的 COI 序列），起初这项技术被应用于寄生蜂的种类鉴定。Hajibabaei 等利用 DNA barcoding 对鳞翅目 3 科 521 种昆虫进行分类鉴定，其结果证明 DNA barcoding 具有很高的准确性。Linares 等利用 DNA barcoding 技术研究了马达加斯加特有的蝴蝶 Heteropsis 的进化多样性。Jurado-Rivera 等通过 DNA barcoding 研究了鞘翅目叶甲类昆虫与寄主植物之间的关系。Gauthier 基于微卫星序列和 COI 序列研究了鞘翅目小蠹亚科 683 个样本的分类关系，证明了同一种 Hypothenemus hampei 中存在隐存复合体。Seabra 等通过 DNA barcoding 对沫蝉 Philaenus spumarius 进行了准确的分类鉴定。Virgilio 等比较了 DNA barcoding 在昆虫纲鞘翅目、双翅目、半翅目、膜翅目、鳞翅目和直翅目中的鉴定效率，其结果显示在没有数据库资料作为参照的情况下，利用 DNA barcoding 进行物种鉴定的效率会受到一定的影响。Zhou 等测定了毛翅目石蛾类昆虫 1 000 余条 COI 基因序列，并基于这些序列构建了 DNA barcoding 参考数据库。Park 等通过 DNA barcoding 研究了半翅目 178 属 344 种蝽类的分类关系，揭示了隐存种的存在。Elderkin 等利用 DNA barcoding 成功地鉴定了两种蜉蝣：Hexagenia limbata 和 Hexagenia rigida 的幼虫，而这两种蜉蝣在幼虫阶段是无法通过形态特征予以区分的。Lee 等基于 DNA barcoding 对鞘翅目、半翅目和鳞翅目 77 种昆虫进行分类鉴定，证明了 DNA barcode 在林木害虫鉴定方面的有效性。Smith 等研究了 DNA barcoding 在昆虫共生菌 *Wolbachia* 存在情况下的鉴定效率，其结果表明 DNA barcoding 对昆虫的种类鉴定不会受到 *Wolbachia* DNA 的影响。

近年来，我国昆虫学家也利用 DNA barcoding 开展了大量的研究，并取得了丰硕的成果。如安榆林等通过 COI 基因研究了鞘翅目光肩星天牛的种间遗传差异。付景和张迎春基于 DNA barcoding 探讨了鞘翅目瓢虫科的分类关系。欧阳小艳等基于 COI 基因比较了 DNA barcoding 在口岸医学媒介蚊类识别中的准确性。Zhang 等将 DNA barcoding 与反向传播神经网络（Back-Propa-gation Neural Networks）相结合，提出了基于 BP 人工神经网络的物种鉴定新方法；并且，他们通过数据模拟验证了基于 BP 物种鉴定的可行性，成功地鉴定了东亚步甲和哥斯达黎加弄蝶。范京安等基于 COI 基因对双翅目实蝇科 12 属 36 种昆虫进行分类鉴定，其结果证实了 DNA barcoding 在果实蝇鉴定中具有较高的准确率。Zhang 等通过计算机模拟与实例研究相结合，提出了与 DNA barcoding 相关的物种取样策略，并给出了关键取样量的计算方法。Zhang 等将模糊集合理论与 DNA 条形码相结合，成功地对蝶类和蝇类昆虫进行分类鉴定。岳巧云等通过 COI 基因对形态无法区分的鞘翅目幼虫进行鉴定，证实了 DNA barcoding 在幼虫种类鉴定中的准确性和实用性。Zhang 等通过 DNA barcoding 证明了内寄生蜂 Anicetus 具有很强的寄主特异性。梁亮等测定了 25 种果实蝇的 155 条 COI 条形码序列，验证了 COI 基因对果实蝇属的鉴定效率。Zhang 等将生物信息学方法（DV-RBF 和 FJ-RBF）引入 DNA barcoding 技术中，证明了新方法的优越性。中国科学院动物研究所 Chesters 等基于 COI 基因与核基因 28S rDNA 序列，揭示了膜翅目跳小蜂科中的 *Encyrtus sasakii* 包含了 3 个隐存种。刘慎思等将 DNA barcoding 应用于桔小实蝇幼虫及成虫残体的分类鉴定。乔玮娜等将 DNA 条形码技术应用于蓟马分类研究，验证了 DNA 条形码在蓟马快速准确鉴别中的有效性。Dai 等基于 COI 基因以及 ITS1 和 ITS2 基因对松毛虫近缘种进行了分类鉴定，并构建了相关类群的系统演化关系。

第四节 DNA barcoding 存在的问题

DNA barcoding 的出现表明了生物微观特征进入分类学研究的趋势。然而，如同一切新生事物一样，DNA barcoding 从开始提出就存在许多争议。目前，这种争论仍然非常激烈,其焦点主要集中在两个方面:一是 DNA barcoding 与传统分类学的关系;二是关于 DNA barcoding 的一些技术问题。

一、DNA barcoding 与传统分类学的关系

传统的生物分类学是以众多的形态特征为基础,而 DNA 序列可以被看作众多特征中的一个。因此,有研究者认为不应赋予 DNA 序列高于其他特征的"特权",仅仅以有限的 DNA 序列作为鉴定物种的依据可能会存在说服力不足的问题。因此,关于 DNA barcoding 与分类学的关系,合理的看法应该是把 DNA barcoding 定义为一个有前途的技术工具,其作用应该是服务于分类学而不是取代分类学。DNA barcoding 的初衷是提供一个简便的物种鉴定方法,然而在分类研究中,研究者时常遇到两个问题,一是物种的区分与鉴定,二是定义新发现的物种,DNA 序列在这两个方面都具有应用的潜力。因此有学者指出,这两种相近的潜力必须予以区别,强调物种鉴定而非物种定义是 DNA barcoding 技术的基本功能。DNA 序列用于区别不同物种是可行的,例如在检疫鉴定方面用以区别形态学上十分相近的物种。但用于定义物种,或者仅仅依据 DNA 的差别定义物种是不充分的。

二、关于 DNA barcoding 的几个技术性问题

(一)DNA barcoding 标记基因的选择及取样数量

使用什么序列作为 DNA Barcoding 的问题存在诸多争论,仅以 COI 基因的部分序列作为 Barcoding 可能是不充分的。Hebert 等基于对鸟类的研究,提出 10 倍于种内差异可以作为界定物种的界线,并提议将此界线作为一个通用标准。但 COI 是一个处在不断变化中的基因,而且人们已经发现 COI 基因序列在某些物种的同种个体间也存在非常大的差异。因此,决定采用什么基因序列作为 Barcoding 和划定什么样的界线作为物种界定的问题尚待商榷。与此相关联的还有取样数量的问题,即多少个体可以代表一个物种。由于不同类群的种内差异与种间差异是未知的,所以必须有充足的样本来反映种间差异与种内差异,依此来制定一个鉴别的标准,而且对于不同的类群,这个标准可能会有差异。

(二)与形态分类系统的兼容问题

形态分类系统已经被广泛应用了200多年,当今的生物分类主要基于此系统。新出现的 DNA barcoding 必须解决与此系统的兼容问题。在形态分类系统出现并不断完善的过程中,人们依据形态分类命名了大量的物种。要获取 DNA barcoding 需要的基因片段,最可靠的方法就是直接从这些物种的模式标本取样。然而,某些物种的模式标本已经遗失,有的也因年代过于久远而无法取样。并且这些标本通常具有重要的分类学价值,提取 DNA 的操作对于标本具有破坏性,因此把 DNA barcoding 用于珍贵的模式标本是不合适的。对于这个问题可以采取使用一般标本的方式作为折中,但这种处理方式可能导致 DNA barcoding 系统与林奈分类系统在对应上出现偏差。

(三)存在基因序列的干扰

细胞内含有大量的不同 DNA 序列,包括自身序列以及非自身序列,这就导致出现干扰的可能。在造成干扰的因素中,核基因是一个主要的方面。核基因组里存在线粒体基因的同源序列(假基因,pseudo-gene),如果这些序列被错误用作 DNA barcoding,将会引起严重干扰。但由于核基因组里的线粒体同源序列为假基因,不被表达,所以细胞中不存在相应的 RNA,可以通过 RT-PCR 的方法予以解决。

此外,由共生微生物导致的干扰也是亟待解决的问题。昆虫体内存在共生微生物的现象十分普遍,比如 *Wolbachia*。近年来的研究发现,这些共生体可对线粒体发生选择作用,使线粒体差异发生增大或减小的变化,进而使得线粒体 DNA 的进化偏离中性进化。这种影响对依据 COI 片段差异判定物种的 DNA barcoding 技术有着非常严重的影响。比如,地理分布上相距较远的同种生物因共生体的不同可能会导致线粒体 DNA 序列的差异变大,从而出现一个物种具有多个不同 COI barcoding 的情况。这种现象在果蝇 *Drosophila simulans* 中已被发现。另外,一种共生体生物可以寄生于不同的物种,从而可能导致两种生物对应一个 COI barcoding 的情况。这些可能的影响都将使一条 COI barcoding 对应一个物种的设想不能实现。针对这类问题,有研究者建议联合使用核基因予以解决。

在通常情况下,同一物种中不同个体的 DNA 序列存在一定的差别,但是其差别通常并不显著。基于这样的假设,DNA barcoding 使用的基因片段可以依据相似性产生一个线索,进而对该样本是否属于某个物种提供数据上的支持或者不支持。所以,DNA barcoding 应该是一个用于检索的线索而非一个传统意义上的"Barcode"。在某种意义上,DNA barcoding 更应该被视为一个物种所具有的众多特征中的一个特征,因此,人们应当将DNA序列作为与形态特征等宏观特征并列的特征进行记录。

对于昆虫分类学而言,DNA barcoding 的提出具有十分积极的一面。同时,如同任何新技术刚刚出现时一样,它也不可避免地要面临一些问题。但是,DNA作为一种微观特征加入到分类研究中是大势所趋。将分子生物学技术应用于分类学是一个巨大的进步,它使分类学发展到了分子水平。尽管DNA barcoding 技术不能解决所有问题,但是它仍然可以作为一件有用的工具服务于昆虫分类与系统学。

第五节 境外重要病媒生物 DNA 条形码索引

境外重要病媒生物 DNA 条形码索引列表如下:

蚊类

1. 须喙按蚊（*Anopheles barbirostris*）

BIN（Cluster ID）:BOLD:AAA5683
genbank 登录号:KF564683

2. 五斑按蚊（*Anopheles maculipennis*）

BIN（Cluster ID）: BOLD:AAA9632
genbank 登录号:KM258231

3. 米赛按蚊（*Anopheles messeae*）

BIN（Cluster ID）:BOLD:ABY8239
genbank 登录号:KM258223

4. 四斑按蚊（*Anopheles quadrimaculatus*）

BIN（Cluster ID）:BOLD:AAC2281

genbank 登录号：GU908030

5. 阿拉伯按蚊（*Anopheles arabiensis*）

BIN（Cluster ID）：未见报道
GenBank 登录号：KR152334

6. 冈比亚按蚊（*Anopheles gambiae*）

BIN（Cluster ID）：BOLD：AAA3436
genbank 登录号：GU908008

7. 邪恶按蚊（*Anopheles funestus*）

BIN（Cluster ID）：BOLD：AAE4015
genbank 登录号：JQ424682

8. 微小按蚊（*Anopheles minimus*）

BIN（Cluster ID）：BLOD：AAB5964
genbank 登录号：HQ398936

9. 大劣按蚊（*Anopheles dirus*）

BIN（Cluster ID）：未见报道
genbank 登录号：AJ877445

10. 斯氏按蚊（*Anopheles stephensi*）

BIN（Cluster ID）：BOLD：AAC5735
genbank 登录号：KJ528887

11. 达氏按蚊（*Anopheles darlingi*）

BIN（Cluster ID）：BOLD：AAA2442
genbank 登录号：JF923695

12. 埃及伊蚊（*Aedes aegypti*）

BIN（Cluster ID）：BOLD：AAA4210

genbank 登录号：GU907841

13. 非洲伊蚊（*Aedes africanus*）

BIN（Cluster ID）：BOLD：AAF2687

genbank 登录号：GQ165786

14. 白纹伊蚊（*Aedes albopictus*）

BIN（Cluster ID）：BOLD：AAA5870

genbank 登录号：AB690835

15. 庸俗伊蚊（*Aedes bromeliae*）

未见报道

16. 波利尼西亚伊蚊（*Aedes polynesiensis*）

未见报道

17. 刺扰伊蚊（*Aedes vexans*）

IN（Cluster ID）：BOLD：AAA7067

genbank 登录号：GU907989

18. 日本骚扰蚊（*Ochlerotatus japonicus*）

未见报道

19. 背点骚扰蚊（*Ochlerotatus dorsalis*）

BIN（Cluster ID）：BOLD：ACE6286

genbank 登录号：JQ246392

20. 柯氏骚扰蚊（*Ochlerotatus grossbecki*）

BIN（Cluster ID）：未见报道
genbank 登录号：GU907902

21. 凶小库蚊（*Culex modestus*）

BIN（Cluster ID）：BOLD：AAJ7317
genbank 登录号：JN592730

22. 尖音库蚊（*Culex pipiens*）

BIN（Cluster ID）：BOLD：AAA4751
genbank 登录号：GU908074

23. 三带喙库蚊（*Culex tritaeniorhynchus*）

BIN（Cluster ID）：BOLD：ACB9497
genbank 登录号：AB690845

24. 环喙库蚊（*Culex annulirostris*）

BIN（Cluster ID）：BOLD：AAG3833
genbank 登录号：KU494995

25. 环跗库蚊（*Culex tarsalis*）

BIN（Cluster ID）：BOLD：ABY6040
genbank 登录号：GU908102

26. 褐尾路蚊（*Luztia fuscana*）

BIN（Cluster ID）：未见报道
genbank 登录号：KF407918

27. 黑尾脉毛蚊（*Culiseta melanura*）

BIN（Cluster ID）：BOLD：AAA7661

genbank 登录号：JX260675

28. 理氏柯蚊（*Coquillettidia richiardii*）

BIN（Cluster ID）：BOLD：AAS0072

genbank 登录号：KM258206

29. 大树吸蚊（*Haemagogus janthinomys*）

BIN（Cluster ID）：BOLD：AAU1467

genbank 登录号：MF172319

30. 多环曼蚊（*Mansonia annulifera*）

BIN（Cluster ID）：BOLD：AAF2325

genbank 登录号：KJ412466

31. 常型曼蚊（*Mansonia uniformis*）

BIN（Cluster ID）：BOLD：ACB9034

genbank 登录号：GQ165799

32. 白翅煞蚊（*Sabethes chloropterus*）

未见报道

蚋类

1. 盖宁蚋（*Simulium guianense*）

未见报道

2. 爬蚋（*Simulium reptans*）

BIN（Cluster ID）：BOLD：AAA9950

genbank 登录号：EU025970

3. 马维蚋（*Simulium equinum*）

BIN（Cluster ID）：BOLD：AAM3554

genbank 登录号：KP861115

白蛉

1. 东方白蛉（*Phlebotomus orientalis*）

BIN（Cluster ID）：未见报道

genbank 登录号：KR020559

2. 中华白蛉（*Phlebotomus chinensis*）

BIN（Cluster ID）：BOLD：ACQ4478

genbank 登录号：KF137543

蠓类

1. 灰黑库蠓（*Culicoides pulicaris*）

BIN（Cluster ID）：未见报道

genbank 登录号：HQ824420

2. 不显库蠓（*Culicoides obsoletus*）

BIN（Cluster ID）：BOLD：AAG6513

genbank 登录号：KT089881

3. 环斑库蠓（*Culicoides circumscriptus*）

BIN（Cluster ID）：BOLD：ACG0258

genbank 登录号：KF145180

4. 荒川库蠓（*Culicoides arakawai*）

BIN（Cluster ID）：未见报道

genbank 登陆号：kY857610

5. 尖喙库蠓（*Culicoides oxystoma*）

BIN（Cluster ID）：BOLD：AAD1856

genbank 登录号：KF528692

6. 原野库蠓（*Culicoides homotomus*）

未见报道

7. 台湾蠛蠓（*Lasiohelea taiwana*）

BIN（Cluster ID）：ACQ6088

gerbank 登录号：KF528689

虻类

1. 芹状斑虻（*Chrysops silacea*）

未见报道

2. 分叉斑虻（*Chrysops dimidiata*）

未见报道

3. 高额麻虻（*Haematopota pluvialis*）

BIN（Cluster ID）：BOLD：AAI6521

genbank 登录号：KC192969

4. 黑胫黄虻（*Atylotus rusticus*）

未见报道

5. 特殊瘤虻（*Hybomitra peculiaris*）

未见报道

6. 断纹虻（*Tabanus striatus*）

BIN（Cluster ID）：BOLD：AAU6717
genbank 登录号：KM111696

蜱类

1. 全沟硬蜱（*Ixodes persulcatus*）

BIN（Cluster ID）：BOLD：AAI7936
genbank 登录号：JQ625687

2. 篦子硬蜱（*Ixodes ricinus*）

BIN（Cluster ID）：BOLD：AAZ2224
genbank 登录号：GU074902

3. 肩突硬蜱（*Ixodes scapularis*）

BIN（Cluster ID）：BOLD：AAA1270
genbank 登录号：JQ350479

4. 太平洋硬蜱（*Ixodes pacificus*）

未见报道

5. 六角硬蜱（*Ixodes hexagonus*）

BIN（Cluster ID）：BOLD：ACI1169

genbank 登录号：JX394196

6. 亚洲璃眼蜱（*Hyalomma asiaticum*）

BIN（Cluster ID）：BOLD：ACQ0961

genbank 登录号：JQ737073

7. 小亚璃眼蜱（*Hyalomma anatolicum*）

BIN（Cluster ID）：BOLD：ABW7307

genbank 登录号：KM235710

8. 麻点璃眼蜱（*Hyalomma rufipes*）

未见报道

9. 截形璃眼蜱（*Hylomma truncatum*）

未见报道

10. 变异革蜱（*Dermacentor variabilis*）

BIN（Cluster ID）：BOLD：AAE7406

genbank 登录号：KM831304

11. 安氏革蜱（*Dermacentor andersoni*）

BIN（Cluster ID）：未见报道

genbank 登录号：KX360395

12. 边缘革蜱（*Dermacentor marginatus*）

BIN（Cluster ID）：BOLD：AAL1447

genbank 登录号：JQ625696

13. 网纹革蜱（*Dermacentor reticulatus*）

BIN（Cluster ID）：BOLD：AAL1453

genbank 登录号：AF132829

14. 草原革蜱（*Dermacentor nuttalli*）

BIN（Cluster ID）：未见报道

genbank 登录号：KU594271

15. 白纹革蜱（*Dermacentor albipictus*）

BIN（Cluster ID）：BOLD：ACQ1936

genbank 登录号：GU968835

16. 金泽革蜱（*Dermacentor auratus*）

未见报道

17. 血红扇头蜱（*Rhipicephalus sanguineus*）

BIN（Cluster ID）：BOLD：AAU2924

genbank 登录号：JQ625681

18. 斑马扇头蜱（*Rhipicephalus pulchellus*）

BIN（Cluster ID）：BOLD：AAJ4628

genbank 登录号：AY008682

19. 美洲花蜱（*Amblyomma amaricanum*）

BIN（Cluster ID）：BOLD：AAF9225

genbank 登录号：未见报道

20. 变异花蜱（*Amblyomma variegatum*）

IN（Cluster ID）：BOLD：AAR3511

genbank 登录号:GU062743

21. 距刺血蜱（*Haemaphysalis spinigera*）

未见报道

22. 嗜群血蜱（*Haemaphysalis concinna*）

BIN（Cluster ID）:BOLD:ACH7916
genbank 登录号:JX394183

23. 刻点血蜱（*Haemaphysalis punctata*）

BIN（Cluster ID）:BOLD:ABX1743
genbank 登录号:FN394336

24. 乳突钝缘蜱（*Ornithodoros papillipes*）

未见报道

25. 拉哈尔钝缘蜱（*Ornithodoros lahorensis*）

未见报道

26. 蒙巴塔钝缘蜱（*Ornithodoros moubata*）

未见报道

27. 朴谧钝缘蜱（*Ornithodoros savignyi*）

未见报道

28. 波斯锐缘蜱（*Argas persicus*）

BIN（Cluster ID）:BOLD:ACG2419
genbank 登录号:FN394341

蝇类

1. 须舌蝇(*Glossina palpalis*)

BIN(Cluster ID):BOLD:AAM2082

genbank 登录号:FJ387518

2. 缨角舌蝇(*Glossina pallicera*)

BIN(Cluster ID):未见报道

genbank 登录号:EU591863

3. 乌腹舌蝇(*Glossina caliginea*)

BIN(Cluster ID):未见报道

genbank 登录号:FJ767879

4. 捷舌蝇(*Glossina tachinoides*)

BIN(Cluster ID):未见报道

genbank 登录号:MG234548

5. 白足舌蝇(*Glossina pallidipes*)

BIN(Cluster ID):未见报道

genbank 登录号:HQ702354

6. 长须舌蝇(*Glossina longipalpis*)

未见报道

7. 刺舌蝇(*Glossina morsitans*)

BIN(Cluster ID):BOLD:AAL3708

genbank 登录号:JQ246706

8. 粪种蝇(*Adia cinerella*)

未见报道

9. 夏厕蝇(*Fannia canicularis*)

BIN(Cluster ID): BOLD:AAF7101
genbank 登录号:JX438029

10. 厩腐蝇(*Museina paseuorum*)

BIN(Cluster ID): BOLD:AAF6582
genbank 登录号:KF030501

11. 古铜黑蝇(*Ophyra aenescens*)

BIN(Cluster ID): 未见报道
genbank 登录号:KP161703

12. 家蝇(*Musca domestica*)

BIN(Cluster ID): BOLD:AAA6020
genbank 登录号:JX402726

13. 黑边家蝇(*Musca hervei*)

未见报道

14. 市蝇(*Musca domestica*)

BIN(Cluster ID): BOLD:AAA6021
genbank 登录号:EU627693

15. 厩螫蝇(*Stomoxys calcitrans*)

BIN(Cluster ID): BOLD:AAA3181
genbank 登录号:KR435442

16. 丝光绿蝇（*Lucilia sericata*）

BIN（Cluster ID）：BOLD：AAA6618

genbank 登录号：JX438041

17. 红头丽蝇（*Calliphora vicina*）

BIN（Cluster ID）：BOLD：AAB6579

genbank 登录号：KX422283

18. 大头金蝇（*Chrysomya megacephala*）

BIN（Cluster ID）：BOLD：AAA5667

genbank 登录号：MF695701

19. 次生锥蝇（*Cochliomyia macellaria*）

BIN（Cluster ID）：BOLD：AAD7771

genbank 登录号：KC617815

20. 红尾粪麻蝇（*Bercaea africa*）

BIN（Cluster ID）：未见报道

genbank 登录号：KU746574

21. 羊狂蝇（*Oestrus ovis*）

BIN（Cluster ID）：未见报道

genbank 登录号：AF257118

蚤类

1. 人蚤（*Pulex irritans*）

BIN（Cluster ID）：BOLD：ACS4923

genbank 登录号：KF479246

2. 印鼠客蚤（*Xenopsylla cheopis*）

BIN（Cluster ID）：未见报道
genbank 登录号：KF437545

3. 亚洲客蚤（*Xenopsylla astia*）

未见报道

4. 巴西客蚤（*Xenopsylla brasiliensis*）

未见报道

5. 非洲客蚤（*Xenopsylla africanis*）

未见报道

6. 沙鼠客蚤（*Xenopsylla philoxera*）

未见报道

7. 猫栉首蚤指名亚种（*Ctenocephalides felis felis*）

BIN（Cluster ID）：BOLD：ACM4372
genbank 登录号：KF684894

8. 犬栉首蚤（*Ctenocephalides canis*）

BIN（Cluster ID）：未见报道
genbank 登录号：KP684212

9. 缓慢细蚤（*Leptopsylla segnis*）

未见报道

10. 方形黄鼠蚤蒙古亚种（*Citellophilus tesquorum mongolicus*）

BIN（Cluster ID）：未见报道

genbank 登录号：KM890971

臭虫

1. 热带臭虫（*Cimex hemipterus*）

BIN（Cluster ID）：BOLD：AAR9233

genbank 登录号：KF018755

2. 温带臭虫（*Cimex lectularius*）

BIN（Cluster ID）：BOLD：AAJ3629

genbank 登录号：KR044731

猎蝽

1. 侵扰锥猎蝽（*Triatoma infestans*）

BIN（Cluster ID）：BLOD：AAA9125

genbank 登录号：EF483824

2. 长红猎蝽（*Rhodnius prolixus*）

BIN（Cluster ID）：BOLD：AAX8922

genbank 登录号：AF449138

3. 大全园蝽（*Panstrongylus megistus*）

BIN（Cluster ID）：BOLD：AAI5329

genbank 登录号：AF021179

虱类

1. 体虱（*Pediculus humanus humanus*）

BIN（Cluster ID）：BLOD：AAA1556
genbank：AY239287

2. 头虱（*Pediculus humanus capitis*）

BIN（Cluster ID）：未见报道
genbank 登录号：AY316753

3. 阴虱（*Phthirus pubis*）

BIN（Cluster ID）：未见报道
genbank 登录号：AY696000

蜚蠊

1. 东方蜚蠊（*Blatta orientalis*）

BIN（Cluster ID）：BOLD：AAG9954
genbank 登录号：KU494081

2. 美洲大蠊（*Periplaneta americana*）

BIN（Cluster ID）：BOLD：AAB8495
genbank 登录号：KC617846

3. 澳洲大蠊（*Periplaneta australasiae*）

BIN（Cluster ID）：BOLD：AAE0979
genbank 登录号：KF640069

4. 黑胸大蠊（*Periplaneta fuliginosa*）

BIN（Cluster ID）：BLOD：AAI4718

genbank：AB490031

5. 德国小蠊（*Blattella germanica*）

BIN（Cluster ID）：BOLD：AAF5944

genbank 登录号：KU494084

6. 长须蜚蠊（*Supella longipalpa*）

BIN（Cluster ID）：BOLD：AAD2182

genbank 登录号：KC617802

7. 苏里南蔗蠊（*Pycnoscelus surinamensis*）

BIN（Cluster ID）：BOLD：ACF5863

genbank 登录号：KF155121

8. 古巴绿蠊（*Panchlora nivea*）

BIN（Cluster ID）：未见报道

genbank 登录号：MF458784

螨类

1. 地里纤恙螨（*Leptotrombidium deliense*）

BIN（Cluster ID）：BOLD：ACH4776
genbank 登录号：HQ324981

2. 小板纤恙螨（*Leptotrombidium scutellare*）

BIN（Cluster ID）：BOLD：AAX5781

genbank 登录号：AB300498

3. 格氏血厉螨（*Haemolaelaps glasgowi*）

未见报道

4. 毒厉螨（*Laelaps echidninus*）

未见报道

5. 人疥螨（*Sarcoptes scabiei*）

BIN（Cluster ID）：BOLD：ACQ1853
genbank 登录号：KJ499545

6. 粉尘螨（*Dermatophagoides farinae*）

BIN（Cluster ID）：BOLD：ACD2068
genbank 登录号：HQ823622

7. 屋尘螨（*Dermatophagoides pteronyssinus*）

BIN（Cluster ID）：BOLD：AAI9641
genbank 登录号：HQ823623

蝎类

1. 中东金蝎（*Scorpio maurus*）

BIN（Cluster ID）：BOLD：AAC3911
genbank 登录号：AY156584

2. 帝王蝎（*Pandinus imperator*）

BIN（Cluster ID）：BOLD：ACH7991

genbank 登录号：KF548115

3. 黄肥尾蝎（*Androctonus australis*）

BIN（Cluster ID）：BOLD：ACQ4832
genbank 登录号：KJ538347

4. 利比亚金蝎（*Androctonus amoreuxi*）

BIN（Cluster ID）：BOLD：ACQ4833
genbank 登录号：KJ538423

啮齿动物

1. 北美灰松鼠（*Sciurus carolinensis*）

BIN（Cluster ID）：BOLD：ACE9850
genbank 登录号：JF457110

2. 加州黄鼠（*Spermophilus beecheyi*）

未见报道

3. 南非乳鼠（*Mastomys natalensis*）

BIN（Cluster ID）：BOLD：ACE5099
genbank 登录号：KJ466183

4. 稻田家鼠（*Rattus argentiventer*）

BIN（Cluster ID）：BOLD：AAB2210
genbank 登录号：FR775835

5. 孟加拉板齿鼠（*Bandicota bengalensis*）

未见报道

6. 波氏囊鼠（*Thomomys bottae*）

BIN（Cluster ID）：BOLD：AAA5387
genbank 登录号：AY331088

7. 河狸鼠（*Myocastor coypus*）

未见报道

8. 草原暮鼠（*Calomys laucha*）

未见报道

9. 山河狸（*Aplodontia rufa*）

未见报道

10. 印度板齿鼠（*Bandicota indica*）

BIN（Cluster ID）：BOLD：ACH8740
genbank 登录号：JQ937326

11. 黑尾草原犬鼠（*Cynomys ludovicianus*）

BIN（Cluster ID）：BOLD：AAF8020
genbank 登录号：KM537961

12. 黑家鼠（*Rattus rattus*）

BIN（Cluster ID）：BOLD：AAB2207
genbank 登录号：JF444941

13. 褐家鼠（*Rattus norvegicus*）

BIN（Cluster ID）：BOLD：AAA8499

genbank 登录号：HM102312

14. 小家鼠（*Mus musculus*）

BIN（Cluster ID）：BOLD：AAA3964

genbank 登录号：JF459217

15. 缅鼠（*Rattus exulans*）

BIN（Cluster ID）：BOLD：AAB1745

genbank 登录号：JF459863

16. 尼罗河鼠（*Arvicanthis niloticus*）

未见报道

17. 欧䶄（*Clethrionomys glareolus*）

BIN（Cluster ID）：未见报道

genbank 登录号：AY332679

18. 黄喉姬鼠（*Apodemus flavicollis*）

BIN（Cluster ID）：BOLD：AAB9079

genbank 登录号：JQ935786

19. 鹿鼠（*Peromyscus maniculatus*）

BIN（Cluster ID）：BOLD：AAA3959

genbank 登录号：JF457046

20. 白足鼠（*Peromyscus leucopus*）

BIN（Cluster ID）：BOLD：AAA3869

genbank 登录号：JF457001

21. 西撒哈拉刺鼠（*Acomys cahirinus*）

BIN（Cluster ID）：BOLD：ACA0424

genbank 登录号：未见报道

（孙立新）

参考文献

[1] ALCAIDE M, RICO C, RUIZ S, et al. Disentangling vector-borne transmission networks: a universal DNA barcoding method to identify vertebrate hosts from arthropod bloodmeals[J]. Plos One, 2009, 4(9):e7092.

[2] BECKER N, PETRIĆ D, ZGOMBA M, et al. Kaiser A (2010) Mosquitoes and their control, 2nd edn. Springer-Verlag, Berlin Heidelberg, 2010, p 39.

[3] BESANSKY N J, SEVERSON D W, FERDIG M T. DNA barcoding of parasites and invertebrate disease vectors: what you don't know can hurt you.[J]. Trends in Parasitology, 2003, 19(12):545.

[4] BURZYŃSKI A, ZBAWICKA M, SKIBINSKI D O F, et al. Evidence for Recombination of mtDNA in the Marine Mussel Mytilus trossulus from the Baltic[J]. Molecular Biology & Evolution, 2003, 20(20): 388-392.

[5] COHNSTAEDT L W, LORENZA B, CACERES A G, et al. Phylogenetics of the Phlebotomine Sand Fly GroupVerrucarum(Diptera: Psychodidae: Lutzomyia)[J]. American Journal of Tropical Medicine & Hygiene, 2011, 84(6):913.

[6] MORENO C, ROMERO J, ESPEJO R T. Polymorphism in repeated 16S rRNA genes is a common property of type strains and environmental isolates of the genus Vibrio.[J]. Microbiology, 2002, 148(4): 1233-9.

[7] ONDREJICKA D A, LOCKE S A, MOREY K, et al. Status and prospects of DNA barcoding in medically important parasites and vectors[J]. Trends in Parasitology, 2014, 30(12):582-591.

[8] GROUP C P W. A DNA barcode for land plants.[J]. Proceedings of the National Academy of Sciences of the United States of America, 2009, 106(31):12794-7.

[9] CYWINSKA A, HUNTER F F, HEBERT P D. Identifying Canadian mosquito species through DNA barcodes.[J]. Medical & Veterinary Entomology, 2006, 20(4):413.

[10] DEZFULI B S, CAPUANO S, CONGIU L. Identification of Life Cycle Stages of Cyathocephalus truncatus (Cestoda: Spathebothriidea) Using Molecular Techniques[J]. Journal of Parasitology, 2002, 88(3):632-634.

[11] DENTINGER B T M, DIDUKH M Y, MONCALVO J M. Comparing COI and ITS as DNA Barcode Markers for Mushrooms and Allies (Agaricomycotina)[J]. Plos One, 2011, 6(9):e25081.

[12] DAWNAY N, OGDEN R, MCEWING R, et al. Validation of the barcoding gene COI for use in forensic genetic species identification[J]. Forensic Science International, 2007, 173(1):1-6.

[13] ELLIS R. Rethinking the value of biological specimens: laboratories, museums and the Barcoding of

Life Initiative[J]. Museum & Society, 2008, 6(2):172-191.

[14] EBERHARDT U. Methods for DNA Barcoding of Fungi[J]. Methods Mol Biol, 2012, 858(858):183-205.

[15] ERICKSON D L, KRESS W J. Future Directions[M]// DNA Barcodes. Humana Press, 2012:459-465.

[16] ROBIN F, JOÃO L, JEREMY D, et al. Common goals: policy implications of DNA barcoding as a protocol for identification of arthropod pests[J]. Biological Invasions, 2010, 12(9):2947-2954.

[17] GLENN T C. GLENN T C. Field guide to next-generation DNA sequencers. Mol Ecol Resour[J]. Molecular Ecology Resources, 2011, 11(5):759-769.

[18] HIGA Y. Dengue vectors and their spatial distribution.[J]. Japanese Journal of Tropical Medicine & Hygiene, 2011, 39(4 Suppl):17-27.

[19] GASTON K J, O'NEILL M A. Automated species identification: why not?[J]. Philosophical Transactions Biological Sciences, 2004, 359(1444):655-667.

[20] HEBERT P D, RATNASINGHAM S, DEWAARD J R. Barcoding animal life: cytochrome c oxidase subunit 1 divergences among closely related species.[J]. Proc Biol Sci, 2003, 270 Suppl 1(Suppl_1):S96.

[21] HEBERT P D N, CYWINSKA A, BALL S L, et al. Biological identifications through DNA barcodes[J]. Proceedings Biological Sciences, 2003, 270(1512):313-321.

[22] FIŠER PEČNIKAR Ž, BUZAN E V. 20 years since the introduction of DNA barcoding: from theory to application[J]. Journal of Applied Genetics, 2014, 55(1):43-52.

[23] IVANOVA N V, BORISENKO A V, HEBERT P D. Express barcodes: racing from specimen to identification[J]. Molecular Ecology Resources, 2009, 9 Suppl s1(s1):35.

[24] PUILLANDRE N, BOUCHET P, BOISSELIER-DUBAYLE M C, et al. New taxonomy and old collections: integrating DNA barcoding into the collection curation process.[J]. Molecular Ecology Resources, 2012, 12(3):396-402.

[25] KENT R J. Molecular methods for arthropod bloodmeal identification and applications to ecological and vector-borne disease studies.[J]. Molecular Ecology Resources, 2009, 9(1):4–18.

[26] KRESS W J, ERICKSON D L. DNA Barcodes: Methods and Protocols[J]. Methods in Molecular Biology, 2012, 858(11):3.

[27] KRISHNA K P, FRANCIS R A. A critical review on the utility of DNA barcoding in biodiversity conservation[J]. Biodiversity & Conservation, 2012, 21(8):1901-1919.

[28] KUCH M, ROHLAND N, BETANCOURT J L, et al. Molecular analysis of a 11 700-year-old rodent midden from the Atacama Desert, Chile[J]. Molecular Ecology, 2002, 11(5):913–924.

[29] LAURITO M, OLIVEIRA T M, ALMIRÓN W R, et al. COI barcode versus morphological identification of Culex (Culex) (Diptera: Culicidae) species: a case study using samples from Argentina and Bra-

zil.[J]. Memórias Do Instituto Oswaldo Cruz, 2013, 108 Suppl 1(8):110.

[30] LOU S K, WONG K L, LI M, et al. An integrated web medicinal materials DNA database: MMDBD (Medicinal Materials DNA Barcode Database)[J]. Bmc Genomics, 2010, 11(1):402.

[31] MÜLLER L, GONÇALVES G L, CORDEIROESTRELA P, et al. DNA Barcoding of Sigmodontine Rodents: Identifying Wildlife Reservoirs of Zoonoses[J]. Plos One, 2013, 8(11):e80282.

[32] LAURITO M, AYALA A M, ALMIRÓN W R, et al. Molecular identification of two Culex (Culex) species of the neotropical region (Diptera: Culicidae).[J]. Plos One, 2017, 12(2):e0173052.

[33] MILLER K B, ALARIE Y, WOLFE G W, et al. Association of insect life stages using DNA sequences: the larvae of Philodytes umbrinus, (Motschulsky) (Coleoptera: Dytiscidae)[J]. Systematic Entomology, 2005, 30(4):499–509.

[34] MORA C, TITTENSOR D P, ADL S, et al. How Many Species Are There on Earth and in the Ocean?[J]. PLoS Biology,9,8(2011-8-23), 2011, 9(8):e1001127.

[35] PERKINS S L, MARTINSEN E S, FALK B G. Do molecules matter more than morphology? Promises and pitfalls in parasites[J]. Parasitology, 2011, 138(13):1664.

[36] LAURENCE P, JASON G, CORY S, et al. DNA barcoding and the mediocrity of morphology. Mol. Ecol[J]. Molecular Ecology Resources, 2009, 9 Suppl s1(s1):42.

[37] RUKKE B A, CHOLIDIS S, JOHNSEN A, et al. Confirming Hypoderma tarandi (Diptera: Oestridae) human ophthalmomyiasis by larval DNA barcoding[J]. Acta Parasitologica, 2014, 59(2):301-304.

[38] RUBINOFF D. Utility of mitochondrial DNA barcodes in species conservation[J]. Conservation Biology, 2006, 20(4):1026–1033.

[39] REUBEN R, TEWARI S C, HIRIYAN J, et al. Illustrated keys to species of Culex (Culex) associated with Japanese encephalitis in Southeast Asia (Diptera: Culicidae)[J]. 1994.

[40] RATNASINGHAM S, HEBERT P D N. BOLD: The Barcode of Life Data System (www.barcodinglife.org)[J]. Molecular Ecology Notes, 2007, 7(3):355-364.

[41] RATNASINGHAM S, HEBERT P D. A DNA-based registry for all animal species: the barcode index number (BIN) system.[J]. Plos One, 2013, 8(7):e66213.

[42] RIVERA J, CURRIE D C. Identification of Nearctic black flies using DNA barcodes (Diptera: Simuliidae)[J]. Molecular Ecology Resources, 2009, 9(Supplement s1):224-236.

[43] JUDITHH R, MELANIE H, ELIZABETH M, et al. Identifying Rattus species using mitochondrial DNA[J]. Molecular Ecology Notes, 2007, 7(5):717–729.

[44] SHOKRALLA S, GIBSON J F, NIKBAKHT H, et al. Next - generation DNA barcoding: using next - generation sequencing to enhance and accelerate DNA barcode capture from single specimens[J]. Molecular Ecology Resources, 2014, 14(5):892-901.

[45] TAUTZ D. Evolutionary biology: Splitting in space[J]. Nature, 2003, 421(6920):225-6.

[46] TOWNZEN J S, BROWER A V, JUDD D D. Identification of mosquito bloodmeals using mitochondrial cytochrome oxidase subunit I and cytochrome b gene sequences[J]. Medical & Veterinary Entomology, 2008, 22(4):386-393.

[47] TAUTZ D, ARCTANDER P, MINELLI A, et al. DNA points the way ahead in taxonomy[J]. Nature, 2002, 418(6897):479.

[48] TAYLOR H R, HARRIS W E. An emergent science on the brink of irrelevance: a review of the past 8 years of DNA barcoding[J]. Molecular Ecology Resources, 2012, 12(3):377-388.

[49] VALENTINI A, POMPANON F, TABERLET P. DNA barcoding for ecologists. Trends Ecol Evol[J]. Trends in Ecology & Evolution, 2009, 24(2):110-117.

[50] VIRGILIO M, BACKELJAU T, NEVADO B, et al. Comparative performances of DNA barcoding across insect orders[J]. Bmc Bioinformatics, 2010, 11(1):1-10.

[51] VALENTINI A, POMPANON F, TABERLET P. DNA barcoding for ecologists. Trends Ecol Evol[J]. Trends in Ecology & Evolution, 2009, 24(2):110-117.

[52] VENCES M, THOMAS M, MEIJDEN A V D, et al. Comparative performance of the 16S rRNA gene in DNA barcoding of amphibians[J]. Frontiers in Zoology, 2005, 2(1):1-12.

第十七章　输入性病媒生物监测技术方法

我国多个国境口岸先后在入出境交通工具(包括船舶、航空器、列车等)上发现鼠类、蚊类、蜚蠊、蝇类、臭虫等各类输入性病媒生物,得到社会各界的更多赞誉和关注。病媒生物不但可危及交通工具如航空器飞行安全,更可通过交通工具携带入侵我国,危害人民健康,破坏生态平衡。特别是集装箱由于装运灵活快捷便利、基本无货损等优点,已成为国际上四大货物运输方式之一,呈持续快速发展势头。我国每年仅进出口海运集装箱就达1亿TEU,在来往于世界各地运输各类货物的同时,将大量境外病媒生物带入我国。伴随着跨境电商经济的迅猛发展,入境邮包快件携带输入性病媒生物传入的风险也与日俱增。我国多个口岸在入境邮包快件中发现并捕获蜚蠊、蜱类等输入性病媒生物,其中不乏不法人员私自邮寄的活的输入性病媒生物。至今全国口岸已在入境交通工具、集装箱、货物、快件、邮包等当中截获300余种数千万只输入性病媒生物,并检出数十种重要病原体,严重威胁我国口岸卫生安全,值得我们予以高度关注。

WHO《国际卫生条例(2005)》及我国《国境卫生检疫法》及其实施细则对此均有明确要求。输入性病媒生物监测工作是口岸卫生检疫执法工作的重要职责和工作内容之一,是依法施检、严把国门、服务经济、保障国门生物安全的具体体现。我们必须高度重视,全面加强,采取科学有力的监测与控制措施,严防入出境交通工具、集装箱及货物、快件及邮包携带病媒生物传入我国,更好地维护我国口岸卫生安全和生态平衡。

鉴于输入性病媒生物监测工作涉及对内对外多个方面,对现场监测人员素质和技术要求较高。现场监测人员需要掌握不同类型交通工具(集装箱)结构及各类病媒生物生态习性的基本知识、标本采集、保存运输、个人防护的相关技能和要求;在监测输入性病媒生物时,应由对方(如船方)派员陪同实施,严格遵守安全规定,避免发生安全事故和纠纷误会;

在对来自重要虫媒病疫区的、受染或存在受染可疑的交通工具、集装箱、货物、快件邮包监测采集病媒生物标本时,应做好个人防护,防止被叮咬和感染;采集的病媒生物标本应采取符合生物安全和实验室鉴定、检测要求的方式进行保存和运输;在采集过程中禁止进食、饮水、吸烟、涂驱蚊剂等。

第一节 入出境船舶病媒生物监测方法

经过我们多年的调查研究,发现不同种类病媒生物在船舶上的栖息分布规律和特征不尽相同(见表17-1)。为此在开展入出境船舶携带病媒生物监测工作时,应提前制定工作方案,做好各项准备工作,以提高工作质量和效率,确保监测工作顺利实施。

表17-1 国际航行船舶常见病媒生物种类重点监测场所

种类	重点监测场所
鼠类	1.生活区内(厨房、餐厅、食品库);2.甲板上的缆绳堆、垃圾容器、前尖舱、仓库以及货舱(不含油水舱)等
蚊类	1.后甲板(包括门洞、溢油池、对外开放的仓库间、理货房、船尾缆绳堆、绞缆机底座等);2.各层甲板及货舱舱口周围、前尖舱两侧角的阴凉避风场所墙壁下部;3.生活区(底层走廊、更衣室、驾驶台);4.室外积水场所和容器等
蝇类	1.后甲板(垃圾容器周围、缆绳堆、栏杆)、生活区外及货舱周围、上甲板;2.生活区(厨房、垃圾容器、餐厅、驾驶室、底层生活区走廊)等
蜚蠊	1.生活区(厨房、餐厅、垃圾容器周围、食品库、船员宿舱、厕所等);2.夏季应检查后甲板(对外开放的仓库间、理货房、船尾缆绳堆等)

为保证入出境船舶携带输入性病媒生物监测采集工作规范开展,在监测采集蚊类、蝇类、蠓类、蚋类等双翅目病媒生物时,要求入境船舶应白天在检疫锚地停泊期间实施检查,锚位距陆地距离不少于1 000 m,防止与当地口岸双翅目病媒生物混淆。而实施鼠类、蜚蠊侵害监测和标本采集的入出境船舶可在锚地停泊或在码头靠泊期间进行调查监测。

现场监测人员登轮后在船方人员陪同下,对入出境船舶按照一定顺序进行全面检查,特别是应重点仔细检查表17-1中所列易于藏匿病媒生物的场所,发现病媒生物阳性指征时应拍照取证,记录发现的病媒生物侵害阳性指征和标本捕获情况及捕获的位置与数量以及发现的病媒生物阳性指征情况。现场监测和标本采集完成后,根据需要测定病媒生物栖息场所的温度、湿度、风速等环境微小气候因素。索取查看船舶相关单证资料,详细了解船舶的基本情况,包括船名、船舶国籍、锚地或停靠位置、发航港、经停港、船员的健康状况以及船舶的卫生情况,及时完整填写记录表(见表 17-2),并由船长签字和加盖船舶印章,做到内容全面,准确无误。

一、鼠类监测方法

(一)目测法

1. 器具

强光手电筒。

2. 操作步骤

在船方人员陪同下,对入出境船舶进行全面检查,特别是易于藏匿鼠类的场所,重点查找鼠粪、鼠道、鼠足迹、鼠尾迹、鼠咬痕、鼠尿渍、鼠洞、鼠巢、活鼠、死鼠等能够证明鼠类存在的一切阳性指征。对发现的鼠类侵害阳性指征做好现场拍照、采集取证和记录。

监测结束后,根据监测结果判定船舶鼠类侵害的范围和侵害程度,为实施船舶鼠类控制提供科学依据和参考指导。

目测法船舶鼠类侵害程度一般分为:

(1)轻度鼠患

具有下列条件之一者为轻度鼠患:

——有少量(20 粒以下)大小一致的新鲜鼠粪;

——有不明显且限于局部的新鲜的鼠足迹或鼠尾迹;

——仅有 1 处新鲜鼠咬痕。

(2)中度鼠患

具有下列条件之一者为中度鼠患:

——有较多的(20~40 粒)大小一致的新鲜鼠粪,分布 2~3 处;

——有较明显的新鲜的鼠足迹或鼠尾迹,分布 2~3 处;

——有 1~2 处新鲜鼠咬痕;有 1~2 处不明显的新鲜鼠道;

——偶见 1 只活鼠。

（3）重度鼠患

具有下列条件之一者为重度鼠患：

——有大量（40粒以上）大小不一、多处散在的新鲜鼠粪；

——有明显的新鲜的鼠足迹或鼠尾迹，分布3处以上；

——有2处以上新鲜鼠咬痕；有2处以上明显的新鲜鼠道；

——可见1只以上活鼠。

（二）粘鼠板法

1. 器具

粘鼠板，胶面规格为150 mm×200 mm。

2. 操作步骤

将粘鼠板展开，紧靠船舶监测区域的舱壁放置于船舶内鼠类经常活动或栖息的场所，重点在舱室、生活区走廊、厨房、餐厅、食品库门口及隔断处等场所横向紧密成排布放，与舱壁之间不留缝隙，确保鼠类通过时必须踩踏粘鼠板。其他如缆绳堆、物品堆、食品货架等场所可置于底架下方，需要时舱室天花板上面也可布放。告知船方禁止移动、覆盖、毁损布放的粘鼠板及捕获的鼠类。粘鼠板应避免放置于阳光直射、水淋、地面潮湿的场所，并防止尘土等污物对粘鼠板的污染。晚放晨收，检查记录粘捕到的鼠的种类和数量。以粘捕率或粘捕指数表示鼠密度。如船期允许，可延长放置时间。

3. 密度计算

粘捕率（%）=捕鼠数（只）/有效粘鼠板数（块）×100%

粘捕指数=捕鼠数（只）/粘捕到鼠的粘鼠板数（块）

（三）夹捕法

1. 器具

鼠夹。一般选用2号钢板鼠夹，也可根据实际情况和工作需要，选用其他类别和型号鼠夹。

2. 操作步骤

以鼠类喜食食物等为诱饵（如花生米、油条、香肠、肉皮、苹果等），舱内沿墙基放置，鼠夹和墙基垂直，踏板端靠墙。其他如缆绳堆、物品堆等可置于底架下方。告知船方禁止移动、覆盖、毁损布放的鼠夹及捕获的鼠类。晚放晨收，检查记录捕获鼠的种类及数量，以捕获率表示鼠密度。如船期允许，可延长放置时间。

3. 密度计算

捕获率(%) = 捕获鼠数(只) / 有效夹数(个) × 100%

（四）鼠笼法

1. 器具

鼠笼（网眼小于 0.6 cm）。

2. 操作步骤

同鼠夹法。根据鼠类活动情况选择布放点，晚放晨收。

（五）粉迹法

1. 器具

手电筒、滑石粉、布粉器。如无布粉器可用双层纱布袋、"凹"字形支子（空隙大小为 200 mm × 200 mm）替代。

2. 操作步骤

用布粉器布放粉迹块或将滑石粉装入纱布袋，在船舶上鼠类活动场所，选择平整、干燥的地面，支子紧贴墙基。在支子上方约 50 mm 处轻轻抖动纱布袋，布撒一层薄滑石粉（在地毯上或其他不适宜直接布放粉迹块的物体表面，可铺放报纸，在报纸上布放粉迹块，避免污染），粉块厚度约 0.5 mm。告知船方禁止覆盖、毁损布放的粉迹块。晚布晨查，检查记录鼠足迹阳性粉块数和有效粉块数。以鼠迹阳性率表示鼠密度。

3. 密度计算

鼠迹阳性率(%)=阳性粉块数(块)/有效粉块数(块)×100%

(六)除鼠处理后直接拣取法

对实施毒饵、器械或蒸熏灭鼠的船舶,在处理结束后,采集被杀死和捕获的鼠类,带回实验室制作标本、鉴定,或进行病原体检测。

记录发现的鼠类侵害阳性指征和捕获鼠类情况,包括捕获鼠的位置及数量以及发现的鼠爪印、鼠粪、鼠咬痕、鼠道等鼠类阳性指征情况,并拍照留存。监测采集结束后填写记录表(见表17-2),并由船长签字盖章。

二、蚊类监测方法

(一)成蚊监测方法

1. 器具

电动吸蚊器。使用前检查电池电量、前盖和后网的密封性。

2. 操作步骤

采用电动吸蚊器吸法,具体操作如下:

(1)发现蚊类后开启电动吸蚊器,打开电动吸蚊器前盖,手持电动吸蚊器自蚊类栖息位置的下方或侧面沿墙壁滑动接近,距蚊类5 cm左右时快速滑动吸捕蚊类,并盖上前盖,关闭电动吸蚊器电源开关。对于位置过低无法目视直接观察的场所,如搅缆机底座、箱柜底下等位置,可将开启的电动吸蚊器伸入下方进行扫动吸捕藏匿的蚊类。

(2)发现其他蚊类时提前开启电动吸蚊器,防止已捕获的蚊类逃逸。重复上述步骤进行采集。采集结束后计数密度,单位为:只/人工·h。

(3)如时间允许尽可能多地采集标本数量。

(4)采集结束后,采用冷冻或熏蒸杀死,装入纸盒或塑料瓶内,做好记录和标记,带回实验室制作标本或进行病原体检测。

(二)蚊幼及蛹监测方法

1. 器具

水桶/瓶子,水勺、吸管、捞网。

2. 操作步骤

在蚊幼孳生场所发现蚊幼或蚊蛹时,用水勺捞取或用吸管吸取蚊幼和蚊蛹,也可用捞网捞取,装入水桶或瓶内(如允许,收集孳生场所的原水加入桶内或瓶内)带回实验室进行饲养,或将蚊幼用50~60 ℃的热水杀死,使虫体伸直然后放入盛有75%酒精瓶内,做好记录和标记,带回实验室制作标本。

(三)除虫处理后直接拣取法

对实施喷洒杀虫剂灭蚊的船舶,在处理结束后,采集被杀死的蚊类,带回实验室制作标本、鉴定,或进行病原体检测。

监测采集结束后填写记录表(见表17-2),并由船长签字盖章。

三、蝇类(虻类)监测方法

(一)成蝇(虻)采集方法

1. 器具

昆虫采集网、电动吸蚊器、气雾杀虫剂等。

2. 操作步骤

(1)网捕法

发现蝇类后用昆虫采集网网捕成蝇。操作步骤如下:

①采集时右手持网,网口在距蝇类约10~20 cm时,快速向蝇类停栖位置挥网捕获成蝇,用力连续挥网2~3次,使蝇类集中到网底部。

②再次挥网使网缠在网框上,用左手攥住蝇类停留的网底部下方。

③将网底部分置入装有乙醚或氯仿棉球的塑料袋(毒瓶)内杀死或用右手持大试管自网口部伸入将蝇类套装进试管内,结束后用右手大拇指盖紧试管口自网中取出,用棉花塞住试管口置于冰箱内冻死。

④每次 15~20 min,进行计数并计算密度,单位为:只/人工·h。

⑤将捕获的蝇类采用冷冻或麻醉杀死后,装入纸盒或塑料瓶内,做好记录和标记,带回实验室制作标本并进行分类鉴定。

(2)电动吸蚊器法

在室外气温较低(气温一般在 10 ℃以下时)蝇类活动受限或基本不活动时,可采用电动吸蚊器吸捕法直接吸捕采集。

(3)除虫处理后直接拣取法

对船舶上发现的成蝇进行喷洒杀虫剂杀虫后,收集被杀死的成蝇,带回实验室制作标本。

(二)蝇幼及蛹采集方法

1. 器具

铲子、镊子、试管、75% 酒精等。

2. 操作步骤

在船舶上的垃圾等蝇幼孳生场所发现蝇幼或蝇蛹时,用镊子夹取蝇幼和蝇蛹,装入带盖试管或纸盒内带回实验室进行饲养,或将蝇幼用 80 ℃的热水杀死,使虫体伸直然后放入盛有 75% 酒精瓶内,做好记录和标记,带回实验室制作标本。

监测采集结束后填写记录表(见表 17-2),并由船长签字盖章。

四、蜚蠊监测方法

(一)目测法

1. 器具

强光手电筒。

2. 操作步骤

于蜚蠊活动高峰时,手持手电筒照明,对船舶上蜚蠊可能侵害场所进行检查,并计数发现的蜚蠊(包括成虫和若虫)数量,以及蜚蠊活卵鞘和空卵鞘壳、蟑尸、蟑螂粪便及粪迹等蜚蠊侵害阳性指征,每次 3 min。计算密度,单位为:只/人工·h。

(二)药激法

1. 器具

强光手电筒、蜚蠊密度监测剂。

2. 操作步骤

用 0.3% 二氯苯醚菊酯酒精溶液(蜚蠊密度监测剂)对船舶上蜚蠊可能栖息侵害场所缝隙进行喷洒,观察喷药 5 min 内激出的蜚蠊数(只/房),并计算侵害率(%)。

(三)诱捕法

对船期允许的船舶采用诱捕法进行蜚蠊监测。

1. 盒式诱捕法

(1)器具
蟑螂诱捕盒、新鲜面包。

(2)操作步骤

在船舶蜚蠊活动场所布放诱捕盒,每个点布放3~5个诱捕盒,用新鲜面包屑作为诱饵,放在背光隐蔽处或置于蜚蠊出没的地方,晚放晨收,并计算蜚蠊密度(只/盒)。

2.诱捕器诱捕法

(1)器具

蟑螂诱捕器、新鲜面包。

(2)操作步骤

将蜚蠊诱捕器放置在船舶上蜚蠊栖息活动场所,每个诱捕器内放2g新鲜面包屑,每个监测点放3~5个,晚放晨收,并计算蜚蠊密度(只/盒)。

3.广口瓶诱捕法

(1)器具

广口瓶、新鲜面包。

(2)操作步骤

用500 mL棕色广口瓶,瓶口装一开口为1.0 cm(压扁时口径为1.5 cm)口径的锥形牛皮纸筒,瓶内放诱饵,将瓶身倾倒或斜置在蜚蠊栖息活动场所,每个点放3~5个瓶,晚放晨收,并计算蜚蠊密度(只/瓶)。

(四)粘捕法

1.器具

粘蟑纸、新鲜面包。

2.操作步骤

在船舶上采用粘蟑纸粘捕蜚蠊时,在粘蟑纸中央放置2 g新鲜面包屑作为诱饵,将其放置于船舶上蜚蠊经常栖息活动的地点。粘蟑纸按市售统一规格纸板(17 cm×10 cm),晚放晨收,计数粘在纸上的蜚蠊数,计算蜚蠊密度指数(只/张)。

(五)除虫处理后直接拣取法

对实施喷洒杀虫剂或蒸熏灭蟑的船舶,在处理结束后,采集被杀死的蜚蠊,带回实验室制作标本、鉴定,或进行病原体检测。

监测采集结束后填写记录表(见表 17-2),并由船长签字盖章。

五、蠓类(蚋类)监测方法

(一)活蠓监测方法

1. 器具

电动吸蚊器、昆虫采集网(60 目)、棉签/牙签、75% 酒精、带盖小试管或离心管。

2. 操作步骤

(1)电动吸蚊器法

用电动吸蚊器采集输入性成蠓(蚋)时,需在电动吸蚊器网罩尾部罩上大小适宜的 60 目绢纱网。在生活区窗户内面发现活蠓(蚋)后,启动电动吸蚊器,打开前盖,直接罩住吸捕活蠓(蚋)。其他使用方法参见电动吸蚊器成蚊采集。

(2)挥网法

采集成蠓(蚋)的捕虫网用 60 目绢纱制成口径 20 cm,深 60 cm,末端钝圆,呈圆锥形网,网柄长 70 cm。采集者手持网柄,伸直胳膊呈"∞"形挥网,以 50 次/min 的频率挥网 5 min 为一计数单位。挥网结束后用力快挥 3~4 次使捕获的昆虫集中至网底,并迅速将网近端塞入装有乙醚或氯仿棉球的塑料袋(毒瓶)内 5 min 后,取出倒在白布上或白色搪瓷盘内捡取蠓(蚋)类,将蠓类放入盛有 75% 酒精瓶或小试管内,蚋类用软纸包好放入纸盒或带盖试管内,用铅笔写好标签放入瓶内带回。

(3)棉签/牙签黏捕法

仔细检查船舶生活区内驾驶台、餐厅、房间等舷窗内侧面,发现活蠓时,用棉签或牙签蘸取 75% 酒精黏捕采集活动的蠓类,放入盛有 75% 酒精瓶或小试管内,用铅笔写好标签放入瓶内带回。

(二)死螨(蚋)监测方法

1. 器具

纸盒/塑料盒、餐巾纸、棉签/牙签、75%酒精、带盖小试管或离心管。

2. 操作步骤

在船方协助下,卸下船舶的灯罩,将灯罩内的干标本轻轻倒入铺有软纸的盒内,写好标签放入盒内,带回实验室在解剖镜下捡取螨(蚋)类,螨类置75%酒精瓶中保存,蚋类用软纸包好放入纸盒或带盖试管内,用铅笔写好标签放入瓶内。

监测采集结束后填写记录表(见表17-2),并由船长签字盖章。

六、蜱类监测方法

(一)宿主体表寄生蜱类采集法

将在船舶上捕获的小型哺乳动物(啮齿类、食虫类)置于密封的白布袋内带回实验室,经麻醉处死后,或狗、猫、牛、羊等宿主用小镊子拨开体毛,沿毛根推进检查全身采集寄生的输入性蜱类,在采集宿主动物体的寄生蜱类时,轻轻摇动,然后顺势摘下,置带盖试管或75%酒精瓶中保存。

(二)宿主动物栖息地蜱类采集法

检查收集船舶上携带的宠物(狗、猫等)和动物(牛、羊等)栖息场所,仔细检查栏杆底部、角落等重点部位,发现蜱类逐一收集。

监测采集结束后填写记录表(见表17-2),并由船长签字盖章。

七、蚤类监测方法

(一)宿主体表寄生蚤类监测方法

1. 宿主动物采集

将在船舶上捕到的鼠类装入鼠袋,登记卡片标记,标明鼠种、捕获地点、日期。带回实验室鉴定与检蚤。

2. 篦刷鼠体检死蚤

(1)用乙醚或三氯甲烷麻醉杀死鼠及其体表寄生的蚤类。

(2)将鼠体放在白搪瓷盘中,先将鼠体表的蚤类用篦子刷入盘中。注意捡取白布袋内面可能粘有的蚤类。

(3)用75%酒精将鼠体浸湿,从头到尾由背向腹,逆毛向篦刷鼠体毛,重点篦刷鼠腹部、腋窝、鼠溪、耳后部。

(4)用毛笔沾酒精蘸检鼠体毛深部的蚤,连同同一只鼠类体表刷落入搪瓷盘中和附着于白布袋内面的蚤均检入同一只盛75%酒精的小瓶或指形管内,做好标记。

3. 篦刷鼠体检活蚤

为作鼠疫细菌学检验或使蚤胃容物消化干净,有时需要检取活蚤。

(1)检查人员做好个人防护,将刚捕杀(或毒杀、自毙)可能染有活蚤的鼠在实验室内放置在盛有水的大搪瓷盘内的厚木板上(注意水面不超过木板上面),篦刷鼠体毛。

(2)将鼠体表的蚤刷入盛少许水的大搪瓷盘中,再将落入水面活蚤蘸捡到指形管或小瓶内,送实验室进行细菌学检验或饲养待鉴定。

(二)游离蚤监测方法

采用粘蚤纸黏捕法进行监测。夜间在船舶公共场所、居室等蚤类可能活动的场所布放粘蚤纸黏捕游离蚤,平均每间按15~20 m² 布放粘蚤纸5张,小于15 m² 的按居室面积相应减少粘蚤纸。晚放晨收。黏捕的蚤总数与有效蚤纸数之比,即为游离蚤指数(只

/张)。

监测采集结束后填写记录表(见表17-2),并由船长签字盖章。

八、螨类监测方法

(一)宿主体表寄生螨类监测法

1. 输入性革螨监测方法

将在船舶上捕捉到的活鼠麻醉或杀死后置于白色搪瓷盘内,用梳子梳鼠休毛,仔细检查落于搪瓷盘内的螨虫。用毛笔蘸水挑起或用解剖针轻拨放入盛有75%酒精的指形管内并计数和鼠体革螨指数(只/鼠)。在实验室制作玻片标本进行分类鉴定。

2. 输入性恙螨监测方法

将在船舶上捕到的活鼠麻醉或杀死后,放在白瓷盘上,解剖镜下捡螨(鼠耳、生殖器、后腿、胸部、鼻腔、肛门等为重点必检部位),发现恙螨部位连同皮肤剪下,放在小平皿上(皿内边缘涂上甘油置水面,防止外爬)。再用毛笔将恙螨蘸入75%酒精指形管中,计数并在实验室制作标本分类鉴定。

其他宿主类同。宠物应由主人协助安抚,检查其体表寄生螨类,注意防止被其咬伤。

(二)游离螨监测法

采集船舶上的灰尘或尘土,用白搪瓷盘盛水飘浮螨虫,用昆虫针挑拣水面螨虫,计数,制作标本鉴定。

监测采集结束后填写记录表(见表17-2),并由船长签字盖章。

九、臭虫监测方法

船舶携带输入性臭虫监测方法主要是采用人工目测法和黏捕法。

（一）人工目测法

1. 人工小时法

（1）在被监测船舶的房间内选择臭虫栖息活动的场所，如床铺下面、墙壁缝隙、橱柜和抽屉内部等，用手电筒照明，借助放大镜检查。

（2）发现臭虫用镊子采集，置入75%酒精瓶内。记录每个场所每人1 h内捕获到的臭虫数量，计算臭虫成若虫密度，单位为：只/人工·h。

2. 单位面积法

在被监测船舶的房间内选择床铺、地板或墙壁等平面，记录每平方米表面发现或捕捉的臭虫、虫迹（臭虫粪、蜕皮、血迹等）数量，计算臭虫成若虫密度，单位为：只/m^2。

3. 床板震动法

（1）在监测船舶的房间内，将床板移至室外甲板上或干净的物体表面。

（2）二人将床板抬至离地1 m高度处松手，让床板自由落下，连续进行多次，记录掉落的臭虫数量。直至3次以上掉落的臭虫数量为0。计算臭虫成若虫密度，单位为：只/床板。

4. 调查询问法

询问被监测船舶上的人员发现臭虫活动和被叮咬情况。记录臭虫活动阳性房间数和采集的臭虫成若虫数量，分别计算臭虫侵害率（%）、密度（只/间）和密度指数（只/间）。

（二）粘捕法

1. 监测工具

臭虫粘纸：胶面规格为170 mm×100 mm。

2. 操作步骤

（1）将臭虫粘纸放置于船舶上臭虫经常栖息活动的地点，如床、沙发、家具周围等处，每 15 m² 房间放 10 张，不足 15 m² 的单独房间按 15 m² 计算，大于 15 m² 房间按 15 m² 为 1 间折算。

（2）臭虫粘纸放置 12 h，晚放晨收，计数捕获的臭虫数量。每次监测时，粘臭虫纸必须更新。

（3）记录臭虫种类及数量，计算臭虫粘捕率、侵害率、密度、密度指数。

（三）吸尘器法

1. 监测工具

便携式吸尘器。

2. 操作步骤

（1）在监测船舶的房间内，用吸尘器在臭虫栖息活动的地点，如床、沙发、家具周围等处连续工作 20 min，将集尘盒密闭后，收集和记录臭虫和蜕皮的数量，计算捕获臭虫侵害率、密度、密度指数。

（2）在监测船舶的房间内选择床铺、地板或墙壁等平面，用吸尘器在每平方米表面连续工作 5 min，将集尘盒密闭后，收集和记录臭虫和蜕皮的数量，计算捕获臭虫侵害率、密度、密度指数。

每次监测采集结束后记录监测数据，填写入出境船舶携带输入性病媒生物监测记录表（见表 17-2），并由船长签字盖章。

表 17-2 入境船舶携带输入性病媒生物监测记录表

Table 17-2 Surveillance Records of Introduced Medical Vectors on International Ship

船名　　　　　　国籍　　　　　　登记号　　　　　　建造时间
Ship's name＿＿＿＿＿　Nationality＿＿＿＿＿　IMO No.＿＿＿＿＿　Year built＿＿＿＿＿
船舶类型　　1. 散装船(Bulker); 2. 杂货船(General cargo ship); 3. 油轮(Tanker); 4. 客轮(Passenger ship) (Type)　　5. 动物船(Livestock ship); 6. 冷藏船(Refrigerator ship); 7. 渔船(Fishing ship); 7. 其他(Others)
抵港日期　月　日　时　分　锚位　所载旅客人数　所载货物及数量 Arrival time Month　Day　Hour　Minute　Anchor position　Passenger number　Name & M/T of Cargo
驶来港情况(不包括锚地加油港)(The Last port, not include the port only for bunkering at the anchorage) 港名　国家　抵/离日期　天气　温度　相对湿度 Port's name　　Country　　Date of A/D　　Weather　　Temperature(℃)　　Relative humidity(%)
携带媒介类别　存在场所　数量　温度　相对湿度　风速 Vectors category　Place found　Number　T(℃)　RH(%)　Wind speed(m/s) 蚊(Mosquitoes) 蝇(Flies) 鼠(Rodents) 蜚蠊(Cockroaches) 其他(Others)
当日天气情况　天气　温度　相对湿度　风向　风力(级) Weather condition　Weather　T(℃)　RH(%)　Wind direction　Wind force(Class)
处理情况 Treatment
监测人员　　　　　　　　　　　　　　　　监测日期　年　月　日　时　分 Surveyor　　　　　　　　　　　　　　　Date surveyed　Year　Month　Day　Hour　Minute
日期　　　　　　船长签字(盖章) Date　　　　　　Captain's signature 　　　　　　　　　　　　　(Ship's Stamp)

(附: 沿途寄港名单　Attached: List of Ports Called)

第二节 入出境航空器病媒生物监测方法

一、基本要求

鉴于航空器结构复杂,在口岸停留时间较短,应在其抵达空港后立即进行监测。需要时可在旅客离开或货物卸空后实施。对来自虫媒传染病受染地区或有受染或受染嫌疑的航空器应实施远机位监测调查。

航空器病媒生物监测方法主要包括:

(一)询问法

询问航空器的机组、机务、地勤人员或旅客等,了解飞行途中有无发现携带输入性病媒生物的情况。对有发现但未得到有效控制的航空器进行重点巡查。

(二)目测法

手持强光手电筒对航空器客舱和货舱的所有部位有序地以肉眼进行全面检查输入性病媒生物阳性指征。

航空器上不同种类病媒生物的重点监测场所不尽相同。在餐食和杂物储藏处重点查找活鼠及鼠迹;在配餐间、餐食柜、杂物柜、垃圾箱查找可能隐藏的蜚蠊及其卵鞘、尸体;在客舱和货舱内空间以及舱壁、座椅、行李架、储物柜、台面下面等处可借助挥动布巾等方式驱赶惊扰可能藏匿其中的蚊、蝇、蠓等双翅目病媒生物,以利查找。

(三)器械法

对目测法发现输入性病媒生物侵害证据的航空器可根据不同种类和环境采用相应的器械和方法进行调查和采集。

二、鼠类监测方法

在开展航空器输入性鼠类监测和控制之前,应督导机组和地勤人员彻底清理航空器上的剩余食品和水(包括饮用水和卫生用水),移除各类垃圾,断绝病媒生物所需食物和饮水,提高监测与控制工作成效。

根据航空器现场情况,下列4种方法可同时采用,以提高鼠类监测成效。采集到鼠类后应拍照取证,放入塑料袋后再装入鼠袋内,扎紧鼠袋口做好记录和标记带回实验室处理。

(一)夹捕法与笼捕法

在航空器上采用夹捕法与笼捕法监测鼠类与船舶基本相同。可参见船舶部分。

(二)粘鼠板法

在航空器上以鼠患阳性场所为重点,结合相应区域布放粘鼠板,应紧靠舱壁布放于隐蔽处所。重点在舱口和通道隔断处横向紧密成排布放,与舱壁之间不留缝隙,保证鼠类通过时必须踩踏粘鼠板。目测发现鼠类阳性指征场所应适当增加布放数量。

(三)粉迹法

为准确掌握航空器上鼠类活动情况及评价控制效果,可在航空器舱室地板沿舱壁布放粉块进行监测。为便于观察和清扫,可在布放位置预先铺放报纸或纸板,在纸板上布放粉块。

三、蚊类(蠓类)监测方法

航空器蚊类监测方法包括电动吸蚊器法、网捕法和棉签/牙签黏捕法。操作步骤同船舶。首选电动吸蚊器吸捕法进行监测。

四、蝇类监测方法

(一)网捕法

同船舶。

(二)粘蝇纸法

如航空器停留时间允许,可采用粘蝇纸法采集成蝇。将粘蝇纸悬挂于舱内,高度距舱内地面2m,舱高度不足2m的悬挂于舱顶部。定期检查粘在粘蝇纸上的蝇,将采集的蝇取下并移入平皿中做好标记带回实验室处理。

(三)除虫处理后直接拣取法

在对航空器实施喷洒杀虫剂灭蝇处理后,可直接用镊子捡取被杀死的蝇类,放入试管或纸盒内做好标记带回实验室开展鉴定等后续工作。

五、蜚蠊监测方法

(一)粘捕法及诱捕法

如航空器在机场停留时间较长,可采用粘捕法及诱捕法开展蜚蠊监测。操作步骤同船舶。

(二)除虫处理后直接拣取法

在对航空器实施喷洒杀虫剂灭蜚蠊处理后,可直接用镊子拣取被杀死的蜚蠊,放入试管或纸盒内做好标记带回实验室开展鉴定等后续工作。

六、蚤类、蜱类、螨类、臭虫监测方法

(一)鼠体寄生蚤类、蜱类、螨类采集方法

操作步骤同船舶。

(二)游离蚤、蜱、螨、臭虫采集方法

1. 粘蚤纸法

适用于游离蚤的采集。将粘蚤纸放于舱室地板上,每15m²放5张,定期检查粘在粘蚤纸上的蚤,将采集的蚤用镊子或毛笔尖捡取装入盛有75%酒精的离心管内做好标记带回实验室处理。

2. 布旗法

适用于游离蜱的采集。用布旗在航空器地面或物体表面来回拖拉,每个来回检查1次,将粘在布旗上的蜱用镊子捡取装入盛有75%酒精的离心管内做好标记带回实验室处理。

3. 集螨器法

适用于游离螨的采集。收集航空器地面垃圾碎屑,装入塑料袋内带回实验室,放入螨类分离器内,收集爬出的螨类,将采集的螨类用镊子或毛笔尖捡取装入盛有75%酒精的离心管内做好标出带回实验室处理。

4. 臭虫采集法

采集方法基本同船舶。

每次监测采集结束后记录监测数据,填写入出境航空器携带输入性病媒生物监测记录表(见表17-3),由机长等签字盖章。

第三节 入出境列车病媒生物监测方法

一、基本要求

鉴于入出境列车车厢较多,结构复杂,在口岸停留时间较短,应在入境之后、离境之前立即进行调查。需要时在旅客离开或货物卸空后实施。对来自虫媒传染病受染地区或有受染或受染嫌疑的入出境列车应在适当场所实施重点监测调查。

列车病媒生物监测重点部位主要包括:餐车(或售货车)、软卧车、硬卧车、行李车、货车、乘务室、卫生间、盥洗室及硬软座车厢的四角等部位。监测人员登车后,关闭车门,按照不同监测方法的要求从每节车厢的一端仔细检查至另一端,尤其是对上述重点部位应进行重点检查,防止遗漏。对货运列车应连同货物同时检查,如所载货物影响检查,则应在卸货后立即进行检查。

在开展列车鼠类、蜚蠊监测和控制之前,应督导列车组和车站彻底清理列车上的剩余食品和水(包括饮用水和卫生用水),移除各类垃圾,断绝病媒生物所需食物和饮水,提高监测与控制工作成效。

二、现场监测程序

列车病媒生物监测方法主要包括以下几种。

(一)询问法

询问列车乘务组或旅客等,了解运行途中有无发现携带病媒生物的情况。对有发现但未得到有效控制的列车进行重点巡查。

(二)目测法

手持强光手电筒对列车车厢的所有部位有序地以肉眼进行全面检查病媒生物阳性指征。对隐蔽场所可能栖息藏匿的蚊、蝇、蠓等双翅目病媒生物可借助挥动布巾等方式驱赶惊扰,以利查找。

(三)器械法

对目测法发现病媒生物侵害证据的列车可根据不同病媒生物种类和环境采用相应的器械和方法进行调查和采集。各类病媒生物具体监测方法与操作步骤与船舶和航空器基本相同,可参照前述内容。

每次监测采集结束后记录监测数据,填写入出境列车携带输入性病媒生物监测记录表(见表17-4),由列车长签字盖章。

第四节 入出境集装箱、货物病媒生物监测方法

一、基本要求

鉴于入出境集装箱来源广、数量大、所载货物种类繁多,在口岸停留时间较短,应在入境之后在有防止病媒生物逃逸设施的场所尽快进行监测。对来自受染地区、装载废旧物或其他易于携带病媒生物的高风险货物的重点集装箱需在隔离区内进行监测采集。在开箱检查前,需做好充分的防逃逸措施(如:在箱门外罩上昆虫防逃逸网、在箱门口设置防鼠板

等),防止病媒生物逃逸。对经熏蒸、有异味的集装箱,应在进行散毒、药物残留测定达到安全阈值后再进行监测检查。对来自虫媒传染病流行区的入境集装箱,应在进行卫生处理后,再进行监测检查。

易于携带输入性病媒生物的散装货物可参照集装箱监测方法实施监测。监测应在卸货前实施预检查。为防止病媒生物逃逸,必要时应先予卫生处理后再予检查。

二、现场监测程序

(1)监测人员开箱前应做好必要的个人防护,并必要时需在隔离区进行操作。

(2)监测人员检查前应核对箱号,检查箱体有无破损、泄露。检查箱口密封橡皮有无鼠咬痕,通气孔中有无活体病媒生物。

(3)监测人员手持强光手电筒,采用目测法检查集装箱内输入性病媒生物阳性指征。对入出境集装箱进行全面检查,发现阳性指征拍照取证,确定阳性部位及危害程度。

(4)对发现活体病媒生物的集装箱应立即封闭箱门,必要时先予实施卫生处理后再予检查。

(5)根据检查结果选择适宜的监测方法。具体方法和操作步骤可参照船舶、航空器、列车等监测方法。

(6)发现或经卫生处理后杀死的病媒生物,用镊子捡取放入带盖试管或纸盒内做好标记,带回实验室开展鉴定等后续工作。

(7)在来自鼠疫、流行性出血热等鼠传疾病受染地区的集装箱内,或其他来源地集装箱内发现死因不明的鼠类,应严格做好个人防护前提下,采用经严格消毒的镊子,将已死亡的鼠装入密封袋,放入生物安全移运箱,及时送实验室鉴定检测。

每次监测采集结束后记录监测数据,填写入出境集装箱携带输入性病媒生物监测记录表(见表17-5),由货主或代理签字或盖章。

第五节 入出境邮包快件病媒生物监测方法

一、基本要求

入境邮包快件入境后应在指定的有防止病媒生物逃逸设施的场所或地点尽快实施检查。对存在传染病风险的快件及邮包,应做好个人防护,在符合生物安全要求的场所或地点实施检查。

二、现场监测程序

(1)监测人员在实施检查前,应了解入出境快件及邮包内容物、数量、来源地及中转地及包装、运输等情况。对以下入境邮包快件应进行重点监测:

①来自虫媒传染病等受染地区的。

②内有宠物等活体动物或可能携带病媒生物的动物制品、组织、器官、标本。

③内有特殊物品或废旧物品的。

④检疫犬、X光机及其他检查仪器设备发现可能存在病媒生物的。

⑤其他曾发现率较高的物品种类和来源地的。

(2)仔细检查快件及邮包外包装及内容物有无携带病媒生物阳性指征和迹象。发现相应的病媒生物阳性指征,采取适宜方法进行采集、保存、运送。采集方法同入境集装箱病媒生物监测方法。

(3)对需要实施卫生处理、退还或销毁的入境快件及邮包,按照有关规定采取适宜方法予以封存、转运至指定地点进行处置。

(4)对发现的病媒生物阳性指征进行拍照取证,做好资料收集和监测记录。

表 17-3　入境航空器携带输入性病媒生物监测记录表
Table 17-3　Surveillance Records of Introduced Medical Vectors on InternationalFlight

航班号国籍航空公司 Flight's No. _____ Nationality_____ Airline _____	
航空器类型　　1. 客机(passenger plane);2. 货机(Cargo plane);3. 其他(Others) Flight's type	
抵达日期月日时分停机位所载旅客人数所载货物及数量 Arrival time　　Month　　Day　　Hour　　Minute　　Stand　　Passenger number　Name & M/T of Cargo	
始发港经停港目的港 Airport Depart　　　　　　　　　　　Last airport　　　　　　　　　　　Destination	
携带媒介情况存在场所数量媒介状态(活体/死体/残缺) Vectors category　　　　　Place found　　　　　Number　　　　Vector status(living/dead/incomplete) 蚊(Mosquitoes) 蝇(Flies) 鼠(Rodents) 蜚蠊(Cockroaches) 其他(Others)	
处理情况 Treatment	
监测人员监测日期:年月日时分 Surveyor　　　　　　　　Date surveyed　　Year　　Month　　Day　　Hour　　Minute	
日期机长签字(盖章) Date　　　　Captain's signature 　　　　　　　　　　　　(Flight's Stamp)	

表 17-4 入境列车携带输入性病媒生物监测记录表

Table 17-4 Surveillance Records of Introduced Medical Vectors on International Train

列车编号国籍列车类型　　1.客车　　2.货车
Train's No. _____ Nationality _____ Type　Passenger train　Freight train
抵达日期月日时分停车站台所载旅客数所载货物及数量
Arrival time　Month　Day　Hour　Minute　Platform parked　Passenger number　Name & M/T of Cargo
始发站途径站目的站
Station Depart　　　　　　　　　Last station　　　　　　　　　Destination
携带媒介情况存在场所数量媒介状态（活体/死体/残缺）
Vectors category　　Place found　　Number　　Vector status（living/dead/incomplete）
蚊（Mosquitoes）
蝇（Flies）
鼠（Rodents）
蜚蠊（Cockroaches）
其他（Others）
处理情况 Treatment：
监测人员监测日期：年月日时分
Surveyor　　　　　　　　Date surveyed　Year　Month　Day　Hour　Minute
日期列车长签字（盖章）
Date Captain's signature
(Train's Stamp)

表 17-5 入境集装箱携带输入性病媒生物监测记录表
Table 17-5 Surveillance Records of Introduced Medical Vectors on InternationalContainer

集装箱箱号 收货人 集装箱类型　1.20呎　2.40呎
Container's No._____ Consignee_____ Type 20' 40'
抵达日期 月 日 所载货物及数量
Arrival time　　　　Month　　　　Day　　　　Name & M/T of Cargo
货物装箱时间、国家和地点 承运交通工具和国籍 入境口岸 目的地
Cargo loaded date, place and country　Means of transportation and nationality　Port of entry　Destination
携带媒介情况 数量 媒介状态（活体/死体/残缺）
Vectors category　　　　Number　　　　Vector status (living/dead/incomplete) 蚊（Mosquitoes） 蝇（Flies） 鼠（Rodents） 蜚蠊（Cockroaches） 其他（Others）
处理情况 Treatment
监测人员 监测日期：年 月 日 时 分 Surveyor　　　　　　　　　　　　　　　Date surveyed　Year　Month　Day　Hour　Minute
日期 收货人（或代理）签字（盖章） Date　　　　Consignee's (or agent's) signature

表 17-6 入境邮包/快件携带输入性病媒生物监测记录表

Table 17-6 Surveillance Records of Introduced Medical Vectors on International Parcel/Express

邮包/快件单号 No. of Parcel/Express_____	收货人 Consignee_____	种类 1. 邮包(Parcel) Type 2. 快件(Express)
抵达日期 月 日 货物名称及数量 承运交通工具和国籍 Arrival time Month Day Name & M/T of Cargo Means of transportation and nationality		
寄来国家和地点 Place and country sent	目的地 Destination	
携带媒介情况 数量 媒介状态(活体/死体/残缺) Vectors category　　　Number　　　Vector status (living/dead/incomplete) 蚊(Mosquitoes) 蝇(Flies) 鼠(Rodents) 蜚蠊(Cockroaches) 其他(Others)		
处理情况 Treatment		
监测人员 Surveyor	监测日期:年月日时分 Date surveyed　Year　Month　Day　Hour　Minute	
日期 Date	收货人签字 Consignee's signature	

（聂维忠，万道正，贺骥）

参考文献

[1] 姜志宽,吴光华. 蟑螂防制(三)——蟑螂的调查方法、密度监测、考核标准与防制原则 [J]. 中华卫生杀虫药械,2009,16(3):237-239.

[2] 聂维忠. 国际航行船舶携带输入性病媒生物监测与控制技术 [M]. 天津:天津科学技术出版社,2016.

[3] 聂维忠,刘恩东. 入境国际航行船舶携带输入性蝇类与微小气候因素的相关性分析研究 [J]. 中国国境卫生检疫杂志,2007,30(5):294-296.

[4] 聂维忠,刘恩东. 输入性蚊类在入境船舶的分布 [J]. 中国媒介生物学及控制杂志,2008,19(3):182-183.

[5] 聂维忠,刘恩东. 入境国际航行船舶携带输入性蚊类与微小气候因素的相关性分析研究 [J]. 中国病媒生物学及控制杂志,2008,19(6):498-499.

[6] 苑德才. 中国国境卫生检疫业务管理规程 [M]. 北京:人民出版社,1999.

[7] GB/T 23795-2009 病媒生物密度监测方法 蜚蠊 [S]. 北京:中国标准出版社,2009.

[8] GB/T 23796-2009 病媒生物密度监测方法 蝇类 [S]. 北京:中国标准出版社,2009.

[9] GB/T 23797-2009 病媒生物密度监测方法 蚊虫 [S]. 北京:中国标准出版社,2009.

[10] GB/T 23798-2009 病媒生物密度监测方法 鼠类 [S]. 北京:中国标准出版社,2009.

[11] SN/T 1258-2003 入出境船舶卫生监督评定标准 [S]. 北京:中国标准出版社,2003.

[12] SN/T 1263-2003 国际航行船舶硫酰氟熏蒸除鼠规程 [S]. 北京:中国标准出版社,2003.

[13] SN/T 1423-2004 入出境船舶病媒生物控制标准 [S]. 北京:中国标准出版社,2004.

[14] SN/T 1432-2004 入出境列车病媒生物监测规程 [S]. 北京:中国标准出版社,2004.

[15] SN/T 1553-2005 入出境航空器病媒生物监测规程 [S]. 北京:中国标准出版社,2005.

[16] SN/T 1876-2007 病媒生物标本采集、制作及保存规程 [S]. 北京:中国标准出版社,2007.

[17] SN/T 4271.1-2015 国际航行船舶携带输入性病媒生物采集方法 第 1 部分:蚊类 [S]. 北京:中国标准出版社,2015.

[18] SN/T 4271.2-2015 国际航行船舶携带输入性病媒生物采集方法 第 2 部分:蝇类 [S]. 北京:中国标准出版社,2015.

[19] SN/T 4271.3-2015 国际航行船舶携带输入性病媒生物采集方法 第 3 部分:鼠类 [S]. 北京:中国标准出版社,2015.

[20] SN/T 4271.4-2015 国际航行船舶携带输入性病媒生物采集方法 第 4 部分:蜚蠊 [S] [S]. 北京:中国标准出版社,2015.

[21] NIE W Z, LI J C, LI D X, et al. Mosquiotes found aboard ships arriving at Qinhuangdao Port, P. R. China [J]. Med Entomol Zool, 2004, 55(4):333-335.

[22] NIE W Z, LI J C, LI D X, et al. A preliminary report of introduced living biting midges(Diptera: Cera-

topogonidae)found on entry ships arriving at Qinhuangdao Port, China [J]. Med Entomol Zool, 2005, 56 (4):359-361.

[23] World Health Organization. International Health Regulations(2005) Third edition[M]. Geneva: World Health Organization, 2016.

[24] World Health Organization. Handbook for inspection of ships and issuance of ship sanitation certificates[M]. Geneva : World Health Organization, 2016.

索引

A

阿拉伯按蚊(26,27,452)
埃及伊蚊(1,4,20,35,36,63,65,67,77,78,453)
埃立克体病(179,181,191,198,199)
安氏革蜱(166,167,197,198,459)
奥罗普切河热(117,130)
澳洲大蠊(342,467)

B

巴西客蚤(274,275,276,277,297,465)
白翅煞蚊(61,62,63,455)
白蛉热(103,114,115)
白纹革蜱(172,173,460)
白纹伊蚊(1,19,20,37,38,65,77,78,81,82,453)
白足舌蝇(216,217,225,226,227,228,462)
白足鼠(81,199,200,430,431,472)
斑马扇头蜱(177,460)
版纳病毒病(62,82)

北美灰松鼠(407,470)
背点骚扰蚊(44,45,82,453)
笼子硬蜱(155,156,192,204,458)
变异革蜱(165,166,197,198,459)
变异花蜱(180,460)
边缘革蜱(167,168,169,459)
波利尼西亚伊蚊(40,41,453)
波氏囊鼠(413,471)
波斯锐缘蜱(190,461)
不显库蠓(123,456)

C

草原革蜱(171,172,192,197,460)
草原䶄鼠(415,416,471)
常型曼蚊(59,60,61,69,75,455)
长红猎蝽(310,312,313,466)
长须蜚蠊(346,347,468)
长须舌蝇(216,217,227,228,462)
刺扰伊蚊(20,41,42,79,82,453)
刺舌蝇(215,216,217,228,229,230,254,462)

次生锥蝇(247,248,249,464)

D

大劣按蚊(20,31,32,83,452)
大全园蜱(310,313,466)
大树吸蚊(57,58,63,455)
大头金蝇(219,246,464)
达氏按蚊(1,33,34,35,83,452)
稻田家鼠(410,411,470)
德国小蠊(330,333,336,337,339,345,468)
登革热(1,36,37,38,41,62,64,65,66,67,76,78)
帝王蝎(400,401,470)
地里纤恙螨(352,373,374,389,468)
东方白蛉(110,111,113,456)
东方蜚蠊(339,340,467)
东方马脑炎(38,42,55,62,78,79,80)
毒厉螨(367,378,379,380,469)
断纹虻(143,458)
多环曼蚊(58,59,455)

F

发热伴血小板减少综合征(179,195,196)
方形黄鼠蚤蒙古亚种(263,265,292,293,296,466)
非洲客蚤(271,272,277,278,279,465)
非洲伊蚊(36,37,63,67,68,77,453)
非洲锥虫病(206,252,253)
分叉斑虻(139,145,146,457)
粉尘螨(362,372,381,382,383,384,385,469)

粪种蝇(231,463)

G

盖宁蚋(97,101,455)
冈比亚按蚊(1,27,28,83,452)
高额麻虻(140,457)
格氏血厉螨(352,367,376,377,378,469)
古巴绿蝇(349,468)
古铜黑蝇(235,236,463)

H

汉坦病毒出血热(434,435)
河狸鼠(414,415,471)
褐家鼠(271,274,291,297,376,378,379,405,422,434,472)
褐尾路蚊(20,52,53,454)
黑边家蝇(238,239,256,463)
黑家鼠(271,274,276,279,291,297,405,420,421,471)
黑胫黄虻(141,458)
黑热病(103,111,112,113,114)
黑尾草原犬鼠(419,420,471)
黑尾脉毛蚊(54,55,79,455)
黑胸大蠊(336,343,344,468)
红头丽蝇(245,464)
红尾粪麻蝇(249,250,464)
环斑库蠓(120,124,457)
环跗库蚊(51,52,72,74,80,454)
环喙库蚊(50,51,69,454)
缓慢细蚤(265,288,289,290,291,297,465)
黄肥尾蝎(401,402,470)

黄喉姬鼠(428,429,434,472)
黄热病(1,2,36,37,38,40,58,62,63,64,67)
荒川库蠓(120,125,126,457)
灰黑库蠓(121,122,123,456)

J

基孔肯雅热(1,36,61,76,77,78)
家蝇(207,217,218,219,231,235,236,237,238,255,256,463)
加州黄鼠(408,470)
尖喙库蠓(127,128,457)
尖音库蚊(1,48,72,79,454)
肩突硬蜱(156,157,199,201,204,458)
截形璃眼蜱(164,165,459)
捷舌蝇(215,216,224,225,462)
金泽革蜱(173,174,460)
厩腐蝇(233,234,463)
厩螫蝇(217,242,243,463)
距刺血蜱(181,182,194,461)

K

柯氏骚扰蚊(1,45,46,454)
刻点血蜱(184,461)
科萨努尔森林病(175,182,191,193)
克里米亚-刚果出血热(161,162,164,178,187,191,194)

L

拉哈尔钝缘蜱(186,187,202,461)
拉沙热(410,433,435,436)
莱姆病(155,156,157,158,159,191,200,201,408,431,432,433)

立克次体痘(352,380,389,390)
利比亚金蝎(402,403,470)
理氏柯蚊(55,56,455)
裂谷热(2,37,38,62,75,76)
淋巴丝虫病(1,28,84,86)
流行性斑疹伤寒(317,322,323,325)
流行性乙型脑炎(1,38,43,44,49,51,62,67,69,70,71,82,132)
六角硬蜱(158,159,459)
鹿鼠(430,434,472)
罗阿丝虫病(133,139,144,146)
落基山斑点热(191,197,198)

M

马维蚋(99,456)
麻点璃眼蜱(163,164,195,459)
螨性过敏(390,391,392)
猫栉首蚤指名亚种(281,282,283,284,465)
美洲大蠊(336,339,340,341,467)
美洲花蜱(178,179,195,197,199,460)
美洲锥虫病(307,311,313,314,315)
蒙巴塔钝缘蜱(187,188,189,461)
孟加拉板齿鼠(412,471)
米赛按蚊(1,23,24,83,451)
缅鼠(424,425,472)

N

南非乳鼠(409,470)
尼罗河鼠(426,472)
疟疾(1,23,24,27,28,30,31,32,33,35,62,66,83,84,314)

O

欧鼩(427,472)

P

爬蚋(98,456)

蜱媒回归热(186,187,191,201,421,423,424,433)

蜱媒脑炎(155,156,159,183,191,192,430)

朴谧钝缘蜱(189,190,461)

Q

侵扰锥猎蝽(310,311,466)

芹状斑虻(138,139,145,146,457)

全沟硬蜱(153,154,155,192,197,199,201,204,458)

犬栉首蚤(281,285,286,287,465)

R

热带臭虫(303,304,305,466)

人巴贝斯虫病(202,203)

人疥螨(380,381,469)

人盘尾丝虫病(98,100)

人蚤(265,266,267,268,297,464)

日本骚扰蚊(1,42,43,453)

乳突钝缘蜱(185,186,202,461)

S

三带喙库蚊(19,20,49,50,69,77,82,454)

沙鼠客蚤(279,280,281,465)

山河狸(417,471)

圣路易脑炎(44,49,52,62,73,74)

嗜群血蜱(182,183,197,461)

市蝇(207,240,241,256,463)

虱传回归热(322,323,326,327)

鼠型斑疹伤寒(260,271,284,296,297,413,419,421,423,433)

鼠疫(191,243,260,265,268,271,274,277,279,281,284,291,294,295,296,298,408,409,410,413,420,421,423,424,425,427,431,433,490,502)

四斑按蚊(1,25,26,451)

斯氏按蚊(32,33,83,452)

丝光绿蝇(207,243,244,257,464)

苏里南蔗蠊(347,348,468)

T

台湾蠛蠓(129,130,132,457)

太平洋硬蜱(157,158,199,201,458)

特殊瘤虻(142,458)

体虱(317,318,319,320,321,322,323,325,326,327,467)

头虱(319,320,321,322,323,325,326,467)

土拉弗朗西斯菌病(140,143,155,156,158,166,167,171,179,185,191,197,378,408,409,424,428,433)

W

网纹革蜱(169,170,197,204,460)

微小按蚊(19,20,30,31,83,452)

委内瑞拉马脑炎(62,79,81,82)

温带臭虫(303,304,305,466)

五斑按蚊(22,23,83,451)

乌腹舌蝇(216,222,223,224,462)

屋尘螨(362,385,386,387,388,469)

无形体病(155,157,164,166,173,191,196,198,199)

X

西方马脑炎(44,52,62,79,80)

西尼罗热(37,46,47,62,71,73)

西撒哈拉刺鼠(432,433,473)

夏厕蝇(232,233,255,463)

小板纤恙螨(352,366,375,376,389,468)

小家鼠(271,274,291,297,378,379,390,405,415,423,424,434,472)

小亚璃眼蜱(161,162,195,459)

邪恶按蚊(29,452)

凶小库蚊(1,20,21,46,47,72,82,454)

须喙按蚊(21,22,86,451)

须舌蝇(215,216,217,220,221,222,223,227,229,254,462)

血红扇头蜱(175,176,195,204,460)

Y

亚洲客蚤(271,272,273,277,297,465)

亚洲璃眼蜱(159,160,161,195,459)

眼吸吮线虫病(254)

羊狂蝇(251,464)

恙虫病(352,366,374,376,380,388,389,412,419,421,423,425,433)

阴虱(319,320,321,323,324,325,326,467)

印度板齿鼠(418,471)

印鼠客蚤(268,269,270,271,296,297,465)

缨角舌蝇(216,221,222,462)

蝇蛆病(252,256,257,258)

庸俗伊蚊(39,40,453)

原野库蠓(128,457)

Z

寨卡病毒病(2,37,67,68)

战壕热(317,322,323,327)

中东金蝎(399,400,469)

中华白蛉(103,107,108,109,110,111,113,456)

彩 图

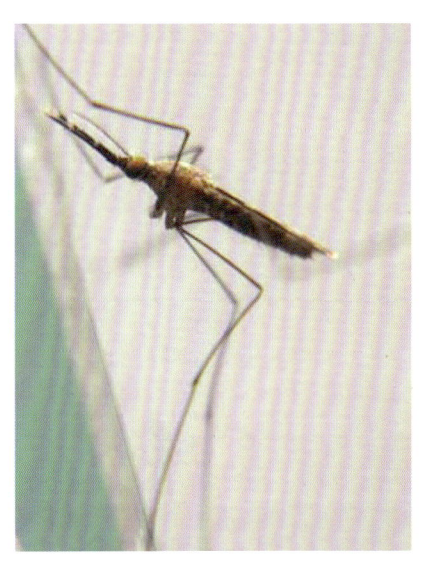

栖息时身体与停落面成 45° 角

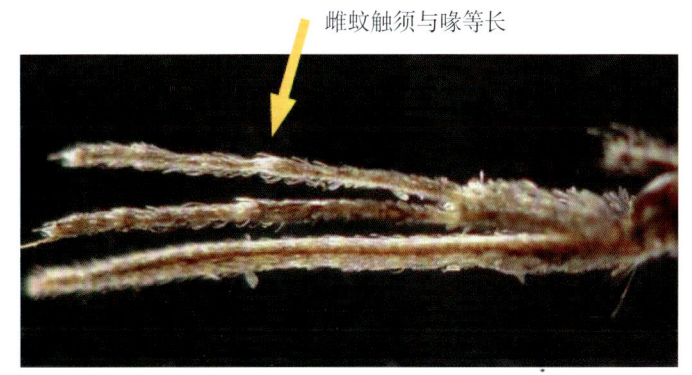

雌蚊触须与喙等长

小盾片圆弧状，缘毛均匀分布

幼虫无呼吸管，通常像一根树枝漂浮在水面

彩图 1　按蚊属典型外部形态特征
（引自 Cutwa 和 O'Meara，2005 年）

栖息时身体与停落面平行

呼吸管短粗

小盾片三叶状

腹节具基带

彩图 2　伊蚊属与骚扰蚊属典型外部形态特征

（除小盾片引自美国沃尔特里德生物分类研究中心 Walter Reed Biosystematics Unit, 简称 WRBU 外，余者引自 Cutwa 和 O'Meara, 2005）

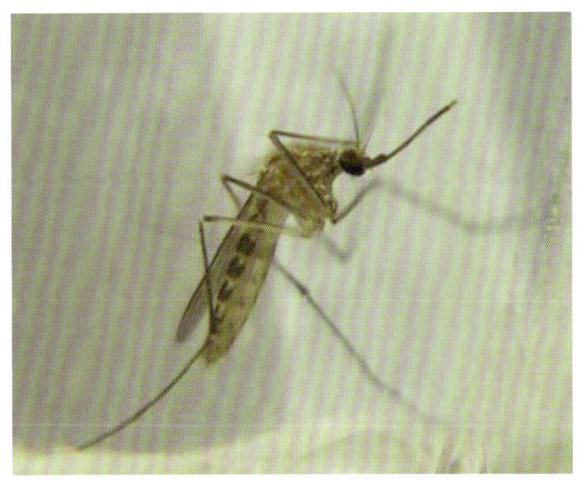
腹部末端圆钝

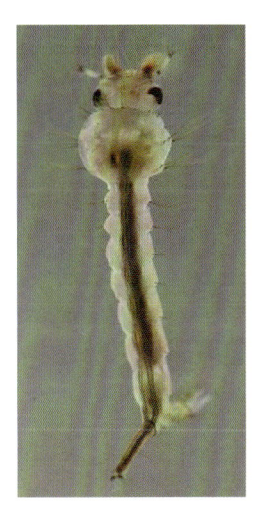
呼吸管通常细长

雌蚊触角与喙等长

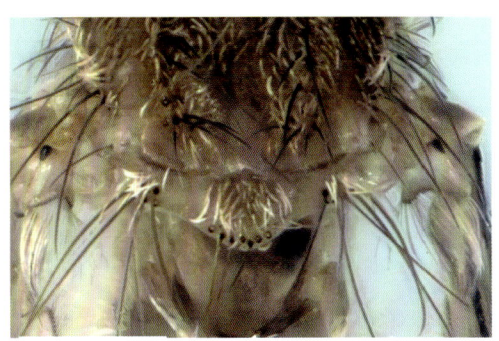
小盾片三叶状

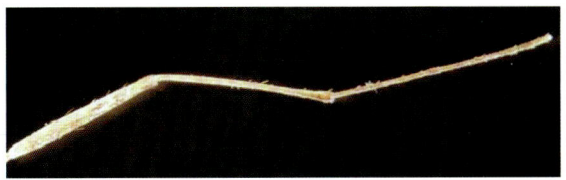
足通常暗黑，无条带

彩图 3　库蚊属与路蚊属典型外部形态特征

（除小盾片摘自美国 WRBU, http://wrbu.org 外，余者引自 Cutwa 和 O'Meara, 2005 年）

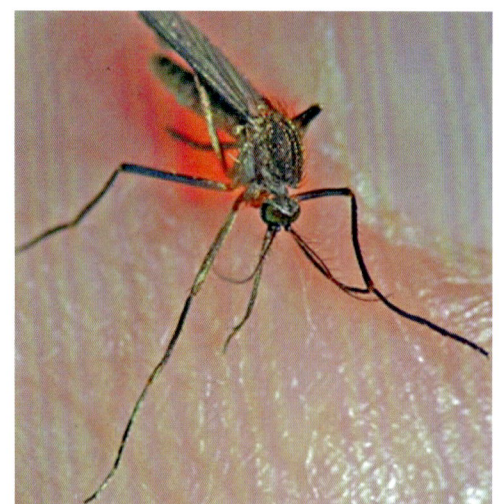

黑尾脉毛蚊

中胸侧板具气门鬃

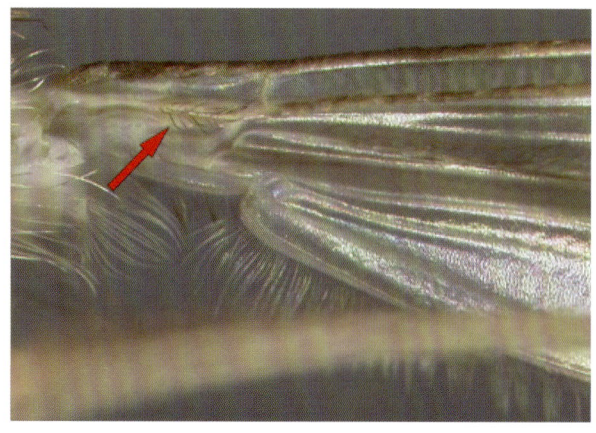

翅径脉基腹面具细毛

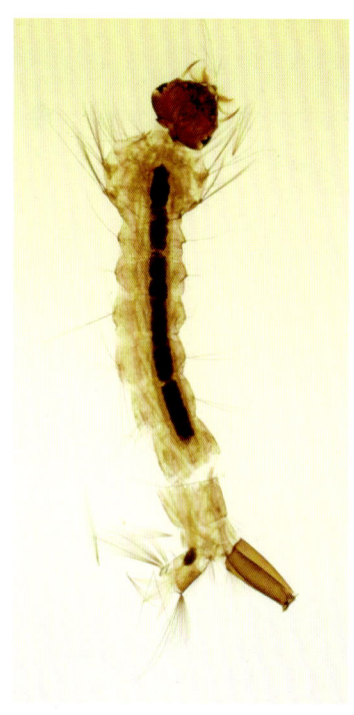

幼虫

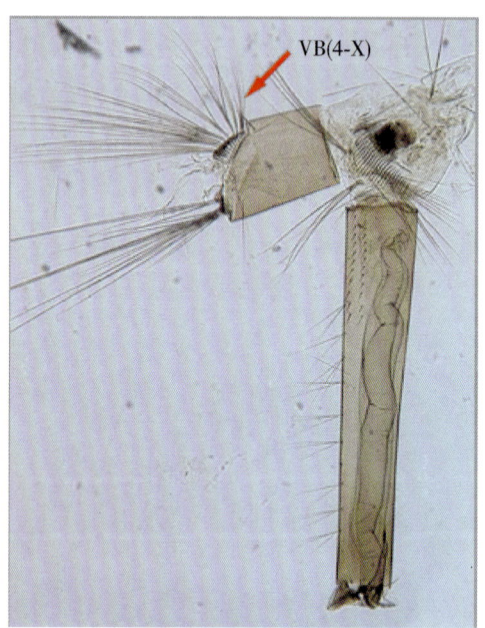

腹刷刚毛 4-X 3 对以上

彩图 4 脉毛蚊属典型外部形态特征
（摘自美国 WRBU, http://wrbu.org）

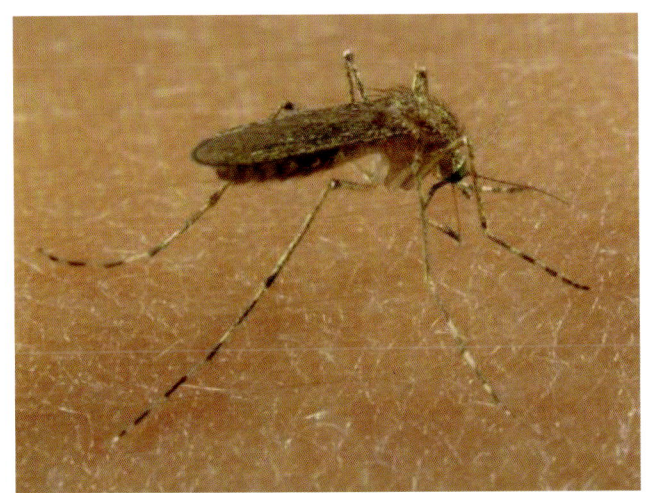
理氏柯蚊

幼虫常吸附于水生植物根茎

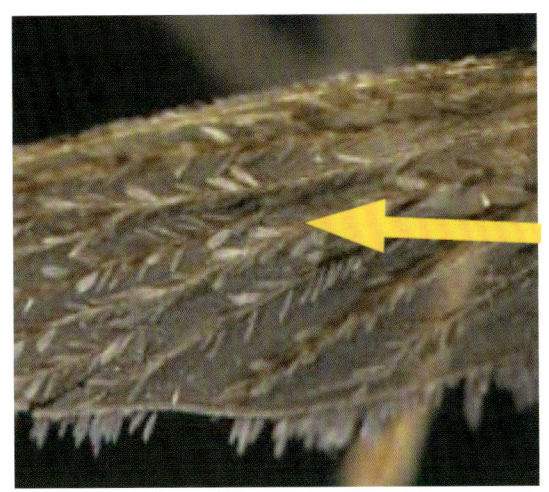
翅鳞对称,杂生有淡色鳞

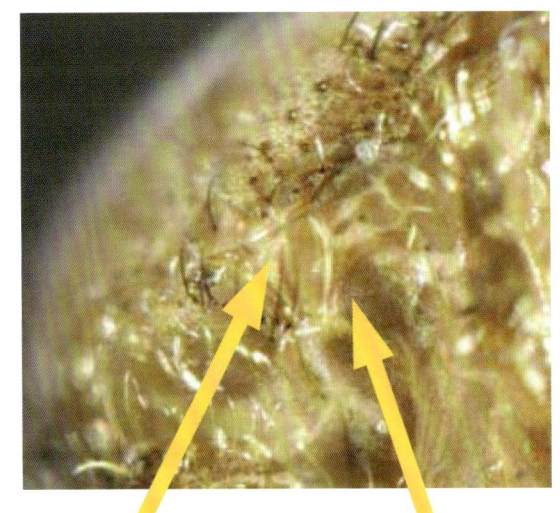
中胸侧板无气门鬃和气门后鬃

彩图 5　柯蚊属典型外部形态特征
(翅与中胸侧板引自 Cutwa 和 O'Meara 等,2005;幼虫引自 Becker 等, 2010)

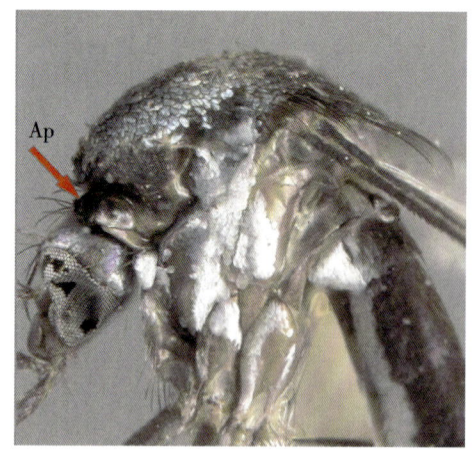
前胸前背片特别发达

中胸侧板具宽阔的银白条带

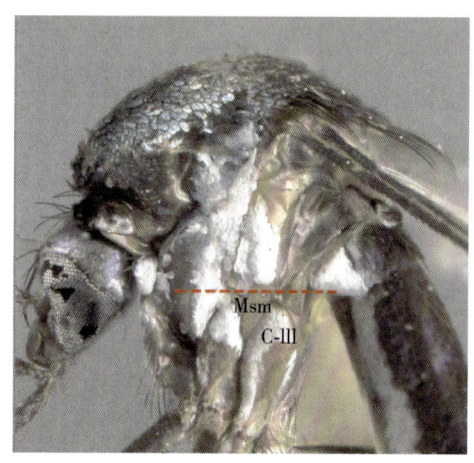
后足基节大

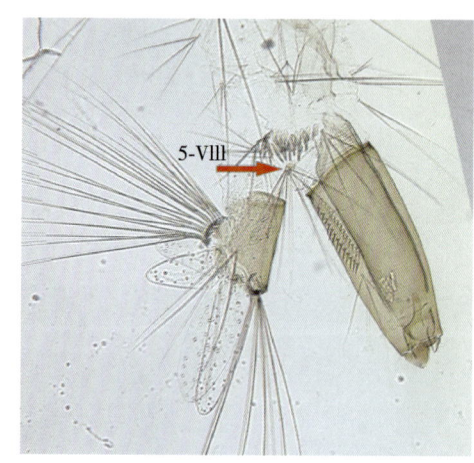
刚毛 5-Ⅷ 位于腹节 Ⅹ 中央

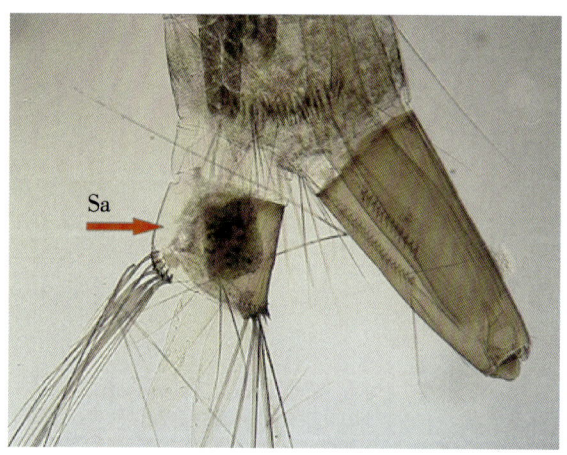
尾鞍半包围肛节

彩图 6　吸蚊属典型外部形态特征
（摘自美国 WRBU, http://wrbu.org/）

腹节尖端钝、平截

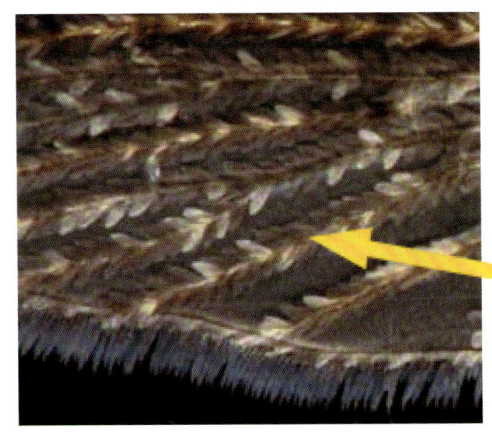
翅鳞大,末端钝而平截

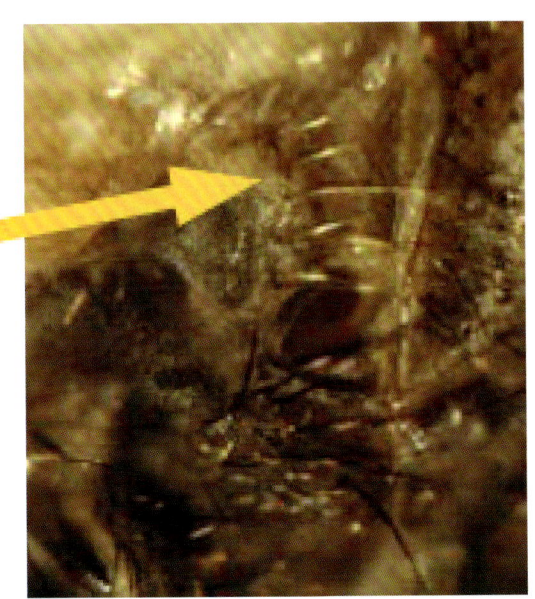
具气门鬃

幼虫常见于水生植物根部

触角鞭分节具白鳞

后足跗节具窄的基白环

彩图 7 曼蚊属典型外部形态特征
(引自 Cutwa 和 O'Meara, 2005 年)

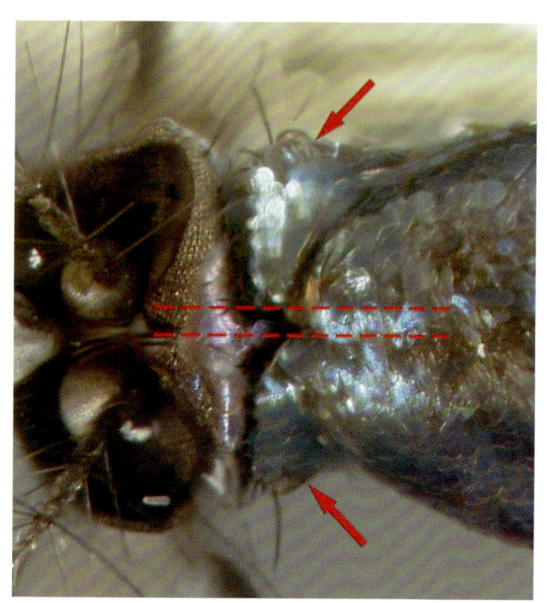

前背板宽大而突出

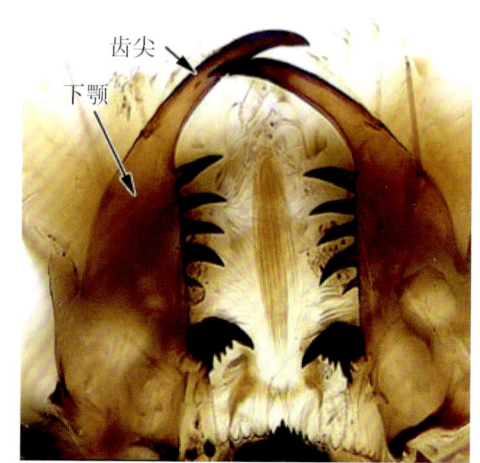

幼虫

前中足股节总是长于后足股节

彩图 8　煞蚊属典型外部形态特征
（引自 Cutwa 和 O'Meara, 2005 年）

彩图 9　冈比亚按蚊

(除幼虫与蛹选自 White 和 Kaufman,2014;余者引自美国 WRBU,http://wrbu.org)

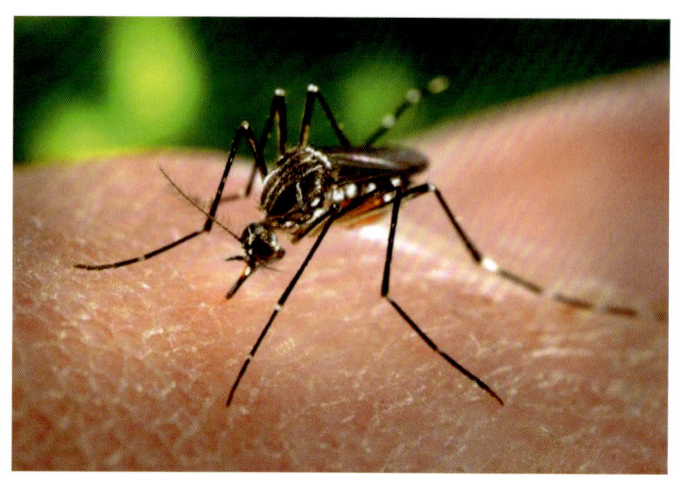

埃及伊蚊

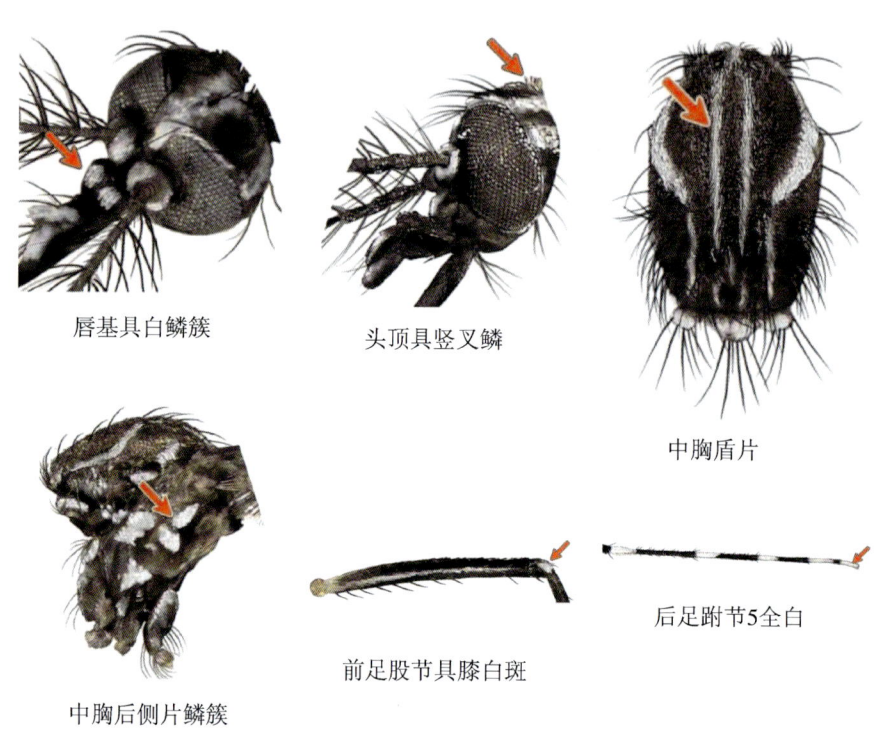

唇基具白鳞簇　　头顶具竖叉鳞　　中胸盾片

中胸后侧片鳞簇　　前足股节具膝白斑　　后足跗节5全白

彩图10　埃及伊蚊
(引自 Rueda, 2004)

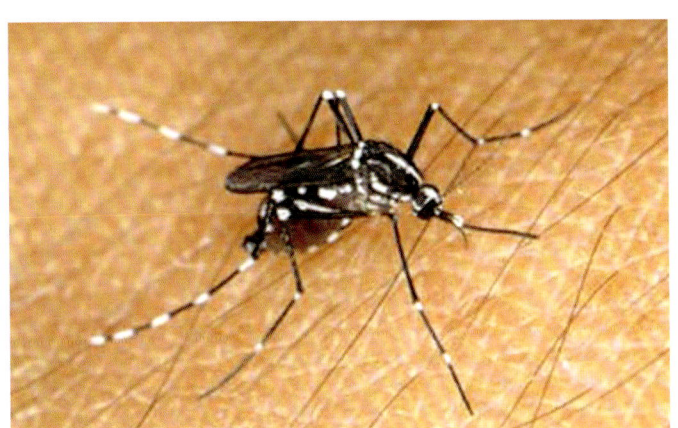

白纹伊蚊

触须端部具白鳞　　　中胸盾片　　　中胸后侧片

后足跗节　　　腹节背板

彩图 11　白纹伊蚊
（整体图摘自 Castner JL，美国佛罗里达大学；余者摘自 Rueda，2004）

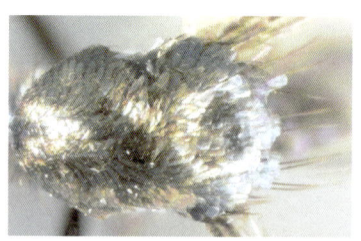  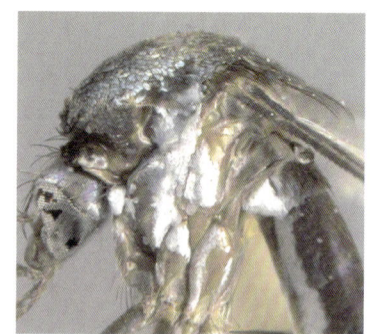

中胸盾片　　　　　前胸前背片　　　　　中胸侧面观

翅　　　　　后足　　　　　腹节背板

大树吸蚊

彩图 12　大树吸蚊

（彩图摘自美国 WRBU,http://wrbu.org；前胸前背片引自 Becker 等,2010)

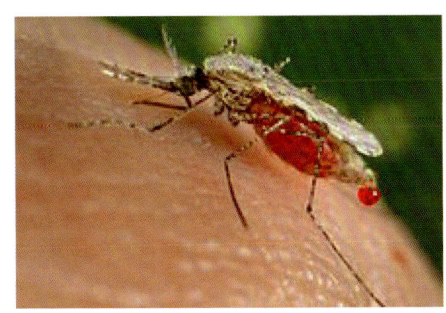
斯氏按蚊

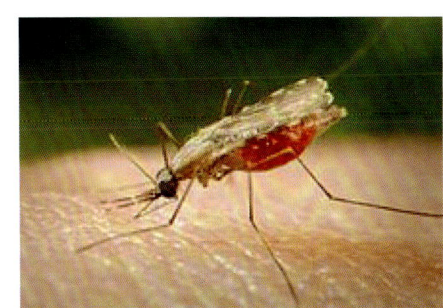
微小按蚊

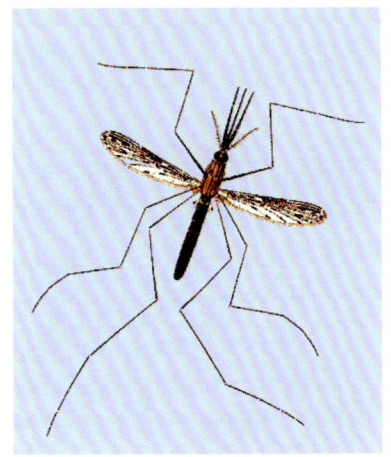
须喙按蚊

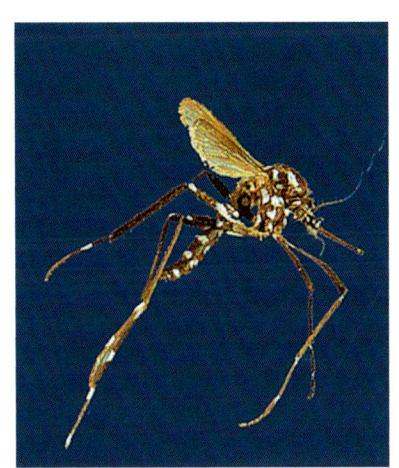
非洲伊蚊

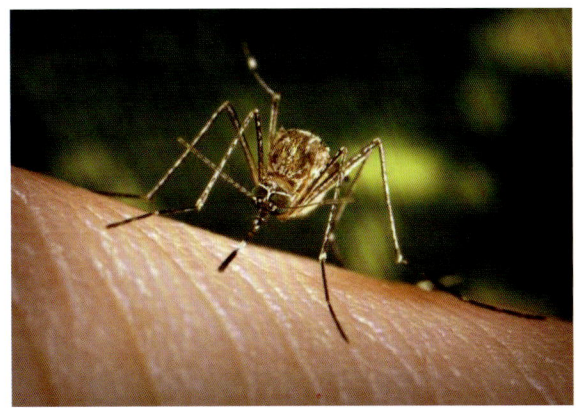
环跗库蚊

彩图 13　常见重要病媒生物——蚊类

（斯氏按蚊、微小按蚊和环跗库蚊引自 http://www.eol.org；须喙按蚊和非洲伊蚊引自 http://www.faculty.ucr.edu）

肩突硬蜱　　　　　　太平洋硬蜱　　　　　　全沟硬蜱

安氏革蜱

斑马扇头蜱

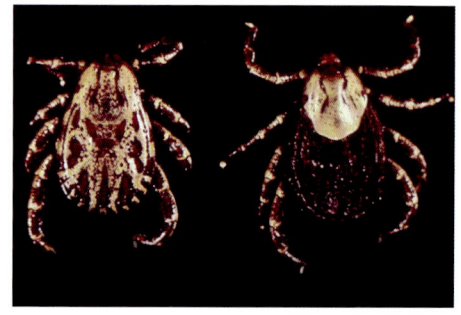 

变异革蜱　　　　　　　　　　美洲花蜱

彩图 14　常见重要病媒生物——蜱类
（肩突硬蜱、太平洋硬蜱和安氏革蜱引自 http://www.eol.org）

小亚璃眼蜱

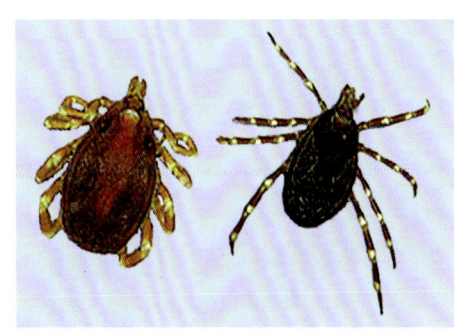
麻点璃眼蜱

变异花蜱

血红扇头蜱

篦子硬蜱

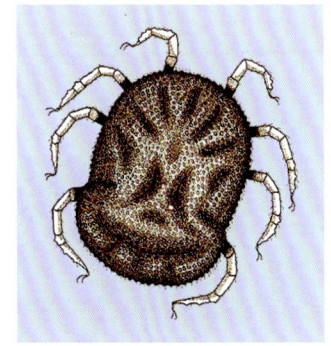
蒙巴塔钝缘蜱

朴谧钝缘蜱

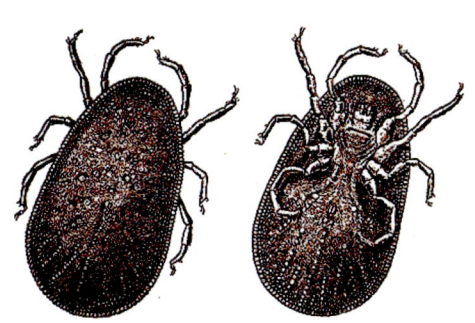
波斯锐缘蜱

彩图 15 常见重要病媒生物——蜱类

（小亚璃眼蜱、变异花蜱、血红扇头蜱和朴谧钝缘蜱引自 http://www.eol.org；麻点璃眼蜱、篦子硬蜱、蒙八塔钝缘蜱和波斯锐缘蜱引自 http:// www.faculty.ucr.edu）

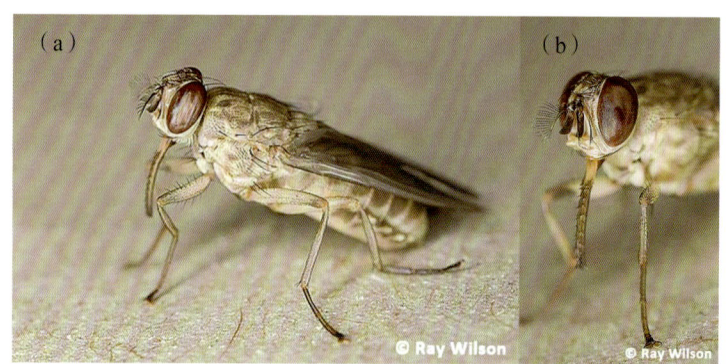

(a)左侧面观；(b)左前面观
须舌蝇雌性
(图引自 http://www.raywilsonbirdphotography.co.uk/Galleries/Invertebrates/vectors/Tsetse_Fly.html)

(a)雌性背侧面观；(b)雄性尾部腹面观；(c)雌性背侧面观
刺舌蝇
(图引自 http://www.raywilsonbirdphotography.co.uk/Galleries/Invertebrates/vectors/Tsetse_Fly.html)

(a)体侧面观；(b)头前面观；(c)体侧面观
夏厕蝇雄性

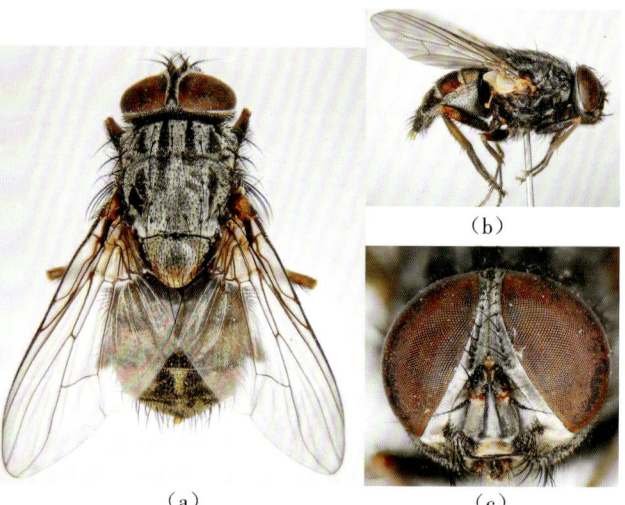

(a)体背面观；(b)体侧面观；(c)头前面观
厩腐蝇雄性

彩图 16　常见重要病媒生物——蝇类

(a)雄性体背面观;(b)雄性体侧面观;(c)雄性头前面观;(d)雌性头前面观

古铜黑蝇

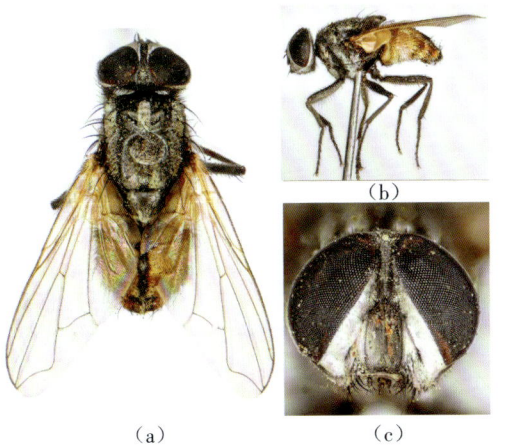

(a)体背面观;(b)体侧面观;(c)头前面观

市蝇雄性

(a)头前面观;(b)体侧面观;(c)体背面观

家蝇

(a)体背面观;(b)体侧面观;(c)头前面观

厩螫蝇雄性

彩图17 常见重要病媒生物——蝇类

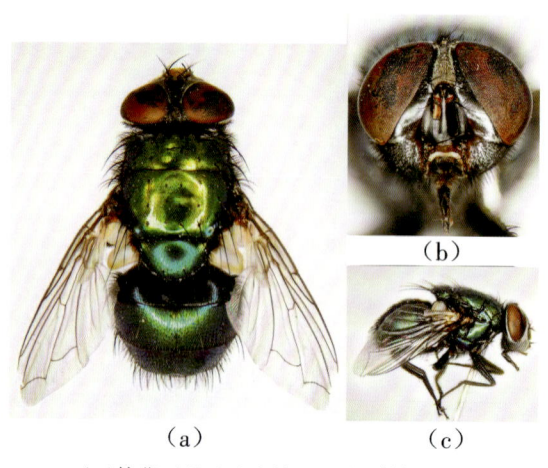

(a)体背面观;(b)头前面观;(c)体侧面观

丝光绿蝇雄性

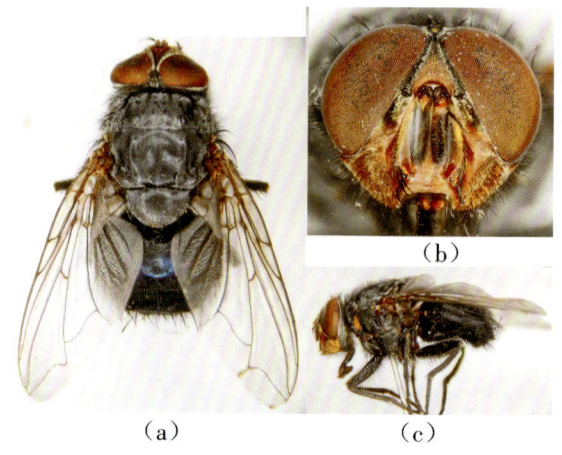

(a)体背面观;(b)头前面观;(c)体侧面观

红头丽蝇雄性

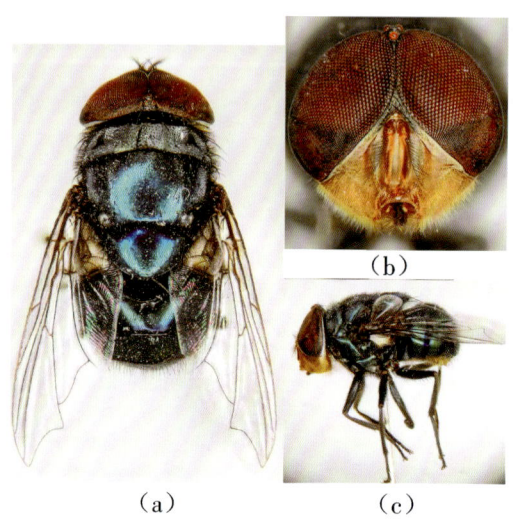

(a)体背面观;(b)体侧面观;(c)头前面观

大头金蝇雄性

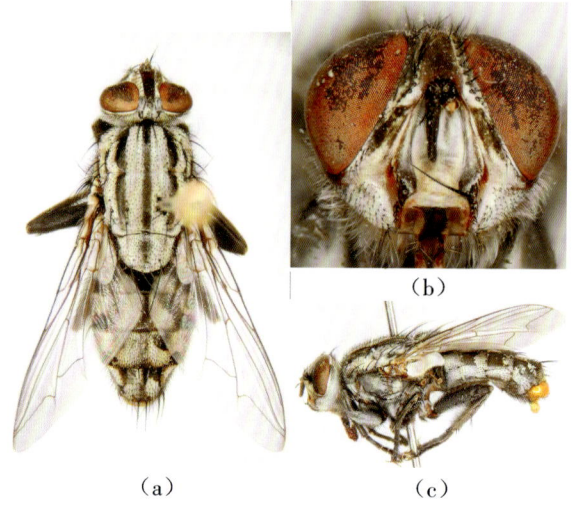

(a)体背面观;(b)头前面观;(c)体侧面观

红尾粪麻蝇雄性

彩图 18 常见重要病媒生物——蝇类

人蚤雄性　　　　　　　　　　　　　人蚤雌性

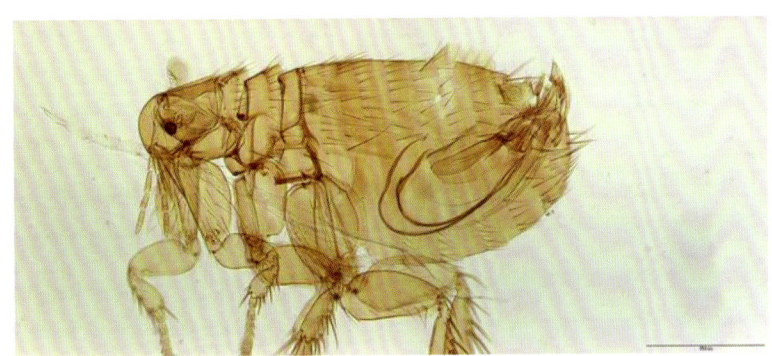

亚洲客蚤雄性

(引自 Brigham Young University)

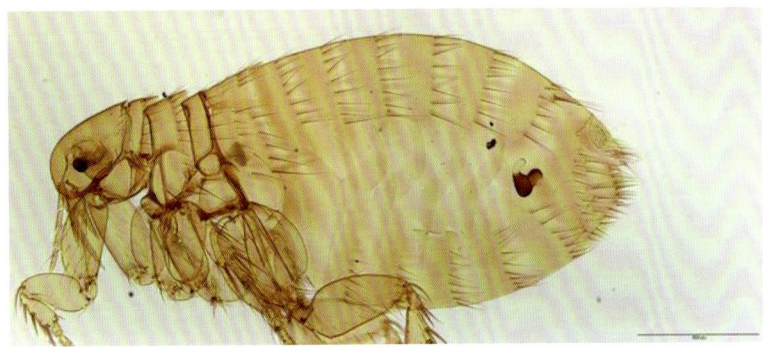

亚洲客蚤雌性

(引自 Brigham Young University)

彩图 19　常见重要病媒生物——蚤类

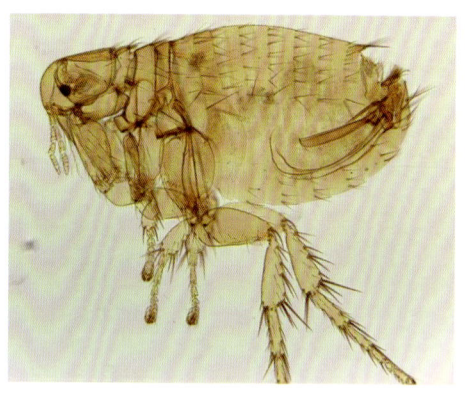

巴西客蚤雄性

（引自 Brigham Young University）

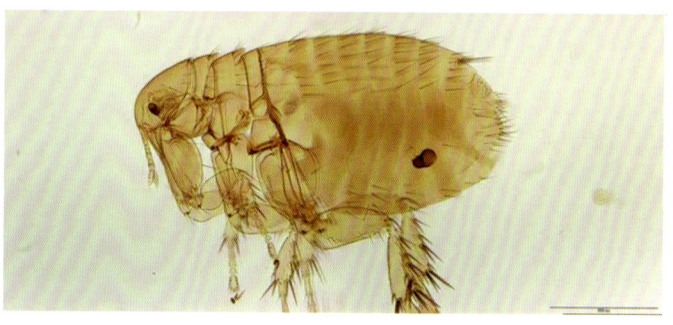

巴西客蚤雌性

（引自 Brigham Young University）

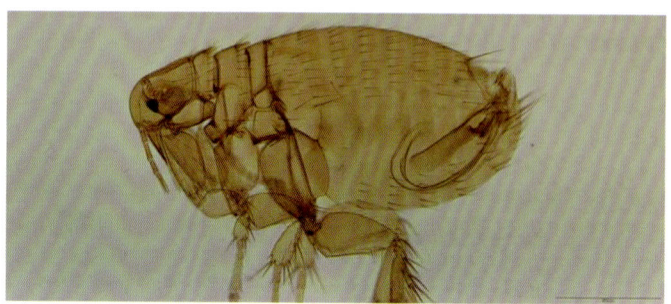

非洲客蚤雄性

（引自 Brigham Young University）

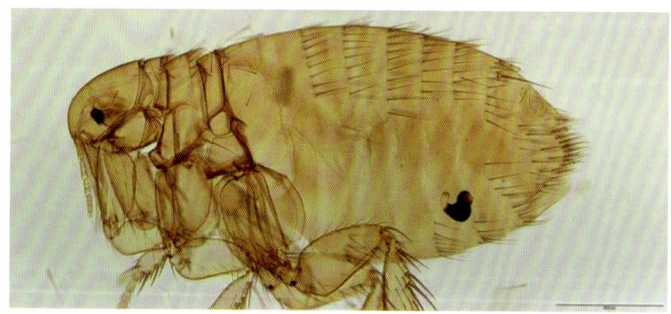

非洲客蚤雌性

（引自 Brigham Young University）

彩图 20　常见重要病媒生物——蚤类

猫栉首蚤指名亚种雄性　　　　　　猫栉首蚤指名亚种雌性

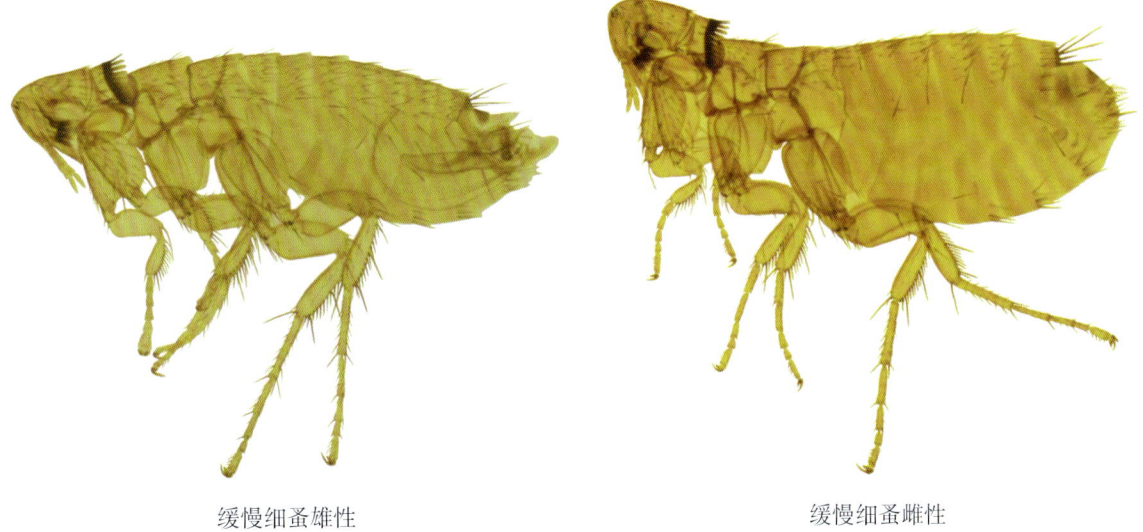

缓慢细蚤雄性　　　　　　缓慢细蚤雌性

彩图 21　常见重要病媒生物——蚤类

澳洲大蠊雄性

澳洲大蠊雌性

美洲大蠊雄性

美洲大蠊雌性

彩图 22　常见重要病媒生物——蜚蠊

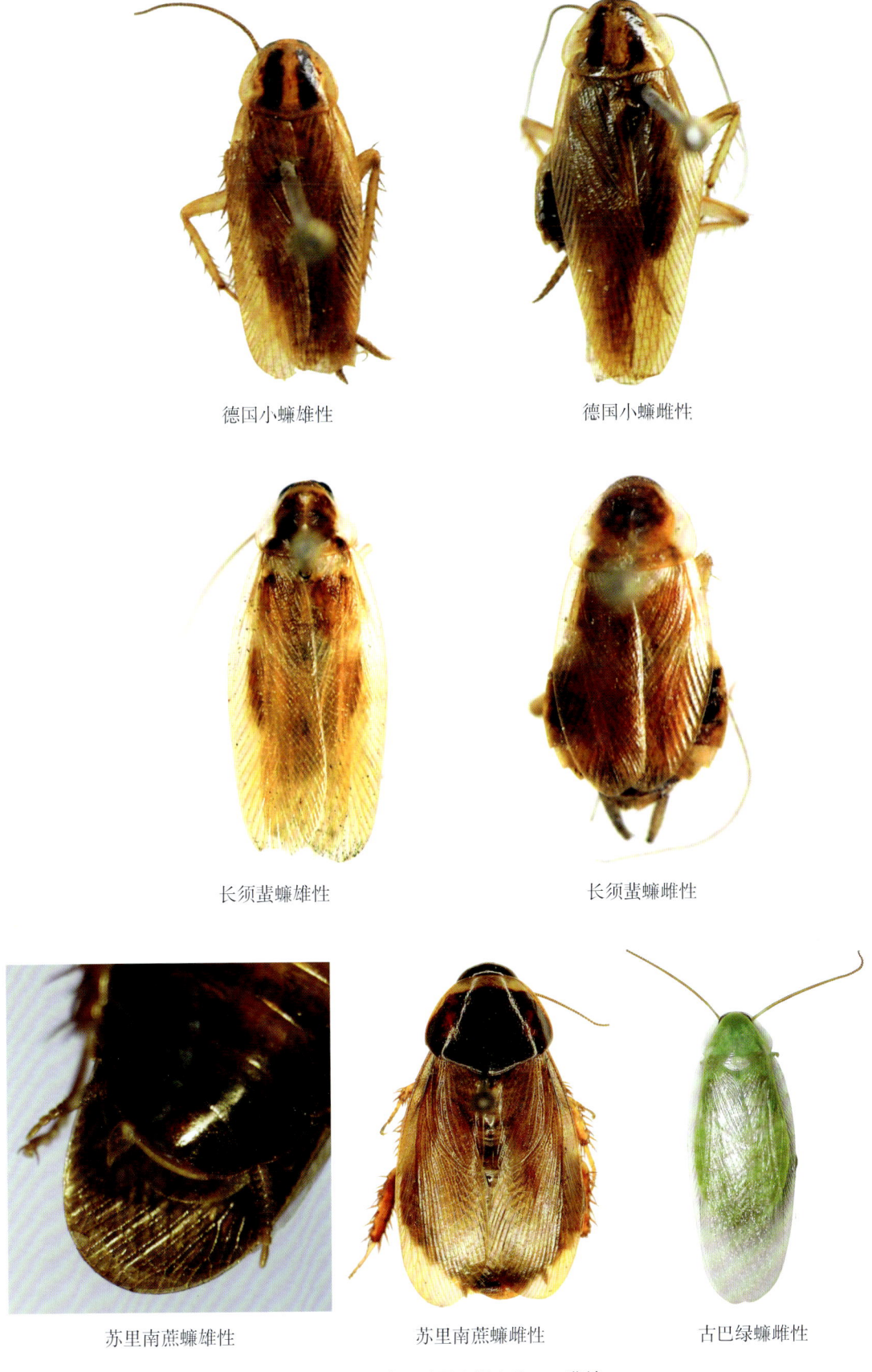

彩图 23　常见重要病媒生物——蜚蠊

北美灰松鼠

加州黄鼠

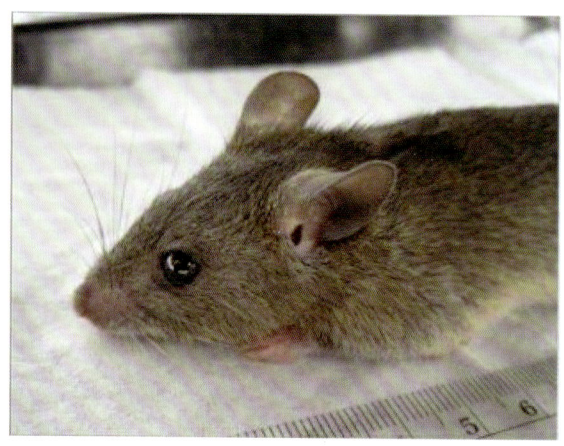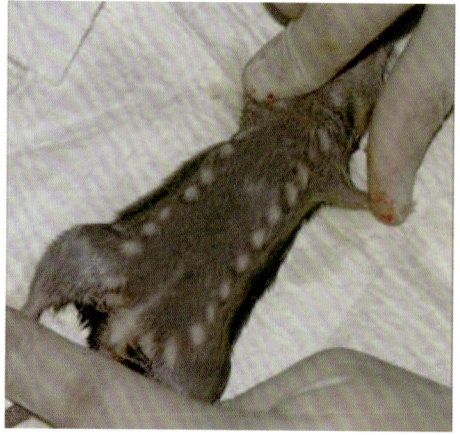

南非乳鼠

彩图 24　常见重要病媒生物——啮齿动物
（引自 http://www.eol.org）

稻田家鼠

孟加拉板齿鼠

波氏囊鼠

彩图 25　常见重要病媒生物——啮齿动物

（引自 http://www.eol.org）

河狸鼠

草原暮鼠

山河狸

彩图 26　常见重要病媒生物——啮齿动物

（引自 http://www.eol.org）

印度板齿鼠

黑尾草原犬鼠

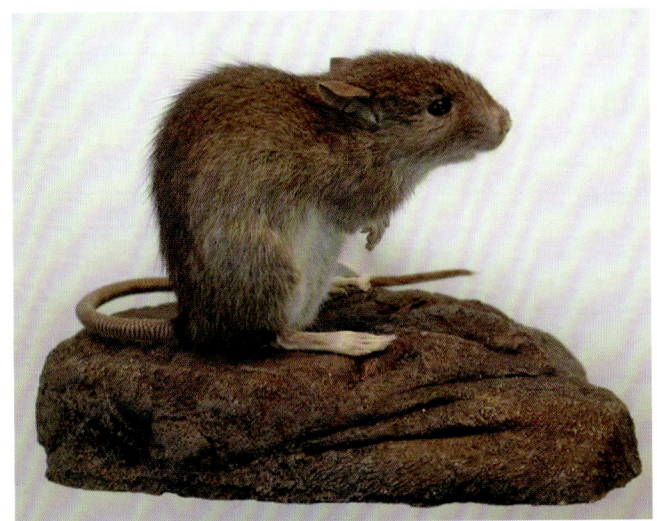
缅鼠

彩图 27　常见重要病媒生物——啮齿动物

（引自 http://www.eol.org）

尼罗河鼠

黄喉姬鼠

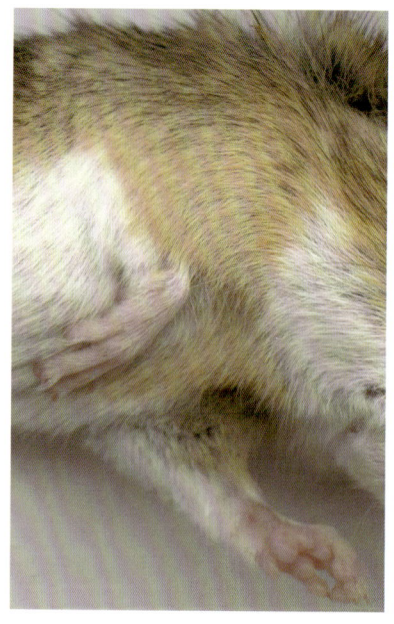

黄喉姬鼠

彩图 28　常见重要病媒生物——啮齿动物

（引自 http://www.eol.org）

彩图 29　常见重要病媒生物——啮齿动物

（引自 http://www.eol.org）

荒川库蠓

尖喙库蠓

白蛉

马维蚋

爬蚋

分叉斑虻

芹状斑虻

彩图 30　常见重要病媒生物——蠓、白蛉、蚋、虻

不同发育时期的长红猎蝽

热带臭虫

温带臭虫

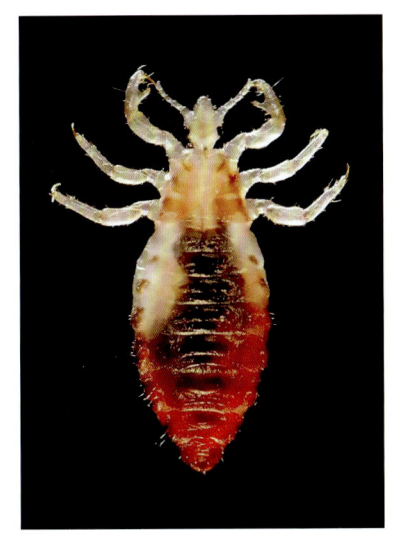

体虱

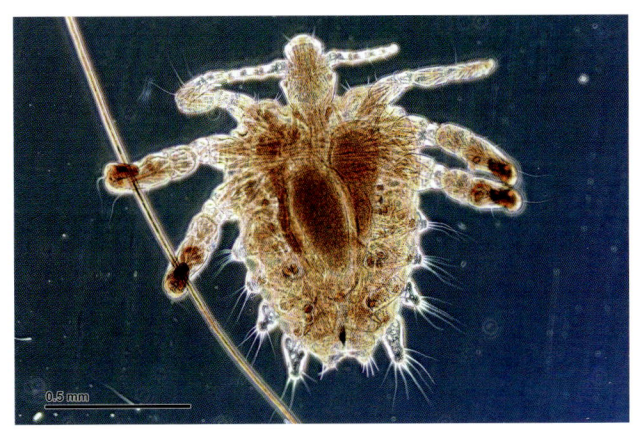

阴虱

彩图 31　常见重要病媒生物——猎蝽、臭虫、虱类

（长红猎蝽、体虱和阴虱引自 http://www.eol.org）

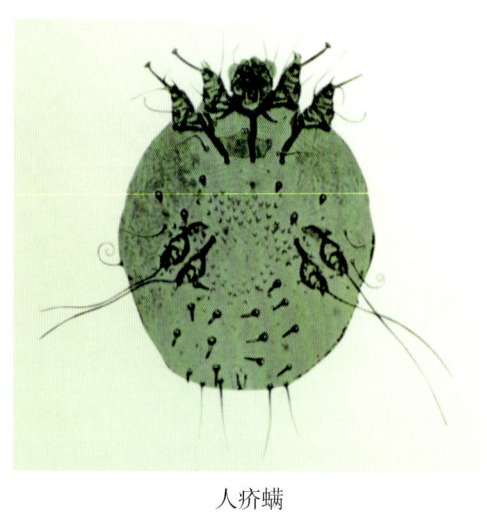
人疥螨

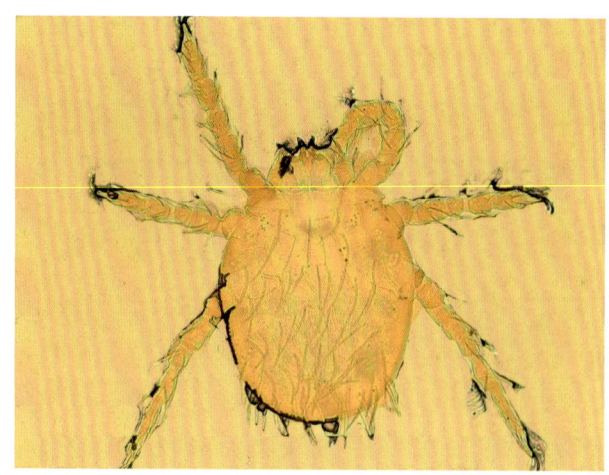
小板纤恙螨

毒厉螨

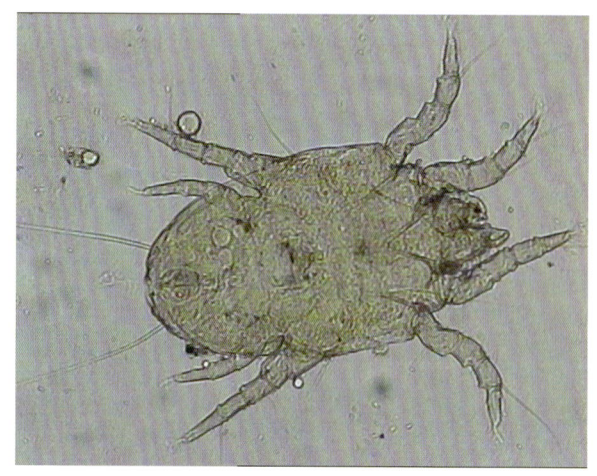
屋尘螨

中东金蝎

帝王蝎

黄肥尾蝎

利比亚金蝎

彩图 32　常见重要病媒生物——螨类、蝎类